Horst Dietz | Sven Fischer | Christian Gierschek

Wohngebäudeversicherung

Kommentar

Horst Dietz | Sven Fischer | Christian Gierschek

Wohngebäudeversicherung

Kommentar

3. Auflage

Begründet von Horst Dietz,
neu bearbeitet von Sven Fischer und Christian Gierschek

Bibliografische Information der Deutschen Nationalbibliothek

Die Deutsche Nationalbibliothek verzeichnet diese Publikation in der Deutschen Nationalbibliografie; detaillierte bibliografische Daten sind im Internet über http://dnb.d-nb.de abrufbar.

© 2015   Verlag Versicherungswirtschaft GmbH   Karlsruhe

Das Werk einschließlich aller seiner Teile ist urheberrechtlich geschützt. Jede Verwertung, die nicht ausdrücklich vom Urhebergesetz zugelassen ist, bedarf der vorherigen Zustimmung des Verlags Versicherungswirtschaft GmbH, Karlsruhe. Jegliche unzulässige Nutzung des Werkes berechtigt den Verlag Versicherungswirtschaft GmbH zum Schadenersatz gegen den oder die jeweiligen Nutzer. Bei jeder autorisierten Nutzung des Werkes ist die folgende Quellenangabe an branchenüblicher Stelle vorzunehmen:
© 2015 Verlag Versicherungswirtschaft GmbH, Karlsruhe

Jegliche Nutzung ohne die Quellenangabe in der vorstehenden Form berechtigt den Verlag Versicherungswirtschaft GmbH zum Schadenersatz gegen den oder die jeweiligen Nutzer.

Beachten Sie bitte stets unseren Aktualisierungsservice auf unserer Homepage unter **vvw.de→Service→Ergänzungen/Aktualisierungen**
Dort halten wir für Sie wichtige und relevante Änderungen und Ergänzungen zum Download bereit.

Gleichstellungshinweis
Zur besseren Lesbarkeit wird auf geschlechtsspezifische Doppelnennungen verzichtet.

ISBN   978-3-89952-755-1

Vorwort

Seit dem Erscheinen der letzten Auflage sind etwa 15 Jahre vergangen. Während die letzte Auflage noch stark von der Deregulierung der europäischen Versicherungsmärkte infolge der Verwirklichung des europäischen Binnenmarktes beeinflusst wurde, erfuhren in den zurückliegenden Jahren die rechtlichen Grundlagen insbesondere durch die Reform des Versicherungsvertragsgesetzes im Jahr 2008 bedeutende Änderungen.

Die Wohngebäudeversicherung ist in den vergangenen 15 Jahren zunehmend in den Fokus von Medien und Öffentlichkeit gerückt. Insbesondere die Flutkatastrophen der Jahre 2002 und 2013 sorgten dafür, dass im Rahmen der Berichterstattung immer wieder nach der Versicherbarkeit der entstandenen Schäden gefragt wurde. Die Schwierigkeit, Versicherungsschutz für Objekte in Hochrisikogebieten zu erhalten, führte zu einer kritischen Berichterstattung, die teilweise sogar die Notwendigkeit staatlicher Eingriffe bis hin zu einer Pflichtversicherung thematisierte.

Für die Versicherungswirtschaft stellt es eine große Herausforderung dar, nicht nur einen Ausgleich zwischen den Interessen des Einzelnen und denen der Solidargemeinschaft der Versicherungsnehmer zu schaffen, sondern die Notwendigkeit eines solchen Ausgleichs in einer sehr schnelllebigen Medienlandschaft der breiten Öffentlichkeit zu vermitteln. Gerade die Versicherbarkeit von Überschwemmungsschäden wird von diesem Spannungsverhältnis maßgeblich beeinflusst. Im Rahmen der Diskussion um den Klimawandel wird das Interesse an der Wohngebäudeversicherung weiter zunehmen.

Die Versicherungswirtschaft hat den an sie gestellten Anforderungen im Rahmen der aktuellen Musterbedingungen zur Wohngebäudeversicherung des GDV, den VGB 2010, insbesondere dadurch Rechnung getragen, dass die weiteren Elementargefahren in die Grunddeckung der Wohngebäudeversicherung aufgenommen wurden. Auch mit der Aufnahme von Überspannungsschäden durch Blitz wurde die Deckung erheblich erweitert. Kommentiert werden im vorliegenden Werk die VGB 2010, wobei diese sich bis auf die beschriebenen Deckungserweiterungen kaum von den VGB 2008 unterscheiden.

Nachdem im Rahmen der letzten Auflage eine Kommentierung nach Sachgebieten erfolgt ist, kehrt die vorliegende Auflage zur Kommentierung in der Reihenfolge der einzelnen Bestimmungen zurück. Dies ermöglicht den in der täglichen Arbeit unentbehrlichen schnellen Zugriff auf einzelne Problembereiche.

Die Arbeit am Kommentar hat sich zwischen den Autoren wie folgt verteilt:

Christian Gierschek: §§ 1-4, 13-17 (A), 8, 9, 16 (B);

Sven Fischer: §§ 5-12, 18 (A), 1-7, 10-15, 17-23 (B).

Mannheim, im November 2014   Sven Fischer, Christian Gierschek

Inhaltsverzeichnis

Vorwort V
Literatur- und Abkürzungsverzeichnis XXVII
Vorbemerkung zur Kommentierung der VGB 2010 1
   A. Marktentwicklung 1
   B. Versicherungswert 1914 vs. Wohnflächenmodell 1
   C. Musterklauseln 2
Abschnitt A 3
§ 1 Versicherte Gefahren und Schäden (Versicherungsfall), generelle Ausschlüsse 5
   A. Versicherungsfall 6
      I. Bedeutung des Begriffs 6
      II. Einheit des Versicherungsfalls 8
      III. Abgrenzung der versicherten Gefahren 9
      IV. Versicherte Gefahren 11
      V. Versicherte Schäden (Sachschäden) 12
      VI. Sonstige versicherbare Gefahren 15
         1. Gebäudebeschädigungen durch unbefugte Dritte 15
         2. Graffitischäden 16
   B. Ausschlüsse Krieg, Innere Unruhen und Kernenergie 17
      I. Allgemeines 17
      II. Krieg, Innere Unruhen und Kernenergie 17
         1. Ausschluss Krieg 18
         2. Ausschluss Innere Unruhen 20
         3. Ausschluss Kernenergie 21
§ 2 Brand, Blitzschlag, Überspannung durch Blitz, Explosion, Implosion, Luftfahrzeuge 23
   A. Versicherte Gefahren und Schäden 24
      I. Allgemeines 25
      II. Anprall oder Absturz eines Luftfahrzeuges 25

III. Fahrzeuganprall 27
B. Brand.. 27
  I. Feuer 28
  II. Bestimmungsgemäßer Herd 28
  III. Ausbreitungsfähigkeit 31
C. Blitzschlag.. 34
  I. Wirkungsweisen von Blitzen............................ 34
  II. Versicherte Schäden 36
  III. Überspannungsschäden durch Blitzschlag 37
D. Überspannungsschäden durch Blitz 39
  I. Begriffserläuterungen................................. 39
  II. Arten von Überspannungsschäden 40
  III. Abgrenzung zu sonstigen Überspannungsschäden 42
  IV. Versicherte Folgeschäden 43
E. Explosion, Implosion 44
  I. Explosion 44
  II. Implosion 46
F. Nicht versicherte Schäden................................ 46
  I. Schäden durch Erdbeben 46
  II. Sengschäden.. 47
  III. Schäden an Verbrennungskraftmaschinen und Schaltorganen von elektrischen Schaltern 48
  IV. Betriebsschäden...................................... 48
G. Selbstbehalt 54

§ 3 Leitungswasser 55
A. Einheit des Leitungswasserrisikos 57
B. Bruchschäden innerhalb von Gebäuden 58
  I. Allgemeines 58
    1. Besonderheiten der Rohrbruchversicherung 58
    2. Räumliche Abgrenzung 59
  II. Frost- und sonstige Bruchschäden an versicherten Rohren 62

	1. Versicherungsumfang	62
	2. Rohrbruch	63
	3. Nebenarbeiten	65
	4. Rohre	67
	5. Rohre der Wasserversorgung (Zu- und Ableitungen) oder damit verbundene Schläuche	68
	6. Rohre der Warmwasser- oder Dampfheizung	70
	7. Rohre von Wasserlösch- oder Berieselungsanlagen	71
III.	Frostschäden an sonstigen Einrichtungen innerhalb versicherter Gebäude	71
	1. Sanitäre Einrichtungen	72
	2. Warmwasserheizungs-, Dampfheizungs-, Klima-, Wärmepumpen- oder Solarheizungsanlagen	72
C.	Rohrbruchschäden außerhalb versicherter Gebäude	73
I.	Versorgung versicherter Gebäude oder Anlagen	73
II.	Versicherungsgrundstück	74
III.	Gefahrtragung durch den Versicherungsnehmer	74
IV.	Erweiterung der Grunddeckung	74
D.	Nässeschäden	75
I.	Leitungswasserschäden	76
	1. Leitungswasser	76
	2. Wasser	76
II.	Bestimmungswidrigkeit	77
III.	Austritt aus den genannten Rohren, Anlagen und Einrichtungen	81
	1. Rohre der Wasserversorgung (Zu- und Ableitungen) oder damit verbundene Schläuche	81
	2. Mit dem Rohrsystem verbundene sonstige Einrichtungen oder deren wasserführende Teile	82
	3. Weitere Quellen	83
	4. Wasseraustritt innerhalb von Anlagen	83
IV.	Versicherte Schäden	85
V.	Wasserdampf und wärmetragende Flüssigkeiten	85

	VI.	Doppelversicherung mit der Hausratversicherung............... 86
E.		Ausschlüsse 87
	I.	Regenwasser aus Fallrohren 88
	II.	Plansch- oder Reinigungswasser 88
	III.	Schwamm.. 89
	IV.	Wasser natürlichen Ursprungs 90
	V.	Erdbeben, Schneedruck, Lawinen, Vulkanausbruch............... 91
	VI.	Erdsenkung oder Erdrutsch 91
	VII.	Gefahren der Feuerversicherung 92
	VIII.	Wasserlösch- und Berieselungsanlagen 92
	IX.	Sturm, Hagel 93
	X.	Leitungswasser aus Eimern, Gießkannen oder sonstigen mobilen Behältnissen 93
	XI.	Nicht bezugsfertige Gebäude und Gebäudeteile................. 93
		1. Allgemeines...................................... 93
		2. Einheitliche Bestimmung des Begriffs...................... 94
		3. Bezugsfertigkeit................................... 95
		4. Umbau... 96
F.		Besondere Vereinbarung..................................... 96

§ 4 Naturgefahren 97

A.	Versicherte Gefahren und Schäden 100
B.	Sturm, Hagel 100
I.	Sturm 100
	1. Begriff des Sturms....................................... 101
	2. Beweiserleichterung 102
	a) Beweiserleichterung nach § 4 Nr. 2 a) aa) VGB 2010 (A)........ 102
	b) Beweiserleichterung nach § 4 Nr. 2 a) bb) VGB 2010 (A)........ 104
II.	Hagel... 105
III.	Versicherte Schäden 105
	1. Unmittelbare Einwirkung................................ 106
	a) Unmittelbare Einwirkung des Sturms 106

	b)	Unmittelbare Einwirkung des Hagels	108
	2.	Werfen von Gegenständen	109
	3.	Folgeschäden	111
	4.	Baulich verbundene Gebäude	113

- C. Weitere Elementargefahren 113
  - I. Allgemeines 113
  - II. Versicherte Gefahren 114
    1. Überschwemmung 114
    2. Rückstau 118
    3. Erdbeben 119
    4. Erdsenkung 120
    5. Erdrutsch 121
    6. Schneedruck 122
    7. Lawinen 122
    8. Vulkanausbruch 123
- D. Nicht versicherte Schäden 123
  - I. Sturmflut 123
  - II. Eindringen von Niederschlägen 124
  - III. Grundwasser 126
  - IV. Gefahren der Feuerversicherung 126
  - V. Trockenheit oder Austrocknung 127
  - VI. Nicht bezugsfertige Gebäude 127
  - VII. Laden- und Schaufensterscheiben 128
- E. Selbstbehalt 128

§ 5 Versicherte und nicht versicherte Sachen, Versicherungsort 129
- A. Einführung 130
- B. Erläuterung der Bestimmung 130
  - I. Grundsatz der Einzeldeklaration 130
  - II. Begriffserläuterungen 131
    1. Definitionen 131

	a)	Gebäude	131
	b)	Gebäudebestandteile	133
	c)	Gebäudezubehör	137
	d)	Grundstücksbestandteile	140
	e)	Versicherungsgrundstück	140
2.		Ausschlüsse	141
	a)	Photovoltaikanlagen	141
	b)	Mietereinbauten	141
	c)	Elektronische Daten und Programme	144
3.		Gesondert versicherbare Sachen	144

C. Verhältnis zwischen Wohngebäude- und Hausratversicherung ... 146

  I. Abgrenzung zwischen Gebäude- und Hausratversicherung 146

  II. Doppelversicherung mit der Hausratversicherung 147

§ 6 Wohnungs- und Teileigentum **151**

  Wohnungseigentum/Teileigentum 151

Vorbemerkung zu den §§ 7 und 8 VGB 2010 (A) **153**

  A. Abgrenzung zwischen Sachschaden und Kostenschaden 153

  B. Vorrang der Sachschadendeckung 155

§ 7 Versicherte Kosten **157**

  A. Versicherte Kosten 157

    I. Aufräumungs- und Abbruchkosten 158

      1. Allgemeine Erläuterungen 158

      2. Sonderfragen durch steigendes Umweltbewusstsein 159

    II. Bewegungs- und Schutzkosten 161

    III. Entschädigungsgrenzen 163

  B. Gesondert versicherbare Kosten......................... 165

§ 8 Mehrkosten **167**

  A. Überblick und Zweck der Regelung 168

B.	Mehrkosten durch behördliche Wiederherstellungsbeschränkungen	168
I.	Voraussetzung für die Haftung des Versicherers	168
II.	Beispielsfall	169
III.	Mehrkosten infolge Wiederherstellung an anderer Stelle	170
IV.	Mehrkosten infolge behördlicher Auflagen vor Eintritt des Versicherungsfalls	170
C.	Mehrkosten infolge Preissteigerungen	171
D.	Anteiliger Ersatz bei Versicherung zum Zeitwert	173

§ 9 Mietausfall, Mietwert 175

A.	Zweck der Mietausfallversicherung	176
B.	Vermietete Wohnräume	177
C.	Vom Versicherungsnehmer bewohnte Wohnräume	179
D.	Durch behördliche Wiederherstellungsbeschränkungen verursachter zusätzlicher Mietausfall bzw. Mietwert	181
E.	Zeitliche Entschädigungsgrenze	181
I.	Beginn der Haftzeit	182
II.	Ende der Haftzeit	182
III.	Schuldhafte Verzögerung der Wiederbenutzung	183
F.	Gewerblich genutzte Räume	184
G.	Änderung der Miet- oder Nutzungsverhältnisse	184

§ 10 Versicherungswert, Versicherungssumme 185

A.	Einführung	187
B.	Gleitender Neuwert	188
I.	Ortsüblicher Neubauwert	189
1.	Abgrenzung der versicherten Sachen	190
2.	Bewertung der versicherten Sachen	191
3.	Preise des Jahres 1914	192
C.	Neuwert; Zeitwert; Gemeiner Wert	194
I.	Anwendungsbereich	194
II.	Vertragliche Vereinbarung	195
III.	Schaden- und Entschädigungsberechnung	196

IV. Begriffe 196
    1. Neuwert 196
    2. Zeitwert 197
    3. Gemeiner Wert 199
D. Dauernde Entwertung 201
   I. Objektive Ursachen 203
  II. Subjektive Ursachen 204
 III. Abbruchgebäude 204
E. Ermittlung und Vereinbarung der Versicherungssumme 206
   I. Zuständigkeit und Verantwortung des Versicherungsnehmers 207
  II. Hinweis- und Beratungspflichten des Versicherers 208
 III. Weitere Hinweise zur Vereinbarung der Versicherungssumme 210
F. Das Wohnflächenmodell 211

§ 11 Ermittlung der Versicherungssumme in der gleitenden Neuwertversicherung, Unterversicherung 213

A. Einführung 214
   I. Versicherungssumme „Wert 1914" 214
  II. Unbegrenzte Haftung 215
B. Ermittlung der Versicherungssumme 216
   I. Festsetzung aufgrund einer Schätzung eines Bausachverständigen 216
  II. Umrechnung des Neubauwerts 218
 III. Summenermittlungsbogen 222
C. Vereinbarung und Wirkung des Unterversicherungsverzichts 229
D. Verlust des Unterversicherungsverzichts 233
   I. Unzutreffende Beschreibung des Gebäudes 234
  II. Nachträgliche werterhöhende Veränderung des Bauzustands 234

§ 12 Prämie in der gleitenden Neuwertversicherung und deren Anpassung 239

A. Prämienberechnung; Grundbeitrag 1914 240
B. Anpassung der Haftung und des Beitrags 240

	I.	Anpassungsfaktor	242

I. Anpassungsfaktor 242
II. Berechnung der Veränderungen 244
III. Zeitverzögerte Anpassung 246
IV. Abweichende Vereinbarungen 247
C. Vertragsgestaltungsrechte des Versicherungsnehmers 247

§ 13 Entschädigungsberechnung **251**

A. Allgemeines 254
B. Gleitende Neuwert- und Neuwertversicherung 255
   I. Höhe der Entschädigung 255
     1. Abgrenzung von Totalschäden und Teilschäden 255
     2. Maßgebender Zeitpunkt 257
     3. Totalschäden an Gebäuden 258
     4. Teilschäden 259
       a) Ermittlung der notwendigen Reparaturkosten 259
       b) Grundsatz der abstrakten Schadenberechnung 261
       c) Nebenkosten 262
       d) Regiekosten 263
       e) Optische Beeinträchtigungen 265
       f) Vorrang von Reparatur und Wertminderung 267
       g) Werterhöhung 267
     5. Totalschäden an sonstigen Sachen 267
   II. Mehrkosten aufgrund von Wiederherstellungsbeschränkungen für nicht mehr wiederverwendbare Sachsubstanz 268
   III. Anrechnung von Restwerten 269
C. Zeitwert 271
D. Gemeiner Wert 271
E. Kosten 272
F. Mietausfall, Mietwert 272
G. Mehrwertsteuer 272
H. Neuwertanteil 273

I.	Wirkung	273
II.	Sachen gleicher Art und Zweckbestimmung	275
III.	Wiederherstellung an der bisherigen Stelle	278
IV.	Sicherstellung der Verwendung	278
V.	Dreijahresfrist	280
VI.	Höhe des Neuwertanteils	281
VII.	Rückzahlung des Neuwertanteils	281
VIII.	Abweichende Vereinbarung	282

I. Gesamtentschädigung, Kosten auf Weisung des Versicherers 282

J. Feststellung und Berechnung einer Unterversicherung 283

    I. Proportionalitätsregel; Versicherungsdichte 283

    II. Positionsweise Berechnung 284

    III. Verantwortung des Versicherungsnehmers für die Bemessung der Versicherungssumme 285

    IV. Beweislast des Versicherers 286

    V. Durchgehende Anwendung der Proportionalitätsregel 286

    VI. Erheblich niedrigere Versicherungssumme 286

K. Wohnflächenmodell 287

§ 14 Zahlung und Verzinsung der Entschädigung 289

    A. Fälligkeit der Entschädigung 290

        I. Grundsatz 290

            1. Feststellungen zum Grunde und zur Höhe des Anspruchs 290

            2. Fälligkeit der Entschädigung 292

                a) Fälligkeit nach Abschluss der Feststellungen 292

                b) Abschlagszahlung 293

                c) Zahlung unter Vorbehalt 294

        II. Zahlung des Neuwertanteils 295

    B. Rückzahlung des Neuwertanteils 295

    C. Verzinsung 296

        I. Zinslauf 296

	II. Zinssatz	297
	III. Fälligkeit der Zinsen	298
D.	Hemmung	298
E.	Zahlungsaufschub	298
	I. Zweifel an der Empfangsberechtigung des Versicherungsnehmers	299
	II. Behördliches oder strafgerichtliches Verfahren	300
	III. Fehlende Mitwirkung des Realgläubigers	302

§ 15 Sachverständigenverfahren **303**

    A. Abgrenzung 304
        I. Regulierungsbeauftragte 305
        II. Gemeinsamer Sachverständiger 306
    B. Sachverständigenverfahren 306
        I. Zustandekommen des Sachverständigenverfahrens 307
        II. Gegenstand des Sachverständigenverfahrens 308
        III. Benennung der Sachverständigen und des Obmanns ... 310
        IV. Inhalt des Sachverständigengutachtens 314
        V. Verfahren nach Feststellung 315
        VI. Kosten 320
        VII. Obliegenheiten 321

§ 16 Vertraglich vereinbarte, besondere Obliegenheiten des Versicherungsnehmers vor dem Versicherungsfall, Sicherheitsvorschriften **323**

    A. Allgemeines 323
    B. Einzelne Sicherheitsvorschriften 324
        I. Instandhaltungspflicht 324
        II. Nicht genutzte Gebäude oder Gebäudeteile 327
        III. Kalte Jahreszeit 331
        IV. Vermeidung von Überschwemmungs- und Rückstauschäden ... 333
    C. Rechtsfolgen 333

§ 17 Besondere gefahrerhöhende Umstände 335
A. Allgemein 335
B. Besondere gefahrerhöhende Umstände 336
I. Antragsfragen 336
II. Nicht genutzte Gebäude 336
III. Baumaßnahmen 340
IV. Gewerbebetrieb 340
V. Denkmalschutz 341
C. Rechtsfolgen 341

§ 18 Veräußerung der versicherten Sachen 343
A. Inhalt der Bestimmung 344
B. Rechtsverhältnisse nach Eigentumsübergang 344
I. Allgemeine Erläuterungen 344
II. Begrenzung des Anwendungsbereichs 345
C. Kündigungsrechte 346
I. Kündigungsrecht des Versicherers 346
II. Kündigungsrecht des Erwerbers 346
III. Weitere Regelungen 347
D. Anzeigepflichten 347

Abschnitt B 349

§ 1 Anzeigepflicht des Versicherungsnehmers oder seines Vertreters bis zum Vertragsschluss 351
A. Vorvertragliche Anzeigepflicht 353
I. Gefahrerhebliche Umstände 354
II. Antragsfragen 354
1. Örtliche Lage 356
2. Nutzung des Gebäudes 357
3. Bauweise des Gebäudes 358
4. Alter des Gebäudes 359
5. Zustand des Gebäudes 360

		6.	Besondere Ausstattungen	360

	7.	Weitere Umstände	361
III.	Kenntnis und Verhalten	363
IV.	Empfänger der Anzeige	364

B. Rechtsfolgen von Verstößen gegen die vorvertragliche Anzeigepflicht 365

- I. Überblick 365
- II. Rücktrittsrecht 365
  - 1. Ausschluss des Rücktrittsrechts 366
  - 2. Beweislast 366
  - 3. Frist 367
  - 4. Folgen des Rücktritts 367
- II. Beitragserhöhung/Vertragsänderung 369
- III. Kündigungsrecht 369
- IV. Erlöschen der Rechte des Versicherers 369

§ 2 Beginn des Versicherungsschutzes, Dauer und Ende des Vertrages 371

A. Abschluss des Versicherungsvertrages 372
- I. Antrag 372
- II. Schriftlicher Antrag 373
- III. Verbraucherinformationen 373
- IV. Hinweis- und Beratungspflichten 374

B. Regelungsgehalt des § 2 VGB 2010 (B) 375
- I. Materieller Versicherungsbeginn 375
- II. Dauer 375
- III. Stillschweigende Verlängerung 376
- IV. Kündigung von mehrjährigen Verträgen 376
- V. Wohngebäudeversicherungsverträge mit kurzer Laufzeit 376
- VI. Sonderregelung bei Grundpfandgläubigern 376
- VII. Wegfall des versicherten Interesses 376
  - 1. Interesse 377

	a)	Versicherbare Interessen	377
	b)	Versicherte Interessen	377
	c)	Eigenversicherung	378
	d)	Fremdversicherung	381

§ 3 **Prämien, Versicherungsperiode** ... **389**

Inhalt der Bestimmung ... 389

§ 4 **Fälligkeit der Erst- oder Einmalprämie,**
Folgen verspäteter Zahlung oder Nichtzahlung ... **391**

- A. Überblick über die Regelung ... 391
- B. Rechtzeitige Zahlung der Erstprämie ... 392
- C. Rechtsfolgen verspäteter Zahlung der Erstprämie ... 392

§ 5 **Folgeprämie** ... **395**

- A. Übersicht über die Bestimmung ... 396
- B. Abgrenzung zwischen Erst- und Folgeprämie ... 396
- C. Einzelheiten der Bestimmung ... 398
  - I. Fälligkeit der Folgeprämie ... 398
  - II. Rechtsfolgen verspäteter Zahlung der Folgeprämie ... 398
    1. Schadenersatzanspruch ... 398
    2. Leistungsfreiheit und Kündigungsrecht ... 399
       a) Qualifizierte Mahnung ... 399
       b) Leistungsfreiheit des Versicherers ... 399
       c) Kündigungsrecht des Versicherers ... 399
    3. Zahlung der Prämie nach Kündigung ... 400

§ 6 **Lastschriftverfahren** ... **401**

- A. Inhalt der Bestimmung ... 401
- B. Pflichten des Versicherungsnehmers ... 401
- C. Änderung des Zahlungsweges ... 402

§ 7 **Prämie bei vorzeitiger Vertragsbeendigung** ... **405**

- A. Einführende Hinweise ... 406
- B. Grundsatz ... 406

C. Konkretisierungen des Grundsatzes 407
    I. Schicksal des Prämienanspruchs bei Widerruf der Vertragserklärung 407
    II. Schicksal des Prämienanspruchs bei Rücktritt des Versicherers 408
    III. Schicksal des Prämienanspruchs bei Anfechtung des Vertrages durch den Versicherer 409
    IV. Schicksal des Prämienanspruchs bei fehlendem versicherten Interesse 409

§ 8 Obliegenheiten des Versicherungsnehmers 411

A. Allgemeines 413
B. Obliegenheiten vor Eintritt des Versicherungsfalls 413
    I. Einzelne Obliegenheiten 413
        1. Gesetzliche, behördliche oder vereinbarte Sicherheitsvorschriften 413
        2. Einhaltung aller sonstigen vertraglich vereinbarten Obliegenheiten 414
    II. Kündigungsrecht der Versicherers 414
C. Obliegenheiten bei und nach Eintritt des Versicherungsfalls 416
    I. Einzelne Obliegenheiten 416
        1. Abwendung und Minderung des Schadens 416
        2. Unverzügliche Schadenanzeige 416
        3. Einholen und Befolgen von Weisungen des Versicherers 418
        4. Anzeigeobliegenheit 419
        5. Verzeichnis abhanden gekommener Gegenstände 419
        6. Veränderung der Schadenstelle 420
        7. Aufklärungs- und Auskunftspflicht 421
        8. Beschaffung von Belegen 422
    II. Erfüllung von Obliegenheiten durch Dritte 423
D. Leistungsfreiheit bei Obliegenheitsverletzung 423
    I. Allgemeines 423
    II. Vorsatz 423
    III. Grobe Fahrlässigkeit 425

1. Allgemeines 425
  2. Quotelung 425
  IV. Belehrung 426

§ 9 Gefahrerhöhung 429
- A. Allgemeines 431
  - I. Systematik 431
  - II. Gefahrstandspflicht 431
  - III. Begriff 432
  - IV. Antragsfragen 435
  - V. Sonstige Umstände 435
  - VI. Anzeigepflicht 437
- B. Rechtsfolgen 437
  - I. Kündigungsrecht 437
  - II. Vertragsänderung 438
  - III. Leistungsfreiheit 438
- C. Abgrenzung 439

§ 10 Überversicherung 441
- A. Einführung und Normzweck 441
- B. Voraussetzungen der Bestimmung 442
- C. Rechtsfolgen 442
- D. Betrügerische Überversicherung 442
- E. Nachträgliche Überversicherung 443

§ 11 Mehrere Versicherer 445
- A. Einführung 446
- B. Begriff der Mehrfachversicherung 446
- C. Anzeigepflicht 448
- D. Rechtsfolgen 448
  - I. Kündigungsrecht 448
  - II. (Teilweise) Leistungsfreiheit 449
- E. Haftung bei Mehrfachversicherung 449
- F. Beseitigung der Mehrfachversicherung 449

§ 12 Versicherung für fremde Rechnung 451
- A. Einführung 451
- B. Rechte aus dem Vertrag 452
- C. Zahlung der Entschädigung 452
- D. Kenntnis und Verhalten 452

§ 13 Aufwendungsersatz 455
- A. Überblick 456
- B. Aufwendungen bei Eintritt des Versicherungsfalls 456
- C. Aufwendungen bei unmittelbar bevorstehendem Versicherungsfall 458
- D. Ergänzende Bestimmungen zum Aufwendungs-ersatzanspruch 459
- E. Kosten der Ermittlung und der Feststellung des Schadens 460

§ 14 Übergang von Ersatzansprüchen 463
- A. Einführung 463
- B. Übergang von Ersatzansprüchen 463
- C. Regressverzichtsabkommen der Feuerversicherer 467
- D. Teilungsabkommen zwischen Sach- und Haftpflichtversicherer 469
- E. Obliegenheiten des Versicherungsnehmers 469

§ 15 Kündigung nach dem Versicherungsfall 471
- A. Allgemeine Anmerkungen 471
- B. Versicherungsfall 472
- C. Mehrere Verträge 474
- D. Mehrere Versicherungsnehmer 474
- E. Schriftform 475
- F. Monatsfrist 476
- G. Wirkung der Kündigung 476
  - I. Kündigung des Versicherers 477
  - II. Kündigung des Versicherungsnehmers 477
  - III. Zusammentreffen von Kündigungen 478
- H. Schicksal der Prämie 478

§ 16 Keine Leistungspflicht aus besonderen Gründen 479

A. Vorsätzliche oder grob fahrlässige Herbeiführung des Versicherungsfalls 479

I. Objektiver Tatbestand 480
II. Kausalität 480
III. Vorsatz 481
IV. Grobe Fahrlässigkeit 482
V. Beweislast 483
VI. Leistungsfreiheit bei Vorsatz 485
VII. Leistungskürzung bei grober Fahrlässigkeit 485
  1. Systematik der Leistungskürzung 485
  2. Fallgruppen grob fahrlässiger Herbeiführung des Versicherungsfalls 487
    a) Brennenlassen von Kerzen 487
    b) Rauchen und Entsorgung der Asche 489
    c) Erhitzen von Fett auf der Herdplatte 490
    d) Betreiben von Wasch- und Spülmaschinen bei Abwesenheit 491
    e) Sonstige Fallgruppen grober Fahrlässigkeit 491

B. Arglistige Täuschung nach Eintritt des Versicherungsfalles 492

I. Begriff 492
II. Grund und Höhe der Entschädigung 493
III. Rechtsfolge 496
IV. Beweislast des Versicherers 500
V. Rechtskräftiges Strafurteil 500

§ 17 Anzeigen, Willenserklärungen, Anschriftenänderungen 503

A. Einführung 503
B. Form von Erklärungen und Anzeigen 503
C. Nichtanzeige einer Anschriften- bzw. Namensänderung 504

§ 18 Vollmacht des Versicherungsvertreters 505

§ 19	Repräsentanten	507
A.	Einführung	507
B.	Gesetzlicher Vertreter	507
C.	Mehrere Versicherungsnehmer	508
D.	Repräsentanten	509
	I. Begriff	510
	II. Fälle der Repräsentanz	511
E.	Wissenserklärungsvertreter	515
F.	Wissensvertreter	516
G.	Versicherte	518

§ 20	Verjährung	521
§ 21	Zuständiges Gericht	523
§ 22	Anzuwendendes Recht	525
§ 23	Sanktionsklausel	527
A.	Erläuterung	527

Anhang **529**

Anhang 1 . . . . **531**

Klauseln zu den Allgemeinen Wohngebäude-
Versicherungsbedingungen (PK VGB 2010 – Wert 1914) 531

Anhang 2 . . . . **543**

Wohnflächenmodell – Abweichende Regelungen 543
   § 10   Umfang und Anpassung des Versicherungsschutzes 543
   § 11   Entschädigungsberechnung 545

Stichwortverzeichnis **549**

Literatur- und Abkürzungsverzeichnis

AFB	Allgemeine Bedingungen für die Feuerversicherung
AHB	Allgemeine Bedingungen für die Haftpflichtversicherung
AGB	Allgemeine Geschäftsbedingungen
AStB	Allgemeine Bedingungen für die Sturmversicherung
AVB	Allgemeine Versicherungsbedingungen
AWB	Allgemeine Bedingungen für die Leitungswasserversicherung
Bechert	Grundlagen der Leitungswasserversicherung, 5. Auflage 1977
Behrens	Elementarschadenversicherung, 2014
BGH	Bundesgerichtshof
Blanck	Entschädigungsberechnung in der Sachversicherung, 4. Auflage 1977
Boldt	Die Feuerversicherung, 7. Auflage 1995
Bruck/Möller/*Bearbeiter*	VVG – Großkommentar zum Versicherungsvertragsgesetz, 9. Auflage verschiedener Jahre
BWE	Besondere Bedingungen für die Versicherung weiterer Elementarschäden
Dahlke	Terror als Schadensursache, VersR 2003, 25
Dietz, 2. Auflage	Wohngebäudeversicherung, 2. Auflage 1999
Dietz HRV	Hausratversicherung 84, 2. Auflage 1988
Dimski	Wer haftet für Tumultschäden?, VersR 1999, 804
DP	Die VersicherungsPraxis (Zeitschrift)
Ehlers	Krieg, Kriegsereignisse, terroristische und politische Gewalthandlungen, Beschlagnahme, Eingriffe von hoher Hand, r + s 2002, 133
FA-Komm-VersR/*Bearbeiter*	Fachanwaltskommentar Versicherungsrecht, 2013
FEVB	Allgemeine Bedingungen der Gebäudeversicherung Baden-Württemberg über die Feuer- und Elementarschadenversicherung
Fischer	Strafgesetzbuch: StGB, 61. Auflage 2014
Fricke	Rechtliche Probleme des Ausschlusses von Kriegsrisiken in AVB, VersR 1991, 1098
Fricke	Rechtliche Probleme des Ausschlusses von Kriegsrisiken in AVB – II. Folge –, VersR 2002, 6
Graf Vitzthum/*Bearbeiter*	Völkerrecht, 5. Auflage 2010
Günther	Der Regress des Sachversicherers, 4. Auflage 2012

Handbuch FA VersR/*Bearbeiter*	Handbuch des Fachanwalts Versicherungsrecht, 4. Auflage 2011
Hannemann	Neubegründung der Lehre vom gedehnten Versicherungsfall und ihre Bedeutung für moderne versicherungsrechtliche Probleme, 1996
Holthausen	Gewerbekunden Sach-/Vermögensversicherung, 2003
Jula	Sachversicherungsrecht, 3. Auflage 2013
Krahe	Der Begriff „Kriegsereignis" in der Sachversicherung, VersR 1991, 634.
Looschelders	Schuldhafte Herbeiführung des Versicherungsfalls nach der VVG-Reform, VersR 2008, 1
Looschelders/Pohlmann/*Bearbeiter*	VVG-Kommentar, 2. Auflage 2011
Martin	Sachversicherungsrecht, 3. Auflage 1992
Mohr/Engel	Grundlagen der Sturmversicherung, 6. Auflage 1987
MAH Versicherungsrecht/*Bearbeiter*	Münchener Anwalts Handbuch Versicherungsrecht, 2. Auflage 2008
Mühlhausen	Fiktive Abrechnung und Ersatz von Eigenleistungen in der Kostenversicherung, VersR 2014, 927
Neue Wege d. VersM/*Bearbeiter*	Neue Wege des Versicherungsmanagements, Festschrift zum 60. Geburtstag von Günter Schmidt, 1997
OLG	Oberlandesgericht
Prölss/Martin/*Bearbeiter*	Versicherungsvertragsgesetz, 28. Auflage 2010
Palandt/*Bearbeiter*	Bürgerliches Gesetzbuch: BGB, 73. Auflage 2014
r + s	Recht und Schaden (Zeitschrift)
Raiser	Kommentar der Allgemeinen Feuerversicherungsbedingungen, 2. Auflage 1937
Rixecker	Neuere Rechtsprechung zum Wasserschaden, r + s 2009, 397
Römer/Langheid	Versicherungsvertragsgesetz: VVG, 3. Auflage 2012
Rüffer/Halbach/Schimikowski/*Bearbeiter*	Versicherungsvertragsgesetz, 2. Auflage 2011
Schnitzler	Der Schaden als Leistungsgrenze in der Sachversicherung, 2002
Schwintowski/Brömmelmeyer/*Bearbeiter*	Praxiskommentar zum Versicherungsvertragsgesetz, 2. Auflage 2011

Spielmann	Aktuelle Deckungsfragen in der Sachversicherung, 2. Auflage 2012
VerBAV	Veröffentlichungen des Bundesaufsichtsamtes für das Versicherungs- und Bausparwesen
VHS/*Bearbeiter*	Versicherungsrecht, Haftungs- und Schadensrecht, Festschrift für Egon Lorenz, 2014
VP	Die VersicherungsPraxis (Zeitschrift)
Wälder	Anprall und Absturz von Flugkörpern, r + s 2006, 139
Wussow	Sturmschäden im Versicherungs- und Haftpflichtrecht, VersR 2000, 679
Wussow	Versicherung gegen die Folgen von Naturereignissen in der erweiterten Elementarschadensversicherung, VersR 2008, 1292
ZfS	Zeitschrift für Schadensrecht (Zeitschrift)

Vorbemerkung zur Kommentierung der VGB 2010

A. Marktentwicklung

Die Marktentwicklung in der Wohngebäudeversicherung ist in den letzten Jahren von stabilem Wachstum geprägt. Nachdem die Wiedervereinigung Deutschlands und die Deregulierung der Märkte zu einer starken Wachstumsphase zu Beginn der 90er Jahre des vergangenen Jahrhunderts geführt haben und sich eine Phase der Stagnation um die Jahrtausendwende anschloss, sind die Beiträge in den vergangenen Jahren wieder stetig gewachsen.

So lag das Beitragswachstum in den Jahren 2008 bis 2013 zwischen 2,7 % und 7,3 %.[1] Demgegenüber waren die Aufwendungen für Versicherungsfälle erwartungsgemäß größeren Schwankungen unterworfen, wobei sich insbesondere das Auftreten von Naturkatastrophen deutlich ausgewirkt hat. Letztlich bewegten sich die Schadenquoten zwischen 76,9 % (2009) und 85,8 % (2010).

Nach wie vor entfallen die mit Abstand meisten und addiert höchsten Aufwendungen für Versicherungsfälle auf die Leitungswasserversicherung, während der durchschnittliche Einzelschaden in der Feuerversicherung am größten ist. Das Interesse an der Elementarschadenversicherung wird dadurch deutlich, dass sich die Anzahl der diesbezüglichen Versicherungsverträge in der Wohngebäudeversicherung zwischen den Jahren 2010 bis 2012 durchschnittlich um über 8 % pro Jahr erhöht hat.

Eine Erörterung der Marktentwicklung im Detail, wie in der letzten Auflage erfolgt, kann im Rahmen des vorliegenden Werks unterbleiben. Mittlerweile werden alle relevanten Zahlen stets in aktualisierter Form im Internet veröffentlicht. Der diesbezüglich interessierte Leser sei an dieser Stelle auf den Internetauftritt des GDV (www.gdv.de) verwiesen, wo regelmäßig entsprechende Statistiken veröffentlicht werden.

B. Versicherungswert 1914 vs. Wohnflächenmodell

Seit den VGB 2000 wird als Alternative zur gleitenden Neuwertversicherung auf Basis des Versicherungswerts 1914 das sogenannte Wohnflächenmodell ohne Bildung einer Versicherungssumme angeboten.

Das Wohnflächenmodell, für das eigene Musterbedingungen vom GDV herausgegeben werden, erfreut sich am Markt wachsender Beliebtheit. Die vorliegende Kommentierung erfolgt dennoch anhand der Versicherungsbedingungen VGB 2010 zum Wert 1914. Diese entsprechen weitestgehend den Bedingungen des Wohnflächenmodells.

---

1 Quelle: www.gdv.de

Soweit die Bedingungen abweichen, nämlich in den §§ 10, 13 VGB 2010 (A) Wohnflächenmodell, werden diese Abweichungen jeweils am Ende der Kommentierungen von §§ 10, 13 VGB 2010 (A) dargestellt. Der Wortlaut der beiden Regelungen ist in Anhang 2 nachzulesen. Es ist zu beachten, dass beim Wohnflächenmodell die §§ 12 bis 16 VGB 2010 (A) den §§ 14 bis 18 VGB 2010 (A) der Bedingungen nach Wert 1914 entsprechen. Weitere inhaltliche Abweichungen sind hiermit jedoch nicht verbunden.

C. Musterklauseln

In Anhang 1 finden sich die Texte der vom GDV empfohlenen Musterklauseln einschließlich Verweisen auf die Stellen in der Kommentierung, an denen die Musterklauseln Erwähnung finden.

Abschnitt A

§ 1 Versicherte Gefahren und Schäden (Versicherungsfall), generelle Ausschlüsse

1. Versicherungsfall

    Der Versicherer leistet Entschädigung für versicherte Sachen, die durch

    a. Brand, Blitzschlag, Überspannung durch Blitz, Explosion, Implosion, Anprall oder Absturz eines Luftfahrzeuges, seiner Teile oder seiner Ladung,

    b. Leitungswasser,

    c. Naturgefahren

        aa. Sturm, Hagel,

        bb. Weitere Elementargefahren

    zerstört oder beschädigt werden oder abhanden kommen.

    Jede Gefahrengruppe nach c) bb) kann ausschließlich in Verbindung mit einer oder mehreren unter a) bis c) aa) genannten Gefahren versichert werden.

2. Ausschlüsse Krieg, Innere Unruhen und Kernenergie

    a. Ausschluss Krieg

        Die Versicherung erstreckt sich ohne Rücksicht auf mitwirkende Ursachen nicht auf Schäden durch Krieg, kriegsähnliche Ereignisse, Bürgerkrieg, Revolution oder Aufstand.

    b. Ausschluss Innere Unruhen

        Die Versicherung erstreckt sich ohne Rücksicht auf mitwirkende Ursachen nicht auf Schäden durch Innere Unruhen.

    c. Ausschluss Kernenergie

        Die Versicherung erstreckt sich ohne Rücksicht auf mitwirkende Ursachen nicht auf Schäden durch Kernenergie, nukleare Strahlung oder radioaktive Substanzen.

A. Versicherungsfall

I. Bedeutung des Begriffs

1 Die Überschrift des § 1 VGB 2010 (A) „Versicherte Gefahren und Schäden (Versicherungsfall)" verdeutlicht, dass versicherte Gefahr und versicherter Schaden begrifflich nebeneinander stehen und voneinander zu trennen sind. Versicherte Gefahren sind die in § 1 Nr. 1 a) bis c) VGB 2010 (A) genannten Ereignisse. Versicherte Schäden treten ein, wenn die aufgeführten Ereignisse schädigend auf versicherte Sachen einwirken.

Anders ausgedrückt entstehen versicherte Schäden durch die Zerstörung, die Beschädigung oder das Abhandenkommen von versicherten Sachen infolge des **Eintretens einer versicherten Gefahr** innerhalb des Versicherungsorts während der materiellen Dauer des Versicherungsschutzes. Die Beweislast liegt beim Versicherungsnehmer. Er muss nachweisen, dass die Schäden an versicherten Sachen durch die Einwirkung einer versicherten Gefahr auf dem Versicherungsgrundstück entstanden sind und dass dies während der materiellen Dauer des Versicherungsschutzes geschehen ist.

Einen einheitlichen Begriff des **Versicherungsfalls** gibt es in der Schadenversicherung nicht. Die Bestimmung des Begriffs hat in der Wohngebäudeversicherung aber große Bedeutung, da an den Eintritt des Versicherungsfalls verschiedene Rechtsfolgen mit erheblichen materiellen Auswirkungen geknüpft sind.

2 Grundvoraussetzung für die Leistungsverpflichtung des Versicherers ist der Eintritt des Versicherungsfalls während der Dauer des Versicherungsvertrages. In der Wohngebäudeversicherung tritt der Versicherungsfall in dem Zeitpunkt ein, in dem **eine versicherte Gefahr beginnt, schädigend auf versicherte Sachen einzuwirken**. Der Versicherungsfall tritt nicht bereits dann ein, wenn z. B. auf einem Nachbargrundstück ein Brand ausbricht oder Leitungswasser austritt. Vielmehr beginnt der Versicherungsfall erst dann, wenn eine wirtschaftlich nachteilige Veränderung des Zustands versicherter Sachen in Form der Zerstörung, der Beschädigung oder des Abhandenkommens einsetzt.

3 Lediglich in der Feuerversicherung wird die Ansicht vertreten, dass der Ausbruch des Brandes auch dann bereits Eintritt des Versicherungsfalls ist, wenn der Brand zunächst an anderen, nicht versicherten Sachen ausbricht und erst später auf versicherte Sachen übergreift.[2] Diese umstrittene[3] abweichende Auslegung für die Feuerversicherung nach den AFB, die auf Gewohnheitsrecht beruht, ist jedoch nicht auf die VGB übertragen worden. In § 6 Nr. 2 VGB 62 war noch ausdrücklich bestimmt, dass der Versicherungsfall erst in dem Zeitpunkt eintritt, in dem sich die versicherte Gefahr an versicherten Sachen zu verwirkli-

---
2 Martin B I 13f.
3 Hannemann S. 16.

chen beginnt. Aber auch ohne diese ausdrückliche Regelung kann die genannte Auslegung auf die Wohngebäudeversicherung nicht übertragen werden. Denn in der Wohngebäudeversicherung existiert kein entsprechendes Gewohnheitsrecht, das letztlich das einzige Argument für die abweichende Auslegung in der Feuerversicherung darstellt. Der Versicherungsfall tritt somit nicht schon dann ein, wenn ein Brand ausbricht, Leitungswasser austritt oder ein Sturm einsetzt. Vielmehr ereignet sich ein Versicherungsfall erst dann, wenn die beschriebenen Schadenereignisse Schäden an versicherten Sachen anrichten. Probleme für den Ersatz von Rettungskosten treten wegen des dafür geltenden Grundsatzes der Vorerstreckung nicht auf (vgl. § 13 (B) Rn. 5).

Die dargestellte Auslegung hat **im Einzelfall ausschlaggebende Bedeutung** für die Haftung des Versicherers, wenn nach dem Eintritt der Schadenursache (Entstehung des Brandes, Austritt von Leitungswasser) eine gewisse Zeit verstreicht, bevor die Schadenursache (der Brand, das Leitungswasser) beginnt, schädigend auf versicherte Sachen einzuwirken.

4

Beispiele:

- Ein Waldbrand bricht aus, der erst nach einigen Tagen ein versichertes Gebäude erfasst.
- Eine außerhalb des Versicherungsgrundstücks verlaufende Hauptwasserleitung bricht, es tritt längere Zeit unbemerkt Wasser aus, das erst nach einigen Tagen oder Wochen Nässeschäden durch den Kellerraum des versicherten Gebäudes anrichtet.

Liegt der Beginn oder das Ende des Versicherungsvertrags zeitlich zwischen dem Eintritt der Schadenursache und dem Eintritt der ersten Beschädigungen an versicherten Sachen, so entscheidet der Begriff des Versicherungsfalls über die Haftung des Versicherers.

5

Beispiele:

- Rohrbruch bzw. Brandausbruch 29. 6. 2014;
- Beschädigung bzw. Zerstörung versicherter Sachen 2. 7. 2014;
- Versicherungsbeginn/Versicherungsende 1. 7. 2014.

Endet der Versicherungsvertrag am 1. 7. 2014, besteht kein Versicherungsschutz, da der Versicherungsfall am 2. 7. 2014 eingetreten ist. Umgekehrt besteht Versicherungsschutz, wenn der Vertrag am 1. 7. 2014 begonnen hat. Wäre der Zeitpunkt des Rohrbruchs bzw. des Brandausbruchs zugleich der Zeitpunkt des Eintritts des Versicherungsfalls, würde wiederum das Umgekehrte gelten.

6   Keine eigenständigen Versicherungsfälle sind Kostenschäden und Mietausfallschäden.

II. Einheit des Versicherungsfalls

7   Der Versicherungsfall in der Wohngebäudeversicherung ist kein augenblickliches, auf einen bestimmten Zeitpunkt fixiertes Ereignis. Ein Versicherungsfall erstreckt sich in der Regel **über einen längeren Zeitraum**. Es handelt sich um einen **sogenannten gedehnten Versicherungsfall**.[4] Werden verschiedene versicherte Sachen durch dasselbe Schadenereignis nacheinander beschädigt oder zerstört, so handelt es sich um einen einheitlichen Versicherungsfall, nicht um mehrere zeitlich nacheinander eintretende Versicherungsfälle.[5] Dies gilt auch im Hinblick auf Kosten- und Mietausfallschäden. Sachschaden, Kostenschaden und Mietausfallschaden bilden einen einheitlichen Versicherungsfall. Infolgedessen hängt die Ersatzverpflichtung für Kosten- und Mietausfallschaden im oben dargestellten Beispiel allein vom Einritt des Sachschadens ab.

8   Der Versicherungsfall dauert an, **solange** durch das Schadenereignis, das den Versicherungsfall bewirkt hat, **Schäden an versicherten Sachen oder versicherte Kosten- oder Mietausfallschäden entstehen**. So liegt ein Versicherungsfall vor, wenn ein über Stunden andauernder Sturm nach und nach an verschiedenen Stellen des versicherten Gebäudes Schäden anrichtet. Die Einheit des Versicherungsfalls bleibt selbst dann gewahrt, wenn im Zeitverlauf andere versicherte Gefahren hinzutreten, die durch die zeitlich erste Ursache adäquat kausal herbeigeführt wurden. Wird durch Blitzschlag eine Antenne zerstört und ein Brand ausgelöst, liegt ein Versicherungsfall vor. Das Gleiche gilt, wenn infolge eines Brandes Rohre der Wasserversorgung brechen und Leitungswasser austritt, das Nässeschäden am Gebäude anrichtet. In beiden Fällen handelt es sich um einen Brandschaden. Es ist also in der Feuerversicherung nicht möglich, einen einheitlichen kausalen Geschehensablauf in mehrere Versicherungsfälle zu zerlegen.

Dies gilt **auch** dann, wenn **durch einen Brand andere versicherte Gefahren ausgelöst werden**, die ihrerseits Schäden an versicherten Sachen verursachen. Ähnlich liegt es, wenn ein Brand gelöscht wird, unbemerkt Glimm- und Schwelreste zurückbleiben, die später zu einem Wiederaufflammen des Brandes führen. Es handelt sich um einen einheitlichen Versicherungsfall. Der zweite Brand ist nicht ein zweiter Versicherungsfall, da er aus dem ersten entstanden ist und infolgedessen ein einheitlicher Versicherungsfall vorliegt.[6]

9   Der Grundsatz der Einheit des Versicherungsfalls hat in der Wohngebäudeversicherung erhebliche praktische Auswirkungen. Die **Entschädigungsgrenzen** für

---

[4] Bruck/Möller/*Baumann* Band 1 § 1 Rn. 113.
[5] Ebenso Martin B IV 7.
[6] BGH VersR 1991, 490.

Aufräumungs- und Abbruchkosten und für Bewegungs- und Schutzkosten sowie für Mehrkosten infolge Preissteigerungen stehen **je Versicherungsfall einmal** zur Verfügung. Wäre es möglich, einen einheitlichen Schadenfall in mehrere Versicherungsfälle zu zerlegen, würden die Entschädigungsgrenzen unterlaufen. Der Versicherer könnte aus demselben Schadenfall mehrfach bis zur Höhe der Entschädigungsgrenze in Anspruch genommen werden.

Insbesondere **in der Neu- und in der Zeitwertversicherung** ergäben sich noch weitreichendere Konsequenzen. Nach § 13 Nr. 8 VGB 2010 (A) ist die Gesamtentschädigung für versicherte Sachen, versicherte Kosten und versicherten Mietausfall bzw. versicherten Mietwert in diesen Fällen je Versicherungsfall auf die Versicherungssumme begrenzt. Infolgedessen könnte eine **betragsmäßig nahezu unbegrenzte Haftung** realisiert werden, wenn ein einheitlicher Schadenfall in mehrere Versicherungsfälle aufgeteilt würde. Infolge der Einheit des Versicherungsfalls können diese aus der Sicht des Versicherers unerwünschten Wirkungen indessen nicht eintreten.

III. Abgrenzung der versicherten Gefahren

Im Gegensatz zur Hausratversicherung nach den VHB 2010 gilt der Grundsatz der Einheit des Versicherungsfalls in der Wohngebäudeversicherung **nicht uneingeschränkt für alle versicherten Gefahren**. Das liegt daran, dass die Wohngebäudeversicherung im Gegensatz zur Hausratversicherung keine geschlossene Mehrgefahrendeckung, sondern eine verbundene Versicherung ist. Infolgedessen steht es dem Versicherungsnehmer frei, die drei Gefahrengruppen Feuer, Leitungswasser oder Sturm/Hagel **einzeln zu versichern bzw. beliebig miteinander zu kombinieren**. Lediglich die Versicherung der weiteren Elementargefahren nach § 4 Nr. 3 VGB 2010 (A) ist ausschließlich in Verbindung mit zumindest einer der anderen Gefahrengruppen möglich (vgl. § 1 Nr. 1 S. 3 VGB 2010 (A)).

In der Praxis wird von den beschriebenen Möglichkeiten durchaus Gebrauch gemacht. Es kommt vielfach vor, dass Gebäude nur gegen Schäden durch die eine oder andere Gefahrengruppe versichert sind. Weiterhin ist dasselbe Gebäude oft gegen Schäden durch die verschiedenen Gefahrengruppen bei verschiedenen Versicherern geschützt. Typische Fälle dafür sind Verträge für Wohngebäude in den ehemaligen Pflicht- und Monopolgebieten. Dort besteht Versicherungsschutz für Brand- und gebietsweise auch für Sturm-/oder Hagelschäden bei der zuständigen Pflicht- und Monopolanstalt. Die übrigen Gefahren wurden in separaten Verträgen bei Wettbewerbsversicherern abgedeckt. Daher ist es erforderlich, die versicherten Gefahren in der Wohngebäudeversicherung **gegeneinander abzugrenzen**.

Nach § 3 Nr. 4 a) gg) VGB 2010 (A) erstreckt sich der **Versicherungsschutz gegen Leitungswasser** ohne Rücksicht auf mitwirkende Ursachen nicht auf

Schäden durch Brand, Blitzschlag, Überspannung durch Blitz, Explosion, Implosion bzw. den Anprall oder Absturz eines Luftfahrzeuges, seiner Teile oder seiner Ladung. Gleiches gilt gem. § 4 Nr. 4 a) dd) VGB 2010 (A) für die Naturgefahren, es sei denn, die Gefahren wurden durch ein versichertes Erdbeben ausgelöst. Eine solche Abgrenzung gab es in den VGB 88 n. F. und den VGB 2000 nicht.[7]

Durch die Abgrenzung werden etwa **Leitungswasserschäden infolge von Brandschäden** sowie **Brandschäden infolge von Leitungswasserschäden als Brandschäden** eingestuft. Die Einstufung von Brandschäden in Form von Leitungswasserschäden als Brandschäden bestätigt die Einheit des Versicherungsfalls. Der Ausschluss von Brandschäden infolge eines Leitungswasserschadens aus der Leitungswasserdeckung hebt den Grundsatz der Einheit des Versicherungsfalls insoweit auf. Die Folgen desselben Schadenereignisses führen zu je einem Versicherungsfall in der Feuer- und in der Leitungswasserversicherung. Dadurch wird Doppelversicherung zwischen den einzelnen Gefahrengruppen vermieden. Der Haftung der Feuerversicherung wird dabei Vorrang eingeräumt. Die Priorität der Feuerversicherung liegt im Interesse des Versicherungsnehmers, weil nahezu alle Wohngebäude gegen Brandschäden versichert sind.

12   Die vorstehenden Ausführungen gelten für die **Abgrenzung zwischen der Feuerversicherung und der Naturgefahrenversicherung sinngemäß**. Verursacht eine Naturgefahr im Sinne des § 4 VGB 2010 (A) einen Brand, so wird der dadurch entstehende Schaden als Brandschaden behandelt. Entsprechendes gilt, wenn durch einen zeitlich vorhergehenden Brandschaden der Eintritt oder der Umfang eines durch eine Naturgefahr verursachten Schadens begünstigt wird.

13   Eine **Besonderheit** gilt für Schäden durch **Erdbeben**, die gem. § 2 Nr. 6 S. 1 a) VGB 2010 (A) ohne Rücksicht auf mitwirkende Ursachen aus dem Feuerrisiko ausgeschlossen sind. Folgerichtig gilt der Ausschluss des Feuerrisikos im Rahmen der weiteren Elementargefahren gem. § 4 Nr. 4 a) dd) Hs. 2 VGB 2010 (A) ausdrücklich nicht für Erdbeben.

14   Die **Abgrenzung zwischen der Leitungswasserversicherung und der Naturgefahrenversicherung** ist in § 3 Nr. 4 a) dd), ee), ff), ii) VGB 2010 (A) geregelt. Hier ist grundsätzlich der Naturgefahrenversicherung Vorrang eingeräumt. Demgemäß erstreckt sich nach § 3 Nr. 4 a) ii) VGB 2010 (A) der Versicherungsschutz gegen Leitungswasser ohne Rücksicht auf mitwirkende Ursachen nicht auf Schäden durch Sturm bzw. Hagel. Gem. § 3 Nr. 4 a) ee) VGB 2010 (A) gilt Gleiches für die weiteren Elementargefahren Erdbeben, Schneedruck, Lawinen und Vulkanausbruch sowie gem. § 3 Nr. 4 a) ff) VGB 2010 (A) für Erdsenkung und Erdrutsch, es sei denn, dass Leitungswasser die Erdsenkung oder den Erdrutsch verursacht hat. Schließlich werden durch § 3 Nr. 4 a) dd) VGB 2010 (A), neben allgemein nicht versicherten Gefahren, auch die weiteren Elementargefahren Überschwemmung und Rückstau aus der Leitungswasserversicherung ausgeschlossen.

---

7   Einzelheiten siehe Dietz 2. Auflage D 1.4.1.

§ 1   A   Versicherte Gefahren und Schäden (Versicherungsfall), generelle Ausschlüsse

Im Gegensatz zu früheren Bedingungen hat in den VGB 2010 (A) die **Naturgefahrenversicherung** gegenüber der Leitungswasserversicherung **Vorrang**. In den VGB 88 war dies für die Gefahrengruppe Sturm/Hagel noch genau umgekehrt.[8]

Durch die Abgrenzung der versicherten Gefahren gegeneinander wird die **Einheit des Versicherungsfalls verschiedentlich aufgehoben**. Dasselbe Schadenereignis verursacht mehrere Versicherungsfälle. Aus Anlass eines Schadenereignisses können dann z. B. Entschädigungsgrenzen mehrfach beansprucht werden. Die dargestellte Abgrenzung kann weiterhin dazu führen, dass die Folgen ein und desselben Schadenereignisses teilweise versichert, teilweise aber unversichert sind.

15

Beispiel:

Der Versicherungsnehmer stellt am 1. 9. 2014 einen Antrag auf Versicherung seines Wohngebäudes, der Versicherungsvertrag beginnt am 1. 10. 2014. Am 25. 9. 2014 ist ein versteckter Leitungswasserschaden eingetreten, der am 2. 10. 2014 einen Kurzschluss mit nachfolgendem Brand auslöst. Der Leitungswasserschaden ist nicht versichert, der Schaden durch den Nachfolgebrand wird entschädigt.

Unter denselben Voraussetzungen besteht in der Hausratversicherung für den Hausratschaden durch Leitungswasser und durch Brand kein Versicherungsschutz, da es sich um einen Versicherungsfall handelt.[9] Es fragt sich jedoch, ob dieses Ergebnis in der Hausratversicherung nicht zugunsten des Versicherungsnehmers zu korrigieren ist.

IV.   Versicherte Gefahren

Im Vergleich zu den VGB 88, die in der Vorauflage kommentiert wurden, gibt es im Bereich der versicherten Gefahren einige wichtige Änderungen. Im Rahmen der **Feuerversicherung** wurde die Gefahr „Überspannung durch Blitz" in § 2 Nr. 4 VGB 2010 (A) in die Grunddeckung aufgenommen. Versichert sind somit nunmehr Schäden, die an versicherten Sachen durch Brand, Blitzschlag, Überspannung durch Blitz, Explosion, Implosion sowie durch Anprall oder Absturz eines Luftfahrzeuges, seiner Teile oder seiner Ladung entstehen.

16

Bereits mit den VGB 2008 wurden **die Leitungswasser- und die Rohrbruchversicherung**, die in den VGB 88 und 2000 jeweils als separate Gefahren geregelt waren, in § 3 VGB 2008/2010 unter dem einheitlichen Begriff „Leitungswasser" zusammengeführt. Eine solche einheitliche Regelung gab es bereits in den VGB 62. Es wird nun zwischen Bruchschäden (§ 3 Nr. 1, Nr. 2 VGB 2008/2010)

17

---

8   Dietz 2. Auflage D 1.4.2.
9   Vgl. Dietz HRV Vor § 3 Rn. 3.

und Nässeschäden (§ 3 Nr. 3 VGB 2008/2010) unterschieden. Hierdurch wurde auch eine Systemwidrigkeit beseitigt, da bis zur angesprochenen Neuregelung die Rohrbruchversicherung nicht in die allgemeine Regelung des Versicherungsfalls (§ 4 VGB 88/2000) einbezogen war.

Trotz der Einbeziehung in die Systematik der VGB 2008/2010 bleibt die Rohrbruchversicherung atypisch, denn es handelt sich nicht um eine versicherte Gefahr, sondern um eine Erscheinungsform des Sachschadens.[10] Zudem sind ausschließlich die ausdrücklich in § 3 Nr. 1, Nr. 2 VGB 2010 (A) aufgeführten Sachen versichert.

18 In § 4 Nr. 3 VGB 2010 (A) wurden die **weiteren Elementargefahren**, die im Rahmen der VGB 2008 noch gesondert mittels der BWE 2008 vereinbart werden mussten, in die Grunddeckung aufgenommen. Eine solche Aufnahme war in der Vergangenheit bereits mehrfach diskutiert worden.[11] Die weiteren Elementargefahren werden nun **gemeinsam mit der Sturm- und Hagelversicherung** geregelt, können aber auch zusammen mit den anderen Gefahrengruppen Feuer und Leitungswasser versichert werden.

19 In § 1 Nr. 1 S. 3 VGB 2010 (A) wird klargestellt, dass jede der Gefahrengruppen **Feuer, Leitungswasser und Sturm/Hagel** auch **einzeln versichert** werden kann. Die **weiteren Elementargefahren** nach § 1 Nr. 3 c) bb) VGB 2010 (A) können jedoch **ausschließlich in Verbindung mit zumindest einer der anderen Gefahrengruppen** versichert werden. Dass der zweite Teil des Satzes lediglich auf die „Gefahren" und nicht auf die „Gefahrengruppen" Bezug nimmt, dürfte ein Redaktionsversehen darstellen.

Es versteht sich ohne weiteres, **dass gefahrenspezifische Regelungen nur insoweit** gelten, als die angesprochene Gefahrengruppe **in dem betreffenden Vertrag versichert** ist, auch wenn ein ausdrücklicher Hinweis hierzu in den VGB 2010 fehlt. Der Versicherungsnehmer kann in der Wettbewerbsversicherung frei entscheiden, welche der drei Gefahrengruppen er versichern möchte. Dagegen ist es grundsätzlich nicht möglich, lediglich Ausschnitte bzw. Teile einzelner Gefahrengruppen zu versichern.

V. Versicherte Schäden (Sachschäden)

20 Versicherte Schäden in der Wohngebäudeversicherung treten ein, wenn **versicherte Sachen** durch ein in § 1 Nr. 1 S. 1 VGB 2010 (A) genanntes Ereignis **zerstört oder beschädigt werden** oder infolge eines solchen Ereignisses **abhandenkommen**. Neben den Schäden an den versicherten Sachen (Sachschäden) werden auch die dadurch verursachten **Kosten- oder Mietausfallschäden** ersetzt. Die versicherten Schäden sind in § 1 Nr. 1 S. 1 VGB 2010 (A) insofern

---

10 OLG Karlsruhe VersR 2004, 1310.
11 Dietz 2. Auflage D 2.

nicht umfassend geregelt. § 1 Nr. 1 S. 1 VGB 2010 (A) bezieht sich auf versicherte Sachschäden. Daneben sind Kostenschäden nach §§ 7, 8 VGB 2010 (A) und Mietausfallschäden nach § 9 VGB 2010 (A) unter den dort geregelten Voraussetzungen versichert.

Die Formulierung in § 1 Nr. 1 S. 1 VGB 2010 (A) „Der Versicherer leistet Entschädigung für versicherte Sachen, die durch ... zerstört oder beschädigt werden oder abhanden kommen" verdeutlicht, dass **jeder adäquate Kausalzusammenhang** zwischen den genannten Ereignissen und den Schäden an versicherten Sachen Versicherungsfall in der Wohngebäudeversicherung ist. Es sind nicht nur diejenigen Schäden versichert, die auf der unmittelbaren Einwirkung versicherter Gefahren auf versicherte Sachen beruhen.[12] Der Versicherungsschutz gilt darüber hinaus generell auch für Schäden, die die adäquate Folge des Eintritts einer versicherten Gefahr sind. 21

So liegt es, wenn bei einem Dachstuhlbrand Decken und Wände der darunter liegenden Wohnräume durch Löschwasser beschädigt werden. Ebenso sind Beschädigungen an Wänden und Fußböden des Treppenhauses versichert, die beim nachfolgenden Transport des Brandschutts verursacht werden. Versicherungsschutz besteht auch, wenn beim Abbruch stehen gebliebener Teile der Dachkonstruktion die Fassade des Hauses beschädigt wird. Keine ersatzpflichtigen Folgeschäden liegen jedoch vor, wenn durch unsachgemäße Reinigung oder Reparatur, beim Transport oder beim Aufräumen durch Unachtsamkeit bzw. Fahrlässigkeit Schäden an versicherten Sachen entstehen.[13]

Es ist zu beachten, dass **bei einzelnen Gefahren zusätzliche einschränkende Bedingungen gesetzt werden und Ausschlüsse gelten**. Dies gilt beispielsweise für die Gefahren Blitzschlag („unmittelbarer Übergang eines Blitzes auf Sachen"; § 2 Nr. 3 Abs. 1 VGB 2010 (A)) und Sturm/Hagel („durch die unmittelbare Einwirkung des Sturmes oder Hagels"; § 4 Nr. 2 c) aa) VGB 2010 (A)). 22

Erscheinungsformen des versicherten Schadens sind die Zerstörung, die Beschädigung oder das Abhandenkommen von versicherten Sachen durch eine versicherte Gefahr. Gemeinsames Merkmal der **Zerstörung oder Beschädigung** ist die wertmindernde Veränderung ihrer Sachsubstanz.[14] Die Entscheidung darüber, ob die Beeinträchtigung der Substanz eine Zerstörung (Totalschaden) oder eine Beeinträchtigung (Teil- oder Reparaturschaden) bedeutet, richtet sich nach wirtschaftlichen Gesichtspunkten. Ebenso wie in den Fällen, in denen eine Reparatur technisch nicht mehr möglich ist, unterbleibt sie auch, wenn die Reparaturkosten den Versicherungswert (ortsüblicher Neubauwert) übersteigen. Abgesehen davon sind Totalschäden in der Wohngebäudeversicherung äußerst selten. 23

---

12   Vgl. BGH VersR 2005, 828 zu Überschwemmungsschäden.
13   Vgl. OLG Nürnberg VersR 1995, 290.
14   Vgl. Martin B III 4.

24 Das **Abhandenkommen** von versicherten Sachen ist eine eigenständige Erscheinungsform des versicherten Schadens. Schäden durch das Abhandenkommen versicherter Sachen sind versichert, wenn es sich dabei um die adäquate Folge des Eintritts einer versicherten Gefahr handelt. Abhandengekommen ist eine Sache, wenn der Versicherungsnehmer oder ein Versicherter den **unmittelbaren Besitz verloren** hat und es **unwahrscheinlich** geworden ist, dass er ihn in absehbarer Zeit **zurückerlangt**.[15] Das Abhandenkommen von Sachen hat in der Wohngebäudeversicherung geringe Bedeutung. Gelegentlich kommt es vor, dass bei Brandschäden Gebäudeteile oder Zubehörstücke dadurch abhandenkommen, dass sie entwendet oder versehentlich mit dem Brandschutt abtransportiert werden. Eine Ersatzverpflichtung des Wohngebäudeversicherers setzt jedoch voraus, dass Gebäudeteile oder Zubehörstücke in zeitlichem und örtlichem Zusammenhang mit dem Eintritt des Versicherungsfalls abhandenkommen. Werden zum Haus gehörige Plattenheizkörper und ein antiker Kachelofen erst drei Wochen nach Abbrennen des Hauses entwendet, so handelt es sich nicht mehr um einen Diebstahl, der „bei" dem Brand geschehen ist.[16]

25 In den VGB 2010 nicht geregelt ist die Frage, ob auch Versicherungsschutz besteht, wenn versicherte Sachen **infolge eines eingetretenen oder unmittelbar bevorstehenden Versicherungsfalls vom Versicherungsgrundstück entfernt** und außerhalb des Versicherungsgrundstücks entwendet werden. Es ist angebracht, in diesen Fällen §§ 6 Nr. 1 Abs. 2 VHB 2010 (A), 6 Nr. 1 a) Abs. 2 AFB 2010 (A) entsprechend anzuwenden. Danach ist das Abhandenkommen von Sachen auch außerhalb des Versicherungsorts versichert, wenn die Sachen infolge eines eingetretenen oder unmittelbar bevorstehenden Versicherungsfalls aus dem Versicherungsort entfernt und in zeitlichem und örtlichem Zusammenhang mit diesem Vorgang beschädigt oder zerstört werden oder abhandenkommen.

Die ausdrückliche Regelung dieser Sachverhalte in den VHB 2010 und den AFB 2010 hat deklaratorische Bedeutung, weil derartige Schäden unter den genannten Voraussetzungen ohne weiteres als Rettungskosten nach § 90 VVG zu entschädigen sind.

26 Es ist dabei gefordert, dass die Entfernung der versicherten Sachen infolge eines bereits eingetretenen oder unmittelbar bevorstehenden Versicherungsfalls erfolgt ist. Wo die **zeitlichen und örtlichen Grenzen** liegen, entscheidet sich nach den konkreten Umständen des **Einzelfalls**. Sie werden zweifellos überschritten, wenn beschädigte Gebäudeteile oder Zubehörstücke, die zur Reparatur in einen Handwerksbetrieb gebracht werden, auf dem Transportweg oder im Betrieb abhanden kommen. Dies gilt selbst dann, wenn die Sachen zunächst infolge eines eingetretenen Versicherungsfalls zum Zwecke der Schadenminderung vom Versicherungsgrundstück entfernt wurden. Der geforderte örtliche und zeitliche Zusammenhang zwischen der Entfernung und dem Abhandenkommen ist in dem

---

15 Martin B II 11.
16 OLG Celle VersR 1992, 608.

dargestellten Beispiel nicht mehr gegeben. Die vorübergehend abgetrennten Gebäudebestandteile oder Zubehörstücke sind weiterhin versicherte Sachen nach § 6 VGB 2010 (A). Wegen der örtlichen Begrenzung des Versicherungsschutzes sind sie jedoch auf den Transportwegen und im Reparaturbetrieb dennoch nicht versichert (vgl. § 5 (A) Rn. 26).

VI. Sonstige versicherbare Gefahren

Neben den nach § 1 Nr. 1 VGB versicherten Gefahren sind in den Klauseln zu den VGB 2010 zwei **weitere, versicherbare Gefahren** enthalten. 27

1. Gebäudebeschädigungen durch unbefugte Dritte

Zum einen handelt es sich hierbei um den Einschluss von Kosten für die Beseitigung von **Gebäudebeschädigungen durch unbefugte Dritte** nach **Klausel 7361**. Versichert sind die Kosten für die Beseitigung von Schäden an im Gemeingebrauch stehenden Türen, Schlössern, Fenstern, Rollläden und Schutzgittern des versicherten Gebäudes, wenn die Schäden dadurch entstanden sind, dass ein unbefugter Dritter in das Gebäude eingebrochen, eingestiegen oder mittels falscher Schlüssel oder anderer Werkzeuge eingedrungen ist oder Entsprechendes versucht hat. 28

Die Mitversicherung dieser Kosten ist **auf Mehrfamilienhäuser beschränkt**. Dort besteht in den aufgeführten Fällen in der Hausratversicherung eine Deckungslücke, weil der Ersatz von Reparaturkosten für Gebäudebeschädigungen auf den Bereich der Wohnung beschränkt ist.[17] Bei Einfamilienhäusern zählen zu diesem Bereich die gesamte Wohnung sowie die zu privaten Zwecken genutzten Nebengebäude auf dem Versicherungsgrundstück. In Mehrfamilienhäusern zählen jedoch gemeinschaftlich mit Dritten genutzte Räume bzw. Gebäudeteile nicht zur Wohnung.[18] Dazu gehören unter anderem der Eingangsbereich, Treppenhäuser, Flure sowie gemeinschaftlich genutzte Wasch- und Trockenräume, Garagen und Fahrradabstellräume. Schäden durch versuchten oder vollendeten Einbruchdiebstahl an diesen Gebäudeteilen sind in der Hausratversicherung nicht versichert. Diese Deckungslücke wird geschlossen. Nicht versichert sind jedoch Schlossänderungskosten bei Abhandenkommen der richtigen Schlüssel.[19] Es handelt sich dabei nicht um Schäden an Schlössern. 29

Die Entschädigung ist nach Nr. 2 der Klausel auf den vereinbarten Betrag begrenzt.

---

17 Vgl. Dietz HRV § 2 Rn. 4.5.
18 Dietz HRV § 10 Rn. 2.5.
19 Vgl. Dietz HRV § 2 Rn. 4.4.

2. Graffitischäden

30 Weiterhin können auch die notwendigen Kosten für die Beseitigung von **Schäden durch Graffiti** mitversichert werden, die durch unbefugte Dritte an der Außenseite von versicherten Sachen verursacht wurden. Hierfür steht die **Klausel 7366** zur Verfügung.

Den Versicherungsnehmer trifft gem. Nr. 4 die **Obliegenheit**, den **Schaden unverzüglich dem Versicherer und der Polizei anzuzeigen**. Beide Vertragsparteien können gem. Nr. 5 durch schriftliche Erklärung zum Ende des laufenden Versicherungsjahres unter Einhaltung einer Frist von drei Monaten **verlangen**, dass der **Versicherungsschutz für Graffiti** mit Beginn des nächsten Versicherungsjahres **entfällt**. Hierdurch kann sich der Versicherer bei Objekten, die dauerhaft besonders stark von Graffiti-Schäden betroffen sind und bei denen somit langfristig unverhältnismäßig hohe Kosten zu erwarten sind, von der Klausel lösen, ohne dass der Gesamtvertrag gekündigt werden muss. Allerdings steht dem Versicherungsnehmer nach Nr. 6 in diesen Fällen ein Sonderkündigungsrecht im Hinblick auf den Gesamtvertrag zu, welches jedoch nur Bedeutung erlangt, wenn keine Kündigung nach § 2 Nr. 4 VGB 2010 (B) möglich ist.

Der Risikobegrenzung für den Versicherer dienen auch Nr. 2 und Nr. 3, nach denen die Entschädigung je Versicherungsfall und Versicherungsjahr auf den vereinbarten Betrag begrenzt ist und die Entschädigungsleistung zudem um den vereinbarten Selbstbehalt gekürzt wird.

B. Ausschlüsse Krieg, Innere Unruhen und Kernenergie

Nach § 1 Nr. 2 VGB 2010 (A) erstreckt sich der Versicherungsschutz ohne Rücksicht auf mitwirkende Ursachen nicht auf Schäden durch **Krieg, Innere Unruhen** sowie **Kernenergie**.

31

I. Allgemeines

Neben den genannten, allgemeinen Gefahrenausschlüssen gibt es über das Bedingungswerk verstreut **zahlreiche Sach-, Gefahren- und Kostenausschlüsse**. Da diese weiteren Ausschlüsse in der Regel nur im direkten Sachzusammenhang verständlich werden, wird auf eine zusammenfassende Darstellung verzichtet.[20] Die Kommentierung erfolgt im jeweiligen Sachzusammenhang.

32

II. Krieg, Innere Unruhen und Kernenergie

§ 1 Nr. 2 VGB 2010 (A) enthält allgemeine Ausschlüsse für **Schäden durch Krieg, Innere Unruhen und Kernenergie**, die sich auf alle versicherten Gefahren beziehen.

33

Diese **allgemeinen Ausschlüsse setzen sich durch**. Nicht versichert sind alle Schäden, die durch eine dieser Ursachen adäquat kausal herbeigeführt werden. Es genügt, dass die ausgeschlossene Gefahr mitursächlich war. Durch die Beifügung „ohne Rücksicht auf mitwirkende Ursachen" wird jeweils klargestellt, dass die Gefahrenausschlüsse auch dann zum Zug kommen, wenn die ausgeschlossene Ursache eine von mehreren Ursachen ist, die den Schaden gemeinsam herbeigeführt haben. Es wird nicht vorausgesetzt, dass eine ausgeschlossene Ursache den Schaden allein bewirkt.

34

Die Ausschlüsse setzen sich grundsätzlich auch dann durch, wenn der Schaden durch das Zusammenwirken einer versicherten und einer ausgeschlossenen Ursache entstanden ist. Eine **Aufteilung bzw. Zurechnung des Schadens auf versicherte und ausgeschlossene Ursachen findet nicht statt**, zumal dies praktisch zumeist gar nicht möglich ist.

Dementsprechend besteht kein Versicherungsschutz, wenn durch eine der ausgeschlossenen Gefahren eine versicherte Gefahr eintritt.

---

20 Für eine solche Darstellung für die VGB 62 und 88 siehe Dietz 2. Auflage K.

Beispiele:

- Bei Inneren Unruhen wird ein Brand gelegt.
- Durch Kriegshandlungen wird ein Rohrbruch verursacht und dadurch entstehen Nässeschäden durch Leitungswasser am versicherten Gebäude.

Ebenso besteht kein Versicherungsschutz, wenn eine eingeschlossene Schadenursache eine ausgeschlossene Gefahr bewirkt.

Beispiel:

- Durch einen Brand in einem Kernkraftwerk wird radioaktive Strahlung frei.

1. Ausschluss Krieg

35 Gem. § 1 Nr. 2 a) VGB 2010 (A) erstreckt sich die Versicherung ohne Rücksicht auf mitwirkende Ursachen nicht auf Schäden durch **Krieg, kriegsähnliche Ereignisse, Bürgerkrieg, Revolution, Rebellion oder Aufstand**.

36 Für den Ausschluss von Schäden aufgrund von **Krieg** kommt es auf den völkerrechtlichen Kriegsbegriff nicht an.[21] In diesem Zusammenhang ist darauf hinzuweisen, dass kriegsvölkerrechtliche Verträge ohnehin seit dem Zweiten Weltkrieg den Begriff „bewaffneter Konflikt" anstelle von „Krieg" verwenden.[22] Die Diskussion um die Anwendbarkeit des völkerrechtlichen Kriegsbegriffs dürfte sich damit erledigt haben.[23]

37 Als Krieg im versicherungsrechtlichen Sinn werden **alle mit Waffengewalt geführte Auseinandersetzungen zwischen zwei oder mehreren Staaten** bezeichnet.[24] Ausreichend für das Eingreifen des Ausschlusses ist jeder ursächliche Zusammenhang mit dem Krieg,[25] wobei bereits die kriegsmäßig erhöhte Gefahrenlage ausreicht, etwa wenn Straftaten Dritter aufgrund eines bei Kriegsende einsetzenden Zusammenbruchs der staatlichen Ordnung ermöglicht wurden.[26]

Erfasst werden auch Schäden nach Kriegsende, insbesondere Besatzungsschäden und Spätschäden, etwa durch unentdeckte Sprengladungen.[27] Es muss jedoch noch ein enger zeitlicher Zusammenhang mit dem Krieg bestehe.[28] Eine örtliche Beschränkung ist dem Kriegsbegriff nicht zu entnehmen, wobei im Falle

---

21 Fricke VersR 1991, 1098.
22 Graf Vitzthum/*Bothe* 8. Abschnitt Rn. 62.
23 Handbuch FA VersR/*Wälder* 9. Kapitel Rn. 797.
24 Rüffer/Halbach/Schimikowski/*Rüffer*, AFB 2008/2010 Abschnitt A § 2 Rn. 2.
25 Krahe VersR 1991, 634.
26 Fricke VersR 1991, 1098.
27 Prölss/Martin/*Armbrüster* AFB 2008 § 2 Rn. 5.
28 Handbuch FA VersR/*Wälder* 9. Kapitel Rn. 802.

von „Fernschäden" der dem Versicherer obliegende Nachweis des Zusammenhangs mit dem Krieg problematisch sein dürfte.[29]

Für den Begriff der **kriegsähnlichen Ereignisse** bleibt neben dem weiten Kriegsbegriff kaum ein eigener, denkbarer Anwendungsbereich.[30]

38

Aufgrund der zunehmenden Bedrohung durch den internationalen Terrorismus und insbesondere in Anbetracht der Anschläge vom 11. September 2001 in den USA wird diskutiert, ob und in welchem Umfang **Terroranschläge** vom Ausschluss von Kriegsschäden erfasst sind. Hier wird man differenzieren müssen. Stehen die Terroranschläge in einem **direkten Zusammenhang mit kriegerischen Ereignissen** oder dienen sie einer Kriegspartei sogar als Mittel der Kriegsführung, etwa im Rahmen asymmetrischer Kriegsführung, stehen einer Einordnung unter den Kriegsbegriff keine Bedenken entgegen. Dies gilt auch dann, wenn eine Kriegspartei oder Teile von ihr nach dem eigentlichen Kriegsende die Feindseligkeiten mittels terroristischer Akte weiter führt. Nicht als Krieg oder kriegsähnliches Ereignis wird man einen Terroranschlag wie denjenigen vom 11. September 2001 ansehen können, der ohne eindeutige Verbindung zu einem Krieg steht, auch wenn durch den Terroranschlag ein Krieg ausgelöst wurde.[31]

39

Allgemein können Terroranschläge nur dann unter den Ausschluss fallen, wenn sie **mit Förderung und Billigung einer Kriegspartei** begangen werden.[32] Allgemeiner gesagt muss der Terroranschlag einer Kriegspartei zurechenbar sein.[33] Nur dann besteht ein hinreichender Zusammenhang, um Terroranschläge noch unter den Begriff „Krieg" zu fassen. Nicht ausreichend ist, dass die Täter lediglich einen Krieg als Begründung für ihre Tat heranziehen oder dass sie von einer Kriegspartei eine allgemeine Ausbildung zur Begehung von terroristischen Anschlägen erhalten haben. Vielmehr wird man mit Fricke[34] eine Hilfeleistung in Bezug auf einen konkreten Terroranschlag fordern müssen. Nur in diesen Fällen ist ein spezifischer Zusammenhang mit einem Krieg zu bejahen.

40

Ob man die Abgrenzung innerhalb des Terrorbegriffs vollzieht oder durch Kriegsparteien geförderte Attentate gar nicht unter den Begriff des Terrorismus fasst, wie dies von Armbrüster vertreten wird,[35] stellt hingegen eher eine sprachliche, aber keine rechtlich relevante Frage dar, da eine allgemein akzeptierte Definition des Terrorismus derzeit nicht existiert. Für die Einordnung eines Terroranschlags kommt es immer auf die **genauen Umstände des Einzelfalls** an, wobei die **Nachweisbarkeit** der genauen Umstände für den Versicherer häufig eine Herausforderung darstellen wird.

---

29 Handbuch FA VersR/*Wälder* 9. Kapitel Rn. 801.
30 Bruck/Möller/*Johannsen* Band 7 AFB 2008/2010 A § 2 Rn. 3.
31 Fricke VersR 2002, 6.
32 Ehlers r + s 2002, 133.
33 Dahlke VersR 2003, 25.
34 Fricke VersR 2002, 6.
35 So Prölss/Martin/*Armbrüster* AFB 2008 § 2 Rn. 6.

41 Aufgrund der zunehmenden Bedrohung durch Terrorakte stellt der GDV in der Feuerversicherung zwischenzeitlich eigene Musterbedingungen mit Terrorausschluss zur Verfügung (AFB 2010 Terror). Hierfür besteht insbesondere bei Großrisiken ein Bedürfnis. Für die Wohngebäudeversicherung gibt es mangels eines vergleichbaren Bedürfnisses keine entsprechenden Musterbedingungen.

42 Der Kriegsausschluss umfasst weiterhin Schäden durch **Bürgerkrieg, Revolution, Rebellion und Aufstand**. Im Unterschied zum Krieg oder zu kriegsähnlichen Zuständen bezeichnen diese Begriffe mit Waffengewalt geführte bzw. gewaltsame Auseinandersetzungen innerhalb eines Staates um die Regierungsgewalt (Bürgerkrieg), um die staatliche oder gesellschaftliche Ordnung (Revolution) oder gegen bestehende staatliche Zustände (Rebellion, Aufstand). Eine exakte Abgrenzung erscheint aufgrund von Überschneidungen der einzelnen Begriffe nicht möglich. Die Begriffe Aufstand, Rebellion und Revolution können jedoch als Vorstufen zum Bürgerkrieg verstanden werden.[36]

Um die Begriffe von den Inneren Unruhen und bloßen gewaltsamen Protesten abzugrenzen, wird man fordern müssen, dass die staatliche Kontrolle eines gewissen Gebietes für einen nicht unerheblichen Zeitraum unterbrochen wurde. Aufgrund der Tatsache, dass auch Innere Unruhen vom Versicherungsschutz ausgeschlossen sind, hat diese Abgrenzung jedoch keine praktischen Auswirkungen.

2. Ausschluss Innere Unruhen

43 Weiterhin sind § 1 Nr. 2 b) VGB 2010 (A) Schäden durch **Innere Unruhen** ohne Rücksicht auf mitwirkende Ursachen ausgeschlossen.

Innere Unruhen liegen vor, wenn **zahlenmäßig nicht unerhebliche Teile des Volkes in einer die öffentliche Ruhe und Ordnung störenden Weise in Bewegung geraten und Gewalttätigkeiten gegen Personen oder Sachen verüben**.[37]

Es kommt dabei darauf an, ob ein das Gesamtgeschehen überblickender objektiver Beurteiler zu der Überzeugung gelangt, es habe sich eine Menschenmenge zusammengerottet, die mit vereinten Kräften Gewalttätigkeiten gegen Personen oder Sachen verübt hat.[38] Es ist ein öffentliches, provokatorisches Handeln, nicht aber ein politisches Motiv erforderlich.[39] Gegen Innere Unruhen spricht es, wenn sich derartige Vorgänge in verschiedenen Städten häufiger und ähnlich wiederholen und sich Staat und Gesellschaft hieran in gewisser Weise gewöhnt haben.[40]

---

36 Bruck/Möller/*Johannsen* Band 7 AFB 2008/2010 A § 2 Rn. 5.
37 Prölss/Martin/*Armbrüster* AFB 2008 § 2 Rn. 8; Martin F I 7.
38 BGH VersR 1975, 126.
39 Prölss/Martin/*Armbrüster* AFB 2008 § 2 Rn. 8.
40 Dimski VersR 1999, 804.

3. Ausschluss Kernenergie

Schäden durch **Kernenergie, nukleare Strahlung oder radioaktive Substanzen** sind in der Wohngebäudeversicherung gem. § 1 Nr. 2 c) VGB 2010 (A) ebenso wie Schäden durch Kriegsereignisse und Innere Unruhen ausgeschlossen.

44

Für Betreiber von Kernanlagen gilt eine unbegrenzte Gefährdungshaftung. Sie sind daneben nach dem Atomgesetz verpflichtet, eine finanzielle Deckungsvorsorge nachzuweisen, deren Höchstgrenze vom Gesetzgeber zwischenzeitlich auf 2,5 Milliarden Euro erhöht wurde. Infolgedessen erscheint der Verzicht auf den Einschluss des Kernenergierisikos in der Wohngebäudeversicherung vertretbar.

Der Ausschluss gilt sowohl für Oberflächenverseuchung als auch für sonstige Sachschäden durch Kernenergie als adäquate Ursache.[41] Neben Schäden im Zusammenhang mit dem **Betrieb von Kernkraftwerken** können Schäden bei der **Beförderung von radioaktiven Stoffen** sowie der **Verwendung radioaktiver Isotope in Medizin und Forschung** entstehen.[42] Zumindest nach der Erweiterung der Klausel durch die Begriffe „nukleare Strahlung" und „radioaktive Substanzen" bestehen gegen eine Erstreckung des Ausschlusses auf die zuletzt genannten Schäden keine Bedenken mehr.[43]

45

Durch **Klausel 7169** können Schäden, die durch auf dem Grundstück betriebsbedingt **vorhandene oder verwendete Isotope** entstehen, **eingeschlossen** werden, sofern diese nicht von Kernreaktoren stammen. Der Einschluss ist insbesondere für Betriebe und Einrichtungen aus Wissenschaft, Forschung, Medizin und Gewerbe gedacht[44] und dürfte in der Wohngebäudeversicherung praktisch keine Bedeutung haben.

46

---

41 Rüffer/Halbach/Schimikowski/*Rüffer* AFB 2008/2010 Abschnitt A § 2 Rn. 4.
42 MAH Versicherungsrecht/*Johannsen* § 5 Rn. 43.
43 So wohl auch Handbuch FA VersR/*Wälder* 9. Kapitel Rn. 842.
44 Handbuch FA VersR/*Wälder* 9. Kapitel Rn. 844.

§ 2 Brand, Blitzschlag, Überspannung durch Blitz, Explosion, Implosion, Luftfahrzeuge

1. Versicherte Gefahren und Schäden

   Der Versicherer leistet Entschädigung für versicherte Sachen, die durch

   a. Brand,

   b. Blitzschlag,

   c. Überspannung durch Blitz,

   d. Explosion, Implosion,

   e. Anprall oder Absturz eines Luftfahrzeuges, seiner Teile oder seiner Ladung

   zerstört oder beschädigt werden oder abhanden kommen.

2. Brand

   Brand ist ein Feuer, das ohne einen bestimmungsgemäßen Herd entstanden ist oder ihn verlassen hat und das sich aus eigener Kraft auszubreiten vermag.

3. Blitzschlag

   Blitzschlag ist der unmittelbare Übergang eines Blitzes auf Sachen.

   Überspannungs-, Überstrom- oder Kurzschlussschäden an elektrischen Einrichtungen und Geräten sind nur versichert, wenn an Sachen auf dem Grundstück, auf dem der Versicherungsort liegt, durch Blitzschlag Schäden anderer Art entstanden sind. Spuren eines Blitzschlags an diesem Grundstück, an dort befindlichen Antennen oder anderen Sachen als elektrischen Einrichtungen und Geräten stehen Schäden anderer Art gleich.

4. Überspannung durch Blitz

   Überspannung durch Blitz ist ein Schaden, der durch Überspannung, Überstrom und Kurzschluss infolge eines Blitzes oder durch sonstige atmosphärisch bedingte Elektrizität an versicherten elektrischen Einrichtungen und Geräten entsteht.

5. Explosion, Implosion

   a. Explosion ist eine auf dem Ausdehnungsbestreben von Gasen oder Dämpfen beruhende, plötzlich verlaufende Kraftäußerung.

   Eine Explosion eines Behälters (Kessel, Rohrleitung usw.) liegt nur vor, wenn seine Wandung in einem solchen Umfang zerrissen wird, dass ein plötzlicher Ausgleich des Druckunterschieds innerhalb und außerhalb des Behälters stattfindet. Wird im Innern eines Behälters eine Explosion durch chemische Umsetzung hervorgerufen, so ist ein Zerreißen seiner Wandung nicht erforderlich.

b. Implosion ist ein plötzlicher, unvorhersehbarer Zusammenfall eines Hohlkörpers durch äußeren Überdruck infolge eines inneren Unterdruckes.

6. Nicht versicherte Schäden

Nicht versichert sind

a. ohne Rücksicht auf mitwirkende Ursachen Schäden durch Erdbeben;

b. Sengschäden;

c. Schäden, die an Verbrennungskraftmaschinen durch die im Verbrennungsraum auftretenden Explosionen, sowie Schäden, die an Schaltorganen von elektrischen Schaltern durch den in ihnen auftretenden Gasdruck entstehen;

d. Brandschäden, die an versicherten Sachen dadurch entstehen, dass sie einem Nutzfeuer oder der Wärme zur Bearbeitung oder zu sonstigen Zwecken ausgesetzt werden; dies gilt auch für Sachen, in denen oder durch die Nutzfeuer oder Wärme erzeugt, vermittelt oder weitergeleitet wird.

Die Ausschlüsse gemäß b) bis d) gelten nicht für Schäden, die dadurch verursacht wurden, dass sich an anderen Sachen eine versicherte Gefahr gemäß Nr. 1 verwirklicht hat.

7. Selbstbehalt

Bei Überspannungsschäden durch Blitz nach Nr. 4 wird im Versicherungsfall der im Versicherungsvertrag vereinbarte Selbstbehalt abgezogen.

A. Versicherte Gefahren und Schäden

1 Nach § 2 Nr. 1 VGB leistet der Versicherer Entschädigung für versicherte Sachen die durch

- Brand,
- Blitzschlag,
- Überspannung durch Blitz,
- Explosion, Implosion,
- Anprall oder Absturz eines Luftfahrzeuges, seiner Teile oder seiner Ladung

zerstört oder beschädigt werden oder abhandenkommen.

I. Allgemeines

Für die Gefahren Brand, Blitzschlag, Überspannung durch Blitz, Explosion und Implosion finden sich Definitionen in der weiteren Bestimmung.

II. Anprall oder Absturz eines Luftfahrzeuges

Einzig die Gefahr **Anprall oder Absturz eines Luftfahrzeuges, seiner Teile oder seiner Ladung** wird in den Bedingungen weder genauer bestimmt noch definiert.

In den VGB 88 a. F. und in den VGB 62 war noch der Anprall oder Absturz eines bemannten Flugkörpers versichert.[45] Bereits in den VGB 88 n. F. wurde der Begriff des Flugkörpers durch den Begriff des Luftfahrzeugs ersetzt.

Schäden durch den Anprall von Luftfahrzeugen treten **relativ selten** auf. Sie erfordern jedoch in der Regel einen **verhältnismäßig hohen Schadenaufwand**, zumal häufig mehrere Gebäude von demselben Schadenereignis betroffen sind. Der Einschluss dieser Schäden hat deklaratorischen Charakter, soweit der Anprall oder Absturz die Folge eines Brand-, Blitzschlag- oder Explosionsschadens im oder am Luftfahrzeug ist. Die durch den Absturz an versicherten Sachen verursachten Schäden sind als Brand-, Blitzschlag- oder Explosionsfolgeschaden versichert. Der Einschluss wirkt konstitutiv, wenn der Anprall oder Absturz von Luftfahrzeugen auf andere Ursachen (z. B. technische Mängel, Navigationsfehler) zurückzuführen ist und ein Nachfolgebrand oder eine Nachfolgeexplosion nicht eintritt.

Versichert sind Schäden durch den Anprall oder Absturz eines Luftfahrzeuges, seiner Teile oder seiner Ladung. **Nicht erforderlich** ist, dass das Luftfahrzeug **bemannt** ist bzw. war. Der Begriff des Luftfahrzeugs ist in den Bedingungen nicht definiert. Daher ist auf die Definition in § 1 Abs. 2 des Luftverkehrsgesetzes (LuftVG) zurückzugreifen.[46] Es handelt sich hierbei um einen in der Rechtssprache fest umrissenen Begriff.[47] Ein einschränkender Rückgriff auf den allgemeinen Sprachgebrauch kommt daher nicht in Betracht.[48]

Nach § 1 Abs. 2 LuftVG sind Luftfahrzeuge **Flugzeuge, Drehflügler, Luftschiffe, Segelflugzeuge, Motorsegler, Frei- und Fesselballone, Rettungsfallschirme, Flugmodelle, Luftsportgeräte sowie sonstige für die Benutzung des Luftraums bestimmte Geräte**, sofern sie in Höhen von mehr als dreißig Metern über Grund oder Wasser betrieben werden können. Ebenfalls als Luftfahrzeuge gelten nach der Vorschrift **Raumfahrzeuge, Raketen und ähnliche Flugkörper**, solan-

---

45 Einzelheiten siehe Dietz 2. Auflage D 2.1.
46 Bruck/Möller/*Johannsen* Band 7 Vor 142 Rn. 38.
47 Wälder r + s 2006, 139.
48 A. A. noch Dietz 2. Auflage D 2.1.4.

7 ge sie sich im Luftraum befinden, sowie unbemannte Fluggeräte einschließlich ihrer Kontrollstation, die nicht zu Zwecken des Sports oder der Freizeitgestaltung betrieben werden.

7 Dies bedeutet, dass auch **Raumfahrzeuge** unter den Begriff des Luftfahrzeugs fallen. Dies entspricht bereits dem allgemeinen Sprachgebrauch, der Raumfahrzeuge zumindest als Luftfahrzeuge ansieht, solange sie sich im Luftraum befinden bzw. diesen durchqueren.[49] Entgegen dem allgemeinen Sprachgebrauch sind auch **Fallschirmspringer** als Luftfahrzeuge anzusehen, was § 1 Abs. 2 S. 1 Nr. 8 LuftVG eindeutig bestimmt. Der Gesetzgeber hat zudem klargestellt, dass auch **Drohnen** Luftfahrzeuge sind. Diese sind unbemannte Fluggeräte gem. § 1 Abs. 2 S. 3 LuftVG und von der Vorschrift umfasst, sofern sie nicht zu Zwecken des Sports oder der Freizeitgestaltung betrieben werden. Durch sie verursachte Anprallschäden sind somit ebenfalls von der Wohngebäudeversicherung umfasst.

8 **Nicht** dem Begriff des Luftfahrzeugs zuzuordnen sind hingegen **Feuerwerksraketen**.[50] Eine solche Zuordnung widerspräche nicht nur dem allgemeinen Sprachgebrauch, sie würde auch eine Überdehnung des Anwendungsbereichs von § 1 Abs. 2 LuftVG darstellen. Raketen im Sinne der Vorschrift sind Feuerwerksraketen nicht, da sich aus der Nennung von Raketen im Zusammenhang mit Raumfahrzeugen und ähnlichen Flugkörpern ergibt, dass nur solche Geräte gemeint sein können, die zumindest ein **gewisses Maß an Steuerbarkeit aufweisen**. Auch entsprechen Feuerwerksraketen keiner der anderen Luftfahrzeugklassen. Insbesondere sind es keine für die Benutzung des Luftraums bestimmten Geräte, die in Höhen von mehr als dreißig Metern über Grund oder Wasser betrieben werden können. Zwar erreichen Feuerwerksraketen regelmäßig größere Höhen als dreißig Meter. Der Begriff „Betreiben" verdeutlicht jedoch, dass nur solche Geräte gemeint sind, die sich **bestimmungsgemäß** zumindest für einen **gewissen Zeitraum im Luftraum** bewegen und nicht, wie Feuerwerksraketen, nur wenige Momente. Im Übrigen sieht auch der Gesetzgeber Feuerwerksraketen offenbar nicht als Luftfahrzeuge an. In § 31 Abs. 2 Nr. 16 b) LuftVG werden Feuerwerkskörper als Geräte genannt, die besondere Gefahren für die Luftfahrt mit sich bringen, ohne selbst Luftfahrzeug zu sein.

9 Aus § 31 Abs. 2 Nr. 16 b) LuftVG ergibt sich, dass auch **optische Lichtsignalgeräte, Drachen, Kinderballone und ballonartige Leuchtkörper** keine Luftfahrzeuge im Sinne des LuftVG sind. Die genannten Geräte entsprechend auch keiner der in § 1 Abs. 2 LuftVG genannten Luftfahrzeugklassen. Da sie auch nicht nach allgemeinem Sprachgebrauch als Luftfahrzeuge angesehen werden, besteht für durch diese Geräte verursachte Schäden kein Versicherungsschutz.

10 Versichert sind Schäden durch **Anprall oder Absturz**.

---

49 A. A. noch Dietz 2. Auflage D 2.1.4.
50 A. A. Bruck/Möller/*Johannsen* Band 7 Vor 142 Rn. 38.

Ein **Anprall** setzt dabei eine Berührung, also die körperliche Einwirkung des Luftfahrzeugs auf Sachen voraus. Daher sind beispielsweise Schäden aufgrund der Sogwirkung eines Flugzeugs nicht versichert. Nicht erforderlich für den Begriff des Anpralls ist es, dass sich das Luftfahrzeug tatsächlich im Luftraum bewegt. Nach allgemeinem Sprachgebrauch wird von **Absturz** gesprochen, wenn ein Luftfahrzeug infolge einer Beeinträchtigung der Flugfähigkeit unkontrolliert niedergeht. Eine körperliche Einwirkung ist bei dieser Alternative nach dem Wortlaut nicht erforderlich, so dass etwa Schäden durch Luftdruck im Zusammenhang mit einem Flugzeugabsturz versichert sind.[51]

III. Fahrzeuganprall

Für den Einschluss von **Schäden durch Fahrzeuganprall** steht die **Klausel 7165** zur Verfügung. 11

Versichert sind bei Einschluss gem. Nr. 1 Schäden an versicherten Sachen, die durch Fahrzeuganprall zerstört oder beschädigt werden oder infolge eines solchen Ereignisses abhandenkommen. Fahrzeuganprall ist in Nr. 2 definiert als jede unmittelbare Berührung von Gebäuden durch Straßenfahrzeuge, die nicht vom Versicherungsnehmer bzw. von Bewohnern oder Besuchern des Gebäudes gelenkt wurden, oder Schienenfahrzeuge. Nr. 3 schließt Schäden an Fahrzeugen, Zäunen, Straßen und Wegen wiederum aus.

B. Brand

Die VGB 2010 unterscheiden begrifflich zwischen Feuer und Brand. Der Brandbegriff setzt ein Feuer voraus, jedoch ist nicht jedes Feuer als Brand einzustufen. Daran sind weitere Voraussetzungen geknüpft. Ein **Brand** liegt vor, wenn ein 12

- Feuer

- ohne einen bestimmungsgemäßen Herd entstanden ist oder ihn verlassen hat

und

- sich aus eigener Kraft auszubreiten vermag.

Beweisbelastet für das Vorliegen der genannten Tatbestandsmerkmale ist der Versicherungsnehmer.[52] Ist eines der genannten Kriterien nicht gegeben, besteht kein Versicherungsschutz. Typische Beispiele dafür sind Sengschäden, bei denen es bereits an der Ausbreitungsfähigkeit des Feuers fehlt. 13

---

51 Handbuch FA VersR/*Wälder* 9. Kapitel Rn. 392.
52 Spielmann S. 20.

I. Feuer

14 Der **Begriff des Feuers** ist in den VGB 2010 nicht definiert. Nach übereinstimmender Auffassung ist ein Feuer ein **Verbrennungsvorgang (Oxidationsvorgang) mit Lichterscheinung**. Im Allgemeinen ist ein Feuer mit offenen Flammen verbunden. Eine offene Flamme ist beim Feuerbegriff indes nicht vorausgesetzt, es genügt nach herrschender Meinung auch ein Glühen oder Glimmen.[53] Dies entspricht der oben genannten Definition, da auch hier ein Verbrennungsvorgang mit Lichterscheinung stattfindet. Eine gegenteilige Auffassung, nach der Glimmschäden nicht unter den Feuerbegriff fallen sollten, wird, soweit erkennbar, heute nicht mehr vertreten.

15 Schäden durch **Verbrennungsvorgänge ohne Lichterscheinung** sind hingegen **nicht versichert**. Diese Ereignisse erfüllen den Brandbegriff nicht. Dies gilt beispielsweise für Fermentationsschäden, also Schäden durch Gärung und Verkohlung, die mangels Luftzutritts ohne Lichterscheinung eintreten.[54] Es handelt sich dabei nicht um Feuer im Sinne der vorstehenden Definition.

II. Bestimmungsgemäßer Herd

16 Bestimmungsgemäßer Herd des Feuers sind **alle Sachen, die dazu bestimmt sind, Feuer zu erzeugen, zu unterhalten oder einzuhegen**.[55] Durch diesen Begriff wird das gefährliche Schadenfeuer vom ungefährlichen Nutzfeuer abgegrenzt.[56] Bestimmungsgemäßer Herd ist z. B. der Brennerraum einer Heizungsanlage bzw. eines Kohle-, Gas- oder Ölofens einschließlich der Umfassungswände und der Isolierung, eine brennende Zigarette, ein Kerzendocht, eine brennende Wunderkerze oder ein brennendes Streichholz. Bei einer Laterne mit einer in ihr befindlichen, entzündeten Kerze ist lediglich die Kerze, aber nicht etwa die gesamte Laterne der bestimmungsgemäße Herd.[57]

17 Umstritten ist die Frage, ob es dabei auf die **objektive oder die subjektive Bestimmung des Herdes** ankommt. Lange Zeit wurde übereinstimmend die Auffassung vertreten, es komme auf die objektive Zweckbestimmung des Herdes an.[58] Nach dieser Auffassung, die auch in neuerer Zeit nach wie vor vertreten wird,[59] ist bestimmungsgemäßer Herd jede Vorrichtung, die objektiv dazu bestimmt ist, Feuer zu nähren oder einzuhegen. Nach dieser Auffassung sind Schäden nicht

---

[53] Bruck/Möller/*Johannsen* Band 7 Vor 142 Rn. 10 m. w. N.
[54] OLG Oldenburg VersR 2000, 968.
[55] Vgl. Martin C I 29; Raiser S. 63 f.
[56] Prölss/Martin/*Armbrüster* AFB 2008 § 1 Rn. 3.
[57] LG Köln VersR 1987, 1002.
[58] Nachweise siehe Neue Wege d. VersM/*Wälder* S. 127.
[59] Jula S. 27; Boldt S. 44.

versichert, die dadurch entstehen, dass eine dazu nicht berechtigte Person ein Feuer in einem Herd entzündet.

18 Nach **heute herrschender Meinung**[60] liegt ein Feuer in einem bestimmungsgemäßen Herd jedoch nur dann vor, wenn es **in diesem Herd vom Versicherungsnehmer oder einem sonstigen Berechtigten entfacht** wird. Diese Auslegung ist für den Versicherungsnehmer vorteilhafter. Danach besteht Versicherungsschutz, wenn Unbefugte ein Feuer im Herd entzünden und dadurch Schäden am Wohngebäude verursacht werden. Nach der gegenteiligen Auffassung sind derartige Schäden in der Wohngebäudeversicherung nicht versichert.

Zugunsten der objektiven Bestimmung des Begriffs des Brandherds wird der Wortlaut der Branddefinition angeführt. Danach kommt es nicht auf die Bestimmung des Feuers, sondern auf die Bestimmung des Herdes an.[61] Hiergegen wird jedoch zu Recht eingewandt, dass die Definition des Brandbegriffs nicht weiter führt.[62] Aus der Formulierung „bestimmungsgemäßer Herd" kann nicht geschlossen werden, dass die Bestimmung objektiv erfolgen muss.

Vergleichbar ist die vorliegende Problematik mit der Frage, wann hinsichtlich des Leitungswasserrisikos Wasser „bestimmungswidrig" ausgetreten ist. Auch dort wird von der herrschenden Meinung auf die subjektive Bestimmung abgestellt. Das OLG Saarbrücken hält das Abstellen auf die objektive Bestimmung jedoch für möglicherweise sogar naheliegender, insbesondere nach dem Verständnis des durchschnittlichen Versicherungsnehmers.[63] Allerdings kam es im dort entschiedenen Rechtsstreit auf diese Frage im Ergebnis nicht an. Der BGH hingegen hatte sich in einer Entscheidung aus dem Jahr 2004 ohne genauere Begründung der herrschenden Meinung angeschlossen.[64]

Nach Sinn und Zweck der Regelung kommt es auf die subjektive Bestimmung des Herdes an. Eine zu enge Auslegung des Brandbegriffs würde zu einer Aushöhlung des Versicherungsschutzes führen. Die subjektive Bestimmung des Brandbegriffs schafft hingegen einen ausgewogenen Ausgleich zwischen den Interessen des Versicherungsnehmers und des Versicherers. Entscheidend ist dabei, dass **Zweifel bei der Auslegung der AVB** nach § 305c Abs. 2 BGB **zulasten des Versicherers** gehen.

19 Es sind nur solche Schäden vom Versicherungsschutz umfasst, die durch ein Feuer verursacht werden, das **ohne bestimmungsgemäßen Herd entstanden ist oder ihn verlassen hat**. Kein Versicherungsschutz besteht daher nach übereinstimmender Auffassung für Schäden im oder am bestimmungsgemäßen Herd durch das dort befindliche Feuer.[65] Infolgedessen wird keine Entschädigung ge-

---

60 Spielmann 2.1.2.
61 So noch Dietz 2. Auflage E 1.3.
62 Neue Wege d. VersM/*Wälder* S. 129.
63 OLG Saarbrücken, Urteil vom 22.06.2011 – 5 U 209/10.
64 BGH VersR 2005, 498.
65 Raiser S. 64.

leistet, wenn versicherte Sachen innerhalb eines bestimmungsgemäßen Herdes verbrennen (versicherte Sachen gelangen versehentlich oder absichtlich in das Feuer). Es besteht auch kein Versicherungsschutz für Schäden, die am bestimmungsgemäßen Herd durch das darin brennende Feuer verursacht werden.

20 Ein Feuer hat seinen **bestimmungsgemäßen Herd verlassen**, wenn es die vorgesehenen räumlichen Grenzen des Herdes überschritten hat. So liegt es beispielsweise, wenn aus einem offenen Kamin brennende Teile oder Funken herausfallen bzw. herausgeschleudert werden. Dies ist aber auch dann der Fall, wenn Flammen bloß über den Herd hinaus schlagen.[66] Es ist jedoch zu beachten, dass das Feuer auch in diesen Fällen in der Lage sein muss, sich außerhalb seines bestimmungsgemäßen Herdes aus **eigener Kraft auszubreiten**. Zudem ist erforderlich, dass die Schäden gerade dadurch entstehen müssen, dass das Feuer seinen bestimmungsgemäßen Herdes verlassen hat.

21 Führt die aufgrund eines Defekts verursachte vermehrte Heizölzufuhr dazu, dass Flammen aus dem Heizkessel herausschlagen, hat das Feuer zwar seinen bestimmungsgemäßen Herd verlassen. **Nicht versichert** sind aber die Schäden im **Innenraum des Heizkessels**, da diese nicht aufgrund des Verlassens des bestimmungsgemäßen Herdes verursacht wurden.[67] Der Ausschluss von Betriebsschäden hat in diesen Fällen nur deklaratorische Bedeutung.

Gleiches gilt, wenn ein Heizkessel beschädigt worden ist, weil durch eine falsche Steuerung oder durch einen Defekt der Brennerdüse Öl ausgelaufen ist und sich im Brennraum bei der Zündung der Anlage entzündet hat. Auch hier liegt kein Brand im Sinne des § 2 Nr. 2 VGB 2010 (A) vor, weil der Brand in der Heizungsanlage entstanden ist, also in einem „Ofen" und damit in einem bestimmungsgemäßen Herd.[68]

22 Andererseits sind Schäden am Herd als Brandschäden versichert, wenn der Brand **von außen auf den Herd übergreift**. Ähnlich liegt es, wenn in der Isolation eines Heizkessels durch die Betriebswärme ein Feuer bestimmungswidrig entsteht.[69]

23 Schwierigkeiten bereitet auch die Einstufung von sogenannten **Kaminbränden**, wenn sich Ruß- oder Kohlenstaubablagerungen im Schornstein bzw. im Kamin bestimmungswidrig entzünden und daran Schäden anrichten. Fraglich ist, ob der Schornstein als Teil des bestimmungsgemäßen Herdes anzusehen ist. Diese Frage wird in der Rechtsprechung nicht eindeutig beantwortet.[70] Letztlich ist die Beantwortung dieser Frage aber ohnehin **nicht ausschlaggebend**, da in diesen

---

66 Raiser S. 64.
67 OLG Hamm VersR 1993, 220.
68 AG Jülich r + s 1997, 167.
69 Martin C I 46.
70 Verneinend: BGH VersR 1983, 479, OLG Köln VersR 1988, 1037, LG Düsseldorf r + s 1988. 83; bejahend: LG Saarbrücken VersR 1987, 404; offen lassend: LG Aachen r + s 1988, 271.

Fällen wegen des **Betriebsschadenausschlusses** ohnehin kein Versicherungsschutz besteht.

Ohne bestimmungsgemäßen Herd entstehen Feuer, die ohne das Zutun einer dazu befugten Person entfacht werden.[71] In Frage kommen objektive Ursachen wie z. B. Blitzschlag, Explosion, Kurzschluss oder Selbstentzündung[72]. Weiterhin zählen dazu Brände durch subjektive Ursachen, insbesondere Fälle der Brandstiftung. 24

III. Ausbreitungsfähigkeit

Das Feuer muss **fähig** sein, **sich aus eigener Kraft auszubreiten**. 25

Die selbständige Ausbreitungsfähigkeit eines Feuers ist nur dann vorhanden, wenn die **Wärmeenergie** außerhalb des bestimmungsgemäßen Herdes groß genug ist, dass an den dort befindlichen Sachen **ein eigenständiger Verbrennungsvorgang mit Lichterscheinung entstehen kann**, der sich auch ohne Verbindung zum ursprünglichen Feuer zumindest noch einige Zeit weiter fortsetzen würde.

Diese Voraussetzung ist bewiesen, wenn **tatsächlich Sachen verbrannt** sind, die sich außerhalb des bestimmungsgemäßen Herdes befanden. Da nicht die allgemeine, sondern die konkrete Gefährlichkeit des Feuers in der konkreten Situation versichert ist, ist ein Feuer nur dann ausbreitungsfähig, wenn es bereits andere brennbare Gegenstände erfasst, also auf das brennbare Material übergegriffen und dort Fuß gefasst hat.[73] Es **reicht nicht aus**, dass das Feuer **unter günstigeren Bedingungen in der Lage gewesen wäre**, sich weiter auszubreiten. 26

Entscheidend kommt es für die Frage der Ausbreitungsfähigkeit zum einen darauf an, ob eine **ausreichende Luftzufuhr** gewährleistet ist. Denn als das für den Verbrennungsvorgang notwendige Oxidationsmittel kommt insbesondere Sauerstoff in Betracht.[74] Zum anderen spricht es gegen die Ausbreitungsfähigkeit, wenn das **Material**, auf das das Feuer einwirkt, als schwer entflammbar einzustufen ist.[75] 27

Es kommt nicht lediglich darauf an, ob an Sachen außerhalb des bestimmungsgemäßen Herds ein Verbrennungsvorgang mit Lichterscheinung entsteht. Denn solange das ursprüngliche Feuer bzw. sogar der **ursprüngliche bestimmungsgemäße Herd** entscheidend zur **Aufrechterhaltung des neuen Verbrennungsvorgangs** beiträgt, liegt kein Feuer vor, das sich selbständig ausbreiten könn- 28

---

71 Vgl. Martin C I 13.
72 Raiser S. 64.
73 OLG Hamm VersR 1993, 220.
74 Martin C I 14.
75 Spielmann 2.1.3.

te. Beispiele hierfür sind brennende Kerzendochte und Wunderkerzen, die mit Flächen mit nicht hinreichender Luftzufuhr und/oder mit schwer entflammbaren Materialien in Berührung kommen.

29 In diesen Fällen erlöschen das ursprüngliche Feuer und mit ihm die Schadenstelle üblicherweise nach kurzer Zeit von selbst, ohne dass sich das Feuer an anderen Sachen ausgebreitet hätte. Dementsprechend gibt es zahlreiche **Entscheidungen zur Hausratversicherung**, in denen von den Gerichten der **Versicherungsschutz verneint** wurde:

- Herausschlagen von Flammen aus dem Heizungskessel mit erheblicher Rußentwicklung, aber ohne dass sich das Feuer außerhalb des Herds weiter hätte ausbreiten können, da kein brennbares Material in der Nähe vorhanden war;[76]
- Schaden an einem Teppichboden durch eine abbrennende Wunderkerze;[77]
- Verursachung einer Schadenstelle von weniger als 2 cm Durchmesser auf einem Teppichboden aus Kunstfaser durch eine brennende Zigarette;[78]
- Verursachung von zwei Schadenstellen von je maximal 2 cm Durchmesser auf einem Polsterstoff, wobei die Kerzenflamme mit der Hand ausgeschlagen worden war, bevor sich ein selbständiger Brandherd auf dem Polsterstoff entwickelt hat;[79]
- Beschädigung eines Teppichbodens in der Größe eines 5-Mark-Stücks;[80]
- Versengen eines Möbelbezugsstoffs auf einer Fläche von der Größe einer Fingerkuppe durch eine heruntergefallene Kerze.[81]

Diese Rechtsprechung zur Hausratsversicherung hat auch für die Wohngebäudeversicherung Bedeutung, weil die angesprochenen Fälle auch zu Brandfolgeschäden an Wohngebäuden führen können. Daneben sind Teppichböden häufig auch Gebäudebestandteile.

30 In all den genannten Fällen ist der **Ausschluss von Sengschäden** gem. § 2 Nr. 6 S. 1 c) VGB 2010 (A) rein **deklaratorisch**. Die Gerichte sind im Prinzip übereinstimmend davon ausgegangen, dass Kerzen und Wunderkerzen ihre Eigenschaft als bestimmungsgemäßer Herd nicht dadurch verlieren, dass sie an oder auf andere Sachen gelangen.

31 Sengschäden sind jedoch **versichert, wenn sie als Folge eines Brandes entstehen** (§ 2 Nr. 6 S. 2 VGB 2010 (A)). Dies gilt, wenn eine Laternenhülle aus Papier oder Pappe durch die innerhalb der Hülle befindliche Kerze in Brand ge-

---

[76] OLG Hamm VersR 1993, 220.
[77] AG Köln r + s 1989, 197.
[78] AG Hamm VersR 1987, 874.
[79] AG Frankfurt/M. r + s 1987, 351.
[80] AG Duisburg-Ruhrort ZfS 1986, 250.
[81] AG Mönchengladbach VersR 1978, 434.

setzt wird. Nicht die Laterne bzw. die Laternenhülle, sondern die in ihr befindliche Kerze ist bestimmungsgemäßer Herd des Feuers. Ein Brand liegt bereits in dem Zeitpunkt vor, in dem die Laternenhülle durch die Kerze in Brand gesetzt wird, da in diesem Moment das Feuer bereits seinen bestimmungsgemäßen Herd verlassen hat.[82] Fallen brennende Teil der Hülle auf einen Teppichboden, so sind die dadurch verursachten Schäden am Teppichboden als adäquate Folgeschäden des Brandes vom Feuerversicherer zu entschädigen. Dabei spielt es keine Rolle, ob der Teppichboden selbst in Brand gesetzt wird oder lediglich Sengschäden erleidet, weil das Feuer erlischt, nachdem die Kerzenhülle verbrannt ist. Der Ausschluss von Sengschäden greift nicht, weil der Sengschaden in diesem Fall die Folge des Brandes ist.

Nicht unter den bedingungsgemäßen Brandbegriff fallen in der Regel sogenannte „**Kabelbrände**", da es an der Ausbreitungsfähigkeit des Feuers fehlt. Zersetzt sich beispielsweise die schwer entflammbare PVC-Ummantelung eines Stromkabels unter der Hitzeeinwirkung eines Kurzschlusses und gibt dabei eine geringe Menge Gas frei, das in der Folge verbrennt, liegt dennoch kein Brand im Sinne der Bedingungen vor.[83] Selbst bei ungehinderter Sauerstoffzufuhr könnte sich ein solches Feuer häufig nicht ausbreiten, da es an brennbarem Material in der Umgebung fehlen dürfte. 32

Der **Versicherungsnehmer** muss, neben den übrigen Voraussetzungen des Brandbegriffes, auch den **Nachweis dafür erbringen, dass das Feuer die Fähigkeit hatte, sich aus eigener Kraft auszubreiten.** Damit ist er in der Praxis häufig überfordert. Dies gilt insbesondere dann, wenn sich ein Feuer tatsächlich deshalb nicht ausgebreitet hat, weil **unverzüglich Löschmaßnahmen** eingeleitet wurden. Auch in diesen Fällen trifft den Versicherungsnehmer die Nachweispflicht, dass sich das Feuer ohne die sofortigen Rettungsmaßnahmen ausgebreitet hätte.[84] Die Anforderungen an die Nachweispflicht des Versicherungsnehmers sollten in diesen Fällen jedoch nicht übersteigert werden. Ansonsten besteht die Gefahr, dass Rettungsmaßnahmen in bestimmten Fällen verspätet oder überhaupt nicht eingeleitet werden. So hat das AG Frankfurt/M.[85] die Ersatzpflicht des Feuerversicherers mit der Begründung verneint, die Kerzenflamme sei mit der Hand ausgeschlagen worden, bevor sich ein eigener Brandherd auf dem Polsterstoff entwickelt habe. Es kommt aber nicht darauf an, ob sich tatsächlich ein selbständiger Brand entwickelt hat. Ausschlaggebend ist vielmehr die Fähigkeit zur selbständigen Ausbreitung, also die Frage, ob sich ein solcher Brand entwickelt hätte, wenn die Kerzenflamme nicht mit der Hand ausgeschlagen worden wäre. 33

Die **Fähigkeit des Feuers, sich aus eigener Kraft ausbreiten zu können,** ist bei **beiden Varianten** des Brandbegriffs (Entstehen ohne Herd sowie Verlassen 34

---

82 LG Köln VersR 1987, 1002.
83 OLG Hamm VersR 1984, 749.
84 Martin C I 19.
85 AG Frankfurt/M. r + s 1987, 351.

des Herdes) Voraussetzung für die Ersatzpflicht des Versicherers.[86] Nach dem Wortlaut älterer Bedingungswerke war dies bezüglich des ohne bestimmungsgemäßen Herd entstandenen Feuers umstritten.[87] Seit den VGB 88 ist jedoch eine Klarstellung erfolgt, indem in den letzten Halbsatz das Wort „das" eingefügt wurde.

35 Hiergegen wird eingewandt, dass auch die neuere Formulierung keine Klarheit bringe und daher aufgrund der mangelnden Transparenz die Ausbreitungsfähigkeit weiterhin nicht für Feuer gelte, die ohne bestimmungsgemäßen Herd entstanden sind.[88] Dieser Ansicht kann jedoch nicht gefolgt werden. Durch die Wiederholung des Wortes „das" wird klargestellt, dass sich der folgende Halbsatz auf den Feuerbegriff in der im ersten Teil bestimmten Form und somit auf beide Varianten bezieht.

C. Blitzschlag

36 Blitzschlag ist der **unmittelbare Übergang eines Blitzes auf Sachen** (§ 2 Nr. 3 S. 1 VGB 2010 (A)). Diese Definition entspricht dem allgemeinen Sprachgebrauch bzw. der Verkehrsanschauung und **unterscheidet zwischen Blitz und Blitzschlag**. Es sind nach dieser Bestimmung nicht generell Schäden durch Blitz, sondern Schäden durch Blitzschlag versichert.

37 Grundlage für das Verständnis des Blitzschlagrisikos sind die **meteorologischen und physikalischen Grundlagen** der Entstehung von Blitzen und der Einwirkung von Blitzen auf Sachen. Sie werden nachfolgend in vereinfachter Form dargestellt.

I. Wirkungsweisen von Blitzen

38 Blitze sind **Erscheinungen natürlicher Elektrizität bei Gewittern**. Durch aufwärts strömende Luftmassen werden in der Atmosphäre Wolken elektrostatisch aufgeladen. Es entsteht atmosphärische Elektrizität. Innerhalb der Gewitterzone stehen Gewitterwolken mit positiver elektrischer Ladung solchen mit negativer elektrischer Ladung gegenüber. Dadurch wird ein Spannungszustand aufgebaut. Unter bestimmten Bedingungen kommt es nachfolgend zur plötzlichen Entladung der Gewitterwolken in Form von Blitzen. Dabei fließt in der Atmosphäre ein elektrischer Strom (**Blitzstrom**) mit Lichterscheinung (**Lichtbogen**). Geht der Lichtbogen von der Atmosphäre auf eine Sache über, so schlägt der Blitz ein, es ereignet sich ein **Blitzschlag**.

---

86 Martin C I 29.
87 Einzelheiten s. Dietz 2. Auflage 1.6.3.
88 Jula S. 32.

Beim Durchgang des Blitzes durch die betroffenen Sachen fließt Blitzstrom durch die dort vorhandenen Widerstände, deren Höhe von der elektrischen Leitfähigkeit des Materials abhängt. Dabei entsteht **Wärme**. Es kann zum **Brand** kommen, wenn die Zündtemperatur der betroffenen Materialien erreicht wird. Der Blitzschlag zündet und ist Ursache eines Brandes. Der dadurch an versicherten Sachen entstehende Schaden ist auch als Brandschaden versichert.

39

Konstitutiv wirkt der Einschluss der Blitzschlagschäden, wenn durch den Blitzschlag **mechanische Zerstörungen** an versicherten Sachen verursacht werden, ohne dass es zum Brand kommt. Auch in diesen Fällen entsteht beim Durchgang des Blitzstroms Wärme. Infolge der Wärmeeinwirkung verdampft das in den betroffenen Sachen enthaltene Wasser. Es wird dabei auf ein Vielfaches seines ursprünglichen Volumens vergrößert. Durch die plötzlich auftretende Volumenvergrößerung wird die Sachsubstanz der betroffenen Gebäudeteile beschädigt oder zerstört. Dachziegel werden zerschlagen, Mauerwerk und Verputz reißen, Kaminköpfe oder andere Bauteile werden abgeschlagen. Es handelt sich um Schäden durch „**kalten Schlag**"[89] bzw. um einen nicht zündenden Blitzschlag. Der Unterschied zu einem zündenden Blitzschlag besteht lediglich darin, dass die erforderliche Temperatur zur Zündung der in der Umgebung des Blitzschlags vorhandenen Materialien nicht erreicht wird.

40

Schlägt ein Blitz in eine elektrische Freileitung oder in das elektrische Leitungsnetz des versicherten Gebäudes (oder eines anderen Gebäudes) ein, kommt es zu **Überspannungen im elektrischen Leitungsnetz**. Der Blitzstrom wandert in Form einer sogenannten Blitzstromwanderwelle in der elektrischen Leitung ab und verursacht Schäden an den angeschlossenen elektrischen Einrichtungen. Zu ähnlichen Erscheinungen kommt es bei elektrischer Überspannung durch **Induktion**, die durch Blitzschlag erzeugt wurde. Überspannung durch Induktion wird durch veränderliche Magnetfelder in elektrischen Leitern und leitfähigen Systemen erzeugt. Magnetfelder können bei Blitzeinschlag durch den Blitzstrom entstehen. So liegt es, wenn ein Blitz in die Blitzschutzanlage eines Hauses einschlägt und der Blitzstrom in der Elektroinstallation des Hauses eine Überspannung induziert.

41

Durch die durch den Blitzkanal freigesetzte Energie heizt sich die Luft um die Entladung auf bis zu 30.000 Grad Celsius auf. Der hierdurch entstehende Überdruck gleicht sich in Form einer **Druckwelle** aus, die ebenfalls Schäden verursachen kann.

42

Aufgrund der Aufnahme der Gefahr „Überspannung durch Blitz" kommt der Abgrenzung der Begriffe „Blitz" und „Blitzschlag" eine besondere Bedeutung zu. Ein **Blitz** ist die plötzliche elektrische Entladung mit Lichtbogen zwischen Gewitterwolken untereinander oder zwischen Gewitterwolken und der Erde. Ein **Blitzschlag** im Sinne der Versicherungsbedingungen wiederum setzt den unmittel-

43

---

[89] Raiser S. 73.

baren Übergang auf Sachen voraus, eine Entladung zwischen Gewitterwolken erfüllt diese Voraussetzung nicht.

II. Versicherte Schäden

44 Durch das Erfordernis des **unmittelbaren Übergangs** des Blitzes auf Sachen werden lediglich Schäden aufgrund von Blitzen **ausgeschlossen**, die von **Wolke zu Wolke** übergehen.[90] Es kommt nicht darauf an, ob der Blitz in eine versicherte Sache oder in eine andere Sache einschlägt. Ersetzt werden deshalb auch Folgeschäden, die an versicherten Sachen dadurch entstehen, dass der Blitz in andere versicherte oder in nicht versicherte Sachen einschlägt. **Versichert sind alle Schäden**, die an versicherten Sachen durch den Blitzschlag **adäquat kausal herbeigeführt werden**, also auch die Folgeschäden.

45 Weiterhin ist **nicht vorausgesetzt**, dass sich der Blitzschlag **im Versicherungsort** ereignet. Es genügt, dass der Schaden an den versicherten Sachen im Versicherungsort entstanden ist.[91] Beschädigt ein durch Blitz abgespaltener Ast eines Baumes das Dach des versicherten Gebäudes, so haftet der Wohngebäudeversicherer. Das gilt entsprechend, wenn der Blitz in den Schornstein eines Nachbargebäudes einschlägt und abgeschlagene Teile des Schornsteinkopfes das Dach des versicherten Gebäudes beschädigen. Dringen durch das beschädigte Dach Witterungsniederschläge in das Gebäude ein und richten weitere Schäden an versicherten Sachen an, so besteht auch dafür Versicherungsschutz. Es handelt sich um Folgeschäden, die durch Blitzschlag adäquat kausal herbeigeführt wurden. Keine Rolle spielt es, dass an der Entstehung des Schadens andere Ursachen (Witterungsniederschläge) mitgewirkt haben.

46 Auch **mittelbar verursachte Schäden** sind versichert, solange sie noch im Rahmen **adäquater Kausalität** verursacht wurden. In einer Entscheidung des OLG Hamburg[92] wurde durch Blitzschlag die Lüftungseinrichtung einer Hühnerfarm außer Betrieb gesetzt, wodurch Schäden am Legehennenbestand entstanden. Auch diese Schäden wurden vom Gericht als versichert eingestuft. Zwar erging die Entscheidung zu § 1 der damals gültigen AFB, bei denen Voraussetzung des Versicherungsschutzes war, dass Schäden „unvermeidliche Folge" des Blitzschlags sind. Die Bewertung kann jedoch auf § 2 Nr. 3 VGB 2010 (A) übertragen werden, da letztlich nach beiden Bedingungswerken adäquate Kausalität Voraussetzung des Versicherungsschutzes ist.

47 Versicherte Schäden durch Blitzschlag können nicht nur durch die Wirkung von Wärme oder Elektrizität entstehen. Wird aufgrund der **Druckwelle des Blitzes** der Außenputz des versicherten Gebäudes beschädigt, ist auch dieser Schaden durch den Blitzschlag adäquat kausal verursacht.

---

[90] Prölss/Martin/*Armbrüster* AFB 2008 § 1 Rn. 4.
[91] Martin C II 1.
[92] OLG Hamburg VersR 1984, 953.

III. Überspannungsschäden durch Blitzschlag

Entstehen durch **Überspannung, Überstrom oder Kurzschluss** (zu den Begriffen siehe unten Rn. 59 ff.) Schäden an **elektrischen Einrichtungen**, so besteht Versicherungsschutz nach § 2 Nr. 1 b), Nr. 3 S. 2 VGB 2010 (A) nur, wenn an Sachen **auf dem Versicherungsgrundstück durch Blitzschlag Schäden anderer Art** entstanden sind. Es handelt sich dann um versicherte Blitzfolgeschäden.

48

Gem. § 2 Nr. 3 S. 3 VGB 2010 (A) stehen **Spuren eines Blitzschlags** am Grundstück, an dort befindlichen Antennen und anderen Sachen als elektrischen Einrichtungen und Geräten Schäden anderer Art gleich. Hierdurch wird klargestellt, dass nicht etwa Schäden im Sinne der Bedingungen für einen Nachweis des Blitzschlags notwendig sind.[93] Es reicht aus, dass Spuren festzustellen sind, auch wenn diese gar keine funktionelle Beeinträchtigung zur Folge haben. Durch eine Änderung der Bedingungen wurde nunmehr auch klargestellt, dass Spuren an Antennen als Nachweis ebenfalls ausreichen. Dies war nach der Formulierung in § 2 Nr. 3 VGB 2008 zumindest unklar.[94]

49

Der **Begriff elektrische Einrichtungen** ist in den Bedingungen nicht definiert. Darunter fallen alle **Einrichtungen und Geräte, die mit dem elektrischen Leitungsnetz verbunden sind und in denen elektrischer Strom erzeugt, geleitet, umgewandelt oder verbraucht wird**. In der Wohngebäudeversicherung zählen dazu vor allem die elektrischen Versorgungsleitungen mit Steckdosen und Schaltern, Verstärker von Rundfunk- und Fernsehantennenanlagen, Einbruchmeldeanlagen, Klingel-, Türschließ- und Gegensprechanlagen, die elektrische Einrichtung der Heizung einschließlich Pumpen und ähnliche Einrichtungen. Es kommt nicht darauf an, dass die genannten Sachen ständig oder zeitweise bzw. fest oder lose (Steckdose) mit dem elektrischen Leitungsnetz verbunden sind. Deswegen zählen auch bewegliche Zubehörstücke wie Gemeinschaftswaschmaschinen zu den elektrischen Einrichtungen.[95]

50

Im Verhältnis zu § 2 Nr. 3 S. 1 VGB 2010 (A) handelt es sich um eine **Risikobeschränkung**. Die Haftung für durch Blitzschlag verursachte Schäden an elektrischen Einrichtungen wird eingeschränkt. Derartige Schäden sind nicht versichert, wenn der Blitz auf andere als die versicherten Sachen auftrifft.

51

Gegenüber älteren VGB wurde die **Haftung** durch die vorliegende Klausel jedoch **erweitert**. Durch § 5 Nr. 2 i. V. m. § 9 Nr. 2 c VGB 88 a. F. wurden Kurzschluss- und Überspannungsschäden durch Blitzschlag an elektrischen Einrichtungen generell ausgeschlossen. In § 5 Nr. 2 i. V. m. § 5 Nr. 4 c VGB 88 n. F. waren Kurzschluss- und Überspannungsschäden durch Blitzschlag an elektrischen Einrichtungen dann ausgeschlossen, wenn der Blitz nicht unmittelbar auf das versicherte Gebäude (Nr. 2) bzw. außerhalb des versicherten Gebäudes

---

[93] Bruck/Möller/*Johannsen* Band 7 Vor 142 Rn. 25.
[94] Bruck/Möller/*Johannsen* Band 7 Vor 142 Rn. 25.
[95] Vgl. AG Karlsruhe VersR 1986, 1066.

(Nr. 4 c) aufgetroffen ist.[96] Nach § 5 Nr. 7 VGB 2000 bestand kein Versicherungsschutz für Kurzschluss- und Überspannungsschäden an elektrischen Einrichtungen, wenn der Blitz nicht auf versicherte Sachen aufgetroffen war.

52 Da durch diese Ausschlussbestimmungen der Versicherungsschutz gegen Blitzschlag stark eingeschränkt wurde, war **umstritten**, ob die Bestimmungen nicht **aufgrund eines Verstoßes gegen AGB-Recht unwirksam** sind. Dies gilt insbesondere hinsichtlich der Ausschlussbestimmungen in den VGB 88.[97] Da in den VGB 2010 die Gefahr „Überspannungsschäden durch Blitz" in die Grunddeckung aufgenommen wurde, bestehen zumindest nach dem aktuellen Bedingungswerk keine Bedenken mehr gegen Zulässigkeit der Einschränkung von Blitzschlagschäden an elektrischen Einrichtungen.

53 Durch die **neue Formulierung** der Überspannungsklausel, die Spuren eines Blitzschlags an anderen Sachen erfordert, sind **viele Streitfragen beseitigt** worden. Die Neufassung ist insbesondere deshalb vorteilhaft, weil die **Abgrenzung** zwischen blitzbedingten Überspannungsschäden und Überspannungsschäden anderer Art (vgl. zu den Begriffen unten Rn. 59 ff.) anhand des Schadenbildes in der Praxis **äußerst schwierig** ist. Zudem handelt es sich häufig um **Bagatellschäden**, bei denen Ermittlungen zur Schadenursache vor Ort unwirtschaftlich sind. Da nun ausdrücklich zumindest Spuren eines Blitzschlags erforderlich sind, kann der Versicherungsnehmer jedoch im Rahmen der Gefahr Blitzschlag nicht mehr schlicht und einfach behaupten, aufgetretene Überspannungsschäden seien durch einen Blitzschlag verursacht worden.

54 Die **Einschränkung des Versicherungsschutzes** für Überspannungsschäden an elektrischen Einrichtungen bezieht sich **ausschließlich** auf die Gefahr „**Blitzschlag**". Zumeist werden sich Abgrenzungsstreitigkeiten damit auf die Gefahr „Überspannung durch Blitz" gem. § 2 Nr. 4 VGB 2010 (A) verlagern, wobei dort die Frage, wo genau der Blitz aufgetroffen ist, lediglich im Rahmen allgemeiner Beweisfragen eine Rolle spielen dürfte.

55 Die Einschränkung ist begrenzt auf die **unmittelbare Einwirkung** des elektrischen Blitzstroms an der elektrischen Einrichtung. Entwickelt sich aus einem Überspannungsschaden ein **Nachfolgebrand**, so sind die dadurch verursachten Schäden auch an derselben elektrischen Einrichtung versichert.[98] Voraussetzung hierfür ist die Ausbreitungsfähigkeit des Feuers.

56 Versicherungsschutz besteht auch für sonstige **Folgeschäden**, wenn **die Ursache der Überspannung ein Brand, ein Blitzschlag, ein Blitz oder eine Explosion** war. So liegt es, wenn die Pumpe einer Abwasserhebeanlage durch Überspannung infolge Blitzschlags in die elektrische Freileitung zerstört wird und das austretende Abwasser Schäden am versicherten Gebäude anrichtet. In der Feuerversicherung besteht Versicherungsschutz, weil Überspannungsschäden

---

96 Einzelheiten s. Dietz 2. Auflage 2.2.
97 Einzelheiten s. Dietz 2. Auflage 2.3.5.
98 Raiser S. 70 f. und Martin C II 22.

infolge Blitzschlags an elektrischen Einrichtungen ausgeschlossen, die daraus entstehenden Folgeschäden an anderen Sachen jedoch als Blitzschlagfolgeschäden versichert sind. Es muss nicht auf die Gefahr „Überspannung durch Blitz" zurückgegriffen werden.

Dies gilt selbst dann, wenn im genannten Beispiel das austretende Abwasser Kurzschluss- und Überspannungsschäden an anderen elektrischen Einrichtungen verursacht. Kein Versicherungsschutz besteht für diese Schäden hingegen aus der Leitungswassergefahr gem. § 3 VGB 2010 (A), da solche Schäden gem. § 3 Nr. 4 a) gg) VGB 2010 (A) ausdrücklich ausgeschlossen sind.

D. Überspannungsschäden durch Blitz

In den VGB 2010 ist erstmals die Gefahr „Überspannung durch Blitz" in die **Grunddeckung** des Bedingungswerks aufgenommen worden. Überspannung durch Blitz wird gem. § 2 Nr. 4 VGB 2010 (A) definiert als Schaden, der durch **Überspannung, Überstrom und Kurzschluss infolge eines Blitzes** oder **durch sonstige atmosphärisch bedingte Elektrizität** an versicherten elektrischen Einrichtungen und Geräten entsteht. Gem. § 2 Nr. 7 VGB 2010 (A) wird bei Eintritt von Schäden der im Versicherungsvertrag vereinbarte Selbstbehalt abgezogen. 57

Im Wortlaut entspricht § 2 Nr. 4 VGB der **Klausel 7160**, durch die bereits bisher Überspannungsschäden durch Blitz in den Versicherungsschutz einbezogen werden konnten. 58

I. Begriffserläuterungen

Überspannung, Überstrom und Kurzschluss sind Ereignisse, die durch die **Wirkung des elektrischen Stroms** entstehen. Es kann auf die allgemeingültigen elektrotechnischen Begriffsbestimmungen zurückgegriffen werden. 59

Ein **Kurzschluss** ist eine **durch einen Fehler entstandene leitende Verbindung zwischen betriebsmäßig gegeneinander unter Spannung stehenden elektrischen Leitern.** Ursache eines Kurzschlusses ist ein Fehler, häufig ein Isolationsfehler, an einer Übergangsstelle zwischen mehreren gegeneinander unter Spannung stehenden Leitern. Es entsteht eine leitende Verbindung, so dass bestimmungswidrig ein sogenannter Fehlerstrom fließt. Der Kurzschluss an sich richtet noch keinen Schaden an. Vielmehr werden die Schäden unter bestimmten Voraussetzungen durch den Fehlerstrom verursacht, dessen Stärke zumeist weit über dem bestimmungsgemäß in den Leitern vorhandenen Betriebsstrom liegt. Schäden entstehen vor allem an der Kurzschlussstelle selbst beim Übergang des Fehlerstroms von Leiter zu Leiter. Häufig treten Schäden jedoch nicht nur an der Kurzschlussstelle, sondern auch an anderen elektrischen Leitern und Ge- 60 räten auf, zu denen der Fehlerstrom fließt. In vielen Fällen kommt es zu einem Temperaturanstieg und zur Bildung eines sogenannten Fehlerlichtbogens. Ein Nachfolgebrand kann sich an der Fehlerstelle entwickeln, wenn Sauerstoff und brennbare Stoffe vorhanden sind und deren Flammpunkt erreicht wird.

61 Kurzschlussschäden ereignen sich, wenn **elektrische Spannung in elektrischen Einrichtungen** vorhanden ist. Es genügt, dass eine elektrische Einrichtung unter Spannung steht, ohne dass der Betriebsstrom fließt. Kurzschlussschäden treten deshalb auch an elektrischen Einrichtungen auf, die nicht in Betrieb sind. Es trifft nicht zu, dass Schäden bei Lichtbogen-, Glut- oder Flammenbildung wegen des Betriebsschadenausschlusses nicht versichert sind, weil die Einrichtungen der mit dem elektrischen Strom verbundenen Wärme ausgesetzt seien.[99] Wärme durch elektrischen Strom entsteht, wenn ein elektrischer Strom durch Widerstände fließt. Diese Voraussetzung ist aber bei elektrischen Einrichtungen nicht gegeben, die bei Eintritt des Kurzschlussschadens lediglich unter Spannung stehen, ohne in Betrieb zu sein. Infolgedessen können auch nicht in Betrieb befindliche elektrische Einrichtungen Gegenstand versicherter Überspannungsschäden durch Blitz sein.

62 Eine **Überspannung** ist eine **elektrische Spannung, die über den oberen Wert der Nennspannung (Dauerbetriebsspannung) hinausgeht, für die die betroffene elektrische Einrichtung ausgelegt ist**. Überspannung lässt sich deshalb nicht in einem absoluten Wert ausdrücken. Dieselbe Stromspannung kann in einer elektrischen Einrichtung Überspannung sein und Schäden verursachen, in einer anderen elektrischen Einrichtung unschädlich sein, weil deren Nennspannung nicht überschritten wird. Durch die Überspannung selbst und durch den nachfließenden elektrischen Strom werden stromführende Teile in elektrischen Einrichtungen zerstört. Dabei kann es zu Wärmeentwicklung und auch zu ersatzpflichtigen Nachfolgebränden kommen.

63 Bei **Überstrom** liegt der **Wert des Stroms oberhalb der eigentlich erwarteten Stromstärke**. Die Stromstärke liegt oberhalb des Strom-Nennwerts, für den das entsprechende Gerät konzipiert wurde.

64 Es gibt **wechselseitige Beziehungen** zwischen Kurzschlüssen, Überstrom und Überspannungen. Durch Kurzschlüsse können Überspannungen und Überströme verursacht werden, während umgekehrt Überspannungen und Überströme zu Kurzschlüssen führen.

II. Arten von Überspannungsschäden

65 Überspannungs-, Überstrom- und Kurzschlussschäden werden einerseits durch **Elektrizität** verursacht, die **von Menschen erzeugt** wurde. Dabei handelt es sich um den elektrischen Strom, der über das Versorgungsnetz bestimmungs-

---

[99] So Martin F II 67.

gemäß an und durch elektrische Einrichtungen geleitet wird. Die elektrische Einrichtung und deren elektrische Bauteile sind auf die Spannung des elektrischen Betriebsstroms abgestimmt. Bei störungsfreiem Betrieb treten keine Überspannungs-, Überstrom- und Kurzschlussschäden auf.

Dazu kommt es erst durch **Betriebsstörungen in elektrischen Einrichtungen oder im elektrischen Versorgungsnetz**. Bei Störungen innerhalb elektrischer Einrichtungen handelt es sich in der Regel um Verschleiß- oder Gebrauchsschäden infolge Alter und Abnutzung. Interne Störungen im elektrischen Versorgungsnetz werden unter anderem durch Schaltvorgänge verursacht. Die in diesen Fällen durch die Wirkungen des elektrischen Stroms an elektrischen Einrichtungen entstehenden Schäden sind vom Versicherungsschutz ausgenommen. Für derartige Betriebsschäden möchte der Versicherer nicht haften. Hier liegt das **Hauptmotiv** für die **Begrenzung von Überspannungs-, Überstrom- und Kurzschlussschäden an elektrischen Einrichtungen** auf **blitzbedingte Schäden**. In § 1 Nr. 5 d AFB 87 wurde dies deutlich zum Ausdruck gebracht. Das Motiv gilt aber in gleicher Weise für § 2 Nr. 3, Nr. 4 VGB 2010 (A). Auch die Voraussetzungen des Brandbegriffs sind in diesen Fällen mangels Ausbreitungsfähigkeit nicht gegeben. 66

Störungen in elektrischen Einrichtungen und im elektrischen Versorgungsnetz werden aber auch **durch natürliche Elektrizität** verursacht. Natürliche Elektrizität hat verschiedene Ursachen. Zumeist entsteht sie bei **Gewittern durch Blitz**. Dabei fließt kurzzeitig ein elektrischer Strom mit hoher Spannung. Geht der Blitz auf das elektrische Versorgungsnetz oder auf elektrische Einrichtungen über, kommt es zur Überspannung und infolgedessen zu Kurzschluss- und Überspannungsschäden an elektrischen Einrichtungen. 67

Diese Schäden fallen bereits unter die **Gefahr des Blitzschlags**, wenn auf dem Grundstück, auf dem das versicherte Gebäude liegt, andere **Spuren** eines Blitzschlags vorhanden sind (§ 2 Nr. 3 S. 2 VGB 2010 (A)). Überspannungs-, Überstrom- und Kurzschlussschäden an elektrischen Einrichtungen als Folge eines Brandes oder einer Explosion sind ebenfalls versichert.

Liegt keiner der genannten Fälle vor, wirkt § 2 Nr. 4 VGB 2010 (A) **konstitutiv**. Überspannungs-, Überstrom und Kurzschlussschäden infolge eines Blitzes, nach dem keine Spuren eines Blitzschlags am Versicherungsgrundstück vorhanden sind, sind gegen Abzug des vereinbarten Selbstbehalts nach § 2 Nr. 4, Nr. 7 VGB 2010 (A) versichert. Hiervon umfasst sind beispielsweise Schäden durch **Fernwirkung von Blitzschlägen**, bei denen der Blitz außerhalb des Versicherungsgrundstücks, gegebenenfalls sogar in deutlicher Entfernung, in das elektrische Leitungssystem einschlägt und hierdurch Schäden an versicherten elektrischen Einrichtungen verursacht werden. Ein weiteres typisches Beispiel sind die **sogenannten Wolke-Wolke-Blitze**,[100] bei denen die Entladung in der Atmosphäre zwischen Wolken erfolgt, ohne dass es zum Blitzschlag, d. h. zum Übergang von 68

---

100 Martin C II 6.

Blitzen auf Sachen, kommt. Wolken sind ebenso wie die Atmosphäre keine Sachen im Sinne der Verkehrsanschauung.

69 Bei den geschilderten Vorgängen entstehen häufig Schäden durch sogenannte **Influenz**. Influenz ist die elektrische Auflading von Gegenständen durch elektrische Felder. Überspannung durch Influenz entsteht bei Gewittern, wenn der elektrische Strom in Freileitungen durch das elektrische Feld einer Gewitterwolke beeinflusst bzw. verstärkt wird. Entlädt sich die Spannung durch einen Blitz von Wolke zu Wolke, so wird die elektrische Ladung in der Leitung frei. Sie wandert zu den Endpunkten der elektrischen Leitung ab. Dabei kann es an den dort angeschlossenen elektrischen Einrichtungen zu Überspannungs-, Überstrom- und Kurzschlussschäden kommen.

III. Abgrenzung zu sonstigen Überspannungsschäden

70 In der Praxis bereitet es **erhebliche Schwierigkeiten**, Überspannungs-, Überstrom- und Kurzschlussschäden, die infolge eines Blitzes oder durch sonstige atmosphärisch bedingte Elektrizität entstanden sind, von **Schäden durch die Wirkung des elektrischen Betriebsstroms abzugrenzen**.

71 Deshalb wird der Versicherer im Schadenfall sorgfältig prüfen, ob Kurzschluss- und Überspannungsschäden an elektrischen Einrichtungen nachweislich durch Blitz entstanden sind. Die **Beweislast** dafür trägt der **Versicherungsnehmer**.

Vom Versicherungsnehmer wird ein blitzbedingter Überspannungsschaden oftmals bereits dann angenommen, wenn er die **mangelnde Funktionsfähigkeit** technischer Einrichtungen feststellt und **zuvor** am Schadenort oder in der Nähe des Schadenorts ein **Gewitter mit Blitz niedergegangen** war. Diese Indizien reichen indes **nicht als Nachweis** eines blitzbedingten Überspannungsschadens aus.

72 Vielmehr ist zunächst in einem **ersten Schritt** zu prüfen, ob am Schadentag in der näheren Umgebung des Versicherungsorts **überhaupt Blitze** entstanden sind, die die behaupteten Schäden an den versicherten Sachen verursachen konnten.[101] Hierzu wird regelmäßig eine Blitzauswertung eingeholt, die mithilfe eines satellitengestützten **Blitzortungssystems** erstellt wird.[102] Erscheint aufgrund der Blitzauswertung ein blitzbedingter Überspannungsschaden plausibel, wird in einem **zweiten Schritt** das beschädigte Gerät durch einen **Sachverständigen** dahingehend zu prüfen sein, ob Spuren vorhanden sind, die eine blitzbedingte Überspannung bestätigen.[103] Eine solche Untersuchung erübrigt sich jedoch, falls eine blitzbedingte Überspannung bereits aus physikalischen Gründen nicht

---

101 Spielmann 2.2.3.
102 Breideneichen, Urteilsanmerkung in VersR 2006, 357.
103 LG Bad Kreuznach, r + s 2007, 161.

möglich ist, etwa weil sich die Blitzeinschläge zu weit vom versicherten Gebäude entfernt ereignet haben, um die fraglichen Schäden zu verursachen.[104]

Nicht ausreichend ist jedenfalls, wenn der Versicherungsnehmer behauptet, ein Elektriker oder ein Hard- und Softwarehändler habe einen Überspannungsschaden festgestellt. Vielmehr muss substantiiert vorgetragen werden, aufgrund welcher Tatsachen die behaupteten Feststellungen getroffen wurden.[105] Gleiches gilt, wenn der Versicherungsnehmer behauptet, ein Mitarbeiter der Herstellerfirma habe einen blitzbedingten Schaden festgestellt, wenn der Versicherungsnehmer die technischen Details, die seine Behauptungen stützen könnten, nicht mit ausreichender Detailliertheit sichern ließ.[106] 73

Allerdings wird man, entsprechend der Rechtsprechung zum Nachweis von Schäden durch Blitzschlag, einen blitzbedingten Schaden als **bewiesen** ansehen, wenn **an elektrischen Installationen** eines Gebäudes, das versichert ist oder in dem sich die versicherten Sachen befinden, **umfangreiche typische Schäden an mehreren Geräten gleichzeitig** entstanden sind.[107] 74

IV. Versicherte Folgeschäden

Versichert sind auch Folgeschäden, sofern diese durch die blitzbedingte Überspannung **adäquat kausal** herbeigeführt wurden. 75

Erforderlich ist hierfür jedoch, dass tatsächlich ein Schaden durch Überspannung, also eine **Subtanzbeeinträchtigung** einer versicherten Sache vorliegt. Dies ist z. B. in der Hausratversicherung nicht der Fall, wenn infolge einer Überspannung lediglich der FI-Schalter im Sicherungskasten herausspringt, hierdurch die Stromzufuhr zur Klimaanlage unterbrochen wird und es in der Folge zu Schäden an im Wintergarten des Hauses befindlichen Pflanzen kommt.[108] 76

Weiterhin muss ein Überspannungsschaden **an einer versicherten Sache** vorliegen. Tritt die Überspannung hingegen an einer nicht gegen blitzbedingte Überspannung versicherten Sache ein und wird hierdurch der Folgeschaden ausgelöst, ist auch dieser Schaden nicht versichert.[109] 77

---

104 OLG Nürnberg VersR 2006, 357.
105 AG Heinberg, zfs 2007, 220.
106 AG Düsseldorf r + s 2007, 250.
107 AG Köln, Entscheidung vom 28.11.2007 – 126 C 375/07 u. OLG Hamburg VersR 1998, 92; a. A. Breideneichen, Urteilsanmerkung in VersR 2006, 357.
108 BGH, Entscheidung vom 20.04.2010 – IV ZR 249/08.
109 OLG Köln VersR 2006, 969.

E. Explosion, Implosion

78 Versicherungsschutz besteht nach § 2 Nr. 5 VGB 2010 (A) für Schäden, die durch **Explosion** bzw. durch **Implosion** verursacht werden.

I. Explosion

79 In § 2 Nr. 5 a) S. 1 VGB 2010 (A) ist eine Explosion definiert als eine **auf dem Ausdehnungsbestreben von Gasen oder Dämpfen beruhende, plötzlich verlaufende Kraftentfaltung**. Diese Definition entspricht dem allgemeinen Sprachgebrauch und der Verkehrsanschauung.

80 Explosionsschäden an Wohngebäuden entstehen gelegentlich als Folge von Explosionen, die sich außerhalb des Gebäudes ereignen. So liegt es, wenn durch eine Explosion in einem benachbarten Gewerbebetrieb die Fenster des Wohnhauses zerstört werden. Explosionen ereignen sich aber auch innerhalb von Wohngebäuden. Häufigste Erscheinungsformen von Explosionen im privaten Bereich sind Explosionen von Haushaltsgas (Erdgas, Propangas, Leuchtgas). Beim bestimmungswidrigen Austritt von Haushaltsgas bildet sich ein explosives Gas-/Luftgemisch. Wird es gezündet, entwickelt sich ein rasant verlaufender exothermer Prozess (Verbrennungsvorgang). Dabei werden gasförmige Verbrennungsrückstände frei. Sie erzeugen aufgrund ihres Ausdehnungsbestrebens eine Druckwelle, die Zerstörungen am Gebäude anrichtet.

81 Versicherungsschutz besteht unabhängig davon, wo sich die Explosion ereignet und ob es sich hierbei um eine versicherte Sache handelt. Auch Explosionsschäden, die auf weit entfernte Explosionen zurückzuführen sind, sind versichert.[110]

82 Umstritten ist, ob auch Schäden durch sogenannte **Verpuffung** versichert sind. Derartige Schäden treten bei kohle- oder ölbetriebenen Heizöfen infolge einer Störung des Verbrennungsvorgangs auf. Es bildet sich ein explosives Gemisch. Wird es gezündet, so kommt es zu einer explosiven Verbrennung. Die dabei entstehenden gasförmigen Verbrennungsprodukte erzeugen eine Druckwelle.

83 Dadurch wird gelegentlich der Ofen zerstört, zumeist wird jedoch lediglich die Ofenplatte weggeschleudert oder das Rauchabzugsrohr aus seiner Verbindung gedrückt. Die Verpuffung ist **als Explosion einzustufen**, weil eine auf dem Ausdehnungsbestreben von Gasen beruhende, plötzlich verlaufende Kraftäußerung vorliegt. Durch austretenden Rauch und Ruß kommt es dabei gelegentlich zu erheblichen Verunreinigungen am Gebäude. Diese Schäden sind **als Explosionsfolgeschäden versichert**. In der Praxis bereitet die **Abgrenzung** von Verpuffungsschäden zu **nicht versicherten Ruß- und Rauchschäden** infolge unvollständiger Verbrennung oder schlechtem Kaminzug häufig erhebliche Schwierigkeiten.

---

110 Bruck/Möller/*Johannsen* Band 7 Vor 142 Rn. 33.

Ebenfalls versichert sind Fälle, in denen **Saftflaschen oder Spraydosen** aufgrund im Innern befindlichen oder entstehenden Gasen zerplatzen und Schäden am Gebäude anrichten. 84

Nach § 2 Nr. 5 a) S. 2 VGB 2010 (A) sind **Behälterexplosionen** nur dann versichert, wenn die Wandung in einem solchen Umfang zerrissen wird, dass ein plötzlicher Ausgleich des Druckunterschieds innerhalb und außerhalb des Behälters stattfindet. Ein Zerreißen der Wandung ist jedoch nicht erforderlich, wenn im Innern des Behälters eine Explosion durch chemische Umsetzung hervorgerufen wird (§ 2 Nr. 5 a) S. 3 VGB 2010 (A)). 85

Behälterexplosionen entstehen dadurch, dass **komprimierte Gase und Dämpfe** innerhalb eines Behälters durch ihr **Ausdehnungsbestreben** einen Druck erzeugen, der höher ist als der äußere Umgebungsdruck des Behälters. Hält die Wandung des Behälters dem durch das Ausdehnungsbestreben der Gase erzeugten Innendruck nicht mehr stand, vollzieht sich ein von innen nach außen verlaufender plötzlicher Druckausgleich. Es ereignet sich eine Explosion. 86

Da es sich um eine sekundäre Risikobeschreibung handelt, ist der Begriff des Behälters nach dem Restriktionsprinzip **eng auszulegen**.[111] Behälter im Sinne der Regelung sind danach nur solche Gegenstände, die **planmäßig einem hohen Innendruck** ausgesetzt werden. 87

Bei Behälterexplosionen ist bedingungsgemäß vorausgesetzt, dass die Wandung in einem solchen Umfang zerrissen wird, dass ein **plötzlicher Ausgleich des Druckunterschieds** stattfindet. Hierdurch wird klargestellt, dass Schäden ausgeschlossen sind, bei denen durch Risse in der Wandung über längere Zeit Flüssigkeiten oder Gase austreten. 88

Wird jedoch **im Inneren eines Behälters eine Explosion durch chemische Umsetzung** hervorgerufen, ist ein Zerreißen der Wandung nicht erforderlich (§ 2 Nr. 5 a) S. 3 VGB 2010 (A)). Hierbei handelt es sich nicht um eine Explosion des Behälters, sondern um eine Explosion im Behälter. Die Ursache der Explosion ist nicht der hohe Innendruck des Behälters, so dass nicht von einer Behälterexplosion gesprochen werden kann. 89

Nicht versichert sind Schäden durch ähnlich verlaufende Vorgänge, die infolge der Veränderung des Volumens von Flüssigkeiten bei Temperaturschwankungen ausgelöst werden (z. B. Flüssigkeitsdruck bei übermäßiger Erhitzung oder Eisdruck bei Gefrieren von Flüssigkeiten).[112] Hier wirkt nämlich nicht das Ausdehnungsbestreben von Gasen oder Dämpfen. 90

---

111 Handbuch FA VersR/*Wälder* 9. Kapitel Rn. 320.
112 FA-Komm-VersR/*Sohn* Absch. A § 2 VGB 2010 Rn. 7.

II. Implosion

91 Ebenfalls versichert sind nach § 2 Nr. 5 b) S. 1 VGB 2010 (A) Schäden durch **Unterdruck (Implosion)**. Eine Implosion ist ein **plötzlicher, unvorhersehbarer Zusammenfall eines Hohlkörpers durch äußeren Überdruck infolge eines inneren Unterdrucks**.

92 Hält die Wandung des Behälters dem Außendruck (atmosphärischer Luftdruck) nicht mehr stand, vollzieht sich ein **von außen nach innen verlaufender plötzlicher Druckausgleich**. Es ereignet sich eine Implosion.

93 Implosionsschäden im privaten Bereich treten gelegentlich an Bildröhren von Fernsehgeräten auf. Der Wohngebäudeversicherer haftet dann für Schäden, die dabei durch Glassplitter am Gebäude angerichtet werden. Wird das Fernsehgerät durch die Implosion in Brand gesetzt, so ist der durch den Brand am Gebäude verursachten Schaden ohnehin als Brandschaden versichert.

94 Nachdem in älteren Bedingungswerken Implosionsschäden nicht versichert waren (VGB 88 und älter), sind diese nun ausdrücklich vom Versicherungsschutz umfasst. Aufgrund der Seltenheit von Implosionsschäden erhöht sich hierdurch das durch die Wohngebäudeversicherer übernommene Risiko nur in geringem Umfang.

F. Nicht versicherte Schäden

95 In der Feuerversicherung **ausgeschlossen** sind gem. § 2 Nr. 6 VGB 2010 (A)

- Schäden durch Erdbeben,
- Sengschäden,
- Schäden an Verbrennungskraftmaschinen und Schaltorganen von elektrischen Leitungen und
- Betriebsschäden.

I. Schäden durch Erdbeben

96 Ausgeschlossen sind nach § 2 Nr. 6 S. 1 a) VGB 2010 (A) ohne Rücksicht auf mitwirkende Ursachen Schäden durch **Erdbeben**.

97 Der Begriff „Erdbeben" ist in § 2 Nr. 6 VGB 2010 (A) nicht definiert. Allerdings erfolgt eine Definition im Rahmen der Naturgefahren in § 4 Nr. 3 c) VGB 2010 (A). Danach ist ein Erdbeben eine **naturbedingte Erschütterung des Erdbodens, die durch geophysikalische Vorgänge im Erdinneren ausgelöst wird**.

Ob die Beschränkung auf naturbedingte Erschütterungen dem allgemeinen Sprachgebrauch entspricht, oder ob allgemein auch nicht naturbedingte Erschütterungen als Erdbeben angesehen werden, kann offenbleiben. Jedenfalls wird der durchschnittliche Versicherungsnehmer bei aufmerksamer Durchsicht der Versicherungsbedingungen die genannte Definition **auch für die Auslegung des Begriffs Erdbeben im Rahmen der Feuerversicherung** heranziehen. Durch eine solche Auslegung ist auch sichergestellt, dass der Versicherungsschutz der Elementargefahr Erdbeben mit dem hier geregelten Ausschluss korrespondiert. Der Versicherungsnehmer muss nicht befürchten, dass Schäden aufgrund nicht naturbedingter Erschütterungen des Erdbodens, die nicht unter die Elementargefahr Erdbeben fallen, in der Feuerversicherung ausgeschlossen sind.[113]

Der Ausschluss gilt **ohne Rücksicht auf mitwirkende Ursachen**. Selbst wenn das Erdbeben nur eine von mehreren Ursachen für den Schaden darstellt, wirkt der Ausschluss. Dies gilt insbesondere, wenn der Schaden durch Zusammenwirken einer versicherten und einer nicht versicherten Ursache entstanden ist.

98

Da die **Elementargefahr Erdbeben** zwischenzeitlich in die **Grunddeckung** der Wohngebäudeversicherung aufgenommen wurde, hat sich die Bedeutung des Ausschlusses weiter verringert. Ohnehin sind stärkere Erdbeben und insbesondere hieraus resultierende Schäden wirtschaftlich eher unbedeutend.[114]

99

II. Sengschäden

Nach § 2 Nr. 6 S. 1 b) VGB 2010 (A) ausgeschlossen sind **Sengschäden**, es sei denn, dass sie dadurch verursacht wurden, dass sich an anderen Sachen eine versicherte Gefahr gemäß § 2 Nr. 1 VGB 2010 (A) verwirklicht hat (§ 2 Nr. 6 S. 2 VGB 2010 (A)).

100

Dieser Ausschluss hat bezüglich der Gefahr Brand **deklaratorische Bedeutung**. Es **fehlt** in diesen Fällen die nach dem Brandbegriff **geforderte Ausbreitungsfähigkeit** des Feuers. Der Ausschluss spielt im Kleinschadenbereich eine Rolle. Ein Versicherungsbedarf für den Einschluss dieser Schäden besteht insbesondere in der Wohngebäudeversicherung nicht. Dennoch schließen einzelne Wohngebäudeversicherer inzwischen auch Sengschäden ein. Dadurch werden insbesondere Bagatellschäden ersetzt. Das ist zumeist unwirtschaftlich, weil Schaden bzw. Entschädigung und Regulierungsaufwand in keinem wirtschaftlich vernünftigen Verhältnis zueinander stehen.

101

Eine vom GDV empfohlene Klausel für den Einschluss von Sengschäden gibt es derzeit nicht.

---

113 Vgl. Handbuch FA VersR/*Wälder* 9. Kapitel Rn. 830.
114 Bruck/Möller/*Johannsen* Band 7 AFB 2008/2010 A § 1 Rn. 1.

III. Schäden an Verbrennungskraftmaschinen und Schaltorganen von elektrischen Schaltern

102 Vom Versicherungsschutz ausgeschlossen sind gem. § 2 Nr. 6 S. 1 c) VGB 2010 (A) Schäden, die an **Verbrennungskraftmaschinen** durch die im Verbrennungsraum auftretenden Explosionen, sowie Schäden, die an **Schaltorganen von elektrischen Schaltern** durch den in ihnen auftretenden Gasdruck entstehen.

103 Bei beiden Alternativen handelt es sich um konstitutive Ausschlüsse mit einem in der Wohngebäudeversicherung **sehr eng begrenzten Anwendungsbereich**. Beide richten sich auf Sachverhalte, bei denen dem Betriebsablauf die Gefahr einer Schadenentstehung durch Explosionen immanent ist. Es werden damit bestimmte Betriebs- bzw. Abnutzungsschäden ausgeschlossen.[115]

104 Beide Ausschlüsse sind nach dem eindeutigen Wortlaut beschränkt auf **Schäden an den genannten Sachen**. Schäden, die durch die Explosionen an anderen versicherten Sachen entstehen, sind bedingungsgemäß gedeckt. Weiterhin gilt gemäß § 2 Nr. 6 S. 2 VGB 2010 (A) der Ausschluss nicht für Schäden, die dadurch verursacht wurden, dass sich **an anderen Sachen eine versicherte Gefahr** gem. § 2 Nr. 1 VGB 2010 (A) **verwirklicht** hat[116]. In diesen Fällen sind also auch eventuelle Schäden an den Verbrennungskraftmaschinen bzw. den elektrischen Schaltern versichert.

IV. Betriebsschäden

105 Nicht versichert sind nach § 2 Nr. 6 S. 1 d) VGB 2010 (A) Brandschäden, die an versicherten Sachen dadurch entstehen, dass sie einem **Nutzfeuer** oder der **Wärme zur Bearbeitung oder zu sonstigen Zwecken ausgesetzt** werden. Gem. § 2 Nr. 6 b) 2. Hs. VGB 2010 (A) gilt dies auch für Sachen, in denen oder durch die **Nutzfeuer oder Wärme erzeugt, vermittelt oder weitergeleitet** wird.

106 Dieser Ausschluss wird allgemein als **Betriebsschadenausschluss** bezeichnet. Die Begriffe Betriebsschaden und Bearbeitungsschaden umschreiben den Risikoausschluss nicht exakt. Sie haben sich aber weitgehend eingebürgert und werden daher auch hier verwendet. Es handelt sich um einen **konstitutiven Gefahrenausschluss**. Betriebs- oder Bearbeitungsschäden sind auch dann nicht versichert, wenn die Voraussetzungen des Brandbegriffs erfüllt sind. Die Formulierung „Nicht versichert sind Brandschäden" bringt dies klar zum Ausdruck.

107 Der Ausschluss von Betriebs- oder Bearbeitungsschäden wird im Allgemeinen damit begründet, dass Sachen, die einem Nutzfeuer oder der Wärme zweckhaft ausgesetzt werden, **in besonderem Maße brandgefährdet** sind. Es liegt eine

---

115 Bruck/Möller/*Johannsen* Band 7 AFB 2008/2010 A § 1 Rn. 17.
116 Bruck/Möller/*Johannsen* Band 7 AFB 2008/2010 A § 1 Rn. 17.

typische Betriebsgefahr vor. Dadurch übersteigt die Schadenwahrscheinlichkeit das mit normalen Beitragssätzen erfassbare Maß bei weitem.[117]

Im privaten Bereich und insbesondere in der Wohngebäudeversicherung werden jedoch durch den Betriebsschadenausschluss in der Regel Bagatellschäden erfasst. In der Hausratversicherung (z. B. VHB 2010) wird daher bereits seit Längerem auf den Ausschluss von Betriebsschäden verzichtet. Dieser Schritt wurde in der Wohngebäudeversicherung jedoch nicht vollzogen. Für den Einschluss von Betriebs- oder Bearbeitungsschäden in der Wohngebäudeversicherung nach den VGB 2010 steht jedoch die **Klausel 7161 „Einschluss von Nutzwärmeschäden"** zur Verfügung. 108

Durch den Betriebsschadenausschluss werden nicht generell Schäden durch bestimmte Ereignisse oder Ursachen, sondern **Schäden an bestimmten Sachen unter bestimmen Voraussetzungen ausgeschlossen**.[118] Infolgedessen kommt es vor, dass Schäden durch dasselbe Brandereignis einerseits als Betriebsschäden an ausgesetzten Sachen ausgeschlossen, andererseits aber als Brandschäden an anderen Sachen versichert sind. 109

Der Betriebsschadenausschluss erstreckt sich **nur auf diejenigen Sachen, die selbst dem Nutzfeuer oder der Wärme ausgesetzt** sind. Werden diese Sachen durch das Nutzfeuer in Brand gesetzt und greift der Brand anschließend auf andere versicherte Sachen über, die nicht dem Nutzfeuer oder der Wärme ausgesetzt sind, so werden die Schäden an den zuletzt genannten Sachen entschädigt. 110

Dies liegt daran, dass nicht generell Schäden an Sachen ausgeschlossen sind, die allgemein einem Nutzfeuer oder der Wärme ausgesetzt sind. Der Betriebsschadenausschluss gilt vielmehr nur für solche Schäden an ausgesetzten Sachen, die durch das Ausgesetztsein entstehen, indem die Sachen **„dadurch" (durch das Aussetzen) in Brand geraten**.[119] Infolgedessen sind insbesondere Schäden versichert, die an ausgesetzten Sachen dadurch entstehen, dass ein Brand an nicht ausgesetzten Sachen auf sie übergreift.[120] So liegt es, wenn ein Dachstuhlbrand z. B. infolge Kurzschluss oder durch Brandstiftung entsteht, auf den Schornstein des versicherten Gebäudes übergreift und den Schornstein zerstört.

Durch den zweiten Halbsatz der Ausschlussbestimmung in § 2 Nr. 6 b) VGB 2010 (A) wird klargestellt, dass der **Betriebsschadenausschluss auch für Sachen gilt, in denen oder durch die Nutzfeuer oder Wärme erzeugt, vermittelt oder weitergeleitet wird**. Dieser Zusatz wurde bereits in die VGB 88 abweichend von § 3 Nr. 2 VGB 62 eingefügt, obwohl der Betriebsschadenausschluss sich nach 111

---

117 Raiser S. 68.
118 Martin F II 7.
119 Martin F II 46.
120 Raiser S. 69 f.

übereinstimmender Kommentierung ohne weiteres auch auf Schäden an den genannten Sachen erstreckt.[121]

112 Hintergrund war eine Entscheidung des OLG Hamburg.[122] Nach Meinung des OLG Hamburg werden wärme- und hitzeerzeugende Geräte selbst nicht von dem analogen Ausschluss nach § 1 Nr. 2 S. 2 AFB a. F. erfasst. Die Versicherer haben diesem Urteil Rechnung getragen und seit den VGB 88 bzw. den AFB 87 die angesprochene Ergänzung des Betriebsschadenausschlusses eingefügt. Damit ist nunmehr **zweifelsfrei klargestellt**, dass nicht nur die Sachen, die bearbeitet bzw. verändert werden, vom Betriebsschadenausschluss erfasst sind. Vielmehr gilt er daneben auch für Schäden an den Sachen, in denen oder durch die Nutzfeuer oder Wärme erzeugt, vermittelt oder weitergeleitet wird.

113 Indessen hat diese Klarstellung **lediglich deklaratorischen Charakter**. Der BGH[123] hat sich dieser Auslegung angeschlossen und festgestellt, dass auch nach dem analogen Wortlaut des Betriebsschadenausschlusses der AFB a. F. nicht nur Schäden an Sachen ausgeschlossen sind, die zu ihrer Behandlung oder Bearbeitung der Wärme ausgesetzt werden, sondern dass weitergehend dadurch Schäden an Sachen ausgeschlossen werden, die bei Bearbeitungs- oder Behandlungsvorgängen zwangsläufig erwärmt werden, mithin der Erwärmung ausgesetzt sind.

114 Besondere Relevanz hat die angesprochene Klausel im Bereich der sogenannten **Kaminbrände**. Bei dem Betrieb einer angeschlossenen Feuerung wird ein Schornstein des Wohnhauses der Wärme zu sonstigen Zwecken ausgesetzt. Es kommt nicht darauf an, ob es Zweck des Schornsteins ist, Wärme aufzunehmen oder abzuleiten. Vielmehr genügt es, dass der Schornstein aus irgendeinem sinnvollen Zweck der Wärme ausgesetzt wird und seine Erwärmung dadurch zwangsläufig eintritt.[124]

115 Die **Rechtsprechung** hat diese Grundsätze verschiedentlich bestätigt. Es ist zwischenzeitlich allgemein anerkannt, dass Schornstein- und Kaminanlagen bei dem Betrieb der angeschlossenen Heizung oder des Kaminfeuers der Wärme zu sonstigen Zwecken ausgesetzt sind.[125]

Wenn ein Schaden an einem Schornstein dadurch entsteht, dass sich **Rußablagerungen** im Schornstein aufgrund des Betriebs einer angeschlossenen Feuerung **entzünden**, liegt somit ein nicht versicherter Betriebsschaden vor.[126] Der Betriebsschadenausschluss wirkt in diesen Fällen entgegen einer Ansicht des LG

---

121 Vgl. Raiser S. 68.
122 OLG Hamburg VersR 1986, 670.
123 BGH VersR 1988, 282.
124 OLG Köln VersR 1988, 1037.
125 LG Münster VersR 2005, 356; OLG Hamm VersR 1993, 963.
126 Vgl. OLG Köln VersR 1988, 1037.

Saarbrücken[127] auch konstitutiv. Der Kaminbrand ist begrifflich ein Schadenfeuer, da der Schornstein nicht bestimmungsgemäßer Herd ist.[128]

Allerdings soll nach verschiedentlich vertretener Auffassung der Betriebsschadenausschluss nur eingreifen, wenn die sich entzündenden Ablagerungen bei bestimmungsgemäßem Betrieb in der bei Schadeneintritt vorhandenen Art und Menge unvermeidlich sind.[129] Das Betriebsschadensrisiko werde **überschritten**, wenn **Fremdkörper oder übermäßige Rußablagerungen in Brand geraten**.[130] Wenn der von einem Kaminbrand betroffene Schornstein nach der Rechnung des Bezirksschornsteinfegermeisters „ausgeschlagen" werden müsse, müssten sich in dem Schornstein übermäßig starke Rußablagerungen befunden haben, so dass der Kaminbrand nicht unter den Betriebsschadenausschluss falle.[131] Diese Rußablagerungen würden über das normale Betriebsschadenrisiko hinausgehen und seien dem „Aussetzen zu sonstigen Zwecken" nicht wesens- bzw. systemimmanent.

116

Dieser Ansicht ist jedoch im Hinblick auf **übermäßig starke Rußablagerungen nicht zuzustimmen**. Auch die übermäßigen Rußablagerungen sind betriebsbedingt entstanden.[132] Sie stellen auch keine anderen Sachen im Sinne von § 2 Nr. 6 Abs. 2 VGB 2010 (A) dar. Es wäre wirklichkeitsfremd und künstlich, zwischen normalen und übermäßigen Rußablagerungen zu unterscheiden.[133]

117

Fraglich ist, ob **Schäden** versichert sind, die **als Folge von Betriebs- oder Bearbeitungsschäden an anderen nicht der Wärme ausgesetzten Sachen** entstehen. Dabei handelt es sich nicht um diejenigen Fälle, in denen andere Sachen infolge des Betriebsschadens selbst in Brand geraten. Die Ersatzverpflichtung für derartige Schäden steht außer Frage. Zweifelhaft ist vielmehr, ob Schäden an anderen Sachen als Folge von Betriebsschäden auch dann versichert sind, wenn die anderen Sachen selbst nicht in Brand gesetzt werden.

118

So liegt es, wenn durch einen Kaminbrand **Rauch- oder Rußschäden** am Anstrich des versicherten Gebäudes entstehen oder in der Küche des versicherten Gebäudes eine Fritteuse durch Überhitzung in Brand gerät und dadurch Decken, Wände und Fußböden verschmutzt werden. In der Vergangenheit wurde in Zweifel gezogen, dass derartige Schäden versichert sind. Inzwischen hat sich die Meinung durchgesetzt, dass Folgeschäden von Betriebsschäden an anderen als der Wärme ausgesetzten Sachen vom Betriebsschadenausschluss nicht erfasst und infolgedessen vom Wohngebäudeversicherer entschädigt werden müssen.

119

---

127 LG Saarbrücken VersR 1987, 404.
128 Vgl. BGH VersR 1983, 479.
129 Martin F II 48.
130 LG Münster VersR 2005, 356; OLG Hamm VersR 1993, 963.
131 OLG Köln r + s 1992, 170.
132 FA-Komm-VersR/*Sohn* Absch. A § 2 VGB 2010 Rn. 13.
133 Handbuch FA VersR/*Wälder* 9. Kapitel Rn. 115.

120 Ausdrücklich wurde diese Ansicht durch § 1 Nr. 6 Abs. 1 AFB 87 bestätigt. Aber auch **ohne diese ausdrückliche Bestimmung** in den aktuellen Bedingungen sind **Folgeschäden versichert**. So hat das LG Düsseldorf im Ergebnis zutreffend entschieden, dass Schäden am Teppichboden im Flur des versicherten Gebäudes als Folgeschäden versichert sind, die dadurch entstehen, dass zur Eindämmung eines umfangreichen Kaminbrandes Ruß vom Dachboden her aus dem Kamin gezogen, Löschwasser auf den Dachboden geschafft oder Ruß durch das Haus nach draußen gebracht wird.[134] Die Kosten für das Ablöschen eines Kaminbrandes sind unter Umständen auch als Rettungskosten zu entschädigen, wenn feststeht, dass der Kaminbrand ansonsten alsbald auf den Dachstuhl des Gebäudes übergegriffen hätte.

121 Der Ersatz der Folgeschäden von Betriebsschäden setzt voraus, dass an anderen als den ausgesetzten Sachen **selbständige Folgeschäden** eingetreten sind. Sonst besteht kein Versicherungsschutz. Bei einem Betriebsschaden an einem Schornstein (Kaminbrand) fallen auch die Schäden an einem Ringanker, am Schornsteinkopf und der Schornsteineinfassung, an Reinigungsklappen sowie an der Dachfläche um den Schornstein herum unter den Betriebsschadenausschluss.[135] Die Erneuerung dieser Teile stellt bei natürlicher Betrachtungsweise keinen selbständigen Folgeschaden im Verhältnis zum eigentlichen Betriebsschaden am Schornstein dar.[136] Es handelt sich bei diesen zu erneuernden Teilen lediglich um solche Teile, die im Zuge der Beseitigung des Betriebsschadens am Schornstein **zwangsläufig mit erneuert** werden mussten. Ihre Erneuerung ist damit nur ein **Teil des ausgeschlossenen Betriebsschadens**.

122 Weiterhin ist für die Versicherung von Folgeschäden vorausgesetzt, dass der **Betriebsschaden** als solcher die **Voraussetzung eines Brandes** erfüllt. Verkohlen die Rußrückstände im Kamin ohne Feuererscheinung, so besteht auch für Schäden durch die Verrußung von sonstigen Gebäudeteilen kein Versicherungsschutz, weil ein Brand nicht vorliegt.

123 Die **Abgrenzung** der dem Nutzfeuer oder der Wärme ausgesetzten Sachen **von den sonstigen nicht ausgesetzten Sachen** oder Sachteilen bereitet insbesondere in der Wohngebäudeversicherung gelegentlich Schwierigkeiten. Dies liegt vor allem daran, dass es sich bei einem Gebäude um eine zusammengesetzte Sache handelt. Nicht versichert sind aufgrund des Betriebsschadenausschlusses nur Schäden an denjenigen Gebäudeteilen oder Zubehörstücken (z. B. Gemeinschaftswaschmaschinen), die dem Nutzfeuer oder der Wärme ausgesetzt sind.

124 Die Grenze zwischen ausgeschlossenen Betriebsschaden und entschädigungspflichtigem (Brandfolge-)Schaden bestimmt sich bei Betriebsschäden häufig durch die **einheitliche Sache i. S. v. § 90 BGB**.[137] Diese Differenzierung findet

---

134 LG Düsseldorf r + s 1988, 83.
135 OLG Köln VersR 88 S. 1038.
136 OLG Hamm VersR 1993, 963.
137 Martin F II 25.

ihre Grenze dort, wo lediglich Teile kompakter Einzelsachen der Wärme oder einem Nutzfeuer ausgesetzt werden. Hier wird man den Betriebsschadenausschluss auch nur auf die **jeweils ausgesetzten Teile der Sache** beschränken müssen.[138] Dem Einfluss, den der Betriebsschaden für die Gesamtsache hat, ist dadurch Rechnung zu tragen, dass der Schaden in dem finanziellen Umfang, in dem er durch die physische Beeinträchtigung der ausgesetzten Sachteile verursacht wurde, vom Versicherungsschutz ausgeschlossen ist.[139]

Fraglich ist, ob der **Betriebsschadenausschluss eine Erwärmung von Sachen oder Sachteilen von mindestens 50° C** erfordert. Dieser Grenzwert wird in der Literatur genannt[140] und hat verschiedentlich Eingang in die Rechtsprechung gefunden.[141] Dabei wird darauf abgestellt, dass ab dieser Temperatur Wärme für Menschen unmittelbar problematisch wird.   125

Hiergegen wird eingewendet, dass es darauf, wann eine Temperatur für den Menschen problematisch wird, nicht ankommen kann.[142] Nach dieser Ansicht ist darauf abzustellen, von welcher Temperatur an die Wärme **für versicherte Sachen gefährlich** ist. Diese Betrachtungsweise führt wegen des unterschiedlichen Flammpunkts von brennbaren Sachen zu **flexiblen Temperaturgrenzwerten**.   126

Es erscheint aber sehr zweifelhaft, ob eine Grenzwertregelung überhaupt praktikabel ist. Abgesehen davon ist fraglich, ob es auf die Höhe der Temperatur, der die versicherten Sachen bei planmäßigem Verlauf des Betriebs- oder Bearbeitungsvorgangs bestimmungsgemäß ausgesetzt sind, ankommen kann. Bearbeitungsschäden entstehen **in den meisten Fällen** dadurch, dass durch **Störungen im Betriebsablauf** die bestimmungsgemäße Temperatur überschritten wird und dadurch der Schaden eintritt.   127

So liegt es **beispielsweise**, wenn **in einer Waschmaschine Gardinen mit geringer Temperatur gewaschen** werden und durch das Versagen eines Niveauschalters übermäßige Wärme entsteht, die Schäden an der Maschine und ihrem Inhalt verursacht.[143] Das AG Köln hat einen derartigen Schaden als Betriebsschaden nach § 3 A 3 a VHB 74 eingestuft. Nach zutreffender Ansicht des Gerichts kommt es nicht darauf an, dass die Gardinen lediglich bei geringer Temperatur gewaschen werden. Der Ausschluss der Ersatzpflicht ist nicht nur dann gegeben ist, wenn der Schaden durch die gewollte Wärme verursacht wird, sondern auch dann, wenn erst ein regelwidriger Umstand, wie das Versagen des Niveauschalters ihn darstellt, ursächlich für den Schaden ist.   128

---

138 A. A. noch Dietz 2. Auflage E 1.7.6; Dietz HRV § 9 RN 1.4.
139 Handbuch FA VersR/*Wälder* 9. Kapitel Rn. 122.
140 Bruck/Möller/*Johannsen* Band 7 AFB 2008/2010 A § 1 Rn. 24.
141 Z. B. OLG Köln VersR 1988, 1037; LG Augsburg VersR 1988, 345; LG Saarbrücken r + s 1991, 27; AG Jülich r + s 1997, 167).
142 Wälder, Urteilsanmerkung in r + s 1988, 273.
143 AG Köln VersR 1988, 28.

129 Diese Betrachtungsweise bietet den zutreffenden Ansatzpunkt für Überprüfung der bisherigen Rechtsansicht. Es kann für die Wirksamkeit des Betriebsschadenausschlusses nur darauf ankommen, dass versicherte Sachen zu wirtschaftlich vernünftigen Zwecken der von Menschen erzeugten Wärme einer Wärmequelle ausgesetzt werden. Hierbei **reicht jede Wärme, unabhängig von einer Temperaturgrenze**, aus. Erforderlich ist lediglich eine **im Vergleich zur Umgebungstemperatur höhere Temperatur**, da erst dann nach allgemeinem Sprachgebrauch von Wärme gesprochen werden kann. Diese Erhitzung muss auch nicht vorrangiges Ziel sein. Es reicht vielmehr aus, wenn die Zuführung der Wärme im bestimmungsgemäßen Gebrauch liegt.[144]

130 Entsteht dadurch ein Schaden an versicherten Sachen, so wirkt der Betriebsschadenausschluss, selbst wenn es **zum Schaden erst aufgrund einer durch Störung des Betriebsablaufs erhöhten Wärme** kommt. Die Höhe der Betriebswärme spielt dabei eine untergeordnete Rolle. Betriebsschäden entstehen in der Regel gerade erst dadurch, dass die Betriebswärme infolge einer Störung überschritten wird. Darin liegt das erhöhte Schadenpotential, das Motiv und Grundlage des Betriebsschadenausschlusses ist.

131 In der Hausratversicherung ist, wie oben ausgeführt, ein entsprechender Ausschluss nicht mehr vorhanden. Zu einer solchen Regelung ist es in der Wohngebäudeversicherung bisher nicht gekommen. Infolgedessen steht für die **Rückausnahme des Betriebsschadenausschlusses** in den VGB 2010 die **Klausel 7161 „Einschluss von Nutzwärmeschäden"** zur Verfügung. Damit sind abweichend von § 2 Nr. 6 b) VGB 2010 (A) auch die dort bezeichneten Brandschäden versichert.

G. Selbstbehalt

132 Der Selbstbehalt gemäß § 2 Nr. 7 VGB 2010 (A) fällt bei Eintritt der Gefahr „Überspannung durch Blitz" an.

---

[144] LG München I VersR 1967, 989; a. A. AG Freiburg VersR 1989, 698.

§ 3 Leitungswasser

1. Bruchschäden innerhalb von Gebäuden

   Der Versicherer leistet Entschädigung für innerhalb von Gebäuden eintretende

   a. frostbedingte und sonstige Bruchschäden an Rohren:

      aa. der Wasserversorgung (Zu- oder Ableitungen) oder den damit verbundenen Schläuchen;

      bb. der Warmwasser- oder Dampfheizung sowie Klima-, Wärmepumpen- oder Solarheizungsanlagen;

      cc. von Wasserlösch- oder Berieselungsanlagen;

   sofern diese Rohre nicht Bestandteil von Heizkesseln, Boilern oder vergleichbaren Anlagen sind;

   b. frostbedingte Bruchschäden an nachfolgend genannten Installationen:

      aa. Badeeinrichtungen, Waschbecken, Spülklosetts, Armaturen (z. B. Wasser- und Absperrhähne, Ventile, Geruchsverschlüsse, Wassermesser) sowie deren Anschlussschläuche;

      bb. Heizkörper, Heizkessel, Boiler oder vergleichbare Teile von Warmwasserheizungs-, Dampfheizungs-, Klima-, Wärmepumpen- oder Solarheizungsanlagen.

   Als innerhalb des Gebäudes gilt der gesamte Baukörper, einschließlich der Bodenplatte.

   Rohre von Solarheizungsanlagen auf dem Dach gelten als Rohre innerhalb des Gebäudes.

   Soweit nicht etwas anderes vereinbart ist, sind Rohre und Installationen unterhalb der Bodenplatte (tragend oder nicht tragend) nicht versichert.

2. Bruchschäden außerhalb von Gebäuden

   Der Versicherer leistet Entschädigung für außerhalb von Gebäuden eintretende frostbedingte und sonstige Bruchschäden an den Zuleitungsrohren der Wasserversorgung oder an den Rohren der Warmwasserheizungs-, Dampfheizungs-, Klima-, Wärmepumpen-, oder Solarheizungsanlagen soweit

   a. diese Rohre der Versorgung versicherter Gebäude oder Anlagen dienen und

   b. die Rohre sich auf dem Versicherungsgrundstück befinden und

   c. der Versicherungsnehmer die Gefahr trägt.

3. *Nässeschäden*

Der Versicherer leistet Entschädigung für versicherte Sachen, die durch bestimmungswidrig austretendes Leitungswasser zerstört oder beschädigt werden oder abhanden kommen.

Das Leitungswasser muss aus Rohren der Wasserversorgung (Zu- und Ableitungen) oder damit verbundenen Schläuchen, den mit diesem Rohrsystem verbundenen sonstigen Einrichtungen oder deren wasserführenden Teilen, aus Einrichtungen der Warmwasser- oder Dampfheizung, aus Klima- Wärmepumpen oder Solarheizungsanlagen, aus Wasserlösch- und Berieselungsanlagen sowie aus Wasserbetten und Aquarien ausgetreten sein.

Sole, Öle, Kühl- und Kältemittel aus Klima-, Wärmepumpen- oder Solarheizungsanlagen sowie Wasserdampf stehen Leitungswasser gleich.

4. *Nicht versicherte Schäden*

   a. *Nicht versichert sind ohne Rücksicht auf mitwirkende Ursachen Schäden durch*

   aa. *Regenwasser aus Fallrohren;*

   bb. *Plansch- oder Reinigungswasser;*

   cc. *Schwamm;*

   dd. *Grundwasser, stehendes oder fließendes Gewässer, Überschwemmung oder Witterungsniederschläge oder einen durch diese Ursachen hervorgerufenen Rückstau;*

   ee. *Erdbeben Schneedruck, Lawinen, Vulkanausbruch;*

   ff. *Erdsenkung oder Erdrutsch, es sei denn, dass Leitungswasser nach Nr. 3 die Erdsenkung oder den Erdrutsch verursacht hat;*

   gg. *Brand, Blitzschlag, Überspannung durch Blitz, Explosion, Implosion, Anprall oder Absturz eines Luftfahrzeuges, seiner Teile oder seiner Ladung;*

   hh. *Öffnen der Sprinkler oder Bedienen der Berieselungsdüsen wegen eines Brandes, durch Druckproben oder durch Umbauten oder Reparaturarbeiten an dem versicherten Gebäude oder an der Wasserlösch- oder Berieselungsanlage;*

   ii. *Sturm, Hagel;*

   jj. *Leitungswasser aus Eimern, Gieskannen oder sonstigen mobilen Behältnissen.*

b. Der Versicherer leistet keine Entschädigung für Schäden an Gebäuden oder an Gebäudeteilen, die nicht bezugsfertig sind und an den in diesen Gebäuden oder Gebäudeteilen befindlichen Sachen.

5. Besondere Vereinbarung

Der Selbstbehalt je Versicherungsfall beträgt __ Euro.

A. Einheit des Leitungswasserrisikos

In § 3 VGB 2010 (A) werden Leitungswasser-, Rohrbruch- und Frostdeckung zu einer Einheit zusammengefasst. 1

Seit den VGB 2008 wird durch diese Zusammenfassung **die Einheit des Leitungswasserrisikos** deutlich herausgestellt. Bis zu den VGB 2000 hingegen wurden Leitungswasserdeckung einerseits und Rohrbruch- und Frostdeckung andererseits getrennt voneinander geregelt.

Durch die Anpassung der Bedingungen ist nun klargestellt, dass die Rohrbruchversicherung in die Leitungswasserversicherung integriert ist. Die Verbindung zwischen den einzelnen Elementen der Gruppe ist beim Leitungswasserrisiko besonders eng, weil **dieselbe Schadenursache häufig sowohl einen Rohrbruch- oder Frostschaden als auch einen Nässeschaden** durch Leitungswasser herbeiführt. 2

So liegt es, wenn durch Frost und sonstige Ursachen ein Zuleitungsrohr der Wasserversorgung bricht und das austretende Leitungswasser Nässeschäden am Gebäude anrichtet. Dabei handelt es sich um einen **einheitlichen Versicherungsfall**, nicht um je einen Versicherungsfall in der Leitungswasser- und in der Rohrbruchdeckung. Diese Feststellung hat im Einzelfall ausschlaggebende Bedeutung für die Haftung des Versicherers, wenn der Nässeschaden nach dem Rohrbruch mit einer zeitlichen Verzögerung eintritt. 3

4

Beispiel:

Bruch eines Zuleitungsrohres am 25. 6. 2014, Eintritt eines Nässeschadens am 5. 7. 2014; Versicherungsbeginn am 1. 7. 2014.

Der Versicherungsfall ist vor dem Versicherungsbeginn eingetreten. Rohrbruch- und Nässeschaden sind nicht versichert. Dies gilt jedoch nur unter der Voraussetzung, dass der Rohrbruchschaden unter die Deckung des § 6 Nr. 2 VGB 2010 (A) fällt. Trifft dies nicht zu, so ist der Nässeschaden im dargestellten Beispiel zu entschädigen, weil der Versicherungsfall am 5. 7. 2014 eingetreten ist. So liegt es in dem angenommenen Beispiel, wenn es sich bei dem gebrochenen Rohr um die Hauptwasserleitung handelt, die außerhalb des Versicherungsgrundstücks verlegt ist.

B. Bruchschäden innerhalb von Gebäuden

5 Versichert sind gem. § 3 Nr. 1 VGB 2010 (A) Bruchschäden innerhalb von Gebäuden.

I. Allgemeines

1. Besonderheiten der Rohrbruchversicherung

6 In **älteren Bedingungswerken** (VGB 2000 und früher) wurde **das Rohrbruchrisiko noch getrennt vom Leitungswasserrisiko** geregelt. Weiterhin bestand die Besonderheit, dass sich die in den Bedingungen formulierte, allgemeine Definition des Versicherungsfalls nicht auf Rohrbruchschäden bezog (vgl. z. B. § 4 Nr. 1 VGB 2000). Vielmehr wurde der Versicherungsfall eigenständig bestimmt (z. B. § 4 Nr. 2 VGB 2000). Mangels Verweisung wurde für das Rohrbruchrisiko auch nicht auf die allgemeine Bestimmung zu versicherten Sachen gemäß § 1 VGB 2000 Bezug genommen. Vielmehr erfolgte direkt im Rahmen des Rohrbruchrisikos eine Beschreibung versicherter Schäden.[145] Bezug zu den versicherten Sachen bestand lediglich insoweit, als die Bedingungen von Rohrbruchschäden „innerhalb versicherter Gebäude" und „außerhalb versicherter Gebäude" sprachen.

7 Nach der Zusammenfassung von Leitungswasser-, Rohrbruch- und Frostdeckung besteht diese Besonderheit nicht mehr. Nunmehr fügt sich auch die **Rohrbruchdeckung in die normale Systematik der VGB** ein. Dennoch handelt es sich um ein atypisches Risiko, denn der Begriff „Bruch" benennt, anders als der Begriff „Leitungswasser", nicht eine versicherte Gefahr, sondern eine Erscheinungsform des Sachschadens.[146] Die Bestimmung der versicherten Sachen gem. § 5 VGB 2010 (A) i. V. m. §§ 1 Nr. 1 b), 3 Nr. 1, Nr. 2 VGB 2010 (A) gilt nun auch für das Rohrbruchrisiko. Dies ist insbesondere für den Ausschluss von **Mietereinbauten** wichtig. Es erübrigt sich dadurch, einen (ungeschriebenen) Ausschluss von Mietereinbauten aus dem fehlenden Interesse des Gebäudeeigentümers an einer Mitversicherung herleiten zu müssen, wie dies noch für die Bedingungswerke bis einschließlich VGB 2000 notwendig war.[147]

8 Die Bedingungen unterscheiden nach dem Schadenort zwischen Schäden an Gegenständen **innerhalb und außerhalb von Gebäuden**. Daneben wird nach der **Art** und der **Zweckbestimmung** der Gegenstände zwischen Zu- oder Ableitungsrohren sowie sonstigen Anlagen und Einrichtungen differenziert. Der Deckungsumfang für Schäden an Gegenständen innerhalb von Gebäuden wird **nach** dieser **Zweckbestimmung abgestuft**.

---

145 Dietz 2. Auflage G 2.
146 OLG Karlsruhe VersR 2004, 1310.
147 Dietz 2. Auflage G 2.

Nach § 3 Nr. 1 a) VGB 2010 (A) besteht **Versicherungsschutz innerhalb versicherter Gebäude** für **Bruchschäden jeder Art** an Rohren der Warmwasserversorgung, der Warmwasser- oder Dampfheizung, von Klima-, Wärmepumpen- oder Solarheizungsanlagen sowie von Wasserlösch- oder Berieselungsanlagen. Darüber hinaus sind nach § 3 Nr. 1 b) VGB 2010 (A) innerhalb von Gebäuden **Frostschäden** an den dort genannten Einrichtungen und Anlagen versichert. Bruchschäden an diesen Einrichtungen und Anlagen, die nicht durch Frost entstehen, sind hingegen nicht versichert.

Außerhalb von Gebäuden sind nach § 3 Nr. 2 VGB 2010 (A) Bruchschäden jeder Art an Zuleitungsrohren der Wasserversorgung und an Rohren der Warmwasserheizungs-, Dampfheizungs-, Klima-, Wärmepumpen und Solarheizungsanlagen versichert. Allerdings wird auch diese Haftung noch eingeschränkt. Versicherungsschutz besteht nur, soweit diese Rohre der Versorgung versicherter Gebäude oder Anlagen dienen, sich auf dem Versicherungsgrundstück befinden und sofern der Versicherungsnehmer die Gefahr trägt. Bruchschäden an Ableitungsrohren oder Frostschäden an sonstigen wasserführenden Anlagen und Einrichtungen sind außerhalb von Gebäuden überhaupt nicht versichert.

Es besteht jedoch die Möglichkeit, die Deckung für Rohrbruchschäden außerhalb versicherter Gebäude einzelvertraglich zu erweitern. Dafür stehen die Klauseln 7260 bis 7261 zur Verfügung. Nach der **Klausel 7260** können Bruchschäden an **Wasserzuleitungs- und Heizungsrohren** eingeschlossen werden, die **auf dem Versicherungsgrundstück** verlegt sind, aber **nicht der Versorgung versicherter Gebäude oder Anlagen** dienen. Die **Klausel 7261** ermöglicht den Einschluss von Bruchschäden an Wasserzuleitungs- und Heizungsrohren, die **außerhalb des Versicherungsgrundstücks** verlegt sind und **der Versorgung versicherter Gebäude oder Anlagen dienen**. Nach beiden Klauseln ist Voraussetzung, dass der Versicherungsnehmer jeweils die Gefahr trägt.

Im Gegensatz zu den VGB 2000 und früheren Bedingungen ist **keine Klausel** mehr für den **Einschluss von Ableitungsrohren außerhalb von Gebäuden** vorgesehen, die der Entsorgung versicherter Gebäude oder Anlagen dienen. Ohnehin keine Versicherungsmöglichkeit besteht für Bruchschäden an den in § 3 Nr. 1 b) VGB 2010 (A) genannten Einrichtungen und Anlagen außerhalb versicherter Gebäude.

2. Räumliche Abgrenzung

Die Haftung für Rohrbruch- oder Frostschäden wird ausschlaggebend davon beeinflusst, ob der Schaden **innerhalb oder außerhalb des versicherten Gebäudes** eintritt. Die Bestimmung der Begriffe hat infolgedessen erhebliche praktische Auswirkungen.

Nach dem allgemeinen Sprachgebrauch versteht man unter dem Begriff „innerhalb eines Gebäudes" den räumlichen Bereich, der von der Bedachung, den Umfassungswänden und der Bodenplatte bzw. dem Keller- oder Parterrefußboden begrenzt wird. Bedingungsgemäß wird der Begriff in § 3 Nr. 1 S. 2 VGB 2010 (A) als **gesamter Baukörper einschließlich der Bodenplatte** definiert. Sachen innerhalb dieser Grenzen befinden sich innerhalb eines Gebäudes. Dazu zählen auch Sachen, die in das Mauerwerk eingelassen bzw. im Mauerwerk verlegt sind. Nicht dazu zählen Gegenstände, die außen am Gebäude angebracht sind oder außerhalb des Gebäudes verlegt sind. Nach § 3 Nr. 1 VGB 2010 (A) nicht versichert sind daher beispielsweise Schäden an außen am Gebäude angebrachten Wasserhähnen und den dazu gehörenden Handwaschbecken oder Schäden an einem außen am Gebäude angebrachten Ableitungsrohr der Wasserversorgung, obwohl es sich bei diesen Sachen um Gebäudebestandteile handelt.

15 Die **Abgrenzung** zwischen den Bereichen innerhalb eines Gebäudes und außerhalb eines Gebäudes bereitete **in der Vergangenheit** insbesondere bei Bruchschäden an Ableitungsrohren immer wieder **Schwierigkeiten**. Zumeist ging es dabei um die Frage, ob sich Ableitungsrohre der Wasserversorgung, die unterhalb des Kellerbodens verlegt sind, innerhalb oder außerhalb des Gebäudes befinden.

16 Der BGH hat zu § 4 Nr. 2 a VGB 62, in dem der Begriff „innerhalb" ohne nähere Bestimmung verwendet wurde, angenommen, dass Ableitungsrohre der Wasserversorgung, die unterhalb des Kellerbodens **zwischen den Fundamenten und in den Fundamenten** selbst verlaufen, sich **innerhalb des Gebäudes** befinden.[148] Nach Auffassung des BGH entspricht dies der Auslegung, die ein durchschnittlicher Versicherungsnehmer bei verständiger Würdigung, aufmerksamer Durchsicht und Berücksichtigung des erkennbaren Sinnzusammenhangs vornimmt. Dabei sei auf die Verständnismöglichkeit eines Versicherungsnehmers ohne versicherungsrechtliche Spezialkenntnisse und damit auch auf seine Interessen abzustellen. Der durchschnittliche Versicherungsnehmer erwarte von seiner Wohngebäudeversicherung einen umfassenden und lückenlosen Versicherungsschutz.

17 Aus seiner durch § 2 VGB 62 gestützten Sicht, wonach das im Versicherungsschein aufgeführte Gebäude mit seinen Bestandteilen versichert ist, seien die Rohrleitungen in einem möglichst weiten Umfang versichert. Die **Risikoausschlussklausel** des § 4 Nr. 2 VGB 62 ist daher nach Auffassung des BGH **eng auszulegen** und darf nicht weiter ausgedehnt werden, als es ihr Sinn unter Beachtung ihres wirtschaftlichen Zwecks und der gewählten Ausdrucksweise erfordert. Der dem Versicherungsnehmer erkennbare Sinn und Zweck des § 4 Nr. 2 VGB 62, mit dem außerhalb des Gebäudes verlegte Ableitungsrohre der Wasserversorgung vom Versicherungsschutz ausgenommen werden, gebiete es nicht, den Ausschluss auf die zwischen den Fundamentmauern befindlichen Rohre zu erstrecken.

18 Dieser Rechtsprechung wurde zunächst in den VGB 88 n. F. Rechnung getragen. Nach § 7 Nr. 1 Abs. 2 VGB 88 n. F. galt der Bereich zwischen den Fundamenten

---

148 BGH VersR 1998, 758.

unterhalb des Kellerbodens nicht als innerhalb eines Gebäudes. Damit waren **nach den VGB 88 n. F.** Rohrbruchschäden an Ableitungsrohren der Wasserversorgung **nicht versichert**, wenn die Ableitungsrohre **unterhalb des Kellerbodens zwischen den Fundamentmauern** verlaufen. Die Frage der Wirksamkeit dieser Regelung wurde zumindest vom LG Hamburg positiv beantwortet.[149]

Mit den VGB 2008 wurden in die Bedingungen zwei Formulierungen aufgenommen, die für Klarheit sorgen. Nach § 3 Nr. 1 S. 2 VGB 2008/2010 gilt als innerhalb des Gebäudes der **gesamte Baukörper, einschließlich der Bodenplatte**. Nach § 3 Nr. 1 S. 4 VGB 2008/2010 sind, soweit nicht etwas anderes vereinbart wurde, **Rohre und Installationen unterhalb der Bodenplatte (tragend oder nichttragend) nicht versichert**.

19

Nach wie vor zutreffend ist auch nach der Aufnahme dieser Formulierungen die Rechtsprechung, nach der Ableitungsrohre, die unterhalb des Fußbodens eines nicht unterkellerten Hauses[150] oder unterhalb des Kellerfußbodens eines unterkellerten Hauses liegen,[151] außerhalb des Gebäudes verlaufen. Gleiches gilt für ein Rohr, das sich im Bereich nahe der inneren Fundamentmauer zwar zu einem geringen Teil in der Bodenplatte befindet, im Schadenbereich aber unterhalb der Bodenplatte verläuft.[152] Ebenfalls außerhalb des versicherten Gebäudes liegen Rohre einer Abwasserleitung, die außerhalb der Außenwand des versicherten Gebäudes unter der Hofdecke des Versicherungsgrundstücks verläuft.[153]

20

Der Wortlaut setzt nur voraus, dass Schäden „**innerhalb von Gebäuden**" eintreten. Nach früheren Bedingungswerken war der Schadeneintritt „innerhalb versicherter Gebäude" Voraussetzung. Eine **Deckungserweiterung ist hiermit jedoch nicht verbunden**, da der Versicherungsschutz gemäß § 1 Nr. 1 S. 1 b) VGB 2010 (A) i. V. m. § 5 Nr. 1 VGB 2010 (A) nunmehr ganz allgemein auf versicherte Gebäude beschränkt ist. Es genügt daher nicht, dass die Schäden innerhalb eines Gebäudes entstehen, es muss sich um ein versichertes Gebäude handeln.

21

Ereignet sich ein Rohrbruch- oder Frostschaden **innerhalb eines nicht versicherten Gebäudes auf dem Versicherungsgrundstück**, besteht aufgrund des klaren Bedingungswortlauts auch **kein Versicherungsschutz nach § 3 Nr. 2 VGB 2010 (A)**. Nach dem Wortlaut älterer Bedingungen, in denen Schäden „außerhalb versicherter Gebäude" geregelt wurden, konnte noch davon ausgegangen werden, dass diese Regelung auch Schäden innerhalb nicht versicherter Gebäude auf dem Versicherungsgrundstück einschließt.[154] Dies gilt nach dem neuen Bedingungswortlaut nicht mehr. Der Versicherungsnehmer wird auch nicht

22

---

149   LG Hamburg VersR 2009, 1658.
150   LG Freiburg VersR 1980, 1020; LG Hamburg VersR 1970, 1004.
151   LG Köln VersR 1989, 586; LG Düsseldorf ZfS 1985, 30.
152   LG Trier r + s 1993, 192.
153   OLG Koblenz VersR 1995, 43.
154   Dietz 2. Auflage, G 3.

davon ausgehen können, dass er für Schäden innerhalb von nicht versicherten Gebäuden Versicherungsschutz genießt.

23 **Wasserabflussrohre außerhalb des Gebäudes** sind **allgemein nicht versichert**. Dies gilt für die entsprechende räumliche Beschränkung des Versicherungsschutzes für **Frostschäden an sonstigen Einrichtungen in gleicher Weise**. Dabei ist zu berücksichtigen, dass wasserführende Installationen außerhalb des Schutzbereichs des versicherten Gebäudes einer sehr viel höheren Gefährdung unterliegen als innerhalb des versicherten Gebäudes. Dieses erhöhte Risiko will der Wohngebäudeversicherer nicht ohne weiteres tragen. In den VGB wird dieser Grundsatz lediglich für Zuleitungsrohre der Wasserversorgung und Heizungsrohre durchbrochen. Eine Erweiterung des Versicherungsschutzes durch Klauseln ist in diesem Bereich lediglich für Zuleitungsrohre auf dem Versicherungsgrundstück, die nicht der Versorgung versicherter Gebäude und Anlagen dienen (**Klausel 7260**), sowie für Zuleitungsrohre außerhalb des Versicherungsgrundstücks (**Klausel 7261**) vorgesehen.

II. Frost- und sonstige Bruchschäden an versicherten Rohren

24 Innerhalb versicherter Gebäude sind „**frostbedingte und sonstige Bruchschäden**" an den dort aufgeführten Rohren versichert (§ 3 Nr. 1 a) VGB 2010 (A)). Diese Formulierung bringt zum Ausdruck, dass die Rohrbruchdeckung an den genannten Rohren Bruchschäden **jeder Art aus beliebiger Ursache** umfasst.[155] Die Rohrbruchversicherung ist eine **Allgefahrendeckung.** Die ausdrückliche Erwähnung von **Frostbruchschäden** ist **deklaratorisch**. Dies gilt auch für die wortgleiche Formulierung in § 1 Nr. 1 a) AWB 2010 (A).

1. Versicherungsumfang

25 Rohrbruch- und Frostschäden sind keine Schadenursachen, sondern **Erscheinungsformen des Sachschadens**[156] bzw. **Versicherungsfalls**. Versichert sind frostbedingte und sonstige Bruchschäden an bestimmten Sachen, nicht Schäden infolge von Bruch oder Frost. Daher fallen **Folgeschäden** von Bruchschäden oder Frostschäden **nicht unter den Versicherungsschutz**.[157]

26 Dies gilt beispielsweise für Schäden, die an Heizöfen und Heizkesseln des versicherten Gebäudes durch Ausglühen entstehen, weil es aufgrund von Rohrbrüchen an Wasser fehlt. Jedoch sind Folgeschäden, die dadurch entstehen, dass infolge des Bruch- oder Frostschadens bestimmungswidrig Wasser austritt und Schäden an versicherten Gebäuden verursacht, als **Nässeschäden gem. § 3 Nr. 3 VGB 2010 (A)** versichert. Dies wurde vom LG Köln nicht beachtet, das

---

155 Martin E I 93.
156 Martin E I 79.
157 Vgl. Martin E I 21 und 86.

unzutreffend auch Schäden ausgeschlossen hat, die bei derartigen Schäden infolge des Rohrbruchs durch austretendes Wasser am versicherten Gebäude verursacht werden.[158]

Versichert sind Rohrbrüche durch beliebige Ursachen. Die Rohrbruchversicherung ist eine **Allgefahrendeckung**. **Häufige Ursachen** von Rohrbruchschäden sind **Frost, Beschädigung durch äußere mechanische Einwirkungen bei Bau- oder sonstigen Arbeiten am Gebäude, Wasserschläge bei Druckschwankungen sowie Erschütterungen**. Weitaus **häufigste Schadenursache** ist jedoch die **sogenannte Korrosion**. Sie tritt bei Rohren aus Metall infolge der Reaktion des metallischen Werkstoffs mit seiner Umgebung auf und führt zur **Veränderung des Werkstoffs**. Im weiteren Fortschreiten kann die Korrosion zur Zerstörung des Werkstoffs und zum Rohrbruch bzw. zur Zerstörung der gesamten Rohrleitungen führen. Korrosionsschäden an Rohren treten in Form der Außen- oder der Innenkorrosion auf. Bei der Außenkorrosion reagiert der metallische Werkstoff mit den ihn umgebenden Baustoffen oder Bauteilen. Weitaus größere Bedeutung hat jedoch die Innenkorrosion, die durch Reaktion des Rohrmaterials mit dem im Rohr enthaltenen bzw. fließenden Wasser entsteht. Dabei laufen unterschiedliche, sehr komplexe Vorgänge elektrochemischer, chemischer und physikalischer Natur ab. Die Innenkorrosion entsteht durch das Zusammenwirken von Werkstoff, Wasser, Betriebsbedingungen und Qualität der Installationsarbeiten. Diese Faktoren sind von Gebäude zu Gebäude unterschiedlich. Besonders erschwerend wirkt sich aus, dass Wasserqualität und Betriebsbedingungen auch in demselben Gebäude ständigen Änderungen unterliegen. Darauf ist es zurückzuführen, dass allgemeingültige, exakte Aussagen über die Ursachen von Korrosionsschäden und deren wirksame Bekämpfung bisher nicht getroffen werden können. Erfolgreiche Maßnahmen der Schadenverhütung und Vorbeugung werden dadurch außerordentlich erschwert, wenn nicht in vielen Fällen unmöglich gemacht.

27

2. Rohrbruch

Rohrbruch ist eine **nachteilige Veränderung (Schädigung) des Rohrmaterials, die dazu führt, dass die im Rohr befindlichen Flüssigkeiten austreten können**. Häufigste Erscheinungsformen von Rohrbrüchen sind Löcher oder Risse in Rohren. Bloße **Undichtigkeiten an Rohrverbindungen, Anschlussstellen und Ähnlichem**, die nicht auf Beschädigungen des Rohrmaterials zurückzuführen sind, sind **keine Rohrbrüche**. Keine Undichtigkeit der Rohrleitung und somit kein Rohrbruch liegen somit im Falle einer Verkantung der Rohrverbindung,[159] eines Muffenversatzes[160] oder einer Axialverschiebung aufgrund einer Setzung des Erdreichs[161] vor. Etwas anderes gilt, wenn das Material eines Teils des Roh-

28

---

158 LG Köln VersR 1989, 586.
159 OLG Bamberg VersR 2006, 1213
160 OLG Düsseldorf VersR 2004, 193; Ombudsmannentscheidung 2937/2001-R..
161 OLG Koblenz VersR 2010, 1034

res, beispielsweise der Dichtung, beschädigt ist, und dies den Flüssigkeitsaustritt ermöglicht.

29 Gegen die Ansicht, dass eine Veränderung des Rohrmaterials bzw. eine Werkstoffveränderung vorliegen muss, wird vorgebracht, dass dies nicht vom Begriff „Rohrbruch" umfasst sei. Der Begriff „Bruch" werde beispielsweise im Zusammenhang mit dem Brechen von Dämmen verwendet und würde dort „jedwede unfreiwillige Öffnung der das Wasser umschließenden Dammwand bzw. Dammmauer" bezeichnen.[162] Dem ist insofern zuzustimmen, dass der Begriff „Bruch" abhängig vom jeweiligen Sachzusammenhang unterschiedlich auszulegen ist. Im Zusammenhang mit Rohren wird nach allgemeinem Sprachgebrauch jedoch eine nachteilige Veränderung des Rohrmaterials vorausgesetzt.

30 Ein Rohrbruch ist auch dann **nicht gegeben**, wenn **Rohre nur porös** sind,[163] aber die im Rohr befindlichen Flüssigkeiten nicht austreten können, weil noch keine Löcher vorhanden sind. Dies führt in der Praxis vor allem bei **Korrosionsschäden** immer wieder zu Abgrenzungsproblemen und Auseinandersetzungen, wenn ein Rohr bricht und aus diesem Anlass festgestellt wird, dass der **gesamte Rohrstrang schon weitgehend korrodiert ist** und infolgedessen weitere Rohrbrüche abzusehen sind. Der Versicherer wird sich in diesen Fällen zu Recht auf den Standpunkt stellen, er hafte nur für die Reparatur bzw. den Ersatz des bereits gebrochenen Rohrstücks. Denn nach § 16 Nr. 1 a) VGB 2010 (A) hat der Versicherungsnehmer die versicherten Sachen in ordnungsgemäßem Zustand zu erhalten. Die Kostenlast für im Interesse der Schadenverhütung notwendige Reparaturmaßnahmen trifft somit den Versicherungsnehmer, und zwar selbst dann, wenn ohne Austausch der Rohre innerhalb kürzester Zeit ein Rohrbruch entstanden wäre[164] oder wenn das gesamte Leitungssystem durch Korrosion bedroht ist.[165] Es handelt sich nicht um Rettungskosten.

31 Liegt ein Rohrbruch vor, sind **Kosten für Stemmarbeiten sowie Einbau- und Materialkosten** jedoch auch dann ersatzpflichtig, wenn die **Leitungsrohre durch Alterung bereits völlig entwertet sind**.[166] Vorausgesetzt ist jedoch auch hier, dass die Kosten aufgrund des Rohrbruchs und nicht aufgrund einer im Übrigen notwendigen Sanierung des Leitungssystems verursacht wurden. Lagen nur an einem Teil der ausgetauschten Rohrleitungen Bruchschäden vor, besteht auch nur eine anteilige Erstattungspflicht. Das OLG Köln hatte in der zitierten Entscheidung einen Anspruch auf Ersatz der Materialkosten aufgrund der Entwertung der Rohre vollständig abgelehnt. Dem ist jedoch nicht zuzustimmen, da sich die Regelung zum gemeinen Wert auf einzelne Gebäudeteile nicht übertragen lässt.

---

162 Handbuch FA VersR/Wälder 9. Kapitel Rn. 652.
163 Martin E I 81.
164 OLG Hamm VersR 1993, 97.
165 OLG Karlsruhe VersR 1997, 612.
166 vgl. OLG Köln VersR 1994, 670 mit a. A. zu den Materialkosten.

Der Versicherer wird in derartigen Fällen weiterhin **auf die Instandhaltungs- und Schadenverhütungspflicht des Versicherungsnehmers verweisen**. Erneuert der Versicherungsnehmer die betroffenen Rohrstränge nicht auf seine Kosten, wird der Versicherer prüfen, ob er den Vertrag fortsetzt oder wegen Gefahrerhöhung, wegen Verletzung von Sicherheitsvorschriften oder aus Anlass des Versicherungsfalls kündigt.

32

3. Nebenarbeiten

Die **Kosten der Nebenarbeiten** werden, anders als noch in § 4 Nr. 2 VGB 62, in § 3 VGB 2010 (A) nicht erwähnt. Die Kosten der Nebenarbeiten sind jedoch ohne weiteres als **Teil des Hauptschadens oder als versicherte Kosten** gemäß § 7 VGB 2010 (A) entschädigungspflichtig.

33

Zu den Nebenarbeiten zählen unter anderem das Wegräumen von Hindernissen, das Aufbrechen von Wänden, Decken und Fußböden, das Aufgraben einer Hofeinfahrt oder des Erdreichs im Garten, das Entfernen des gebrochenen Rohrstücks, die Lieferung und Montage der neuen Rohrstücke und die Wiederherstellung des ursprünglichen Zustandes an der Bruchstelle.[167] Welche Kosten als Teil des Hauptschadens und welche als gesonderte Kosten im Sinne des § 7 VGB 2010 (A) versichert sind, spielt dabei nur eine untergeordnete Rolle (beachte aber § 13 (A) Rn. 37).

34

Bei Rohrbruchschäden sind **Einbaukosten** als Nebenarbeiten auch dann zu ersetzen, wenn die Leitungsrohre schon vor Eintritt des Versicherungsfalls völlig wertlos geworden sind.[168]

35

Nach herrschender Meinung in Rechtsprechung und Literatur ebenfalls ersatzpflichtig sind die **Regiekosten**, also die mit den Reparaturarbeiten anfallenden **vorbereitenden und begleitenden Verwaltungsarbeiten**. Hierzu zählen **bei technisch schwierigen Reparaturfällen** auch die **Kosten eines Sachverständigen oder Architekten**, die der Versicherungsnehmer aufwenden muss, um die zweckmäßigste Reparaturmethode ermitteln zu lassen, Aufträge an verschiedene Firmen zu vergeben, deren Arbeiten zu koordinieren und die Reparaturleistungen abzunehmen.[169]

36

Versichert sind auch sogenannte **Suchkosten.** Bei Rohrbrüchen handelt es sich häufig um versteckte Schäden, da die Rohre überwiegend nicht frei liegen, sondern unter Putz, in Beton, im Mauerwerk oder im Erdreich verlegt sind. In vielen Fällen sind zunächst nur die Symptome eines Rohrbruchs wie Durchnässung von Decken, Wänden, Fußböden, Fassaden oder aber Wasserverlust festzustellen. Die Suche nach der Schadenursache bzw. der Bruchstelle verursacht dann unter Umständen erhebliche Kosten. Diese Kosten sind als Nebenkosten nach § 3

37

---

167 Vgl. Bechert S. 70.
168 OLG Köln VersR 1994, 670 zu den VGB 62.
169 OLG Köln VersR 1996, 1534.

Nr. 1 VGB 2010 (A) versichert. Voraussetzung für die Erstattungsfähigkeit von Suchkosten ist lediglich, dass sich die **Bruchstelle auf dem Versicherungsgrundstück** befindet, nicht aber, dass sämtliche Beseitigungsarbeiten auf dem Versicherungsgrundstück ausgeführt werden.[170]

38   Zu Unstimmigkeiten hinsichtlich der Entschädigungspflicht kann es insbesondere kommen, wenn zunächst umfangreiche Arbeiten im Rahmen einer **Suche an der falschen Stelle** erfolgen, während sich im Nachhinein herausstellt, dass bei einer Suche an der eigentlichen Schadenstelle wesentlich geringere Kosten angefallen wären. In diesen Fällen kommt es darauf an, welche Aufwendungen ein vernünftiger Versicherungsnehmer in der konkreten Lage für geboten halten durfte.[171] Insbesondere kann dem Versicherungsnehmer kein Vorwurf gemacht werden, wenn er Arbeiten beauftragt, die nach Ansicht eines Fachmanns **bei vorausschauender Betrachtung Erfolg versprechend** sind.[172]

39   Anders liegt es, wenn sich **im Nachhinein** herausstellt, dass gar **kein Rohrbruch im Sinne der Versicherungsbedingungen** gegeben war. In diesem Fall sind auch Suchkosten **nicht erstattungsfähig**. Denn es liegt weder ein Rohrbruchschaden vor, der diese Kosten als Nebenkosten umfassen könnte, noch handelt es sich um Schadensermittlungskosten im Sinne des § 85 Abs. 1 VVG, da von dieser Norm Maßnahmen zur Ermittlung der Ursache von Schäden nicht umfasst sind.[173] In diesen Fällen kommt grundsätzlich auch eine Erstattung der Aufwendungen als Rettungskosten hinsichtlich eines drohenden Nässeschadens nicht in Betracht, da insoweit ein Abstellen des Wassers regelmäßig ausreichen dürfte.[174] Die über das Abstellen des Wassers hinausgehenden Maßnahmen entstehen in Erfüllung der dem Versicherungsnehmer obliegenden Instandhaltungspflicht nach § 16 Nr. 1 a) VGB 2010 (A). Danach ist der Versicherungsnehmer verpflichtet, die versicherten Sachen, insbesondere wasserführende Anlagen und Einrichtungen, stets in ordnungsgemäßem Zustand zu erhalten und Mängel oder Schäden unverzüglich beseitigen zu lassen. Die dadurch **entstehenden Kosten trägt der Versicherungsnehmer**, soweit sie nicht zugleich der Beseitigung eines versicherten Schadens dienen.

Dies gilt entsprechend für die **Kosten der Beseitigung einer Verstopfung von Rohrleitungen**. Diese Kosten sind nicht versichert, da ein Rohrbruch nicht vorliegt.[175] Sie werden vom Wohngebäudeversicherer auch nicht als Schadenminderungskosten ersetzt, sondern sind als Instandhaltungskosten vom Versicherungsnehmer zu tragen. Gleiches gilt für die **in diesen Fällen anfallenden Suchkosten**. Unzutreffend ist die gegenteilige Ansicht des AG Darmstadt, das sich mit der Instandhaltungspflicht des Versicherungsnehmers offenbar nicht

---

170   OLG Karlsruhe VersR 1999, 1539.
171   LG Saarbrücken VersR 2011, 1045.
172   OLG Karlsruhe VersR 1999, 1539.
173   LG Tübingen VersR 2007, 1222.
174   OLG Bamberg VersR 2006, 1213.
175   LG Köln, Entscheidung vom 08.07.2009 – 20 O 51/08.

auseinandergesetzt hat.[176] Allerdings können die Kosten für die Beseitigung von Rohrverstopfungen durch den Einschluss von **Klausel 7167** gesondert in den Versicherungsschutz eingeschlossen werden.

Bei **Auftaukosten** handelt es sich um Nebenkosten, die nach § 3 Nr. 1 VGB 2010 (A) versichert sind. Dabei ist nicht vorausgesetzt, dass ein Rohrbruch durch Frost bereits eingetreten ist. Es gilt der Grundsatz der Vorerstreckung (vgl. § 13 (B) Rn. 5). Unter der Voraussetzung, dass ein **Rohrbruch unmittelbar bevorsteht**, sind die Kosten für das Auftauen einer zugefrorenen Wasserleitung auch dann zu ersetzen, wenn es noch nicht zu einem Bruch gekommen ist.[177] Daraus kann indessen nicht geschlossen werden, dass Auftaukosten generell vom Wohngebäudeversicherer ersetzt werden. Sie müssen **der Abwehr oder Minderung eines versicherten Schadens dienen**. Nicht versichert sind Auftaukosten, die nur der Aufrechterhaltung der Wasserversorgung dienen.[178] Auch werden Auftaukosten nicht ersetzt, die durch Maßnahmen zur Abwehr oder Minderung eines nicht versicherten Schadens entstanden sind. So liegt es, wenn ein zugefrorenes Ableitungsrohr außerhalb des versicherten Gebäudes aufgetaut wird. Die Kosten sind auch nicht als Schadenminderungskosten zur Abwehr eines drohenden Nässeschadens zu ersetzen. 40

4. Rohre

Versichert sind Bruchschäden **an Rohren**. Wegen des unterschiedlichen Haftungsumfangs für Bruchschäden an Rohren einerseits und Frostschäden an den sonstigen wasserführenden Einrichtungen und Anlagen andererseits hat die **Abgrenzung** zwischen diesen beiden Sachgruppen **erhebliche Auswirkungen**. Rohre sind nach der Verkehrsauffassung **feste (starre) Hohlkörper** von zumeist rundem Querschnitt, die **zur Leitung von Flüssigkeiten bestimmt** sind. Das Material, aus dem die Rohre bestehen, muss fest und fest verarbeitet sein.[179] 41

Zum Rohr zählen Rohrstücke bzw. Rohrstränge, Rohrbogen, Rohrknie und Rohrverbindungsstücke (Verschraubungen), Flanschen, Muffen, Dichtungen und Druckausgleicher. Alle sonstigen wasserführenden Installationen sind keine Rohre im Sinne der VGB, sondern zählen zu den in § 3 Nr. 1 b) VGB 2010 (A) einzeln aufgeführten Einrichtungen, Anlagen und ähnlichen Installationen. 42

Ausdrücklich als sogenannte **Armaturen**, die **nicht zum Rohr gehören**, genannt sind in § 3 Nr. 1 b) aa) VGB 2010 (A) Wasser- und Absperrhähne, Ventile, Geruchsverschlüsse (Siphons) und Wassermesser (Wasserzähler bzw. Wasseruhren). Druckminderer sind ebenfalls Armaturen nach § 3 Nr. 1 b) aa) VGB 2010 (A).[180] Auch **Kompensatoren (Dehnungsausgleicher)** gehören grundsätzlich 43

---

176 AG Darmstadt r + s 1988, 306.
177 AG Saarbrücken ZfS 1988, 154.
178 Bechert S. 71.
179 Martin E I 25.
180 Unklar AG Lüdenscheid ZfS 1989, 212.

nicht zum Rohr. Kompensatoren sind flexible Verbindungsstücke, die bei großen Rohrlängen zwischen den Rohren installiert werden, um die bei Temperaturschwankungen auftretenden Dehnungen zwischen den Rohren auszugleichen. Sie bestehen aus Gummi oder aus einem sogenannten Metallbalg und sind im Gegensatz zu Rohren nicht starr, sondern flexibel. Daher sind sie nicht als Rohr einzustufen.[181] Allerdings sind nach § 3 Nr. 1 a) VGB 2010 (A) auch die **mit den Rohren der Wasserversorgung verbundenen Schläuche** vom Versicherungsschutz umfasst. Hierunter sind auch Kompensatoren zu fassen, die regelmäßig **aus flexiblem Material** gefertigt sind. Sie sind also vom Versicherungsschutz umfasst, sofern sie mit den Rohren der Wasserversorgung verbunden sind.

44 Ein **Wasserabstellschieber** im Zuleitungsrohr der Wasserversorgung gehört zwar auch zum Rohrleitungssystem und ist Teil desselben, da er den Rohren zwischengeschaltet ist. Er kann vom Sprachgebrauch und von seiner Funktion her aber nicht mehr als Zuleitungsrohr angesehen werden. Insbesondere ist er auch kein Bestandteil des Rohres wie etwa Rohrschrauben, Flansche, Kniestücke, Dichtungen oder Druckausgleicher. Er ist vielmehr den Armaturen wie Hähnen, Ventilen, Filtern usw. zuzurechnen.[182]

45 Schäden an den aufgezählten Armaturen können durch die **Klausel 7265 „Sonstige Bruchschäden an Armaturen"** in den Versicherungsschutz einbezogen werden. Nach Nr. 2 ersetzt der Versicherer in diesem Fall die Kosten für den Austausch der Armaturen, wenn der Austausch infolge eines Versicherungsfalles gemäß § 3 Nr. 1 a) VGB 2010 (A) im Bereich der Rohrbruchstelle notwendig ist. Gem. Nr. 3 der Klausel gilt jedoch die vereinbarte Entschädigungsgrenze.

5. Rohre der Wasserversorgung (Zu- und Ableitungen) oder damit verbundene Schläuche

46 Versichert sind nach § 3 Nr. 1 a) aa) VGB 2010 (A) innerhalb der versicherten Gebäude Bruchschäden an **Rohren der Wasserversorgung (Zu- und Ableitungen) oder den damit verbundenen Schläuchen**. Zuleitungsrohre führen Frischwasser an Wasserverbrauchsstellen und wasserführende Einrichtungen und Anlagen heran. Ableitungsrohre leiten gebrauchtes Wasser von diesen Stellen ab. Der Begriff der „Wasserversorgung" umfasst jede wirtschaftlich sinnvolle Bewegung und Verwendung von Wasser.

47 Voraussetzung ist, dass die fraglichen Rohre zum Zeitpunkt des Wasseraustritts **nicht außer Funktion gesetzt** waren. Verbliebene Rohre einer früheren Wasserversorgung mit Grundwasser, die mit den das Wasser aus der öffentlichen Versorgung führenden Rohren nicht (mehr) verbunden sind, sind nicht (mehr) solche der Wasserversorgung.[183] Nicht erforderlich ist hingegen, dass die betroffenen

---

181 A. A. Bechert S. 24.
182 LG Stuttgart VersR 1993, 474.
183 OLG Hamm, Entscheidung vom 01.06.2012 – I-20 U 107/12.

Rohre Teil der öffentlichen Wasserversorgung sind.[184] Ebenfalls nicht vorausgesetzt ist, dass die Rohre der Versorgung des versicherten Gebäudes dienen.

Zu- oder Ableitungen der Wasserversorgung im Sinne der Bedingungen sind auch die **Zu- und Ableitungsrohre eines mit dem häuslichen Rohrsystem verbundenen Schwimmbads**. Dazu zählen auch die Rohrleitungen, durch die Wasser von einem Schwimmbecken zur kombinierten Entfeuchtungs- und Wärmerückgewinnungsanlage geführt und von dort erwärmt wieder zurückgeführt wird.[185] Rohrbruchschäden an diesen Rohren sind innerhalb versicherter Gebäude ohne weiteres versichert, und zwar auch dann, wenn sich das Schwimmbecken außerhalb des Gebäudes, die Schwimmbadtechnik jedoch innerhalb des Gebäudes befindet. Es kommt dabei auch nicht darauf an, ob das Außenschwimmbecken in den Vertrag eingeschlossen oder eine nicht versicherte Sache ist. Denn Rohrbruchschäden innerhalb von Gebäuden sind unabhängig davon, ob die Rohre der Versorgung versicherter Gebäude oder Anlagen dienen, versichert.[186] 48

Zu beachten ist jedoch, dass abweichend von der Entscheidung des OLG Düsseldorf, die zu den VGB 62 erging, ein Rohrbruch innerhalb der **Entfeuchtungsanlage des Schwimmbads** nach den VGB 2010 nicht versichert ist. Denn gemäß § 3 Nr. 1 a) Hs. 2 VGB 2010 (A) sind solche Rohre vom Versicherungsschutz gegen sonstige Bruchschäden nunmehr ausdrücklich ausgeschlossen, die Bestandteil von Heizkesseln, Boilern oder vergleichbaren Anlagen sind. 49

Grundsätzlich **nicht versichert** sind **Regenfallrohre**, sofern sie ausschließlich der Abführung des Regenwassers dienen und nicht auch häusliche Abwässer aufnehmen.[187] Allerdings ist der Teil eines Regenfallrohrs, der unterirdisch zu einer Regenwassersammelanlage führt, ein Zuleitungsrohr der Wasserversorgung.[188] Ebenfalls unter den Versicherungsschutz fallen Entlüftungsrohre der Abwasserleitung, wenn diese im Zuge der Entlüftung der Schmutzwasserfallleitung bestimmungsgemäß auch Wasser in Gestalt von Wasserdampf aufnehmen und ableiten.[189] Im Übrigen steht zur Deckungserweiterung die **Klausel 7166 „Regenfallrohre innerhalb des Gebäudes"** zur Verfügung. 50

Zu beachten ist, dass seit den VGB 2008 auch die **mit der Wasserversorgung verbundenen Schläuche vom Versicherungsschutz umfasst** sind. Dies ist insbesondere relevant, wenn ein Verbindungsschlauch platzt. Auch hier gilt jedoch, dass bloße Undichtigkeiten nicht versichert sind. 51

---

184 OLG Karlsruhe VersR 2004, 1310.
185 OLG Düsseldorf VersR 1997, 1484.
186 Zu der sich hieraus ergebenden Ungleichbehandlung mit Innenschwimmbecken siehe Dietz 2. Auflage G 4.6.
187 OLG Frankfurt/M. VersR 2000, 723.
188 OLG Dresden VersR 2008, 1210.
189 AG Neumünster VersR 2008, 964.

6. Rohre der Warmwasser- oder Dampfheizung

52 Bruchschäden an **Rohren der Warmwasser- oder Dampfheizung sowie Klima-, Wärmepumpen- oder Solarheizungsanlagen** sind nach § 3 Nr. 1 a) bb) VGB 2010 (A) versichert. Dabei ist wiederum nicht vorausgesetzt, dass die Anlagen der Versorgung versicherter Gebäude dienen. Versichert sind infolgedessen auch Bruchschäden an Rohren einer Heizungsanlage, die durch das versicherte Gebäude geführt werden, aber der Versorgung eines nicht versicherten Gebäudes dienen (praktisch selten). **Rohre von Solarheizungsanlagen auf dem Dach** gelten gem. § 3 Nr. 1 S. 3 VGB 2010 (A) als Rohre innerhalb des Gebäudes.

53 Rohre der Warmwasser- oder Dampfheizung sowie Klima-, Wärmepumpen- oder Solarheizungsanlagen sind Rohre der Vor- und Rücklaufleitung sowie die Heizschlangen einer Fußbodenheizung oder einer ähnlichen Flächenheizung. Die Rohre der Klima-, Wärmepumpen- oder Solarheizungsanlagen sind mit den VGB 2000 ausdrücklich in den Versicherungsschutz gegen Rohrbruchschäden einbezogen worden. Damit ist es nicht mehr entscheidend, ob diese Anlagen zugunsten des Versicherungsnehmers durch Auslegung unter die Begriffe „Warmwasser- und Dampfheizung" einzuordnen sind.[190]

54 Rohre, die **Bestandteil von Heizkesseln, Boilern oder vergleichbaren Anlagen** sind, sind nach § 3 Nr. 1 a) 2. Hs. VGB 2010 (A) ausdrücklich **nicht versichert**. Bis zu dieser Klarstellung war umstritten, ob Rohre, die innerhalb eines Heizkessels verlaufen, als Rohre der Warmwasser- oder Dampfheizung einzustufen sind.[191] Schon bisher führte die Bedingungsauslegung zu dem Ergebnis, dass Bruchschäden an den fraglichen Rohren nicht versichert sind.[192] Die Ergänzung hat daher **deklaratorischen Charakter**. Von der Beurteilung der Bruchschäden abzugrenzen ist die Frage, ob Schäden, die durch austretendes Leitungswasser innerhalb der Anlage verursacht werden, versichert sind (vgl. unten Rn. 111). Schon vom Begriff des Rohrbruchs nicht erfasst sind (Korrosions-)Schäden an den Anlagen selbst.[193]

55 Der **Abgrenzung der Anlagen zum zugehörigen Rohrsystem** kommt somit **entscheidende Bedeutung** zu. Bei der Beurteilung des Versicherungsschutzes für den Bruch eines „Ableitungsrohres der Warmwasserleitung", das am Heizkessel angeschweißt und durch Korrosion einige Zentimeter vom Kesselausgang entfernt undicht geworden ist, kommt es nicht darauf an, ob sich das schadhafte Teil nach dem äußeren Erscheinungsbild als Rohr darstellt, sondern darauf, ob es seiner **sachlichen Funktion** nach dem Rohrsystem oder dem Kessel zuzuordnen ist. Wenn die Schadstelle an einem Anschlussstutzen des Heizkessels entstanden ist, ist ein notwendiger (wesentlicher) Bestandteil des Heizkessels beschädigt worden, an dem nur Frostschäden, nicht aber auch andere Bruch-

---

[190] So Dietz 2. Auflage G 4.7.
[191] Vgl. dazu Dietz 2. Auflage G 4.7.
[192] A. A. LG Bonn VersR 1986, 807.
[193] OLG Saarbrücken, Entscheidung vom 19.12.2012 – 5 U 144/12; OLG Frankfurt VersR 2010, 69.

schäden versichert sind.[194] Die rohrförmige Zuleitung zu einem Sicherheitsventil des Heizkessels ist ebenfalls nicht als Rohr der Warmwasseranlage anzusehen.[195] Auch der Bruch eines Ventils am Heizkreisverteiler ist nicht als Schaden an den Rohren der Warmwasser- oder Dampfheizungsanlage anzusehen, sondern als Schaden an der Anlage der Warmwasser- oder Dampfheizung selbst.[196]

7. Rohre von Wasserlösch- oder Berieselungsanlagen

Innerhalb versicherter Gebäude sind nach § 3 Nr. 1 a) cc) VGB 2010 (A) Schäden an den **Rohren von Wasserlösch- oder Berieselungsanlagen** versichert. Im Verhältnis zu § 3 Nr. 1 a) cc) VGB 2010 (A) hat der Einschluss **deklaratorischen Charakter**. Rohre von Wasserlösch- oder Berieselungsanlagen sind Rohre der Warmwasserversorgung. Daher waren derartige Schäden auch nach den VGB 62, die einen ausdrücklichen Einschluss nicht enthielten, ohne weiteres versichert. 56

Seit den VGB 2008 hat der Begriff der „Wasserlöschanlage" den Begriff der „Sprinkleranlage" ersetzt. Eine inhaltliche Änderung hat sich hierdurch jedoch nicht ergeben. Lediglich klarstellend wird nun der weitere Begriff der Wasserlöschanlage verwendet. 57

Rohre von Wasserlöschanlangen sind Zuleitungen bzw. Verteilerleitungen. **Nicht zu den Rohren** zählen die sonstigen Einrichtungen von Wasserlöschanlagen wie **Sprinklerköpfe, Wasserbehälter, Ventile und Pumpen**. An derartigen Anlageteilen sind lediglich Frostbruchschäden nach § 3 Nr. 1 b) VGB 2010 (A) versichert.

III. Frostschäden an sonstigen Einrichtungen innerhalb versicherter Gebäude

Innerhalb versicherter Gebäude sind nach § 3 Nr. 1 b) VGB 2010 (A) **frostbedingte Bruchschäden** an den dort genannten **wasserführenden Einrichtungen und Anlagen** versichert. Im Gegensatz zu älteren Bedingungswerken (VGB 62: „Schäden durch Frost an"; VGB 88: „Frostschäden") kommt durch die Formulierung in den Bedingungen „frostbedingte Bruchschäden" eindeutig zum Ausdruck, welche Schäden versichert sind. **Nicht etwa alle Folgen** von Frost, sondern **lediglich Frostbruchschäden an den genannten Sachen** sind versichert.[197] 58

Frostbruchschäden an Rohren und an sonstigen wasserführenden Installationen entstehen in der Regel durch das Ausdehnungsbestreben gefrierenden Wassers. Es sind solche Bruchschäden gedeckt, die unmittelbar infolge der Ausdehnung 59

---

194 OLG Celle r + s 1994, 107.
195 OLG Schleswig VersR 1993, 1395.
196 AG Dortmund VersR 1996, 1101.
197 Ebenso zu älteren Bedingungswerken Bechert S. 70; Martin E I 86.

gefrierenden Wassers an den betroffenen Sachen entstehen.[198] Sonstige Bruchschäden an den genannten Gegenständen sind im Rahmen der Leitungswasserversicherung lediglich als Folge von Nässeschäden versichert.[199] Wiederum ist **nicht vorausgesetzt**, dass die betroffenen Anlagen **der Versorgung versicherter Gebäude dienen.**

1. Sanitäre Einrichtungen

60 Nach §§ 3 Nr. 1 b) aa) VGB 2010 (A) sind innerhalb versicherter Gebäude Frostbruchschäden an **Badeeinrichtungen, Waschbecken, Spülklosetts, Armaturen (z. B. Wasser- und Absperrhähne, Ventile, Geruchsverschlüsse, Wassermesser) sowie deren Anschlussschläuche** versichert.

61 Im Gegensatz zu den Bedingungswerken bis einschließlich VGB 2000 fehlt in den VGB 2010 die Ergänzung „und ähnlichen Installationen". Der Versicherungsschutz beschränkt sich somit auf die ausdrücklich aufgeführten Einrichtungen. Dies hat jedoch nur scheinbar weitreichende Auswirkungen. Denn der allgemeine Begriff der „**Armatur**" umfasst eine **Vielzahl von im Rohrleitungssystem eingesetzten Bauelementen**, so dass beispielsweise Druckminderer, Kompensatoren (Dehnungsausgleicher), Mischbatterien, Pumpen, Filter, Abstellschieber[200] und Schaugläser auch ohne die Ergänzung „und ähnliche Installationen" gegen Frostbruchschäden versichert sind.

2. Warmwasserheizungs-, Dampfheizungs-, Klima-, Wärmepumpen- oder Solarheizungsanlagen

62 Weiterhin sind nach § 3 Nr. 1 b) bb) VGB 2010 (A) innerhalb versicherter Gebäude Frostschäden an **Heizkörpern, Heizkesseln, Boilern oder an vergleichbaren Teilen von Warmwasserheizungs-, Dampfheizungs-, Klima-, Wärmepumpen- oder Solarheizungsanlagen** versichert. Die Formulierung „an vergleichbaren Teilen" lässt Raum für eine Anpassung der Haftung an die Entwicklung der Heizungstechnik im Rahmen des Bedingungswerks. Vergleichbare Teile von Warmwasserheizungs-, Dampfheizungs-, Klima-, Wärmepumpen- oder Solarheizungsanlagen sind z. B. Kompensationsgefäße, Umwälzpumpen, Heizregister[201], Thermostatventile[202] und Mischbatterien.

---

198 AG Grünstadt NJW 1986, 1471; Martin E I 86.
199 Vgl. Bechert S. 65.
200 LG Stuttgart VersR 1993, 474.
201 LG Frankfurt/M. VersR 1982, 1190.
202 AG Dortmund VersR 1996, 1101.

C. Rohrbruchschäden außerhalb versicherter Gebäude

Außerhalb versicherter Gebäude ist die Versicherung von Rohrbruch- oder Frostschäden im Vergleich zur Haftung innerhalb versicherter Gebäude **sehr stark eingeschränkt**. Die Einschränkung der Haftung ist darauf zurückzuführen, dass wasserführende Installationen außerhalb des versicherten Gebäudes einer sehr viel höheren Gefährdung unterliegen. Der Versicherer möchte dieses Risiko nicht generell tragen. 63

Nach § 3 Nr. 2 VGB 2010 (A) besteht lediglich Versicherungsschutz für **frostbedingte und sonstige Bruchschäden an Zuleitungsrohren der Wasserversorgung und an den Rohren der Warmwasserheizungs-, Dampfheizungs-, Klima-, Wärmepumpen- oder Solarheizungsanlagen**, soweit diese Rohre der Versorgung versicherter Gebäude oder Anlagen dienen, sich auf dem Versicherungsgrundstück befinden und der Versicherungsnehmer die Gefahr trägt. Bedingungsgemäß nicht versichert sind Rohrbruchschäden an Ableitungsrohren sowie Frostschäden an den sonstigen wasserführenden Installationen oder Anlagen außerhalb versicherter Gebäude. Als Ableitungsrohre sind bei einer Fernwärmeversorgung auch solche Rohre zu bewerten, über die unter anderem der Ablauf des nicht mehr zu Heizzwecken dienenden Überlaufwassers erfolgt. Sie werden aufgrund ihrer diesbezüglichen Zweckbestimmung nicht zu Rohren der Heizungsanlage.[203] 64

I. Versorgung versicherter Gebäude oder Anlagen

Die Rohre müssen **der Versorgung versicherter Gebäude oder Anlagen** dienen. 65

Der Hinweis auf versicherte Anlagen wird ausdrücklich gegeben, weil es sich dabei auch um Anlagen oder Baulichkeiten handeln kann, die **nicht als Gebäude einzustufen** sind. Typische Beispiele sind Außenschwimmbecken. Ist das Außenschwimmbecken aufgrund einzelvertraglicher Vereinbarung in den Versicherungsvertrag eingeschlossen, haftet der Versicherer auch für Bruchschäden, die an den Zuleitungsrohren zum Schwimmbecken außerhalb versicherter Gebäude eintreten.

Bruchschäden an Zuleitungsrohren der Wasserversorgung, die **der Versorgung nicht versicherter Gebäude und Anlagen** dienen, sind **bestimmungsgemäß nicht versichert**. Dazu zählen z. B. Zuleitungsrohre zu einer Teichanlage oder zu einem Springbrunnen sowie Rohre, die der Versorgung von nicht versicherten Nebengebäuden auf dem Versicherungsgrundstück dienen. Weiterhin sind Zuleitungsrohre zu einer Wasserzapfstelle im Garten des Versicherungsgrundstücks zu nennen. Bruchschäden an derartigen Rohren können nach **Klausel 7260** einzelvertraglich eingeschlossen werden. 66

---
203 OLG Karlsruhe VersR 2004, 105.

II. Versicherungsgrundstück

67 Die bedingungsgemäße Haftung für Rohrbruchschäden an Zuleitungsrohren der Wasserversorgung und an Rohren der Warmwasser- oder Dampfheizung außerhalb versicherter Gebäude setzt weiterhin voraus, dass sich diese Rohre **auf dem Versicherungsgrundstück befinden**.

68 Versicherungsgrundstück ist das im Versicherungsschein bezeichnete Grundstück. Für die Abgrenzung des Grundstücks ist der Inhalt des Grundbuchs maßgebend (vgl. § 5 (A) Rn. 26). Die räumliche Begrenzung ist sachgerecht. Gebäudeeigentümer sind in der Regel nicht zur Instandhaltung, Reparatur oder Erneuerung der Rohrstrecke verpflichtet, die außerhalb ihres Grundstücks zwischen der Abzweigung von der Hauptwasserleitung und der Grundstücksgrenze verläuft. Sofern die Gefahrtragung abweichend geregelt ist, besteht die Möglichkeit, Rohrbruchschäden außerhalb des Versicherungsgrundstücks nach der **Klausel 7261** einzelvertraglich einzuschließen.

69 Im Rahmen der Abgrenzung kommt es alleine darauf an, ob sich die Bruchstelle auf dem Versicherungsgrundstück befindet. Trifft dies zu, sind **auch Arbeiten außerhalb des Grundstücks** des Versicherungsnehmers von der Entschädigungspflicht umfasst.[204]

III. Gefahrtragung durch den Versicherungsnehmer

70 Der Versicherungsschutz für außerhalb versicherter Gebäude liegende Rohre stellt eine Erweiterung der versicherten Sachen gem. § 5 VGB 2010 (A) dar. Die betroffenen Rohre werden vom Wortlaut des Ausschlusses in § 5 Nr. 3 b) VGB 2010 (A) nicht erfasst. Aus diesem Grund wird die **Gefahrtragung durch den Versicherungsnehmer** in § 3 Nr. 2 VGB 2010 (A) explizit als Voraussetzung des Versicherungsschutzes genannt.

IV. Erweiterung der Grunddeckung

71 Durch den Einschluss zusätzlicher Klauseln kann die Deckung auf Rohre, die nicht der Versorgung versicherter Gebäude oder Anlagen dienen (Klausel 7260), sowie auf Rohre, die außerhalb des Versicherungsgrundstücks liegen (Klausel 7261), erweitert werden.

72 Die **Klausel 7260** bietet die Möglichkeit, **Rohrbruchschäden an Wasserzuleitungs- und Heizungsrohren außerhalb versicherter** Gebäude auf dem Versicherungsgrundstück zu versichern, wenn die Rohre **nicht der Versorgung versicherter Gebäude oder Anlagen dienen**. Fälle sind Zuleitungen zu Garten-

---

[204] OLG Karlsruhe VersR 1999, 1539.

anlagen, Springbrunnen und Zapfstellen im Freien sowie Vor- und Rücklaufrohre einer Heizungsanlage, die von versicherten Gebäuden zu nicht versicherten Nebengebäuden führen.

Nach **Klausel 7261** werden **Frost- und sonstige Bruchschäden an Wasserzuleitungs- und Heizungsrohren** versichert, die **außerhalb des Versicherungsgrundstücks verlegt** sind und der Versorgung versicherter Gebäude oder Anlagen dienen. Ein Bedarf für die Vereinbarung der Klausel besteht in erster Linie in den Fällen, in denen ein Wasser- oder Energieversorgungsunternehmen abweichend von der üblichen Regelung die Gefahrtragung für Wasserleitungs- oder Fernheizungsrohre zwischen dem Abzweig des Hausanschlusses von der Hauptversorgungsleitung und der Grundstücksgrenze auf den Gebäudeeigentümer abgewälzt hat.

73

Bei beiden Klauseln ist **vorausgesetzt**, dass der **Versicherungsnehmer die Gefahr trägt**. Ausgeschlossen sind nach Nr. 2 jeweils Schäden an Rohren, die ausschließlich gewerblichen Zwecken dienen. Hierdurch soll die Trennung zwischen der Versicherung von Wohngebäuden nach den VGB 2010 und der Leitungswasserversicherung von sonstigen Gebäuden nach den AWB 2010 gewahrt werden. Nach Nr. 3 ist die Entschädigung je Versicherungsfall auf den vereinbarten Betrag begrenzt.

74

Entfallen ist die Klausel, mit der die Deckung auf Ableitungsrohre auf dem Versicherungsgrundstück erweitert werden konnte.[205] Eine Erweiterung auf Frostschäden an Installationen außerhalb versicherter Gebäude ist nicht vorgesehen.

75

D. Nässeschäden

Nach § 3 Nr. 3 VGB 2010 (A) werden **versicherte Sachen** entschädigt, die **durch bestimmungswidrig aus bestimmten Rohren, Anlagen und Einrichtungen austretendes Leitungswasser zerstört oder beschädigt werden oder abhanden kommen**.

76

Für den Versicherungsschutz sind zwei Kriterien maßgebend. Erstens ist vorausgesetzt, dass das Leitungswasser **bestimmungswidrig ausgetreten** ist. Zweitens ist gefordert, dass der Austritt **aus irgendeiner der in § 3 Nr. 3 S. 2 VGB 2010 (A) genannten Vorrichtungen** erfolgt ist. Weitere Bedingungen müssen nicht erfüllt sein. Es kommt nicht darauf an, dass die Vorrichtung, aus der das Leitungswasser austritt, der Versorgung des versicherten Gebäudes dient. Auch spielt es keine Rolle, wo das Leitungswasser ausgetreten ist. Die Austrittsstelle kann im versicherten Gebäude oder auf dem Versicherungsgrundstück, aber z. B. auch in einem Nachbargebäude oder auf einem öffentlichen Grundstück (z. B. einer Straße) liegen. Allerdings sind nur diejenigen Schäden versichert, die das Leitungswasser an versicherten Sachen im Versicherungsort verursacht.

77

---

205   Vgl. Dietz 2. Auflage G 8.3.

I. Leitungswasserschäden

78 Es sind Schäden an versicherten Sachen durch die versicherte Gefahr Leitungswasser versichert. Die versicherte Gefahr Leitungswasser wird in § 3 Nr. 3 S. 1 VGB 2010 (A) beschrieben.

1. Leitungswasser

79 Anders als in früheren Bedingungswerken wird der **Begriff Leitungswasser nicht mehr definiert**. Nach den VGB 2000 und früheren Bedingungswerken wurde Leitungswasser noch als Wasser, das aus den dort aufgeführten Rohren, Anlagen und Einrichtungen bestimmungswidrig ausgetreten ist, definiert. In § 3 Nr. 3 VGB 2010 (A) hingegen wird ausschließlich der Begriff „Leitungswasser" anstelle von „Wasser" verwendet, so dass nicht mehr klar ist, was Leitungswasser im Sinne der Bedingungen von sonstigem Wasser unterscheiden soll.

80 Die synonyme Verwendung der Begriffe Leitungswasser und Wasser mag verwirrend sein, sie hat jedoch praktisch keine Auswirkungen. Im Ergebnis wird nämlich eine Begriffsbestimmung, die den bisherigen Definitionen entspricht, durch § 3 Nr. 3 S. 2 VGB 2010 (A) (Erfordernis des Austritts aus bestimmten Rohren, Anlagen und Einrichtungen) sowie durch § 3 Nr. 4 a) VGB 2010 (A) (Ausschluss bestimmter Arten von Wasser) erreicht.

81 Da offenbar keine inhaltliche Änderung beabsichtigt war, sondern die Neufassung der Begrifflichkeiten der Zusammenfassung von Rohrbruch- und Nässeschäden in § 3 VGB 2010 (A) geschuldet ist, kann man sich nach wie vor an der einheitlichen Grundformel orientieren, die allen diesbezüglichen AVB zugrunde liegt. Danach ist Leitungswasser

- **Wasser**
- **das aus bestimmten Quellen**
- **bestimmungswidrig ausgetreten ist.**[206]

82 Dennoch gehen etwaige Unklarheiten, die sich aus der missverständlichen Verwendung des Begriffs „Leitungswasser" ergeben, zulasten des Versicherers.

2. Wasser

83 Wasser ist eine **chemische Verbindung** aus den Elementen Sauerstoff und Wasserstoff und hat in der Chemie die Formel H_2O.

84 Fraglich ist, wann bei einer **Mischung des Wassers** mit anderen Substanzen noch Leitungswasser im Sinne von § 3 Nr. 3 S. 1 VGB 2010 (A) vorliegt. Nach einer Entscheidung des LG Aachen ist der Versicherungsschutz zumindest dann nicht ausgeschlossen, wenn der Wasseranteil bei dem entstandenen Gemisch

---

[206] Handbuch FA VersR/*Wälder* 9. Kapitel Rn. 585.

noch deutlich überwiegt.²⁰⁷ Da auch vom Austreten von Wasser aus Ableitungsrohren die Rede ist, ist auch stark verunreinigtes, ggf. breiartiges Wasser als Leitungswasser im Sinne von § 3 Nr. 3 S. 1 VGB 2010 (A) anzusehen, ein Überwiegen des Wasseranteils ist nicht erforderlich.²⁰⁸ Jedoch wird man fordern müssen, dass der **Wasseranteil zumindest so hoch** ist, dass das entstandene Gemisch nach der **Verkehrsanschauung noch als Wasser** angesehen wird. Dies ist **nicht der Fall**, wenn chemische Substanzen **nur noch einen geringen Wasseranteil** aufweisen.²⁰⁹

Der **Aggregatzustand** des Wassers spielt **im Ergebnis keine Rolle**, weil Wasserdampf ohnehin gemäß § 3 Nr. 3 S. 2 VGB 2010 (A) dem Leitungswasser gleichgestellt ist. Somit kann dahinstehen, ob Wasserdampf auch ohne die Gleichstellung vom Begriff des Leitungswassers umfasst ist.²¹⁰ 85

Nicht als Wasser einzustufen sind wärmetragende Flüssigkeiten wie Sole, Öle, Kühlmittel und Kältemittel aus Klima-, Wärmepumpen- und Solarheizungsanlagen. Sie werden jedoch nach § 3 Nr. 3 S. 3 VGB 2010 (A) Wasser gleichgestellt. 86

II. Bestimmungswidrigkeit

Die **Auslegung des Begriffs bestimmungswidrig** hat für das Leitungswasserrisiko **große Bedeutung**. Es genügt nicht, dass Leitungswasser aus den in § 3 Nr. 3 S. 2 VGB 2010 (A) aufgezählten Quellen ausgetreten ist. Daneben ist gefordert, dass der Leitungswasseraustritt bestimmungswidrig war. Tritt Leitungswasser **bestimmungsgemäß** aus den genannten wasserführenden Installationen und Einrichtungen aus und richtet Schäden an versicherten Sachen an, so besteht **kein Versicherungsschutz**. 87

Bestimmungswidrig tritt Leitungswasser aus, wenn es **entgegen dem Willen und den Planungen der handelnden Person** austritt. Nach herrschender Meinung kommt es dabei entscheidend auf den **Willen des Versicherungsnehmers oder des sonstigen berechtigten Benutzers** an.²¹¹ Allerdings hat das OLG Saarbrücken in einer neueren Entscheidung darauf hingewiesen, dass diese Auslegung nicht zwingend ist und dass es nach dem Verständnis eines durchschnittlichen Versicherungsnehmers näher liege, darauf abzustellen, ob der Wasseraustritt mit der objektiven Bestimmung der jeweiligen technischen Ein- oder Vorrichtung vereinbar ist.²¹² Nach dieser Auslegung wäre die Bestimmungswidrigkeit nur dann zu bejahen, wenn der Wasseraustritt auf einer Materialschwäche oder einem sonstigen Defekt der Einrichtung beruht oder aus sonstigen Gründen auf einem kon- 88

---

207 LG Aachen VersR 1988, 684.
208 Bruck/Möller/*Johannsen* Band 7 VGB 2008/2010 A § 3 Rn. 8.
209 FA-Komm-VersR/*Schnepp/Wolff* Absch. A § 1 AWB 2010 Rn. 9.
210 So Bruck/Möller/*Johannsen* Band 7 VGB 2008/2010 A § 3 Rn. 8.
211 BGH VersR 2005, 498; OLG Saarbrücken VersR 1997, 1000.
212 OLG Saarbrücken, Entscheidung vom 22.06.2011 – 5 U 209/10–38.

struktiv nicht vorgesehenen Weg erfolgt. Im Ergebnis hat das OLG Saarbrücken das Merkmal der Bestimmungswidrigkeit dennoch subjektiv ausgelegt und dies richtigerweise mit der Anwendung der **Unklarheitenregel des § 305c Abs. 2 BGB begründet** (zur gleichartigen Problematik in der Feuerversicherung siehe § 2 (A) Rn. 17 ff.).

89 Leitungswasser tritt demnach bestimmungswidrig aus, wenn der Austritt ohne den Willen des Versicherungsnehmers oder einer anderen berechtigten Person erfolgt. Tritt das Wasser aus wasserführenden Installationen durch **Handlungen nicht berechtigter Benutzer** aus, so ist das Wasser nicht bestimmungsgemäß, sondern **bestimmungswidrig** ausgetreten. Deshalb haftet der Wohngebäudeversicherer auch, wenn beispielsweise Einbrecher aus Ärger über nicht vorhandene Beute Wasserhähne öffnen, die Wanne überläuft und das auslaufende Wasser Schäden an Fußböden und Decken des versicherten Gebäudes verursacht.

90 Zumeist tritt Wasser dadurch bestimmungswidrig aus, dass an den in § 3 Nr. 3 S. 2 VGB 2010 (A) aufgeführten Anlagen ein **technischer Defekt bzw. eine technische Betriebsstörung** auftritt. Typische Beispiele dafür sind Rohrbrüche, Undichtigkeiten von Rohrverbindungen, Zapfventilen, Badewannen oder Braustassen, das Platzen oder Abspringen von Verbindungsschläuchen von Wasch- oder Geschirrspülmaschinen, Verstopfungen von Ableitungsrohren oder Betriebsstörungen bei Abwasserpumpen infolge Kurzschlusses oder wegen Stromausfalls. Die Ursache der Störung ist unbeachtlich. Ausschlaggebend ist, dass das Wasser **entgegen dem technisch geplanten Ablauf** und damit zugleich gegen den Willen des Versicherungsnehmers oder eines sonstigen berechtigten Benutzers bestimmungswidrig ausgetreten ist.

91 Bei der Frage der Bestimmungswidrigkeit ist auf den **Austritt aus der konkreten Einrichtung** abzustellen. Tritt Wasser aus einer Dusche aus und verursacht Durchfeuchtungsschäden, etwa aufgrund mangelhafter Abdichtung oder schadhafter Silikonfugen, so mag zwar der Austritt aus dem Wasserhahn noch bestimmungsgemäß erfolgt sein, der Austritt aus der Dusche als mit den Zu- oder Ableitungsrohren der Wasserversorgung verbundenen Einrichtung war jedoch bestimmungswidrig, so dass Versicherungsschutz besteht.[213] Die gegenteilige Ansicht des LG München I[214] beruht im Ergebnis darauf, dass die Dusche fälschlicherweise nicht als mit dem Leitungssystem verbundene Einrichtung angesehen wird.

92 Schwieriger ist die Einstufung von Schäden, die dadurch entstehen, dass **Wasser gegen den Willen und die Planung des Versicherungsnehmers austritt, ohne dass eine technische Störung oder ein Defekt** an Rohren oder sonstigen wasserführenden Installationen vorliegt. Es handelt sich dabei zumeist darum, dass Wasser infolge **menschlichen Fehlverhaltens** entweder überhaupt oder entgegen der geplanten Art und Weise austritt. So liegt es, wenn der Ver-

---

213 OLG Frankfurt/M. VersR 2010, 1641; AG Düsseldorf VersR 2002, 481; LG Hamburg r + s 2013, 610.
214 LG München I VersR 2010, 1180.

sicherungsnehmer bei der Rückkehr von einer Urlaubsreise das geschlossene Absperrventil der Hauswasserleitung öffnet, versehentlich aber die offen stehenden Zapfventile von Waschbecken und Badewannen vorher nicht schließt, so dass Wasser austritt und Schäden am Gebäude anrichtet. Ähnlich verhält es sich, wenn Badewannen oder andere Gefäße beim Einfüllen überlaufen, weil die Zuleitung versehentlich nicht rechtzeitig geschlossen wurde. Derartige Schäden sind versichert. Das Wasser ist **bestimmungswidrig ausgetreten**, wenn dies gegen den Willen des Versicherungsnehmers oder eines sonstigen berechtigten Benutzers geschieht.[215] Dies gilt auch dann, wenn das Austreten des Wassers ansonsten dem technisch bestimmten Betriebszweck der Rohre oder Anlagen entspricht, eine technische Störung also nicht vorliegt. Ausschlaggebend ist der Wille des Versicherungsnehmers oder eines sonstigen **berechtigten Benutzers**, der den Austritt des Wassers nach **Maßgabe von Zeit, Ort und Menge plant bzw. bestimmt**. Tritt Wasser entgegen dieser Planung aus, so ist dies bestimmungswidrig. Öffnen sich die Sprinklerköpfe einer Sprinkleranlage, weil die Ansprechtemperatur infolge eines Hitzestaus überschritten wird, ein Brand aber nicht eingetreten ist, so haftet der Wohngebäudeversicherer für die Schäden, die das austretende Wasser an dem versicherten Gebäude anrichtet.[216] Eine technische Störung liegt nicht vor. Dennoch tritt das Wasser entgegen dem Willen und der Planung des Versicherungsnehmers bestimmungswidrig aus. Bestimmungsgemäß hingegen ist der Wasseraustritt im Brandfall.

Nicht versichert sind Schäden, die **vom Versicherungsnehmer oder von berechtigten Benutzern vorsätzlich herbeigeführt** werden. In diesen Fällen tritt das Wasser nicht bestimmungswidrig, sondern **bestimmungsgemäß** aus. Dies gilt nicht nur für vorsätzliche Handlungen des Versicherungsnehmers und seiner Repräsentanten, sondern auch für Vorsatz aller sonstigen berechtigten Benutzer.[217] Dazu zählen Mieter, Untermieter, Besucher oder auch Handwerker, die beispielsweise Reparaturen an wasserführenden Installationen vornehmen. Lässt ein Besucher oder ein Untermieter, der beim Versicherungsnehmer wohnt, die Badewanne vorsätzlich überlaufen, um den Versicherungsnehmer zu schädigen, besteht kein Versicherungsschutz. Der Besucher bzw. der Untermieter ist berechtigter Benutzer der Badewanne. Der Austritt des Wassers erfolgt planmäßig und bestimmungsgemäß, nicht bestimmungswidrig. Der Bedingungstext ist eindeutig. Der Versicherungsschutz kann nicht durch eine enge Auslegung des Begriffs bestimmungswidrig beliebig ausgedehnt werden. 93

Lediglich in den Fällen, in denen durch **nicht berechtigte Personen** Schäden **vorsätzlich herbeigeführt** werden, ist die oben beschriebene einschränkende Auslegung angebracht. Dies ist der Fall, wenn Einbrecher vorsätzlich Leitungswasserschäden herbeiführen. 94

---

215 Martin E I 55.
216 Vgl. Bechert S. 97.
217 A. A. Martin E I 57.

95 Folglich besteht entgegen der Auffassung des LG Mönchengladbach[218] kein Versicherungsschutz, wenn der Mieter des versicherten Gebäudes vorsätzlich einen Leitungswasserschaden herbeiführt, in dem er einen Schlauch an eine Zapfstelle im Hof anschließt, diesen Schlauch in den Dachboden führt und den Wasserhahn öffnet. Dieser Schaden ist nicht versichert. Dabei spielt es keine Rolle, ob der Mieter als Repräsentant des Versicherungsnehmers einzustufen ist oder nicht.

96 Es kommt ausschließlich darauf an, dass das Wasser bestimmungswidrig ausgetreten ist. **Unbeabsichtigte bzw. unerwünschte Folgen eines bestimmungsgemäßen Wasseraustritts** sind **nicht versichert**. Dies gilt auch dann, wenn sie durch einen **Irrtum des Versicherungsnehmers** über die Eigenschaften des Wassers (Temperatur, Verschmutzungsgrad) oder durch eine unvorhersehbare Änderung der geplanten Fließrichtung des Wassers nach dem Austritt verursacht werden.

97 Kein Versicherungsschutz besteht, wenn der Versicherungsnehmer das Dach des versicherten Gebäudes mit einem Schlauch reinigt, dabei Wasser durch ein versehentlich offen stehendes Dachfenster eindringt und Nässeschäden am versicherten Gebäude entstehen. Ähnlich liegt es, wenn beim Sprengen des Gartens mit einem Schlauch Wasser versehentlich in eine andere Richtung geleitet wird, durch ein offen stehendes Fenster oder eine offen stehende Tür in das Gebäude eindringt und Nässeschäden verursacht.[219]

98 Es ist nicht inkonsequent, für das zuletzt genannte Beispiel die Bestimmungswidrigkeit und die Ersatzpflicht zu verneinen, andererseits aber die Bestimmungswidrigkeit des Austritts von Wasser zu bejahen, wenn der Ablaufschlauch einer Waschmaschine abspringt, der lose in ein Waschbecken eingehängt war. In letzterem Fall soll Wasser überhaupt nicht bestimmungsgemäß aus sonstigen mit dem Rohrsystem verbundenen Einrichtungen austreten. Das Wasser soll vielmehr von einer mit dem Rohrsystem verbundenen Einrichtung (Waschmaschine bzw. Ablaufschlauch) unmittelbar in eine andere mit dem Rohrsystem verbundene Einrichtung (Waschbecken) geleitet werden. Bei diesem Vorgang soll Wasser überhaupt nicht austreten. Im Gegensatz dazu erfolgt der Austritt des Wassers in den vorher genannten Beispielen bestimmungsgemäß. Nur darauf kommt es an. Die danach eintretenden Störungen ändern daran nichts.

99 **Anders** wären die genannten Beispiele aber zu beurteilen, wenn die Schäden durch eine **nicht berechtigte Person** verursacht wurden. Richtet beispielsweise ein Nachbar den Gartenschlauch auf das versicherte Gebäude, weil er durch ein Gespräch mit einem Bekannten abgelenkt wird, und verursacht er hierdurch Schäden, so ist der Wasseraustritt bestimmungswidrig im Sinne des § 3 Nr. 3 S. 1 VGB 2010 (A).[220]

---

218 LG Mönchengladbach r + s 1991, 91.
219 Bechert S. 26.
220 Holthausen S. 61.

Nicht versichert sind **Schäden an den Rohren der Wasserversorgung oder den sonstigen wasserführenden Anlagen,** die **durch das darin bestimmungsgemäß fließende Wasser** verursacht werden (Ausnahme: Bruch- bzw. Frostschäden nach § 3 Nr. 1, Nr. 2 VGB 2010 (A)). So liegt es, wenn eine Badewanne durch tropfendes Rostwasser beschädigt wird.[221] Dagegen besteht Versicherungsschutz, wenn infolge einer Undichtigkeit der Waschtrommel der Motor einer Waschmaschine durch bestimmungswidrig austretendes Wasser beschädigt wird. Das Wasser ist bereits dann bestimmungswidrig ausgetreten, wenn es die Waschtrommel verlässt und im Innern der Waschmaschine an anderen Teilen Schäden anrichtet.

100

III. Austritt aus den genannten Rohren, Anlagen und Einrichtungen

Gem. § 3 Nr. 3 S. 2 VGB 2010 (A) muss das Leitungswasser

101

- aus Rohren der Wasserversorgung (Zu- und Ableitungen) oder damit verbundenen Schläuchen,
- den mit diesem Rohrsystem verbundenen sonstigen Einrichtungen oder deren wasserführenden Teilen,
- aus Einrichtungen der Warmwasser- oder Dampfheizung, aus Klima- Wärmepumpen oder Solarheizungsanlagen,
- aus Wasserlösch- und Berieselungsanlagen oder
- aus Wasserbetten und Aquarien

ausgetreten sein. Die Aufzählung in den Bedingungswerken ist abschließend. Der Austritt von Leitungswasser aus anderen Anlagen oder Einrichtungen ist nicht versichert.

1. Rohre der Wasserversorgung (Zu- und Ableitungen) oder damit verbundene Schläuche

Der **Begriff „Wasserversorgung"** ist weit auszulegen. Er **umfasst jede wirtschaftlich sinnvolle Bewegung und Verwendung von Wasser.** Zuleitungsrohre der Wasserversorgung dienen der Versorgung mit Frisch- oder Brauchwasser. Sie leiten Wasser zu den Anlagen oder an die Orte, an denen das Wasser genutzt bzw. verbraucht wird. Ableitungsrohre dienen der Entsorgung des (gebrauchten) Wassers (Abwasser).

102

Es ist **nicht vorausgesetzt,** dass die Zu- oder Ableitungsrohre der **Versorgung oder Entsorgung des versicherten Gebäudes** dienen. Versicherungsschutz besteht auch, wenn das Wasser bestimmungswidrig aus der Hauptwasserleitung

103

---
221 Bechert S. 26.

des öffentlichen Versorgungsnetzes[222] oder z. B. aus der Abwasserleitung eines benachbarten Industriebetriebs ausgetreten ist. Auch ist nicht gefordert, dass die Zu- oder Ableitungsrohre mit der öffentlichen Wasserversorgung verbunden sind.[223] Unter den Begriff Leitungswasser fällt auch Wasser, das aus den Zu- oder Ableitungsrohren einer privaten Wasserversorgung mit einem eigenen Brunnen des Gebäudeeigentümers bestimmungswidrig ausgetreten ist.

104 Das gilt entsprechend für **Wasser aus sogenannten Trockensteigleitungen**. Dabei handelt es sich um Rohrleitungen, die der Brandbekämpfung dienen. Sie sind im Normalfall nicht mit Wasser gefüllt, sondern werden im Brandfall über einen Feuerwehrschlauch mit einem Straßenhydranten verbunden. Tritt z. B. bei einer Druckprobe durch die Feuerwehr bestimmungswidrig Wasser aus Trockensteigleitungen aus, so haftet der Wohngebäudeversicherer für die dadurch verursachten Schäden an versicherten Sachen. Es handelt sich um Rohre der Wasserversorgung, da zur Wasserversorgung auch die Versorgung mit Löschwasser zählt. Infolgedessen zählen auch Rohre von Sprinkleranlagen zu den Rohren der Wasserversorgung.

105 Ebenso zählen zu den Rohren der Wasserversorgung die Rohre, durch die Wasser von einem (ausdrücklich mitversicherten) **Schwimmbecken zur kombinierten Entfeuchtungs- und Wärmerückgewinnungsanlage** geführt und von dort erwärmt wieder zurückgeführt wird.[224] Auch **Regenfallrohre** sind Ableitungsrohre der Wasserversorgung, wenn sie zugleich der **Ableitung häuslicher Abwässer** dienen. Allerdings sind die Ausschlüsse von Schäden durch Regenwasser aus Fallrohren gem. § 4 Nr. 4 a) aa) VGB 2010 (A) und durch Witterungsniederschläge nach § 4 Nr. 4 a) dd) VGB 2010 (A) zu beachten.

106 Neben Wasser aus Rohren (zum Begriff siehe oben Rn. 41 ff.) ist auch der Wasseraustritt aus mit **dem Rohrsystem verbundenen Schläuchen der Wasserversorgung**, d. h. Zu- oder Ableitungsschläuchen, vom Versicherungsschutz umfasst.

2. Mit dem Rohrsystem verbundene sonstige Einrichtungen oder deren wasserführende Teile

107 Vom Versicherungsschutz umfasst sind ebenfalls Schäden, die durch Leitungswasser, das **aus mit dem Rohrsystem verbundenen sonstigen Einrichtungen oder deren wasserführenden Teilen** bestimmungswidrig ausgetreten ist.

108 Mit dem Rohrsystem verbundene Einrichtungen sind alle Anlagen, in denen Wasser fließt, ge- oder verbraucht oder zu sonstigen Zwecken aufgenommen wird. Dazu zählen alle sanitären Einrichtungen wie Badewannen, Duschen, Waschbecken, Spültische und ähnliche Einrichtungen sowie Schwimmbecken, Wasch-

---

222 Vgl. LG Stuttgart VersR 1989, 139 mit unzutreffender Begründung im Ergebnis richtig.
223 OLG Karlsruhe VersR 2004, 1310.
224 OLG Düsseldorf VersR 1997, 1484.

und Geschirrspülmaschinen, Aquarien und Anlagen der Warmwasserbereitung wie Boiler oder Durchlauferhitzer.

Auch ein Schwimmbad und die mit dem Schwimmbecken über Rohrleitungen fest verbundene Entfeuchtungsanlage ist eine mit dem Rohrsystem verbundene sonstige Einrichtung. Ebenso fallen Anlagen der Warmwasser- und Dampfheizung sowie Sprinkler- und Berieselungsanlagen bereits unter den Begriff der mit dem Rohrsystem verbundenen sonstigen Einrichtungen. Insoweit besteht Übereinstimmung mit § 4 Nr. 2 S. 2 VHB 2010 (A). 109

3. Weitere Quellen

Leitungswasser **aus Einrichtungen der Warmwasser- oder Dampfheizung, aus Klima-, Wärmepumpen oder Solarheizungsanlagen, aus Wasserlösch- und Berieselungsanlagen sowie aus Wasserbetten und Aquarien** wird in § 3 Nr. 3 Abs. 2 VGB 2010 (A) ausdrücklich erwähnt. Diese ausdrückliche Nennung ist **in den meisten der genannten Fälle deklaratorisch**, da es sich auch um mit dem Rohrsystem verbundene sonstige Einrichtungen gem. der ersten Variante handelt. Konstitutiv wirkt der Einschluss lediglich, wenn keine Verbindung mit dem Rohrsystem besteht, wovon bei Wasserbetten und Aquarien regelmäßig auszugehen ist.[225] 110

4. Wasseraustritt innerhalb von Anlagen

Nicht einheitlich wurde in der Vergangenheit in Literatur und Rechtsprechung die Frage beantwortet, ob Wasser aus den genannten Einrichtungen und Anlagen bereits dann bestimmungswidrig ausgetreten ist, wenn es **die innerhalb der Anlagen vorhandenen wasserführenden Vorrichtungen, insbesondere Rohre, verlassen hat** oder ob gefordert ist, dass das Leitungswasser die äußere Begrenzung der genannten Einrichtungen oder Anlagen verlässt. Die Beantwortung dieser Frage entscheidet darüber, ob Schäden an den Einrichtungen und Anlagen selbst zu entschädigen sind, die dadurch verursacht werden, dass an dort vorhandenen wasserführenden Teilen infolge Bruch oder Undichtigkeit bestimmungswidrig Leitungswasser austritt und innerhalb der Anlagen Schäden anrichtet. 111

In der **älteren Rechtsprechung und Literatur** wurde **überwiegend** der Standpunkt vertreten, dass derartige Schäden **nicht versichert** seien. So hat das OLG Hamm den Heizkessel einer Heizungsanlage als selbständige, in sich geschlossene technische und wirtschaftliche Einheit angesehen, die gedanklich nicht in ihre Bestandteile zerlegt werden könne, weshalb die Rohre innerhalb einer solchen Einheit nicht als Rohre im Rahmen des Versicherungsschutzes gegen Nässeschäden angesehen werden könnten.[226] Diese Ansicht hat sich das OLG 112

---

225 Handbuch FA VersR/*Wälder* 9. Kapitel Rn. 618.
226 Vgl. OLG Hamm r + s 1989, 157.

Köln angeschlossen[227]. Das Wasser musste danach also entweder aus Rohren oder aus mit den Rohren verbundenen Einrichtungen oder aus Heizungsanlagen ausgetreten sein, es musste sie verlassen haben.

113 Der **BGH** hat sich jedoch in zwei Entscheidungen gegen die genannte Ansicht gewandt. Zunächst hat der BGH entschieden, dass bestimmungswidriges Austreten auch der Vorgang ist, bei dem Heizungswasser wegen eines Risses im Verflüssiger aus dem geschlossenen Heizwasserkreislauf in das geschlossene Verflüssigersystem gelangt.[228] Bestimmungsgemäß solle nämlich das Heizwasser in seinem geschlossenen System bleiben. Weiterhin hat der BGH ausgeführt, dass zu dem Rohrsystem einer von einer Wärmepumpe betriebenen Warmwasserheizung auch das Behältnis gehört, das der Verflüssiger einer Wärmepumpenanlage umgibt.

114 In einer späteren Entscheidung zu den VGB 62 hat der BGH seine Auffassung zu der dargestellten Streitfrage konkretisiert. Wenn ein Heizkessel und ein Ölbrenner dadurch beschädigt werden, dass infolge Platzens eines Wasserrohres im Innern des Heizkessels Wasser ausgetreten ist und weitere Schäden am Heizkessel und Schäden am Ölbrenner verursacht hat, sind diese weiteren Schäden am Heizkessel und Schäden am Ölbrenner versichert[229].

115 In der Urteilsbegründung hat der BGH ausgeführt, dass ein **durchschnittlicher Versicherungsnehmer** bei aufmerksamer Durchsicht und verständiger Würdigung zu dem Ergebnis gelange, dass solche Schäden durch bestimmungswidrig innerhalb des Heizkessels ausgetretenes Leitungswasser **ersatzpflichtig** sind.

116 Dieser Auffassung des BGH ist **auch für die VGB 2010 zuzustimmen**. Hier wird dem durchschnittlichen Versicherungsnehmer insbesondere auffallen, dass in § 3 Nr. 1 a) 2. Hs. VGB 2010 (A) Rohre, die Bestandteil von Heizkesseln, Boilern oder vergleichbaren Anlagen sind, vom Versicherungsschutz gegen Rohrbruchschäden ausdrücklich aufgenommen sind. Er wird ebenfalls zur Kenntnis nehmen, dass ein vergleichbarer Ausschluss in § 3 Nr. 3 VGB 2010 (A) fehlt, obwohl überwiegend die gleichen Rohre, Einrichtungen und Anlagen genannt sind. Ein durchschnittlicher Versicherungsnehmer wird dementsprechend davon ausgehen, dass Schäden durch den Leitungswasseraustritt innerhalb von Anlagen versichert sind.

117 Allerdings wird zu Recht darauf hingewiesen, dass insbesondere bei behaupteten Nässeschäden an Heizkesseln der **Sachverhalt sorgfältig aufzuklären** ist.[230] Im konkreten Schadenfall ist insbesondere zu prüfen, ob innerhalb des Heizkessels überhaupt Rohrleitungen verlegt sind. Daneben muss festgestellt werden, ob die Schäden im Innern des Heizkessels durch das bestimmungswidrig ausgetretene Leitungswasser verursacht worden sind. In der Regel wird insbesondere die

---

227 OLG Köln r + s 1992, 382.
228 BGH VersR 1990, 200.
229 BGH VersR 1993, 1102.
230 Vgl. Spiegl, Urteilsanmerkung in r + s 1993, 423.

zweite Frage zu verneinen sein, weil die verwendeten Materialien der Kesselbestandteile grundsätzlich gegen die schädliche Einwirkung von Wasser resistent sind. Zumeist handelt es sich bei derartigen Schäden um reine Verschleißschäden oder um Schäden durch Wassermangel (ausbleibendes Wasser). Für derartige Schäden besteht jedoch kein Versicherungsschutz.

IV. Versicherte Schäden

Versichert sind Schäden, die durch die **unmittelbare Einwirkung des bestimmungswidrig ausgetretenen Leitungswassers** auf versicherte Sachen an den versicherten Sachen entstehen oder aber die **Folge dieser Schäden** sind. Es genügt nicht, dass Wasser bestimmungswidrig aus den genannten Vorrichtungen austritt. Ein Versicherungsfall tritt vielmehr erst dann ein, wenn das Leitungswasser schädigend auf versicherte Sachen einwirkt. 118

Nicht versichert sind daher Schäden, die an versicherten Sachen infolge des bestimmungswidrigen Austretens von Wasser entstehen, **ohne dass das Leitungswasser selbst Schäden** an versicherten Sachen **anrichtet**. Schäden, die an Heizofen und Heizkessel der Heizungsanlage eines Gebäudes durch Ausglühen eintreten, weil es aufgrund von Rohrbrüchen an Wasser fehlt, fallen nicht unter den Versicherungsschutz der Leitungswasserversicherung.[231] 119

Andererseits ist der Versicherungsschutz **nicht auf Nässeschäden beschränkt**, wie man dies möglicherweise aus der Überschrift von § 3 Nr. 3 VGB 2010 (A) ableiten könnte. Denn eine solche Beschränkung lässt sich dem Bedingungstext selbst nicht entnehmen, vielmehr ist dort nur auf Schäden durch Leitungswasser Bezug genommen. Die hierdurch hervorgerufene Unklarheit geht zulasten des Versicherers. Somit sind beispielsweise auch Schäden, die durch den Druck sich ansammelnden Leitungswassers entstehen, versichert.[232] 120

V. Wasserdampf und wärmetragende Flüssigkeiten

Nach § 3 Nr. 3 Abs. 3 VGB 2010 (A) stehen **Sole, Öle, Kühl- und Kältemittel aus Klima-, Wärmepumpen- oder Solarheizungsanlagen sowie Wasserdampf Leitungswasser gleich**. 121

Ob der Einschluss von Wasserdampf konstitutiv oder deklaratorisch ist, hängt von der Frage ab, ob man nur Wasser im flüssigen Aggregatzustand als Leitungswasser im Sinne von § 3 Nr. 3 Abs. 1 VGB 2010 (A) ansieht. Durch den ausdrücklichen Einschluss hat diese Frage jedoch keine praktischen Auswirkungen. Der Einschluss von wärmetragenden Flüssigkeiten ist wegen der Einbeziehung 122

---

231 OLG Saarbrücken r + s 1988, 177; Martin E I 21.
232 Handbuch FA VersR/*Wälder* 9. Kapitel Rn. 584.

von Einrichtungen der Klima-, Wärmepumpen- oder Solarheizungsanlagen notwendig, um einen angemessenen Versicherungsschutz für Schäden durch den Austritt von Flüssigkeiten aus den genannten Anlagen zu schaffen.

VI. Doppelversicherung mit der Hausratversicherung

123 Bei Leitungswasserschäden an Bodenbelägen, Innenanstrichen oder Tapeten von vermieteten Wohnungen entsteht häufig **Doppelversicherung mit der Hausratversicherung**. Dies liegt daran, dass nach § 8 Nr. 1 h) VHB 2010 (A) Kosten für Reparaturen in gemieteten bzw. in Sondereigentum befindlichen Wohnungen versichert sind, um **Nässeschäden an Bodenbelägen, Innenanstrichen oder Tapeten zu beseitigen (Reparaturkosten für Nässeschäden)**. Keine Rolle spielt es für die Kostenerstattung, ob diese Gebäudebestandteile in der Hausratversicherung überhaupt versichert sind.[233]

124 Diese Kostenversicherung kommt zum Tragen für Bodenbeläge, Innenanstriche und Tapeten, die **vom Gebäudeeigentümer** in die vermieteten Räume **eingefügt** wurden. Da es sich bei diesen Sachen um **Gebäudebestandteile** handelt, **haftet auch der Wohngebäudeversicherer**. Es besteht Doppelversicherung.

125 Wurden die genannten Sachen hingegen **vom Mieter eingefügt**, handelt es sich um **Mietereinbauten** im Sinne von § 6 Nr. 2 c) aa) VHB 2010 (A). Doppelversicherung zwischen Hausrat- und Wohngebäudeversicherung entsteht dann nicht, weil die Mietereinbauten in der Hausratversicherung versichert, in der Wohngebäudeversicherung aber ausgeschlossen sind (vgl. § 5 Nr. 3 b VGB 2010 (A)).

126 Die Kostenversicherung in der Hausratversicherung ist **auf Schäden durch Leitungswasser** beschränkt. **Nicht versichert** sind infolgedessen Schäden an Bodenbelägen, Innenanstrichen oder Tapeten, die durch die **Reparatur eines Rohrbruchs** entstehen. Wird zur Beseitigung eines Rohrbruchs an einem unter Putz verlegten Zuleitungsrohr die Wand aufgebrochen, so entstehen dabei Schäden an Tapeten oder Anstrichen. Die Kosten für die Beseitigung dieser Schäden werden vom Hausratversicherer nicht entschädigt. Liegt jedoch zugleich ein Nässeschaden an den Tapeten oder Innenanstrichen vor, so haftet der Hausratversicherer für den Betrag, der ohne die Rohrreparatur für die Beseitigung des Nässeschadens aufzuwenden wäre.

127 Daneben ist zu beachten, dass der Hausratversicherer **nicht Reparaturkosten an Fußböden, sondern an Bodenbelägen** ersetzt. Bodenbeläge sind Beläge aus Linoleum, Kunststoff und Gummi sowie textile Bodenbeläge. Weiterhin zählen dazu auch Parkett- und Keramikbeläge, die auf Estrich verlegt sind.[234] In der Kostenversicherung nach den VHB 2010 sind **Schäden am sogenannten Unterboden (Estrich) und der tragenden Konstruktion des Gebäudes nicht**

---

233 Bruck/Möller/*Jula* Band 7 VHB 2010 A § 9 Rn. 26.
234 Ebenso Bechert S. 30.

versichert. Entsprechendes gilt für Schäden an Tapeten und Anstrichen. Der Hausratversicherer ersetzt die Kosten für die Reparatur der Anstriche oder der Tapeten. Schäden am Verputz oder am Mauerwerk werden vom Hausratversicherer nicht entschädigt.

Die Haftung des Hausratversicherers gilt für Reparaturkosten **in gemieteten oder in Sondereigentum stehenden Wohnungen**. Kein Versicherungsschutz besteht für Reparaturkosten in Wohnungen, die der Versicherungsnehmer den Bewohnern unentgeltlich zur Nutzung überlassen hat. 128

Für den Ausgleich zwischen Hausrat- und Gebäudeversicherer gilt auch in diesen Fällen grundsätzlich die Bestimmungen des § 78 VVG. 129

E. Ausschlüsse

Durch die Zusammenfassung von Nässe- und Rohrbruchschäden in § 3 VGB 2010 (A) werden nun auch die **Ausschlüsse** in § 3 Nr. 4 VGB 2010 (A) für beide Gefahren **gemeinsam geregelt**. 130

Aufgrund der Tatsache, dass die Ausschlüsse nun gemeinsam am Ende von § 3 VGB 2010 (A) geregelt werden und **nicht erkennbar** ist, welche Ausschlüsse sich nur auf Nässeschäden und welche sich zumindest auch auf Rohrbruchschäden beziehen sollen, werden **Zweifel** daran geäußert, ob die Ausschlüsse überhaupt **auf Rohrbruchschäden Anwendung** finden können.[235] Dem ist jedoch entgegenzuhalten, dass sich schon aus der Systematik der Regelung eindeutig ergibt, dass die Ausschlüsse für beide Gefahren gelten sollen. Sind im Einzelfall auch solche Ausschlüsse enthalten, die sich nur auf eine Gefahr beziehen, wird der durchschnittliche Versicherungsnehmer hieraus nicht den Schluss ziehen, dass dies bedeuten soll, alle sonstigen Ausschlüsse bezögen sich ebenfalls nur auf Nässeschäden. Vielmehr wird er erkennen, dass die verschiedenen Ausschlüsse einen unterschiedlichen Anwendungsbereich haben und sich teilweise auch auf Rohrbruchschäden erstrecken können. 131

Die Formulierung „Nicht versichert sind Schäden durch" stellt klar, dass die ausgeschlossenen Schäden **keine Versicherungsfälle in der Wohngebäudeversicherung sind**. Es sind nicht nur Sachschäden, sondern **auch Kosten- und Mietausfallschäden** durch die genannten Ereignisse **ausgeschlossen**. Die verschiedenen **Rechtsfolgen**, die an den Eintritt eines Versicherungsfalls geknüpft sind, werden durch diese Schäden **nicht ausgelöst**. Insbesondere steht dem Versicherungsnehmer und dem Versicherer das Recht zu einer Kündigung nach § 15 VGB 2010 (B) in diesen Fällen nicht zu. 132

Der Zusatz „**Ohne Rücksicht auf mitwirkende Ursachen**" in den VGB 2010 stellt klar, dass die Ausschlüsse auch dann zum Zug kommen, wenn die ausgeschlossene Ursache eine von mehreren Ursachen ist, die den Schaden ge- 133

---

235 Bruck/Möller/*Johannsen* Band 7 VGB 2008/2010 A § 3 Rn. 13.

meinsam herbeigeführt haben. Es wird nicht vorausgesetzt, dass eine ausgeschlossene Ursache den Schaden allein bewirkt. Die Ausschlüsse setzen sich grundsätzlich auch dann durch, wenn der Schaden durch das **Zusammenwirken einer versicherten und einer ausgeschlossenen Ursache** entstanden ist. Eine Aufteilung bzw. Zurechnung des Schadens auf versicherte und ausgeschlossene Ursachen findet nicht statt, zumal dies praktisch meist gar nicht möglich ist.

134 Die **Beweislast** trägt der **Versicherer**. Beruft er sich auf einen Ausschluss, so hat er zu beweisen, dass der Ausschlusstatbestand vorliegt. Dabei werden im Allgemeinen von der Rechtsprechung strenge Beweisanforderungen gestellt.

I. Regenwasser aus Fallrohren

135 Nicht versichert sind nach § 3 Nr. 4 a) aa) VGB 2010 (A) **Schäden durch Regenwasser aus Fallrohren**.

136 Der Ausschluss ist mit den VGB 2008 neu aufgenommen worden. Sofern die Regenfallrohre ausschließlich der Abführung von Regenwasser dienen, ist der Ausschluss lediglich deklaratorisch, da die Regenfallrohre dann bereits keine Rohre der Wasserversorgung sind (vgl. oben Rn. 50). **Konstitutive Wirkung** besteht jedoch dort, wo die Regenfallrohre **zugleich der Abführung häuslicher Abwässer** dienen. Hier bestehen aber Überschneidungen durch den Ausschluss nach § 3 Nr. 4 a) dd) VGB 2010 (A)

137 Ausgeschlossen sind nach dem Wortlaut alle Schäden unabhängig davon, wo das Regenwasser ausgetreten ist. Auch der Austritt aus einem Rohrteil, das auch der Abführung häuslicher Abwässer dient, ist somit vom Ausschluss umfasst.[236] Weiterhin gilt der Ausschluss ohne Rücksicht auf mitwirkende Ursachen, so dass **auch ein Gemisch von Regen- und sonstigem Leitungswasser** zum Ausschluss führt. Zudem muss es sich nicht um spezifische Regenfallrohre handeln, es reicht für den Ausschluss somit aus, wenn in beliebigen Fallrohren Regenwasser an der Schadenentstehung beteiligt ist. Insgesamt bestehen aufgrund der Reichweite des Ausschlusses erhebliche Bedenken, ob die Regelung einer Inhaltskontrolle gem. § 307 BGB standhält.

138 Eine Deckungserweiterung kann durch **Klausel 7166** für Nässeschäden durch Leitungswasser aus innerhalb des Gebäudes verlaufenden Regenfallrohren vereinbart werden.

II. Plansch- oder Reinigungswasser

139 Nicht versichert sind nach § 3 Nr. 4 a) bb) VGB 2010 (A) **Schäden durch Plansch- oder Reinigungswasser**.

---

[236] Handbuch FA VersR/*Wälder* 9. Kapitel Rn. 685.

Der Ausschluss ist deklaratorisch, sofern Plansch- oder Reinigungswasser aus nicht mit dem Rohrsystem verbundenen Einrichtungen austritt (freistehende Planschbecken, Putzeimer etc.). Dagegen wirkt er **konstitutiv**, soweit Plansch- oder Reinigungswasser z. B. **aus mit dem Rohrsystem verbundenen Badewannen oder Schwimmbecken** austritt. In diesen Fällen ist die Ausschlussbestimmung nach herrschender Meinung jedoch **eng auszulegen**. Sie erstreckt sich auf Schäden, die dadurch entstehen, dass beim Gebrauchsvorgang des Planschens oder des Reinigens bestimmungswidrig Wasser austritt (Badewanne schwappt über). Dagegen kommt der Ausschluss nicht zum Tragen, wenn beispielsweise eine Badewanne oder ein Schwimmbecken undicht wird und an der undichten Stelle Wasser austritt.

140

Zu Recht wird jedoch darauf hingewiesen, dass die von der herrschenden Meinung vorgenommene Einschränkung **nicht mit dem Wortsinn** der verwendeten Begriffe **zu vereinbaren** ist.[237] Eine Beschränkung auf den Gebrauchsvorgang lässt sich den Begriffen Plansch- und Reinigungswasser nicht entnehmen. Dementsprechend verstößt die von der herrschenden Meinung vorgenommene Auslegung gegen das Verbot der geltungserhaltenden Reduktion. Eine wörtliche Anwendung der Ausschlussklausel würde dazu führen, dass der Versicherungsschutz in weiten Bereichen, in denen der Versicherungsnehmer selbstverständlich Deckung erwartet, ausgeschlossen wäre. Die Klausel ist daher insgesamt nach § 307 Abs. 2 BGB unwirksam.[238]

141

III. Schwamm

Schäden durch Schwamm sind nach § 3 Nr. 4 a) cc) VGB 2010 (A) nicht versichert.

142

Schwamm entsteht in der Regel nicht durch Leitungswasser. Jedoch kommt es häufig vor, dass sich bereits vorhandener Hausschwamm durch das Hinzutreten von Leitungswasser verändert. In diesen Fällen haftet der Wohngebäudeversicherer nicht. Die Formulierung „ohne Rücksicht auf mitwirkende Ursachen" stellt klar, dass Schwammschäden **auch dann nicht entschädigt** werden, wenn der vorhandene Schwammbefall **durch Leitungswasser vergrößert** wird.

143

Hinsichtlich der Reichweite der Klausel hat das OLG Koblenz die Ansicht vertreten, dass sie nur für echten Hausschwamm gilt.[239] Hierbei hatte sich das Gericht in erster Linie am Sinn und Zweck der Ausschlussklausel orientiert, die dem Schutz des Versicherers vor den bekannt extremen Schadensfolgen dieser Schwammart diene. Dem ist jedoch der BGH entgegengetreten.[240] Danach erfasst die Klausel Schäden durch **alle Hausfäulepilze**. Die vom OLG Koblenz

144

---

237 Handbuch FA VersR/*Wälder* 9. Kapitel Rn. 686.
238 So auch Handbuch FA VersR/*Wälder* 9. Kapitel Rn. 686.
239 OLG Koblenz VersR 2007, 944.
240 BGH VersR 2012, 1253.

angenommene Beschränkung des Begriffs lasse sich weder der Umgangs- noch der Rechtssprache entnehmen. Trotz der Reichweite der Klausel **hält** diese laut dem BGH **einer Inhaltskontrolle stand**.[241]

IV. Wasser natürlichen Ursprungs

145 Schäden durch Grundwasser, stehendes oder fließendes Gewässer, Überschwemmung oder Witterungsniederschläge oder einen durch diese Ursachen hervorgerufenen Rückstau sind nach § 3 Nr. 4 dd) VGB 2010 (A) ausgeschlossen.

146 Die Ausschlussbestimmung ist **deklaratorisch**, soweit Schäden **ausschließlich durch die genannten Kategorien** von Wasser verursacht werden. Es handelt sich nicht um (Leitungs-)Wasser aus einer der in § 3 Nr. 3 Abs. 2 VGB 2010 (A) genannten Quellen. Beispiele für derartige Schäden sind Nässeschäden im Kellergeschoss durch Grundwasser oder Hochwasser sowie Schäden durch in das Gebäude eindringende Witterungsniederschläge.

147 Der Ausschluss wirkt jedoch **konstitutiv**, soweit Schäden durch das **Zusammenwirken von Leitungswasser und natürlichem Wasser** entstehen. Dies ist häufig der Fall, wenn bei starken Witterungsniederschlägen die Kanalisation überlastet ist, so dass häusliche Abwässer nicht abfließen können, d. h. zurückgestaut werden und bestimmungswidrig austreten.

148 Kommt es dadurch zu Schäden an versicherten Gebäuden, so besteht kein Versicherungsschutz in der Leitungswasserversicherung. Es ist nämlich nicht vorausgesetzt, dass eine der aufgezählten Wasserarten alleinige Ursache des Schadens war. Der Ausschluss greift vielmehr bereits dann, wenn **eine der Wasserarten als eine von mehreren Ursachen an der Entstehung des Schadens mitgewirkt** hat. So sind Schäden durch Austritt zurückgestauten Niederschlagswassers aus Regenabflussrohren in der Leitungswasserversicherung auch dann nicht versichert, wenn die Rohre zugleich der Abführung häuslicher Abwässer dienen.[242] Das gilt selbst dann, wenn das Niederschlagswasser mit häuslichem Abwasser vermischt war.

149 Nach der Aufnahme der weiteren Elementargefahren in die Grunddeckung der VGB 2010 dient die Klausel auch der **Abgrenzung der Leitungswasserversicherung zur Naturgefahrenversicherung**. Dort sind Überschwemmungsschäden durch die Ausuferung von oberirdischen Gewässern, Witterungsniederschläge oder den Austritt von Grundwasser an die Erdoberfläche infolge einer der anderen Ursachen nach § 4 Nr. 3 a) VGB 2010 (A) und Rückstauschäden nach § 4 Nr. 3 b) VGB 2010 (A) versichert. Schäden durch Witterungsniederschläge

---

241 BGH VersR 2012, 1253.
242 OLG Nürnberg VersR 1989, 738.

können unter den dort genannten Bedingungen auch im Rahmen der Sturm- und Hagelversicherung gem. § 4 Nr. 2 VGB 2010 (A) versichert sein.

V. Erdbeben, Schneedruck, Lawinen, Vulkanausbruch

Der Ausschluss von **Schäden durch Erdbeben, Schneedruck, Lawinen und Vulkanausbruch** nach § 3 Nr. 4 ee) VGB 2010 (A) grenzt ebenfalls die Leitungswasserversicherung von der Naturgefahrenversicherung ab. Die genannten Gefahren sind dort als weitere Elementargefahren versichert. Wichtig ist insbesondere, dass der Ausschluss „ohne Rücksicht auf mitwirkende Ursachen" gilt, also die **Teilursächlichkeit der Elementargefahren ausreicht**. Kommt es beispielsweise infolge eines Lawinenabgangs zu einem Wasserrohrbruch, besteht kein Versicherungsschutz in der Leitungswasserversicherung. 150

VI. Erdsenkung oder Erdrutsch

Schäden durch Erdsenkung oder Erdrutsch sind nach § 3 Nr. 4 a) ff) VGB 2010 (A) ausgeschlossen, es sei denn, dass Leitungswasser die Erdsenkung oder den Erdrutsch verursacht hat. 151

Der Ausschluss **gilt nicht**, wenn **die Erdsenkung oder der Erdrutsch durch Leitungswasser verursacht** wurde. Es sind also Leitungswasserschäden versichert, die dadurch entstehen, dass Wasser aus einem Zuleitungsrohr austritt, das infolge Erdsenkung gebrochen ist, wenn die Erdsenkung ihrerseits durch Leitungswasser verursacht wurde. So liegt es, wenn aus einem im Kellerfußboden verlegten Abflussrohr längere Zeit unbemerkt Abwasser austritt und die Fundamente sowie das sie umgebende Erdreich unterspült, so dass es zu Rissen im Mauerwerk und zu Rohrbrüchen kommt. 152

Zu den **Begriffen Erdsenkung bzw. und Erdrutsch** wird auf die Kommentierung zu § 4 Nr. 3 d) und e) VGB 2010 (A) verwiesen. Die Rückausnahme für Erdsenkungen und Erdrutsche, die **durch Leitungswasser verursacht** wurden, ist auf die Schwierigkeiten der Abgrenzung zurückzuführen, wenn ein Gebäude durch Leitungswasser unterspült wird und sich aufgrund einer daraus folgenden Verdichtung des Erdreichs absenkt. Eine solche langsam wirkende „Unterspülung" hatte das OLG Düsseldorf[243] vom Begriff der Erdsenkung abgegrenzt, so dass in diesen Fällen der Ausschluss nicht eingriff. 153

Durch die Rückausnahme sind solche Schäden nun **eindeutig vom Versicherungsschutz umfasst**, da die Ausschlussklausel unabhängig von der Frage, ob es sich begrifflich um einen Erdrutsch bzw. eine Erdsenkung handelt, keine Anwendung findet. Bei der Unterspülung von Gebäuden durch Grundwasser oder 154

---

243   OLG Düsseldorf VerBAV 1985, 286.

Niederschlagswasser kommt es auf die vom OLG Düsseldorf vorgenommene Differenzierung nicht an, da derartige Schäden schon grundsätzlich nicht versichert sind (vgl. § 3 Nr. 4 a) dd) VGB 2010 (A)).

155 Aufgrund der **Aufnahme der weiteren Elementargefahren** in die Grunddeckung der VGB 2010 ist davon auszugehen, dass die **Bedeutung des Ausschlusses abnehmen** wird, auch wenn sich entsprechende Fragen weiterhin stellen, wenn beispielsweise nur die Gefahrengruppe Leitungswasser versichert wurde oder für die weiteren Elementargefahren ein hoher Selbstbehalt vereinbart ist.

VII. Gefahren der Feuerversicherung

156 Aus der Leitungswasserversicherung ausgeschlossen sind nach § 3 Nr. 4 a) gg) VGB 2010 (A) weiterhin **Schäden durch Brand, Blitzschlag, Überspannung durch Blitz, Explosion, Implosion, Anprall oder Absturz eines Luftfahrzeuges, seiner Teile oder seiner Ladung**. Dieser Ausschluss dient der Abgrenzung der Gefahren untereinander und spiegelt dabei den allgemeinen Vorrang der Feuerversicherung wieder (vgl. § 1 (A) Rn. 11 f.).

VIII. Wasserlösch- und Berieselungsanlagen

157 Ausgeschlossen sind nach § 3 Nr. 4 a) hh) VGB 2010 (A) **Schäden, die durch das Öffnen der Sprinkler oder das Bedienen der Berieselungsdüsen wegen eines Brandes, durch Druckproben oder durch Umbauten oder Reparaturarbeiten an dem versicherten Gebäude oder an der Sprinkleranlage selbst entstehen.**

158 Der Versicherer schließt durch die Regelung solche Schäden vom Versicherungsschutz aus, hinsichtlich derer die Gefahr, die von einer Wasserlöschanlage ausgeht, **weit über der Gefahr sonstiger wasserführender Anlagen** liegt. Dies sind Fälle, in denen Wasser im Rahmen eines Brandes oder einer Druckprobe bestimmungsgemäß austritt, wobei es dann schon an einem bestimmungswidrigen Austritt fehlt. Aber auch das bestimmungswidrige Öffnen oder Bedienen der Sprinkler bei diesen Gelegenheiten oder im Rahmen von Umbauten oder Reparaturarbeiten, ist ausgeschlossen. Bei Letzteren kommt es häufig zu einem Auslösen der Wasserlöschanlage, obwohl kein Brand vorliegt.

159 Da es gerade die **Funktionsweise von Wasserlöschanlagen** ist, im Falle der Aktivierung **große Mengen Löschmittel abzugeben**, kommt es beim Auslösen der Anlagen in der Regel zu erheblichen Schäden. Der Versicherer hat ein berechtigtes Interesse daran, derartige Schäden vom Versicherungsschutz auszuschließen. Insoweit bestehen auch keine Bedenken im Hinblick auf eine Inhalts-

kontrolle nach § 307 BGB, auch nicht in Bezug auf den Ausschluss im Rahmen von Umbauten oder Reparaturarbeiten.[244]

IX. Sturm, Hagel

Wie die Feuerversicherung ist auch die **Versicherung gegen Sturm/Hagel** nach § 3 Nr. 4 a) ii) VGB 2010 (A) **vorrangig** gegenüber der Leitungswasserversicherung. Zu den Hintergründen siehe § 1 (A) Rn. 11 ff.

160

X. Leitungswasser aus Eimern, Gießkannen oder sonstigen mobilen Behältnissen

Der Ausschluss nach § 3 Nr. 4 a) jj) VGB 2010 (A) hat **rein deklaratorischen Charakter**, da die angegebenen Behältnisse gerade nicht mit dem Rohrsystem verbunden sind.[245]

161

XI. Nicht bezugsfertige Gebäude und Gebäudeteile

Nach § 3 Nr. 4 b) VGB 2010 (A) leistet der Versicherer keine Entschädigung für **Schäden an Gebäuden oder Gebäudeteilen, die nicht bezugsfertig sind und an den in diesen Gebäuden oder Gebäudeteilen befindlichen Sachen**.

162

1. Allgemeines

Das Motiv für den Ausschluss liegt darin, dass Gebäude, die noch nicht bezugsfertig sind, in der Leitungswasserversicherung ein **erhöhtes Risiko** darstellen.[246]

163

Gebäude sind in diesem Stadium **noch nicht fertiggestellt**, sie befinden sich **im Bau bzw. im Umbau**. Objektiv wird die Gefahrenlage dadurch erhöht, dass bei im Bau befindlichen Gebäuden in vielen Fällen die Außenhaut des Gebäudes noch nicht geschlossen ist und das Gebäude infolgedessen durch die Elementargefahr Frost besonderes gefährdet wird. Hinzu kommt, dass die wasserführenden Installationen in diesem Bauzustand noch nicht bzw. noch nicht vollständig hergestellt sind. Es besteht die Gefahr, dass Installations- und andere Baumängel zulasten des Versicherers beseitigt werden. Subjektiv wird das Risiko dadurch erhöht, dass sich Bauhandwerker zumeist unbeaufsichtigt in dem Gebäude aufhalten. Es ist mit der unbeaufsichtigten Benutzung von Wasserzapfstellen durch

164

---

244   A. A. Bruck/Möller/*Johannsen* Band 7 VGB 2008/2010 A § 4 Rn. 8.
245   Handbuch FA VersR/*Wälder* 9. Kapitel Rn. 684.
246   Vgl. Bechert S. 75 sowie Martin F IV 8.

die Handwerker und infolgedessen mit Leitungswasserschäden zu rechnen.[247] Dieses erhöhte Risiko möchte der Leitungswasserversicherer nicht tragen. Der Bauherr hat die Möglichkeit, eine Bauleistungsversicherung abzuschließen, wenn während der Bauzeit Versicherungsschutz für das nicht bezugsfertige oder das im Umbau befindliche Gebäude gewünscht wird.

165 Der Ausschluss von Schäden an Gebäuden oder Gebäudeteilen, die nicht bezugsfertig sind, **wirkt vor allem bei der Versicherung von Neubauten.** Die Wohngebäudeversicherung für Neubauten wird im Allgemeinen abgeschlossen, bevor die Gebäude bezugsfertig sind, da Versicherungsschutz für Brandschäden während der Bauzeit in Form der **Feuer-Rohbauversicherung** beitragsfrei geboten wird. Die Versicherer fragen in ihren Antragsformularen, ob die zur Versicherung beantragten Gebäude bezugsfertig sind. Bei unzutreffender Beantwortung der Antragsfrage haftet der Versicherer generell nicht. War das Gebäude entgegen den Angaben des Versicherungsnehmers im Versicherungsantrag bei Eintritt des Schadens noch nicht bezugsfertig, so ist der Schaden nicht versichert. Es liegt kein Versicherungsfall vor. Der Versicherer ist **selbst dann** leistungsfrei, wenn die fehlende Bezugsfertigkeit für den Schaden **nicht ursächlich** war. Es handelt sich um einen objektiven Risikoausschluss. Solange das Gebäude objektiv noch nicht bezugsfertig ist, besteht kein Versicherungsschutz.

2. Einheitliche Bestimmung des Begriffs

166 Der Begriff der Bezugsfertigkeit taucht als Ausschluss auch in § 4 Nr. 4 b) aa) VGB 2010 (A) bei den Naturgefahren auf. Trotz der gleichen Begrifflichkeiten wird vertreten, für den **Begriff der Bezugsfertigkeit** auf die **Motive des Ausschlusses im Rahmen** der jeweiligen Gefahr abzustellen.[248]

167 Dies erscheint schon deshalb problematisch, weil sich für eine entsprechende Berücksichtigung im **Bedingungswortlaut keinerlei Anhaltspunkte** finden lassen.[249] Nach der **Aufnahme der weiteren Elementargefahren** kann eine solche Auslegung erst recht **nicht mehr in Betracht** kommen. Denn dann müsste der Versicherungsnehmer den Begriff der Bezugsfertigkeit im Bereich der Naturgefahren unter Berücksichtigung sämtlicher dort geregelter Gefahren auslegen und hieraus einen gemeinsamen, aber dennoch vom Begriff der Bezugsfertigkeit in der Leitungswasserversicherung abgrenzbaren Anwendungsbereich gewinnen. Abgesehen von der Frage, ob ein solcher Anwendungsbereich angesichts der Unterschiede der einzelnen Naturgefahren überhaupt herausgebildet werden kann, können solche komplexen Auslegungen **vom durchschnittlichen Versicherungsnehmer nicht erwartet** werden.

---

247 Vgl. OLG Koblenz VersR 1973, 1113.
248 OLG Rostock VersR 2008, 531; Martin F V 4.
249 Handbuch FA VersR/*Wälder* 9. Kapitel Rn. 690.

Im Ergebnis ist somit festzuhalten, dass der **Begriff der Bezugsfertigkeit unabhängig von der jeweiligen Gefahrengruppe nach dem Wortverständnis** auszulegen ist.

168

3. Bezugsfertigkeit

Der Begriff der Bezugsfertigkeit ist in den VGB 2010 **nicht definiert**. Er richtet sich nach objektiven Kriterien. Es kommt **nicht** darauf an, ob das Gebäude bei Eintritt des Schadens **tatsächlich bereits bezogen** war. **Ausschlaggebend** ist, ob es sich **objektiv** in einem Zustand befand, der nach der Verkehrsanschauung als bezugsfertig anzusehen ist.

169

Nach dem Sprachgebrauch ist ein Wohngebäude bezugsfertig, **wenn es soweit fertiggestellt ist, dass es bestimmungsgemäß von Menschen bezogen und auf Dauer bewohnt werden kann.**[250]

170

Die Rechtsprechung macht die Bezugsfertigkeit an verschiedenen Kriterien fest. Nach dem OLG Celle[251] ist ein Gebäude erst dann bezugsfertig, wenn es nur noch an den üblichen beweglichen Einrichtungsgegenständen (Möbel, Gardinen usw.) fehlt. Keine Bezugsfertigkeit ist demnach gegeben, solange ordnungsgemäß benutzbare Fußböden, Tapeten und Anstrich sowie ein Treppengeländer oder ein Handlauf an der Treppe fehlen. Das OLG Hamm[252] weist in diesem Zusammenhang darauf hin, dass der Begriff bezugsfertig nicht gleichzusetzen ist mit schlüsselfertig oder besenrein. Daher schließe das Ausstehen von Restarbeiten (Malerarbeiten, Tapezieren) die Annahme der Bezugsfertigkeit nicht aus. Nach dem OLG Koblenz[253] ist es Tatfrage, in welchem Umfang noch kleinere Nachbesserungen oder handwerkliche Schlussarbeiten ausstehen. Bezugsfertigkeit liegt nach dem OLG Koblenz nicht vor, wenn Innentüren oder gar Außentüren, Waschbecken oder das Ausgussbecken in der Küche noch nicht vorhanden sind und in einigen Räumen noch Teppichboden zu verlegen ist.

171

Für den Ausschluss reicht es aus, dass **Gebäudeteile** nicht bezugsfertig sind, wobei sich der Ausschluss in diesen Fällen auch **nur auf die nicht bezugsfertigen Gebäudeteile bezieht**. Für die Frage, wann ein Gebäudeteil bezugsfertig ist, ist auf den **Zweck des Gebäudeteils** für das Gesamtgebäude abzustellen.

172

Für das Eingreifen des Ausschlusses **kommt es auch nicht darauf an**, ob sich die mangelnde Bezugsfertigkeit **tatsächlich ausgewirkt** hat. Dem Versicherungsnehmer steht also nicht der Nachweis offen, dass der Schaden auch eingetreten wäre, wenn das Gebäude bezugsfertig gewesen wäre. Es ist zweifelhaft, ob dies eine interessengerechte Lösung darstellt.

173

---

250 OLG Koblenz VersR 1973, 1114.
251 OLG Celle VersR 1981, 674.
252 OLG Hamm VersR 1989, 365.
253 OLG Koblenz VersR 1973, 1114.

4. Umbau

174 Im Gegensatz zu den VGB 2000 sowie den VGB 88 n. F. werden Umbauarbeiten nicht explizit erwähnt. Es stellt sich daher die **Frage**, ob der Ausschluss auch dann eingreift, wenn **aufgrund von Umbauarbeiten die Bezugsfertigkeit im Nachhinein wieder entfällt**. Der Wortlaut enthält keine Beschränkung des Ausschlusses dahingehend, dass der Ausschluss nur bei einer anfänglich fehlenden Bezugsfertigkeit gelten soll. Vielmehr kann auch ein Gebäude wegen Umbauarbeiten „nicht bezugsfertig" im Sinne der Bedingungen sein. Die Ausschlussklausel **greift** somit **nach dem Wortlaut** auch ein, wenn das Gebäude oder Gebäudeteile aufgrund von **Umbauarbeiten** nicht bezugsfertig sind.[254]

175 Allerdings führt die angesprochene Reichweite des Wortlauts zu **Bedenken** hinsichtlich der **Vereinbarkeit mit § 307 BGB**. Es wird darauf hingewiesen, dass der Versicherungsnehmer, anders als bei einer Versicherung eines Neubaus mit kostenloser Rohbauversicherung, bei Umbauarbeiten Prämie bezahlen müsse, ohne dass er in der Leitungswasserversicherung eine Gegenleistung erhalte.[255] Daher soll die Vorschrift ihrem Sinn und Zweck nach so auszulegen sein, dass sie nur bei Neubauten bis zur Bezugsfertigkeit gilt.[256] Nach anderer Ansicht ergibt eine Gesamtschau mit § 16 Nr. 1 VGB 2010 (A), dass den mit dem Leerstand verbundenen Risikoerhöhungen durch die Obliegenheiten des Versicherungsnehmers hinreichend Rechnung getragen wird.[257]

176 Die geäußerten **Bedenken erscheinen durchaus beachtendswert**. Allerdings stellt sich die Frage, ob eine entsprechende Auslegung aufgrund des eindeutigen Wortlauts und der fehlenden Teilbarkeit der Ausschlussklausel nicht gegen das **Verbot der geltungserhaltenden Reduktion** verstößt.

F. Besondere Vereinbarung

177 Nach § 3 Nr. 5 VGB 2010 (A) ist ein **betraglich festgelegter Selbstbehalt** je Versicherungsfall vorgesehen.

---

[254] So auch Handbuch FA VersR/*Wälder* 9. Kapitel Rn. 692.
[255] Bruck/Möller/*Johannsen* Band 7 VGB 2008/2010 A § 3 Rn. 24.
[256] Bruck/Möller/*Johannsen* Band 7 VGB 2008/2010 A § 3 Rn. 24.
[257] FA-Komm-VersR/*Sohn* Absch. A § 3 VGB 2010 Rn 17.

§ 4 Naturgefahren

1. *Versicherte Gefahren und Schäden*

   Der Versicherer leistet Entschädigung für versicherte Sachen, die durch

   a. Sturm, Hagel;

   b. Weitere Elementargefahren

       aa. Überschwemmung,

       bb. Rückstau,

       cc. Erdbeben,

       dd. Erdsenkung,

       ee. Erdrutsch,

       ff. Schneedruck,

       gg. Lawinen,

       hh. Vulkanausbruch

   zerstört oder beschädigt werden oder abhanden kommen.

2. *Sturm, Hagel*

   a. Sturm ist eine wetterbedingte Luftbewegung von mindestens Windstärke 8 nach Beaufort (Windgeschwindigkeit mindestens 62 km/Stunde).

   Ist die Windstärke für den Schadenort nicht feststellbar, so wird Windstärke 8 unterstellt, wenn der Versicherungsnehmer nachweist, dass

       aa. die Luftbewegung in der Umgebung des Versicherungsgrundstücks Schäden an Gebäuden in einwandfreiem Zustand oder an ebenso widerstandsfähigen anderen Sachen angerichtet hat, oder dass

       bb. der Schaden wegen des einwandfreien Zustandes des versicherten Gebäudes oder des Gebäudes, in dem sich die versicherten Sachen befunden haben, der mit diesem Gebäude baulich verbundenen Gebäuden, nur durch Sturm entstanden sein kann.

   b. Hagel ist fester Witterungsniederschlag in Form von Eiskörnern.

   c. Der Versicherer leistet Entschädigung für versicherte Sachen, die zerstört oder beschädigt werden oder abhanden kommen

       aa. durch die unmittelbare Einwirkung des Sturmes oder Hagels auf versicherte Sachen oder auf Gebäude, in denen sich versicherte Sachen befinden;

bb. dadurch, dass ein Sturm oder Hagel Gebäudeteile, Bäume oder andere Gegenstände auf versicherte Sachen oder auf Gebäude, in denen sich versicherte Sachen befinden, wirft;

cc. als Folge eines Schadens nach aa) oder bb) an versicherten Sachen;

dd. durch die unmittelbare Einwirkung des Sturmes oder Hagels auf Gebäude, die mit dem versicherten Gebäude oder Gebäudes, in denen sich versicherte Sachen befinden, baulich verbunden sind;

ee. dadurch, dass ein Sturm oder Hagel Gebäudeteile, Bäume oder andere Gegenstände auf Gebäude wirft, die mit dem versicherten Gebäude oder Gebäuden, in denen sich versicherte Sachen befinden, baulich verbunden sind.

3. Weitere Elementargefahren

a. Überschwemmung

Überschwemmung ist die Überflutung des Grund und Bodens des Versicherungsgrundstücks mit erheblichen Mengen von Oberflächenwasser durch

aa. Ausuferung von oberirdischen (stehenden oder fließenden) Gewässern;

bb. Witterungsniederschläge;

cc. Austritt von Grundwasser an die Erdoberfläche infolge von aa) oder bb).

b. Rückstau

Rückstau liegt vor, wenn Wasser durch Ausuferung von oberirdischen (stehenden oder fließenden) Gewässern oder durch Witterungsniederschläge bestimmungswidrig aus den gebäudeeigenen Ableitungsrohren oder damit verbundenen Einrichtungen in das Gebäude eindringt.

c. Erdbeben

Erdbeben ist eine naturbedingte Erschütterung des Erdbodens, die durch geophysikalische Vorgänge im Erdinneren ausgelöst wird.

Erdbeben wird unterstellt, wenn der Versicherungsnehmer nachweist, dass

aa. die naturbedingte Erschütterung des Erdbodens in der Umgebung des Versicherungsortes Schäden an Gebäuden im einwandfreien Zustand oder an ebenso widerstandsfähigen anderen Sachen angerichtet hat, oder bb. der Schaden wegen des einwandfreien Zustandes der versicherten Sachen nur durch ein Erdbeben entstanden sein kann.

d. Erdsenkung

Erdsenkung ist eine naturbedingte Absenkung des Erdbodens über naturbedingten Hohlräumen.

e. Erdrutsch

Erdrutsch ist ein naturbedingtes Abrutschen oder Abstürzen von Erd- oder Gesteinsmassen.

f. Schneedruck

Schneedruck ist die Wirkung des Gewichts von Schnee- oder Eismassen.

g. Lawinen

Lawinen sind an Berghängen niedergehende Schnee- oder Eismassen.

h. Vulkanausbruch

Vulkanausbruch ist eine plötzliche Druckentladung beim Aufreißen der Erdkruste, verbunden mit Lavaergüssen, Asche-Eruptionen oder dem Austritt von sonstigen Materialien und Gasen.

4. Nicht versicherte Schäden

a. Nicht versichert sind ohne Rücksicht auf mitwirkende Ursachen Schäden durch

aa. Sturmflut;

bb. Eindringen von Regen, Hagel, Schnee oder Schmutz durch nicht ordnungsgemäß geschlossene Fenster, Außentüren oder andere Öffnungen, es sei denn, dass diese Öffnungen durch eine der versicherten Naturgefahren (siehe Nr. 1 a) entstanden sind und einen Gebäudeschaden darstellen;

cc. Grundwasser, soweit nicht an die Erdoberfläche gedrungen (siehe Nr. 3 a) cc);

dd. Brand, Blitzschlag, Überspannung durch Blitz, Explosion, Anprall oder Absturz eines Luftfahrzeuges, seiner Teile oder seiner Ladung; dies gilt nicht, soweit diese Gefahren durch ein versichertes Erdbeben ausgelöst wurden;

ee. Trockenheit oder Austrocknung.

b. Der Versicherer leistet keine Entschädigung für Schäden an aa. Gebäuden oder an Gebäudeteilen, die nicht bezugsfertig sind und an den in diesen Gebäuden oder Gebäudeteilen befindlichen Sachen;

bb. Laden- und Schaufensterscheiben.

5. Selbstbehalt

Im Versicherungsfall wird der im Versicherungsvertrag vereinbarte Selbstbehalt abgezogen.

A. Versicherte Gefahren und Schäden

1 Der Umfang der **Versicherung von Naturgefahren** wurde über die verschiedenen Bedingungswerke hinweg **immer mehr erweitert**. In den VGB 62 waren lediglich Sturmschäden in die Grunddeckung eingeschlossen, Schäden durch Hagel konnten gegen Beitragszuschlag mitversichert werden. In den VGB 88 wurde dann auch die Versicherung von Hagelschäden in die Grunddeckung mit aufgenommen. Im Rahmen der VGB 2010 sind nun **erstmals die weiteren Elementargefahren von der Grunddeckung** mit umfasst. Zuvor standen für den Einschluss die besonderen Bedingungen für die Versicherung weiterer Elementarschäden (BWE) zur Verfügung.

2 Allerdings bilden die Gefahren Sturm und Hagel auf der einen Seite und die weiteren Elementargefahren auf der anderen Seite jeweils **eigenständige Gefahrengruppen**. Die Gefahrengruppe Sturm/Hagel kann gem. § 1 Nr. 1 S. 2 VGB 2010 (A) einzeln versichert werden, die Versicherung nur des Sturm- oder des Hagelrisikos ist hingegen nicht möglich. Die weiteren Elementargefahren können ebenfalls nur als Gefahrengruppe und zudem nur mit mindestens einer der anderen Gefahrengruppen Feuer, Leitungswasser und Sturm/Hagel versichert werden (vgl. § 1 (A) Rn. 10).

B. Sturm, Hagel

I. Sturm

3 Die versicherte Gefahr Sturm ist in § 4 Nr. 2 a) S. 1 VGB 2010 (A) als **wetterbedingte Luftbewegung von mindestens Windstärke 8 nach Beaufort (Windgeschwindigkeit mindestens 62 km/Stunde)** definiert. In den VGB 2008 wurde die Windgeschwindigkeit noch mit mindestens 63 km/Stunde angegeben.

1. Begriff des Sturms

Nicht jede Luftbewegung erfüllt den Sturmbegriff. Es ist eine **wetterbedingte Luftbewegung** vorausgesetzt, d. h. Ursache des Windes müssen natürliche Wettervorgänge sein. Wetterbedingte Luftbewegungen entstehen durch natürliche Luftdruckunterschiede über der Erdoberfläche. Extreme Luftbewegungen (Stürme) werden durch ausgeprägte Luftdruck- und Temperaturunterschiede in der Atmosphäre und an der Erdoberfläche verursacht. **Kein Sturm** im Sinne der vorstehenden Definition sind **andere Luftbewegungen**, die durch Brände, durch Explosionen oder durch Flugzeuge verursacht werden.[258]

Es ist mindestens Windstärke 8 gefordert. Maßgebend für die Bestimmung der Windstärke bzw. der Windgeschwindigkeit ist die in der Meteorologie gebräuchliche **Beaufortskala**. Danach wird die Windgeschwindigkeit, je nach verwendeter Version, in 12 bis 17 Grade eingeteilt. Windstärke 8 ist nach allen Versionen der Beaufortskala „**stürmischer Wind**". Hierfür ist eine Windgeschwindigkeit von **mindestens 62 km/Stunde** erforderlich. Die Windgeschwindigkeit ist seit den VGB 88 n. F. in den Bedingungen ausdrücklich genannt. Wird diese oder eine höhere wetterbedingte Windgeschwindigkeit gemessen, so handelt es sich um Sturm im Sinne der Bedingungen.

Behauptet der **Versicherungsnehmer**, Schäden am versicherten Gebäude seien durch Sturm entstanden, so muss **er nachweisen**, dass zu dem Zeitpunkt, an dem der Schaden eingetreten ist, auf dem Versicherungsgrundstück eine wetterbedingte Luftbewegung vorhanden war, die die **geforderten Voraussetzungen erfüllt**. Damit ist der Versicherungsnehmer **in vielen Fällen überfordert**. Zum Beweis der Windgeschwindigkeit ist der Versicherungsnehmer in der Regel nur dann in der Lage, wenn in der Nähe des Versicherungsgrundstücks eine Wetterstation liegt, in der Windmessungen durchgeführt und aufgezeichnet werden. Ist dies nicht der Fall, so ist der Versicherungsnehmer außerstande, die geforderte Windgeschwindigkeit nachzuweisen. Die exakte Windstärke ist für das Versicherungsgrundstück nicht feststellbar.

Die Beweisschwierigkeiten sind in der Praxis dennoch sehr viel geringer, als auf den ersten Blick vermutet werden könnte. Dies liegt daran, dass Stürme in der Regel keine punktuellen, sondern **großflächige Wetterereignisse** sind, die nicht einzelne Grundstücke, sondern große Gebiete betreffen. Infolgedessen sind die **Wetterämter meist in der Lage**, aufgrund der Windmessungen an verschiedenen Punkten das von einem Sturm betroffene Gebiet einzugrenzen und daneben auch recht **zuverlässige Angaben über die Stärke des Windes an einzelnen Orten innerhalb des Gebiets zu machen**. Allerdings ist Windstärke 8 für einen bestimmten Schadenort nicht schon dann bewiesen, wenn das Wetteramt für den Bereich der Großstadt, in dem der Schadenort liegt, eine Spitzenwindstärke 7 gemessen hat und Abweichungen von plus/minus 1 als möglich bezeichnet.[259]

---

258 Vgl. Mohr/Engel S. 53.
259 LG Berlin r + s 1990, 171.

7   Wenn sich der **Versicherer darauf beruft**, dass der Schaden bereits zu einem Zeitpunkt eingetreten ist, als **erst Windstärke 7 erreicht** war, muss er dies **beweisen**.[260] Denn nach allgemeinem Sprachgebrauch gehören zu einem Sturm im Sinne der AVB, der zu einem bestimmten Zeitpunkt Windstärke 8 überschreitet, die Anlauf- und Zwischenphasen, in denen die Windgeschwindigkeit geringer ist.

2. Beweiserleichterung

8   In der Praxis treten **Probleme** vor allem beim Nachweis der Schadenursache Sturm **bei regional begrenzten Ereignissen** auf. Typische Beispiele sind behauptete **Sturmböen im Rahmen von Gewittern**. Befindet sich keine Messstation in dem betroffenen Gebiet, kann die Windstärke überhaupt nicht nachgewiesen werden. Insbesondere in derartigen Fällen sollen die in § 4 Nr. 2 a) S. 2 VGB 2010 (A) verankerten Beweiserleichterungen dem Versicherungsnehmer dennoch den Nachweis ermöglichen, dass Schäden am versicherten Gebäude durch Sturm entstanden sind. Hierzu muss der Versicherungsnehmer nachweisen, dass

- die Luftbewegung in der Umgebung des Versicherungsgrundstücks Schäden an Gebäuden in einwandfreiem Zustand oder an ebenso widerstandsfähigen anderen Sachen angerichtet hat, oder dass

- der Schaden wegen des einwandfreien Zustandes des versicherten Gebäudes oder des Gebäudes, in dem sich die versicherten Sachen befunden haben, oder mit diesem Gebäude baulich verbundenen Gebäuden, nur durch Sturm entstanden sein kann.

9   Diese Regelungen entsprechen inhaltlich § 5 Nr. 2 S. 2 VHB 2010 (A) und § 1 Nr. 2 S. 2 AStB 2010 (A). Durch die genannte Bestimmung wird der Sturmbegriff weder verändert noch ergänzt. Es geht ausschließlich darum, dem Versicherungsnehmer Erleichterungen bzw. Alternativen für den Schadennachweis zu bieten, wenn die Windstärke für das Versicherungsgrundstück nicht festzustellen ist. Für die Inanspruchnahme der Beweiserleichterungen ist vorausgesetzt, dass der Versicherungsnehmer **den Tag bestimmen** kann, da dem die Schäden an dem versicherten Gebäude entstanden sind. Wenn der Versicherungsnehmer den Tag nicht bestimmen kann, an dem der behauptete Sturmschaden eingetreten ist, sondern die Zeit des Schadeneintritts in widersprüchlicher Weise auf verschiedene Monate eines Vierteljahres datiert hat, so mangelt es bereits an einem schlüssigen Vortrag, so dass kein Anlass für eine Beweisaufnahme besteht.[261]

a) Beweiserleichterung nach § 4 Nr. 2 a) aa) VGB 2010 (A)

10 Kann der Schadentag bestimmt werden, so wird nach § 4 Nr. 2 a) aa) VGB 2010 (A) Sturm unterstellt, wenn der Versicherungsnehmer nachweist, dass **die Luft-**

---

260 Wussow VersR 2000, 679; a. A. Spielmann 2.3.3.4, der nach den Grundsätzen der sekundären Darlegungslast verfahren will.
261 Vgl. OLG Köln r + s 1988, 304.

bewegung in der Umgebung Schäden an anderen Gebäuden in einwandfreiem Zustand oder an ebenso widerstandsfähigen anderen Sachen angerichtet hat. Diese Beweisalternative beruht auf der Annahme, dass der Sturm als großflächiges Wetterereignis zahlreiche Grundstücke und Gebäude betrifft. Infolgedessen kann angenommen werden, dass bei einem Sturmereignis nicht nur am versicherten Gebäude, sondern auch an Gebäuden in der Umgebung des versicherten Gebäudes Schäden entstehen. Der Begriff „in der Umgebung" ist nicht definiert. Es sollen damit nur **begrenzte räumliche Entfernungen** gemeint sein.[262] Konkret muss der Versicherungsnehmer nachweisen, dass zu derselben Zeit Schäden auch an umliegenden Gebäuden in einwandfreiem Zustand eingetreten sind. Dabei wird stillschweigend vorausgesetzt, dass sich auch das versicherte Gebäude in einwandfreiem Zustand befand. Die Beweisführung kann nach Ansicht des LG Landau jedoch vom Versicherer widerlegt werden.[263]

Nach Ansicht des **OLG Karlsruhe**[264] soll für den Nachweis eines Sturmschadens nach dieser Bestimmung ausreichen, dass **am Gebäude von Luftbewegungen verursachte Schäden aufgetreten** sind und in seiner **näheren Umgebung** zu gleicher Zeit ein **Sturm der Windstärke 8** herrschte. Dies ergebe sich aus einer mit § 4 Nr. 2 a) S. 2 VGB 2010 (A) gleich lautenden Vertragsklausel nach den FEVB, nach der ein Sturm unterstellt werde, wenn der Versicherungsnehmer nachweist, dass die Luftbewegung in der Umgebung Schäden an Gebäuden in einwandfreiem Zustand oder ebenso widerstandsfähigen Sachen angerichtet hat. Nach **anderer Ansicht entbindet** diese Regelung den Versicherungsnehmer **nur vom Nachweis der Windstärke**, nicht aber vom Nachweis, dass gerade diese ursächlich für den Schaden war.[265]

11

Keine der vorgenannten Ansichten findet jedoch Niederschlag im Bedingungswortlaut. Nach diesem wird Windstärke 8 unterstellt, wenn die Luftbewegung **in der Umgebung Schäden an Gebäuden in einwandfreiem Zustand** oder an ebenso widerstandsfähigen anderen Sachen angerichtet hat. Gelingt dem Versicherungsnehmer ein solcher Nachweis, muss er **lediglich noch nachweisen**, dass eine **wetterbedingte Luftbewegung** Schäden am versicherten Gebäude gem. § 4 Nr. 2 c) VGB 2010 (A) verursacht hat. Weder muss er nach dem eindeutigen Bedingungswortlaut nachweisen, dass die Schäden in der Umgebung durch Luftbewegungen mit Windstärke 8 verursacht wurden, noch ist ihm ein solcher Nachweis für seinen eigenen Gebäudeschaden auferlegt. Letzteres könnte man lediglich für die Folgebestimmung § 4 Nr. 2 a) aa) VGB 2010 (A) annehmen, nach der der Versicherungsnehmer bei einem Schaden am versicherten Gebäude nachweisen muss, dass dieser Schaden „nur durch Sturm entstanden sein kann" (vgl. unten Rn. 14).

12

---

262 Mohr/Engel S. 54.
263 LG Landau i. d. Pfalz r + s 1997, 340.
264 OLG Karlsruhe, Entscheidung vom 12.04.2005 – 12 U 251/04.
265 LG München I, Entscheidung vom 23.07.2010 – 23 O 18834/06.

13　Jedoch trifft den **Versicherungsnehmer** bezüglich der **Voraussetzungen** der Beweiserleichterung die **umfassende Darlegungs- und Beweislast**.[266]

b)　Beweiserleichterung nach § 4 Nr. 2 a) bb) VGB 2010 (A)

14　Nach § 4 Nr. 2 a) bb) VGB 2010 (A) wird Sturm unterstellt, wenn der Versicherungsnehmer nachweist, dass **der Schaden wegen des einwandfreien Zustandes des versicherten Gebäudes nur durch Sturm entstanden sein kann.** Diese Regelung wird zum Nachweis eines Sturmschadens in der Regel dann herangezogen, wenn die vorherige Alternative nicht anwendbar ist, weil entweder an **Gebäuden in der Umgebung keine Schäden** aufgetreten sind oder in der **Umgebung** des versicherten Gebäudes **keine weiteren Gebäude** liegen. Auf diesen Anwendungsbereich beschränkt ist diese Beweiserleichterung jedoch nicht.

15　Die Alternative hat dennoch **keine große praktische Bedeutung**. Sind lediglich am versicherten Gebäude Schäden eingetreten, während alle anderen Gebäude in einwandfreiem Zustand in der Umgebung unbeschädigt sind, liegt der Schluss nahe, dass Sturm nicht die Schadenursache ist. Aber auch bei einer Alleinlage des versicherten Gebäudes wird in den seltensten Fällen nachzuweisen sein, dass der Schaden wegen des einwandfreien Zustands des versicherten Gebäudes nur durch Sturm entstanden sein kann.

16　Hierzu ist jedoch **nicht erforderlich**, dass ein **Sachverständiger ausschließen kann**, dass ein Schaden wie der in Frage stehende **auch bei Windstärke 6 oder Windstärke 7** eintreten kann.[267] Zwar könnte man aus der Formulierung, nach der die Beweiserleichterung nur eingreift, wenn der Schaden „nur durch Sturm entstanden sein kann", schließen, dass die Beweiserleichterung nur bei einer solchen Feststellung eingreift. Andererseits ist die Tatsache, dass ein Sachverständiger ausschließen kann, dass der Schaden bei Windstärken unter 8 eingetreten wäre, gerade die Feststellung der Windstärke für den Schadenort. Auf genau diese Feststellung wird nach der Beweiserleichterung aber gerade verzichtet. Hieraus ist zu schließen, dass **alleine aus der Tatsache**, dass an einem **Gebäude in einwandfreiem Zustand** ein Schaden durch eine Luftbewegung entstanden ist, geschlossen wird, dass ein Sturm der Windstärke 8 hierfür verantwortlich war. Es kommt dann nicht auf eine explizite Feststellung der Windstärke aufgrund des Schadenbildes an. Den Bedingungen liegt also der Gedanke zugrunde, dass es durch wetterbedingte Luftbewegungen überhaupt nur dann zu Schäden an versicherten Gebäuden in einwandfreiem Zustand kommen kann, wenn mindestens Windstärke 8 vorliegt.

17　Andererseits ist dann für einen Sachverständigen die Frage entscheidend, ob sich das Gebäude tatsächlich in einwandfreiem Zustand befand. Häufig wird es

---

[266]　OLG Naumburg r + s 2014, 22.
[267]　So noch Dietz 2. Auflage H 1.3.2.

am geforderten einwandfreien Zustand des Gebäudes fehlen,[268] so dass die Beweiserleichterung nicht eingreift

Nach der Beaufortskala sind überhaupt erst ab Windstärke 9 kleinere Schäden an Häusern zu erwarten. Es ist somit unwahrscheinlich, dass ein Sachverständiger zu dem Ergebnis kommen wird, dass sich das Gebäude in einwandfreiem Zustand befunden habe, ein Schaden am Gebäude aber auch durch Windstärken unter 8 verursacht worden sein kann.

II. Hagel

Hagel ist in § 4 Nr. 2 b) VGB 2010 (A) als **fester Witterungsniederschlag in Form von Eiskörnern** definiert. 18

Hagel **entsteht bei Gewittern unter besonderen atmosphärischen Bedingungen**. Schätzungen gehen davon aus, dass bei ca. 10 % der Gewitter Hagel auftritt. Zuverlässige Angaben über die Häufigkeit, die Ausbreitung und die Intensität von Hagelschäden lassen sich nicht treffen. Die langjährigen Erfahrungen in der traditionellen landwirtschaftlichen Hagelversicherung belegen, dass das Hagelrisiko witterungsabhängig sehr starken jährlichen Schwankungen unterliegt, die zu extremen Ausschlägen in der Schadenbelastung führen. Daneben gibt es ausgeprägte regionale Abweichungen. Risikotechnisch sind Ähnlichkeiten mit dem Sturmrisiko unverkennbar. Allerdings besteht beim Sturmrisiko im Hinblick auf die Häufigkeit und die Intensität von Schadenereignissen ein Nord-Süd-Gefälle, während beim Hagelrisiko eine höhere Gefährdung im Süden der Bundesrepublik Deutschland vorliegt. Ein weiterer Unterschied besteht darin, dass Stürme zumeist großflächige Wettererscheinungen sind, während Hagelzüge im Allgemeinen regional begrenzt sind. 19

Bereits mit den VGB 88 wurden Hagelschäden in die Grunddeckung der Wohngebäudeversicherung aufgenommen. Bei den VGB 62 konnten Hagelschäden nach Klausel 865 gesondert in den Versicherungsschutz eingeschlossen werden. 20

III. Versicherte Schäden

Gem. § 4 Nr. 2 c) VGB 2010 (A) leistet der Versicherer Entschädigung für versicherte Sachen, die durch 21

- die **unmittelbare Einwirkung** des Sturmes oder Hagels (§ 4 Nr. 2 c) aa) VGB 2010 (A));

- das sturm- oder hagelbedingte **Werfen von Gegenständen** (§ 4 Nr. 2 c) bb) VGB 2010 (A)) oder

---

268 So in OLG Köln r + s 1988, 304; OLG Düsseldorf ZfS 1988, 368.

- als **Folge** eines der genannten Ereignisse (§ 4 Nr. 2 c) cc) VGB 2010 (A))

zerstört oder beschädigt werden oder abhandenkommen. Durch § 4 Nr. 2 c) dd) und ee) wird der Versicherungsschutz auf Gebäude erstreckt, die mit dem versicherten Gebäude oder mit Gebäuden, in denen sich versicherte Sachen befinden, **baulich verbunden** sind.

22 Alle **in diese Kategorien nicht einzuordnenden Schäden sind nicht versichert**, und zwar **auch dann nicht**, wenn sie durch Sturm **adäquat** kausal verursacht wurden.[269]

23 Die Prüfung der Ersatzverpflichtung dem Grund nach vollzieht sich in **zwei Schritten**. Zunächst ist zu klären, ob für den Zeitpunkt des Schadens am Versicherungsort eine wetterbedingte Luftbewegung von mindestens Windstärke 8 nachzuweisen ist, ob eine der Beweiserleichterung nach § 4 Nr. 2 a) S. 2 VGB 2010 (A) eingreift oder ob Hagel niedergegangen ist. Ist dies der Fall, so wird im zweiten Schritt geprüft, ob der Schaden an den versicherten Sachen durch einen der Geschehensabläufe gem. § 4 Nr. 2 c) VGB 210 verursacht wurde. Nur wenn diese weitere Voraussetzung ebenfalls vorliegt, handelt es sich um einen versicherten Sturm- bzw. Hagelschaden.

1. Unmittelbare Einwirkung

24 Nach § 4 Nr. 2 c) aa) VGB 2010 (A) sind Schäden versichert, die durch **unmittelbare Einwirkung des Sturms oder Hagels** auf versicherte Sachen oder auf Gebäude, in denen sich versicherte Sachen befinden, entstehen.

a) Unmittelbare Einwirkung des Sturms

25 Derartige Schäden werden **beim Sturm** durch die **sogenannte Windlast** verursacht, die bei Sturm auf das Gebäude einwirkt. Die auf das Gebäude auftreffenden Windkräfte haben Druck- oder Sogwirkung, die noch dadurch verstärkt wird, dass sich innerhalb des Gebäudes Innendruck aufbaut. Innendruck einerseits und Außendruck oder Außensog andererseits wirken in dieselbe Richtung. Dadurch wird die Windlast noch wesentlich verstärkt. Durch die Wirkung der Windkräfte kommt es zu Schäden am Gebäude. Es werden Dächer abgedeckt, Außenverkleidungen und sonstige außen angebrachte Sachen abgerissen, Antennen geknickt oder Scheiben eingedrückt. Schäden durch die unmittelbare Einwirkung des Sturms ereignen sich überwiegend an der raumabschließenden Konstruktion. Dächer und außen angebrachte Sachen aller Art sind besonders gefährdet. Schäden an der tragenden Konstruktion von Gebäuden sind außerordentlich selten, wenn die Gebäude nach den anerkannten Regeln der Bautechnik geplant, ausgeführt und instand gehalten wurden.

26 Infolgedessen wird der **Einsturz** von Gebäuden durch Sturmeinwirkung regelmäßig durch einen **schlechten Erhaltungszustand** (Baufälligkeit) oder durch

---
[269] Vgl. Martin E II 13.

Konstruktions- bzw. Bauausführungsmängel mitverursacht. Es fragt sich, ob in diesen Fällen Versicherungsschutz besteht. Grundsätzlich genügt für den Ursachenzusammenhang zwischen Sturm und Schäden an versicherten Gebäuden Mitursächlichkeit des Sturms.[270] Es ist nicht erforderlich, dass der Sturm die wesentliche oder gar die alleinige Ursache des Schadens sein muss. Wird das versicherte Gebäude infolge einer wetterbedingten Luftbewegung von mindestens Windstärke 8 beschädigt, so liegt ein **vom Wohngebäudeversicherer zu deckender Sturmschaden** ohne Rücksicht darauf vor, ob der Sturm die alleinige oder jedenfalls die wesentliche Schadenursache war.[271] Selbst wenn die Entstehung des Schadens erst durch das Zusammenspiel mit einer anderen Ursache ermöglicht wurde, reicht dies für den erforderlichen Ursachenzusammenhang aus.[272] Eine abweichende Ansicht hat das OVG Hamburg in einer Entscheidung, die zum Feuerkassengesetz ergangen ist, vertreten.[273] Allerdings hat das OVG Hamburg dabei maßgeblich auf den Sinn und Zweck der Vorschrift des Feuerkassengesetzes abgestellt. Die Rechtsprechung kann nicht auf die VGB übertragen werden.[274]

Dem Versicherer bleibt in den genannten Fällen nur der **Gegenbeweis** vorbehalten, dass der Schaden schon bei einer **geringeren Windstärke als Windstärke 8** eingetreten ist.[275] Der schlechte Bauzustand eines Gebäudes kann als Mitursache lediglich nach § 9 VGB 2010 (B) (Gefahrerhöhung) oder nach § 16 VGB 2010 (B) (Herbeiführung des Versicherungsfalls) zu einer **Leistungskürzung** führen. Daneben kommt eine Leistungskürzung wegen schuldhafter Verletzung der Instandhaltungspflicht durch den Versicherungsnehmer unter den in § 16 VGB 2010 (A) i. V. m. § 8 VGB 2010 (B) geregelten Voraussetzungen in Betracht.

27

Werden durch unmittelbare oder mittelbare Wirkungen von Sturm **Fenster oder Türen geöffnet**, **ohne dabei selbst beschädigt** zu werden, und kann in der Folge Regenwasser eindringen, liegt **keine unmittelbare Sturmeinwirkung** vor.[276] Erforderlich ist, dass der Sturm die **Substanz** einer Tür, eines Fensters, eines Schlosses oder eines Riegels des Gebäudes **beschädigt** und durch die so entstandene Öffnung Regenwasser eindringen kann.[277] Wird eine (versehentlich) nicht ordnungsgemäß geschlossene Terrassentür durch den Sturm aufgedrückt und beschädigt, beruht der Schaden auf der unmittelbaren Einwirkung des Sturms.[278] Kein Versicherungsschutz besteht hingegen, wenn der Sturm eine nicht ordnungsgemäß verschlossene Terrassentür ohne Schaden an der Tür

28

---

270 Martin E II 27.
271 OLG Düsseldorf VersR 1984, 1035.
272 OLG Saarbrücken VersR 2006, 1635.
273 OVG Hamburg VersR 1981, 1071.
274 OLG Düsseldorf VersR 1984, 1035.
275 OLG Saarbrücken VersR 2006, 1635.
276 OLG Karlsruhe VersR 1996, 187.
277 OLG Nürnberg VersR 1989, 738.
278 LG Düsseldorf r + s 1989, 299.

aufdrückt, dadurch Gegenstände auf versicherte Sachen geworfen werden und daran Schäden verursachen. In diesen Fällen sind die Schäden nicht durch die unmittelbare Einwirkung des Sturms entstanden. Die Schäden sind auch nicht die Folge eines Sturmschadens an Gebäuden.[279]

Allerdings ist in Fällen beschädigter, nicht ordnungsgemäß geschlossener Türen und Fenster im Einzelfall zu prüfen, ob eine Kürzung des Anspruchs aufgrund **grober Fahrlässigkeit** vorzunehmen ist.

29 Ebenfalls **keine unmittelbare Einwirkung** des Sturms liegt vor, wenn der Sturm lediglich das **Aufstauen von Regenwasser** begünstigt.[280] Denn in diesem Fall liegt keine unmittelbare Einwirkung der Windkraft in Form einer Belastung vor.[281] Voraussetzung für eine Ersatzpflicht wäre, dass beispielsweise der Druck oder der Sog der aufprallenden Luft eine direkte Beschädigung herbeiführen.[282] Auch wenn Schäden dadurch entstehen, dass nach sturmbedingtem Eindringen von Regen Frostschäden an der Gebäudefassade entstehen, liegt keine Unmittelbarkeit vor.[283]

30 Unmittelbar wirkt ein Sturm schädigend auf versicherte Sachen ein, wenn er die **zeitlich letzte Ursache des Sachschadens** ist.[284] Infolgedessen besteht **kein Versicherungsschutz**, wenn der Sturm auf irgendwo im Wohnort des Versicherungsnehmers verlaufende elektrische Versorgungsleitungen eingewirkt und die **Stromzufuhr zum versicherten Gebäude unterbrochen** hat und dadurch die Umwälzpumpe der Heizung des Versicherungsnehmers ausgefallen, der Festbrennstoffkessel jedoch weiter in Betrieb geblieben ist, so dass sich das in der Heizungsanlage befindliche Wasser überhitzt hat und der angeschlossene Heizölkessel gerissen ist. Der Schaden an der Heizanlage ist nicht durch die unmittelbare Einwirkung des Sturms entstanden.[285]

b) Unmittelbare Einwirkung des Hagels

31 Versicherungsschutz besteht nach § 4 Nr. 2 c) aa) VGB 2010 (A) auch für Schäden, die durch die **unmittelbare Einwirkung des Hagels** auf versicherte Sachen oder auf Gebäude, in denen sich versicherte Sachen befinden, entstehen.

32 Auch hier wird nicht jeder durch Hagel adäquat kausal herbeigeführte Schaden an versicherten Gebäuden entschädigt. Vielmehr sind **ausschließlich** solche Schäden versichert, die an den versicherten Gebäude durch die **unmittelbare Einwirkung** des Hagels entstehen.

---

279 LG Bremen r + s 1997, 75.
280 LG Ravensburg VersR 1981, 648.
281 OLG Oldenburg VersR 2001, 1233.
282 OLG Saarbrücken VersR 2010, 624.
283 LG Flensburg r + s 2014, 238.
284 BGH VersR 1984, 28; OLG Düsseldorf r + s 1989, 299; OLG Saarbrücken VersR 2006, 1635.
285 LG Trier r + s 1996, 237.

Nicht versichert sind nach dieser Variante Schäden, die dadurch verursacht werden, dass der Hagel zu einer **Verstopfung** einer Regenrinne,[286] eines Regenfallrohrs,[287] oder zu einer **Abdeckung eines Abflusses**[288] führt, wodurch es zum Eindringen von Wasser in das Gebäude kommt. Hier fehlt es an einem unmittelbar durch Hagel verursachten Sachschaden. Einen solchen Sachschaden stellt die bloße Verstopfung durch Hagel nicht dar, da dieser von selbst abtaut und sich die Verstopfung von alleine löst.[289]

33

Umstritten ist, ob Schäden durch unmittelbare Einwirkung von Hagel verursacht wurden, die dadurch entstehen, dass sich in **Lichtschächten ansammelnder Hagel** zu einem Zerbersten des Kellerfensters führt und dadurch Wasser eindringen kann. Nach **einer Auffassung** soll es sich hierbei um eine unmittelbare Einwirkung des Hagels handeln.[290] In diesen Fällen beruhe der seitliche Druck auf das Fenster, der den Schaden verursacht, auf der **spezifischen Eigenschaft des Hagels**, nämlich darauf, dass der Hagel keine verbundene Masse bilde, sondern aus verschiebbaren Teilen bestehe. Am Druck auf das Fenster sei keine weitere Ursache beteiligt.[291] Dem wird **entgegengehalten**, dass unter Hagel Witterungsniederschlag in Form von Eiskörnern zu verstehen sei und dass daher gerade durch das **Anstauen eine weitere Ursache** für den Schaden gesetzt werde.[292] Der letztgenannten Ansicht ist zuzustimmen. **Führt erst ein Ansammeln** nach dem Auftreffen der Hagelkörner auf dem Boden **zu einem Schaden**, so ist die Einwirkung **nicht mehr unmittelbar**, da unter Hagel der Vorgang des Niederschlags selbst verstanden wird.

34

Ebenfalls **nicht versichert** sind Schäden, die nicht durch die herabfallenden Hagelkörner selbst, sondern durch den **Temperatursturz** infolge der gefrorenen Hagelkörner entstanden sind. Hier war der Temperatursturz die zeitlich letzte Ursache der Schäden.[293]

35

2. Werfen von Gegenständen

Versichert sind nach § 4 Nr. 2 c) bb) VGB 2010 (A) weiterhin **Schäden, die an versicherten Sachen dadurch entstehen, dass der Sturm oder Hagel Gebäudeteile, Bäume oder andere Gegenstände auf versicherte Sachen oder auf Gebäude, in denen sich versicherte Sachen befinden, wirft**.

36

In diesen Fällen entsteht der Schaden an den versicherten Sachen nicht durch die unmittelbare Einwirkung der Windlast, sondern **durch das Auftreffen der**

37

---

286 AG Brühl r + s 2007, 290, AG Mannheim, Entscheidung vom 26.10.2012 – 3 C 194/12.
287 LG Bielefeld VersR 2005, 115.
288 LG Dortmund, Entscheidung vom 20.01.2011 – 2 O 330/10.
289 OLG Köln r + s 2003, 65.
290 Wälder, Urteilsanmerkung in r + s 2003, 65; LG Saarbrücken VersR 2002, 972.
291 Wälder, Urteilsanmerkung in r + s 2003, 65.
292 Spielmann 2.3.3.1.
293 LG Schwerin r + s 2010, 156.

geworfenen Gegenstände auf versicherte Sachen oder ein versicherte Sachen enthaltendes Gebäude. Ebenfalls versichert sind Schäden, die durch die **physikalische oder chemische Beschaffenheit** der geworfenen Gegenstände verursacht werden.[294] Es ist keine unmittelbare Einwirkung der geworfenen Gegenstände auf die versicherte Sache erforderlich,[295] so dass auch für das allmähliche Einwirken auf die versicherte Sache Versicherungsschutz besteht.[296] Schleudert der Sturm beispielsweise eine rostige Liege ins Wohnzimmer und verursacht diese auf dem Teppich nicht mehr behebbare Rostflecke, besteht Versicherungsschutz.[297]

38   Der Begriff „andere Gegenstände" ist **weit auszulegen**. Auch Hagelkörner und sonstige Niederschläge werden als Gegenstände angesehen, die von einem Sturm auf eine versicherte Sache geworfen werden können.[298] Aufgrund der obligatorischen Mitversicherung von Hagel hat diese Betrachtungsweise für Hagelkörner jedoch nur noch theoretischen Charakter. Äußerst selten, aber vom Bedingungswortlaut umfasst, dürften Fälle sein, in denen durch Hagel andere Gegenstände geworfen werden.

39   **Nicht versichert** sind Schäden, die durch das **sturmbedingte Aufschieben oder Aufstauen von Niederschlag** und den dadurch **entstehenden Druck** verursacht werden. Denn das Aufschieben oder Aufstauen bereits gefallenen Niederschlags kann begrifflich nicht mehr unter das „Werfen von Gegenständen" gefasst werden.[299] Gleiches gilt, wenn „stehendes" Niederschlagswasser auf einem Flachdach im Rahmen eines Sturms überschwappt und hierdurch in die Giebelwand eindringt und Schäden verursacht.[300]

40   Ebenfalls nach der vorliegenden Variante nicht versichert sind die Fälle, in denen sich Niederschlag im Lichtschacht anstaut und durch den Druck Schäden verursacht werden. Auch hier fehlt es am Werfen von Gegenständen.[301] **Versicherungsschutz** besteht hingegen, wenn nachweisbar ist, dass aufgrund des Sturms Niederschlag **besonders konzentriert** gerade in den fraglichen Bereich gelangt ist und dies zu Schäden führt.[302]

41   **Kein Versicherungsschutz** besteht in der Regel für die Kosten der **Beseitigung von Laub**, das die Dachrinne des versicherten Gebäudes verstopft. Hier wird

---

294 Wussow VersR 2000, 679.
295 Spielmann 2.3.3.2.
296 Bruck/Möller/*Johannsen* Band 7 VGB 2008/2010 A § 4 Rn. 8.
297 OLG Bremen VersR 1992, 739.
298 Martin E II 37 ff.
299 OLG Oldenburg VersR 2001, 1233; LG Bielefeld VersR 2005, 115.
300 OLG Köln r + s 2003, 65.
301 Spielmann 2.3.3.2.
302 LG Bielefeld VersR 2005, 115.

dem Versicherungsnehmer der Nachweis misslingen, dass gerade das die Verstopfung verursachende Laub durch den Sturm auf das Gebäude gelangt ist.[303]

3. Folgeschäden

Nach § 4 Nr. 2 c) cc) VGB 2010 (A) sind weiterhin Schäden versichert, die **als Folge eines Schadens nach aa) oder bb) an versicherten Sachen** entstehen. Vorausgesetzt ist also ein Schaden als Folge der unmittelbaren Sturm- oder Hageleinwirkung (§ 4 Nr. 2 c) aa) VGB 2010 (A)) oder des Werfens von Gegenständen (§ 4 Nr. 2 c) bb) VGB 2010 (A)). 42

Dabei ist erforderlich, dass zwischen dem Folgeschaden und einem zeitlich vorhergehenden Schaden an versicherten Sachen ein **adäquat kausaler Zusammenhang** besteht. Es genügt wiederum, dass der **zeitlich erste Sachschaden** für den Eintritt des Folgeschadens **mitsächlich** war. Infolgedessen sind Schäden durch Niederreißen oder Ausräumen ohne weiteres versichert. Sturmfolgeschäden treten häufig auf, wenn Dächer von versicherten Gebäuden durch Sturm abgedeckt werden und nachfolgend eindringende Niederschläge Nässeschäden an Gebäuden anrichten. 43

Entsteht dadurch ein Kurzschluss mit einem nachfolgenden Brand, so wird auch der Kurzschlussschaden als Sturmschaden entschädigt. Die nachfolgenden Brandschäden sind nach § 4 Nr. 4 a) dd) VGB 2010 (A) in der Sturmdeckung nicht versichert. Dringt durch das offene Dach Frost ein und verursacht Frostbruchschäden an Zu- oder Ableitungsrohren der Wasserversorgung, so handelt es sich jedoch um versicherte Sturmfolgeschäden. Sie sind dafür gem. § 3 Nr. 4 a) ii) VGB 2010 (A) von der Leitungswasserdeckung ausgeschlossen. 44

Wenn bei einem Sturm ein **Regenwasserfallrohr abgeknickt wird**, ist der Schaden, der durch das auf den Balkon geleitete und in das Gebäude eindringende Wasser am Gebäude entsteht, **adäquat kausal** durch den Sturmschaden (Abknicken des Rohrs) entstanden.[304] Der Ausschluss nach § 4 Nr. 4 a) bb) VGB 2010 (A) wirkt nicht. Dagegen sind Schäden **nicht versichert**, die dadurch verursacht werden, dass der **Sturm eine Tür oder ein Fenster ohne Beschädigung aufdrückt** und Regenwasser in das versicherte Gebäude eindringt. Ein sturmbedingter Gebäudeschaden liegt nicht vor, wenn ein Fenster, ohne dabei selbst beschädigt zu werden, durch unmittelbare oder mittelbare Einwirkung von Sturm geöffnet wird.[305] Versicherungsschutz besteht in diesen Fällen nur, wenn das Aufdrücken der Tür oder des Fensters einen **Schaden** an der Tür oder dem Fenster oder an einer sonstigen versicherten Sache **verursacht**.[306] 45

---

303 Spielmann 2.3.3.2.
304 OLG Hamm VersR 1987, 1081.
305 OLG Karlsruhe VersR 1996, 187.
306 AG Nürnberg VersR 1988, 822.

46 Es ist **zweifelhaft**, ob das **Herunterwehen der Bekiesung eines Flachdachs** durch Sturm als Beschädigung des Wohngebäudedaches angesehen werden kann (da die Kieselsteine selbst nicht beschädigt worden sind).[307] Das OLG Köln hat diese Frage in der zitierten Entscheidung nicht abschließend entschieden, da der Kläger nicht schlüssig vorgetragen hatte, dass die Bekiesung zu größeren Teilen vom Sturm heruntergeweht worden war. Es ist jedoch davon auszugehen, dass ein Dach dadurch in seiner Substanz beschädigt ist, so dass die Folgeschäden durch das Eindringen von Niederschlag versichert sind.

47 **Staut sich Regenwasser im Lichtschacht** eines versicherten Gebäudes und drückt durch sein Gewicht eine Fensterscheibe ein, so besteht **kein Versicherungsschutz** für Schäden, die am versicherten Gebäude dadurch entstehen, dass durch die geschaffene Öffnung Regenwasser in das Gebäude eindringt.[308] Das Regenwasser konnte zwar deshalb in das Gebäude gelangen, weil ein Schaden am versicherten Gebäude entstanden ist. Dabei handelt es sich jedoch **nicht** um einen **Sturmschaden**. Der Schaden ist weder durch die unmittelbare Einwirkung des Sturms noch dadurch entstanden, dass der Sturm Gebäudeteile, Bäume oder andere Gegenstände auf versicherte Sachen geworfen hat (vgl. oben Rn. 24 ff.).

48 **Vergleichbar** sind die Fälle, in denen Schäden dadurch verursacht werden, dass Hagel zu einer **Verstopfung der Regenrinne, eines Regenfallrohrs, oder zur Abdeckung eines Abflusses** führt und es in der Folge zu einem Wasserschaden kommt. Hier fehlt es an einem Sachschaden an den verstopften Gegenständen (vgl. oben Rn. 33), so dass auch der Folgeschaden nicht versichert ist.

49 Schwierigkeiten bereitet die Beurteilung von **Sturmfolgeschäden**, die an versicherten Gebäuden dadurch entstehen, dass bei **Sanierungs- oder Reparaturarbeiten am Gebäude** vorübergehend zum Schutz des Gebäudes **angebrachte Abdeckplanen** durch Sturm weggeweht werden und nachfolgend Niederschlag in das Gebäude eindringt und dort Schäden anrichtet. Die Beurteilung der Ersatzpflicht für derartige Schäden hängt von der Beantwortung der Frage ab, ob diese Abdeckplanen als Gebäudebestandteile und damit als nach § 5 VGB 2010 (A) versicherte Sachen einzustufen sind, so dass das Wegwehen der Plane einen Schaden i. S. v. § 4 Nr. 2 c) cc) VGB 2010 (A) darstellt. Die ältere Rechtsprechung hatte dies überwiegend verneint, weil derartige Abdeckplanen nur vorübergehend eingefügt worden seien.[309] Der **BGH** ist dieser Auffassung nicht gefolgt, sondern hat entschieden, dass eine Abdeckplane, die während der Sanierung eines Flachdachs über die Dachlücke ausgebreitet und – soweit es die Bedingungen einer Reparatur zulassen – fachmännisch und ordnungsgemäß befestigt worden ist, **Bestandteil des Gebäudes** ist.[310] Infolgedessen sind derartige Schä-

---

307 OLG Köln r + s 1998, 425.
308 LG Ravensburg VersR 1981, 648.
309 OLG Köln VersR 1974, 990, OLG Koblenz r + s 1991, 241, LG Frankfurt VersR 1992, 742.
310 BGH VersR 1992, 606.

den vom Wohngebäudeversicherer zu entschädigen. Allerdings ist die besondere Anzeigepflicht gem. § 17 Nr. 1 c VGB 2010 (A) in diesem Fall zu beachten.

4. Baulich verbundene Gebäude

Nach § 4 Nr. 2 c) dd) und ee) VGB 2010 (A) wird der Versicherungsschutz bei unmittelbarer Einwirkung und dem Werfen von Gegenständen **auf Gebäude erweitert**, die mit dem versicherten Gebäude oder Gebäuden, in denen sich versicherte Sachen befinden, **baulich verbunden** sind. 50

Nach der Struktur von § 4 Nr. 2 c) VGB 2010 (A) erscheint es, als ob **Folgeschäden** im Rahmen der baulich verbundenen Gebäude nicht versichert sein sollen. Dies trifft jedoch nicht zu. Vielmehr sind beide Bestimmungen **nur im Rahmen von Folgeschäden von wirtschaftlicher Bedeutung**.[311] Denn durch die unmittelbare Einwirkung von Sturm oder Hagel bzw. das Werfen von Gegenständen auf diese baulich verbundenen Gebäude wird es kaum jemals zu einem Schaden an versicherten Sachen kommen. Vielmehr könnten lediglich Folgeschäden aufgrund der verursachten Beschädigungen entstehen. Diese Auslegung ergibt, dass auch Versicherungsschutz für Folgeschäden im Rahmen der genannten Bestimmungen besteht. 51

C. Weitere Elementargefahren

Mit den VGB 2010 sind die **weiteren Elementargefahren** erstmals in die Grunddeckung der Wohngebäudeversicherung aufgenommen worden. Der Versicherer leistet gem. § 4 Nr. 3 VGB 2010 (A) Entschädigung für versicherte Sachen, die durch **Überschwemmung, Rückstau, Erdbeben, Erdsenkung, Erdrutsch, Schneedruck, Lawinen oder Vulkanausbruch** zerstört oder beschädigt werden oder abhandenkommen. Die einzelnen Elementargefahren werden in der Bestimmung im Einzelnen definiert. 52

I. Allgemeines

Der Begriff „weitere Elementargefahren" macht deutlich, dass **bereits bisher Elementargefahren Gegenstand der Wohngebäudeversicherung** waren. Hierbei handelt es sich um die Gefahren Blitzschlag, Frost, Sturm und Hagel. Die weiteren Elementargefahren stellen die Versicherer jedoch vor **besondere Probleme**, die bei den bereits bisher vom Versicherungsschutz umfassten Elementargefahren nicht oder nur bedingt gegeben waren. 53

Einerseits sind die weiteren Elementargefahren überwiegend nicht im gesamten Gebiet der Bundesrepublik Deutschland, sondern nur in **regional eng begren-** 54

---
311 Bruck/Möller/*Johannsen* Band 7, VGB 2008/2010 A § 4 Rn. 10.

zen Gebieten relevant. Daher besteht die Gefahr der **negativen Risikoauslese**, wenn nur solche Gebäudeeigentümer eine Wohngebäudeversicherung gegen einzelne Elementargefahren abschließen, deren Gebäude tatsächlich bedroht sind. Diese Gefahr wird dadurch abgemildert, dass die weiteren Elementargefahren gem. § 1 Nr. 1 S. 3 VGB 2010 (A) nur als Gefahrengruppe und nur in Verbindung mit einer der anderen Gefahrengruppen versichert werden können (vgl. § 1 (A) Rn. 10). Nicht ausgeschlossen ist jedoch, dass ein Gebäude, das von keiner der regional auftretenden Elementargefahren bedroht ist, aus diesem Grund nicht gegen Elementarschäden versichert wird und somit kein Risikoausgleich stattfinden kann.

55 Andererseits besteht vor allem bei Überschwemmungen und Erdbeben eine **Kumulgefahr**. Da sich diese Gefahren als **flächendeckende Ereignisse** verwirklichen, werden in der Regel durch dasselbe Schadenereignis zahlreiche Risiken bzw. Versicherungsverträge betroffen (Kumul). Es drohen hohe Kumulschäden, deren Auswirkungen beim Erstversicherer durch Rückversicherung abgemildert werden. Zudem ist aufgrund von **möglichen Klimaveränderungen** auch das Änderungsrisiko der weiteren Elementargefahren sehr ausgeprägt.

II. Versicherte Gefahren

56 Die weiteren Elementargefahren bilden eine **geschlossene Gefahrengruppe**, die nur insgesamt und nur zusammen mit einer der anderen Gefahrengruppen Feuer, Leitungswasser oder Sturm/Hagel versichert werden kann (vgl. § 1 Nr. 1 Abs. 3 VGB 2010 (A)). Die Versicherer versuchen auf diese Weise, die Voraussetzungen für einen angemessenen Risikoausgleich und eine tragfähige Versichertengemeinschaft zu schaffen.

1. Überschwemmung

57 Nach § 4 Nr. 3 a) VGB 2010 (A) ist eine Überschwemmung eine **Überflutung des Grund und Bodens des Versicherungsgrundstücks mit erheblichen Mengen von Oberflächenwasser** durch

- Ausuferung von oberirdischen (stehenden oder fließenden) Gewässern;
- Witterungsniederschläge;
- Austritt von Grundwasser an die Erdoberfläche infolge von aa) oder bb).

58 Der Begriff **Überflutung des Grund und Bodens** ist nicht definiert. Nach der Verkehrsanschauung liegt eine Überflutung von Grund und Boden vor, wenn sich **auf der Geländeoberfläche Wassermengen ansammeln**.[312] Die Bedingungen setzen diesbezüglich **erhebliche Mengen Oberflächenwasser** voraus. Infolgedessen besteht kein Versicherungsschutz, wenn sich Wasser auf Gebäudetei-

---

312 Vgl. BGH VersR 2005, 828.

len (z. B. Flachdächern oder Balkonen) ansammelt, in das Gebäude eindringt und dort Schäden an versicherten Sachen anrichtet. Zwar sind Gebäude Grundstücksbestandteile. Es wird jedoch nicht vorausgesetzt, dass das Grundstück überflutet wird. Vielmehr muss es sich um eine „Überflutung des Grund und Bodens" handeln.

Weiterhin ist erforderlich, dass die **Überflutung** des Grund und Bodens **zu dem Schaden geführt** hat. Ist zwar der Grund und Boden überflutet, entsteht der Schaden jedoch durch eine gleichzeitige Wasseransammlung auf dem Flachdach, so liegt kein Überschwemmungsschaden im Sinne der Bedingungen vor.[313]   59

Nicht erforderlich ist jedoch, dass das **gesamte Versicherungsgrundstück überflutet** ist.[314] Für eine solche Voraussetzung gibt es in den Versicherungsbedingungen keinen Anhaltspunkt. Zudem kommt es nicht darauf an, wie hoch die Überflutung ist, ob das über die Oberfläche hinausgetretene Wasser steht oder in Bewegung ist oder in welchem zeitlichen Rahmen das Hinaustreten über die Oberfläche stattgefunden hat.[315] Zu beachten ist jedoch, dass die Bedingungen ausdrücklich **erhebliche Mengen Oberflächenwasser** voraussetzen. Das Fehlen einer solchen ausdrücklichen Ergänzung hatte in der Vergangenheit zur umstrittenen Frage geführt, ob das Erfordernis erheblicher Wassermengen dem Überschwemmungsbegriff eigen ist.[316]   60

Zweifelhaft ist, ob mit der **Aufnahme** des Erfordernisses erheblicher Mengen von Oberflächenwasser die **Streitfragen** in diesem Bereich **tatsächlich erledigt** sind. Da der Begriff relativ unbestimmt ist, ist von einer endgültigen Klärung nicht auszugehen. Insbesondere umstritten ist die Frage, ob Schäden durch Wasser, das sich aufgrund baulicher Besonderheiten **ausschließlich im Bereich des Kellers** anstaut, als Überschwemmungsschäden versichert sind. Das LG Hannover hat dies in einem Fall verneint, in dem sich Wasser aufgrund der baulichen Begebenheiten vor der Kellereingangstür angesammelt hatte, da dies eine Überflutung von Gebäudeteilen, nicht aber eine Überflutung des Grund und Bodens darstelle.[317] Der OLG Karlsruhe hat den Versicherungsschutz in einem Fall verneint, in dem sich Niederschlagswasser in einem Lichtschacht vor dem Keller infolge unzureichender Entwässerung aufgestaut hatte und in den Keller eingedrungen war.[318] Nach dem OLG Oldenburg liegt keine Überschwemmung vor, wenn Regenwasser über eine schräge Abfahrt in die Garage eindringt, da dann nicht eine Überschwemmung, sondern die Grundstücksneigung den Schaden   61

---

313 Wussow VersR 2008, 1292.
314 OLG Karlsruhe VersR 2012, 231; Rixecker r + s 2009, 397.
315 Wussow VersR 2008, 1292.
316 Vgl. LG Nürnberg-Fürth, Entscheidung vom 26.07.2012 – 8 O 9839/10.
317 LG Hannover, Entscheidung vom 27.10.2006 – 8 O 150/06.
318 OLG Karlsruhe VersR 2012, 231.

verursacht.[319] Anderer Ansicht ist das LG Nürnberg-Fürth, das all die angeführten Argumente als nicht mit dem Bedingungswortlaut vereinbar ansieht.[320]

62　Letztlich ist jedoch der herrschenden Meinung Recht zu geben. Dies gilt unabhängig davon, ob man den Bereich des Kellereingangs außerhalb des versicherten Gebäudes als Teil des Grund und Bodens ansehen möchte. Denn Überschwemmung wird bedingungsgemäß als Überflutung von Grund und Boden definiert. Eine solche **Überflutung setzt nach dem allgemeinen Sprachgebrauch zwar nicht voraus**, dass das **gesamte Versicherungsgrundstück mit Wasser bedeckt ist, zumindest aber ein erheblicher Teil**.[321]

63　Weiterhin ist gefordert, dass der Grund und Boden **des Versicherungsgrundstücks** überflutet ist. **Nicht versichert** sind daher Schäden an versicherten Sachen, die als Folge der **Überflutung des Grund und Bodens auf anderen Grundstücken** eintreten. So liegt es beispielsweise, wenn durch die Überflutung fremder Grundstücke ein Stromausfall verursacht wird, der zu Schäden an versicherten Sachen auf dem Versicherungsgrundstück führt.

64　Ein **unmittelbarer Ursachenzusammenhang** zwischen der versicherten Gefahr Überschwemmung und dem Gebäudeschaden ist **nicht erforderlich**.[322] Es ist daher nicht erforderlich, dass Schäden durch an das Gebäude heranreichendes Oberflächenwasser verursacht werden. Liegt also eine Überflutung des Grund und Bodens vor, so besteht **auch für durch in den Boden eingetretenes Oberflächenwasser verursachte Schäden** Versicherungsschutz. Lediglich die Schadenverursachung von Grundwasser ist nicht versichert.[323] Hieran ändert auch die ausdrückliche Erwähnung von Oberflächenwasser in den Bedingungen nichts, da nach wie vor keine Unmittelbarkeit gefordert wird. Allerdings stellt sich in der Praxis die Frage, ob eine Unterscheidung zwischen in das Erdreich eingedrungenem Oberflächenwasser und Grundwasser, auf die der BGH in der zitierten Entscheidung abstellt, tatsächlich zuverlässig vorgenommen werden kann.[324]

65　**Nicht jede Ansammlung von Wassermengen** auf der Geländeoberfläche des Versicherungsgrundstücks erfüllt den Überschwemmungsbegriff. Es muss sich vielmehr um eine Überschwemmung durch die **Ausuferung von oberirdischen (stehenden oder fließenden) Gewässern**, durch **Witterungsniederschläge oder** durch **den Austritt von Grundwasser an die Erdoberfläche aufgrund eines der anderen Ereignisse** handeln. Dabei spielt es keine Rolle, welche Ursachen dazu geführt haben, dass stehende Gewässer (Teiche, Seen, Kanäle) oder fließende Gewässer (Bäche, Flüsse) über ihre Ufer getreten sind. Mögli-

---

319　OLG Oldenburg VersR 2012, 437.
320　LG Nürnberg-Fürth, Entscheidung vom 26.07.2012 – 8 O 9839/10.
321　Vgl. LG Kiel, Entscheidung vom 24.04.2008 – 10 S 40/07.
322　BGH VersR 2005, 828.
323　BGH VersR 2005, 828.
324　Rixecker r + s 2009, 397.

che Ursachen sind Hochwasser infolge lang anhaltender Niederschläge oder Schneeschmelze sowie Deich- oder Dammbruch.

Der **Begriff des Gewässers** erfasst dabei natürliche und künstliche Vertiefungen der Erdoberfläche, die zur Aufnahme von Wasser entweder von Natur aus oder durch Menschenhand bestimmt sind.[325] Behältnisse (z. B. Regentonnen, künstliche Schwimmbecken im Freien) fallen nach allgemeinem Sprachgebrauch jedoch nicht unter den Begriff des Gewässers.[326] 66

Witterungsniederschläge können nicht nur auf dem Weg über die Ausuferung von oberirdischen Gewässern, sondern auch **unmittelbar zur Überflutung des Grund und Bodens** führen. Sie werden daher gesondert aufgezählt. Dadurch wird verdeutlicht, dass es sich hierbei um ein Risiko handelt, das nicht an das Vorhandensein von stehenden oder fließenden Gewässern in der Umgebung des Versicherungsgrundstücks gebunden ist. Die potentielle Gefährdung von Wohngebäuden durch Überschwemmung infolge von Witterungsniederschlägen, vor allem durch Starkregen oder Schmelzwasser bei extremer Schneeschmelze, ist in allen Regionen generell vorhanden. 67

Probleme bereiten durch wiederkehrende „**gewöhnliche" Überschwemmungen** verursachte Schäden im Rahmen der jahreszeitlich auftretenden Hochwasser. Überlegungen, durch eine gesonderte Ausschlussbestimmung solche Überschwemmungen vom Versicherungsschutz auszunehmen, die im statistischen Durchschnitt häufiger als einmal in zehn Jahren auftreten, wurden zwischenzeitlich verworfen.[327] 68

Vielmehr wurde vom Gesamtverband der Deutschen Versicherungswirtschaft (GDV) zwischenzeitlich das **Zonierungssystem für Überschwemmung, Rückstau und Starkregen (ZÜRS)** entwickelt.[328] Es dient der risikogerechten Kalkulation von Überschwemmungsrisiken. Dabei werden Gebäude in vier verschiedene Gefährdungsklassen eingeteilt: 69

- Gefährdungsklasse 4: statistisch 1 mal in 10 Jahren ein Hochwasser
- Gefährdungsklasse 3: statistisch 1 mal in 10–50 Jahren ein Hochwasser
- Gefährdungsklasse 2: statistisch 1 mal in 50–200 Jahren ein Hochwasser
- Gefährdungsklasse 1: statistisch seltener als einmal alle 200 Jahre ein Hochwasser

Nur ein geringer Prozentsatz der Gebäude liegt in den Gefährdungsklassen 3 und 4. Andererseits sind gerade dies Gebäude, für die Versicherungsschutz gegen Überschwemmungen nachgefragt wird. Problematisch ist insbesondere, dass für 70

---

325 Wussow VersR 2008, 1292.
326 Wussow VersR 2008, 1292.
327 Zu Einzelheiten siehe Dietz 2. Auflage 4.1.
328 Siehe www.gdv.de

Gebäude in der **Gefährdungsklasse 4** teilweise gar kein Versicherungsschutz gegen Überschwemmungsschäden vereinbart werden kann.

71 Eine Möglichkeit des Versicherers, sein Risiko zu vermindern, ist der Einschluss der **Klausel 7763 „Selbstbehalt für Gebäude in besonders überschwemmungsgefährdeter Lage"**.

72 Zu beachten ist, dass Schäden durch Sturmflut gem. § 4 Nr. 4 a) aa) VGB 2010 (A) ausgeschlossen sind.

2. Rückstau

73 Nach § 4 Nr. 3 b) VGB 2010 (A) liegt **Rückstau** vor, wenn **Wasser durch Ausuferung von oberirdischen (stehenden oder fließenden) Gewässern oder durch Witterungsniederschläge bestimmungswidrig aus den gebäudeeigenen Ableitungsrohren oder damit verbundenen Einrichtungen in das Gebäude eindringt**.

74 Häufig kommt es zum Rückstau, wenn das **Kanalisationsnetz** aufgrund starker Witterungsniederschläge **überlastet** ist, so dass häusliche Abwässer nicht mehr abfließen können, d. h. zurückgestaut werden und bestimmungswidrig austreten.

75 Allerdings ist eine **Überlastung des Kanalisationsnetzes nicht Voraussetzung** für den Versicherungsschutz. Der **Wortlaut umfasst** auch solche Fälle, in denen es aufgrund **mangelnder Funktionsfähigkeit** der häuslichen Rohrsysteme im Zusammenspiel mit der Ausuferung von oberirdischen Gewässern oder mit Witterungsniederschlägen zu einem Austritt von Niederschlagswasser in versicherten Gebäuden kommt.[329] Nach Ansicht des LG Wiesbaden sind jedoch Schäden nicht versichert, die auf einen baulichen Mangel des Entwässerungssystems zurückzuführen sind, da andernfalls ungeachtet von Baumängeln nahezu jeder Wasserschaden im Rahmen der Niederschlagsentwässerung versichert wäre, auch wenn die maßgebliche Ursache in Baumängeln zu sehen ist.[330] Nach dieser Ansicht wäre also erforderlich, dass der **Niederschlag alleinige Ursache des Schadens** ist. Dem ist jedoch entgegenzuhalten, dass dem **Bedingungswortlaut nicht zu entnehmen** ist, dass der Versicherungsschutz bei Hinzutreten weiterer Ursachen ausgeschlossen sein soll.[331]

76 Rückstau setzt voraus, dass der Wasseraustritt durch Wasser aus oberirdischen Gewässern oder durch Niederschlagswasser verursacht wurde. Es ist dabei nicht vorausgesetzt, dass Wasser, das aus oberirdischen Gewässern stammt bzw. Niederschlagswasser selbst austritt und den Schaden verursacht. Versicherte Rückstauschäden liegen daher **ebenfalls** vor, wenn der **Rückstau von Niederschlagswasser zum Austritt von Leitungswasser** aus Rohrleitungen führt. **Nicht** unter den Begriff des Rückstaus hingegen fallen Schäden, wenn sich

---

[329] Bruck/Möller/*Jula* Band 7 VHB 2010 A § 5 Rn. 18.
[330] LG Wiesbaden, Entscheidung vom 08.04.2009 – 1 O 305/07.
[331] Kritisch auch Behrens Rn. 151.

lediglich **Leitungswasser staut**. Diese Schäden sind jedoch im Rahmen der Leistungswasserversicherung nach § 2 VGB 2010 (A) gedeckt.

Zu beachten sind in diesem Zusammenhang die Sicherheitsvorschriften nach § 16 Nr. 1 d) aa) und bb) VGB 2010 (A). Danach hat der Versicherungsnehmer 77

- bei rückstaugefährdeten Räumen Rückstausicherungen funktionsbereit zu halten und
- Abflussleitungen auf dem Versicherungsgrundstück freizuhalten.

3. Erdbeben

Nach § 3 c) S. 1 VGB 2010 (A) wird Erdbeben definiert als eine **naturbedingte Erschütterung des Erdbodens, die durch geophysikalische Vorgänge im Erdinnern ausgelöst wird**. 78

Es sind **naturbedingte Erschütterungen** des Erdbodens gefordert. **Nicht versichert** sind infolgedessen Schäden durch Erschütterungen des Erdbodens, die durch **Bergbau, Straßenverkehr oder Sprengungen** verursacht werden. 79

Es ist auf den ersten Blick überraschend, dass die Erdbebendefinition **keine weiteren Anforderungen oder Hinweise auf die geforderte Stärke** eines Bebens enthält, zumal mit der **Richter- und der Mercalliskala** bewährte und allgemein bekannte Maßstäbe für die Messung der Erdbebenstärke zur Verfügung stehen. Die beiden Skalen sind indessen für die **Definition** der versicherten Gefahr Erdbeben in der Wohngebäudeversicherung **nicht geeignet**. 80

Nach der **Richterskala** wird die sogenannte Magnitude von Erdbeben gemessen. Die Magnitude ist eine Messzahl für die am Erdbebenherd freigesetzte Energie. Infolgedessen kann auf der Richterskala nur festgestellt werden, dass ein Erdbeben stattgefunden hat, in dessen Epizentrum eine bestimmte Energie freigesetzt wurde. Rückschlüsse auf die Stärke der dadurch verursachten Erschütterungen auf dem Versicherungsgrundstück lassen sich daraus nicht ziehen. Würde unter diesen Voraussetzungen der Nachweis gefordert, dass zum Schadenzeitpunkt ein Erdbeben in einer bestimmten Stärke auf der Richterskala gemessen wurde, so wäre damit keineswegs nachgewiesen, dass Schäden an den versicherten Sachen infolge der dadurch bedingten Erschütterungen des Erdbebens entstanden sind. Allerdings kehrte sich in diesen Fällen die Beweislast um. Der Versicherer hätte dann gegebenenfalls nachzuweisen, dass Schäden an versicherten Sachen nicht durch Erdbeben entstanden sind. Aus den genannten Gründen ist die Richterskala jedoch kein geeignetes Hilfsmittel für den Nachweis von Erdbebenschäden. 81

Das gilt analog auch für die **Mercalliskala**. Es handelt sich dabei um eine empirische Skala, die nach Maßgabe der großen Zahl von beobachteten Auswirkungen (Beschädigungen) einigermaßen zuverlässige Angaben über die Intensität eines Erdbebens liefert. In Zweifels- oder Grenzfällen liegen aber gerade derartige 82

Beobachtungen für das Versicherungsgrundstück und seine unmittelbare Umgebung nicht vor. Daher konnte auch auf die Mercalliskala nicht zurückgegriffen werden.

83 Die aufgezeigten Schwierigkeiten haben dazu geführt, dass dem Versicherungsnehmer analog zur Regelung in der Sturmversicherung nach § 4 Nr. 2 a) S. 2 VGB 2010 (A) **Erleichterungen für den Schadennachweis** zugebilligt werden.

Nach § 4 Nr. 3 c) S. 2 wird Erdbeben unterstellt, wenn der Versicherungsnehmer nachweist, dass

- die naturbedingte Erschütterung des Erdbodens in der Umgebung des Versicherungsortes Schäden an Gebäuden in einwandfreiem Zustand oder an ebenso widerstandsfähigen anderen Sachen angerichtet hat, oder
- der Schaden wegen des einwandfreien Zustandes der versicherten Sachen nur durch ein Erdbeben entstanden sein kann.

84 Ein **einwandfreier Zustand** von Gebäuden bzw. versicherten Sachen liegt dann vor, wenn eine **reguläre, mithin nicht regelwidrige Beschaffenheit** gegeben ist. Es ist **keine Neuwertigkeit** des Gebäudes gefordert, andererseits ist ein einwandfreier Zustand nicht erst dann zu verneinen, wenn gravierende Mängel gegeben sind.[332]

85 Die geforderten Feststellungen werden in der Regel nur durch einen **Sachverständigen** getroffen werden können.[333]

4. Erdsenkung

86 Versichert sind weiterhin Schäden durch Erdsenkung. Nach § 4 Nr. 3 d) VGB 2010 (A) ist Erdsenkung eine **naturbedingte Absenkung des Erdbodens über natürlichen Hohlräumen**.

87 Infolgedessen sind **nicht Schäden durch jede Art der Erdsenkung** versichert. Die Haftung des Wohngebäudeversicherers ist vielmehr an **zwei weitere Voraussetzungen** geknüpft. Die **Absenkung des Erdbodens** muss **naturbedingt** sein und sie muss sich **über natürlichen Hohlräumen** vollzogen haben. Beide Voraussetzungen müssen erfüllt sein. Infolgedessen besteht kein Versicherungsschutz, wenn Schäden durch eine naturbedingte Absenkung des Erdbodens über (stillgelegten) Kohle- oder Erzgruben verursacht werden. Die Hohlräume wurden von Menschenhand geschaffen. Diese sogenannten Bergschäden sind nicht versichert. Ähnlich liegt es, wenn beispielsweise durch Sprengungen natürliche Hohlräume (Höhlen) zum Einsturz gebracht werden. Eine damit einhergehende Absenkung des Erdbodens ist nicht naturbedingt.

---

332 Wussow VersR 2008, 1292.
333 Bruck/Möller/*Jula* Band 7 VHB 2010 A § 5 Rn. 23.

Andererseits ist **nicht gefordert**, dass die **Erdsenkung auf dem Versicherungsgrundstück eintritt**. Versichert sind auch diejenigen Schäden, die infolge von Erdsenkungen auf fremden bzw. angrenzenden Grundstücken an den versicherten Sachen auf dem Versicherungsgrundstück eintreten. 88

Als **natürliche Hohlräume** sind nur solche Räume anzusehen, die vom **Erdreich völlig umschlossen** sind und **nach oben mit einer natürlichen Decke aus einer Erdschicht enden**.[334] Dies ist nicht mehr erfüllt, wenn sich ein natürlicher Hohlraum nach oben ausweitet und letztlich eine künstliche Konstruktion die Decke bildet.[335] Bilden sich aufgrund der Einwirkung von künstlich geschaffenen Hohlräumen durch natürliche Einflüsse neue Hohlräume, so besteht Versicherungsschutz, wenn diese von natürlichem Material vollständig umschlossen und von den künstlichen Hohlräumen abgegrenzt sind.[336] Keine Erdsenkung liegt vor, wenn Bodenschichten austrocknen und dies zum Schrumpfen des Bodens und zu Setzungen führt.[337] 89

Ein allmähliches Ablösen und Verlagern von Bodenbestandteilen reicht für die Erfüllung des Begriffs „Erdsenkung" nicht aus.[338] Der Begriff ist vielmehr erst dann erfüllt, wenn sich **Teile der Erdfläche lösen** und ihrerseits in Bewegung geraten. 90

5. Erdrutsch

Erdrutsch ist in § 4 Nr. 3 e) VGB 2010 (A) definiert als ein **naturbedingtes Abrutschen oder Abstürzen von Gesteins- oder Erdmassen**. 91

Der Versicherungsschutz gilt **nicht** für Schäden durch Erdrutsche, die auf **menschliche Eingriffe** zurückzuführen sind. **Nicht versichert** sind infolgedessen Schäden durch ein **Abrutschen oder Abstürzen von Gesteins- oder Erdmassen, das von Menschenhand ausgelöst** wurde. Beispiele sind Schäden durch Baumaßnahmen bzw. Bauarbeiten.[339] Nach dem Wortlaut der Bedingungen sind aber auch Schäden durch Steinlawinen und Steinschlag nicht versichert, die von Bergsteigern oder Wanderern ausgelöst werden. 92

Im Gegensatz zur Erdsenkung ist daneben jedoch nicht gefordert, dass die Gesteins- oder Erdmassen vor dem Abgleiten in einem **natürlichen bzw. naturbelassenen Zustand** waren. Deshalb sind nicht nur Schäden durch Erdrutsch an natürlichen Hängen versichert. **Versicherungsschutz** besteht darüber hinaus auch für Schäden durch das naturbedingte **Abgleiten von Gesteins- oder Erdmassen an künstlichen Staudämmen, Bahndämmen oder Straßenböschungen**. 93

---

334 LG Nürnberg-Fürth, Entscheidung vom 15.11.2006 – 8 O 6517/05; bestätigt durch OLG Nürnberg, Entscheidung vom 18.06.2007 – 8 U 2837/06.
335 Wussow VersR 2008, 1292; a. A. Bruck/Möller/*Jula* Band 7 VHB 2010 A § 5 Rn. 26.
336 Wussow VersR 2008, 1292.
337 OLG Koblenz VersR 2012, 59 zum vergleichbaren Begriff des Erdfalls.
338 OLG Düsseldorf VerBAV 1985, 286.
339 VGH Mannheim VersR 1995, 1092.

94 Auch beim Erdrutsch ist ein allmähliches Ablösen und Verlagern kleiner und kleinster Bodenbestandteile nicht ausreichend, sondern ein Ablösen und Bewegen von **Teilen der Erdfläche** erforderlich.[340]

6. Schneedruck

95 **Schneedruck** ist in § 4 Nr. 3 f) VGB 2010 (A) definiert als die **Wirkung des Gewichts von Schnee- oder Eismassen**.

96 Schäden durch Schneedruck entstehen vor allem **an Flachdächern und gering geneigten Dächern**, die gelegentlich durch die Wirkung des Gewichts von Schnee- oder Eismassen zusammenbrechen. Aber auch an sonstigen Dächern und an der Außenseite von Gebäuden angebrachten Sachen entstehen durch die Wirkung des Gewichts von Schnee- oder Eismassen Schäden.

97 Auch Schäden durch **sogenannte Dachlawinen** sind versichert, da der Versicherungsschutz nicht nur für Schäden durch das Gewicht ruhender Schnee- und Eismassen, sondern auch für Schäden durch das **Gewicht bewegter Schnee- und Eismassen** besteht. Dachlawinen richten insbesondere an Schneefanggittern und Dachrinnen Schäden an. Allerdings beschränkt sich der Versicherungsschutz auf Schäden, die durch das Gewicht verursacht werden. **Nicht umfasst** sind hingegen Schäden, die in erster Linie **aufgrund der Bewegung** verursacht werden, etwa wenn eine Dachlawine **auf einem Vordach aufkommt**.

98 Umfasst sind auch **Schäden durch Eisdruck**. Sie entstehen vor allem bei starken Temperaturunterschieden zwischen Tag und Nacht. Bei derartigen Wetterlagen wird der Schnee auf Dächern tagsüber angetaut und rutscht nach. Bei Nachttemperaturen unter 0° C gefriert er. Wiederholt sich dieser Vorgang mehrfach, entsteht an der Dachkante starker Schnee- und Eisdruck, der zu erheblichen Schäden in diesem Bereich führen kann. Ähnliche Schäden werden gelegentlich durch anhaltenden Eisregen verursacht, der auf Dächern und außen angebrachten Sachen gefriert und Eisdruck erzeugt.

7. Lawinen

99 Lawinen sind nach § 4 Nr. 3 g) VGB 2010 (A) **an Berghängen niedergehende Schnee- oder Eismassen**.

100 Auf die **Ursache** des Lawinenabgangs **kommt es nicht an**. Die Lawinen können aufgrund **natürlicher Einflüsse** abgehen. Der Lawinenabgang kann aber auch **durch Menschenhand** ausgelöst worden sein. Versicherungsschutz besteht selbst dann, wenn der Lawinenabgang **absichtlich** herbeigeführt wurde, um beispielsweise einem drohenden unkontrollierten natürlichen Abgang vorzubeugen. Auch in diesen Fällen besteht Versicherungsschutz, obwohl es sich dabei nicht um Elementarereignisse handelt. Es ist im Gegensatz zu Erdbeben, Erdsenkung

---

340 OLG Düsseldorf VerBAV 1985, 286.

und Erdrutsch **nicht gefordert**, dass ein „**naturbedingtes**" **Ereignis** die Schadenursache ist.

Versicherungsschutz besteht auch dann, wenn durch Lawinen **andere Gegenstände** (Bäume, Steine) **auf versicherte Sachen geworfen** werden und daran Schäden anrichten. Indessen sind Gebäudeschäden durch die unmittelbare Einwirkung von Lawinen relativ selten. Die Lawinenstriche sind bekannt und werden nicht bebaut. Jedoch ist zu beachten, dass sich die Lawinengefährdung durch Bodenerosion und Waldsterben in bestimmten Gebirgsregionen grundlegend verändern kann.

101

8. Vulkanausbruch

Vulkanausbruch ist gem. § 4 Nr. 3 h) VGB 2010 (A) eine **plötzliche Druckentladung beim Aufreißen der Erdkruste, verbunden mit Lavaergüssen, Asche-Eruptionen oder dem Austritt von sonstigen Materialien und Gasen**.

102

D. Nicht versicherte Schäden

Die besonderen Ausschlüsse für die gem. § 4 VGB 2010 (A) versicherten Naturgefahren sind in § 4 Nr. 4 VGB 2010 (A) zusammengefasst. Sie beziehen sich sowohl auf die Gefahrengruppe Sturm/Hagel als auch auf die weiteren Elementargefahren.

103

Dabei beinhaltet § 4 Nr. 4 a) VGB 2010 (A) den Ausschluss von Schäden durch bestimmte Gefahren (**Gefahrenausschlüsse**), nach § 4 Nr. 4 b) VGB 2010 (A) werden Schäden an bestimmten Sachen ausgeschlossen (**Sachausschlüsse**).

104

I. Sturmflut

Schäden durch Sturmflut sind nach § 4 Nr. 4 a) aa) VGB 2010 (A) nicht versichert. Der Begriff wird in den Bedingungen nicht definiert. Nach allgemeinem Sprachgebrauch ist Sturmflut **ein durch auflandigen Sturm bewirktes, außergewöhnlich hohes Ansteigen des Wassers an Meeresküsten und an Flussmündungen**.[341]

105

Der Ausschluss wirkt **konstitutiv**. Bei Wasser handelt es sich nämlich um einen Gegenstand bzw. Gegenstände im Sinne von § 4 Nr. 2 c) bb) VGB 2010 (A). Deshalb bestünde ohne den vorstehenden Ausschluss Versicherungsschutz für Schäden durch Sturmflut.

106

Sturmflutschäden sind **ohne Rücksicht auf mitwirkende Ursachen** ausgeschlossen. Nicht versichert sind infolgedessen auch Schäden, die durch das **Zu-**

107

---
341 ÖOGH VersR 2007, 1723.

sammenwirken von **Sturmflut und Sturm** entstehen. Das gilt auch, wenn das schädigende Sturmflutwasser nur deshalb in das versicherte Gebäude eindringen konnte, weil zuvor ein versicherter Sturmschaden an demselben Gebäude eingetreten ist.[342] Schäden durch Sturmflut können auch im Rahmen der Versicherung weiterer Elementarschäden gem. § 4 Nr. 3 VGB 2010 (A) nicht versichert werden.

108 Der österreichische OGH ist der Auffassung, dass der Begriff der Sturmflut **nicht auf kleinere Binnengewässer** und die durch Einwirkung des Windes hier entstandenen Wellen anwendbar ist.[343] Dem ist in Anbetracht der oben genannten Definition zuzustimmen.

II. Eindringen von Niederschlägen

109 Nicht versichert sind nach § 4 Nr. 4 a) bb) VGB 2010 (A) Schäden durch **Eindringen von Regen, Hagel, Schnee oder Schmutz durch nicht ordnungsgemäß geschlossene Fenster, Außentüren oder andere Öffnungen**, es sei denn, dass diese Öffnungen durch eine der versicherten Naturgefahren entstanden sind und einen Gebäudeschaden darstellen.

110 Dringen Niederschläge oder Schmutz durch Öffnungen in der Außenhaut des versicherten Gebäudes in das Gebäude ein und verursachen Schäden an versicherten Sachen, so hängt die Haftung des Wohngebäudeversicherers vom Charakter und vom Zustand der Öffnungen ab. In erster Linie kommt es darauf an, ob es sich um durch versicherte Naturgefahren entstandene Öffnungen oder um sonstige Öffnungen handelt.

111 Sind die Öffnungen **durch versicherte Naturgefahren geschaffen** worden, so **haftet der Wohngebäudeversicherer** für Schäden, die an den versicherten Sachen dadurch entstehen, dass Regen, Hagel, Schnee oder Schmutz durch diese Öffnungen in das Gebäude eindringen. Dies gilt jedoch nur unter der Voraussetzung, dass die durch die Naturgefahren **geschaffenen Öffnungen einen versicherten Gebäudeschaden darstellen**. So liegt es, wenn Hagel ein Dachfenster durchschlägt oder der Sturm das Dach abdeckt, so dass Hagel oder Regen durch die entstandenen Öffnungen in das Gebäude eindringen und Schäden am Gebäude verursachen. Dabei ist nicht vorausgesetzt, dass der Gebäudeschaden und das Eindringen der Niederschläge in unmittelbarem zeitlichen Zusammenhang stehen. Es besteht auch Versicherungsschutz, wenn das eingeschlagene Dachfenster zunächst nicht bemerkt wird, so dass wiederholt Niederschläge eindringen.

112 Aufgrund der **Rechtsprechung des BGH** besteht **ebenfalls Versicherungsschutz**, wenn Witterungsniederschläge in das Gebäude gelangen, nachdem der

---

342 Vgl. Martin F V 17.
343 ÖOGH VersR 2007, 1723.

Sturm eine **Abdeckplane weggerissen** hat, mit der das Dach des versicherten Gebäudes während eines Umbaus bzw. einer Sanierung provisorisch abgedichtet worden war.[344]

Dagegen besteht **kein Versicherungsschutz**, wenn **ein Fenster in einem Lichtschacht** durch Regenwasser **eingedrückt** wird, das sich bei einem Unwetter in dem Lichtschacht gestaut hatte. Das gilt auch, wenn sich der Lichtschacht infolge eines Rückstaus aufgrund durch Hagel blockierter Abflüsse mit Wasser aufgefüllt hat und der Druck dieses Wassers den Schaden herbeiführt. Der Gebäudeschaden ist nicht versichert. Infolgedessen sind auch die Schäden ausgeschlossen, die das eindringende Wasser an versicherten Sachen anrichtet (vgl. oben Rn. 34). 113

Dringen Niederschläge oder Schmutz durch **andere Öffnungen** in das versicherte Gebäude ein, **die nicht durch versicherte Naturgefahren entstanden sind**, so **haftet der Wohngebäudeversicherer** für dadurch verursachte Schäden **generell nicht**. Dies gilt insbesondere, wenn Witterungsniederschläge oder Schnee durch offen stehende Fenster oder angelehnte Türen sowie durch Schornsteine oder Kamine in das Gebäude eindringen. **Ausgenommen** davon sind lediglich Fälle in denen Witterungsniederschläge oder Schmutz durch ordnungsgemäß geschlossene Fenster, Außentüren oder andere Öffnungen (z. B. Lüftungsöffnungen oder Oberlichte) in das Gebäude eindringen. In der Regel wird dabei zumeist der Verschluss des Fensters oder der Tür **durch den Sturm beschädigt**, so dass daneben ein versicherter Gebäudeschaden vorliegt. Ein sturmbedingter Gebäudeschaden liegt jedoch nicht vor, wenn ein Fenster, ohne dabei selbst beschädigt zu werden, durch unmittelbare oder mittelbare Einwirkung vom Sturm geöffnet wird.[345] 114

Nicht als Öffnung im Sinne der Ausschlussklausel ist hingegen die **unzureichende Abdichtung einer Türschwelle** anzusehen, die nicht ohne weiteres durchlässig ist, sondern aufgrund ihrer konkreten Ausgestaltung lediglich einer nachteiligen Belastung durch Nässe nicht standhalten kann.[346] Allerdings liegt in Fällen, in denen Niederschlagswasser auf diesem Wege ins Gebäude eindringt, **zumeist schon gar kein Sturmschaden** vor. Versicherungsschutz besteht aber, wenn durch Sturm ein Regenwasserablaufrohr abgeknickt wird, Regenwasser auf den Balkon geleitet wird und von dort durch die bei ordnungsgemäß geschlossener Balkontür verbleibenden Spalten und Ritzen in das versicherte Gebäude eindringt.[347] Am Regenwasserablaufrohr ist in diesem Fall ein Sturmschaden entstanden. Die Ausschlussklausel greift nicht, weil die bei ordnungsgemäß geschlossener Balkontür verbleibenden Spalten und Ritzen keine Öffnungen im Sinne der Ausschlussklausel darstellen. Hinzu kommt, dass es sich bei der in 115

---

344 BGH VersR 1992, 606.
345 OLG Karlsruhe VersR 1996, 187.
346 OLG Saarbrücken VersR 2010, 624.
347 OLG Hamm VersR 1987, 1081.

Dachrinne und Regenwasserfallrohr gesammelten Wassermenge nicht mehr um „Regen" im Sinne der Ausschlussklausel handelt.[348]

116 Daraus kann jedoch **nicht geschlossen werden**, dass der Wohngebäudeversicherer **generell haftet**, wenn der Sturm Witterungsniederschläge durch ordnungsgemäß geschlossene Fenster, Türen oder andere Öffnungen in das Gebäude drückt, ohne dass zuvor eine Beschädigung des Gebäudes eingetreten ist. In diesen Fällen liegt zumeist begrifflich überhaupt kein nach § 4 Nr. 2 VGB 2010 (A) versicherter Sturmschaden vor. Zwar handelt es sich bei Regentropfen oder Schneeflocken begrifflich um Gegenständen im Sinne von § 4 Nr. 2 c) bb) VGB 2010 (A), jedoch ist der Schaden nicht durch das Werfen der Regentropfen oder des Schnees auf das versicherte Gebäude, sondern durch deren Ansammlung an bestimmten Stellen des Gebäudes entstanden. In diesen Fällen greift zwar die Ausschlussklausel nicht ein, es liegt aber bereits kein versicherter Schaden vor.

III. Grundwasser

117 Vom Versicherungsschutz ausgeschlossen sind nach § 4 Nr. 4 cc) VGB 2010 (A) **Schäden durch Grundwasser, soweit dieses nicht an die Erdoberfläche gedrungen ist**.

118 Ist dies jedoch der Fall, so greift die Ausschlussklausel auch dann nicht mehr ein, wenn das Wasser später wieder versickert und erst in der Folge Schäden an versicherten Sachen verursacht. Vielmehr wird das Wasser ab dem Zeitpunkt des Austritts an der Erdoberfläche wie Oberflächenwasser im Sinne von § 4 Nr. 3 a) VGB 2010 (A) behandelt.

IV. Gefahren der Feuerversicherung

119 Gem. § 4 Nr. 4 dd) VGB 2010 (A) sind sämtliche Gefahren der Feuerversicherung, nämlich **Brand, Blitzschlag, Überspannung durch Blitz, Explosion sowie Anprall oder Absturz eines Luftfahrzeuges, seiner Teile oder seiner Ladung** vom Versicherungsschutz gegen Naturgefahren ausgeschlossen. Hintergrund ist der Vorrang der Feuerversicherung.

120 Einzige **Ausnahme** sind **Schäden durch Erdbeben**, für die wiederum die Versicherung von Naturgefahren vorrangig gegenüber der Feuerversicherung eingreift.

---

348 OLG Hamm VersR 1987, 1081.

V. Trockenheit oder Austrocknung

Der Ausschluss von **Schäden durch Trockenheit oder Austrocknung** nach § 4 Nr. 4 ee) VGB 2010 (A) bezieht sich wohl auf Fälle, in denen eine Austrocknung zu einem Schrumpfen des Bodens und zu Setzungen führt. Dies kann zu Rissen an versicherten Gebäuden führen. Die Vorgänge lassen sich jedoch schon nicht unter den Begriff der Erdsenkung bzw. den Begriff des Erdrutsches subsumieren.[349] Da begrifflich schon kein versicherter Schaden vorliegt, wirkt die Ausschlussklausel in diesen Fällen nur **deklaratorisch**. Allerdings erfüllt sie ihren Zweck, nämlich die Klarstellung, aufgrund der unbestimmten Formulierung in keiner Weise. 121

Auch im Übrigen ist die Klausel **nicht geeignet, den Versicherungsschutz zu beschränken**, da unklar ist, in welchem Zusammenhang sie angewendet werden soll. Die Klausel ist **aufgrund der Unbestimmtheit unwirksam**. 122

VI. Nicht bezugsfertige Gebäude

Der Versicherungsschutz gegen Naturgefahren erstreckt sich nach § 4 Nr. 4 b) aa) VGB 2010 (A) ohne Rücksicht auf mitwirkende Ursachen nicht auf **Schäden an Gebäuden oder an Gebäudeteilen, die nicht bezugsfertig sind und an den in diesen Gebäuden befindlichen Sachen**. 123

Durch die Formulierung werden Schäden an bestimmten Sachen ausgeschlossen (**Sachausschluss**). Das Motiv für den Ausschluss liegt darin, dass Gebäude, die nicht bezugsfertig oder wegen Umbauarbeiten für ihre Zwecke nicht mehr benutzbar sind, ein erhöhtes Risiko darstellen.[350] Objektiv wird die Gefahrenlage dadurch erhöht, dass bei im Bau oder im Umbau befindlichen Gebäuden in vielen Fällen die Außenhaut des Gebäudes noch nicht geschlossen ist und das Gebäude daher durch die Naturgefahren besonders gefährdet ist. 124

Die Begriffe Bezugsfertigkeit und Umbau sind im Einzelnen in der **Kommentierung zu § 3 Nr. 4 b) VGB 2010 (A)** erläutert. Auf die dortige Kommentierung wird verwiesen, weil die genannten Begriffe in der Leitungswasserversicherung und der Naturgefahrenversicherung gleich zu interpretieren sind. 125

Abzulehnen ist die Ansicht des OLG Rostock, nach der in der Sturmversicherung **keine Bezugsfertigkeit** vorliegen soll, **solange noch ein Baugerüst am Gebäude steht**, da diese Richtung und Stärke der Luftströmungen bei Sturm beeinflusse und das Gebäude durch herabstürzende Teile gefährde.[351] Das Vorhandensein eines Baugerüsts beeinflusst nicht die Bezugsfertigkeit des Gebäudes. 126

---

349 Vgl. hierzu OLG Koblenz VersR 2012, 59.
350 Vgl. Mohr/Engel S. 66 sowie Martin F V 4.
351 OLG Rostock VersR 2008, 531.

Die vom OLG Rostock angeführten Argumente sind bezüglich der Bezugsfertigkeit irrelevant.

VII. Laden- und Schaufensterscheiben

127 Nach § 4 Nr. 4 b) bb) VGB 2010 (A) leistet der Versicherer keine Entschädigung für **Schäden an Laden- und Schaufensterscheiben**.

128 Ein Ausschluss sonstiger versicherter Sachen wie in den VGB 62 findet sich seit den VGB 88 nicht mehr. Nach § 5 Nr. 3 a und b VGB 62 waren noch künstlerisch bearbeitete Scheiben, Kirchenfenster und Scheiben in der Einzelgröße von mehr als 3 qm sowie alle an der Außenseite des Gebäudes angebrachte Sachen, elektrische Freileitungen einschließlich Ständer und Masten sowie Einfriedungen ausgeschlossen.

129 Im Grunde genommen könnte auch auf den Ausschluss von Laden- und Schaufensterscheiben verzichtet werden können. Für den Ausschluss spricht allerdings die Tatsache, dass es sich dabei um **besonders gefährdete Sachen handelt, die gewerblichen Zwecken dienen**. Es kann erwartet werden, dass dafür eine Glasversicherung abgeschlossen wird.

E. Selbstbehalt

130 Nach § 4 Nr. 5 VGB 2010 (A) wird im Versicherungsfall der im Versicherungsvertrag **vereinbarte Selbstbehalt** abgezogen. Insbesondere im Hinblick auf die weiteren Elementargefahren stellt die Vereinbarung von Selbstbehalten ein **wirksames Mittel der Risikogestaltung** dar. Nachdem anfänglich sehr hohe Selbstbehalte im Rahmen der Versicherung weiterer Elementarschäden vereinbart wurden, lässt sich diesbezüglich zwischenzeitlich eine deutlich rückläufige Tendenz erkennen.

131 Mit **Klausel 7762** ist zudem eine Klausel für die Vereinbarung einer **Wartezeit** für die weiteren Elementargefahren gem. § 4 Nr. 3 VGB 2010 (A) vorgesehen.

§ 5 Versicherte und nicht versicherte Sachen, Versicherungsort

1. Beschreibung des Versicherungsumfangs

   Versichert sind die in dem Versicherungsschein bezeichneten Gebäude mit ihren Gebäudebestandteilen und Gebäudezubehör einschließlich unmittelbar an das Gebäude anschließender Terrassen auf dem im Versicherungsschein bezeichneten Versicherungsgrundstück.

   Weitere Grundstückbestandteile sind nur versichert, soweit diese ausdrücklich in den Versicherungsumfang einbezogen sind.

2. Definitionen

   a. Gebäude im Sinne dieser Regelungen sind mit dem Erdboden verbundene Bauwerke, die der überwiegenden Nutzung zu Wohnzwecken bestimmt sind und gegen äußere Einflüsse schützen können.

   b. Gebäudebestandteile sind in ein Gebäude eingefügte Sachen, die durch ihre feste Verbindung mit dem Gebäude ihre Selbständigkeit verloren haben. Dazu gehören auch Einbaumöbel bzw. Einbauküchen, die individuell für das Gebäude raumspezifisch geplant und gefertigt sind.

   c. Gebäudezubehör sind bewegliche Sachen, die sich im Gebäude befinden oder außen am Gebäude angebracht sind und der Instandhaltung bzw. überwiegenden Zweckbestimmung des versicherten Gebäudes dienen. Als Gebäudezubehör gelten ferner Müllboxen sowie Klingel- und Briefkastenanlagen auf dem Versicherungsgrundstück.

   d. Als Grundstückbestandteile gelten die mit dem Grund und Boden des Versicherungsgrundstücks fest verbundenen Sachen.

   e. Versicherungsgrundstück ist das Flurstück/sind die Flurstücke, auf dem das versicherte Gebäude steht (Versicherungsort). Teilen sich mehrere Gebäude ein Flurstück, so gilt als Versicherungsort derjenige Teil des Flurstücks, der durch Einfriedung oder anderweitige Abgrenzung dem/den im Versicherungsschein bezeichneten Gebäude(n) ausschließlich zugehörig ist.

3. Ausschlüsse

   a. Nicht versichert sind Photovoltaikanlagen sowie deren zugehörige Installationen (z. B. Solarmodule, Montagerahmen, Befestigungselemente, Mess-, Steuer- und Regeltechnik, Wechselrichter und Verkabelung).

   b. Nicht versichert sind in das Gebäude nachträglich eingefügte – nicht aber ausgetauschte – Sachen, die ein Mieter oder Wohnungseigentümer auf seine Kosten beschafft oder übernommen hat und daher hierfür die Gefahr trägt. Eine anderweitige Vereinbarung über die Gefahrtragung ist vom Versicherungsnehmer nachzuweisen.

    c. Elektronisch gespeicherte Daten und Programme sind keine Sachen. Kosten für die Wiederherstellung von elektronisch gespeicherten Daten und Programmen sind nur versichert, soweit dies gesondert im Versicherungsvertrag vereinbart ist.

4. Gesondert versicherbar

    a. Abweichend von Nr. 3 b) gelten in das Gebäude nachträglich eingefügte – nicht aber ausgetauschte – Sachen als versichert, die ein Mieter oder Wohnungseigentümer auf seine Kosten beschafft oder übernommen hat und daher hierfür die Gefahr trägt.

    b. Als Grundstückbestandteile gelten mitversichert, soweit sie sich auf dem im Versicherungsschein bezeichneten Grundstück befinden:

        aa. Carports bis __ qm Grundfläche;

        bb. Gewächs- und Gartenhäuser bis __ qm Grundfläche;

        cc. Grundstückseinfriedungen (auch Hecken);

        dd. Hof- und Gehwegbefestigungen;

        ee. Hundehütten bis __ qm Grundfläche;

        ff. Masten- und Freileitungen;

        gg. Wege- und Gartenbeleuchtungen

A. Einführung

1   In § 5 VGB 2010 (A) werden die in der Wohngebäudeversicherung **versicherten Sachen** genannt. Gegenüber den VGB 88 ergeben sich hier grundlegende systematische Veränderungen. Die VGB 2010 enthalten Definitionen der in der Bestimmung verwendeten Begriffe und erleichtern somit die Abgrenzung zwischen versicherten und unversicherten Sachen.

B. Erläuterung der Bestimmung

I. Grundsatz der Einzeldeklaration

2   Versichert sind die im Versicherungsschein bezeichneten Gebäude, § 5 Nr. 1 VGB 2010 (A). Dort wird klargestellt, dass die versicherten Gebäude im Versi-

cherungsschein einzeln aufgeführt werden. Bei der Wohngebäudeversicherung handelt es sich um die Versicherung bestimmter Einzelsachen. Jedes versicherte Gebäude wird im Versicherungsantrag und im Versicherungsschein einzeln bezeichnet und aufgeführt (**Einzeldeklaration**). Auch die Berechnung und Zahlung der Entschädigung nach § 13 VGB 2010 (A) erfolgt positionsweise. Auch wird für jede einzelne Position geprüft, ob Unterversicherung vorliegt.

Im Gegensatz zum Grundsatz der Einzeldeklaration steht die Versicherung von Sachinbegriffen oder Sachgesamtheiten (vgl. §§ 88, 89 VVG), die in der Sachversicherung in der Regel für die Versicherung beweglicher Sachen angewendet wird. Typisches Beispiel hierfür ist die Versicherung des gesamten Hausrats nach § 1 Nr. 6 VHB 2010. Versichert sind danach nicht bestimmte Einzelsachen, sondern ohne Unterscheidung nach Art, Menge und Wert alle Sachen, die unter den maßgebenden Sachinbegriff fallen. Für den versicherten Sachinbegriff gibt es eine Position und eine Versicherungssumme. 3

II. Begriffserläuterungen

Nach § 5 Nr. 1 VGB 2010 (A) sind in der Wohngebäudeversicherung versichert: 4

- **Gebäude**
- **Gebäudebestandteile**
- **Gebäudezubehör**, einschließlich unmittelbar an das Gebäude anschließender Terrassen

Weitere **Grundstücksbestandteile** sind nur dann versichert, wenn diese ausdrücklich in den Versicherungsumfang mit einbezogen sind (§ 5 Nr. 1 Satz 2 VGB 2010 (A)). Hier kommt wiederum der soeben erörterte Grundsatz der Einzeldeklaration zum Tragen.

1. Definitionen

Anders als noch die VGB 88 enthalten die VGB 2010 (A) in § 5 Nr. 2 Definitionen der versicherten Sachen. 5

a) Gebäude

Gemäß § 5 Nr. 2a) VGB 2010 (A) sind **Gebäude** im Sinne dieser Regelungen mit dem Erdboden verbundene Bauwerke, die der überwiegenden Nutzung zu Wohnzwecken bestimmt sind und gegen äußere Einflüsse schützen können.

Die Definition in den VGB entspricht weitgehend dem von der Rechtsprechung und Literatur zuvor verwendeten Gebäudebegriff. Im Rahmen der Wohngebäudeversicherung wurden als Gebäude mit dem Erdboden verbundene Bauwerke angesehen, die von Menschen betreten werden können und dazu geeignet und bestimmt sind, Menschen, Tiere oder Sachen gegen äußere Einflüsse zu schützen[352].

6   **Bauwerke** sind nach dem allgemeinen Sprachgebrauch mit dem Grund und Boden verbundene, aus Bauteilen und Baustoffen hergestellte bauliche Anlagen. Es wird eine Verbindung mit dem Grund und Boden in der Weise vorausgesetzt, dass das Bauwerk als unbewegliche Sache anzusehen ist.

Nach dem VVG in seiner bis zum 31.12.2007 gültigen Fassung ergab sich dies aus einer systematischen Betrachtung der §§ 86 ff. VVG a. F. Die §§ 86, 87 VVG a. F. regelten den Versicherungswert von beweglichen Sachen, während in § 88 VVG a. F. der Versicherungswert von Gebäuden behandelt wurde. Aus dieser Gesetzessystematik folgte, dass auch im VVG Gebäude im Gegensatz zu beweglichen Sachen als unbewegliche Sachen eingestuft wurden.

Diese Unterscheidung findet sich zwar im VVG in seiner aktuell gültigen Fassung nicht mehr, weshalb aber dennoch keine Zweifel daran bestehen, dass es sich bei Gebäuden um unbewegliche Sachen handelt.

Zwischen dem Bauwerk und dem Grundstück muss eine **Verbindung von einer gewissen Dauer und einer gewissen Festigkeit** bestehen. Das Bauwerk und Grund und Boden sind dann fest miteinander verbunden, wenn Teile des Bauwerks in den Erdboden eingreifen (Fundamente, Grund- und Kellermauern, Stützpfeiler o. Ä.). Es genügt nicht, dass Sachen auf dem Grund und Boden aufliegen und wegen ihres Eigengewichts nicht ohne weiteres zu bewegen sind.

7   Nach dieser Abgrenzung sind etwa Baracken, Baubuden, Container, Traglufthallen, Wohnwagen (auch wenn die Räder abmontiert sind) und Zelte keine Gebäude im Sinne der Wohngebäudeversicherung.

8   Das Bauwerk muss überwiegend der **Nutzung zu Wohnzwecken** dienen. Der Wortlaut der VGB 2010 (A) ist gegenüber der oben genannten Definition nur auf den ersten Blick strenger. Zwar wurde dort lediglich darauf abgestellt, ob das Bauwerk von Menschen betreten werden kann, jedoch war auch damals schon unstreitig, dass der Gebäudebegriff im Rahmen der Wohngebäudeversicherung nur dann erfüllt ist, wenn das Bauwerk wenigstens auch Wohnzwecken dient. Hierzu muss es selbstverständlich von Menschen betreten werden können. Daher gehören beispielsweise Hof- und Gehsteigbefestigungen, Einfriedungen, Begrenzungsmauern, Müllboxen oder Briefkastenanlagen außerhalb des Gebäudes, aber auch Kleintierställe, Hundehütten, freistehende Außenkamine, Leitungsmasten, Laternen sowie Fahnenstangen oder Schwimmbecken nicht zu den Gebäuden im Sinne der Wohngebäudeversicherung. Bei den genannten Gegenständen handelt es aber zumeist um Gebäude- oder Grundstücksbestandteile, die nur aufgrund besonderer Vereinbarung versichert sind.

Ein Gebäude ist zur überwiegenden Nutzung zu Wohnzwecken bestimmt, wenn der Hauptzweck darin besteht, Menschen zur ständigen Benutzung zu dienen,

---

352   Dietz 2. Auflage, IV A 1.3.3 m. w. N.

ohne dass es sich bei den Räumen in erster Linie um Arbeitsräume handelt. Für die Nutzung zu Wohnzwecken typisch ist das **Vorhandensein von Schlaf-, Aufenthalts- und Kochgelegenheiten**.

Im Einzelfall kann die Frage, ob ein Gebäude überwiegend der Nutzung zu Wohnzwecken dient, schwierig zu beantworten sein, wenn das Gebäude auch zu anderen, beispielsweise gewerblichen Zwecken genutzt wird[353].

Gebäude im Sinne der Wohngebäudeversicherung sind ferner nur solche Bauwerke, die insbesondere Menschen, aber auch Tiere oder Sachen **gegen äußere Einflüsse schützen** können. Äußere Einflüsse sind z. B. Witterungseinflüsse wie Niederschläge, Kälte, Hitze, Luftbewegungen, aber auch schädigende Einflüsse (Angriffe) von Tieren oder Menschen. Es genügt, dass das Bauwerk Schutz gegen einen der genannten Einflüsse bietet; ein umfassender Schutz ist nicht erforderlich. Deshalb sind beispielsweise überdachte Bauwerke auch dann Bauwerke im Sinne der Wohngebäudeversicherung, wenn sie an einer oder mehreren Seiten offen sind.

9

Es ist nicht gefordert, dass Gebäude allseitig geschlossen sind und Unbefugte abhalten. Diese weitergehende Voraussetzung wurde in Anlehnung an den Gebäudebegriff des Strafrechts[354] in den Gebäudebegriff der Einbruchsdiebstahlversicherung eingebracht. In der Wohngebäudeversicherung ist dies unbeachtlich.

Sind die genannten Voraussetzungen des Gebäudebegriffs erfüllt, kommt es für die Gebäudeeigenschaft im Übrigen nicht darauf an, ob das Gebäude ganz oder teilweise über oder unter der Erdoberfläche errichtet ist. Vom Erdreich umgebene Bauteile überirdischer Gebäude (z. B. Grund- und Kellermauern) sind deshalb ohne weiteres versichert.

Auch Rohbauten sind Gebäude im Sinne der Wohngebäudeversicherung. Es wird nicht vorausgesetzt, dass das Bauwerk bezugsfertig ist.

Keine Gebäude im Sinne der Wohngebäudeversicherung sind jedoch solche selbständigen, vollständig vom Erdreich umgebene Bauwerke wie Zivilschutzräume oder Tiefgaragen[355]. Diese Bauwerke dienen nicht – wie es die VGB nun ausdrücklich fordern – überwiegend der Nutzung zu Wohnzwecken. Gleiches gilt für Freisitze[356], Carports oder Kfz-Unterstellplätze.

10

b) Gebäudebestandteile

Gebäudebestandteile sind in ein Gebäude eingefügte Sachen, die durch ihre feste Verbindung mit dem Gebäude ihre Selbständigkeit verloren haben. Dazu gehören auch **Einbaumöbel** bzw. **Einbauküchen**, die individuell für das Gebäude raumspezifisch geplant und gefertigt sind, § 5 Nr. 2 b) VGB 2010 (A).

11

---

353 Vgl. hierzu Bruck/Möller/*Johannsen* § 5 VGB 2008/2010 A Rn. 4.
354 Fischer, Kommentar zum StGB, 61. Auflage, § 123 Rn. 8.
355 Anders noch Dietz 2. Auflage, IV A 1.3.3.
356 Anders noch AG München VersR 186, 1189.

Im Gegensatz zu den VGB 88 enthalten die VGB 2010 (A) auch eine Definition des Begriffs der Gebäudebestandteile. Hierdurch sind einige Zweifels- bzw. Streitfragen geklärt worden.

Die bedingungsgemäße Definition des Begriffs der Gebäudebestandteile geht von der Erkenntnis aus, **dass es sich bei einem Gebäude um eine zusammengesetzte Sache handelt**, bei der im Zuge der Errichtung zahlreiche, zuvor selbständige Sachen (Bauteile, Baustoffe etc.) derart aufgegangen sind, dass sie ihre Selbständigkeit verloren haben, also Bestandteil der neu entstandenen Sache Gebäude geworden sind[357]. Anders ausgedrückt sind alle Gebäude aus verschiedenen Bestandteilen zusammengesetzt, die beim Bau des Gebäudes in der Weise zusammengefügt wurden, dass nach der Verkehrsanschauung daraus eine neue einheitliche Sache entstanden ist, nämlich das Gebäude.

12 Für die Beurteilung der Frage, ob ein Gegenstand durch seine Verbindung mit dem Gebäude seine Selbständigkeit verloren hat, kommt es neben einer technischen Betrachtungsweise der in Bauwesen und Bautechnik geltenden Kriterien auch maßgeblich auf die Verkehrsanschauung an.

Daher sind in erster Linie solche Gegenstände als Gebäudebestandteile anzusehen, ohne die das Wohngebäude nach den anerkannten Regeln der Bautechnik und der Verkehrsanschauung noch nicht fertiggestellt ist. Hierbei handelt es sich beispielsweise um Fenster, Türen etc.

13 (1) Beispiele für Gebäudebestandteile

Darüber hinaus fallen unter den Begriff der Gebäudebestandteile auch solche Gegenstände, die mit dem Gebäude verbunden sind und dazu bestimmt sind, dauerhaft gemeinsam mit dem Gebäude genutzt zu werden. Beispiele hierfür sind hauseigene Schwimmbäder, einschließlich der Wasserfüllung, Saunen, Dachgärten, (Zentral-)Heizungsanlagen[358], Terrassenbepflanzungen, sanitäre Anlagen wie Badewannen, Badeöfen oder Waschbecken und Wärmepumpenanlagen[359]. Als Gebäudebestandteil mitversichert sind auch Anstriche und Tapeten und elektrische Anlagen zur Licht- und Stromversorgung[360].

Zentrales Kriterium, um einen Gegenstand als Gebäudebestandteil betrachten zu können, **ist die feste Verbindung mit dem Gebäude**.

Während der Geltung der VGB 88, die noch keine Definition des Begriffs der Gebäudebestandteile enthielten, war die feste Verbindung keine zwingende Voraussetzung für die Eigenschaft eines Gegenstandes als Gebäudebestandteil[361]. Es kam lediglich auf den Zweck, nicht aber auf die Art der Verbindung an. Auch die

---

357 Palandt/*Ellenberger*, Überbl. Vor § 90 Rn. 5.
358 BGH VersR 1993, 1102.
359 Schwintowski/Brömmelmeyer/*Hammel* Anhang 2 zu den §§ 88–99 VVG, Rn. 24; BGH VersR 1990, 200.
360 Spielmann, Aktuelle Deckungsfragen der Sachversicherung, 2. Auflage, A.1.4. – Seite 13 m. w. N.
361 Dietz 2. Auflage, IV A 1.4.1.

lose Verbindung eines Gegenstandes mit dem Gebäude konnte die Bestandteilseigenschaft begründen, wenn die Sache dauernd eingefügt bleiben sollte und dadurch ihre Selbständigkeit verloren hatte.

Diesem Verständnis steht nun der eindeutige Wortlaut des § 5 Nr. 2 b) VGB 2010 (A) entgegen.

(2) Einbauküchen

14

Gegenstand lebhafter Auseinandersetzungen war seit jeher die Frage, ob und unter welchen Voraussetzungen **Küchen** zu den versicherten Sachen im Sinne der Wohngebäudeversicherung zählen können.

Hierauf wurde mit den VGB 2010 jedenfalls insofern reagiert, als dort nun geregelt ist, dass Einbaumöbel und dabei insbesondere Einbauküchen, die individuell für das Gebäude raumspezifisch geplant und gefertigt sind, als Gebäudebestandteil mitversichert sind.

Diese Regelung sorgt zwar immerhin für eine gewisse Klarstellung, wird jedoch auch zukünftig nicht jede Streitfrage klären können, da zu erwarten ist, dass sich künftige Meinungsverschiedenheiten um die Frage drehen werden, wann ein Möbelstück bzw. eine Küche raumspezifisch geplant und gefertigt ist.

Das LG Düsseldorf[362] hatte sich in einer Entscheidung vom 11.08.2010 mit der Frage auseinanderzusetzen, wie der in den Bedingungen des beklagten Versicherers verwandte Begriff *„maßgenaue Einbauküche"* zu verstehen ist. Das LG Düsseldorf hat in seiner Entscheidung zunächst klargestellt, dass – anders als es noch das AG Düsseldorf in der Vorinstanz angenommen hatte – eine maßgenaue Einbauküche nicht nur dann vorliegt, wenn diese nicht ohne nachhaltige Einbußen in der Substanz und der Verwertbarkeit ausgebaut werden kann. Nach Auffassung des Gerichts ist der Begriff gemäß §§ 133, 157 BGB nach dem objektiven Empfängerhorizont auszulegen. Aus Sicht des Düsseldorfer Landgerichts versteht der durchschnittliche Versicherungsnehmer den Begriff *„maßgenaue Einbauküche"* so, dass die Einbauküche entsprechend den baulich vorgegebenen Maßen zusammengestellt und auf Maß eingebaut wird. Besonders augenfällig sei das bei der Arbeitsplatte, die auf exaktes Maß geschnitten wird und in der Regel mit diesen Maßen an keiner anderen Stelle mehr Verwendung finden kann. Aber auch bei anderen Teilen bestehe eine enge Wechselwirkung zwischen Baumaßen und der Konfiguration der Küche. Die Anschlüsse für z. B. Spüle einschließlich Armatur, Herd, Abzugshaube, Backofen, Mikrowelle und Kühlschrank seien entweder bauseitig fixiert und zwingen dazu, die Möbel entsprechend zu platzieren und Ausschnitte anzufertigen, oder den durch die Zusammenstellung der Küche vorgegebenen Maßen werde baulich dadurch Rechnung getragen, dass die Anschlüsse (Wasser, Gas, Abwasser, Strom) so verlegt werden, dass

---

362 LG Düsseldorf VersR 2011, 525.

sie zu der Möblierung passen. In beiden Fällen wird die Küche maßgenau eingebaut[363].

15 In einer früheren Entscheidung hatte das OLG Köln entschieden, dass eine Einbauküche nur dann in der Wohngebäudeversicherung mitversichert sein kann, wenn diese bei natürlicher Betrachtungsweise derart mit den Wänden des Gebäudes verbunden ist, dass von einer Einheit zwischen Wand und Küche auszugehen ist[364]. Hierfür reicht es nach Ansicht des OLG Köln nicht aus, wenn die Küchenmöbel lediglich an die Wände gestellt bzw. dort aufgehängt werden. Auch Blend- und Passleisten führen die geforderte substanzielle Einheit nicht herbei. Hierbei handelt es sich lediglich um optische Maßnahmen, die eine Einheit lediglich vortäuschen. Dass es nicht entscheidend darauf ankommt, dass die Küchenmöbel fest mit den Wänden verbunden sind, wurde auch vom AG Düren bestätigt[365].

16 **Kein Gebäudebestandteil im Sinne des VGB 2010** ist eine serienmäßig gefertigte, in einer Möbelfundgrube erworbenen Einbauküche, da es hier an der raumspezifischen Planung und Fertigung fehlt[366]. Generell stellen serienmäßig hergestellte Einbauküchen weder einen Gebäudebestandteil dar noch sind sie als Gebäudezubehör in der Wohngebäudeversicherung versichert[367].

17 (3) Weitere Einzelfälle

Bodenbeläge sind grundsätzlich als Gebäudebestandteil anzusehen. Ein exakt auf die jeweilige Raumgröße zugeschnittener Teppichboden ist nur dann nicht als Gebäudebestandteil, sondern als Hausrat anzusehen, wenn er seinerseits auf einem bewohnbaren Untergrund liegt und ein Ablösen vom Untergrund möglich ist, ohne diesen zu beschädigen[368]. Als bewohnbarer Untergrund sind beispielsweise ein Parkett- oder Laminatboden anzusehen, nicht aber Spanplatten[369]. Nach anderer Auffassung ist auch ein lose auf dem Estrich verlegter Teppichboden Gebäudebestandteil, wenn der Eigentümer diesen zum dauernden Verbleib eingebracht hat[370].

Als Gebäudebestandteil in der Wohngebäudeversicherung mitversichert ist auch eine Einbruchmeldeanlage in Form einer sogenannten Außenhautsicherung[371].

---

363 LG Düsseldorf VersR 2011, 525.
364 OLG Köln VersR 1992, 1468.
365 AG Düren VersR 2004, 468.
366 OLG Saarbrücken VersR 2012, 1029.
367 LG Lübeck VersR 1984, 477.
368 OLG Köln VersR 2004, 105.
369 Schwintowski/Brömmelmeyer/*Hammel* Anhang 2 zu den §§ 88–99 VVG, Rn. 26.
370 AG Weiden VersR 1987, 874.
371 OLG Hamm VersR 1988, 1170.

Weder als Gebäudebestandteil noch als Gebäudezubehör in der Wohngebäudeversicherung versichert sind Whirltubs[372], Raumteiler, wenn diese aus einzelnen Schrankelementen bestehen[373], Teppichböden, die lediglich dem Schutz des sich darunter befindlichen Parkettbodens dienen[374] oder sonstige Teppichböden, die nur lose verlegt sind und jederzeit entfernt werden können, ohne dass die Bewohnbarkeit hierdurch reduziert wird[375], sowie Telefonanlagen[376]. 18

c) Gebäudezubehör

Gebäudezubehör sind bewegliche Sachen, die sich im Gebäude befinden oder außen am Gebäude angebracht sind und der Instandhaltung bzw. der überwiegenden Zweckbestimmung des versicherten Gebäudes dienen. Als Gebäudezubehör gelten ferner Müllboxen sowie Klingel- und Briefkastenanlagen auf dem Versicherungsgrundstück, § 5 Nr. 2 c) VGB 2010 (A). 19

Auch zum Begriff des Gebäudezubehörs enthielten die VGB 88 keine Definition. Für die Klärung der Frage, welche Gegenstände unter den Begriff des Gebäudezubehörs fallen, wurde auf die sachenrechtliche Bestimmung des § 97 BGB zurückgegriffen. Nach § 97 Abs. 1 Satz 1 BGB gelten als Zubehör bewegliche Sachen, die, ohne Bestandteil der Hauptsache zu sein, dem wirtschaftlichen Zweck der Hauptsache zu dienen bestimmt sind und zu ihr in einem dieser Bestimmung entsprechenden räumlichen Verhältnis stehen.

Die Definition des Zubehörbegriffs in den VGB 2010 stellt letztlich eine Normierung der bisher von Rechtsprechung und Literatur gestellten Anforderungen dar.

Als Gebäudezubehör kommen zunächst **nur bewegliche Sachen** in Betracht. Diese sind rechtlich selbständig. Im Gegensatz dazu sind Gebäudebestandteile und sonstige Grundstücksbestandteile rechtlich unselbständige unbewegliche Sachen, die kein Gebäudezubehör sein können. 20

Dass es sich beim Zubehör um bewegliche Sachen handeln muss, schließt keineswegs aus, dass die Sache mit dem Gebäude verbunden ist. Die Zubehöreigenschaft setzt jedoch voraus, dass die Verbindung zwischen dem Gebäude und dem Zubehör gelöst werden kann, ohne dass dadurch Gebäude und/oder Zubehör zerstört, in ihrem Wesen verändert oder in ihrem wirtschaftlichen Wert gemindert werden.

Weitere maßgebliche Voraussetzung für die Einstufung von beweglichen Sachen als Gebäudezubehör ist, **dass diese der Instandhaltung bzw. der überwiegenden Zweckbestimmung des versicherten Gebäudes dienen** muss. An dieser Stelle ist die Formulierung in den VGB 2010 strenger als die des § 97 Abs. 1 21

---

372 OLG Köln VersR 2009, 498.
373 OLG Köln VersR 2001, 54.
374 OLG München VersR 1997, 999.
375 LG Oldenburg VersR 1988, 1285 ff.; AG und LG Aachen r + s 1990, 209.
376 AG Menden VersR 2003, 241.

BGB, welcher prinzipiell jeden wirtschaftlichen Zweck genügen lässt. Jedoch war, auch solange keine bedingungsgemäße Definition des Zubehörbegriffs existierte, anerkannt, dass nicht jeder beliebige wirtschaftliche Zweck ausreichend ist, sondern die Zubehöreigenschaft nur dann bejaht werden kann, wenn die Sache entweder der Instandhaltung oder der Nutzung des Gebäudes zu Wohnzwecken dient. Nicht ohne weiteres mitversichert sind somit insbesondere Sachen, die gewerblichen Zwecken dienen.

Der Begriff Instandhaltung ist nicht eng auszulegen. Versichertes Zubehör können deshalb alle Sachen sein, die der Wartung, Pflege, Reinigung oder Reparatur versicherter Gebäude dienen[377]. Dabei spielt es bei diesen Sachen keine Rolle, ob die Gebäude oder Gebäudebestandteile, die damit instand gehalten werden, Wohn- oder anderen Zwecken dienen.

Beispiele hierfür sind Leitern, die zur Säuberung von Regenrinnen und zur Durchführung kleinerer Reparaturen durch den Hausmeister benutzt werden, sowie Werkzeuge und Materialien zur Durchführung von Reparaturen[378].

22 Im Gegensatz dazu sind sonstige Zubehörstücke nur unter der Voraussetzung versichert, **dass sie Wohnzwecken gewidmet sind**. Der Wortlaut der VGB fordert zwar lediglich, dass die Sache der überwiegenden Zweckbestimmung des versicherten Gebäudes dient. Der Blick auf die Definition des Gebäudebegriffs (s. o.) verdeutlicht jedoch, dass hiermit letztlich nur Wohnzwecke gemeint sein können.

Es genügt gemischte Nutzung. Die ausschließliche Nutzung zu Wohnzwecken ist nicht gefordert. Deswegen ist lediglich das Gebäudezubehör nicht versichert, das überhaupt nicht zu Wohnzwecken genutzt wird. Im Ergebnis bedeutet dies wiederum im Wesentlichen den Ausschluss von Sachen, die ausschließlich gewerblichen Zwecken dienen.

23 Weitere Voraussetzung für die Einstufung beweglicher Sachen als Gebäudezubehör ist entsprechend § 97 Abs. 1 BGB, **dass die Sachen zum Gebäude in einem räumlichen Verhältnis stehen**, die ihrer Bestimmung entspricht, der Instandhaltung bzw. Wohnzwecken zu dienen. Das BGB verzichtet auf eine weitergehende Festlegung der räumlichen Zuordnung. Gebäudezubehör könnte sich dementsprechend im Gebäude, auf demselben Grundstück wie das Gebäude, aber auch auf einem anderen (angrenzenden) Grundstück befinden.

Die VGB 2010 fordern jedoch ausdrücklich, dass sich die Sachen im Gebäude befinden bzw. außen am Gebäude angebracht sein müssen.

24 **Ausschlaggebend** dafür, ob eine Sache überhaupt als Gebäudezubehör in Betracht kommen kann, **ist die Verkehrsanschauung**. Ob eine Sache als Gebäudezubehör angesehen werden kann, hängt in erster Linie davon ab, ob diese gemeinsam mit dem Gebäude denselben Zwecken, namentlich der Instandhaltung

---

[377] So auch: Bruck/Möller/*Johannsen* § 5 VGB 2008/2010 A Rn. 10.
[378] Bruck/Möller/*Johannsen* § 5 VGB 2008/2010 A Rn. 10.

bzw. Wohnzwecken, dienen. Dabei kommt es darauf an, dass sie nach dieser Bestimmung dem Gebäude in der Weise untergeordnet werden, dass nach der Verkehrsanschauung das Gebäude als die Hauptsache und die anderen Sachen als Hilfs- oder Nebensachen anzusehen sind.

Wohngebäude dienen definitionsgemäß zu Wohnzwecken bzw. dem Schutz gegen äußere Einflüsse. Nur bewegliche Sachen, die dem Gebäude untergeordnet und dazu bestimmt sind, diese Zwecke zu verfolgen, können somit Gebäudezubehör sein.

Im Gegensatz dazu stehen die sonstigen beweglichen Sachen, die durch das Gebäude bzw. das Gebäudezubehör geschützt werden. Bei diesen Sachen handelt es sich versicherungstechnisch um den Inhalt des Gebäudes. Gebäude (nebst Gebäudezubehör) einerseits und der Inhalt von Gebäuden andererseits werden insbesondere im privaten Bereich in getrennten Versicherungsverträgen versichert. Daher hat die Abgrenzung des Gebäudeinhalts, d. h. des Hausrats, vom Gebäude bzw. den Gebäudebestandteilen und dem Gebäudezubehör besondere praktische Bedeutung. Die Abgrenzung bereitet in der Praxis erhebliche Schwierigkeiten, zumal die in § 98 BGB niedergelegten Grundsätze ausschließlich für den gewerblichen und landwirtschaftlichen Bereich gelten. Diese lassen sich nicht auf den privaten (Wohn-)Bereich übertragen. Im Wohnbereich hängt die Zuordnung von beweglichen Sachen entscheidend davon ab, mit welchem Ziel sie in ein Gebäude gebracht werden. Gebäudezubehör sind Sachen, die dazu bestimmt sind, gemeinsam mit dem Wohngebäude als untergeordnete Sachen dem Zweck des Gebäudes zu dienen. Inhalt bzw. Hausrat sind dagegen privaten Zwecken dienende Sachen, die in das Gebäude gebracht werden, um sie vor äußerem Einfluss zu schützen.

Auch wenn es im Wortlaut der VGB nicht zum Ausdruck kommt, ist weitere Voraussetzung für die Bejahung der Zubehöreigenschaft, dass diese auf Dauer Instandhaltungs- bzw. Wohnzwecken dienen sollen. Deshalb sind Sachen nicht Gebäudezubehör, wenn sie dazu bestimmt sind, nur vorübergehend gemeinsam mit dem Gebäude genutzt zu werden. Dabei kommt es ebenso wie bei den sog. Scheinbestandteilen nach § 95 Abs. 2 BGB entscheidend auf die eigentumsrechtliche Stellung des Einbringenden und den mit dem Einbringen verfolgten wirtschaftlichen Zweck an. Vom Gebäudeeigentümer eingebrachte Sachen sind im Zweifel Gebäudezubehör, wenn sie die zuvor genannten Voraussetzungen erfüllen. Dagegen sind die vom Mieter eingebrachten Sachen auch in diesen Fällen nicht Gebäudezubehör. Es kann davon ausgegangen werden, dass der Mieter die Zweckbestimmung auf die Zeit seines Nutzungsrechts (Mietzeit) beschränkt. Bei Beendigung des Mietverhältnisses wird er die Sachen in der Regel in seine neue Wohnung bringen oder einem Nachmieter überlassen.

Müllboxen sowie **Klingel- und Briefkastenanlagen** gelten aufgrund der Bestimmung in den VGB 2010 als Gebäudezubehör auch dann, wenn diese nicht im bzw. außen am Gebäude angebracht sind.

Kein Gebäudezubehör im Sinne der Bedingungen ist hingegen die Telefonanlage in einem Wohnhaus. Diese kann allenfalls Gegenstand der Hausratversicherung sein[379].

d) Grundstücksbestandteile

25 Die VGB 2010 definieren den Begriff **Grundstücksbestandteile. Als solche gelten die mit dem Grund und Boden des Versicherungsgrundstücks fest verbundenen Sachen**, § 5 Nr. 2d) VGB 2010 (A). Es erschließt sich nicht, aus welchen Gründen die VGB 2010 sich hier einer Fiktion bedienen („... als Grundstücksbestandteile gelten..."), da die Definition der gesetzlichen Bestimmung des § 94 Abs. 1 Satz 1, 1. Halbsatz BGB entspricht.

Zweck der Definition ist es, diejenigen Sachen zu bezeichnen, die gemäß § 5 Nr. 1 Satz 2 VGB 2010 (A) nur dann in der Wohngebäudeversicherung versichert sind, wenn diese ausdrücklich in den Versicherungsumfang mit einbezogen sind.

Grundstücksbestandteile im Sinne des BGB sind insbesondere Gebäude.

Die Frage, ob eine Sache eine ausreichend feste Verbindung zu Grund und Boden hat, ist nach der allgemeinen Verkehrsanschauung zu beantworten. Für die geforderte feste Verbindung kann bereits die Schwerkraft ausreichen (z. B. bei Fertiggaragen)[380].

Auch Erzeugnisse des Grundstücks sind, solange sie mit dem Boden zusammenhängen, Grundstücksbestandteile. Hiermit sind in erster Linie Getreide und Obst, aber auch Holz auf dem Stamm gemeint[381].

Schließlich sind auch Samen und Pflanzen Grundstücksbestandteile, § 94 Abs. 1 Satz 2 BGB.

e) Versicherungsgrundstück

26 **Versicherungsgrundstück ist das Flurstück bzw. sind die Flurstücke, auf dem das versicherte Gebäude steht** (Versicherungsort), § 5 Nr. 2e) VGB 2010 (A).

Die Grundstücksbezeichnung grenzt nicht nur die versicherten Sachen ihrer Art und ihrem Umfang nach ab, sondern sie bestimmt sogleich auch den räumlichen Geltungsbereich des Versicherungsschutzes. Durch die Bezeichnung des Versicherungsgrundstücks wird der Versicherungsort bzw. die örtliche Begrenzung des Versicherungsschutzes festgelegt[382]. Dies folgt zwangsläufig daraus, dass

---

379 AG Menden VersR 2003, 241.
380 Palandt/*Ellenberger* § 93 Rn. 6.
381 Palandt/*Ellenberger* § 94 Rn. 3.
382 OLG Hamm, r + s 1986, S. 13 ff.

Gebäude als wesentliche Grundstücksbestandteile (§ 94 Abs. 1 Satz 1 BGB) fest und endgültig mit dem Grundstück verbunden sind, auf dem sie ihren Standort haben. Werden Gebäude oder Gebäudebestandteile vom Grundstück getrennt, indem sie abgerissen oder ausgebaut werden, dann verlieren sie ihre Eigenschaft als Grundstücksbestandteil. Sie sind nicht mehr Gebäude oder Gebäudebestandteil und infolgedessen auch nicht mehr versicherte Sache. Bei abgetrennten oder abgebrochenen Gebäudebestandteilen handelt es sich begrifflich um bewegliche Sachen (Bauschutt, Müll, Baumaterial oder sonstige Gebrauchsgegenstände). Bewegliche Sachen sind jedoch im Rahmen der Wohngebäudeversicherung mit Ausnahme bestimmter Zubehörstücke grundsätzlich nicht versichert. Lediglich in Sonderfällen können vorübergehend ausgebaute Gebäudeteile versichert sein, wenn sie nachweislich dazu bestimmt sind, wieder in das im Versicherungsschein bezeichnete Gebäude eingefügt zu werden.

2. Ausschlüsse

In § 5 Nr. 3 VGB 2010 (A) sind Ausschlüsse geregelt. 27

a) Photovoltaikanlagen

Grundsätzlich nicht in der Wohngebäudeversicherung mitversichert sind Photovoltaikanlagen nebst zugehöriger Bestandteile, obwohl diese im Einzelfall – je nach Anbringungs- oder Befestigungssystem – Gebäudebestandteil oder Gebäudezubehör sein können[383]. Versicherbar ist die Photovoltaikanlage jedoch in einem eigenständigen Versicherungsvertrag. Die vom Gesamtverband der Deutschen Versicherungswirtschaft entwickelten „Besonderen Bedingungen für die Versicherung von Photovoltaikanlagen" (BPV 2010) verweisen diesbezüglich in § 1 BPV 2010 auf die VGB 2010, die auch für die Versicherung von Photovoltaikanlagen gelten, wenn und soweit sich aus den BPV 2010 nicht etwas anderes ergibt.

b) Mietereinbauten

In das Gebäude nachträglich eingefügte Sachen, die ein Mieter oder Wohnungseigentümer auf seine Kosten beschafft oder übernommen hat und für die er die Gefahr trägt, sind nach § 5 Nr. 3b) VGB 2010 (A) ausgeschlossen. Der Ausschluss korrespondiert mit dem Einschluss dieser Sachen in der Hausratversicherung nach § 6 Nr. 2c) aa) VHB 2010 (A). Die Harmonisierung von VGB und VHB in diesem Punkt vermeidet Fälle der Doppelversicherung. Daneben werden Auseinandersetzungen darüber ausgeschaltet, ob es sich bei diesen sogenannten **Mietereinbauten** um Gebäudebestandteile, Gebäudezubehör oder sonstige bewegliche Sachen handelt. Mietereinbauten sind ohne Rücksicht auf ihren sachenrechtlichen Status in der Hausratversicherung eingeschlossen, in der Wohngebäudeversicherung dagegen ausgeschlossen. 28

---

[383] Staudinger/Halm/Wendt-Sohn, Fachanwaltskommentar Versicherungsrecht, § 5 VGB 2010 Rn. 12.

Der Ausschluss der Mietereinbauten ist an **zwei Voraussetzungen** geknüpft.

29 Es wird erstens vorausgesetzt, dass der Mieter die in das Gebäude eingefügten Sachen **auf seine Kosten beschafft oder übernommen** hat. Der Begriff des Beschaffens umfasst jede Form der Anschaffung, wie etwa durch Kauf, Eigenleistung oder Schenkung, für Rechnung des Mieters oder einer mit ihm in häuslicher Gemeinschaft lebenden Person. Auch der Begriff des Übernehmens ist entsprechend weit auszulegen. Die Sachen können vom Vormieter, von einem Untermieter oder von sonstigen Berechtigten, in Ausnahmefällen auch vom Gebäudeeigentümer übernommen, d. h. in das Vermögen des Mieters überführt worden sein. Keine Rolle spielt es, ob die Übernahme beim Mieter Kosten verursacht hat oder kostenlos erfolgte.

30 Der Ausschluss der Mietereinbauten gilt zweitens unter der Voraussetzung, **dass der Mieter die Gefahr bzw. das Risiko für diese Sachen trägt**. Die Gefahr des zufälligen Untergangs muss beim Mieter liegen, d. h. Schäden an den Mietereinbauten belasten das Vermögen des Mieters. Es ist zu beachten, dass die beiden genannten Voraussetzungen nebeneinander erfüllt sein müssen. Der vorstehende Ausschluss kann daher nicht dadurch begründet werden, dass der Gebäudeeigentümer als Vermieter die Gefahrtragung für bestimmte von ihm eingefügte Gebäudebestandteile oder Zubehörstücke durch Vereinbarungen im Mietvertrag auf den Mieter abwälzt. Dies gilt insbesondere auch für die verbreitete mietvertragliche Verpflichtung von Mietern, Schäden an den Mietsachen auf eigene Kosten zu beseitigen. Entstehen derartige Kosten durch einen Versicherungsfall, so haftet der Wohngebäudeversicherer. Versicherungsschutz in der Hausratversicherung besteht nicht, weil die Sachen nicht vom Mieter beschafft oder übernommen, sondern vom Gebäudeeigentümer eingefügt wurden. Neben der Gefahrtragung ist Anschaffung oder Übernahme durch den Mieter gefordert.

Bei dieser Betrachtungsweise wird deutlich, dass Mietereinbauten im Sinne der VGB und der VHB in der Regel nur solche Sachen sein können, die ein Mieter auf seine Kosten nachträglich in das Gebäude einfügt. Es handelt sich um Sachen, mit deren Einfügung der vom Gebäudeeigentümer ursprünglich hergestellte Zustand des Gebäudes durch den Mieter nachträglich verändert oder erweitert wird. Die Sachen werden vom Mieter zusätzlich zu den bereits vorhandenen Gebäudeteilen in das Gebäude eingefügt. Ähnlich verhält es sich bei Sachen, die der Mieter anstelle von Sachen einfügt, die ursprünglich vom Gebäudeeigentümer angeschafft oder eingefügt worden waren.

Beispiele:

Anstelle einfach verglaster Fenster werden Fenster mit Mehrscheibenisolierverglasung eingefügt; anstelle einfacher Füllungstüren werden Edelholz- oder Glastüren eingebracht; eine Emaillespüle wird gegen eine Edelstahlspüle ausgetauscht.

Die vom Gebäudeeigentümer eingefügten Teile bleiben erhalten. Sie werden vorübergehend abgetrennt. Etwas anderes gilt, wenn der Mieter vom Gebäudeeigentümer eingefügte Sachen erneuert, weil diese zerstört (eine eingeschlagene Scheibe wird ersetzt), beschädigt (eine zerkratzte Tür wird mit einem neuen Furnier versehen) oder verbraucht sind (verwohnte bzw. abgenutzte Tapeten und Anstriche, die vom Gebäudeeigentümer angebracht worden waren, werden erneuert). Es wird nicht eine weitere Sache zusätzlich vom Mieter eingefügt, sondern eine vom Gebäudeeigentümer eingebrachte Sache erneuert. Diese Betrachtungsweise liefert auch die Antwort auf die Frage, unter welchen Voraussetzungen vom Mieter eingefügte Tapeten unter den Ausschluss der Mietereinbauten fallen und deshalb vom Hausratversicherer zu entschädigen sind. Dies ist der Fall, wenn Wohnungen untapeziert vermietet werden und es dem Mieter überlassen ist, ob er Tapeten einfügt.

(1) Beweislast 31

Entsprechend den allgemeinen zivilrechtlichen Grundsätzen trägt der Versicherungsnehmer in dem Fall, dass er sich auf eine anderweitige Vereinbarung über die Gefahrtragung beruft, die Beweislast hierfür. § 5 Nr. 3 b) Satz 2 VGB 2010 (A) stellt dies ausdrücklich klar.

(2) Motiv für den Ausschluss 32

Das Motiv für den Ausschluss von Mietereinbauten in der Wohngebäudeversicherung liegt auf der Hand. Unter den genannten Voraussetzungen hat der Gebäudeeigentümer in der Regel kein wirtschaftliches Interesse an der Versicherung dieser Sachen, weil Schäden daran sein Vermögen nicht belasten. Die Interessenlage des Mieters ist der des Gebäudeeigentümers entgegengesetzt. Er trägt die Gefahr des zufälligen Untergangs dieser Sachen. Schäden an den Sachen belasten sein Vermögen. Deshalb hat er ein Interesse an der Versicherung dieser Sachen. Dies gilt selbst in den Fällen, in denen die Mietereinbauten Gebäudebestandteile sind und deshalb Versicherungsschutz in der Wohngebäudeversicherung bestünde. Zum einen weiß der Mieter oft nicht, ob der Gebäudeeigentümer eine Gebäudeversicherung abgeschlossen hat, zum anderen möchte er bei der Gestaltung seines Versicherungsschutzes nicht vom Gebäudeeigentümer abhängig sein. Ein Mieter erwartet für Einbauten „eigenen Versicherungsschutz im Rahmen seiner üblichen Versicherungsverträge ...; kommen solche eingefügten Sachen zu Schaden, so will und soll der Mieter nicht mehr genötigt sein, über eine möglicherweise vorhandene Gebäudeversicherung des Hauseigentümers Ersatz zu verlangen."[384] Der Mieter möchte vermeiden, dass er infolge des Verhaltens des Gebäudeeigentümers (Prämienverzug, Obliegenheitsverletzung, vorsätzliche oder grob fahrlässige Herbeiführung des Versicherungsfalls, Unterversicherung) den Anspruch auf Entschädigung ganz oder teilweise verliert. Auf diese Weise trägt der wechselseitige Aus- bzw. Einschluss der Mietereinbauten nach den VGB bzw. den VHB der wirtschaftlichen Interessenlage von Gebäudeeigentümern und Mietern Rechnung.

---

[384] Ollick, VerBAV 84, Anm. 1 c S. 311.

Ein weiteres Motiv für die angesprochenen Regelungen ist die außerordentlich schwierige Abgrenzung zwischen Gebäuden bzw. Gebäudebestandteilen, Gebäudezubehör und dem Inhalt von Gebäuden. Dies führte in der Praxis immer wieder zu Zweifelsfragen und Auseinandersetzungen zwischen Gebäude- und Hausratversicherern. Sie wurden häufig auf dem Rücken der Versicherungsnehmer ausgetragen. Aufgrund des grundsätzlichen Ausschlusses der Mietereinbauten in der Wohngebäudeversicherung können derartige Probleme nicht mehr auftreten.

c) Elektronische Daten und Programme

33 Schließlich sind gemäß § 5 Nr. 3c) VGB 2010 (A) elektronisch gespeicherte Daten und Programme keine Sachen und dementsprechend aus dem Versicherungsumfang der Wohngebäudeversicherung ausgeschlossen. Die Kosten für die Wiederherstellung von elektronisch gespeicherten Daten und Programmen sind jedoch versichert, wenn dies im Versicherungsvertrag ausdrücklich vereinbart ist. Die Möglichkeit hierzu eröffnet die **Klausel 7168**. Nach dieser Klausel kann der Ersatz von Datenrettungskosten bis zu gewissen Grenzbeträgen vereinbart werden.

3. Gesondert versicherbare Sachen

34 § 5 Nr. 4 VGB 2010 (A) wirft zunächst einmal eine grundsätzliche Verständnisfrage auf. Die Nr. ist mit der Überschrift „gesondert versicherbar" versehen. Demgegenüber ist die Formulierung der beiden Abschnitte a) und b) sprachlich widersprüchlich, da dort davon die Rede ist, dass die genannten Sachen „als versichert bzw. mitversichert" gelten. Es stellt sich also die Frage, ob für die (Mit-)Versicherung der in § 5 Nr. 4 VGB 2010 (A) genannten Sachen eine ausdrückliche Vereinbarung erforderlich ist – hierfür spricht das „versicherbar" in der Überschrift – oder ob diese auch ohne weitere Voraussetzungen mitversichert sind.

Besondere Bedeutung kommt dieser Frage bei den Mietereinbauten zu, welche nach § 5 Nr. 3b) VGB 2010 (A) vom Versicherungsschutz in der Wohngebäudeversicherung ausgeschlossen sind.

Nimmt ein Wohngebäudeversicherer § 5 Nr. 3b) VGB 2010 (A) sowie die in § 5 Nr. 4a) VGB 2010 (A) enthaltene Regelung in sein Bedingungswerk auf, enthält dieses einander widersprechende Bestimmungen. Für den Versicherungsnehmer ist vor diesem Hintergrund der Ausschluss der Versicherung von Mietereinbauten nicht nachvollziehbar. Er wird und darf davon ausgehen, dass Mietereinbauten aufgrund der Regelung in § 5 Nr. 4a) VGB 2010 (A) („… gelten als mitversichert …") mitversichert sind. Die Formulierung in der Überschrift von § 5 Nr. 4 VGB 2010 (A) („gesondert versicherbar") macht dem Versicherungsnehmer nicht mit nicht mit der gebotenen Deutlichkeit klar, dass bezüglich der Mietereinbauten eine gesonderte Vereinbarung erforderlich ist, wenn diese mitversichert sein sollen.

Da es sich bei Versicherungsbedingungen um Allgemeine Geschäftsbedingungen im Sinne der §§ 305 ff. BGB handelt, gehen Unklarheiten bei der Formulierung von Versicherungsbedingungen stets zulasten des Verwenders, also zulasten des Versicherers (§ 305c Abs. 2 BGB).

Folglich ist in Fällen in denen der Versicherer in seinem Bedingungswerk sowohl § 5 Nr. 3 c) VGB 2010 (A) als auch § 5 Nr. 4 a) VGB 2010 (A) verwendet, ein wirksamer Ausschluss der Versicherung von Mietereinbauten nicht vereinbart. Die unklaren Bedingungen wirken zulasten des Versicherers[385].

Darüber hinaus gelten die in § 5 Nr. 4 b) VGB 2010 (A) genannten Sachen als Grundstücksbestandteile mitversichert werden, soweit sie sich auf dem im Versicherungsschein bezeichneten Grundstück finden.

35

Versicherbar sind zunächst **Carports**. Unter einem Carport versteht man einen Unterstand für Pkws, der neben der Einfassung des Stellplatzes auch dem Schutz des Fahrzeugs vor äußeren Umwelteinflüssen, wie Regen, Schnee, Hagel, Laub oder auf den Scheiben gefrierender Luftfeuchtigkeit, dient. Von einer Garage unterscheidet sich ein Carport dadurch, dass die Einfahrt des Carports offen ist.

Ein Carport ist im Wohngebäudeversicherungsvertrag mitversichert, wenn laut Versicherungsbedingungen An-, Um-, Aus- und Neubauten innerhalb bestimmter Wertgrenzen mitversichert sind und der Carport diese Grenze nicht überschreitet. Das gilt selbst dann, wenn im Versicherungsantrag noch angegeben wurde, dass kein Carport existiert und dieser erst nach Abschluss des Versicherungsvertrages errichtet wurde. Der durchschnittliche Versicherungsnehmer darf davon ausgehen, dass ein Carport über den bedingungsgemäßen Einschluss als An-, Um-, Aus- oder Neubau mitversichert ist[386].

Versicherungsschutz kann auch für **Gewächs- und Gartenhäuser** vereinbart werden. Ein Gewächshaus ist eine lichtdurchlässige Konstruktion, die das geschützte und kontrollierte Kultivieren von Pflanzen ermöglicht. Gartenhäuser sind Bauwerke, die zum vorübergehenden Aufenthalt, nicht aber zum dauerhaften Wohnen bestimmt sind.

Des Weiteren sind **Grundstückseinfriedungen** mit versichert. Grundstückseinfriedungen sind beispielsweise Mauern und Zäune. Es kommt nicht auf das verwendete Material an, sondern darauf, ob die bauliche Einrichtung die Anforderungen einer Einfriedung erfüllt, die darin besteht, den unbefugten Zutritt auf das Grundstück zu verhindern oder jedenfalls zu erschweren. Entsprechend dem Bedingungswortlaut kann die Grundstückseinfriedung auch aus Bepflanzungen, wie etwa Hecken, bestehen.

Gesondert versicherbar sind darüber hinaus auch **Hof- und Gehwegbefestigungen**, **Hundehütten**, **Masten und Freileitungen** sowie **Wege- und Gartenbeleuchtungen**.

---

385 Bruck/Möller-Johannsen § 5 VGB Rn. 15.
386 Vgl. OLG Karlsruhe, Urteil vom 30.06.2009, Az. 12 U 6/09.

C. Verhältnis zwischen Wohngebäude- und Hausratversicherung

I. Abgrenzung zwischen Gebäude- und Hausratversicherung

36 Durch den Einschluss des Gebäudezubehörs in der Wohngebäudeversicherung nach den VGB 2010 haben sich die Grenzen zwischen Gebäude- und Hausratversicherung im Vergleich zu Wohngebäudeversicherungsverträgen, denen etwa noch die VGB 62 zugrunde lagen, verändert.

37 Nach den VGB 62 hatte die Abgrenzung zwischen Gebäudebestandteilen und Gebäudezubehör große Bedeutung, da sie darüber entschied, ob ein Gegenstand ein Gebäudebestandteil in der Wohngebäudeversicherung versichert war bzw. als Gebäudezubehör nicht versichert war. Diese Betrachtungsweise spielte schon nach den VGB 88 und nun auch nach den VGB 2010 nur bei den Gegenständen eine Rolle, die nicht zu Wohnzwecken genutzt werden (und somit kein Gebäudezubehör im Sinne des VGB 2010 sind). Dagegen sind Sachen, die der Instandhaltung eines versicherten Gebäudes oder dessen Nutzung zu Wohnzwecken dienen, nach den VGB 2010 ohne Rücksicht auf ihre Bestandteils- oder Zubehöreigenschaft in der Wohngebäudeversicherung versichert.

Im Verhältnis zu den VGB 62 wird dadurch die Grenze zwischen versicherten und nicht versicherten Sachen in der Wohngebäudeversicherung von der Schnittstelle „Gebäudebestandteile/Gebäudezubehör" zur Schnittstelle „Gebäudezubehör/sonstige bewegliche Sachen (Hausrat)" verlagert.

Die Abgrenzung zwischen Gebäude- und Hausratversicherung ist in den einzelnen Bereichen unterschiedlich geregelt. Im privaten (Wohn-)Bereich ist Gebäudezubehör im dargestellten Rahmen gemeinsam mit dem Gebäude ohne weiteres versichert. In den sonstigen Bereichen, insbesondere in der gewerblichen und landwirtschaftlichen Versicherung, wird Gebäudezubehör nicht gemeinsam mit dem Gebäude, sondern zusammen mit dem sonstigen Inhalt des Gebäudes versichert.

Zubehörstücke, die für die Instandhaltung eines Wohngebäudes oder zu Wohnzwecken genutzt werden, sind Sachen, die einem privaten Haushalt zur Einrichtung oder zum Gebrauch oder zum Verbrauch dienen. Deshalb sind sie nach § 6 VHB 2010 (A) versicherte Sachen in der Hausratversicherung. Der Einschluss des Gebäudezubehörs in der Wohngebäudeversicherung erscheint unter diesen Umständen auf den ersten Blick überflüssig. Diese Vermutung trifft jedoch nicht zu. Dabei spielt die Regelung des Versicherungsorts in der Hausratversicherung eine große Rolle. Nach § 6 Nr. 1 VHB 2010 (A) besteht Versicherungsschutz für versicherte Sachen innerhalb des Versicherungsorts. Versicherungsort in der Hausratversicherung ist nach § 6 Nr. 1 VHB 2010 (A) die im Versicherungsvertrag bezeichnete Wohnung des Versicherungsnehmers. Infolgedessen ist Gebäudezubehör in der Hausratversicherung versichert, wenn es sich innerhalb der im Versicherungsvertrag bezeichneten Wohnung des Versicherungsnehmers befindet. An der Außenseite von Gebäuden angebrachtes Gebäudezubehör befindet sich jedoch nicht innerhalb, sondern außerhalb der Wohnung. Es ist daher in der Hausratversicherung grundsätzlich nicht versichert. Der **Außenversicherungsschutz** nach § 7 VHB 2010 (A), wonach bestimmte Sachen auch versichert sind, solange sie sich vorübergehend außerhalb der Wohnung befinden, kommt grundsätzlich nicht zum Tragen. Außen angebrachte Sachen sind nicht vorübergehend, sondern ständig außerhalb der Wohnung. § 7 Nr. 1 VGB 2010 (B) stellt insofern ausdrücklich klar, dass ein Zeitraum von mehr als drei Monaten nicht mehr als vorübergehend angesehen werden kann.

Die nach den VGB 62 bei diesen Sachen bestehende Deckungslücke zwischen Wohngebäude- und Hausratversicherung wird durch den Einschluss dieser Sachen in den VGB 88/VGB 2010 geschlossen. Doppelversicherung entsteht dadurch in der Regel nicht.

II. Doppelversicherung mit der Hausratversicherung

Es ist indessen nicht zu übersehen, dass durch den Einschluss des Gebäudezubehörs nach den VGB 2010 insbesondere bei der Versicherung von Einfamilienhäusern zahlreiche Fälle der Doppelversicherung geschaffen werden. Dies liegt in erster Linie daran, dass bei Einfamilienhäusern in der Regel das gesamte Wohngebäude mit Ausnahme von ausschließlich gewerblich genutzten Räumen Versicherungsort in der Hausratversicherung ist. Infolgedessen ist Gebäudezubehör, das Wohnzwecken dient, in der Hausratversicherung innerhalb des Wohngebäudes versichert. Dadurch werden daher Fälle der Doppelversicherung zwischen Wohngebäude- und Hausratversicherung geschaffen. 38

Für das Entstehen der Doppelversicherung spielt es grundsätzlich keine Rolle, ob eine Wohnung oder ein Einfamilienhaus vom Gebäudeeigentümer selbst bewohnt wird oder vermietet ist. In der Hausratversicherung ist fremdes Eigentum weitgehend mitversichert. In einer vermieteten Wohnung erstreckt sich deshalb die Hausratversicherung des Mieter-Versicherungsnehmers auch auf das vom Gebäudeeigentümer eingebrachte Gebäudezubehör. Andererseits sind vom Mieter eingefügte Sachen, die in Ausnahmefällen Gebäudezubehör sein können, nach § 5 Nr. 3 b) VGB 2010 (A) in der Wohngebäudeversicherung nicht versichert. Dadurch werden weitere Fälle der Doppelversicherung verhindert. 39

Die besonderen Fälle der Doppelversicherung bei Einfamilienhäusern würden weitgehend vermieden, wenn in die VGB 2010 lediglich das Gebäudezubehör eingeschlossen wäre, das der Instandhaltung des versicherten Gebäudes oder dessen Nutzung durch mehrere Wohnungen bzw. Parteien zu Wohnzwecken dient. Im Ergebnis würde dies den Ausschluss des Gebäudezubehörs bedeuten, das bei Einfamilienhäusern zu Wohnzwecken genutzt wird. Bei Einfamilienhäusern, die vom Gebäudeeigentümer selbst bewohnt werden, wäre eine derartige Regelung zu vertreten. Versicherungsschutz für das Gebäude besteht in der eigenen Hausratversicherung des Gebäudeeigentümers. Dagegen würde bei vermieteten Einfamilienhäusern die Interessenlage des Gebäudeeigentümers nicht angemessen berücksichtigt. Versicherungsschutz für das Gebäudezubehör bestünde in der Hausratversicherung des Mieters. Auf die Gestaltung dieses Vertrages hat der Gebäudeeigentümer in der Regel keinen Einfluss. Er kann oft nicht einmal feststellen, ob der Mieter überhaupt eine Hausratversicherung abschließt. Hat der Mieter eine Hausratversicherung abgeschlossen, so kann der Gebäudeeigentümer dennoch nicht verhindern, dass im Versicherungsfall infolge vertragswidrigen Verhaltens des Mieter-Versicherungsnehmers – z. B. wegen Nichtzahlung fälliger Beiträge, wegen vorsätzlicher oder grob fahrlässiger Herbeiführung des Versicherungsfalles, wegen Obliegenheitsverletzung oder wegen Unterversicherung – Entschädigungsansprüche nicht entstehen bzw. ganz oder teilweise verwirkt werden. Daher erwartet auch der Eigentümer eines vermieteten Einfamilienhauses Versicherungsschutz für das Gebäudezubehör im Rahmen seiner Wohngebäudeversicherung. Bei Schäden am Gebäudezubehör möchte er nicht vom Mieter und dessen Hausratversicherung abhängig sein, sondern Ersatz aus seiner Wohngebäudeversicherung beanspruchen. Daran liegt es, dass der Einschluss des Gebäudezubehörs nicht in der angesprochenen Form beschränkt wurde. Das Interesse von Gebäudeeigentümern an umfassendem Versicherungsschutz ist höher einzustufen als das Interesse an der Beseitigung der Doppelversicherung.

40 Grundsätzlich sind Fälle der Doppelversicherung für den Versicherungsnehmer jedoch wirtschaftlich nachteilig. Doppelversicherung führt in der Regel zu doppelter Prämienbelastung, da die doppelt versicherten Sachen bei der Ermittlung der Versicherungssumme in beiden Versicherungsverträgen anzusetzen sind. Dies gilt auch, wenn Unterversicherungsverzicht vereinbart wird, da der Versicherer bei der Festlegung der Mindestversicherungssummen die doppelt versicherten Sachen in beiden Sparten berücksichtigt. Es fragt sich, wie die angesprochene Doppelversicherungsproblematik zwischen Wohngebäude- und Hausratversicherung zu lösen ist.

Das wirtschaftliche Interesse an der Versicherung des Gebäudezubehörs liegt beim Gebäudeeigentümer. Umgekehrt ist der Mieter einer Wohnung oder eines Hauses an der Versicherung des Gebäudezubehörs in der Regel nicht interessiert.

41 Mit Schaffung der VGB 2010 sowie der VHB 2010 sollte versucht werden, die beiden Bedingungswerke derart aneinander anzupassen, dass Fälle der Doppelversicherung weitgehend verhindert werden.

Entgegen der von *Martin* vertretenen Ansicht ist auch keineswegs davon auszugehen, dass Versicherer und Versicherungsnehmer übereinstimmend ein gewisses Interesse daran haben, im Zweifel eher Deckung durch die Hausrat- als durch die Wohngebäudeversicherung anzunehmen. Dies trifft insbesondere im

Hinblick auf die Interessenlage des Versicherungsnehmers in dieser allgemeinen Form nicht zu. Der von *Martin* zur Begründung herangezogene Fall, dass eine Wohngebäudeversicherung nicht besteht, liefert keine überzeugenden Argumente. Mit der gleichen Begründung könnte auch das Interesse des Versicherungsnehmers an einer vorrangigen Deckung durch die Wohngebäudeversicherung unterstellt werden, wenn umgekehrt eine Hausratversicherung nicht besteht. Dagegen ist *Martin* darin zuzustimmen, dass Mieter als Versicherungsnehmer häufig daran interessiert sind, den Deckungsumfang der Hausratversicherung im Verhältnis zur Wohngebäudeversicherung auszudehnen, weil sie die Gestaltung des Wohngebäudeversicherungsvertrages nicht beeinflussen und zumeist auch auf die Entschädigung nicht zugreifen können.

In diesem Zusammenhang ist auch die Versicherung von außen am Gebäude angebrachten **Rundfunk- und Fernsehantennenanlagen** sowie Markisen im privaten Bereich kritisch zu prüfen. Sofern diese Sachen vom Gebäudeeigentümer eingefügt wurden, sind sie in der Wohngebäudeversicherung ohne weiteres versichert. Dabei kann dahingestellt bleiben, ob sie wesentliche oder unwesentliche Gebäudebestandteile bzw. Gebäudezubehör sind. Daneben sind Rundfunk- und Fernsehantennenanlagen sowie Markisen nach § 6 Nr. 2 c) cc) VHB 2010 (A) in der Hausratversicherung versichert, soweit sie nicht mehreren Wohnungen oder gewerblichen Zwecken dienen. Der Ausschluss von Gebäudebestandteilen nach § 6 Nr. 4 a) VHB 2010 (A) berührt diese Sachen nicht. Versicherungsschutz besteht nach § 6 Nr. 1 VHB 2010 (A) auf dem gesamten Grundstück, auf dem die versicherte Wohnung liegt. Versichert sind die genannten Sachen daher auch, wenn sie außen am Gebäude angebracht sind. Es spielt keine Rolle, ob sie vom Gebäudeeigentümer oder vom Mieter eingefügt wurden. Versicherungsschutz in der Hausratversicherung des Mieter-Versicherungsnehmers besteht selbst dann, wenn die Antenne oder Markise des von ihm gemieteten Hauses vom Gebäudeeigentümer eingefügt wurde. Infolgedessen entsteht bei sogenannten Einzelantennen, die nicht gewerblichen Zwecken dienen, regelmäßig Doppelversicherung zwischen der Hausratversicherung und der Wohngebäudeversicherung. Die Ursache dafür liegt wiederum darin, dass die VHB 84 mit den VGB 62 abgestimmt wurden, Hauptmotiv für den undifferenzierten Einschluss dieser Sachen in der Hausratversicherung war die Regelung in § 5 Nr. 3b VGB 62. Danach sind an der Außenseite des Gebäudes angebrachte Antennenanlagen und Markisen in der Sturmversicherung nur aufgrund besonderer Vereinbarung versichert. Die dadurch entstehende Deckungslücke zwischen Wohngebäude- und Hausratversicherung sollte geschlossen werden. Daneben sollten Auseinandersetzungen darüber vermieden werden, ob die genannten Sachen als Gebäudebestandteil oder Gebäudezubehör einzustufen sind. Nach dem Einschluss des Gebäudezubehörs in die Wohngebäudeversicherung nach VGB 2010 besteht keine Veranlassung mehr, vom Gebäudeeigentümer eingefügte Rundfunk- und Fernsehantennenanlagen sowie Markisen in der Hausratversicherung einzuschließen.

Die unerwünschten Fälle der Doppelversicherung zwischen Wohngebäude- und Hausratversicherung lassen sich sachgerecht nach Maßgabe der wirtschaftlichen

42

Interessenlage analog der oben entwickelten Lösung durch eine Änderung der VHB 2010 beseitigen. Danach wären Rundfunk- und Fernsehantennenanlagen sowie Markisen in der Hausratversicherung versichert, wenn der Versicherungsnehmer diese Sachen als Mieter auf seine Kosten beschafft oder übernommen hat und die Gefahr trägt. Ansonsten sind diese Sachen als Gebäudezubehör in der Wohngebäudeversicherung versichert.

§ 6 Wohnungs- und Teileigentum

1. Ist bei Verträgen mit einer Gemeinschaft von Wohnungseigentümern der Versicherer wegen des Verhaltens einzelner Wohnungseigentümer ganz oder teilweise leistungsfrei, so kann er sich hierauf gegenüber den übrigen Wohnungseigentümern wegen deren Sondereigentums sowie deren Miteigentumsanteile nicht berufen.

2. Die übrigen Wohnungseigentümer können verlangen, dass der Versicherer sie auch insoweit entschädigt, als er gegenüber einzelnen Miteigentümern leistungsfrei ist, sofern diese zusätzliche Entschädigung zur Wiederherstellung des gemeinschaftlichen Eigentums verwendet wird.

   Der Wohnungseigentümer, in dessen Person der Verwirkungsgrund vorliegt, ist verpflichtet, dem Versicherer diese Mehraufwendungen zu erstatten.

3. Für die Gebäudeversicherung bei Teileigentum gelten Nr. 1 und Nr. 2 entsprechend.

Wohnungseigentum/Teileigentum

Bei Verträgen mit einer Gemeinschaft von Wohnungseigentümern und bei Teileigentum gelten Besonderheiten, die in § 6 VGB 2010 (A) geregelt sind. 1

Umstritten ist, ob die einzelnen Wohnungseigentümer (Mit-)Versicherte[387] oder Versicherungsnehmer[388] sind. Die Beantwortung dieser Frage hat weitreichende Konsequenzen. Sie entscheidet etwa darüber, ob der einzelne Wohnungseigentümer gegenüber dem Versicherer aktivlegitimiert ist. 2

Weiterhin hängt davon gegebenenfalls die Entscheidung darüber ab, ob das Fehlverhalten eines Wohnungseigentümers allen Wohnungseigentümern schadet. In der Wohngebäudeversicherung nach den VGB werden jedoch die Rechtsfolgen, die an das Fehlverhalten eines Wohnungseigentümers als Versicherungsnehmer geknüpft sind, durch die Regelungen in § 6 VGB 2010 (A) stark abgeschwächt. Dies liegt an dem besonderen Charakter des Wohnungseigentums nach Maßgabe des Gesetzes über das Wohnungseigentum und das Dauerwohnrecht (WEG) vom 15.03.1951. § 6 VGB 2010 (A) ersetzt die bisherigen Regelungen in den §§ 22 VGB 88 n. F., 25 Nr. 3 VGB 88 a. F., die ihrerseits an die Stelle der Klausel 841 – Wohnungseigentum – zu den VGB 62 getreten sind[389].

Ist der Versicherer bei Verträgen mit einer Gemeinschaft von Wohnungseigentümern wegen des Fehlverhaltens einzelner Wohnungseigentümer, z. B. bei 3

---

387 OLG Hamm VersR 1996, 1234.
388 OLG Düsseldorf r + s 1998, 337.
389 Ollick, VerBAV 1982, 440.

vorsätzlicher oder grob fahrlässiger Herbeiführung des Versicherungsfalls, bei der Verletzung der vorvertraglichen Anzeigepflicht oder der Gefahrstandspflicht, bei der Verletzung von Sicherheitsvorschriften oder Obliegenheiten im Versicherungsfall sowie bei arglistiger Täuschung leistungsfrei, so kann er sich hierauf gegenüber den übrigen Wohnungseigentümern nicht berufen. Die übrigen Wohnungseigentümer können verlangen, dass der Versicherer sie auch insoweit entschädigt, als er gegenüber einzelnen Miteigentümern leistungsfrei ist.

Dabei ist jedoch gefordert, dass die zusätzliche Entschädigung zur Wiederherstellung des gemeinschaftlichen Eigentums verwendet wird. Der Wohnungseigentümer, in dessen Person der Verwirkungsgrund vorliegt, ist verpflichtet, dem Versicherer diese Mehraufwendungen zu erstatten (§ 6 Nr. 2 S. 2 VGB 2010 (A)). Gemeinschaftliches Eigentum sind nach § 1 Abs. 5 WEG das Grundstück sowie die Teile, Anlagen und Einrichtungen des Gebäudes, die nicht im Sondereigentum oder im Eigentum eines Dritten stehen.

Durch diese erweiterte Entschädigungsregelung soll verhindert werden, dass der Wiederaufbau des versicherten Gebäudes unterbleibt, weil die Widerherstellung des gemeinschaftlichen Eigentums nicht finanziert werden kann. Dadurch wird der Versicherer verpflichtet, eine derartige Finanzierungslücke zugunsten der übrigen Wohnungseigentümer zu schließen. Dies gilt jedoch nicht für den Schaden am Sondereigentum des Wohnungseigentümers, der den leistungsbefreienden Verstoß begangen hat.

Die dargestellte erweitere Haftung gilt in der Feuerversicherung nicht, wenn sich das Realrecht eines Realgläubigers auf den Miteigentumsanteil des verwirkenden Wohnungseigentümers erstreckt und der Realgläubiger Leistung an sich selbst nach § 143 Abs. 1 VVG verlangen kann. Ohne diese einschränkende Regelung wäre der Versicherer unter bestimmten Voraussetzungen für diesen Teil des Schadens sogar zweimal zur Leistung verpflichtet, obwohl er dem verwirkenden Miteigentümer gegenüber leistungsfrei ist. Mit der Zahlung an den Realgläubiger geht die Hypothek oder die Grundschuld nach § 145 VVG auf den Versicherer über. Wurde jedoch eine Gesamthypothek oder Gesamtgrundschuld bestellt, so verpflichtet sich der Versicherer, auf eine nach § 145 VVG auf ihn übergegangene Gesamthypothek/Gesamtgrundschuld gemäß § 1168 BGB zu verzichten und dabei mitzuwirken, dass der Verzicht auf Kosten der Wohnungseigentümer in das Grundbuch eingetragen wird.

In diesen Fällen ist der verwirkende Wohnungseigentümer jedoch verpflichtet, dem Versicherer die für seinen Miteigentumsanteil und sein Sondereigentum an den Realgläubiger erbrachten Leistungen zu erstatten. Diese Sonderregelung gilt jedoch nur in der Feuerversicherung. Dies folgt aus der systematischen Stellung des § 143 VVG und steht im Einklang mit der Rechtsprechung des BGH. Infolgedessen kommt diese Sonderregelung in der Leitungswasser-, der Rohrbruch- und in der Sturm-/Hagelversicherung nicht zum Tragen.

Vorbemerkung zu den §§ 7 und 8 VGB 2010 (A)

In Anlehnung an die Systematik der VHB 2010 (dort § 8 VHB 2010 (A)) wird in den §§ 7 und 8 VGB 2010 (A) die **Haftung für versicherte Kosten in der Wohngebäudeversicherung** beschrieben.

1

Im Verhältnis zu § 1 Nr. 2 VGB 62 wurde die Kostenversicherung schon mit den VGB 88 um die Haftung für Bewegungs- und Schutzkosten erweitert. Weiterhin wurde im Zusammenhang damit die Entschädigungsgrenze für versicherte Kosten spürbar erhöht. Es handelt sich um eine ins Gewicht fallende Verbesserung der Haftung.

Gerade in der Wohngebäudeversicherung entstehen im Versicherungsfall neben den Schäden an versicherten Sachen häufig weitere Schäden in Form von bestimmten Kostenarten, die infolge des Sachschadens anfallen. **Eine Beschränkung des Versicherungsschutzes auf Sachschäden würde daher in vielen Fällen zu erheblichen Deckungslücken führen.** Die Haftung für versicherte Kosten ergänzt und vervollständigt den Versicherungsschutz für versicherte Sachen in der Wohngebäudeversicherung. Eine derartige zweistufige Haftung findet sich in fast allen Zweigen der Sachversicherung. Meist sind Kosten jedoch nur aufgrund besonderer Vereinbarung versichert. Ihre Mitversicherung wird beantragt, es wird für jede eine eigene Position mit einer Versicherungssumme gebildet, aus der die Prämie berechnet wird. Eine derartige Handhabung ist in der Massensparte Wohngebäudeversicherung nicht praktikabel. Deswegen ist ein standardisierter Versicherungsumfang für versicherte Kosten im Bedingungswerk verankert. Eine gesonderte Beitragsberechnung erfolgt dafür in der Regel nicht. Der Schadenbedarf für Kostenschäden ist kalkulatorisch in den Grundbeitragssätzen berücksichtigt. Die bedingungsmäßige Haftung für Kosten kann einzelvertraglich gegen Beitragszuschlag erweitert werden.

A. Abgrenzung zwischen Sachschaden und Kostenschaden

Die Abgrenzung zwischen Schäden an versicherten Sachen (Sachschaden) und wirtschaftlichen Schäden, die durch infolge des Sachschadens zusätzlich anfallende Kosten entstehen (Kostenschaden), bereitet wegen der ungenauen Formulierung des Schadenbegriffs in den Allgemeinen Versicherungsbedingungen der Sachversicherung erhebliche Schwierigkeiten[390]. Sie hat jedoch insbesondere im Hinblick auf die Entschädigungsgrenzen für versicherte Kosten erhebliche praktische Bedeutung. Weiterhin ist zu berücksichtigen, dass es keinen Versicherungswert für versicherte Kosten gibt[391]. Der Kostenschaden bleibt daher bei der Ermittlung des Versicherungswerts außer Betracht. Aus diesen Gründen **hat die**

2

---

390 Martin A I 3 f.; A III 3 f. und W I 1.
391 Vgl. Blanck, S. 37.

Abgrenzung zwischen Sachschaden und Kostenschaden unter Umständen erheblichen Einfluss auf die Höhe der Entschädigung. Die Wohngebäudeversicherung ist eine Sachversicherung. Sie schützt das wirtschaftliche Interesse des Versicherungsnehmers an den versicherten Sachen. Versicherte Sachen sind die im Versicherungsschein bezeichneten Gebäude, deren Bestandteile und deren Zubehöre nach Maßgabe des § 5 VGB 2010 (A) (s. o. § 5 Rn. 4 ff.). Sachschäden entstehen durch die Einwirkung versicherter Gefahren auf die versicherten Sachen auf dem Versicherungsgrundstück. Ursache des Sachschadens ist der Eintritt eines der in den §§ 2 bis 4 VGB 2010 (A) genannten Schadenereignisse. Erscheinungsform des Sachschadens ist nach § 1 Nr. 1 VGB 2010 (A) die Zerstörung, die Beschädigung oder das Abhandenkommen versicherter Sachen. Dadurch wird die Substanz versicherter Sachen beeinträchtigt bzw. zerstört. Der Schaden an der Sachsubstanz wird bewertet. Mit Hilfe der Bewertung wird der reale Schaden an der Sachsubstanz in einem Geldbetrag ausgedrückt. Grundlage der Bewertung sind der Versicherungswert und die notwendigen Reparaturkosten.

Die Wohngebäudeversicherung ersetzt nicht die Sachsubstanz, sondern diejenigen Kosten, die dem Versicherten bei der Wiederherstellung bzw. Wiederbeschaffung versicherter Sachen entstehen. Der Versicherer gleicht den Schaden aus, der am Vermögen des Versicherungsnehmers durch die Kosten der Wiederherstellung oder der Wiederbeschaffung entsteht. Der Schaden lässt sich auch aus der Differenz zwischen dem wirklichen Vermögensstand infolge des Versicherungsfalls und dem hypothetischen Vermögensstand ohne den Versicherungsfall definieren. Bei wirtschaftlicher Betrachtungsweise ist deshalb jeder Sachschaden im Ergebnis ein Vermögensschaden. Die übliche theoretische Unterscheidung, wonach Sachschäden als Sachsubstanzschäden und Kostenschäden als Vermögensfolgeschäden charakterisiert werden[392], liefert bei wirtschaftlicher Betrachtungsweise keine praktikablen Maßstäbe für die Abgrenzung zwischen Sach- und Kostenschaden. Praktikable Abgrenzungskriterien lassen sich offensichtlich nur anhand der in den VGB beschriebenen Erscheinungsformen der versicherten Schäden gewinnen. Sachschäden sind nach § 1 VGB 2010 (A) in Verbindung mit den §§ 2 bis 5 VGB 2010 (A) als die durch Zerstörung, Beschädigung oder das Abhandenkommen versicherter Sachen durch eine versicherte Gefahr abschließend geregelt. Die darüber hinaus versicherten Schäden sind als versicherte Kosten (Kostenschaden) in §§ 7 und 8 VGB 2010 (A) und darüber hinaus als versicherter Mietausfall in § 9 VGB 2010 (A) umfassend festgelegt.

B. Vorrang der Sachschadendeckung

3   In der Praxis kommt es gelegentlich zu Überschneidungen und Abgrenzungsproblemen zwischen Sach- und Kostenschäden. Zumeist handelt es sich dabei um die Kosten bestimmter Nebenarbeiten, die vor oder nach der eigentlichen Re-

---

392   Martin W I 1.

paratur bzw. Wiederbeschaffung versicherter Sachen ausgeführt werden[393]. Sie können unter bestimmten Voraussetzungen sowohl den Reparatur- oder Wiederbeschaffungskosten (Sachschaden) als auch den versicherten Kosten zugerechnet werden. **Es gilt der Grundsatz, dass die Sachschadendeckung vorgeht.** Als Kostenschaden sind nur diejenigen Kosten zu entschädigen, die ihrer Art nach nicht zugleich Sachschaden sind. Dadurch ist ebenso wie in der Hausratversicherung auch die Vorgehensweise bei der praktischen Schadenprüfung vorgegeben. Schadenpositionen werden zunächst dem Sachschaden zugeordnet. Diejenigen Positionen, die nicht als Sachschaden anzusehen sind, werden anschließend daraufhin überprüft, ob sie als versicherte Kosten entschädigt werden können. Es wird auf diese Weise sichergestellt, dass Entschädigung immer nur entweder aus der Sachschaden- oder aus der Kostenschadendeckung beansprucht werden kann. Der Vorrang der Sachschadendeckung liegt im Interesse des Versicherungsnehmers. Für die Entschädigung versicherter Kosten gelten nämlich Entschädigungsgrenzen. Im Gegensatz dazu ist die Entschädigung für Schäden an versicherten Sachen betragsmäßig nicht begrenzt. Infolgedessen könnte eine andere Vorgehensweise bei der Zuordnung von Schadenpositionen zu Nachteilen für den Versicherungsnehmer führen, wenn der Betrag der Entschädigungsgrenze für versicherte Kosten überschritten wird. Die Gegenansicht von Martin, wonach häufig Doppelversicherung entsteht, weil sich Sachschaden und Kostenschaden überschneiden[394], mag zutreffen, wenn für die Kostenversicherung eine eigene Position mit eigener Versicherungssumme gebildet und zusätzlich Prämie berechnet wird. Auf die pauschale Kostenversicherung nach den VGB lassen sich diese Überlegungen nicht übertragen. Auch der bei Martin in der 2. Auflage gedachte Fall[395], dass der Versicherungsnehmer bei Unterversicherung durch Verlagerung von Teilen des Sachschadens in den Kostenschaden eine höhere Entschädigung erlangen kann, hat in der Wohngebäudeversicherung geringe praktische Bedeutung. Dies liegt daran, dass die in den VGB verankerte Unterversicherungsregelung (§ 11 Nr. 2 VGB 2010 (A)) für Sachschäden und Kostenschäden in gleicher Weise gilt und die Gesamtentschädigung für alle Schadengruppen bei der Versicherung mit fester Summe auf den Betrag der Versicherungssumme begrenzt ist. Auch in der gleitenden Neuwertversicherung kann wegen der betragsmäßig unbeschränkten Haftung für Sachschäden durch die Verlagerung von Sachschadenteilen zum Kostenschaden die Entschädigung nicht erhöht werden. Im Gegensatz dazu wäre es dort aber theoretisch möglich, durch Verlagerung von Teilen des Kostenschadens zum Sachschaden die Entschädigungshöhe zu beeinflussen, wenn die Aufräumungs- oder Abbruchkosten sowie die Bewegungs- oder Schutzkostenden Betrag der Entschädigungsgrenze übersteigen. Praktisch sind indessen auch diese Fälle wegen des nachrangigen Charakters der Kostenversicherung nicht vorstellbar. Werden aus der Kostenversicherung nur diejenigen Schadenpositionen entschädigt, die nicht unter die

---

[393] Martin R III 37 f.
[394] Martin S I 40, W IV 10 und W V 45.
[395] Martin W V 18.

Sachschadendeckung fallen, so ist es praktisch ausgeschlossen, dieselben Positionen im Nachhinein nun doch als Sachschäden anzuerkennen, weil die Entschädigungsgrenze für Kostenschäden ausgeschöpft ist.

§ 7 Versicherte Kosten

1. *Versicherte Kosten*

   Versichert sind die infolge eines Versicherungsfalles notwendigen und tatsächlich angefallenen

   a. *Aufräumungs- und Abbruchkosten*

      für das Aufräumen und den Abbruch versicherter Sachen sowie für das Wegräumen und den Abtransport von Schutt und sonstigen Resten dieser Sachen zum nächsten Ablagerungsplatz und für das Ablagern und Vernichten;

   b. *Bewegungs- und Schutzkosten*

      die dadurch entstehen, dass zum Zweck der Wiederherstellung oder Wiederbeschaffung versicherter Sachen andere Sachen bewegt, verändert oder geschützt werden müssen.

      Die Entschädigung für versicherte Kosten gemäß a) und b) ist auf den vereinbarten Betrag begrenzt.

2. *Gesondert versicherbar*

   (es folgen ggf. Klauseln, siehe Anhang)

A. Versicherte Kosten

Nach § 7 Nr. 1 VGB 2010 (A) sind die „infolge eines Versicherungsfalles notwendigen und tatsächlich angefallenen Kosten" versichert. Aus dieser Formulierung folgt, dass die in den §§ 7 und 8 VGB 2010 (A) beschriebenen Kosten unter der Voraussetzung entschädigt werden, dass sie infolge eines Versicherungsfalls entstanden sind. In § 1 Nr. 1 VGB 2010 (A) wird der Versicherungsfall als die Beschädigung, Zerstörung oder das Abhandenkommen versicherter Sachen durch eine versicherte Gefahr definiert. Ein Versicherungsfall ist gedanklich vorausgesetzt, d. h., **der Kostenschaden ist nicht selbst Versicherungsfall, sondern Annex eines Versicherungsfalls**. 1

Die Kosten nach den §§ 7 und 8 VGB 2010 (A) entstehen nach dem Eintritt des Versicherungsfalls durch zielgerichtetes Handeln. Sie werden im Zuge der ergriffenen Maßnahmen bewusst verursacht oder in Kauf genommen, weil damit ein bestimmtes Ziel erreicht werden soll. Der Versicherungsnehmer oder seine Repräsentanten haben deshalb in der Regel einen Einfluss darauf, dass versicherte Kosten überhaupt oder in einer bestimmten Höhe entstehen. Im Gegensatz dazu treten die sonstigen Schäden durch die (unvermeidliche) Einwirkung versicherter Gefahren gegen den Willen des Versicherungsnehmers ein. In diesem Zusammenhang ist die Voraussetzung für die Ersatzfähigkeit des Kostenschadens zu 2 interpretieren, dass die „notwendigen" Kosten versichert sind. Damit soll zum Ausdruck gebracht werden, dass der Versicherer die Kosten für die Durchführung derjenigen Maßnahmen ersetzt, die der Versicherungsnehmer in einem Versicherungsfall bei sachgerechter Würdigung objektiv für notwendig erachten konnte.

I. Aufräumungs- und Abbruchkosten

1. Allgemeine Erläuterungen

3   Versichert sind Aufräumungs- und Abbruchkosten. Dabei handelt es sich nach § 7 Nr. 1 a) VGB 2010 (A) um die infolge eines Versicherungsfalls notwendigen Kosten für das **Aufräumen und den Abbruch versicherter Sachen sowie für das Wegräumen und den Abtransport von Schutt und sonstigen Resten dieser Sachen bis zum nächsten Ablagerungsplatz und für das Ablagern und Vernichten**.

Im Verhältnis zu den VGB 62 war schon mit den VGB 88 eine sprachliche Klarstellung erfolgt. Die Formulierung in § 1 Nr. 2 c) VGB 62, wonach Aufräumungs- und Abbruchkosten versichert sind, „soweit sie die versicherten Gebäude betreffen", war nämlich nicht eindeutig.

Wird beispielsweise durch einen Sturm ein Baum auf das Dach eines versicherten Gebäudes geworfen, so sind die Kosten für die Beseitigung der Dachtrümmer sowohl nach den VGB 62, als auch nach VGB 88 und den aktuellen VGB versichert. Die Kosten für die Beseitigung des umgestürzten Baumes sind weder nach den VGB 88 noch den aktuellen VGB 2010 ohne weiteres versichert, während nach § 1 Nr. 2c) VGB 62 dafür wohl Versicherungsschutz besteht. Dabei ist jedoch vorausgesetzt, dass durch den umstürzenden Baum Schäden an versicherten Sachen verursacht werden. Ist das nicht der Fall, so sind die Kosten für die Beseitigung der Baumreste zweifelsfrei weder nach den VGB 88 sowie den aktuellen VGB noch nach den VGB 62 versichert.

Inzwischen gibt es mit der **Klausel 7363** eine Möglichkeit, auch Aufwendungen für die Beseitigung umgestürzter Bäume gesondert zu versichern.

4   § 7 Nr. 1 a) VGB 2010 (A) erfasst nur Sachen, die **im jeweiligen Wohngebäudeversicherungsvertrag** versichert sind. Dies legt der Wortlaut nicht unbedingt nahe, da dort nur von den „versicherten Sachen" die Rede ist.

In der alten Fassung der VGB 88 kam dies durch die Formulierung „Sachen, die durch vorliegenden Versicherungsvertrag versichert sind" deutlicher zum Ausdruck. Schon in § 2 Nr. 1 a) VGB 88 n. F. war hingegen von den „versicherten Sachen" die Rede, ohne dass hierdurch eine inhaltliche Änderung verbunden sein sollte. Durch die Einschränkung bei den Aufräumungs- und Abbruchkosten auf Sachen, die in dem jeweiligen Wohngebäudeversicherungsvertrag versichert sind, sollen Fälle der Doppelversicherung vermieden werden.

Daneben werden dadurch Überschneidungen mit anderen Positionen ausgeschaltet. Läuft beispielsweise Löschwasser in den Keller des versicherten Gebäudes, so handelt es sich bei den Kosten für das Auspumpen des Kellers in der Wohngebäudeversicherung um Schadenminderungskosten.

Zweck der **Aufräumarbeiten** ist es, das Gebäude bzw. das Versicherungsgrundstück in einen ordnungsgemäßen Zustand zu versetzen, der die Reparatur oder Wiederherstellung der versicherten Sachen zulässt. Dazu müssen Schutt, Trümmer und sonstige Reste versicherter Sachen zusammengetragen und vom Versicherungsort entfernt werden. Stehengebliebene Gebäudeteile, die beim Wiederaufbau nicht verwendet werden können, müssen zuvor abgebrochen werden. Abbruchkosten sind bei dieser Betrachtungsweise ein Unterfall der Aufräumungskosten. Auch bei Teilschäden an Gebäuden zählen die Kosten der Trümmerbeseitigung und eines möglichen Teilabbruchs zu den Aufräumungskosten, nicht zum Sachschaden. Für die Festlegung des Umfangs der Sachschadenentschädigung kann nicht außer Betracht bleiben, dass Aufräumungs- und Abbruchkosten explizit in allen Wohngebäudeversicherungsverträgen ohne weiteres versichert sind. Daraus folgt, dass kein Interesse und keine Veranlassung besteht, dieselben Schadenteile noch einmal im Rahmen der Sachschadendeckung zu versichern. Die Auslegung und Abgrenzung der einzelnen Schadenpositionen kann sachgerecht nur im Rahmen einer Gesamtbetrachtung der nach § 5 VGB 2010 (A) und §§ 7 und 8 VGB 2010 (A) versicherten Positionen erfolgen. Dabei ist der nachrangige Charakter der Kostenversicherung zu beachten (s. o. vor §§ 7, 8 Rn. 3). Andererseits können die Regelungen über versicherte Kosten in Zweifelsfällen zur negativen Abgrenzung des Sachschadens herangezogen werden. Schadenpositionen, die eindeutig als versicherte Kosten eingestuft werden können, sind im Zweifel nicht zugleich Sachschaden.

Zu den **Aufräumungskosten** zählen neben den Kosten für das eigentliche Aufräumen auch die Kosten für das Aufladen und den Transport der Reste zur nächsten Ablagerungsstätte, sowie die Kosten für das Ablagern selbst (Deponiegebühren) oder das Vernichten von Schutt und sonstigen Resten. Im Vergleich zu § 1 Nr. 2 c) VGB 62 werden die Kosten für das Ablagern und Vernichten schon in § 2 Nr. 1 a) VGB 88 ausdrücklich erwähnt; diese Regelung wurde in den aktuellen VGB beibehalten. Eine Haftungserweiterung gegenüber den VGB 62 folgt hieraus jedoch nicht. Diese Kosten sind bei richtiger Auslegung auch nach den VGB 62 versichert. Dagegen zählen die Kosten für die Reinigung von wieder verwendbaren versicherten Sachen weder nach den aktuellen VGB noch nach den Vorgängerregelungen zu den Aufräumungskosten. Reinigungskosten sind in der Regel Reparaturkosten und damit Sachschaden.

2. Sonderfragen durch steigendes Umweltbewusstsein

Mit steigendem Umweltbewusstsein haben sich die Sachversicherer – insbesondere im Rahmen der Feuerversicherung – in den vergangenen Jahren immer häufiger mit **Fragen der Umweltschädigung** auseinanderzusetzen. Neben dem gesteigerten Umweltbewusstsein liegt die Ursache für diese Entwicklung auch in den besseren Erkenntnissen über die physikalischen und chemischen Prozesse beim Abbrand unterschiedlicher Stoffe sowie der Verfeinerung der Messmethoden und der Analysetechnik zum Nachweis chemischer Substanzen. Es ist heute allgemein anerkannt, dass bei Bränden unter bestimmten Bedingungen hochtoxische Substanzen frei werden, die zu einer Kontamination von versicherten Sachen, von Brandresten und Löschwasser, aber auch von Boden, Luft und Wasser führen können. Im Rahmen der Aufräumungskostenversicherung führt dies zu einem stark zunehmenden Schadenpotenzial. Sofern der begründete Verdacht auf eine Kontamination von Brandresten oder eine entsprechende Anordnung der zuständigen Behörden vorliegt, zählen die Kosten für die oft sehr aufwändigen Analysen des Brandschutts zu den versicherten Aufräumungskosten. Erst anhand der Analyseergebnisse kann zuverlässig über eine angemessene Entsorgung entschieden werden. Es kommt vor, dass der Brandschutt bis zum Vorliegen der Analyseergebnisse zwischengelagert werden muss. Die Kosten dieser Zwischenlagerung sind als Aufräumungskosten zu entschädigen. Positive Ergebnisse der toxikologischen Untersuchung führen in der Regel dazu, dass Brandschutt aufwändig dekontaminiert oder als Sondermüll gelagert bzw. in speziellen Anlagen verbrannt wird. Diese Entsorgungskosten fallen unter den Begriff der Aufräumungskosten und sind vom Wohngebäudeversicherer zu entschädigen. Dabei ist zu berücksichtigen, dass dies nur für die Entsorgung versicherter Sachen gilt. Deshalb stellt sich auch nicht die Frage, ob die Kosten der Dekontaminierung von verseuchtem Boden sowie verseuchtem Grund- und Oberflächenwasser vom Wohngebäudeversicherer zu entschädigen sind. Boden und Wasser sind keine versicherten Sachen in der Wohngebäudeversicherung. Infolgedessen sind die Kosten für die Entsorgung von verseuchtem Boden und verseuchtem Wasser in der Wohngebäudeversicherung nicht versichert.

Diese Aussage gilt ohne weiteres, soweit Boden oder Wasser infolge eines Versicherungsfalls durch Abbrandprodukte oder sonstige toxische Stoffe verseucht werden, die nicht versicherte Sachen sind. Es fragt sich indessen, ob Versicherungsschutz besteht, wenn z. B. infolge eines Brandschadens an einem versicherten Gebäude Heizöl austritt und Grund und Boden oder das Grundwasser verseucht. Es liegt ein Versicherungsfall vor. Das Heizöl ist infolge des Versicherungsfalls ausgetreten. Es ist versicherte Sache, sofern es der Nutzung des versicherten Gebäudes zu Wohnzwecken dient und sich in dem Gebäude befindet. Deshalb könnte Versicherungsschutz für die Kosten des Abtragens verseuchten Erdreichs sowie für die Kosten der Entsorgung verseuchten Erdreichs und verseuchten Wassers bestehen. Nach verbreiteter Ansicht besteht jedoch auch in diesen Fällen kein Versicherungsschutz, da die versicherte Sache durch die Vermischung mit dem Erdreich oder dem Wasser untergegangen ist. Die Entsorgung des verseuchten Erdreichs oder des verseuchten Wassers kann deshalb nicht als das Aufräumen des Heizöls angesehen werden. Sofern infolge eines Versicherungsfalls austretendes Heizöl Schäden an versicherten Gebäuden anrichtet, besteht dafür Versicherungsschutz. Es handelt sich um Folgeschäden, die als

Sachschäden zu entschädigen sind. Ähnlich liegt es, wenn aus Klima-, Wärmepumpen- oder Solarheizungsanlagen infolge eines Versicherungsfalls wärmetragende Flüssigkeiten wie Sole, Öle, Kühlmittel, Kältemittel und dergleichen austreten. Nach den VGB besteht ohne weiteres Versicherungsschutz, wenn die genannten Flüssigkeiten infolge eines nach § 1 Nr. 1 VGB 2010 (A) versicherten Schadens ausgetreten sind. Ausgenommen sind jedoch auch in diesen Fällen die Kosten für die Entsorgung von verseuchtem Erdreich und verseuchtem Wasser.

Es liegt auf der Hand, dass die angesprochene Umweltproblematik erhebliche Auswirkungen auf die Aufräumungskostenversicherung hat. Es ist keineswegs auszuschließen, dass Brandschutt künftig generell als Sonderabfall behandelt wird. Dadurch erhöhen sich die Kosten für die Beseitigung von Brandresten um ein Vielfaches. So betragen beispielsweise die Deponiekosten für die Ablagerung von normalem Bauschutt etwa 25 bis 30 EUR je Tonne, für Sondermüll werden jedoch Deponiekosten in mehrfacher Höhe der genannten Beträge je Tonne berechnet. Die Behörden neigen mehr und mehr dazu, auch bei Brandschäden mit größter Sorgfalt, teilweise aber auch mit übertriebener Vorsicht mögliche Beeinträchtigungen der Umwelt zu überprüfen. Schwierigkeiten ergeben sich dabei unter anderem daraus, dass die Kenntnisse und Fähigkeiten zur Beurteilung und Einstufung von Schadstoffbelastungen mit der Entwicklung der Mess- und Analysetechnik nicht Schritt gehalten haben. Insbesondere bei der Festlegung der sogenannten Grenzwerte, bei deren Überschreitung Maßnahmen einzuleiten sind, bestehen bei Wissenschaftlern und Behörden erhebliche Unsicherheiten und Meinungsverschiedenheiten. Zahlreiche Giftstoffe kommen in der Natur vor. Deshalb kann oft noch nicht einmal zuverlässig festgestellt werden, ob die nach einem Brand gemessenen Schadstoffkonzentrationen überhaupt auf den Brand zurückzuführen sind. 7

Generell kann davon ausgegangen werden, dass die Behörden auch nach Brandschäden künftig noch höhere Anforderungen an den Schutz bzw. die Sanierung von Wasser und Boden stellen werden. Die gesetzliche Grundlage hierfür sind das Wasserhaushaltsgesetz sowie das am 01.03.1999 in Kraft getretene Gesetz zum Schutz vor schädlichen Bodenveränderungen und zur Sanierung von Altlasten (Bundes-Bodenschutzgesetz). Diese Problematik beschäftigt Haftpflicht- und Sachversicherer in gleicher Weise. Für die gewerbliche und die industrielle Feuerversicherung wurde die Klausel 3301 „Kosten für die Dekontamination von Erdreich" geschaffen. Für die Wohngebäudeversicherung wurde inzwischen mit **Klausel 7362** eine entsprechende Möglichkeit geschaffen.

II. Bewegungs- und Schutzkosten

Bewegungs- und Schutzkosten sind nach § 7 Nr. 1 b) VGB 2010 (A) ohne weiteres versichert. Hier liegt im Vergleich zu den VGB 62 eine Haftungserweiterung vor. Bewegungs- und Schutzkosten entstehen dadurch, dass zum Zweck der Wiederherstellung oder Wiederbeschaffung versicherter Sachen andere Sachen 8 bewegt, verändert oder geschützt werden müssen. Die nachfolgenden Voraussetzungen sind gefordert.

9   **Erstens ist ein Versicherungsfall vorausgesetzt**, d. h. versicherte Sachen sind infolge des Eintritts einer versicherten Gefahr beschädigt oder zerstört worden. Zur Beseitigung dieser Sachschäden werden andere (versicherte oder unversicherte) Sachen, die nicht durch den Schaden betroffen sind, bewegt oder geschützt.

10 **Weiterhin müssen die dadurch verursachten Kosten „notwendig" sein**, d. h. die Bewegung oder der Schutz der anderen Sachen muss entweder wirtschaftlich sinnvoll oder technisch unvermeidbar sein. Wird beispielsweise ein durch Leitungswasser beschädigter Deckenanstrich in einer Wohnung erneuert, so ist es wirtschaftlich sinnvoll, die in dem betroffenen Wohnraum befindlichen Möbel und den Fußboden durch Abdeckfolien zu schützen. Ohne den Schutz könnten die unbeschädigten Sachen im Zuge der Reparaturarbeiten Schäden erleiden, die höher sind als die Schutzkosten. Es ist auch vorstellbar, dass die Möbel für die Zeit der Reparaturarbeiten aus der Wohnung entfernt werden. Die Kosten für die kostengünstigste Lösung sind versichert[396]. Technisch unvermeidbar ist z. B. die Bewegung von Möbeln, die auf einem zerstörten Fußbodenbelag stehen, der durch das versicherte Ereignis zerstört wurde und erneuert werden muss. Bewegen oder Schützen sind in diesem Fall keine alternativen Lösungen. Ersetzt werden nur die Kosten, die durch die Bewegungs- und Schutzmaßnahmen selbst entstehen. Nicht versichert sind etwaige Folgeschäden an den zu bewegenden Sachen. Die Versicherung von Bewegungs- und Schutzkosten nach § 7 Nr. 1 b) VGB 2010 (A) deckt beispielsweise nicht Aufwendungen für Schäden, die an Gebäudetüren und an einer Schrankwand entstanden sind, als diese wegen einer umfangreichen Gebäudeinstandsetzung nach einem Leitungswasserschaden ausgehängt bzw. ausgeräumt und ausgelagert werden mussten[397].

Insbesondere bei Teilschäden werden die Bewegungs- und Schutzkosten in der Praxis häufig zusammen mit den Reparaturkosten ausgewiesen und entschädigt. Diese Praxis hat sich durch den Einschluss der Bewegungs- und Schutzkosten in die Wohngebäudeversicherung nicht geändert. Die Wohngebäudeversicherer verfahren bei der Zuordnung von Bewegungs- und Schutzkosten zum Sachschaden weiterhin überwiegend großzügig, so dass die materiellen Auswirkungen der Haftungserweiterung als eher gering einzuschätzen sind. Dies liegt auch daran, dass bei Reparaturen an Wohngebäuden häufig nicht andere Sachen, sondern Teile derselben Sache bewegt werden. So liegt es beispielsweise, wenn zur Reparatur eines Rohrbruchschadens eine Wandverkleidung oder eine abgehängte Decke abgenommen werden muss. In diesen und ähnlichen Fällen werden Nebenarbeiten auch künftig dem Sachschaden zugeordnet. Dies liegt auch im Interesse des Versicherungsnehmers, da hierdurch eine Entschädigung ohne

---

396   Martin, W IV 9.
397   AG Münster r + s 1997, 77.

Anrechnung auf die nach § 7 Nr. 1 VGB 2010 (A) bestehenden Entschädigungsgrenzen erfolgt.

Überschneidungen zwischen Bewegungs- oder Schutzkosten sowie Schadenminderungskosten sind in der Wohngebäudeversicherung selten. Allerdings kann Doppelversicherung zwischen der Hausratversicherung und der Wohngebäudeversicherung entstehen. Wird Hausrat ausgeräumt, um Schäden am Hausrat abzuwenden oder zu mindern, so sind die dadurch entstehenden Kosten vom Hausratversicherer als Schadenminderungskosten zu tragen. Es fragt sich, ob auch der Wohngebäudeversicherer beansprucht werden kann, wenn das Ausräumen daneben der Reparatur des Gebäudes nutzt. Dies kann nach dem Wortlaut des § 7 Nr. 1 b) VGB 2010 (A) in Zweifel gezogen werden. Es sind Kosten versichert die dadurch entstehen, dass „zum Zweck der Wiederherstellung oder Wiederbeschaffung versicherter Sachen" andere Sachen bewegt werden müssen. Es wird bei Bewegungs- und Schutzkosten ein auf den Zweck der Wiederherstellung oder Wiederbeschaffung ausgerichtetes Handeln vorausgesetzt. Diese Voraussetzung war in dem oben angesprochenen Beispielsfall des Amtsgerichts Münster nicht erfüllt. Zweck des Ausräumens von Hausrat ist nicht die Reparatur des versicherten Gebäudes, sondern die Schadenminderung in der Hausratversicherung.

11

Denkbar sind auch **Fälle, in denen sich Aufräumungs- und Abbruchkosten sowie Schadenabwendungs- und Schadenminderungskosten überschneiden**. Hier muss im Rahmen der Schadenabwicklung eine Abgrenzung zwischen beiden Kostenarten erfolgen. Dies war auch entgegen der insofern unpräzisen Erläuterung der VGB 88 in der 2. Auflage[398] erforderlich, da nach § 2 Nr. 2 VGB 88 n. F. lediglich Aufräumungs- und Abbruchkosten sowie Bewegungs- und Schutzkosten unter die gemeinsame Entschädigungsgrenze fallen.

12

Nach den VGB 2010 werden Schadenabwendungs- und Schadenminderungskosten – wenn die entsprechenden Voraussetzungen erfüllt sind – in der Höhe ersetzt, in der sie tatsächlich entstanden sind (vgl. § 13 Nr. 1 VGB 2010 (B)). Es ist folglich eine präzise Abgrenzung beider Kostenarten erforderlich, um den Erstattungsanspruch des Versicherungsnehmers berechnen zu können.

III. Entschädigungsgrenzen

Bereits in den VGB 88 wurden die Regelungen über die Entschädigungsgrenzen direkt bei den Bestimmungen über die versicherten Kosten eingegliedert (vgl. § 2 Nr. 2 VGB 88 n. F.). Hierdurch sollte die Transparenz und Nachvollziehbarkeit der Bedingungen erhöht werden, ohne dass damit materielle Änderungen verbunden waren. Diese Regelungssystematik wurde auch in den aktuellen VGB beibehalten.

13

---

398 Dietz 2. Auflage B 3.1.5.

14 Die Entschädigung für die Aufräumungs- und Abbruchkosten sowie die Bewegungs- und Schutzkosten ist je Versicherungsfall auf den vereinbarten Betrag begrenzt. Durch die Entschädigungsgrenze wird die Entschädigung für die genannten Kostengruppen je Versicherungsfall auf einen bestimmten Betrag begrenzt, der von der Höhe der Versicherungssumme abhängt.

Dadurch wird der Grundsatz der unbegrenzten Haftung in der gleitenden Neuwertversicherung durchbrochen. Bei Verträgen zum Neuwert, Zum Zeitwert oder zum gemeinen Wert wird die Entschädigung für die genannten Kosten auf einen unter der Versicherungssumme liegenden Betrag begrenzt. Vergleichbare Entschädigungsgrenzen gelten nach den Klauseln 7160, 7260, 7261 und 7361, während für Mietausfallschäden nicht eine betragsmäßige, sondern nach § 9 Nr. 2 VGB 2010 (A) eine zeitliche Entschädigungsgrenze gilt. Der Grund für die Begrenzung der Entschädigung für Kosten liegt darin, dass es sich bei der Haftung für den Kostenschaden um eine weitere Risikoübernahme durch den Wohngebäudeversicherer handelt, die selbständig neben der Haftung für den Sachschaden steht. Eine vergleichbare zweistufige Haftung gibt es auch in den meisten sonstigen Versicherungszweigen. Meist sind Kosten jedoch nur aufgrund besonderer Vereinbarung versichert. Ihre Mitversicherung wird beantragt. Es wird eine Versicherungssumme gebildet, aus der die Prämie berechnet wird. Eine derartige Handhabung ist in der Massensparte Wohngebäudeversicherung nicht praktikabel. Deshalb ist ebenso wie in der Hausratversicherung eine standardisierte Haftung im Bedingungswerk verankert. Bei der Kalkulation der Beitragssätze musste diese erweiterte Haftung berücksichtigt werden. Dabei wurden Entschädigungsgrenzen bzw. Entschädigungsbeträge zugrunde gelegt, die nach den Erfahrungen der Wohngebäudeversicherer das voraussichtliche Schadenpotential bei durchschnittlichen Risikoverhältnissen abdecken. Dieser kalkulierte Haftungsumfang hat seinen Niederschlag in den Entschädigungsgrenzen gefunden. Die Entschädigungsgrenzen sind ein Mittel zur Risikogestaltung. Sie dienen zugleich einer risikogerechten Tarifierung im Sinne der Gleichbehandlung aller Versicherungsnehmer. Wird das angenommene durchschnittliche Risikopotential im Einzelfall überschritten, weil besondere Gefahrverhältnisse vorliegen, so kann der Versicherungsnehmer die Entschädigungsgrenzen für Aufräumungs- und Abbruchkosten sowie für Bewegungs- und Schutzkosten erhöhen. Dafür werden Beitragszuschläge berechnet. In der Praxis wird jedoch von dieser Erhöhungsmöglichkeit nur in wenigen Ausnahmefällen Gebrauch gemacht. Jedoch ist die Veränderung der Entschädigungsgrenzen für die Kostenversicherung inzwischen ein beliebtes Mittel für die Produktgestaltung.

Auch bei der Anwendung der Entschädigungsgrenzen ist der in der Sachversicherung allgemein geltende Grundsatz der positionsweisen Schaden- und Entschädigungsberechnung zu beachten. Sind in einem Vertrag mehrere Positionen versichert, so werden die Entschädigungsgrenzen für jede versicherte Position getrennt angewendet. Die Entschädigungsgrenzen gelten je Versicherungsfall für die versicherte Position. Eine Kompensation oder gemeinsame Maximierung für verschiedene Positionen ist nicht möglich. Dieser Grundsatz sichert die Gleichbehandlung aller Versicherungsnehmer. Andernfalls wäre es möglich, die Entschädigungsgrenzen dadurch zu unterlaufen, dass mehrere Gebäude in einem Vertrag versichert werden. Würde nur ein Gebäude vom Schaden betroffen und würde die Entschädigungsgrenze aus der Gesamtversicherungssumme berechnet, stünde ein weit höherer Betrag zur Verfügung als bei der Berechnung der Entschädigungsgrenze aus der für das betreffende Gebäude vereinbarten Versicherungssumme. Derselbe Effekt könnte erzielt werden, wenn mehrere Gebäude gemeinsam in einer Position versichert werden. Es bestätigt sich erneut, dass der Grundsatz der positionsweisen Versicherung unbedingt eingehalten werden sollte.

Nach den aktuellen VGB liegt die Entschädigungsgrenze bei dem „vereinbarten Betrag". Die VGB 88 sahen als Entschädigungsgrenze für die Aufräumungs- und Abbruchkosten sowie die Bewegungs- und Schutzkosten je Versicherungsfall 5 % der Versicherungssumme vor.

B. Gesondert versicherbare Kosten

§ 7 Nr. 2 VGB 2010 (A) eröffnet die Möglichkeit weitere Kosten, die im Zusammenhang mit einem Versicherungsfall in der Wohngebäudeversicherung entstehen können, gesondert zu versichern. Allerdings werden die versicherbaren Kosten nicht in § 7 Nr. 2 VGB 2010 (A) aufgezählt, sondern es wird lediglich auf die **Klauseln zur Wohngebäudeversicherung** verwiesen. 15

Über § 7 Abs. 1 VGB 2010 (A) hinaus sind demnach gesondert versicherbar:

- **Gebäudebeschädigungen durch unbefugte Dritte** (Klausel 7361),
- **Kosten für die Dekontamination von Erdreich** (Klausel 7362),
- **Aufwendungen für die Beseitigung umgestürzter Bäume** (Klausel 7363),
- **Wasserverlust** (Klausel 7364),
- **Mehrkosten für behördlich nicht vorgeschriebene energetische Modernisierungen** (Klausel 7367),
- **Wiederherstellung von Außenanlagen** (Klausel 7368) und
- **Mehrkosten für Primärenergie** (Klausel 7369).

Die genannten Klauseln sind im Wesentlichen aus sich heraus verständlich, so dass an dieser Stelle auf eine in die Details gehende Erläuterung verzichtet werden kann.

§ 8 Mehrkosten

1. *Versicherte Mehrkosten*

   Der Versicherer ersetzt bis zu dem hierfür vereinbarten Betrag die infolge eines Versicherungsfalles tatsächlich entstandenen Aufwendungen für notwendige Mehrkosten durch

   a. *behördliche Wiederherstellungsbeschränkungen;*
   b. *Preissteigerungen nach Eintritt des Versicherungsfalles.*

2. *Mehrkosten durch behördliche Wiederherstellungsbeschränkungen*

   a. *Mehrkosten durch behördliche Wiederherstellungsbeschränkungen sind Aufwendungen, die dadurch entstehen, dass die versicherte und vom Schaden betroffene Sache aufgrund öffentlich-rechtlicher Vorschriften nicht in derselben Art und Güte wiederhergestellt oder wiederbeschafft werden darf.*
   b. *Soweit behördliche Anordnungen vor Eintritt des Versicherungsfalles erteilt wurden, sind die dadurch entstehenden Mehrkosten nicht versichert.*

      War aufgrund öffentlich-rechtlicher Vorschriften die Nutzung der Sachen zum Zeitpunkt des Versicherungsfalles ganz oder teilweise untersagt, sind die dadurch entstehenden Mehrkosten nicht versichert.
   c. *Wenn die Wiederherstellung der versicherten und vom Schaden betroffenen Sache aufgrund behördlicher Wiederherstellungsbeschränkungen nur an anderer Stelle erfolgen darf, werden die Mehrkosten nur in dem Umfang ersetzt, in dem sie auch bei Wiederherstellung an bisheriger Stelle entstanden wären.*
   d. *Mehrkosten infolge Preissteigerungen, die dadurch entstehen, dass sich die Wiederherstellung durch behördliche Wiederherstellungsbeschränkungen verzögert, werden gemäß Nr. 3 ersetzt.*
   e. *Ist der Zeitwert Versicherungswert, so werden auch die Mehrkosten nur im Verhältnis des Zeitwertes zum Neuwert ersetzt.*

3. *Mehrkosten durch Preissteigerungen nach Eintritt des Versicherungsfalles*

   a. *Mehrkosten durch Preissteigerungen sind Aufwendungen für Preissteigerungen versicherter und vom Schaden betroffener Sachen zwischen dem Eintritt des Versicherungsfalles und der Wiederherstellung oder Wiederbeschaffung.*
   b. *Wenn der Versicherungsnehmer die Wiederherstellung oder Wiederbeschaffung nicht unverzüglich veranlasst, werden die Mehrkosten nur*

in dem Umfang ersetzt, in dem sie auch bei unverzüglicher Wiederherstellung oder Wiederbeschaffung entstanden wären.

c. *Mehrkosten infolge von außergewöhnlichen Ereignissen, behördlichen Wiederherstellungs- oder Betriebsbeschränkungen oder Kapitalmangel sind nicht versichert.*

Sofern behördliche Wiederherstellungsbeschränkungen die Wiederherstellung oder Wiederbeschaffung der versicherten und vom Schaden betroffenen Sachen verzögern, werden die dadurch entstandenen Preissteigerungen jedoch ersetzt.

d. *Ist der Zeitwert Versicherungswert, so werden auch die Mehrkosten nur im Verhältnis des Zeitwerts zum Neuwert ersetzt.*

A. Überblick und Zweck der Regelung

1 § 8 VGB 2010 (A) regelt die **Erstattungsfähigkeit bestimmter Mehrkosten**. Gemäß § 8 Nr. 1 VGB 2010 (A) ersetzt der Versicherer bis zu dem hierfür vereinbarten Betrag die infolge eines Versicherungsfalls tatsächlich entstandenen Aufwendungen für die notwendigen Mehrkosten durch **behördliche Wiederherstellungsbeschränkungen** oder **Preissteigerungen nach Eintritt des Versicherungsfalles**.

Zwar enthielten die VGB 88 auch schon Regelungen zu diesen Arten von Mehrkosten, jedoch wurden diese in den aktuellen VGB deutlich präziser gefasst.

Die Regelung trägt dem Gedanken Rechnung, dass die Ersetzung des bloßen Sachschadens in der Wohngebäudeversicherung für den Versicherungsnehmer keinen vollständigen Ausgleich für die infolge des Versicherungsfalls eintretende Vermögenseinbuße darstellt.

B. Mehrkosten durch behördliche Wiederherstellungsbeschränkungen

2 Notwendige Mehrkosten infolge behördlicher Auflagen sind in der Wohngebäudeversicherung nach § 8 Nr. 2 VGB 2010 (A) ohne weiteres mitversichert. Die VGB 88 enthielten bereits eine entsprechende Regelung, während in den VGB 62 insoweit kein Versicherungsschutz vorgesehen war.

I. Voraussetzung für die Haftung des Versicherers

3 Voraussetzung für die Haftung des Versicherers ist jedoch, dass sich die behördlichen Auflagen auf der Grundlage von Gesetzen und Verordnungen ergeben, die

bereits vor Eintritt des Versicherungsfalls erlassen worden waren[399]. Weiterhin ist vorausgesetzt, dass der Eintritt des Versicherungsfalls die behördlichen Auflagen ausgelöst hat. Nicht versichert sind Mehrkosten, die dadurch entstehen, dass behördliche Auflagen mit Fristsetzung bereits vor Eintritt des Versicherungsfalls erteilt wurden. Häufig entstehen **Mehrkosten durch behördliche Auflagen bei Schäden an älteren Wohngebäuden** im Bereich der Elektroversorgung, der Sanitär- und der Heizungstechnik, weil das Gebäude in seinem ursprünglichen Zustand nicht mehr den einschlägigen behördlichen Vorschriften entsprach.

Mehrkosten infolge behördlicher Auflagen sind infolgedessen nur insoweit versichert, als sich durch behördliche Auflagen die Kosten für die Beseitigung des Sachsubstanzschadens erhöhen, der durch die Einwirkung versicherter Gefahren an versicherten Sachen entstanden ist.

Sofern behördliche Wiederherstellungsbeschränkungen zu einer zeitlichen Verzögerung der Wiederherstellung führen und infolgedessen der Versicherungsnehmer mit Preissteigerungen belastet wird, werden die hierdurch entstehenden Mehrkosten gemäß § 8 Nr. 2 d) VGB 2010 (A) nach § 8 Nr. 3 VGB 2010 (A) ersetzt; es sind dann also die Bestimmungen über die Versicherung von Mehrkosten infolge von Preissteigerungen nach Eintritt des Versicherungsfalles maßgeblich.

II. Beispielsfall

Nach Auffassung des OLG Köln setzt die Anwendung des § 15 Nr. 3 VGB 88 a. F. voraus, dass der Schaden grundsätzlich vom Versicherungsschutz umfasst wird, was anhand der §§ 1 ff. VGB 88 a. F. festgestellt werden muss. Von der Regelung des § 15 Nr. 3 VGB 88 a. F. werden nach Auffassung des Gerichts infolgedessen nur Mehrkosten infolge solcher behördlicher Auflagen erfasst, die sich auf beschädigte oder zerstörte versicherte Sachen beziehen und die Kosten der Schadenbeseitigung erhöhen[400]. Das LG Köln war dagegen der Auffassung, dass sich eine behördliche Auflage nicht unmittelbar auf die vom Schaden betroffenen Gebäudeteile zu beziehen habe. Erfasst seien nach § 15 Nr. 3 VGB 88 a. F. auch die Mehrkosten, die aufgrund von behördlichen Auflagen entstehen, die in mehr oder weniger zufälligem Zusammenhang mit dem Versicherungsfall nach dessen Eintritt ergehen und die sich ohne Beschränkung auf den eigentlichen Schadenort und auf das gesamte Versicherungsobjekt beziehen. Dieser Auslegung ist das OLG Köln nicht gefolgt. Nach seiner Auffassung hat der Versicherer bei Teilschäden an Gebäuden nur diejenigen Mehrkosten infolge behördlicher Auflagen zu ersetzen, die sich auf reparaturfähige Schäden an Einzelsachen oder Teilen von Sachen beziehen. Nur bei einem Totalschaden, der eine komplette Wiederbeschaffung oder Wiederherstellung erfordert, sind auch Mehrkosten infolge

4

---
399 Prölss/Martin/*Armbrüster* § 8 VGB 2008 Rn. 1.
400 OLG Köln VersR 1996, 581 (Revisionsentscheidung zu LG Köln r + s 1995, 347).

solcher behördlicher Auflagen zu ersetzen, die sich auf unbeschädigte Teile beziehen, da in diesen Fällen auch solche Teile im Rahmen der Wiederherstellung oder Wiederbeschaffung der total beschädigten Sache zu ersetzen und damit zu entschädigen sind. Insoweit besteht nach Auffassung des OLG Köln auch keine Unklarheit im Sinne des § 5 AGBG, wie sie vom LG Köln noch angenommen worden war.

Das Urteil des OLG Köln lässt sich ohne weiteres auf die aktuelle Rechtslage des § 8 Nr. 2 VGB 2010 (A) übertragen.

III. Mehrkosten infolge Wiederherstellung an anderer Stelle

5 **Nicht ersetzt** werden nach § 8 Nr. 2 c) VGB 2010 (A) Mehrkosten, die dadurch entstehen, dass die Wiederherstellung der vom Schaden betroffenen versicherten Sachen aufgrund behördlicher Wiederaufbaubeschränkungen nur an anderer Stelle erfolgen darf. In diesen Fällen werden die durch die behördlichen Auflagen entstehenden Mehrkosten nur in dem Umfang ersetzt, in dem sie auch bei der Wiederherstellung an der bisherigen Stelle entstanden wären. Typische Fälle sind die Folgen von Verstößen des Versicherungsnehmers gegen Flächennutzungs- und Bebauungspläne. So liegt es, wenn das versicherte Wohngebäude ohne Baugenehmigung errichtet wurde, die Behörden den Bestand des Gebäudes bisher geduldet haben, aber aus Anlass eines Schadens den Abbruch des Wohngebäudes verfügen. Zu derartigen behördlichen Wiederaufbaubeschränkungen kann es aber auch kommen, wenn Flächennutzungs- oder Bebauungspläne nach dem Bau des versicherten Gebäudes geändert wurden.

Schaden und Entschädigung werden in diesen Fällen so berechnet, als liege die Abbruchverfügung nicht vor. Nicht versichert sind die Mehrkosten, die dadurch beim Wiederaufbau des Gebäudes an anderer Stelle entstehen. Dagegen besteht auch in diesen Fällen Versicherungsschutz für diejenigen Mehrkosten, die auch bei der Wiederherstellung an der bisherigen Stelle entstanden wären. Verzögert sich der Wiederaufbau durch die Wiederherstellung an anderer Stelle, so sind dadurch verursachte Mehrkosten infolge Preissteigerungen ebenfalls nicht versichert. Das Gleiche gilt, soweit Architektengebühren sowie sonstige Konstruktions- und Planungskosten anfallen, die bei einem Wiederaufbau an der bisherigen Stelle nicht entstanden wären.

IV. Mehrkosten infolge behördlicher Auflagen vor Eintritt des Versicherungsfalls

6 **Nicht versichert** sind nach § 8 Nr. 2 b) VGB 2010 (A) weiterhin Mehrkosten, die dadurch entstehen, dass behördliche Auflagen mit Fristsetzung bereits vor Eintritt des Versicherungsfalls erteilt worden waren. Derartige Schäden bzw. Kos-

ten sind nicht die Folge des Sachsubstanzschadens an versicherten Sachen. Die Umsetzung der in der behördlichen Auflage geforderten Maßnahmen würde das Vermögen des Versicherungsnehmers auch ohne den Eintritt des Versicherungsfalls belastet haben. Es besteht jedoch grundsätzlich die Möglichkeit, auch diese Kosten in den Versicherungsschutz der Wohngebäudeversicherung einzuschließen. Derzeit existiert aber noch keine vom GDV unverbindlich empfohlene Klausel dafür.

C. Mehrkosten infolge Preissteigerungen

Nach § 8 Nr. 3 a) VGB 2010 (A) werden auch Aufwendungen für Preissteigerungen versicherter und vom Schaden betroffener Sachen zwischen dem Eintritt des Versicherungsfalles und der Wiederherstellung oder Wiederbeschaffung als Mehrkosten versichert.

7

Dafür besteht ein verbreiteter Versicherungsbedarf, der in der Wohngebäudeversicherung nach den VGB 62 noch nicht einwandfrei gedeckt werden konnte. Zwar wurden bei kleinen und mittleren Reparaturschäden die Preissteigerungen zwischen Schadentag und Tag der Reparatur bzw. Tag der Wiederbeschaffung auch in der Wohngebäudeversicherung nach den VGB 62 praktisch entschädigt. Dies lag aber ausschließlich daran, dass es mit wirtschaftlich vertretbarem Aufwand nicht möglich ist, derartige Preissteigerungen aus eingereichten Reparaturkosten- oder Wiederbeschaffungsbelegen herauszurechnen. Lediglich bei Großschäden wurde der Schaden durch sachverständige Berater oder im bedingungsgemäßen Sachverständigenverfahren bezogen auf den Zeitpunkt des Schadeneintritts entsprechend dem Wortlaut der VGB 62 bewertet. Preissteigerungen, die danach eintraten, wurden in der Wohngebäudeversicherung nach den VGB 62 nicht entschädigt. Gerade aber bei Großschäden erstreckt sich die Wiederherstellung bzw. der Wiederaufbau eines Gebäudes regelmäßig über einen längeren Zeitraum. Bei steigenden Baupreisen kann der Gebäudeeigentümer den Wiederherstellungsaufwand dann nicht völlig mit der Entschädigung decken. Es entsteht eine Finanzierungslücke, die nunmehr durch die bedingungsgemäße Versicherung von Mehrkosten infolge Preissteigerungen geschlossen wird. Dagegen ist in der Hausratversicherung eine derartige Deckungserweiterung nicht vorgesehen, weil dafür kein verbreiteter Bedarf vorhanden ist[401].

Ersetzt werden die **notwendigen Mehrkosten infolge Preissteigerungen**. Damit soll klargestellt werden, dass diejenigen Mehrkosten ersetzt werden, die bei dem der Schaden- und Entschädigungsberechnung zugrunde gelegten wirtschaftlichsten Wiederherstellungsvorgang entstehen.

8

Die **Mehrkosten** werden vom Versicherer nur **in dem Umfang ersetzt, in dem sie bei unverzüglicher Wiederherstellung bzw. Wiederbeschaffung entstehen**, § 8 Nr. 3 b) VGB 2010 (A). Verzögert der Versicherungsnehmer die Wieder-

---
401 Dietz HRV § 18 Rn. 3.6.

herstellung, indem er die dafür erforderlichen Maßnahmen nicht unverzüglich, d. h. ohne schuldhaftes Zögern (§ 121 Abs. 1 BGB) einleitet oder durchführt, so haftet der Versicherer für die dadurch zusätzlich entstehenden Mehrkosten nicht. Es werden auch dann nur diejenigen Kosten entschädigt, die entstanden wären, wenn die Wiederherstellung unverzüglich in Angriff genommen worden wäre. Der Versicherer muss die Höhe der durch die zeitliche Verzögerung entstandenen zusätzlichen Kosten nachweisen.

Ähnlich liegt es, wenn sich die Wiederherstellung infolge von außergewöhnlichen Ereignissen, behördlichen Wiederherstellungs- und Betriebsbeschränkungen oder Kapitalmangel verzögert, § 8 Nr. 3 c) VGB 2010 (A). In diesen Fällen ist jedoch ein Verschulden des Versicherungsnehmers nicht vorausgesetzt. Die Entschädigung für Mehrkosten wird auch dann entsprechend gekürzt, wenn infolge der genannten Ursachen eine Verzögerung eintritt, ohne dass den Versicherungsnehmer daran ein Verschulden trifft. Dies gilt jedoch nicht, wenn der Versicherungsnehmer wegen fehlender finanzieller Möglichkeiten beim Wiederaufbau des versicherten Gebäudes auf die Entschädigung aus der Wohngebäudeversicherung angewiesen ist und sich deren Auszahlung wegen eines schwebenden staatsanwaltschaftlichen Ermittlungsverfahrens verzögert. Die dadurch verursachten Mehrkosten sind vom Versicherer zu ersetzen.

9   Die **Mehrkosten** entstehen bei der Reparatur bzw. der Wiederherstellung versicherter Sachen. Sie sind Bestandteil des Sachschadens und unterscheiden sich insoweit grundlegend von den nach § 7 VGB 2010 (A) versicherten Kosten. Die Mehrkosten zählen nicht zum Neuwert bzw. zum Versicherungswert, für dessen Ermittlung der Zeitpunkt des Versicherungsfalls maßgebend ist. Der Wortlaut der VGB ist insofern eindeutig. Der bei *Prölss/Martin* allgemein vertretenen Gegenansicht, dass der ortsübliche Bauwert der Preis sei, „zu dem am Schadenort unter Berücksichtigung der Preisentwicklung während der unvermeidlichen Zeitdauer des Wiederaufbaus" ein gleichartiges Gebäude herzustellen ist[402], kann für die Wohngebäudeversicherung nach den VGB nicht gefolgt werden. Auf dieser Grundlage würde die Ermittlung des Versicherungswerts in der Wohngebäudeversicherung zu einer Rechnung mit vielen Unbekannten. Praktisch wäre eine zuverlässige Versicherungswertermittlung nahezu unmöglich. Die Ermittlung des Versicherungswerts setzte dann auch bei Teilschäden Annahmen über die Zeitdauer des Wiederaufbaus des versicherten Gebäudes nach einem Totalschaden und die in diesem Zeitraum zu erwartenden Preissteigerungen voraus. Will der Versicherungsnehmer Unterversicherung vermeiden, so müsste er diese Überlegungen jedoch bereits bei Vertragsabschluss anstellen, um eine ausreichende Versicherungssumme zu vereinbaren. Dies ist praktisch unmöglich. Der Ermittlung der Versicherungssumme würde damit jede zuverlässige Grundlage entzogen. Abgehen davon lassen sich diese Überlegungen auf die gleitende Neuwertversicherung ohnehin nicht übertragen, da der Versicherungswert 1914 fixiert ist und von Preissteigerungen nicht beeinflusst wird.

---

402   Prölss/Martin/*Armbrüster*, VVG, § 88 Rn. 24.

Die **Entschädigung für Mehrkosten infolge Preissteigerungen ist auf den hierfür vereinbarten Umfang betragsmäßig begrenzt**. In Zeiten starker Preissteigerungen können aus der Versicherung von Mehrkosten erhebliche Mehrbelastungen auf die Wohngebäudeversicherer zukommen. Dies muss in Kauf genommen werden, zumal sich in der gleitenden Neuwertversicherung die Haftung und die Prämie – wenn auch mit zeitlicher Verzögerung – entsprechend erhöhen. Diese Feststellung gilt nicht für Versicherungsverträge zum Neuwert und zum Zeitwert.

D. Anteiliger Ersatz bei Versicherung zum Zeitwert

Sowohl die Mehrkosten durch behördliche Wiederherstellungsbeschränkungen sowie Mehrkosten infolge von Preissteigerungen werden – wenn als Versicherungswert Zeitwert vereinbart ist (§ 10 Nr. 1 c) VGB 2010 (A)) – nur im Verhältnis des Zeitwertes zum Neuwert ersetzt, § 8 Nr. 2 e) und Nr. 3 d) VGB 2010 (A). Andernfalls wäre der Versicherungsnehmer bezüglich des Ersatzes von Mehrkosten besser gestellt als beim Ersatz des Sachschadens selbst.

10

§ 9 Mietausfall, Mietwert

1. *Mietausfall, Mietwert*

   Der Versicherer ersetzt

   a. den Mietausfall einschließlich fortlaufender Mietnebenkosten, wenn Mieter von Wohnräumen infolge eines Versicherungsfalles zu Recht die Zahlung der Miete ganz oder teilweise eingestellt haben;

   b. den ortsüblichen Mietwert von Wohnräumen einschließlich fortlaufender Nebenkosten im Sinne des Mietrechts, die der Versicherungsnehmer selbst bewohnt und die infolge eines Versicherungsfalles unbenutzbar geworden sind, falls dem Versicherungsnehmer die Beschränkung auf einen benutzbar gebliebenen Teil der Wohnung nicht zugemutet werden kann;

   c. auch einen durch behördliche Wiederherstellungsbeschränkungen verursachten zusätzlichen Mietausfall bzw. Mietwert.

2. *Haftzeit*

   a. Mietausfall oder Mietwert werden bis zu dem Zeitpunkt ersetzt, in dem die Räume wieder benutzbar sind, höchstens jedoch für __ Monate seit dem Eintritt des Versicherungsfalles.

   b. Mietausfall oder Mietwert werden nur insoweit ersetzt, wie der Versicherungsnehmer die mögliche Wiederbenutzung nicht schuldhaft verzögert.

3. *Gewerblich genutzte Räume*

   Für gewerblich genutzte Räume kann die Versicherung des Mietausfalles oder des ortsüblichen Mietwertes vereinbart werden.

4. *Gesondert versicherbar*

   a. *Haftzeit bei Auszug des Mieters infolge des Schadens*

      Endet das Mietverhältnis infolge des Schadens und sind die Räume trotz Anwendung der im Verkehr erforderlichen Sorgfalt zum Zeitpunkt der Wiederherstellung nicht zu vermieten, wird der Mietverlust bis zur Neuvermietung über diesen Zeitpunkt hinaus für die Dauer von __ Monaten ersetzt, höchstens jedoch bis zum Ablauf der Haftzeit.

   b. *Haftzeit bei Nachweis der unterbliebenen Vermietung infolge des Schadens*

      War das Gebäude zur Zeit des Eintritts des Versicherungsfalles nicht vermietet und weist der Versicherungsnehmer die Vermietung zu einem in der Haftzeit liegenden Termin nach, wird der ab diesem Zeitpunkt entstandene Mietausfall bis zum Ablauf der Haftzeit gezahlt.

A. Zweck der Mietausfallversicherung

1 Die Mietausfallversicherung nach § 9 VGB 2010 (A) **ergänzt** ähnlich wie die Kostenversicherung **die Sachschadendeckung der Wohngebäudeversicherung**. Versichert ist der Mietausfallschaden, der infolge eines Versicherungsfalls eintritt. Die Sachschadendeckung wird in den VGB 2010 um den Einschluss von bestimmten Vermögensfolgeschäden erweitert. **Der Mietausfallschaden ist nicht selbst Versicherungsfall**, sondern Annex eines Versicherungsfalls.

2 Sachschaden, Kostenschaden und Mietausfallschaden sind Bestandteil ein und desselben Versicherungsfalls (vgl. § 1 Rn. 7). **Die Mietausfallversicherung ersetzt Schäden, die im Vermögen des Versicherungsnehmers dadurch entstehen, dass das versicherte Gebäude infolge eines ersatzpflichtigen Sachschadens am Gebäude vorübergehend in seiner Nutzung beeinträchtigt wird.** Der durch die Nutzungsstörung bzw. den Nutzungsausfall entstehende immaterielle Schaden wird bewertet und nach Maßgabe der Bestimmung des § 9 VGB 2010 (A) entschädigt. Grundlage für die Schaden- und Entschädigungsberechnung ist bei vermieteten Wohnungen der ortsübliche Mietwert. Für die Versicherung des Mietausfalls von Wohnräumen besteht ein verbreiteter Versicherungsbedarf. Daher wurde in der Wohngebäudeversicherung mit den VGB 88 wiederum ein standardisierter Haftungsumfang für Mietausfallschäden geschaffen. Im Verhältnis zu den VGB 62 wurden neben einigen redaktionellen Verbesserungen auch verschiedene materielle Veränderungen vorgenommen. Sie werden nachfolgend im jeweiligen Sachzusammenhang behandelt.

3 Die Mietausfallversicherung wird ebenso wie die Kostenversicherung ohne weiteres geboten. **Sie ist Bestandteil der bedingungsmäßigen Grunddeckung der Wohngebäudeversicherung**. Es wird keine separate Position mit einer Versicherungssumme gebildet. Eine gesonderte Beitragsberechnung erfolgt nicht. Kalkulatorisch ist der Schadenbedarf für Mietausfallschäden in die Grundbeitragssätze eingerechnet, so dass die Höhe des Beitrags für die Mietausfallversicherung rechnerisch von der Höhe der Wohngebäudeversicherungssumme bzw. von der Höhe des Gebäudewerts abhängt. Theoretisch ist diese Tarifierungsmethode zu beanstanden. Das Risiko in der Mietausfallversicherung wird wesentlich durch die Höhe des Mietwerts eines Gebäudes bestimmt. Der Mietwert ist keine Funktion des Gebäudewerts. Bei gleicher Bausubstanz betragen die Mieten in Ballungsgebieten ein Vielfaches der Mieten in ländlichen Gebieten. Dagegen bewegen dich die Unterschiede in der Höhe der Baukosten in einer sehr viel geringeren Bandbreite. Weiterhin ist zu berücksichtigen, dass bei der Ermittlung der Versicherungssumme 1914 nach Maßgabe der Wohnfläche gem. § 11 Nr. 1 c) VGB 2010 (A) einheitliche Werte ohne Rücksicht auf die Lage des Gebäudes angesetzt werden. In der Massensparte Wohngebäudeversicherung können diese Ungenauigkeiten in der Tarifierung in Kauf genommen werden, zumal das Mietausfallrisiko von Wohngebäuden kalkulatorisch eine untergeordnete Rolle spielt. Die Ausdehnung der bedingungsgemäßen Grunddeckung auf den Mietausfall für gewerblich genutzte Räume würden die dargestellten Ungenauigkeiten jedoch

verstärken. Die Versicherung des Mietausfallrisikos gewerblich genutzter Räume erfordert eine individuelle Gestaltung. Hinzu kommt, dass über 90 % aller Wohngebäude reine Wohngebäude sind. Bedarf für die Versicherung des Mietausfalls gewerblich genutzter Räume besteht in diesen Fällen nicht. Außerdem kann unter Umständen auch aus einer vom Gebäudeeigentümer oder vom Mieter der Gewerberäume abgeschlossenen Betriebsunterbrechungsversicherung Entschädigung beansprucht werden. Mieten sind sogenannte fortlaufende Kosten in der Betriebsunterbrechungsversicherung. Fortlaufende Kosten werden vom Betriebsunterbrechungsversicherer ersetzt, soweit ihr Weiteraufwand rechtlich notwendig oder wirtschaftlich begründet ist. Aus diesen Gründen ist lediglich Mietausfall für Wohnräume im Rahmen der bedingungsmäßigen Grunddeckung versichert. Dagegen bedarf die Versicherung des Mietausfalls für gewerblich genutzte Räume der besonderen Vereinbarung.

B. Vermietete Wohnräume

Nach § 9 Nr. 1 a) VGB 2010 (A) ersetzt der Versicherer den Mietausfall, wenn Mieter von Wohnräumen infolge eines Versicherungsfalles zu Recht die Zahlung der Miete ganz oder teilweise eingestellt haben. **Ein Mietvertrag ist vorausgesetzt**. Auf der Grundlage des Mietvertrages und der einschlägigen Regelungen des Mietrechts in §§ 535 ff. BGB wird nach dem Versicherungsfall ermittelt, ob und in welcher Höhe der Versicherungsnehmer Anspruch auf Entschädigung von Mietausfall hat. Der im Mietvertrag vereinbarte Mietzins ist Maßstab für die Ermittlung der Schadenhöhe. Der Versicherungsnehmer ist dazu verpflichtet, dem Versicherer den Mietvertrag vorzulegen, wenn er Entschädigung für den Mietausfall beansprucht.

Weiterhin muss der Versicherungsnehmer nachweisen, dass ihm infolge des Versicherungsfalls tatsächlich Mieteinnahmen entgangen sind. Deshalb besteht grundsätzlich kein Entschädigungsanspruch für nicht vermietete bzw. nicht genutzte Wohnungen[403]. Ansonsten genügt es nicht, dass Mieter von Wohnräumen infolge eines Versicherungsfalls berechtigt sind, die Zahlung der Miete ganz oder teilweise zu verweigern. Sie müssen dieses Recht auch ausüben. Verzichten sie darauf, entsteht kein Mietausfall und folglich auch kein Anspruch aus der Mietausfallversicherung. Andererseits ist der Wohngebäudeversicherer nicht zum Ersatz des Mietausfalls verpflichtet, wenn Mieter die Zahlung der Miete ohne Rechtsgrund verweigern. Die rechtlichen Voraussetzungen, unter denen Mieter berechtigt sind, die Zahlung der Miete ganz oder teilweise zu verweigern, werden in den VGB 2010 nicht geregelt. Maßgebend sind die Grundsätze des Mietrechts und gegebenenfalls bestehende Vereinbarungen im Mietvertrag. Generell kann der Mieter die Zahlung der Miete nicht verweigern, wenn er den Versicherungsfall schuldhaft verursacht hat. In diesen Fällen hat der Vermieter keinen Mietausfall und infolgedessen auch keinen Entschädigungsanspruch gegen den Wohnge-

---

403   OLG Schleswig r + s 2007, 327.

bäudeversicherer[404]. Indessen setzt die Berechtigung zur Mietminderung nicht voraus, dass die gesamte Wohnung oder einzelne Wohnräume objektiv unbenutzbar sind. Es genügt, dass die Nutzung von Wohnräumen infolge eines Versicherungsfalls eingeschränkt bzw. gestört ist. Rechtsgrundlage sind die §§ 535 ff. BGB. Dort sind die Rechtsfolgen bei Mängeln von Mietsachen geregelt. Entsteht an einer gemieteten Wohnung während der Mietzeit ein Fehler, der ihre Tauglichkeit zum vertragsmäßigen Gebrauch aufhebt oder mindert, so ist der Mieter nach § 536 Abs. 1 BGB für die Zeit, während der die Tauglichkeit gemindert ist, nicht zur Zahlung des Mietzinses verpflichtet. Unerhebliche Beeinträchtigungen der Tauglichkeit kommen jedoch nicht in Betracht. Bei der Vermietung von Wohnräumen ist eine mietvertragliche Abweichung von diesen Grundsätzen zum Nachteil des Mieters nach § 536 Abs. 4 BGB unwirksam. Es gibt zahlreiche Rechtsprechung zu §§ 536 ff. BGB. Sie kann hier nicht dargestellt werden. Es wird auf verschiedene Mietminderungslisten verwiesen, in denen die einschlägige Rechtsprechung zusammengefasst und kommentiert ist. Daneben wird die Rechtsprechung zum Mietrecht in der Monatszeitschrift *Wohnungswirtschaft und Mietrecht* (WM) laufend veröffentlicht.

5   **Ersetzt wird** nach § 9 Nr. 1 a) VGB 2010 (A) **der tatsächlich entstandene Mietausfall einschließlich (etwaiger) fortlaufender Mietnebenkosten**. Diesbezüglich hat sich die Regelung in den VGB 2010 im Vergleich zu den VGB 88 nicht verändert. Die Mietnebenkosten werden in den VGB 62 nicht erwähnt. Dort bleibt offen, ob als Mietverlust die entgangene Nettomiete (Kaltmiete) für die Überlassung von Wohnräumen oder die entgangene Bruttomiete (Warmmiete) einschließlich der Mietnebenkosten bzw. eine Pauschal- oder Inklusivmiete zu entschädigen ist. Schon die Formulierung in den VGB 88 diente der Klarstellung. Demnach werden neben der Nettomiete auch diejenigen Nebenkosten ersetzt, die nach Eintritt des Versicherungsfalls bzw. ab Beginn des Mietausfalls weiterhin entstehen. Daneben ist vorausgesetzt, dass Mieter infolge eines Versicherungsfalls berechtigt sind, nicht nur die Zahlung der Nettomiete, sondern auch die Zahlung der Mietnebenkosten zu verweigern. Bei Teilschäden ist die Rechtsprechung zu §§ 537 ff. BGB nicht einheitlich. Grundlage der Mietminderung ist die sogenannte Grundmiete, die nach überwiegender Ansicht die Kaltmiete zuzüglich Nebenkosten umfasst[405]. Im Gegensatz dazu hat das LG Berlin die Meinung vertreten, bei der Berechnung der Mietminderung sei von der Kaltmiete auszugehen[406].

Im Allgemeinen ist die Zahlung der Mietnebenkosten in Mietverträgen geregelt. Grundlage dafür sind zumeist die von den Verbänden der Wohnungswirtschaft und der Haus- und Grundbesitzer entwickelten Mustermietverträge. Die Nebenkostenregelungen in diesen Vertragsmustern basieren wiederum auf der Aufstellung der Betriebskosten in § 27 Abs. 1 der Verordnung über wohnungswirtschaftliche Berechnungen nach dem Zweiten Wohnungsbaugesetz in Verbindung mit

---

404   OLG Düsseldorf r + s 2004, 23; LG Frankfurt/Main ZMW 2006, 76.
405   LG Hamburg WM 1983, 290; AG Hamburg WM 1982, 184.
406   LG Berlin WM 1972, 191.

der Verordnung über die Aufstellung von Betriebskosten (Betriebskostenverordnung, BetrKV) vom 25.11.2003. Nach § 2 der Betriebskostenverordnung zählen zu den Betriebskosten eines Wohngebäudes u. a. die laufenden öffentlichen Lasten des Wohngrundstücks, namentlich die Grundsteuer, die Kosten der Wasserversorgung, die Kosten der Heizung und der Warmwasserversorgung, Betriebskosten von Aufzügen, Kosten der Straßenreinigung und Müllabfuhr, Kosten der Reinigung, der Beleuchtung und des Betriebs von gemeinsam genutzten Gebäudeteilen (Treppen, Fluren, Keller, Waschküchen) und Einrichtungen (Gemeinschaftswaschanlagen, Gemeinschaftsantennen), die Kosten der Gartenpflege, Kaminfegergebühren, Beiträge für Sach- und Haftpflichtversicherung sowie anteilige Kosten des Hausmeisters. Weitere Betriebskosten werden bei der Vermietung von Wohnräumen im Allgemeinen nicht auf die Mieter umgelegt.

Es lassen sich keine allgemeingültigen Aussagen darüber treffen, welche der genannten Kostenarten nach einem Versicherungsfall weiterhin entstehen. Dies hängt unter anderem vom Umfang und vom Charakter des einzelnen Schadens ab. Im konkreten Schadenfall sind die genannten Kostenelemente einzeln daraufhin zu überprüfen, ob sie trotz des Versicherungsfalls weiterlaufen. **Trifft dies zu, werden sie vom Versicherer entschädigt**, soweit der Mieter infolge des Versicherungsfalls zu Recht die Zahlung verweigert. Dabei kommt es nicht darauf an, ob die genannten Betriebskosten als Mietnebenkosten im Mietvertrag offen ausgewiesen werden. Die dargestellten Grundsätze gelten auch, wenn im Mietvertrag die Bruttomiete einschließlich Mietnebenkosten in einem Betrag aufgeführt wird. Der entschädigungspflichtige Mietausfall wird errechnet, indem von der Bruttomiete die (anteiligen) nicht fortlaufenden Neben- bzw. Betriebskosten abgesetzt werden. Bei dieser Berechnungsweise wird deutlich, dass durch die Formulierung der „Versicherer ersetzt den Mietausfall einschließlich (etwaiger) fortlaufender Mietnebenkosten" in § 9 Nr. 1 a) VGB 2010 (A) im Grunde genommen der Abzug von nicht weiterlaufenden, d. h. infolge des Versicherungsfalls ersparten Betriebskosten bei der Schadenberechnung geregelt wird. Dies ist gerechtfertigt. Würde der Wohngebäudeversicherer auch nicht fortlaufende Betriebskosten in der Mietausfallversicherung entschädigen, wäre der Versicherungsnehmer bereichert. 6

C. Vom Versicherungsnehmer bewohnte Wohnräume

Andere Grundsätze gelten für die Versicherung des Mietausfalls von Wohnräumen, die der Versicherungsnehmer als Gebäudeeigentümer in dem versicherten Gebäude selbst bewohnt. Dabei handelt es sich eigentlich nicht um die Entschädigung des Mietausfalls, sondern um die Entschädigung des Nutzens, der dem Versicherungsnehmer entgeht, weil von ihm bewohnte Wohnräume infolge eines Versicherungsfalls nicht genutzt werden können. Ersetzt wird nach § 9 Nr. 1 b) VGB 2010 (A) der **ortsübliche Mietwert**. Die Voraussetzungen für den Ersatz des Mietwerts unterscheiden sich grundlegend von denjenigen für den Ersatz 7 des Mietausfalls für vermietete Wohnräume. Es besteht kein Entschädigungsanspruch, wenn die Nutzung der Wohnung bzw. einzelner Wohnräume lediglich beeinträchtigt ist.

Grundvoraussetzung ist vielmehr, dass einzelne Wohnräume oder die gesamte Wohnung infolge des Versicherungsfalls objektiv unbenutzbar geworden sind.

Daneben ist weiterhin vorausgesetzt, dass dem Versicherungsnehmer die Beschränkung auf einen etwa benutzbar gebliebenen Teil der Wohnung nicht zugemutet werden kann.

Ein Entschädigungsanspruch entsteht, wenn beide Voraussetzungen erfüllt sind. Wird beispielsweise das erste Obergeschoss eines zweistöckigen Einfamilienhauses infolge eines Versicherungsfalls unbenutzbar, so hat der Versicherungsnehmer keinen Anspruch auf Mietausfallentschädigung, falls ihm die Beschränkung auf das benutzbar gebliebene Erdgeschoss seines Wohnhauses zugemutet werden kann. Die Grenze der Zumutbarkeit bestimmt sich im Einzelfall nach subjektiven Kriterien. Bei Überschreiten der Zumutbarkeitsgrenze wird der ortsübliche Mietwert der gesamten Wohnung selbst dann entschädigt, wenn einzelne Räume oder Teile der Wohnung des Versicherungsnehmers überhaupt nicht vom Schaden betroffen sind. Teilentschädigungen in Form des anteiligen Ersatzes des Mietwerts für vom Versicherungsnehmer selbst bewohnte Wohnungen sind gedanklich ausgeschlossen.

Das dargestellte Alles-oder-nichts-Prinzip bei der Entschädigung des Mietwerts von Wohnräumen, die der Versicherungsnehmer selbst bewohnt, ist auf den ersten Blick schwer verständlich. Dahinter steht die Überlegung, dass es dem Versicherungsnehmer zuzumuten ist, Einschränkungen in der Nutzung der von ihm selbst bewohnten Wohnräume entschädigungslos hinzunehmen. Es wird unterstellt, dass er die Wohnung weiter bewohnt. Entschädigung soll erst gezahlt werden, wenn dem Versicherungsnehmer die Beschränkung auf einen etwa benutzbar gebliebenen Teil der Wohnung nicht zugemutet werden kann, so dass er aus der Wohnung auszieht und vorübergehend eine andere Wohnung nimmt. Die Mietwertentschädigung soll ihn finanziell in die Lage versetzen, vorübergehend eine andere Wohnung zu nehmen. Grundsätzlich spielt es jedoch keine Rolle, ob der Versicherungsnehmer eine andere Wohnung mietet, in ein Hotel zieht oder bei Freunden bzw. Verwandten unterkommt.

Entschädigt wird der ortsübliche Mietwert. Dabei handelt es sich um eine Vergleichsmiete, die sich nach Maßgabe der Lage und der Ausstattung des Gebäudes anhand von örtlichen Mietpreisspiegeln im Allgemeinen recht zuverlässig ermitteln lässt. Hilfsweise können auch die in der Umgebung des versicherten Gebäudes bei der Vermietung vergleichbarer Wohnungen vereinbarten Mieten herangezogen werden. **Der ortsübliche Mietwert ist eine Nettomiete.** Die Entschädigung weiterlaufender Betriebskosten analog der Regelung der weiterlaufenden Mietnebenkosten ist offenbar nicht vorgesehen. Es fragt sich, ob diese Deckungslücke nicht im Wege der Auslegung zugunsten des Versicherungsnehmers zu schließen ist. Ansonsten sind die selbstnutzenden Eigentümer insbesondere von Einfamilienhäusern im Verhältnis zu den Eigentümern vermieteter Wohngebäude benachteiligt. Diese Ungleichbehandlung ist sachlich nicht gerechtfertigt.

D. Durch behördliche Wiederherstellungsbeschränkungen verursachter zusätzlicher Mietausfall bzw. Mietwert

In Ergänzung zum Kostenersatzanspruch für Mehrkosten infolge behördlicher Wiederherstellungsbeschränkungen nach § 8 Nr. 2 VGB 2010 (A) trägt der Versicherer nach § 9 Nr. 1 c) VGB 2010 (A) auch einen etwaigen zusätzlichen Mietausfall bzw. Mietwertverlust infolge der Wiederherstellungsbeschränkungen.

8

E. Zeitliche Entschädigungsgrenze

Eine betragsmäßige Entschädigungsgrenze für Mietausfallentschädigungen enthält § 9 Nr. 1 VGB 2010 (A) nicht. Eine solche war auch schon in den VGB 88 und den VGB 62 nicht enthalten. Jedoch ist die Entschädigung für Mietausfall und Mietwert **zeitlich begrenzt**. Nach § 9 Nr. 2 a) VGB 2010 (A) werden Mietausfall und Mietwert bis zu dem Zeitpunkt ersetzt, in dem die Räume wieder benutzbar sind, höchstens jedoch für eine gewisse Anzahl von Monaten seit dem Eintritt des Versicherungsfalls. Die VGB 88 sahen hier noch 12 Monate vor. In der Neufassung der Musterbedingungen wurde von einer solchen Vorgabe abgesehen. Hier sind individuelle Angebote der Wohngebäudeversicherer bzw. individuelle Vereinbarungen mit dem Versicherungsnehmer möglich.

9

Die zeitliche Begrenzung der Haftung für Mietausfall ist in der Eigenart der Mietausfallversicherung begründet. Es liegt ein **gedehnter Versicherungsfall** vor, der sich über einen längeren Zeitraum erstreckt. Er dauert an, solange die Nutzung der von dem Schaden betroffenen Wohnung infolge des Versicherungsfalls gestört ist. Die Höhe des Schadens wird entscheidend von der Dauer der Nutzungsstörung beeinflusst. Durch die Begrenzung der Haftzeit wird das Mietausfallrisiko für den Versicherer überschaubar und kalkulierbar. Es ist indessen auch vorstellbar, dass auf die zeitliche Begrenzung verzichtet werden kann. Aufgrund der sprachlich unklaren Regelungen in § 9 Nr. 2 VGB 2010 (A) bereitet die exakte Bestimmung von Beginn und Ende der Haftzeit erhebliche Schwierigkeiten. Übereinstimmend sprechen neben den aktuellen Bedingungen auch die VGB 88 sowie die VGB 62 davon, dass Mietausfall und Mietwert bis zu dem Zeitpunkt ersetzt werden, in dem die Wohnung bzw. die Räume wieder benutzbar sind, höchstens jedoch für die Dauer von sechs Monaten (VGB 62) bzw. zwölf Monaten (VGB 88) bzw. einer sonstigen Anzahl von Monaten (aktuelle VGB) seit dem Eintritt des Versicherungsfalls.

I. Beginn der Haftzeit

10 Der Beginn der Haftzeit für den Mietausfall wird offenbar gleichgesetzt mit dem Eintritt des Versicherungsfalls. Bei wörtlicher Auslegung führt diese Regelung zu sachlich ungerechtfertigten Ergebnissen. Eintritt des Versicherungsfalls (Sachschaden) und Beginn der Nutzungsstörung fallen häufig zeitlich auseinander. So liegt es, wenn infolge des Bruchs eines im Fußboden verlegten Heizungsrohres zunächst längere Zeit unbemerkt Wasser austritt, bevor erkennbare Schäden am Fußbodenbelag und am Estrich auftreten, und die Nutzungsstörung beginnt. Mietausfall bzw. Mietverlust setzt mit dem Zeitpunkt ein, in dem erkennbare Schäden bzw. Mängel an der Wohnung entstehen. Es wäre jedoch unbillig, für die Berechnung der Haftzeit den davorliegenden Zeitpunkt des Eintritts des Versicherungsfalls zugrunde zu legen. Das führte bei versteckten Versicherungsfällen mit längerer nachfolgender Reparaturzeit zu einer ungerechtfertigten Kürzung der Mietausfallentschädigung.

11 **Beispiel:**

Eintritt des Versicherungsfalls 01.02.2013, Mangel an der Wohnung 01.12.2013, Reparaturende/Mangelbeseitigung 31.03.2014.

Ein Recht auf Mietminderung besteht hier für die Zeit vom 01.12.2013 bis zum 31.03.2014, d. h. für einen Zeitraum von vier Monaten. Bei wörtlicher Auslegung der angesprochenen Bestimmungen endet die Haftzeit des Versicherers – vorausgesetzt 12 Monate sind vereinbart – am 01.02.2014. Es würde demnach Entschädigung für zwei Monate geleistet. Dieses Ergebnis wäre unbillig. Deshalb sind die genannten Bestimmungen dahingehend auszulegen, dass Mietausfall bzw. Mietwert höchstens für die Dauer von X Monaten entschädigt werden. Der Zusatz „seit dem Eintritt des Versicherungsfalles" ist irreführend und überflüssig. Es kommt lediglich darauf an, dass der Versicherungsfall während der Dauer des Vertrages eingetreten ist.

II. Ende der Haftzeit

12 Nach dem Bedingungswortlaut **endet die Haftzeit in dem Zeitpunkt, in dem die Wohnung wieder benutzbar ist**, spätestens jedoch nach X Monaten. Diese Formulierung ist sprachlich nicht korrekt. Sie deckt nur diejenigen Fälle ab, in denen die Wohnung infolge eines Versicherungsfalls tatsächlich unbenutzbar geworden war. Diese Voraussetzung ist bei Mietwohnungen häufig jedoch nicht gegeben und auch nicht gefordert; Voraussetzung für das Entstehen des Ersatzanspruchs nach § 9 Nr. 1 a) VGB 2010 (A) ist, dass Mieter infolge eines Versicherungsfalls (berechtigterweise) die Zahlung der Miete ganz oder teilweise eingestellt haben.

Daneben wird der Eindruck erweckt, dass vor dem genannten Zeitpunkt keine Veränderung der einmal festgestellten Entschädigungsvoraussetzungen eintreten kann. Auch dies trifft nicht zu. Es kommt bei Mietwohnungen häufig vor, dass die schadenbedingten Mängel an der Wohnung schrittweise beseitigt werden, so dass sich das Ausmaß der Nutzungsstörung und infolgedessen der Umfang der Mietminderung innerhalb der Haftzeit ändern. Deshalb ist die vorstehende Bestimmung dahingehend auszulegen, dass Mietausfall oder Mietwert bis zu dem Zeitpunkt ersetzt werden, in dem die schadenbedingten Mängel an den Wohnräumen beseitigt sind, die den Mietausfall oder den Mietverlust verursacht bzw. begründet haben. Die Schadenberechnung erfolgt zeitanteilig nach Kalendertagen. Schon in den VGB 88 wurde der Hinweis in § 1 Nr. 3 VGB 62 nicht übernommen, Miete oder Mietwert werde nur bis zum Schluss des Monats ersetzt, in dem die Wohnung wieder benutzbar geworden ist. Hierbei ist es auch in den VGB 2010 geblieben. Die Formulierung in den VGB 62 wurde gelegentlich dahingehend interpretiert, der Mietausfall werde grundsätzlich monatsweise berechnet und entschädigt. Dieses Missverständnis kann nach den aktuellen VGB nicht mehr auftreten.

Im Einzelfall kann ein über die Haftzeit hinausgehender Anspruch auf Ersatz des Mietausfalls unter Verzugsgesichtspunkten begründet sein[407].

III. Schuldhafte Verzögerung der Wiederbenutzung

Entschädigung **wird nur geleistet**, soweit der Versicherungsnehmer die Möglichkeit der Wiederbenutzung **nicht schuldhaft verzögert**, § 9 Nr. 2 b) VGB 2010 (A). **Es genügt einfache Fahrlässigkeit**. Auch eine verspätete Schadenmeldung ist dem Versicherungsnehmer als schuldhafte Verzögerung der Wiederbenutzung im Sinne des § 9 Nr. 2 b) VGB 2010 (A) anzulasten[408]. Maßgebend für die Berechnung der Haftzeit ist derjenige Zeitraum, der sich bei unverzüglicher Einleitung und Durchführung der Reparatur- bzw. Wiederherstellungsmaßnahmen ergibt. Dabei wird die Wiederherstellung des ursprünglichen Gebäudezustands zugrunde gelegt. Keine Haftung besteht, soweit sich die Wiederherstellung durch bauliche Veränderungen verzögert. Ist der Versicherungsnehmer beim Wiederaufbau des versicherten Gebäudes jedoch auf die Entschädigung für den Sachschaden angewiesen, so verzögert er nicht schuldhaft die Wiederbenutzung, wenn er mit dem Wiederaufbau erst beginnt, nachdem der Versicherer die Sachschadenentschädigung ausgezahlt hat[409]. Wird infolge des schuldhaften Verhaltens des Mieters der Wohnung die Wiederbenutzung verzögert, besteht auch dafür keine Entschädigungsverpflichtung. Der Mieter ist insoweit auch nicht berechtigt, die Miete ganz oder teilweise zu verweigern. Zahlt er dennoch nicht, fehlt es an den in § 9 Nr. 1 a) VGB 2010 (A) genannten Voraussetzungen.

13

---

407 OLG Koblenz VersR 2010, 811.
408 OLG Köln VersR 1991 S. 70.
409 OLG Hamm VersR 1988, 795.

F. Gewerblich genutzte Räume

14 Sofern das Wohngebäude über einzelne gewerblich genutzte Räume verfügt, eröffnet § 9 Nr. 3 VGB 2010 (A) die Möglichkeit, dass Versicherungsnehmer und Versicherer auch die Versicherung des diesbezüglichen Mietausfalls bzw. Mietwertverlustes vereinbaren.

G. Änderung der Miet- oder Nutzungsverhältnisse

15 § 9 Nr. 4 VGB 2010 (A) enthält Vorschläge für die gesonderte Versicherbarkeit von Fällen, in denen es infolge des Versicherungsfalls zu einer Änderung der Miet- und Nutzungsverhältnisse kommt. Schwierigkeiten bereitet die Bestimmung der Haftzeit nämlich in Fällen, wenn sich während der Dauer der Nutzungsstörung die Miet- oder Nutzungsverhältnisse planmäßig und vorhersehbar ändern bzw. geändert hätten.

Es sind verschiedene Fallgestaltungen denkbar. Steht eine Wohnung bei Eintritt des Versicherungsfalls leer, so hat der Versicherungsnehmer grundsätzlich keinen Anspruch auf Mietausfallentschädigung.

Dieser Grundsatz gilt jedoch nicht, wenn der Versicherungsnehmer nachweist, dass die Wohnung innerhalb der Haftzeit vermietet wird und gemäß § 9 Nr. 4 b) VGB 2010 (A) vereinbart ist, dass auch dieser Fall versichert ist.

Ebenfalls gesondert versicherbar ist der Fall, dass ein Mieter infolge des Schadens aus der Wohnung auszieht. Sofern es (gesondert) vereinbart ist, ersetzt der Versicherer in Fällen, in denen das Mietverhältnis infolge des Schadens endete und die Räume trotz der im Verkehr erforderlichen Sorgfalt zum Zeitpunkt der Wiederherstellung nicht zu vermieten waren, den Mietverlust über den Zeitpunkt der Wiederherstellung hinaus für einen Zeitraum von X Monaten, längstens jedoch bis zum Ablauf der Haftzeit.

§ 10 Versicherungswert, Versicherungssumme

1. *Vereinbarte Versicherungswerte*

   Als Versicherungswert kann der Gleitende Neuwert, der Neuwert, der Zeitwert oder der Gemeine Wert vereinbart werden. Im Versicherungsfall kann der Gemeine Wert Anwendung finden, wenn die versicherte Sache dauerhaft entwertet ist (siehe d). Der Versicherungswert bildet die Grundlage der Entschädigungsberechnung.

   a. *Gleitende Neuwert*

      aa. *Der Gleitende Neuwert ist der Betrag, der aufzuwenden ist, um Sachen gleicher Art und Güte in neuwertigem Zustand herzustellen, ausgedrückt in Preisen des Jahres 1914. Maßgebend ist der ortsübliche Neubauwert einschließlich Architektengebühren sowie sonstige Konstruktions- und Planungskosten.*

      Bestandteil des Gleitenden Neuwertes sind insoweit auch Aufwendungen, die dadurch entstehen, dass die Wiederherstellung der Sachen in derselben Art und Güte infolge Technologiefortschritts entweder nicht möglich ist oder nur mit unwirtschaftlichem Aufwand möglich wäre. Die Ersatzgüter müssen hierbei den vorhandenen Sachen möglichst nahe kommen.

      bb. *Nicht Bestandteil des Gleitenden Neuwertes sind Mehrkosten durch behördliche Wiederherstellungsbeschränkungen, die dadurch entstehen, dass Sachen aufgrund öffentlich-rechtlicher Vorschriften nicht in derselben Art und Güte wiederhergestellt werden dürfen, es sei denn, dass diese Mehrkosten als Technologiefortschritt gemäß aa) zu berücksichtigen sind. Versicherungsschutz für diese Mehrkosten besteht gemäß den Vereinbarungen zu den versicherten Mehrkosten.*

      Mehrkosten durch Preissteigerungen zwischen dem Eintritt des Versicherungsfalles und der Wiederherstellung sind ebenfalls nicht Bestandteil des Neuwertes. Versicherungsschutz für diese Mehrkosten besteht gemäß den Vereinbarungen zu den versicherten Mehrkosten.

      cc. *Der Versicherer passt den Versicherungsschutz nach a) aa) an die Baukostenentwicklung an (siehe Abschnitt A § 12 Nr. 2). Es besteht insoweit Versicherungsschutz auf der Grundlage des ortsüblichen Neubauwertes zum Zeitpunkt des Versicherungsfalles.*

dd. Wenn sich durch bauliche Maßnahmen innerhalb des laufenden Versicherungsjahres der Wert des Gebäudes erhöht, besteht bis zum Schluss dieses Jahres auch insoweit Versicherungsschutz.

b. Neuwert

aa. Der Neuwert ist der Betrag, der aufzuwenden ist, um Sachen gleicher Art und Güte in neuwertigem Zustand herzustellen. Maßgebend ist der ortsübliche Neubauwert einschließlich Architektengebühren sowie sonstige Konstruktions- und Planungskosten.

Bestandteil des Neuwertes sind insoweit auch Aufwendungen, die dadurch entstehen, dass die Wiederherstellung der Sachen in derselben Art und Güte infolge Technologiefortschritts entweder nicht möglich ist oder nur mit unwirtschaftlichem Aufwand möglich wäre. Die Ersatzgüter müssen hierbei den vorhandenen Sachen möglichst nahe kommen.

bb. Nicht Bestandteil des Neuwertes sind Mehrkosten durch behördliche Wiederherstellungsbeschränkungen, die dadurch entstehen, dass Sachen aufgrund öffentlich-rechtlicher Vorschriften nicht in derselben Art und Güte wiederhergestellt werden dürfen, es sei denn, dass diese Mehrkosten als Technologiefortschritt gemäß aa) zu berücksichtigen sind. Versicherungsschutz für diese Mehrkosten besteht gemäß den Vereinbarungen zu den versicherten Mehrkosten.

Mehrkosten durch Preissteigerungen zwischen dem Eintritt des Versicherungsfalles und der Wiederherstellung sind ebenfalls nicht Bestandteil des Neuwertes. Versicherungsschutz für diese Mehrkosten besteht gemäß den Vereinbarungen zu den versicherten Mehrkosten.

c. Zeitwert

Der Zeitwert ergibt sich aus dem Neuwert des Gebäudes (siehe b) abzüglich der Wertminderung insbesondere durch Alter und Abnutzungsgrad.

d. Gemeiner Wert

Der Gemeine Wert ist der erzielbare Verkaufspreis für das Gebäude oder für das Altmaterial.

Ist Versicherung zum Gleitenden Neuwert, Neuwert oder Zeitwert vereinbart und ist das Gebäude zum Abbruch bestimmt oder sonst dauernd entwertet, so ist Versicherungswert lediglich der gemeine Wert. Eine dauernde Entwertung liegt insbesondere vor, wenn das Gebäude für seinen Zweck nicht mehr zu verwenden ist.

> *Der Versicherungswert von Gebäudezubehör und Grundstücksbestandteilen, die nicht Gebäude sind, entspricht dem für das Gebäude vereinbarten Versicherungswert.*
>
> 2. *Versicherungssumme*
>
>   a. *Die Versicherungssumme ist der zwischen Versicherer und Versicherungsnehmer im Einzelnen vereinbarte Betrag, der dem Versicherungswert entsprechen soll.*
>
>   b. *Wenn bauliche Änderungen vorgenommen werden, soll der Versicherungsnehmer die Versicherungssumme an den veränderten Versicherungswert anpassen.*
>
>   c. *Ist Neuwert, Zeitwert oder gemeiner Wert vereinbart worden, soll der Versicherungsnehmer die Versicherungssumme für die versicherte Sache für die Dauer des Versicherungsverhältnisse dem jeweils gültigen Versicherungswert anpassen.*
>
>   d. *Entspricht zum Zeitpunkt des Versicherungsfalles die Versicherungssumme nicht dem Versicherungswert, kann die Regelung über die Unterversicherung zur Anwendung kommen (siehe Abschnitt A § 13 Nr. 9).*

A. Einführung

Die weitaus überwiegende Zahl aller Wohngebäudeversicherungsverträge wird zum gleitenden Neuwert abgeschlossen. 1

Deshalb war es ungewöhnlich, dass die gleitende Neuwertversicherung in der Vergangenheit nicht in den VGB 62, sondern in den Sonderbedingungen für die gleitende Neuwertversicherung von Wohn-, Geschäfts- und landwirtschaftlichen Gebäuden (SGlN 79a) geregelt war. Dieser systematische Nachteil wurde bereits in den VGB 88 beseitigt. Alle Bestimmungen zur gleitenden Neuwertversicherung wurden in die VGB 88 eingearbeitet. Dadurch wird herausgestellt, dass die Versicherung von Wohngebäuden zum gleitenden Neuwert die Regel ist. Es ist nicht mehr erforderlich, Sonderbedingungen zu vereinbaren, wenn ein Wohngebäude zum gleitenden Neuwert versichert werden soll. Nach §§ 13 VGB 88 n. F., 14 VGB 88 a. F. sind abweichende Vereinbarungen zum Versicherungswert möglich. Die VGB sind infolgedessen Bedingungsgrundlage für die gleitende Neuwertversicherung sowie für die Neuwertversicherung, die Zeitwertversicherung und die Versicherung zum gemeinen Wert mit fester Versicherungssumme. In den VGB 2010 wurde diese Regelungssystematik übernommen.

Die Vertragsparteien können im Allgemeinen frei zwischen den verschiedenen 2
Wertgrundlagen wählen. Dabei ergibt sich aus den vertraglichen Vereinbarungen, welche Wertbasis im Einzelfall maßgebend ist. Dabei ist die Versicherung zum

gleitenden Neuwert in der Wohngebäudeversicherung nach wie vor die absolut dominierende Form der Versicherungssummenberechnung. Die Versicherungen zum Neuwert, zum Zeitwert und zum gemeinen Wert spielen in der Praxis keine wesentliche Rolle. Bedeutung gewonnen hat in den vergangenen Jahren eine Bestimmung der Versicherungssumme mit dem sogenannten **Wohnflächenmodell**. Dieser Entwicklung folgend hat der Gesamtverband der Deutschen Versicherungswirtschaft eine spezielle Version der VGB 2010 veröffentlicht, in der das Wohnflächenmodell geregelt wird.

B. Gleitender Neuwert

3   Grundlage der gleitenden Neuwertversicherung ist der **gleitende Neuwert**. Er ist in § 10 Nr. 1 a) aa) Abs. 1 S. 1 VGB 2010 (A) **definiert als der Betrag, der aufzuwenden ist, um Sachen gleicher Art und Güte in neuwertigem Zustand herzustellen, ausgedrückt in den Preisen des Jahres 1914.** Dabei soll der ortsübliche Neubauwert einschließlich Architektengebühren sowie sonstiger Konstruktions- und Planungskosten maßgeblich sein (§ 10 Nr. 1 a) aa) Abs. 1 S. 2 VGB 2010 (A)).

4   Es fragt sich, **warum ausgerechnet die Baupreise des Jahres 1914** der gleitenden Neuwertversicherung zugrunde gelegt werden. Diese Frage lässt sich vor dem Hintergrund der historischen Entwicklung dieser Versicherungsform beantworten. Ausgangspunkt für das Entstehen einer gleitenden, an die Baupreisentwicklung gekoppelten Versicherungsform war die rasante Steigerung der Baupreise während und nach dem Ersten Weltkrieg. Stark steigende Baupreise erfordern eine ständige Überprüfung und Anpassung der Versicherungssummen, um Unterversicherung zu vermeiden. Abgesehen von dem damit verbundenen erheblichen Verwaltungsaufwand beim Versicherer sind die Gebäudeeigentümer in der Regel überfordert. Deshalb gingen in dieser Zeit die Pflicht- und Monopolanstalten nach und nach dazu über, Haftung und Prämie zu dynamisieren, d. h. der Entwicklung der Baupreise anzupassen, ohne dabei die dem Vertrag zugrunde liegende Versicherungssumme zu verändern. **Als Grundlage dieser dynamischen Versicherungsform wurden die Baupreise der Jahre 1913/1914 gewählt, weil diese Jahre die letzten Vorkriegsjahre mit stabilem Preisniveau waren.** Diese Entwicklung führte letztlich zur Schaffung der gleitenden Neuwertversicherung in der heutigen Form. Die Wettbewerbsversicherer haben die Preisbasis 1914 übernommen, damit in dieser Hinsicht die Vertragsverhältnisse bei den Pflicht- und Monopolanstalten mit den Verträgen bei den Wettbewerbsversicherern ohne weiteres vergleichbar sind. Wäre eine andere Preisgrundlage gewählt worden, so hätte dies zu Unklarheiten und zu erheblicher Verunsicherung von Wohngebäudeeigentümern geführt. Hinzu kam, dass sich die gleitende Neuwertversicherung als ein Instrument des materiellen Schutzwertes der Wohngebäudeversicherung insbesondere in Zeiten starker Geldentwertung sehr schnell bewährte.

Durch die Anpassung der Haftung an die Veränderung des Baupreisniveaus wird vor allem verhindert, dass der Versicherungsschutz der Wohngebäudeversicherung durch Inflation ausgehöhlt wird. Diese Aufgabe hat die gleitende Neuwertversicherung bis heute sehr gut erfüllt. Daran liegt es in erster Linie, dass die Wohngebäudeversicherer trotz immer wieder geäußerter Kritik an der gleitenden Neuwertversicherung bisher an dieser Versicherungsform festhalten.

Grundlage der gleitenden Neuwertversicherung ist der Versicherungswert 1914. Der Versicherungswert 1914 ist der ortsübliche Neubauwert des Gebäudes, um dieses in gleicher Art und Güte in neuwertigem Zustand herzustellen, ausgedrückt in den Preisen des Jahres 1914 (§ 10 Nr. 1 a) aa) Abs. 1 S. 1 VGB 2010 (A)).

Die VGB 88 enthielten statt der Formulierung „in gleicher Art und Güte" noch die Formulierung „entsprechend seiner Größe und Ausstattung" bzw. „entsprechend seiner Größe und seiner baulichen Ausstattung".

Materielle Unterschiede ergeben sich aus dieser Neuformulierung jedoch nicht. Der Neubauwert eines Gebäudes wird maßgeblich durch seine Größe, seine Ausstattung und seinen Ausbau bestimmt. Infolgedessen sind diese Umstände bei der Ermittlung des Neubauwerts in allen Fällen zu berücksichtigen.

I. Ortsüblicher Neubauwert

Der ortsübliche Neubauwert ist der Geldbetrag, der aufzuwenden ist, um das versicherte Gebäude auf dem Versicherungsgrundstück zu errichten. Dieser Betrag stimmt in der Regel mit demjenigen überein, den der Versicherungsnehmer beim Bau oder beim Kauf des Gebäudes tatsächlich aufgewendet hat. Maßgebend sind die Baupreise an dem Ort, an dem das versicherte Gebäude steht. Dies wird durch den Begriff **„ortsüblich"** klargestellt. In der Sachversicherung gilt allgemein der Grundsatz, dass auch ohne besondere Vereinbarung bei der Ermittlung des Versicherungswerts und bei der Schaden- und Entschädigungsberechnung die Preise des Ortes zugrunde zu legen sind, an dem der Versicherte „im regelmäßigen Betrieb seines Haushalts oder Geschäfts Einkäufe der in Betracht kommenden Art zu machen pflegt"[410].

Infolgedessen ist auch in der gleitenden Neuwertversicherung nach SGIN 79a/93 der ortsübliche Neubauwert grundsätzlich für die Ermittlung des Versicherungswerts maßgebend[411].

Dagegen spricht nicht, dass bei der Ermittlung der Versicherungssumme 1914 nach der Umrechnungsmethode und nach Maßgabe des Summenermittlungsbogens keine regionale Differenzierung vorgenommen wird. Es handelt sich dort nicht um die Ermittlung des Versicherungswerts 1914, sondern um die Berech-

---

410 Vgl. Raiser S. 123; Berndt/Luttmer S. 47 m. w. N.
411 Vgl. Ollick VerBAV 79 S. 402; Rolwes ZfV 86 S. 123; a. A. Martin S IV 8 2. Auflage.

nung der richtigen Versicherungssumme 1914 für den Unterversicherungsverzicht.

Die Ermittlung des ortsüblichen Neubauwerts bereitet in der Praxis erhebliche Schwierigkeiten. Dabei bestehen **drei grundsätzliche Probleme** nebeneinander:

- Abgrenzung der versicherten Sachen
- Bewertung der versicherten Sachen
- Preise des Jahres 1914.

1. Abgrenzung der versicherten Sachen

8   **Die Abgrenzung der versicherten Sachen** erscheint in der Wohngebäudeversicherung auf den ersten Blick unproblematisch, weil genau bestimmte Einzelsachen versichert sind. Nach § 5 Nr. 1 VGB 2010 (A) sind die im Versicherungsschein bezeichneten Gebäude versichert. Zubehör ist nach § 5 Nr. 1 VGB 2010 (A) mitversichert, soweit es sich im Gebäude befindet oder außen am versicherten Gebäude angebracht und für die Instandhaltung eines versicherten Gebäudes oder zu Wohnzwecken genutzt wird. Weiteres Zubehör sowie sonstige Grundstückbestandteile auf dem Versicherungsgrundstück können nach § 5 Nr. 1 VGB 2010 (A) aufgrund besonderer Vereinbarung mitversichert werden. Damit ist der Kreis der versicherten Sachen eindeutig beschrieben und abgrenzt. Sie sind bei der Ermittlung des Versicherungswerts zu berücksichtigen.

Abweichend von § 1 Nr. 3 SGIN 79a wird in den VGB nicht ausdrücklich darauf hingewiesen, dass mitversichertes Zubehör bei der Ermittlung des Neubauwerts zu berücksichtigen ist. Auf diese deklaratorische Erläuterung konnte verzichtet werden.

Unter diesen Umständen könnte der Eindruck entstehen, dass bei der Ermittlung des ortsüblichen Neubauwerts keine Abgrenzungsprobleme auftreten, weil die versicherten Sachen im Versicherungsantrag und im Versicherungsschein eindeutig beschrieben und abgegrenzt sind. Tatsächlich liegt es anders. **Dies ist in erster Linie darauf zurückzuführen, dass Gebäude zusammengesetzte Sachen sind, in denen zahlreiche davor selbständige Sachen derart aufgegangen sind**, dass sie ihre (rechtliche) Selbständigkeit verloren haben, also Bestandteil der einheitlichen Sache Gebäude geworden sind. Daraus entstehen Abgrenzungsprobleme. Sie werden dadurch verstärkt, dass neben dem Gebäude auch das Gebäudezubehör unter bestimmten Voraussetzungen ohne weiteres mitversichert ist. Zubehörstücke sind bewegliche Sachen. Es liegt auf der Hand, dass gerade die Abgrenzung des versicherten Gebäudezubehörs von sonstigen nicht versicherten Sachen in der Praxis erhebliche Schwierigkeiten bereitet. Private Gebäudeeigentümer sind damit in der Regel überfordert.

2. Bewertung der versicherten Sachen

Die eigentlichen Bewertungsprobleme treten auf, nachdem die versicherten Sachen abgegrenzt sind. Sie werden vor allem dadurch verursacht, dass Gebäude Unikate sind. Es gibt praktisch kein Gebäude, das einem anderen völlig gleicht. Darauf ist es zurückzuführen, dass Neubauwerte für Gebäude in Form von relativ einfach und eindeutig zu bestimmenden Marktpreisen nicht zu ermitteln sind. In dieser Hinsicht unterscheiden sich die Probleme bei der Bewertung von Wohngebäuden grundlegend von den Schwierigkeiten bei der Bewertung beweglicher Sachen. So sind z. B. die Bewertungsprobleme in der Hausratversicherung mit der Abgrenzung der versicherten Sachen weitgehend gelöst, da es für die allermeisten Hausratgegenstände Marktpreise gibt. In der Wohngebäudeversicherung liegt es grundlegend anders. Weder die Immobilienbereich weit verbreiteten Verkehrswerte noch die beim Verkauf vergleichbarer Gebäude am Standort des versicherten Gebäudes tatsächlich erzielten Preise liefern brauchbare Anhaltspunkte für die Ermittlung des ortsüblichen Neubauwerts. Dies liegt vor allem daran, dass die genannten Werte den Gesamtwert von Wohngrundstücken (Grundstücke und das darauf errichtete Gebäude) in einem Betrag ausdrücken. Der Neubauwert des Gebäudes ist dabei neben dem Wert des Grundstücks, dem Alter und dem Erhaltungszustand des Gebäudes sowie dem Ertragswert (erzielbare Mieteinnahmen) einer von mehreren Faktoren, die den Verkehrs- bzw. den Handelswert eines Gebäudes bestimmen. Infolgedessen muss der ortsübliche Neubauwert eines Gebäudes individuell nach Maßgabe des Standorts und der baulichen Eigenschaften des betreffenden Gebäudes ermittelt werden. Das erfordert **die Bewertung der einzelnen Bauleistungen, die beim Bau des Gebäudes erbracht werden**. Der ortsübliche Neubauwert ist ein zusammengesetzter Wert, der sich aus der Addition aller bewerteten Bauleistungen ergibt. Dabei spielt es grundsätzlich keine Rolle, ob es sich um einen Gebäudeeigentümer errichteten bzw. von einem Bauträger gekauften Neubau oder um einen Altbau handelt.

9

Maßgebend für die Bewertung sind die **Preise, die Bauunternehmer bzw. Bauhandwerker am Standort des Gebäudes beim Bau bzw. Wiederaufbau des Gebäudes berechnen**. In diesem Zusammenhang bereitet die Bewertung der sogenannten **Eigenleistungen** besondere Schwierigkeiten. Dabei handelt es sich um Leistungen, die der Versicherungsnehmer beim Bau des Gebäudes selbst erbracht hat oder die von Freunden oder Bekannten bzw. in Schwarzarbeit erbracht worden sind. Derartige Leistungen sind weit verbreitet. Bei der Ermittlung des ortsüblichen Neubauwerts sind auch für diese Leistungen die Preise anzusetzen, die Bauunternehmer bzw. Bauhandwerker berechnen.

In den VGB wird ausdrücklich klargestellt, dass **Architektengebühren sowie sonstige Konstruktions- und Planungskoste**n zum ortsüblichen Neubauwert des Gebäudes zählen (§ 10 Nr. 1 a) aa) Abs. 1 Satz 2 VGB 2010 (A)). In den VGB 62 und in den SGIN 79a wird ein derartiger Hinweis nicht gegeben. Die Frage, ob Architektengebühren sowie sonstige Konstruktions- und Planungskosten zum ortsüblichen Neubauwert zählen, wurde in der Vergangenheit nicht eindeutig beantwortet[412]. Sie ist nunmehr eindeutig geregelt. Dabei kommt es nicht darauf an, ob diese Kosten beim Bau des Gebäudes tatsächlich einmal angefallen sind. Ausschlaggebend ist vielmehr, dass diese Kosten aufgrund der heute geltenden baurechtlichen Anforderungen beim Bau von Wohngebäuden generell anfallen. Es handelt sich dabei um beträchtliche Beträge, die ohne weiteres 10 bis 15 % der „reinen" Baukosten erreichen können.

Die **Umsatzsteuer** ist grundsätzlich Bestandteil des ortsüblichen Neubauwerts. Die Wohngebäudeversicherung ist auf die Belange privater Gebäudeeigentümer abgestellt, die nicht vorsteuerabzugsberechtigt sind. Infolgedessen ist die Umsatzsteuer Teil des Schadens und der Entschädigung. Daraus folgt, dass sie auch bei der Ermittlung des Versicherungswerts in Ansatz zu bringen sind. Gewerbliche Versicherungsnehmer die vorsteuerabzugsberechtigt sind, können diesem Umstand bei der Ermittlung des Versicherungswerts dadurch Rechnung tragen, dass sie den Versicherungswert und die Versicherungssumme um den Betrag der Umsatzsteuer kürzen. In den Fällen der Versicherung mit fester Versicherungssumme lässt sich dies ohne weiteres verwirklichen. Schwierigkeiten bereitet die Umsetzung in der gleitenden Neuwertversicherung. Die Baupreise des Jahres 1914 enthalten die Umsatzsteuer begrifflich nicht, weil es diese Steuer im Jahre 1914 noch nicht gab. Bei dieser Betrachtungsweise führte deshalb die rechnerische Kürzung des ortsüblichen Neubauwerts nach Preisen des Jahres 1914 zur Unterversicherung. Deshalb wurde die **Klausel 7760** geschaffen, die den Belangen vorsteuerabzugsberechtigter Versicherungsnehmer Rechnung trägt.

3. Preise des Jahres 1914

10 Die dargestellten Schwierigkeiten belegen, dass private Gebäudeeigentümer im Allgemeinen nicht in der Lage sind, den ortsüblichen Neubauwert von Gebäuden zu ermitteln. Diese Feststellung gilt unabhängig davon, ob das Gebäude nach den zum Bewertungszeitpunkt, d. h. zum Zeitpunkt der Antragsstellung, geltenden Preisen oder nach den Preisen eines anderen Zeitpunkts bewertet wird. Das gilt auch für Neubauten. Entgegen der Ansicht von Martin trifft es auch hier nicht zu, dass der Versicherungsnehmer den ortsüblichen Neubauwert „durch Addition der tatsächlich aufgewendeten Beträge leicht ermitteln kann"[413]. Es liegt jedoch auf der Hand, dass die für die Ermittlung des Versicherungswerts 1914 geforderte Bewertung des ortsüblichen Bauwerts nach Baupreisen des Jahres 1914 die Bewertungsprobleme verschärft. Private Gebäudeeigentümer sind damit überfordert.

Zweifelhaft ist indessen, ob daraus die Schlussfolgerung gezogen werden kann, die gleitende Neuwertversicherung beseitige zwar das inflationsbedingte Risiko

---

412 Berndt/Luttmer S. 138 m. w. N.
413 Martin S IV 26.

der Unterversicherung, schaffe aber „ein anderes Unterversicherungsrisiko, nämlich das Risiko der falschen Ermittlung des Versicherungswertes 1914 und der Versicherungssumme 1914"[414]. Dabei wird übersehen, dass es **in der gleitenden Neuwertversicherung keineswegs erforderlich ist, die Baupreise 1914 und den Versicherungswert 1914 originär zu ermitteln**. Dies wäre ohnehin unmöglich, weil es zahlreiche Bauteile, Baustoffe oder Zubehörstücke, die heute beim Baum von Wohngebäuden verwendet werden, zu dieser Zeit überhaupt noch nicht gab. Beispiele dafür sind Betonfertigteile, Leichtbauteile (Fertighäuser), Bauteile aus Kunststoff wie Dachrinnen, Rohrleitungen, Dacheindeckungen oder Fensterelemente, Fernsehantennenanlagen, Einbruchmeldeanlagen, Mehrscheibenisolierverglasungen, aber auch Klima-, Wärmepumpen- oder Solarheizungsanlagen. Infolgedessen wird der Versicherungswert 1914 in den allermeisten Fällen in der Weise ermittelt, dass zunächst der ortsübliche Neubauwert abgestellt auf einen zeitnahen Bewertungszeitpunkt festgestellt wird. Anschließend wird dieser Wert mit Hilfe des zum Bewertungszeitpunkt geltenden Baupreisindex für Wohngebäude auf die Preisbasis 1914 umgerechnet. Diese Umrechnung nimmt der Versicherer auf seine Verantwortung vor. Auch Bausachverständige ermitteln bei ihren Gebäudeschätzungen den Versicherungswert 1914 auf diese Weise, weil es Originalpreise das Jahres 1914 für zahlreiche Bauteile, Baustoffe oder Bauelemente nicht gibt. Der Hinweis auf die in der einschlägigen Fachliteratur ausgewiesenen Baupreise für die Jahre 1913 oder 1914 widerlegt diese Feststellung nicht. Derartige Preise sind im Zweifel von den Autoren der Fachbücher in gleicher Weise ermittelt worden.

Wenig stichhaltig ist in diesem Zusammenhang das Argument, dass moderne Bauteile und Baumethoden, die es im Jahr 1914 noch nicht gab, nicht nachträglich zu Preisen dieses Jahres bewertet werden können, weil jede Umrechnung künstlich wäre[415]. Dabei wird übersehen, dass der **Versicherungswert 1914** seinem Wesen nach ein **künstlicher bzw. fiktiver Wert** ist. Er bringt zum Ausdruck, wie hoch der ermittelte ortsübliche Neubauwert eines Gebäudes nach Maßgabe des Baupreisniveaus des Jahres 1914 wäre. In der Praxis wird infolgedessen der Versicherungswert 1914 in zwei Schritten errechnet. Im ersten Schritt wird der ortsübliche Neubauwert abgestellt auf einen zeitnahen Bewertungszeitpunkt ermittelt. Im zweiten Schritt wird dieser Wert mit Hilfe des zu diesem Zeitpunkt geltenden Baukostenindex für Wohngebäude auf die Preisbasis 1914 umgerechnet. Dieser Weg zur Ermittlung des Versicherungswerts 1914 bzw. der Versicherungssumme 1914 wird von den Wohngebäudeversicherern seit jeher in den Sonderbedingungen für die gleitende Neuwertversicherung aufgezeigt. In die § 12 Nr. 2 b) VGB 88 n. F. wurde er als eine von drei verschiedenen Optionen zur Ermittlung der Versicherungssumme 1914 in der gleitenden Neuwertversicherung übernommen. In den aktuellen VGB wurde dies in § 11 Nr. 1 b) VGB 2010 (A) übernommen. Es zeigt sich, dass durch den Versicherungswert 1914 kein zusätzliches Unterversicherungsrisiko entsteht. Dies gilt indessen unter der

11

---

414 Martin S IV 9 unter Bezugnahme auf Wälder ZfV 78, 383.
415 Wälder ZfV 78, 383.

Voraussetzung, dass der Versicherer seine Beratungs- und Hinweispflichten zur Ermittlung der Versicherungssumme 1914 bei der Antragsaufnahme wahrnimmt.

Die vorhergehende Betrachtung veranschaulicht aber auch, dass die Versicherungssumme 1914 und der Versicherungswert 1914 im Grunde genommen überhaupt nicht „in den Preisen des Jahres 1914" ermittelt und ausgedrückt werden können, weil es zahlreiche moderne Bauteile, die Bestandteile der meisten Gebäude sind, im Jahr 1914 noch nicht gab. Wenn es infolgedessen objektiv nicht möglich ist, für einzelne Gebäudebestandteile die Preise des Jahres 1914 zu ermitteln, dann lassen sich auch die Versicherungssumme 1914 und der Versicherungswert 1914 des Gebäudes nicht in Preisen des Jahres 1914 ausdrücken. Bei genauer Betrachtung **handelt es sich bei der Ermittlung der Versicherungssumme 1914 und des Versicherungswerts 1914 darum, den ortsüblichen Neubauwert des Gebäudes auf der Preisbasis 1914 bzw. dem Preisniveau des Jahres 1914 auszudrücken**. Der Versicherungswert 1914 sagt aus, wie hoch der ortsübliche Neubauwert des Gebäudes zum Bewertungszeitpunkt wäre, wenn das Baupreisniveau des Jahres 1914 gelten würde. Daraus folgt aber auch, dass die Versicherungssumme 1914 und der Versicherungswert 1914 keine Mark- bzw. DM-Beträge, sondern EUR-Beträge sind. Dies wird insbesondere bei der Umrechnung aktueller Neubauwerte mit Hilfe des Baupreisindex deutlich. Diese Auslegung wird auch dadurch gestützt, dass die Begriffe „Mark" oder „M" in den VGB 88 nicht vorkommen. Die von den Wohngebäudeversicherern in ihren Antragsformularen und Versicherungsscheinen verwendete Bezeichnung Mark oder M für die Versicherungssumme 1914 dient vor allem der Unterscheidung dieser Wertangaben von anderen aktuellen DM-Beträgen.

C. Neuwert; Zeitwert; Gemeiner Wert

12   Neben dem in § 10 Nr. 1a) VGB 2010 (A) verankerten Versicherungswert 1914 spielen in der Wohngebäudeversicherung auch der Neuwert, der Zeitwert und der gemeine Wert als Versicherungswerte eine Rolle. Sie sind in § 10 Nr. 1 b) bis d) VGB 2010 (A) dargestellt.

I. Anwendungsbereich

13   Neuwert, Zeitwert und gemeiner Wert spielen in der Wohngebäudeversicherung in zweifacher Hinsicht eine Rolle. Einmal können sie bei Vertragsabschluss abweichend vom Versicherungswert 1914 als Versicherungswert vereinbart werden. Daneben sind sie vor allem aber ohne vertragliche Vereinbarung generell für die Schaden- und Entschädigungsberechnung maßgebend.

II. Vertragliche Vereinbarung

Nach § 10 Nr. 1 VGB 2010 (A) kann anstelle des Versicherungswerts 1914 (gleitender Neuwert) auch der Neuwert, der Zeitwert oder der gemeine Wert vertraglich vereinbart werden. Anders als in § 13 Nr. 1 VGB 88 n. F. ist nun in den VGB auch (wieder) ausdrücklich geregelt, dass auch der gemeine Wert als Versicherungswert vertraglich vereinbart werden kann. Auch bei Anwendung der VGB 88 n. F. war jedoch anerkannt, dass auch hier die vertragliche Vereinbarung des gemeinen Werts als Versicherungswert möglich sein muss, etwa wenn der Versicherungsnehmer unter Hinweis auf § 74 Abs. 1 VVG (erhebliche Überversicherung) eine Herabsetzung der Versicherungssumme forderte.

14

Ansonsten wird die Höhe des Neuwerts, des Zeitwerts und des gemeinen Werts bei Vertragsabschluss ermittelt und als feste Versicherungssumme dem Wohngebäudeversicherungsvertrag zugrunde gelegt. Es handelt sich hierbei um Möglichkeiten, die theoretisch gleichrangig neben der gleitenden Neuwertversicherung stehen. Es besteht Vertragsfreiheit. Die Vertragsparteien können die Versicherungsgrundlage frei miteinander vereinbaren. Nach dem Wortlaut der VGB 62 sind derartige Versicherungsformen nicht ausdrücklich vorgesehen, dennoch aber möglich.

Zwischen dem Versicherungswert 1914 einerseits sowie dem Neuwert, dem Zeitwert und dem gemeinen Wert andererseits bestehen grundlegende Unterschiede. Der Versicherungswert 1914 für ein bestimmtes Gebäude ist endgültig auf einen bestimmten Zeitpunkt fixiert. Er verändert sich bei gleichbleibender Substanz des versicherten Gebäudes während der Vertragslaufzeit nicht. Dagegen wird die Höhe des Neuwerts, des Zeitwerts und des gemeinen Werts durch verschiedene Umstände während der Vertragslaufzeit beeinflusst und verändert. Diese Werte schwanken infolgedessen im Zeitverlauf auch bei gleichbleibender Gebäudesubstanz. Haupteinflussfaktor ist dabei die Veränderung des Baupreisniveaus. Insbesondere der Neuwert wird dadurch unmittelbar beeinflusst. Der Zeitwert und der gemeine Wert unterliegen daneben der Wertminderung infolge Alter und Abnutzung. Darüber hinaus wird die Höhe des gemeinen Werts durch subjektive Kriterien bestimmt.

Praktisch hat die Versicherung zum Neuwert, zum Zeitwert oder zum gemeinen Wert aufgrund vertraglicher Vereinbarung in der Wohngebäudeversicherung untergeordnete Bedeutung. Der Anteil der Verträge zum Neuwert, zum Zeitwert oder zum gemeinen Wert mit fester Versicherungssumme am Gesamtbestand der Wohngebäudeversicherungsverträge liegt unter 5 %. Dabei handelt es sich in den allermeisten Fällen um Verträge zum Neuwert mit fester Versicherungssumme. Verträge zum Zeitwert und zum gemeinen Wert werden außerordentlich selten abgeschlossen.

III. Schaden- und Entschädigungsberechnung

15 **Neuwert, Zeitwert und gemeiner Wert** sind indessen nicht nur vertragsrelevant, wenn sie als Versicherungswert vertraglich vereinbart werden. Sie **spielen auch ohne vertragliche Vereinbarung bei der Schaden- und Entschädigungsberechnung** nach § 13 VGB 2010 (A) **eine wichtige Rolle**. Dies gilt auch für die gleitende Neuwertversicherung. Der Versicherungswert 1914 ist eine Fiktion. Er kann infolgedessen die in der Sachversicherung ansonsten übliche Funktion des Versicherungswerts bei der Schadenberechnung nicht übernehmen. Der Versicherungswert 1914 ist ein Ersatzwert, d. h.d. h. nicht derjenige Wert, der im Totalschadenfall als Betrag des Schadens festgesetzt bzw. ersetzt wird. Diese Funktion hat auch in der gleitenden Neuwertversicherung der Neuwert, der daneben Grundlage für die Ermittlung des Zeitwerts und des Zeitwertschadens ist. Der Zeitwertschaden ist wegen der sogenannten Wiederherstellungsklausel nach § 13 Nr. 7 VGB 2010 (A) bei Totalschäden auch in der gleitenden Neuwertversicherung und in der Neuwertversicherung mit fester Summe zu ermitteln. Weiterhin setzt sich der gemeine Wert ohne vertragliche Vereinbarung in der gleitenden Neuwertversicherung, der festen Neuwertversicherung und der Zeitwertversicherung durch, wenn die in § 13 Nr. 3 VGB 2010 (A) genannten Voraussetzungen erfüllt sind.

IV. Begriffe

16 Die Begriffe Neuwert, Zeitwert und gemeiner Wert sind in § 13 Nr. 1 b) bis d) VGB 2010 (A) definiert. Sie werden nachfolgend in ihren Grundzügen erläutert.

1. Neuwert

17 **Der Neuwert ist der Betrag, der aufzuwenden ist, um Sachen gleicher Art und Güte in neuwertigem Zustand herzustellen**, § 10 Nr. 1 b) aa) VGB 2010 (A). Anders als in den VGB 88 n. F. ist in den VGB 2010 wieder ein Hinweis darauf enthalten, dass es beim Neuwert insbesondere auf die Größe, die Ausstattung und den Ausbau des Gebäudes ankommt, auch wenn dies in der Formulierung „Sachen gleicher Art und Güte" nur verklausuliert zum Ausdruck kommt. Materielle Abweichungen zwischen der aktuellen Definition des Neuwerts und den bislang in den VGB enthaltenen Bestimmungen folgen daraus nicht. Neuwert und Versicherungswert 1914 unterscheiden sich lediglich hinsichtlich der Preisbasis bzw. des Bewertungszeitpunkts. **Ansonsten gelten für die Bemessung des Neuwerts dieselben Bewertungsgrundsätze wie für die Ermittlung des Versicherungswerts 1914.** Es treten dieselben Abgrenzungs- und vergleichbare Bewertungsprobleme auf, ohne dass der Versicherer dem Versicherungsnehmer bei der Ermittlung der richtigen Versicherungssumme ähnliche Hilfen anbieten kann wie in der gleitenden Neuwertversicherung. Die dort vorhandenen Möglichkeiten zur Ermittlung der richtigen Versicherungssumme und die Vereinba-

rung des Unterversicherungsverzichts lassen sich auf die Neuwertversicherung mit fester Versicherungssumme nicht übertragen. Der Versicherungsnehmer hat infolgedessen in der Neuwertversicherung mit fester Versicherungssumme die uneingeschränkte Verantwortung für die zutreffende Ermittlung des Versicherungswerts bei Vertragsabschluss. Daneben muss er die Veränderungen des Baupreisniveaus während der Vertragslaufzeit ständig beobachten. Steigen die Baupreise, muss er die Versicherungssumme anpassen, um Unterversicherung zu vermeiden. Die unter Rn. 31 behandelten erweiterten Hinweis- und Beratungspflichten treffen den Versicherer in diesen Fällen nicht. Weder ist er verpflichtet, den Versicherungsnehmer vor Vertragsabschluss bei der Ermittlung des Versicherungswerts bzw. der Versicherungssumme umfassend zu beraten, noch muss er ihn während der Laufzeit des Vertrages darauf hinweisen, dass die Versicherungssumme angepasst werden muss. Daran liegt es, dass Wohngebäudeversicherungsverträge mit fester Neuwertversicherungssumme insbesondere mit privaten Versicherungsnehmern selten geschlossen werden. Lediglich gewerbliche, im Immobiliengeschäft erfahrene Versicherungsnehmer schließen gelegentlich derartige Verträge ab. Private Versicherungsnehmer sind durch die angesprochenen Probleme in der Regel überfordert. Vergleichbare Schwierigkeiten können in der gleitenden Neuwertversicherung nicht auftreten. Infolgedessen hat die feste Neuwertversicherung hinsichtlich der Sachschadendeckung theoretisch zwar den gleichen Schutzwert wie die gleitende Neuwertversicherung, praktisch ist sie aber der gleitenden Neuwertversicherung weit unterlegen.

Die aufgezeigten Nachteile der festen Neuwertversicherung für den Versicherungsnehmer werden durch § 13 Nr. 8 VGB 2010 (A) verstärkt. Danach ist die Gesamtentschädigung für versicherte Sachen, versicherte Kosten und versicherten Mietausfall auf die Versicherungssumme begrenzt. Infolgedessen bleibt im Totalschadenfall selbst dann kein Raum für die Entschädigung von versicherten Kosten und versichertem Mietausfall, wenn die Versicherungssumme dem Neuwert entspricht. Ausgenommen von dieser Regelung sind lediglich Rettungskosten, die auf Weisung des Versicherers entstanden sind.

Aus diesen Gründen werden Neuwertversicherungen mit fester Versicherungssumme für Wohngebäude selten abgeschlossen. Die praktische Bedeutung des Neuwerts liegt in erster Linie in seiner Ersatzwertfunktion in der gleitenden Neuwertversicherung. Die dabei im Versicherungsfall auftretenden Bewertungsprobleme belasten den Versicherungsnehmer nicht. Sie sind vom Versicherer zu lösen. Die dabei verursachten Kosten sind Schadenermittlungskosten, die der Versicherer zu tragen hat.

2. Zeitwert

Nach 10 Nr. 1 c) VGB 2010 (A) **errechnet sich der Zeitwert aus dem Neuwert abzüglich der Wertminderung durch Alter und Abnutzung.** Das Alter von Gebäuden spielt als Wertminderungsfaktor in der Wohngebäudeversicherung vor allem deswegen eine größere Rolle als bei der Versicherung anderer Sachen, weil Wohngebäude im Gegensatz zu anderen Sachen viele Jahrzehnte und teilweise gar über Jahrhunderte genutzt werden. Während ihrer Lebensdauer sind alle Gebäude den wertmindernden Einflüssen wie Witterung oder Nutzung ausgesetzt. Anders als zum Teil noch in den Vorgängerbestimmungen wurden in den VGB 2010 das Alter und die Abnutzung als Wertminderungsfaktoren ausdrücklich erwähnt. Gegen die Aufnahme des Alters spricht nicht, dass die altersbedingte Wertminderung durch laufende Instandhaltung weitgehend kompensiert werden kann. Es ist infolgedessen jedoch nicht möglich, allgemeingültige Entwertungstabellen für Wohngebäude in Abhängigkeit vom Baujahr aufzustellen. Die in der Fachliteratur verschiedentlich veröffentlichten Tabellen liefern nur sehr grobe Anhaltspunkte für die Bestimmung des Zeitwerts.

Nach dem Wortlaut der VGB werden bei der Ermittlung des Zeitwerts **lediglich die Wertminderung durch Alter und Abnutzung berücksichtigt**. Es kommt darauf an, in welchem Umfang der Neuwert des Gebäudes durch die Einwirkung dieser Faktoren im Wert gemindert wurde. Andere wertmindernde Faktoren, z. B. Einschränkungen der Nutzung oder Rückgang des Ertragswerts infolge Milieuverschlechterung, sind bei der Ermittlung des Zeitwerts nicht zu berücksichtigen.

Praktisch spielt die Versicherung zum Zeitwert in der Wohngebäudeversicherung keine Rolle. Dies liegt zunächst daran, dass es in der Wohngebäudeversicherung im Gegensatz zur sonstigen Gebäudeversicherung für Neuwertversicherungen keine Zeitwert- bzw. Entwertungsgrenze gibt. Wohngebäude können generell ohne Rücksicht auf die Höhe des Zeitwerts zum gleitenden Neuwert bzw. zum Neuwert versichert werden. Eine vereinbarte Neuwertversicherung wird abweichend von § 5 Nr. 1 b) AVB Sach 87 auch nicht dadurch zu einer Zeitwertversicherung, dass bestimmte Entwertungsgrenzen überschritten werden. Etwas anderes gilt lediglich für die in § 13 Nr. 3 VGB 2010 (A) geregelten Fälle der Versicherung zum gemeinen Wert.

20 **Versicherungsnehmer und Versicherer haben im Allgemeinen kein Interesse daran, eine Zeitwertversicherung abzuschließen**. Für den Versicherer entstehen Nachteile dadurch, dass die Wohngebäudeversicherung in erster Linie eine Reparaturkostenversicherung ist. Reparaturkosten werden aber auch bei der Zeitwertversicherung voll entschädigt. Ausgenommen davon sind lediglich die in § 13 Nr. 2 b) VGB 2010 (A) geregelten Fälle, in denen die Reparaturkosten den Versicherungswert übersteigen. Sie haben praktisch keine große Bedeutung. Infolgedessen haftet der Versicherer in der Regel bei einer Zeitwertversicherung ebenso wie bei einer Neuwertversicherung grundsätzliche für den vollen Betrag der Reparaturkosten. Dagegen erhält er in der Zeitwertversicherung die Prämie aber lediglich aus der niedrigeren Zeitwertversicherungssumme. Das Preis-Leistungs-Verhältnis ist dadurch für den Versicherer nachteiliger als in der Neuwertversicherung.

Aus den genannten Gründen werden Wohngebäudeversicherungsverträge zum Zeitwert nur sehr selten abgeschlossen. Die praktische Bedeutung des Zeitwerts liegt in der Regelung von § 13 Nr. 7 VGB 2010. (A) Danach erwirbt der Versicherungsnehmer den Anspruch auf Zahlung des Teils der Entschädigung, der den Zeitwert bzw. den Zeitwertschaden übersteigt, nur unter den dort genannten Voraussetzungen. Der Zeitwert bzw. der Zeitwertschaden wird in diesen Fällen im Zuge der Schadenfeststellung vom Versicherer oder im bedingungsmäßigen Sachverständigenverfahren ermittelt.

3. Gemeiner Wert

Der gemeine Wert ist der für den Versicherungsnehmer erzielbare Verkaufspreis, § 10 Nr. 1d) VGB 2010 (A). Der Vergleich zu Bedingungswerken der Vergangenheit zeigt, dass in den VGB 2010 ausdrücklich geregelt ist, dass der gemeine Wert als Versicherungswert vereinbart werden kann; in den VGB 62 und den VGB 88 a. F. gab es keine entsprechenden Bestimmungen. Nennenswerte praktische Auswirkungen haben die dargestellten Unterschiede im Wortlaut der VGB nicht, zumal Wohngebäudeversicherungsverträge zum gemeinen Wert nur äußerst selten abgeschlossen werden.

Der gemeine Wert unterscheidet sich vom Neuwert und vom Zeitwert grundsätzlich dadurch, dass für die Bewertung **nicht ein Beschaffungs- oder Einkaufsvorgang des Versicherungsnehmers** zugrunde gelegt wird. **Vielmehr wird ein Verkaufsvorgang angenommen**. Maßgebend sind nicht die Kosten der Wiederbeschaffung bzw. des Wiederaufbaus für den Versicherungsnehmer, sondern die Erlöse, die der Versicherungsnehmer durch den Verkauf versicherter Sachen erzielen kann. Der gemeine Wert wird allgemein auch als Verkehrswert bezeichnet[416].

Nach § 5 Nr. 1c) AVB Sach 87 ist gemeiner Wert von Gebäuden der für den Versicherungsnehmer erzielbare Verkaufspreis für das Gebäude oder das Altmaterial. Die VGB 88 n. F. enthielten in § 13 Nr. 2 keinen Hinweis darauf, dass es nur auf den „für das Gebäude" erzielbaren Verkaufspreis ankommen sollte. Dem lag die Überlegung zu Grunde, dass neben dem Gebäude auch andere Sachen in der Wohngebäudeversicherung mitversichert sind, nämlich Gebäudezubehör und sonstige Grundstücksbestandteile.

Die VGB 2010 enthalten wiederum die Klarstellung, dass der „für das Gebäude" erzielbare Verkaufspreis maßgeblich sein soll.

Die Ermittlung des gemeinen Werts bereitet in der Wohngebäudeversicherung besondere Schwierigkeiten. Dies liegt vor allem daran, dass Verkehrswerte, d. h. d. h. im wirtschaftlichen Verkehr erzielbare Marktpreise für Gebäude, theoretische Werte sind, die praktisch in der Regel nicht eindeutig bestimmt werden können. Verkehrswerte werden im Allgemeinen für Wohngrundstücke, d. h. für Grundstücke und darauf errichtete Wohngebäude ermittelt. Es ist nicht möglich, daraus den Verkehrswert für das Gebäude im Wege der Subtraktion eines angenommenen Bodenrichtwerts vom Verkehrswert des Wohngrundstücks zu

---
416 Prölss/Martin/*Armbrüster* § 88 Rn. 2.

gewinnen. Das gilt selbst für Wohngebäude, die aufgrund eines Erbbaurechts auf fremdem Grund und Boden errichtet wurden. In diesen Fällen fließt der Wert des Erbbaurechts in die Verkehrswertermittlung für das Wohngrundstück ein.

Die Formulierung in § 10 Nr. 1 d) VGB 2010 (A), wonach der gemeine Wert der für den Versicherungsnehmer erzielbare Verkaufspreis für das Gebäude oder für das Altmaterial ist, kann zu Missverständnissen führen. Es könnte der unzutreffende Eindruck entstehen, der Ersatz des für den Versicherungsnehmer erzielbaren Verkaufspreises für das Gebäude und der Ersatz des für den Versicherungsnehmer erzielbaren Verkaufspreises für das Altmaterial seien gleichwertige Alternativen für die Schaden- und Entschädigungsberechnung. Das ist unzutreffend. Insbesondere ist der gemeine Wert von Gebäuden entgegen Martin auch allgemein nicht „der Überschuss des Wertes der abzubrechenden Teile über die Abbruchkosten"[417]. Das könnte allenfalls auf Gebäude zutreffen, die zum Abbruch bestimmt sind. Jedoch ist auch in diesen Fällen sehr zweifelhaft, ob der Versicherer die Entschädigung für den Wert der abzubrechenden Gebäude um den Betrag der Abbruchkosten kürzen kann. Bei konsequenter Umsetzung dieses Grundsatzes führte das dazu, dass der Versicherungsnehmer überhaupt keine Entschädigung erhielte, wenn die Abbruchkosten höher sind als der erzielbare Verkaufspreis für die abzubrechenden Gebäudeteile. In § 13 Nr. 4 VGB 2010 (A) ist dies durch den Hinweis darauf, dass Kosten unabhängig davon, welche Art von Versicherungssumme vereinbart wurde, ersetzt werden, positiv klargestellt. Die Kostenversicherung steht auch in diesen Fällen selbständig neben der Sachversicherung. Eine Kompensation zwischen der Entschädigung für den Kostenschaden und der Entschädigung für den Sachschaden erfolgt nicht.

Sind versicherte Gebäude dagegen dauerhaft entwertet, dass sie für ihren Zweck nicht mehr zu verwenden sind (nicht mehr bewohnbar sind), so lässt sich der gemeine Wert ohnehin nicht auf diese Weise ermitteln. In diesen Fällen ist der gemeine Wert der für den Versicherungsnehmer erzielbare Verkaufspreis für das Gebäude bzw. für die Gebäudeteile. So liegt es beispielsweise bei Wohngebäuden, die nicht mehr bewohnbar sind, aber unter Denkmalschutz stehen.

22 **Wohngebäudeversicherungsverträge, in denen der gemeine Wert als Versicherungswert vertraglich vereinbart wurde, kommen in der Praxis selten vor.** Versicherer sind in der Regel nicht bereit, derartige Verträge abzuschließen. Sie fürchten ein mögliches hohes subjektives Risiko. Daneben treten bei Vertragsabschluss und insbesondere im Versicherungsfall außerordentlich schwierige Bewertungsprobleme auf. Erschwerend kommt aus der Sicht des Versicherers hinzu, dass die angesprochene Reparaturkostenproblematik (s. o. Rn. 20) auch bei der Versicherung zum gemeinen Wert auftreten kann. Der Verkehrswert ist in der Regel niedriger als der Zeitwert. Infolgedessen wird das Preis-Leistungs-Verhältnis bei einer Versicherung zum gemeinen Wert noch stärker zum Nachteil des Versicherers verändert als bei einer Versicherung zum Zeitwert. Daneben ist zu beachten, dass die bedingungsgemäße Haftung der VGB 2010 nicht auf die

---

[417] Martin Q III 59.

Versicherung des gemeinen Werts zugeschnitten ist. Insbesondere die Entschädigungsgrenze für versicherte Kosten kann in diesen Fällen zu unzureichendem Versicherungsschutz führen.

D. Dauernde Entwertung

Die **praktische Bedeutung** der Versicherung zum gemeinen Wert liegt bei den in § 10 Nr. 1 d) Abs. 2 VGB 2010 (A) geregelten **Fällen, in denen der gemeine Wert ohne besondere vertragliche Vereinbarung Versicherungswert ist**. Das trifft auf alle Fälle zu, in denen das versicherte Gebäude nach Vertragsabschluss zum Abbruch bestimmt oder sonst dauernd entwertet wird. Eine dauernde Entwertung aus sonstigen Gründen liegt insbesondere dann vor, wenn das Gebäude für seinen Zweck nicht mehr zu nutzen ist. Liegen die genannten Voraussetzungen vor, so ist der gemeine Wert auch dann Versicherungswert, wenn vertraglich eine gleitende Neuwertversicherung, eine feste Neuwertversicherung oder eine Zeitwertversicherung vereinbart wurde.

23

Diese Voraussetzung liegt bei Abbruchgebäuden nicht generell vor. Nicht selten werden Wohngebäude, die durchaus noch zu Wohnzwecken verwendbar sind, aus wirtschaftlichen Überlegungen zum Abbruch bestimmt. Gelegentlich kommt es daneben vor, dass behördliche Abbruchverfügungen erlassen werden, weil Wohngebäude ohne Baugenehmigung errichtet wurden. In den VGB 2010 ist klargestellt, dass auch in diesen Fällen der gemeine Wert ohne vertragliche Vereinbarung Versicherungswert ist.

Ein weiterer Unterschied zwischen den VGB 62 und den VGB 2010 besteht darin, dass in den VGB 62 von den versicherten Sachen, in den VGB 2010 nur von Gebäuden gesprochen wird. Materielle Abweichungen folgen daraus nicht. Der Wortlaut von § 10 Nr. 1 d) VGB 2010 (A) ist erweiternd auszulegen. Die Regelung gilt nicht nur für das Gebäude, sondern für alle gemäß § 5 VGB 2010 versicherten Sachen.

Es ist nicht zu übersehen, **dass die bedingungsgemäße Versicherung zum gemeinen Wert für den Versicherungsnehmer von Nachteil ist**, weil eine überhöhte Versicherungssumme zu einer unangemessen hohen Prämienbelastung führt. Diese Nachteile werden durch den Verzicht auf die Entschädigungsgrenzen für versicherte Kosten und den Mietausfallschaden (§ 13 Nr. 4 und 5 VGB 2010 (A)), der in § 13 Nr. 8 VGB 2010 (A) enthalten ist, nicht völlig kompensiert. Nach der Beseitigung des allgemeinen versicherungsrechtlichen Bereicherungsverbots, welches in § 55 VVG a. F. enthalten war, ist zweifelhaft, ob die Bestimmung des § 10 Nr. 1 d) Abs. 2 VGB 2010 (A) einer Prüfung anhand der §§ 305 ff. BGB standhalten würde.

24 Die **Frage der dauernden Entwertung kann für das Gebäude als Ganzes oder für sonstige versicherte Sachen**, nicht jedoch getrennt für einzelne Gebäudeteile **gestellt werden**[418]

Der eindeutige Wortlaut der VGB 2010 bietet hier keinen Auslegungsspielraum. Ausgenommen davon sind lediglich selbständig nutzbare Nebengebäude und Anbauten. Dabei kommt es nicht darauf an, ob sie in einer selbständigen Position oder gemeinsam mit dem Hauptgebäude versichert sind. Ein Anbau, der nach einem früheren Brandschaden nicht renoviert worden ist und aufgrund desolaten Bauzustands seit acht Jahren leerstand und nicht mehr vermietbar war, ist gemäß § 6 Nr. 1 Satz 2 VGB 62 nur noch zum geringeren Wert versichert, und zwar unabhängig davon, ob er ein eigenständiges Gebäude oder Teil des nach wie vor bewohnten Hauptgebäudes ist[419]. Es ist jedoch nicht möglich, diese Entscheidung auf einzelne Gebäudeteile zu übertragen. Dauernde Entwertung kann immer nur für das gesamte Gebäude oder selbständige Nebengebäude bzw. Anbauten angenommen werden.

Nach § 6 Nr. 1 Satz 2 VGB 62 gilt nichts anderes, obwohl dort nicht von der dauernden Entwertung von Gebäuden, sondern von versicherten Sachen gesprochen wird, die für ihren bestimmungsgemäßen Zweck nicht mehr verwendbar sind. Der Begriff versicherte Sachen in § 6 Nr. 1 Satz 2 VGB 62 bezieht sich sprachlich auf den vorhergehenden Satz 1 derselben Bestimmung, in dem der Versicherungswert von Gebäuden und sonstigen Sachen definiert ist. Der Versicherungswert sonstiger Sachen wird geregelt, weil auch nach § 2 VGB 62 Zubehör aufgrund besonderer Vereinbarung versichert werden kann. Aus der Formulierung von § 6 Nr. 1 VGB 62 ist infolgedessen nicht abzuleiten, dass damit allgemein bezweckt wird, „den Versicherungswert auch für entwendete Ersatzteile auf deren gemeinen Wert festzusetzen, obwohl der Versicherungswert sonst immer für ganze Sachen zu ermitteln ist"[420]. Das bedeutet nicht, dass in den bei Martin dargestellten Fällen von Schäden an verrotteten Türen oder Fenstern bzw. an verfaulten Dachbalken nach der hier vertretenen Ansicht ein Anspruch auf den vollen Ersatz der Reparaturkosten besteht. Waren einzelne Gebäudeteile bereits vor Eintritt des Versicherungsfalls durch andere Schadenursachen wie z. B. Witterungseinflüsse oder Vandalismus zerstört oder beschädigt worden, so ist insoweit durch die Einwirkung der versicherten Gefahr überhaupt kein (weiterer) Schaden entstanden. Infolgedessen besteht unter diesen Voraussetzungen für diesen Teil des Schadens keine Entschädigungsanspruch aus dem Wohngebäudeversicherungsvertrag.

25 **Liegen die Voraussetzungen für die obligatorische Versicherung zum gemeinen Wert vor**, so kann der Versicherungsnehmer unter Hinweis auf § 74 VVG fordern, dass die Versicherungssumme auf den Betrag des gemeinen Werts herabgesetzt wird. Das gleiche Recht hat der Versicherer. Diejenige Partei, die

---

418 Martin Q III 68.
419 LG Köln r + s 1998, 32.
420 Martin Q III 80.

die Forderung auf Herabsetzung der Versicherungssumme stellt, hat den Beweis dafür zu führen, dass die geforderten Voraussetzungen vorliegen. Dazu zählt auch der Nachteil, dass die Entwertung nicht nur vorübergehend, sondern dauernd eingetreten ist. Aus einer gleitenden Neuwertversicherung, einer Neuwert- oder einer Zeitwertversicherung mit fester Versicherungssumme wird eine Versicherung zum gemeinen Wert. Im Versicherungsfall setzt sich der gemeine Wert als Versicherungswert auch ohne besondere Vereinbarung durch, wenn der Versicherer nachweist, dass das versicherte Gebäude dauernd entwertet ist. Unter diesen Voraussetzungen ist die Neuwertversicherung unvereinbar mit dem früher in § 55 VVG a. F. verankerten Bereicherungsverbot. Hier liegt das Hauptmotiv für die angesprochene Regelung. Ein weiteres Motiv ist die Minderung des subjektiven Risikos[421]. Es liegt auf der Hand, dass das subjektive Risiko bei dauernd entwerteten Sachen außerordentlich steigt, wenn mit der Entschädigung des Neuwerts gerechnet werden kann. Der auf vorläufige Deckung gerichtete Versicherungsvertrag nach den VGB 88 mit einer Versicherungssumme von 305.000 DM für ein Wohngebäude, zu dessen Abbruch der Versicherungsnehmer zum Zweck der Neubebauung fest entschlossen war, ist gemäß § 74 Abs. 2 VVG nichtig, wenn der Versicherungsnehmer dem Versicherer seine Abbruchabsicht bewusst verschwiegen hat, wohl wissend, dass das Gebäude für ihn gar keinen Wert hatte und wenn der Versicherer die Deckungszusage wegen arglistiger Täuschung angefochten hat[422].

I. Objektive Ursachen

Die dauernde Entwertung kann objektive oder subjektive Ursachen haben. 26
Objektive Ursachen liegen vor, wenn das Gebäude infolge alters- und abnutzungsbedingter Verschlechterungen seines Bauzustandes für seine Zwecke nicht mehr benutzt werden kann. Sonstige außergewöhnliche Ursachen sind z. B. die dauernde Sperrung von Gebäuden wegen Einsturzgefährdung infolge (drohender) Bergschäden, ein behördliches Nutzungsverbot, weil Wohngebäude auf kontaminiertem (vergifteten) Baugrund errichtet wurden, oder eine behördliche Abbruchverfügung, weil Gebäude ohne Baugenehmigung gebaut wurden. In diesen Fällen befinden sich die Gebäude häufig in gutem Bauzustand. Sie sind jedoch objektiv dauernd entwertet, weil sie für ihren Zweck nicht mehr zu verwenden sind. Der Wert der versicherten Gebäude wird durch den gesunkenen bzw. nicht mehr vorhandenen Ertrags- oder Nutzungswert erheblich gemindert. Es kommt nicht auf den Zustand und Wert der Sachsubstanz an, weil das Gebäude nach einem Schaden nicht wieder aufgebaut wird. Ausschlaggebend ist vielmehr der gemeine Wert bzw. der Verkehrswert. Das ist derjenige Wert, den der Versicherungsnehmer beim Verkauf des Gebäudes bzw. der abgebrochenen Gebäudeteile erzielen könnte.

---

[421] Martin Q III 57.

[422] OLG Schleswig r + s 1995, 26.

II. Subjektive Ursachen

27 **Auch subjektive Ursachen** können zur dauernden Entwertung von Gebäuden führen. Ein Gebäude ist subjektiv dauernd entwertet, wenn der Versicherungsnehmer die (bestimmungsgemäße) Nutzung des Gebäudes dauernd (endgültig) aufgegeben hat[423]. Mit dieser Entscheidung des Versicherungsnehmers muss weder eine nachhaltige Wertminderung des Gebäudes durch Alter oder Abnutzung noch eine objektiv bedingte dauernde Entwertung aus anderen Gründen noch eine Abbruchabsicht einhergehen. Gerade bei sogenannten Spekulationsobjekten werden häufig gut erhaltene, nutzbare Wohngebäude bereits geräumt, bevor endgültig feststeht, dass sie abgebrochen werden. Das Leerstehen begründet in der Regel noch nicht die bedingungsgemäße obligatorische Versicherung zum gemeinen Wert. Allerdings liegt dann zumeist eine Gefahrerhöhung im Sinne von § 9 VGB 2010 (B) vor. Kündigt der Versicherer den Vertrag aus Anlass der Gefahrerhöhung nicht, so wird er darauf dringen, als Versicherungswert den gemeinen Wert zu vereinbaren und die Versicherungssumme nach Maßgabe von § 74 Abs. 1 VVG herabzusetzen. Damit wird Auseinandersetzungen über die Versicherungswertgrundlage und die Höhe der Entschädigung im Versicherungsfall vorgebeugt.

III. Abbruchgebäude

28 Praktische Bedeutung hat die bedingungsgemäße Versicherung zum gemeinen Wert vor allem bei Gebäuden, die zum Abbruch bestimmt sind. Es handelt sich dabei zumeist um Fälle einer subjektiv bedingten dauernden Entwertung, die der Versicherer nachzuweisen hat. In der Praxis treten dabei regelmäßig erhebliche Beweisprobleme auf, wenn die Abbruchabsicht noch nicht dokumentiert war. An den Nachweis sind strenge Anforderungen zu stellen[424]. Die Abbruchabsicht muss als endgültig und unwiderruflich äußerlich in Erscheinung getreten sein[425]. Eine endgültige Abbruchabsicht ist nur dann anzunehmen, wenn der Versicherungsnehmer Abbruchvorbereitungen getroffen hat, die eine Änderung seiner Absicht als wirtschaftlich unvernünftig erscheinen lassen, oder wenn er zum Abbruch gezwungen werden kann[426].

Diese Grundsätze sind danach in der Rechtsprechung zu § 6 Nr. 1 Satz 2 VGB 62 verschiedentlich bestätigt worden[427]. Nach Auffassung des OLG Düsseldorf ist eine dauernde Entwertung eines versicherten Gebäudes selbst dann nicht anzunehmen, wenn eine Abbruchverfügung vorliegt, die jedoch bei Eintritt des Versicherungsfalls noch keine Rechtskraft hatte. In dem vom OLG Düsseldorf

---

[423] Martin Q III 71.
[424] BGH VersR 1984, 843 noch zu § 6 Nr. 1 Satz 2 VGB 62.
[425] OLG Hamm VersR 1984, 151.
[426] BGH VersR 1984, 843.
[427] OLG Köln r + s 1986, 74 sowie OLG Hamm VersR 1987, 148.

entschiedenen Fall war eine Abbruchverfügung ergangen, gegen die Versicherungsnehmerin Widerspruch gelegt hatte. Der Widerspruch war mit Rücksicht auf die völlige Zerstörung des Hauses durch den Versicherungsfall jedoch nicht mehr beschieden worden, so dass die Abbruchverfügung nicht rechtskräftig geworden war. Nach Auffassung des Gerichts kann daher die nicht rechtskräftig gewordene Abbruchverfügung nicht für die Annahme einer dauernden Entwertung im Sinne von § 3 Nr. 2a) Satz 2 AFB a. F. angesehen werden[428]. Für die Entwertung eines Gebäudes im Sinne des § 6 Nr. 1 Satz 2 VGB 62 reicht es aus, wenn sich der Entschluss, das Gebäude abzureißen, so verfestigt hat, dass eine andere wirtschaftliche Verwertung für die Beteiligten nicht mehr in Betracht kommt[429]. In dem vom LG Essen entschiedenen Fall hatte bereits der Verkäufer des Wohngrundstücks an einen Abriss gedacht und darüber mit dem Bauordnungsamt gesprochen. Im Grundstückskaufvertrag war eine Abrissklausel aufgenommen werden. Weiterhin war eine Zweckentfremdungsgenehmigung bereits erteilt und die Abbruchgenehmigung bereits beantragt worden. Die notwendigen Maßnahmen zur Räumung der Wohnung waren gegenüber den Mietern in die Wege geleitet und die Baugenehmigung kurz vor dem Versicherungsfall beantragt worden. Dass sich Interessenten für den Altbau gemeldet und dass noch Zweifelsfragen bei der Finanzierung des Neubauprojektes bestanden haben sollen, besagt nicht, dass im Versicherungsfall noch etwas anderes als der Abriss in Betracht kam[430]. Für die Bestimmung des Ersatzwerts eines Gebäudes können auch Umstände Berücksichtigung finden, die nicht die Substanz der versicherten Sache selbst betreffen und damit nicht den Baukostenwert als solchen mindern, sondern nur den Verkehrs-(Verkaufs-)Wert des Gebäudes beeinträchtigen. Eine schon vor dem Schadentag bestehende Abbruchabsicht bewirkt nur dann eine Wertminderung des Gebäudes, wenn die Abbruchabsicht als endgültig und unwiderruflich äußerlich in Erscheinung getreten ist. Anders liegt es dann, wenn der Versicherungsnehmer in seiner Entscheidung über das Schicksal des Gebäudes nicht mehr frei ist, wie es, weil er zum Abbruch gezwungen werden kann, sei es, dass der Abbruch zum Zeitpunkt des Versicherungsfalls weitgehend zur Disposition eines Dritten steht, oder aber dass die Änderung seiner Absicht wirtschaftlich unvernünftig wäre[431]. Ein mangelhafter baulicher Zustand des versicherten Gebäudes führt allein noch nicht zur Versicherung zum gemeinen Wert. Dies ist nur dann der Fall, wenn die Bewohnbarkeit objektiv nicht mehr gegeben ist[432].

Die vorstehenden Grundsätze gelten entsprechend für § 10 Nr. 1 d) VGB 2010, obwohl diese Regelungen im Wortlaut von §§ 6 Nr. 1 Satz 2 VGB 62, 3 Nr. 2a) Satz 2 AFB a. F. abweichen.

---

428 OLG Düsseldorf NJW-RR 1989, 94.
429 LG Essen VersR 1993, 221.
430 LG Essen VersR 1993, 221.
431 OLG Köln VersR 1996, 54 zu § 3 Nr. 2a) Satz 2 AFB a. F.
432 LG Oldenburg r + s 1994, 468.

E. Ermittlung und Vereinbarung der Versicherungssumme

29 Die Schwierigkeiten und Unsicherheiten bei der Ermittlung des Versicherungswerts und der Versicherungssumme wurden bereits erwähnt. Dabei wurde auch herausgearbeitet, dass es sich dabei um generelle Probleme in der Wohngebäudeversicherung handelt, die jedoch bei der Ermittlung des Versicherungswerts 1914 und der Versicherungssumme 1914 in verschärfter Form in Erscheinung treten. Daneben ist festzuhalten, dass die auftretenden Abgrenzungs- und Bewertungsprobleme primär nicht durch die Konstruktion der Wohngebäudeversicherung entstehen. Ihre Hauptursache sind die oft schwierigen sachenrechtlichen Abgrenzungsprobleme und Grundsatzfragen, die nicht nur im Versicherungsrecht zu Komplikationen führen. Sie werden verschärft durch Bewertungsprobleme, deren Komplexität in der Wohngebäudeversicherung weitaus höher ist als in den allermeisten sonstigen Sparten des Privatkundengeschäfts. Vor diesem Hintergrund überrascht es nicht, dass die Ermittlung und die Vereinbarung der „richtigen" Versicherungssumme gerade in der Wohngebäudeversicherung seit jeher ein interessantes Thema ist. Zahlreiche Veröffentlichungen dazu belegen dies. Auch die Rechtsprechung wird immer wieder mit diesem Fragenkomplex befasst. Dabei dreht es sich im Prinzip um zwei Fragen.

In erster Linie handelt es sich darum, den Versicherungswert und damit die „richtige" Versicherungssumme oder „Soll-Versicherungssumme"[433] zu ermitteln. Daran haben Versicherungsnehmer und Versicherer ein großes Interesse. Der Versicherungsnehmer ist daran interessiert, weil die Ermittlung und die Vereinbarung dieser Versicherungssumme die Voraussetzung für den vollen Ersatz versicherter Schäden im Versicherungsfall ist. Ansonsten besteht Unterversicherung, die zur Kürzung der Entschädigung führt. Der Versicherer hat ein Interesse an der Vereinbarung dieser Versicherungssumme, weil sie in der Sachversicherung die Grundlage dafür schafft, dass eine Prämie vereinbart wird, die seiner Risikotragung entspricht. Dabei spielt auch die Überlegung eine Rolle, dass eine bestehende Unterversicherung im Schadenfall insbesondere bei Kleinschäden häufig nicht durchgesetzt werden kann. Hinzu kommt, dass die Anrechnung der Unterversicherung regelmäßig zu unerfreulichen Auseinandersetzungen und zur Verärgerung des Versicherungsnehmers führt. Grundsätzlich haben Versicherungsnehmer und Versicherer insoweit ein übereinstimmendes Interesse. Jedoch neigen Versicherungsnehmer gelegentlich dazu, eher niedrigere Versicherungssummen zu vereinbaren, weil dadurch die Prämie gesenkt werden kann.

An diese Überlegungen schließt sich die zweite wichtige Frage nach der Zuständigkeit und nach der Verantwortung für die Ermittlung und die Vereinbarung der Versicherungssumme an. Zunächst wird nachfolgend dieser Fragenkomplex untersucht.

---

433 Prölss/Martin/*Armbrüster* § 88 Rn. 1.

I. Zuständigkeit und Verantwortung des Versicherungsnehmers

Weder im VVG noch in den VGB ist ausdrücklich geregelt, welche Vertragspartei für die Ermittlung und die Vereinbarung der Versicherungssumme verantwortlich ist. Nach übereinstimmender Ansicht ist es jedoch die Pflicht des Versicherungsnehmers, bei Vertragsabschluss dafür zu sorgen, dass der von ihm gewünschte Versicherungsschutz erreicht wird. Dabei muss der Versicherungsnehmer in der Wohngebäudeversicherung zunächst entscheiden, ob er die Versicherung zum gleitenden Neuwert, zum Neuwert mit fester Summe, zum Zeitwert oder zum gemeinen Wert abschließen möchte. Hat er diese Entscheidung getroffen, muss er darauf aufbauend diejenige Versicherungssumme ermitteln und vereinbaren, die den von ihm gewünschten Versicherungsschutz bietet. Dabei ist er nicht gezwungen, die jeweilige „Soll-Versicherungssumme" zu vereinbaren. Er kann auch eine niedrigere Versicherungssumme wählen, wenn er die Prämie nach Maßgabe der „Soll-Versicherungssumme" nicht tragen möchte. Umgekehrt kann er aber auch eine höhere Versicherungssumme vereinbaren, wenn er Risiken und Unsicherheiten im Hinblick auf mögliche Bewertungsfehler bei der Ermittlung der Versicherungssumme oder im Hinblick auf künftige Erhöhungen des Versicherungswerts oder der Versicherungssumme durch Preissteigerungen oder andere Einflussfaktoren ausschalten möchte. Es wird deutlich, dass der Versicherungsnehmer das unbedingte Recht zur Gestaltung und Vereinbarung der Versicherungssumme hat. Infolgedessen trägt er auch die unbedingte Verantwortung für die ausreichende Bemessung der Versicherungssumme.

30

Die **Rechtsprechung** hat dies verschiedentlich bestätigt. Sie wird nachfolgend dargestellt. Das **Risiko der Unterversicherung trägt** – auch bei gleitender Neuwertversicherung – **grundsätzlich nicht der Versicherer, sondern der Versicherungsnehmer**. Etwas anderes gilt ausnahmsweise dann, wenn der Versicherungsnehmer den Versicherer zur Überprüfung ausreichenden Versicherungsschutzes ersucht und der Versicherer insoweit falsche Auskünfte erteilt hat[434]. Wegen der grundsätzlichen Verantwortung des Versicherungsnehmers für den Versicherungsantrag trifft das Risiko der Unterversicherung grundsätzlich nicht den Versicherer, sondern den Versicherungsnehmer. Wenn der Versicherungsnehmer bei Beantragung einer gleitenden Neuwertversicherung die Versicherungssumme 1914 deklariert und den Versicherer nicht um Prüfung bittet, ob die Versicherungssumme ausreicht, ist der Versicherer nicht verpflichtet, von sich aus die beantragte Versicherungssumme bzw. die ihr zugrunde liegende Wertermittlung auf ihre Richtigkeit hin zu untersuchen[435]. Wenn jedoch ein Wettbewerbsversicherer darauf bestanden hat, dass der Versicherungsnehmer einer Gebäudeleitungswasserversicherung die Versicherungssumme 1914 zugrunde legt, die die Pflicht- und Monopolanstalt für die Feuerversicherung des Gebäudes durch einen Bausachverständigen hat ermitteln lassen, und wenn der Versicherer den Versicherungsnehmer nicht darauf aufmerksam gemacht hat, dass sich

---

434 OLG Köln, r + s 1989, 124.
435 OLG Köln, r + s 1985, 275.

aus dieser Versicherungssumme auch bei unveränderter Bausubstanz eine Unterversicherung ergeben kann, so kann dieser Versicherer die Unterversicherung nicht geltend machen, soweit sie sich alleine aus der Übernahme der Versicherungssumme der Pflicht- und Monopolanstalt ergeben soll[436]. Es ist grundsätzlich alleine Sache des Versicherungsnehmers, den Wert der zu versichernden Sache anzugeben und für ausreichenden Versicherungsschutz zu sorgen. Eine gesteigerte Beratungs- und Hinweispflicht des Versicherers besteht nur dann, wenn die Ermittlung des Versicherungswerts mit Schwierigkeiten verbunden ist[437]. In der Urteilsbegründung führt das OLG Hamm unter anderem aus, dass der Versicherungsnehmer in aller Regel über das Versicherungsobjekt besser informiert ist als der Versicherer. Daher habe er selbst dem Versicherer gegenüber anzugeben, in welchem Umfang und mit welcher Versicherungssumme er ein bestimmtes Risiko abzudecken wünscht. Ob er dabei im Hinblick auf die Beitragshöhe eine Unterversicherung eingehen oder den vollen Neuwert abgesichert haben will, bleibt grundsätzlich der Eigenverantwortung des Versicherungsnehmers überlassen. Ausnahmsweise besteht nach Auffassung des BGH eine Hinweispflicht dann, wenn sich der Versicherungsnehmer erkennbar verschätzt hat[438] oder der Versicherer dem Versicherungsnehmer gerade zur Feststellung der Versicherungssumme einen sachkundigen Mitarbeiter zur Verfügung gestellt hat. Das OLG Hamm führte in seiner Entscheidung weiter aus, dass die Entscheidung des BGH vom 07.12.1988[439] dem nicht entgegenstehe. Diese Entscheidung des BGH bestätige lediglich den Grundsatz, dass in der Regel der Versicherungsnehmer selbst für die richtige Feststellung des Versicherungswerts verantwortlich sei und den Versicherer nur in Ausnahmefällen irgendwelche Hinweis- und Beratungspflichten treffen.

II. Hinweis- und Beratungspflichten des Versicherers

31   Mit dem vom OLG Hamm angesprochenen Urteil vom 07.12.1988 hat der BGH die Verantwortung des Versicherungsnehmers für die richtige Bemessung der Versicherungssumme 1914 stark abgeschwächt und dem Versicherer umfassende Hinweis- und Beratungspflichten auferlegt[440]. Verwendet ein Versicherer Versicherungsbedingungen, nach denen die Bestimmung des richtigen Versicherungswerts (hier: „Versicherungswert 1914"), ohne dass dies offen zu Tage läge, so schwierig ist, dass sie selbst ein Fachmann nur mit Mühe treffen kann, überlässt er aber die Bestimmung dieses Werts dem Versicherungsnehmer, so treffen ihn nach Auffassung des BGH gesteigerte Hinweis- und Beratungspflichten. Er muss in geeigneter Form auf die Schwierigkeit der richtigen Festsetzung

---

436   BGH r + s 1986, 135.
437   OLG Hamm VersR 1992, 49.
438   BGH VersR 1984, 880.
439   BGH VersR 1989, 472.
440   BGH VersR 1989, 472.

des Versicherungswerts und die Gefahren einer falschen Festsetzung hinweisen. Dazu gehört auch der Hinweis, dass es sich empfehlen kann, einen Sachverständigen zuzuziehen. Der Versicherer kann seiner Hinweispflicht dadurch genügen, dass er dem Versicherungsnehmer eine eigene fachkundige Beratung anbietet. Zur Begründung hat der BGH unter Hinweis auf das umfangreiche Schrifttum ausgeführt, dass die richtige Bestimmung des Versicherungswerts 1914 für einen bautechnischen Laien ungewöhnlich schwierige Bewertungsfragen aufwirft. Nach Auffassung des BGH ist es deshalb mit den für das Versicherungsverhältnis geltenden Geboten von Treu und Glauben unvereinbar, wenn der Versicherer die problematische Bestimmung des Versicherungswerts 1914 dem Versicherungsnehmer überlässt, ohne ihn deutlich darauf hinzuweisen, welche Gefahren er mit einer vorschnellen Bezeichnung des Versicherungswerts läuft und wie er dem beggnen kann. Dazu gehört auch der Hinweis, dass ein im Bauwesen nicht sachverständiger Versicherungsnehmer mit der Bestimmung des richtigen Versicherungswerts 1914 in aller Regel überfordert sein wird und dass es sich deshalb empfehlen kann, einen Sachverständigen hinzuzuziehen, wie dies im Bereich der öffentlichen Brandkassen stets geschieht. Verletzt der Versicherer schuldhaft seine Aufklärungspflicht, so ist er gegenüber dem Versicherungsnehmer nach den Regeln über das Verschulden bei Vertragsabschluss zum Schadenersatz verpflichtet. Dabei hat der Versicherer auch für das Verschulden des für ihn tätigen Vermittlers einzustellen. Er hat den Versicherungsnehmer im Schadenfall dann so zu stellen, wie wenn er ordnungsgemäß beraten hätte[441].

Die Versicherer haben die Grundsätze dieses richtungsweisenden Urteils zu beachten. Dabei ist auch zu berücksichtigen, dass auch die BaFin als Nachfolgerin des BAV davon ausgehen dürfte, dass die Wohngebäudeversicherer auch nach dem Wegfall der Genehmigungspflicht für Allgemeine Versicherungsbedingungen die Geschäftsplanmäßigen Erklärungen Nr. 2 bis Nr. 4 zur gleitenden Neuwertversicherung weiterhin beachten[442]. Die Geschäftsplanmäßige Erklärung Nr. 2 verpflichtet die Versicherer dazu, bei Angabe des Neubauwerts zu anderen Preisen als denen des Jahres 1914 durch den Versicherungsnehmer einen Hinweis auf die Umrechnung dieses Werts im Versicherungsschein aufzunehmen. Nach der Geschäftsplanmäßigen Erklärung Nr. 3 verpflichten sich die Versicherer, die Gebäudeschätzung eines Sachverständigen nach Prüfung als verbindlich anzuerkennen, wenn sie dem Versicherungsnehmer empfohlen haben, zur richtigen Festsetzung des Versicherungswerts 1914 einen Sachverständigen hinzuzuziehen. Die Geschäftsplanmäßige Erklärung Nr. 4 bezieht sich auf die Umstellung einer gleitenden Neuwertversicherung auf eine Neuwertversicherung mit fester Versicherungssumme.

32

Die dargestellten Grundsätze tragen der besonderen Problematik der Ermittlung des Versicherungswerts 1914 und der Versicherungssumme 1914 Rechnung. Auf die Bestimmung des Versicherungswerts und der Versicherungssumme in

---

441 BGH VersR 1989, 472.
442 VerBAV 1994, 356.

anderen Versicherungssparten und für andere Versicherungsformen lässt sich das Urteil nicht ohne weiteres übertragen. Das gilt auch für Wohngebäudeversicherungsverträge zum Neuwert, zum Zeitwert oder zum gemeinen Wert. Die von Bundesgerichtshof aufgestellten Grundsätze wurden durch die Rechtsprechung unterschiedlich bestätigt[443]. Dabei wurde unter anderem klargestellt, dass das Urteil des BGH auf die Versicherungsverhältnisse mit bautechnischen Laien abgestellt ist. Es kann infolgedessen auf Versicherungsverträge mit bautechnisch bewanderten Versicherungsnehmern wie Bauunternehmen, Baugenossenschaften oder Immobiliengesellschaften generell nicht angewendet werden.

33 Beschäftigt sich der Versicherungsnehmer beruflich mit der Vermittlung und Verwaltung von Immobilien, so kann der Versicherer davon ausgehen, dass dieser eine bestehende Unterversicherung für ein Gebäude erkannt hat[444]. Keine schuldhafte Verletzung der Hinweis- und Beratungspflichten liegt vor, wenn eine Sparkasse, die das versicherte Objekt beliehen hat, den Versicherungswert 1914 ermittelt und dem Versicherungsnehmer mitgeteilt hat. Das gilt insbesondere, wenn die Sparkasse über einen geschulten Mitarbeiter verfügt, der den Versicherungswert 1914 nach verschiedenen Methoden ermittelt hat und wenn sich der Versicherungsvertreter vor der Weitergabe des Versicherungsantrags bei der Sparkasse vergewissert hat, dass diese den deklarierten Versicherungswert 1914 ermittelt hat. Der Versicherungsvertreter kann unter diesen Umständen davon ausgehen, dass der Versicherungsnehmer sachverständig beraten worden ist. Dass der Versicherungsnehmer einer gleitenden Neuwertversicherung nach Vertragsschluss wertsteigernde Umbauarbeiten vorgenommen hat, von denen der Versicherungsvertreter (= Sohn des Versicherungsnehmers), der auch den Vertragsschluss vermittelt hat, private Kenntnis hatte, begründet keine Handlungspflicht des Versicherers gegenüber dem Versicherungsnehmer[445]. Der Versicherungsnehmer muss sich ein eigenes Mitverschulden bei einem Zustandekommen der Unterversicherung anrechnen lassen[446]. Ein Mitverschulden ist jedoch nicht anzurechnen, wenn der Versicherungsnehmer alle ihm verfügbaren Informationen zutreffend mitgeteilt hat und keine weitergehende Mitwirkungsmöglichkeit bei der Festlegung der Versicherungssumme 1914 hatte[447].

III. Weitere Hinweise zur Vereinbarung der Versicherungssumme

34 Gemäß § 10 Nr. 2 b) VGB 2010 (A) soll der Versicherungsnehmer nach der Vornahme **baulicher Veränderungen** den Versicherungswert an die veränderten Umstände anpassen. Hierzu ist es primär erforderlich, dass der Versicherungs-

---

[443] OLG Oldenburg r + s 1993, 310; OLG Celle r + s 1994, 225; OLG Köln r+ s 1997, 30; OLG Saarbrücken r + s 1998, 384; LG Köln r + s 1994, 187.
[444] OLG Hamm VersR 1992, 49.
[445] OLG Oldenburg r + s 93, 310.
[446] OLG Köln r + s 1997, 30.
[447] OLG Celle r + s 1994, 225.

nehmer den Versicherer über wesentliche, wertverändernde bauliche Änderungen informiert.

Bei Versicherung zum Neuwert, zum Zeitwert und zum gemeinen Wert soll die Versicherungssumme für die Dauer des Versicherungsverhältnisses jeweils dem Versicherungswert angepasst werden, § 10 Nr. 2 c) VGB 2010 (A).

Weicht der tatsächliche Versicherungswert von der Versicherungssumme ab, so können im Versicherungsfall nach § 10 Nr. 2 d) VGB 2010 (A) die Regelungen über die Unterversicherung (§ 13 Nr. 9 VGB 2010 (A)) zur Anwendung kommen.

F. Das Wohnflächenmodell

Wie bereits erwähnt wurde in den vergangenen Jahren mit dem sogenannten **Wohnflächenmodell** (siehe Anlage 2) eine bedeutsame Alternative zur gleitenden Neuwertversicherung geschaffen. Die Bedeutung dieses Wohnflächenmodells ist inzwischen derart gewachsen, dass der Gesamtverband der Deutschen Versicherungswirtschaft eigens eine Alternativvariante der VGB 2010 veröffentlicht hat, die das Wohnflächenmodell in den Mittelpunkt stellen[448]. 35

Das Wohnflächenmodell hat methodisch große Ähnlichkeit mit der gleitenden Neuwertversicherung mit Unterversicherungsverzicht nach dem Summenermittlungsbogen. Indessen wird hier auf eine Ermittlung und den Ausweis einer Versicherungssumme verzichtet.

In der gleitenden Neuwertversicherung erfolgt die Prämienberechnung bei der Ermittlung der Versicherungssumme 1914 anhand des Summenermittlungsbogens nach der Formel „Wohnfläche m² x Versicherungssumme je m² Wohnfläche x Beitragssatz". Diese Formel wird beim Wohnflächenmodell verkürzt. Die Beitragsberechnung im Wohnflächenmodell richtet sich nach der Formel „Wohnfläche m² x Prämie je m² Wohnfläche". Die Prämienberechnung wird von zwei Schritten auf einen Schritt verkürzt. Der Zwischenschritt „Versicherungssumme je m² Wohnfläche x Beitragssatz" entfällt. Die Prämie je m² Wohnfläche wird unmittelbar angewendet. Eine Versicherungssumme wird nicht mehr ermittelt und ausgewiesen. Daher müssen Haustypen nach Bauausstattung und Ausstattungsmerkmalen gebildet werden, die mit unterschiedlichen Euro-Beträgen je m² Wohnfläche belegt werden. Es wird ein Typklassentarif gebildet, dessen Einführung hohen betriebswirtschaftlichen Aufwand erfordert. Materiell wird die Prämienberechnung dadurch nicht verändert, jedoch **hat der Verzicht auf die Versicherungssumme weitreichende Folgen**. 36

Bisher war die Versicherungssumme ein wichtiges Element der Risikostatistik und der Tarifkalkulation. Der Verzicht auf die Versicherungssumme führte zu einem Bruch. Die Risikostatistik muss auf eine neue Grundlage gestellt werden. 37

---

448 http://www.gdv.de/wp-content/uploads/2014/07/VGB_2010_Wohngebaude-Wohnflaechenmodell_2013.pdf – zuletzt abgerufen am 09.08.2014.

Die weitere Nutzung des in Jahrzehnten aufgebauten risikostatistischen Datenmaterials hängt davon ab, ob es gelingt, alte und neue Risikostatistik miteinander zu verknüpfen.

Der Anwendungsbereich des Wohnflächenmodells ist im Breitengeschäft auf Ein- und Zweifamilienhäuser beschränkt. Es ist nicht vorstellbar, dass es auch für gemischt genutzte Gebäude sowie für große Wohngebäude mit zahlreichen Wohnungen angewendet werden könnte.

§ 11 Ermittlung der Versicherungssumme in der gleitenden Neuwertversicherung, Unterversicherung

1. *Ermittlung der Versicherungssumme in der gleitenden Neuwertversicherung*

   Die Versicherungssumme ist nach dem ortsüblichen Neubauwert (siehe Abschnitt A § 10 Nr. 1 a) zu ermitteln, der in den Preisen des Jahres 1914 ausgedrückt wird (Versicherungssumme „Wert 1914").

   Die Versicherungssumme gilt als richtig ermittelt, wenn

   a. *sie aufgrund einer vom Versicherer anerkannten Schätzung eines Bausachverständigen festgesetzt wird;*

   b. *der Versicherungsnehmer im Antrag den Neubauwert in Preisen eines anderen Jahres zutreffend angibt und der Versicherer diesen Betrag umrechnet;*

   c. *der Versicherungsnehmer Antragsfragen nach Größe, Ausbau und Ausstattung des Gebäudes zutreffend beantwortet und der Versicherer hiernach die Versicherungssumme „Wert 1914" berechnet.*

2. *Unterversicherungsverzicht*

   a. *Wird die nach Nr. 1 ermittelte Versicherungssumme „Wert 1914" vereinbart, nimmt der Versicherer bei der Entschädigung (einschließlich Kosten und Mietausfall) keinen Abzug wegen Unterversicherung vor (Unterversicherungsverzicht).*

   b. *Ergibt sich im Versicherungsfall, dass die Beschreibung des Gebäudes und seiner Ausstattung gemäß Nr. 1 c) von den tatsächlichen Verhältnissen bei Vertragsabschluss abweicht und ist dadurch die Versicherungssumme „Wert 1914" zu niedrig bemessen, so kann der Versicherer nach den Regelungen über die Anzeigepflichtverletzungen vom Vertrag zurücktreten, kündigen oder eine Vertragsanpassung vornehmen; ferner kann er bezüglich der Differenz zwischen vereinbarter Versicherungssumme und tatsächlichem Versicherungswert nach den Regeln der Unterversicherung leistungsfrei sein.*

   c. *Der Unterversicherungsverzicht gilt ferner nicht, wenn der der Versicherungssummenermittlung zugrunde liegende Bauzustand nach Vertragsabschluss durch wertsteigernde bauliche Maßnahmen verändert wurde und die Veränderung dem Versicherer nicht unverzüglich angezeigt wurde. Dies gilt nicht, soweit der ortsübliche Neubauwert innerhalb des zum Zeitpunkt des Versicherungsfalles laufenden Versicherungsjahres durch bauliche Maßnahmen erhöht wurde.*

A. Einführung

1   § 11 VGB 2010 (A) enthält praktisch bedeutsame Regelungen zur gleitenden Neuwertversicherung. § 11 Nr. 1 VGB 2010 (A) konkretisiert die in § 10 Nr. 2 VGB 2010 (A) nur bruchstückhaft geregelte Frage, wie die **Ermittlung der Versicherungssumme in der gleitenden Neuwertversicherung** denn nun erfolgen soll.

§ 11 Nr. 2 VGB 2010 (A) regelt den **Unterversicherungsverzicht in der gleitenden Neuwertversicherung**.

I. Versicherungssumme „Wert 1914"

2   Die vereinbare Versicherungssumme 1914 soll nach dem Wortlaut der Bedingungen dem Versicherungswert 1914 entsprechen, § 11 Nr. 1 VGB 2010 (A). Der Versicherungswert 1914 muss als Versicherungssumme 1914 in der gleitenden Neuwertversicherung vereinbart werden, wenn Unterversicherung ausgeschlossen sein soll. Diese Forderung ist die Umschreibung des Prinzips der Versicherung zum vollen Wert, das auch für die gleitende Neuwertversicherung gilt. Damit wird zugleich die gedankliche Grundlage für das Verständnis und die Anwendung der sog. **Proportionalitätsregel** nach § 75 VVG geschaffen. Vereinbart der Versicherungsnehmer die geforderte Versicherungssumme 1914, so ist Unterversicherung ausgeschlossen, solange das versicherte Gebäude in seiner Substanz nicht werterhöhend verändert wird. Unter diesen Voraussetzungen bleibt der Versicherungswert 1914 während der Laufzeit des Vertrages gleich.

Die Versicherungssumme 1914 ist die einzige Versicherungssumme in der gleitenden Neuwertversicherung. Es ist auch nicht möglich, durch Multiplikation der Versicherungssumme 1914 mit dem Baupreisindex für Wohngebäude oder gar durch Multiplikation mit dem gleitenden Neuwertfaktor eine sogenannte Gegenwarts-Versicherungssumme zu ermitteln[449]. Diese Feststellung ist für Verträge nach den VGB 62 nicht unumstritten, da nach § 1 Nr. 2c) VGB 62 Aufräumungs- und Abbruchkosten bis zu „1 vom Hundert der Versicherungssumme" versichert sind. Dabei ist unklar, welche Versicherungssumme die Berechnungsgrundlage der Haftung für Aufräumungs- und Abbruchkosten sein soll. Diese Frage lässt sich nach den VGB 62 auch in Verbindung mit den SGIN 79a auch nicht eindeutig beantworten. In der Praxis haben die Versicherer in der Wohngebäudeversicherung nach den VGB 62 das Problem dadurch gelöst, dass sie die Entschädigungsgrenze für Aufräumungs- und Abbruchkosten aus einer Versicherungssumme berechnet haben, die durch Multiplikation der Versicherungssumme 1914 mit dem aktuellen Baupreisindex oder mit dem gleitenden Neuwertfaktor gewonnen wurde. In der Wohngebäudeversicherung nach den aktuellen VGB (und auch schon den VGB 88) können derartige Probleme nicht mehr auftreten, da die Entschädigungsgrenzen für Kosten in § 7 Nr. 1 a) VGB 2010 (A) nunmehr

---
449   Ollick VerBAV 79, 403.

einwandfrei geregelt sind. Infolgedessen ist es überflüssig, eine sogenannte Gegenwarts- Versicherungssumme in der gleitenden Neuwertversicherung zu berechnen. Sie hat weder praktische noch theoretische Bedeutung. Allenfalls könnte sie zu dem Fehlschluss verleiten, es handele sich dabei um den Betrag, mit dem das Gebäude zu Gegenwartsbaupreisen versichert sei, der auch zugleich Obergrenze der Entschädigung im Totalschadenfall sei. Eine solche Betrachtung ist unzutreffend und irreführend. Das wird in der Praxis immer wieder übersehen. Verbreitet hält sich die Fehlinterpretation, der „Wert eines Gebäudes" könne durch Multiplikation der Versicherungssumme 1914 mit dem aktuellen Baupreisindex oder gar dem geltenden gleitenden Neuwertfaktor gewonnen werden.

II. Unbegrenzte Haftung

In der gleitenden Neuwertversicherung gibt es grundsätzlich keine betragsmäßige Begrenzung der Entschädigung. Der Versicherer haftet unbegrenzt. Hat der Versicherungsnehmer die Versicherungssumme 1914 entsprechend dem Versicherungswert 1914 vereinbart, so werden alle versicherten Schäden am versicherten Gebäude ohne betragsmäßige Begrenzung entschädigt. In dieser Hinsicht unterscheidet sich die gleitende Neuwertversicherung zum Vorteil des Versicherungsnehmers von der in der Sachversicherung ansonsten üblichen Neuwertversicherung mit einer festen oder einer mit Hilfe von Summenanpassungs- bzw. Wertzuschlagsklauseln angepassten Versicherungssumme. Der in § 50 VVG a. F. verankerte Grundsatz, wonach der Versicherer nur bis zur Höhe der Versicherungssumme haftet, wird zugunsten des Versicherungsnehmers abgeändert. Hier liegt auch ein wesentlicher Grund für die Beibehaltung der gleitenden Neuwertversicherung im Interesse des Versicherungsnehmers. **Die Versicherungssumme hat in der gleitenden Neuwertversicherung ihre Funktion als Obergrenze der Entschädigung verloren**. Dies wird in den VGB nicht ausdrücklich gesagt, folgt im Umkehrschluss aber auch aus § 13 Nr. 8 VGB 2010 (A). Lediglich im Rahmen der Kostenversicherung sind Entschädigungsgrenzen zu beachten. Die Versicherungssumme 1914 ist indessen auch in der gleitenden Neuwertversicherung Maßstab für die Dichte des Versicherungsschutzes. Daher kommt es aus der Sicht des Versicherungsnehmers darauf an, einen Versicherungswert 1914 zu ermitteln und eine Versicherungssumme 1914 zu vereinbaren, die der Versicherer als richtig und ausreichend im Sinne von § 11 Nr. 1 VGB 2010 (A) anerkennt. Gilt jedoch der Unterversicherungsverzicht nach § 11 Nr. 2 VGB 2010 (A), so verliert die Versicherungssumme 1914 auch ihre Funktion als Gradmesser für die Dichte des Versicherungsschutzes. Sie hat dann lediglich noch eine Beitragsberechnungsfunktion. Deshalb können in diesen Fällen Abweichungen zwischen der richtig ermittelten Versicherungssumme 1914 nach § 11 Nr. 1 VGB 2010 (A) und dem Versicherungswert 1914 ermittelt werden, ohne dass daraus im Versicherungsfall Nachteile für den Versicherungsnehmer folgen.

B. Ermittlung der Versicherungssumme

4   Im Rahmen der Kommentierung des § 10 VGB 2010 (A) sind die Probleme dargestellt, die bei der Ermittlung des Versicherungswerts 1914 und der Versicherungssumme 1914 regelmäßig auftreten. Schon bei der Konzeption der VGB 88 wurde nach Lösungsmöglichkeiten für die Schwierigkeiten und Unsicherheiten bei der zutreffenden Ermittlung der Versicherungssumme 1914 gesucht. Dabei ging es nicht darum, für jedes zur Versicherung beantragte Wohngebäude bei Vertragsschluss den exakten Versicherungswert 1914 zu ermitteln. Dies ist eine Aufgabe, die in einer Sparte des Breitengeschäfts mit einem durchschnittlichen Jahresbeitrag von ca. 200 bis 300 EUR je Vertrag mit vertretbarem Aufwand nicht zu lösen ist. Ziel war vielmehr, dem Versicherungsnehmer bei Abschluss des Wohngebäudeversicherungsvertrages allgemeinverständliche Methoden für die Ermittlung der Versicherungssumme 1914 an die Hand zu geben und dabei sicherzustellen, dass Unterversicherung ausgeschlossen ist, wenn die danach ermittelte Versicherungssumme 1914 vertraglich vereinbart wird. Dabei wurden in der Wohngebäudeversicherung nach den VGB 88 neue Wege beschritten. Nach §§ 12 Nr. 2a) bis c) VGB 88 n. F., 16 Nr. 3a) bis c) VGB 88 a. F. werden dem Versicherungsnehmer **drei praktikable Varianten für die Ermittlung der Versicherungssumme 1914** aufgezeigt. Diese sind in nun in § 11 Nr. 1 VGB 2010 (A) genannt.

Diese Methoden für die Summenermittlung werden zumeist in die Antragsformulare auf Wohngebäudeversicherung eingearbeitet. Damit werden zugleich auch die Voraussetzungen für die Wahrnehmung der umfassenden Hinweis- und Beratungspflichten geschaffen, die den Wohngebäudeversicherer nach der dargestellten Rechtsprechung des BGH bei der Ermittlung der Versicherungssumme 1914 treffen. Zugleich wird damit die Verantwortung für die richtige Ermittlung der Versicherungssumme 1914 weitgehend vom Versicherungsnehmer auf den Versicherer verlagert. Wird die Versicherungssumme nach einer der in den VGB angebotenen Methoden ermittelt, so besteht voll Versicherungsschutz, der Einwand der Unterversicherung ist – von wenigen Ausnahmefällen abgesehen – ausgeschlossen.

§ 11 Nr. 1 VGB 2010 (A) nennt insgesamt drei Fälle, in denen die Ermittlung der Versicherungssumme 1914 als richtig gilt.

I. Festsetzung aufgrund einer Schätzung eines Bausachverständigen

5   Gemäß § 11 Nr. 1 a) VGB 2010 (A) gilt die Versicherungssumme als richtig ermittelt, **wenn sie aufgrund einer vom Versicherer anerkannten Schätzung eines Bausachverständigen festgesetzt wird**. Es kommt dabei nicht darauf an, nach

welchen Methoden der Bausachverständige die Versicherungssumme ermittelt hat und ob diese überhaupt korrekt ist[450]. Die VGB arbeiten mit einer Fiktion.

Eine vergleichbare Regelung bestand bereits nach VGB 62 aufgrund der Geschäftsplanmäßigen Erklärung Nr. 3 zu den SGIN 79/79a[451]. Sie lautet: *„Legt der Versicherungsnehmer eine Schätzung der Versicherungssumme durch einen auch uns geeignet erscheinenden Schätzer vor, sind wir bereit, nach Prüfung zu bestätigen, dass wie diese Schätzung als richtig anerkennen unter Hinweis darauf, dass etwaige spätere Um-, An- und Ausbauten gegebenenfalls zusätzlich bewertet werden müssen."* Diese Erklärung wurde bei der Einführung der SGIN 79/79a als Grundlage für eine wesentliche Besserstellung des Versicherungsnehmers eingestuft[452]. Das BAV erwartete, dass die Wohngebäudeversicherer diese Geschäftsplanmäßige Erklärung weiterhin beachten.

In der Praxis hat sich diese Variante für die Ermittlung der Versicherungssumme 1914 jedoch nicht durchsetzen können, weil Wohngebäudeeigentümer im Allgemeinen nicht bereit sind, die Kosten für die Gebäudeschätzung durch einen Sachverständigen zu tragen. Diese Einstellung wird sich mutmaßlich nicht grundlegend ändern. Häufig liegen Gebäudeschätzungen vor, die zu Beleihungszwecken von Hypothekengläubigern erstellt wurden. Sie sind jedoch für die Ermittlung der Versicherungssumme 1914 ungeeignet, weil ihnen andere Werte (Beleihungswert, Verkehrswert, Ertragswert) und aktuelle Preise anstelle der Preise von 1914 zugrunde liegen.

In diesem Zusammenhang fragt es sich, ob die Gebäudeschätzungen der inzwischen nicht mehr existierenden Pflicht- und Monopolanstalten als Schätzungen eines Bausachverständigen im Sinne der VGB anzuerkennen sind. Grundsätzlich ist diese Frage zu bejahen, weil im Allgemeinen auch die Versicherungsverhältnisse bei den Pflicht- und Monopolanstalten auf die ortsüblichen Neubauwerte nach Preisen des Jahres 1914 abstellen. In der Regel sind die Gebäudeschätzungen der Pflicht- und Monopolanstalten daher als Grundlage für die gleitende Neuwertversicherung nach den VGB geeignet. Ausgenommen davon sind Fälle, in denen das Gebäude nach der Schätzung durch Um-, An- oder Ausbauten werterhöhend verändert wurde. Gerade bei älteren Wohngebäuden kommt dies häufig vor. Durch die unkritische Übernahme der Versicherungssumme 1914 der Pflicht- und Monopolanstalt wird die dort bestehende Unterversicherung übernommen, ohne dass der Wettbewerbsversicherer die bestehende Unterversicherung anrechnen kann, wenn er diese Versicherungssumme als richtig ermittelte Versicherungssumme anerkennt. Das gilt auch, wenn sich im Versicherungsfall herausstellt, dass sich aus der Versicherungssumme der Pflicht- und Monopolanstalt bei unveränderter Bausubstanz eine Unterversicherung ergibt[453].

6

---

450 Bruck/Möller/*Johannsen* Band 7 § 11 VGB 2008/2010 Rn. 2.
451 VerBAV 1979, 390.
452 Ollick VerBAV 1979, 401.
453 BGH r + s 1986, 135.

Die Wohngebäudeversicherer versuchen dieser Gefahr mit unterschiedlichen Mitteln zu begegnen. Einige Versicherer erkennen die Schätzungen von Pflicht- und Monopolanstalten nur dann an, wenn sie nicht älter sind als eine bestimmte Anzahl von Jahren. Anderen Versicherer fragen im Antrag, ob nach der Schätzung durch die Pflicht- und Monopolanstalt werterhöhende Um-, An- oder Ausbauten durchgeführt wurden. Bei der Versicherung von Ein- und Zweifamilienhäusern besteht daneben die Möglichkeit, die Versicherungssumme 1914 nach der Gebäudeschätzung der Pflicht- und Monopolanstalt mit der Versicherungssumme 1914 zu vergleichen, die sich nach dem Summenermittlungsbogen ergibt.

Martin sieht die Übernahme der Versicherungssumme einer Pflicht- und Monopolanstalt als vierte Methode für die Bildung der Versicherungssumme 1914 an, die in den VGB unerwähnt geblieben ist[454]. Das ist nicht der Fall. Die für die ehemaligen Pflicht- und Monopolanstalten tätigen Schätzer sind Sachverständige. Die Schätzungen dieser Sachverständigen sind durch die Formulierung in den VGB ebenso erfasst wie die Schätzungen freier Sachverständiger. Eine ausdrückliche Erwähnung dieses Sachverhalts in den VGB ist nicht angebracht. Es gibt infolgedessen nicht vier, sondern drei Methoden zur Ermittlung der „richtigen" Versicherungssumme 1914 in den VGB.

7   Nach dem Bedingungswortlaut sind **keine Anforderungen an die Qualifikation der Bausachverständigen** gestellt. Der Versicherer kann frei entscheiden, ob er eine ihm vorliegende Schätzung eines Bausachverständigen anerkennt. Ausschlaggebend sind der Inhalt und die Qualität der Schätzung. Im Versicherungsschein ist zu dokumentieren, dass der Versicherer die Schätzung anerkennt und dass die danach festgesetzte Versicherungssumme 1914 als richtig ermittelt gilt. Eine Fehleinschätzung durch den Sachverständigen hat der Versicherungsnehmer nicht zu vertreten. Erkennt der Versicherer die ihm vorgelegte Schätzung an, so gilt der Unterversicherungsverzicht selbst dann, wenn die Gebäudeschätzung offensichtlich und erheblich unter dem Versicherungswert 1914 des versicherten Gebäudes liegt. Auch kann § 11 Nr. 2 b) VGB 2010 (A) nicht analog angewendet werden. Ausgenommen davon sind Fälle, in denen der Versicherungsnehmer den Versicherer mit Hilfe des Sachverständigen arglistig täuscht, der Versicherungsnehmer und der Sachverständige also kollusiv zusammenarbeiten. Aus den dargestellten Gründen wird der Versicherer die Qualifikation eines Sachverständigen sorgfältig prüfen, bevor er eine ihm vorliegende Schätzung anerkennt.

II. Umrechnung des Neubauwerts

8   Die Versicherungssumme 1914 **gilt ferner dann als richtig ermittelt, wenn der Versicherungsnehmer im Antrag den Neuwert in Preisen eines anderen Jahres zutreffend angibt und der Versicherer diesen Betrag –** *auf seine Verantwortung* **– umrechnet** (§ 11 Nr. 1 b) VGB 2010 (A)). Der hier eingefüg-

---
454   Martin S IV 20.

te Einschub „auf seine Verantwortung" kommt im aktuellen Bedingungswortlaut nicht mehr vor, war jedoch in § 16 Nr. 3 b) VGB 88 a. F. noch enthalten. Materielle Auswirkungen hat das nicht. Grundvoraussetzung für die richtige Ermittlung der Versicherungssumme 1914 durch Umrechnung ist es, dass der vom Versicherungsnehmer angegebene Neuwert in Preisen eines anderen Jahres mindestens so hoch ist wie der tatsächliche ortsübliche Neubauwert des Gebäudes in Preisen desselben Jahres. Der Neubauwert muss „zutreffend" angegeben werden. Der angegebene Neubauwert soll vom tatsächlichen Neubauwert jenes Jahres nicht abweichen (vgl. § 2 Nr. 3 SGIN 79a).

Damit ist das Grundproblem dieser Summenermittlungsmethode angesprochen. **Es besteht darin, dass der Versicherungsnehmer die volle Verantwortung für die zutreffende Abgrenzung und Bewertung der versicherten Sachen träg**t. Sie wird ihm vom Versicherer nicht dadurch abgenommen, dass der Versicherer den angegebenen Betrag auf seine Verantwortung umrechnet. Der Versicherer übernimmt lediglich die Verantwortung für das Umrechnungs- bzw. das Indexrisiko. Das Abgrenzungs- und Bewertungsrisiko trägt unverändert der Versicherungsnehmer. Der Versicherer kann bei der Prüfung des Antrags überhaupt nicht feststellen, ob der vom Versicherungsnehmer angegebene Neuwert in Preisen eines anderen Jahres zutrifft. Infolgedessen kann er dem Versicherungsnehmer auch nicht bestätigen, dass er den Neuwert zutreffend angegeben hat. Das ist auch bei der Beurkundung im Versicherungsschein zu berücksichtigen. Diese Frage wird erst im Versicherungsfall geprüft. Erst dann stellt sich heraus, ob die Voraussetzungen für den geplanten Unterversicherungsverzicht überhaupt vorliegen. Es zeigt sich, dass der praktische Wert dieser Summenermittlungsmethode für den Versicherungsnehmer gering zu veranschlagen ist. Die außerordentlich schwierigen Abgrenzungs- und Bewertungsprobleme werden ihm nicht abgenommen. Der private Versicherungsnehmer ist damit in der Regel überfordert. Infolgedessen kann er auch den Neubauwert eines Gebäudes nicht zutreffend ermitteln und angeben. Die Umrechnungsmethode ist in der Praxis daher kein brauchbares Instrument zur Vermeidung der Unterversicherung. Sie ist keine gleichwertige Variante zu den beiden anderen Methoden der Summenermittlung. Darauf ist es zurückzuführen, dass diese Methode in der Praxis wenig Verbreitung gefunden hat.

In § 1 Nr. 2 SGIN 79a ist festgelegt, dass **die Umrechnung aufgrund „des vom Statistischen Bundesamt veröffentlichten Baupreisindexes für Wohngebäude"** erfolgt. In den VGB ist die Umrechnungsmethode nicht beschrieben. Damit soll offenbar der von Theoretikern immer wieder vorgetragenen Kritik am Umrechnungsverfahren und an der Verwendung des vom Statistischen Bundesamt veröffentlichten Baupreisindexes für Wohngebäude[455] Rechnung getragen werden. Es wird aber Rechtsunsicherheit erzeugt. In den VGB ist an keiner Stelle geregelt, wie der Versicherer die Umrechnung vorzunehmen hat. Der Versicherungsnehmer kann sie nicht nachvollziehen. Obwohl der Versicherer in der Wahl

9

---

455   Rolwes ZfV 1986, 124.

des Umrechnungsverfahrens und des dabei verwendeten Baupreisindexes freie Hand hat, sollte die Umrechnung auch künftig prinzipiell analog der in § 1 Nr. 2 SGIN 79a verankerten Methode erfolgen. Dabei ist der vom Statistischen Bundesamt für das betreffende Jahr veröffentlichte mittlere Baupreisindex auf der Preisbasis 1914 zu verwenden. Diese Indexreihe ist in der „Anleitung zur Ermittlung der Versicherungssumme 1914 in der gleitenden Neuwertversicherung für Wohngebäude" dargestellt. Sie unterscheidet sich von der oben dargestellten Indexreihe. Dies liegt daran, dass für die Berechnung der Veränderungen des Prämienfaktors die Mai-Indizes der betreffenden Jahre verwendet werden. In den angesprochenen Fällen wird die richtige Versicherungssumme 1914 mit Hilfe der nachfolgenden Formel errechnet:

$$\text{Versicherungssumme 1914} = \frac{\text{Neuwert in Preisen des Jahres X}}{\text{mittlerer Baupreisindex des Jahres X}} \times 100$$

Diese Art der Umrechnung führt in der Regel nicht zum ortsüblichen Neubauwert des Gebäudes nach Preisen des Jahres 1914. Der verwendete **Baupreisindex** ist ein Durchschnittswert, der die durchschnittliche Veränderung der Baupreise im Gebiet der Bundesrepublik Deutschland ausdrückt. Das Baupreisniveau und dessen Veränderung weisen jedoch regionale Unterschiede auf. Infolgedessen weicht die durch Umrechnung gewonnene Versicherungssumme 1914 von dem theoretisch exakten Versicherungswert 1914 ab, wenn der örtliche Baupreisindex über oder unter dem durchschnittlichen Baupreisindex liegt. Das nachfolgende Beispiel unterstreicht das.

	N	D	H
Ortsüblicher Neubauwert	540.000	540.000	540.000
Durchschnittlicher Baupreisindex		2.000	
Regionaler Baupreisindex	1.800	2.000	2.200
Versicherungssumme D 1914	27.000	27.000	27.000
Versicherungssumme R 1914	30.000	27.000	24.545
Hochrechnung Versicherungssumme D	540.000	540.000	540.000
Hochrechnung Versicherungssumme R	600.000	540.000	490.900

§ 11 A Ermittlung der Versicherungssumme in der gleitenden Neuwertversicherung...

Hochrechnung Versicherungssumme RR	540.000	540.000	540.000
Schaden EUR	270	270	270
Schadensatz D ‰	0,50	0,50	0,50
Schadensatz R ‰	0,45	0,50	0,55
Beitragsberechnung D	270	270	270
Beitragsberechnung R	270	270	270

Es wurde angenommen, dass an den Orten N, D und H je ein Gebäude mit einem ortüblichen Neubauwert von 540.000 EUR steht. Die regionalen Baupreisindizes betragen 1.800 in N, 2.000 in D und 2.200 in H. Der durchschnittliche Baupreisindex ist 2.000. Nach der dargestellten Umrechnungsmethode ergibt sich für jedes Gebäude eine Versicherungssumme D 1914 von 27.000 EUR. Dieses Ergebnis ist auf den ersten Blick unangemessen. Wegen des unterschiedlichen Baupreisniveaus erscheint die Versicherungssumme D 1914 in N zu niedrig und in H zu hoch. Es liegt die Vermutung nahe, dass infolgedessen der Versicherungsnehmer in N eine zu niedrige und der Versicherungsnehmer in H eine zu hohe Prämie zahlt und dass dies durch die Ermittlung der regionalen Versicherungssummen R 1914 mit Hilfe der regionalen Baupreisindizes verhindert werden kann.

10

Tatsächlich trifft das nicht zu, weil die Versicherungssumme 1914 in der gleitenden Neuwertversicherung lediglich den Grundbeitrag 1914 bestimmt. Der zu zahlende Jahresbeitrag wird durch die Multiplikation des Grundbeitrags 1914 mit dem gleitenden Neuwertfaktor ermittelt. Wird der Einfluss des Tariflohnindexes auf den gleitenden Neuwertfaktor einmal außer Acht gelassen, so wird mit Hilfe des gleitenden Neuwertfaktors derselbe Beitragseffekt erzielt wie über eine Hochrechnung der Versicherungssummen 1914 mit dem durchschnittlichen Baupreisindex. Die Tabelle belegt, dass unter diesen Annahmen die Hochrechnung der durchschnittlichen Versicherungssummen mit dem durchschnittlichen Baupreisindex zu risikogerechten Ergebnissen führt. Dagegen ergibt die Hochrechnung der regionalen Versicherungssummen R 1914 mit dem durchschnittlichen Baupreisindex unausgewogene Ergebnisse. Die hochgerechnete Versicherungssumme R ist in N zu hoch und in H zu niedrig. Infolgedessen zahlt der Versicherungsnehmer in N eine zu hohe und der Versicherungsnehmer in H eine zu niedrige Prämie. Diese Ungleichbehandlung ließe sich nur dadurch beseitigen, dass die regionalen Versicherungssummen R 1914 mit regionalen gleitenden Neuwertfaktoren bzw. regionalen Baupreisindizes hochgerechnet werden. Dann werden die in der Zeile „Hochrechnung Versicherungssumme RR" ausgewiesenen risikogerechten Ergebnisse erzielt. Eine derartige Berechnung ist jedoch auf der Grundlage der VGB aus rechtlichen Gründen nicht möglich und praktisch auch nicht durchführbar.

Unter diesen Umständen erforderte die Regionalisierung der Versicherungssummen 1914 eine Neukalkulation regionaler Beitragssätze, um risikogerechte Beiträge zu erzielen. Kalkulationsgrundlage in der Wohngebäudeversicherung sind die Schadensätze. Sie werden nach der Formel „(Schadenbetrag x 1.000) : Versicherungssumme" ermittelt. Bei einem angenommenen einheitlichen Schadenbedarf von 270 EUR je Gebäude führt die Tarifkalkulation nach Maßgabe der derzeit in den Versicherungsbeständen vorhandenen durchschnittlichen bzw. einheitlichen Versicherungssummen 1914 im angenommenen Beispiel in allen drei Regionen zu einem einheitlichen Schadensatz von (270 x 1.000) : 540.000 = 0,5 ‰. Wurden die Versicherungssummen regionalisiert, so ergeben sich bei einer Neukalkulation die in der Übersicht dargestellten Schadensätze R. Wird einmal unterstellt, dass Schadensatz gleich Beitragssatz ist, so führt die Beitragsberechnung D nach der Formel Versicherungssumme D 1914 x Beitragssatz D x durchschnittlicher gleitender Neuwertfaktor (durchschnittlicher Baupreisindex) zu den gleichen risikogerechten Beiträgen wie die Beitragsberechnung R nach der Formel Versicherungssumme R 1914 x Beitragssatz R x durchschnittlicher gleitender Neuwertfaktor (= durchschnittlicher Baupreisindex).

Zusammenfassend ist festzustellen, dass eine Regionalisierung der Versicherungssummen 1914 im System der gleitenden Neuwertversicherung entweder eine Regionalisierung der Baupreisindizes und der gleitenden Neuwertfaktoren oder eine Neukalkulation regionaler Beiträge erfordert. Ansonsten führt die Regionalisierung der Versicherungssummen 1914 zur Ungleichbehandlung.

Im Versicherungsschein ist darauf hinzuweisen, dass der Versicherer den vom Versicherungsnehmer angegebenen Neuwert auf seine Verantwortung umgerechnet hat. Weiterhin ist es angebracht, nunmehr im Versicherungsschein auch die Art der Umrechnung darzustellen bzw. mitzuteilen. Der Versicherungsnehmer kann ansonsten nicht erkennen, wie der Versicherer die Versicherungssumme 1914 ermittelt hat. Ein derartiger Hinweis scheint auch wegen §§ 5, 18 VVG erforderlich. Daneben ist weiterhin klarzustellen, dass der Unterversicherungsverzicht unter der Voraussetzung gilt, dass der Versicherungsnehmer die Versicherungssumme des anderen Jahres, die vom Versicherer umgerechnet wurde, zutreffend angegeben hat.

III. Summenermittlungsbogen

11   Die Versicherungssumme 1914 gilt als richtig ermittelt, **wenn der Versicherungsnehmer Antragsfragen nach Größe, Ausbau und Ausstattung des Gebäudes zutreffend beantwortet und der Versicherer hiernach die Versicherungssumme 1914 (auf seine Verantwortung) berechnet**, § 11 Nr. 1 c) VGB 2010 (A). Grundlage dafür ist eine zu den VGB 88 entwickelte Methode für die Ermittlung der Versicherungssumme 1914 (**Summenermittlungsbogen**). Sie beruht auf der Überlegung, dass die Bausubstanz und infolgedessen auch der Neubauwert eines Gebäudes eine Funktion seiner Größe ist. Der gleiche

Gedankengang liegt auch der Anleitung zur Ermittlung der Versicherungssumme 1914 nach umbautem Raum in der Wohngebäudeversicherung nach den VGB 62 zugrunde. Dieses Verfahren hat sich jedoch nicht durchgesetzt. Es wurde von den Praktikern im Innen- und Außendienst der Versicherer als zu kompliziert und wenig verständlich eingestuft und daher nicht angenommen. Das neu entwickelte Verfahren beseitigt diese Nachteile. Mit seiner Hilfe kann die Versicherungssumme 1914 anhand weniger Kriterien ermittelt werden, die eindeutig bestimmt und leicht zu erfassen sind. Dies wurde dadurch erreicht, dass anstelle des umbauten Raums nunmehr die Wohnfläche des Gebäudes Maßstab für seine Größe und ausschlaggebender Parameter für die Ermittlung der Versicherungssumme 1914 ist. Die Versicherungssumme wird nach der Formel „**Wohnfläche in m^2 x Wert 1914 pro m^2 Wohnfläche**" ermittelt.

Diese Formel liefert brauchbare Ergebnisse, wenn erstens der Neubauwert von Wohngebäuden eine lineare Funktion ihrer Wohnfläche ist, und wenn es zweitens allgemeingültige Werte für den Neubauwert pro m^2 Wohnfläche gibt. Beide Voraussetzungen liegen in dieser eindeutigen Form nicht vor. Der Neubauwert pro m^2 Wohnfläche verändert sich mit der Größe des Gebäudes, weil nicht alle Baukosten proportional zur Wohnfläche verlaufen. Es gibt verschiedene Grundausstattungselemente, die unabhängig von der Größe des Hauses anfallen (z. B. Heizung, Treppen und Ähnliches). Dadurch treten bei Gebäuden desselben Typs und derselben Ausstattung Degressionseffekte auf, d. h. die durchschnittlichen Baukosten je m^2 Wohnfläche fallen mit zunehmender Wohnfläche. Abgesehen davon gibt es keinen einheitlichen Wert je m^2 Wohnfläche für verschiedene Gebäude. Kein Gebäude gleicht einem anderen völlig. Die einzelnen Gebäude unterscheiden sich meist nicht nur hinsichtlich ihrer Größe, sondern auch hinsichtlich ihrer Bauweise, ihrer Konstruktionsmerkmale und ihrer Ausstattung. Nicht zuletzt spielt auch das regional unterschiedliche Baupreisniveau eine Rolle. Auf den ersten Blick scheint es infolgedessen ausgeschlossen, die „richtige" Versicherungssumme nach der Formel „Versicherungssumme 1914 = Wohnfläche in m^2 x Wert 1914 pro m^2 Wohnfläche" zu ermitteln.

12

Theoretisch trifft dies zu. In Gesprächen mit zahlreichen Bausachverständigen hat sich jedoch die Einsicht durchgesetzt, dass es dennoch möglich ist, die Versicherungssumme 1914 nach dieser Methode zutreffend zu ermitteln, wenn gewisse Abweichungen von den theoretisch richtigen Versicherungswerten 1914 in Kauf genommen werden. Die Abweichungen der rechnerischen Versicherungssummen 1914 von den theoretisch richtigen Versicherungswerten 1914 lassen sich bei Ein- und Zweifamilienhäusern in tolerablen Grenzen halten, wenn nach Gebäudetypen und Ausstattungsmerkmalen differenziert wird. Es kam nun darauf an, diese theoretischen Überlegungen durch empirische Untersuchungen zu verifizieren. Grundlage war eine Sondererhebung von mehr als 10.000 bestehenden Wohngebäudeversicherungsverträgen nach Maßgabe der vorgesehenen Differenzierungsmerkmale. Die Ergebnisse der Sondererhebung haben die Richtigkeit der gesetzten Annahmen bestätigt und die notwendigen Erkenntnisse für die Gestaltung des Summenermittlungsbogens geliefert. Der Summenermittlungsbogen ist die Grundlage für die Ermittlung der „richtigen" Versicherungssumme 1914 für Wohngebäude nach Wohnfläche und Ausstattungsmerkmalen. Er wird entweder in die Antragsformulare auf Wohngebäudeversicherung eingearbeitet oder als Zusatzfragebogen diesen Anträgen beigefügt.

13 **Der Anwendungsbereich des Summenermittlungsbogens musste auf Ein- und Zweifamilienhäuser der Bauartklassen I und II und der Fertighausgruppen I und II beschränkt werden.** Dabei ist weiterhin vorausgesetzt, dass die Gebäude ausschließlich Wohnzwecken dienen. Die Anwendung für andere Wohngebäude als Ein- und Zweifamilienhäuser kommt wegen der bei größeren Gebäuden ausgeprägt auftretenden Degressionseffekte ohne weiteres nicht in Betracht. Wegen der einfachen Handhabung und der großen Akzeptanz des Summenermittlungsbogens sind die Versicherer jedoch verschiedentlich dazu übergegangen, diese Art von Versicherungssummenermittlung auch auf die Versicherung von Wohngebäuden mit mehr als zwei Wohnungen auszudehnen. Das erfordert jedoch gewisse Modifikationen. Die Beschränkung auf Wohngebäude der Bauartklassen I und II und der Fertighausgruppen I und II ist darin begründet, dass sich die sonstigen Bauartklassen/Fertighausgruppen hinsichtlich der verwendeten Baumaterialien und damit auch hinsichtlich ihrer Bauwerte grundlegend davon unterscheiden. Für die Ermittlung der Versicherungssumme 1914 von gemischt genutzten Gebäuden ist das neu entwickelte Summenermittlungsschema wegen der abweichenden Bauausführung und Ausstattung dieser Gebäude generell nicht geeignet.

Ausgangspunkt für die Ermittlung der Versicherungssumme 1914 ist der **Wert 1914 pro m^2 >Wohnfläche nach Preisen des Jahres 1914**. Auf der Grundlage der theoretischen Überlegungen und Ergebnisse der angesprochenen Sonderuntersuchung wurden **zwölf Gebäudetypen** mit verschiedenen Werten pro m^2 Wohnfläche gebildet. Dabei richtet sich die Zuordnung von Gebäuden zu einem bestimmten Gebäudetyp nach den folgenden vier Merkmalen:

- Ohne Unterkellerung/mit Unterkellerung
- Anzahl der Geschosse über Erdgleiche
- Dachform: Flachdach/geneigtes Dach (Satteldach, Walmdach, Pultdach)
- Dachgeschoss nicht ausgebaut/Dachgeschoss ausgebaut

14 Die Kombination dieser Merkmale bestimmt den Gebäudetyp und den Grundwert pro m^2 Wohnfläche. Bei gemischter Bauweise richtet sich die Einstufung nach der überwiegenden Bauweise. Maßgebend ist ausschließlich die Bauweise des Wohngebäudes. Nebengebäude und Schwimmbäder bleiben hier außer Betracht. Sie sind ebenso wie nach § 5 Nr. 1 VGB 2010 (A) versichertes weiteres Zubehör oder versicherte sonstige Grundstücksbestandteile im Versicherungsantrag gesondert aufzuführen und zu bewerten. Garagen werden im Summenermittlungsbogen bei der abschließenden Berechnung der Versicherungssumme 1914 miterfasst.

Der Grundwert 1914 nach Gebäudetyp ist der endgültige Wert 1914 je m² Wohnfläche, wenn die Bauausführung und die Ausstattung des betreffenden Gebäudes dem Standard entspricht, der bei der Festlegung der Grundwerte vorausgesetzt wurde. Dabei handelt es sich um folgende Merkmale:

- **Dach**: Pappe, Dachsteine, Dachpfannen, Dachlatten
- **Außenwände**: Gefugtes Mauerwerk, Verputz, Verkleidung oder Verblendsteine
- **Fußböden**: Parkett-, Teppich- oder Fliesenböden
- **Fenster**: Doppelfenster oder Isolierverglasung
- Nassräume und Küche gefliest
- Bad und/oder Dusche
- Zentralheizung und zentrale Wasserversorgung

Für die überwiegende Zahl der Ein- und Zweifamilienhäuser trifft dieser Standard zu. Sofern ins Gewicht fallende Abweichungen vom Standard vorliegen, ist der Grundwert 1914 nach Gebäudetyp durch Zuschläge für überdurchschnittliche Ausstattung bzw. Abschläge für unterdurchschnittliche Ausstattung zu korrigieren. Dabei kommen die im Summenermittlungsbogen unter Nr. 2 aufgeführten Ausstattungsmerkmale mit den dort genannten Zu- oder Abschlägen in Betracht. Andere als diese Merkmale sind für die Ermittlung der Versicherungssumme 1914 unbeachtlich.

Ist der Wert 1914 pro m² Wohnfläche errechnet, wird im nächsten Schritt die **Wohnfläche des Gebäudes** ermittelt. Als Wohnfläche gilt die Grundfläche der Wohnung(en) des Wohngebäudes einschließlich Hobbyräume. Ausgenommen sind dabei jedoch Treppen-, Keller- und Speicherräume (soweit nicht zu Wohn- oder Hobbyzwecken ausgebaut), Balkone, Loggien und Terrassen. Erfasst wird die reine Wohnfläche. Außer Betracht bleibt die sonstige Nutzfläche, die bereits im Grundwert 1914 pro m² Wohnfläche berücksichtigt ist. Die vorstehende Definition deckt sich mit dem Wohnflächenbegriff in der Hausratversicherung[456]. Die übereinstimmende Definition des Wohnflächenbegriffs in der Hausrat- und in der Wohngebäudeversicherung hat große praktische Vorteile für Versicherungsnehmer und Versicherer. Bei Einfamilienhäusern ist sie die übereinstimmende Grundlage für die richtige Ermittlung der Versicherungssumme und die Vereinbarung des Unterversicherungsverzichts in beiden Versicherungssparten. Gebäudeeigentümer kennen die Wohnfläche ihres Wohngebäudes, weil die Wohnflächenberechnung Bestandteil des Bauantrages und der Baugenehmigung ist. Die dort berechnete Wohnfläche kann ohne weiteres in den Summenermittlungsbogen übertragen werden. Grundlage der Wohnflächenberechnung im Wohnungsbau ist die **Verordnung zur Berechnung der Wohnfläche vom 25.11.2003**. Die dortige Abgrenzung deckt sich weitgehend mit der vorstehenden Definition des

---

456 Dietz HRV nach § 18 Vorbemerkung zur Klausel 834 Rn. 3.1.

Wohnflächenbegriffs. Abweichungen können sich aus der unterschiedlichen Behandlung von Wohnräumen mit Dachschrägen und von Balkonen, Loggien und Terrassen ergeben. Sie sind jedoch geringfügig und können in Kauf genommen werden[457]. Es ist allerdings darauf zu achten, dass die Wohnflächenberechnung in den Bauunterlagen mit dem aktuellen Gebäudezustand übereinstimmt. Dachgeschoss und Kellergeschoss werden häufig ohne Bauantrag zu Wohnzwecken umgebaut. Dies ist bei der Ermittlung der Wohnfläche zu berücksichtigen. Kennt der Gebäudeeigentümer die Wohnfläche nicht, lasst sie sich durch Ausmessen der Wohnräume ohne Schwierigkeiten feststellen.

Stehen die Wohnfläche und der Wert 1914 pro m² Wohnfläche fest, so lässt sich die Versicherungssumme 1914 durch einfache Multiplikation dieser beiden Faktoren ermitteln. Dabei ist auch darauf zu achten, dass der nach Gebäudetyp und Ausstattungsmerkmalen ermittelte Wert 1914 pro m² Wohnfläche nur für die Wohnfläche in Geschossen über Erdgleiche angesetzt wird. Die Wohnfläche im Kellergeschoss wird mit einem einheitlichen Wertzuschlag von 15 M je m² Wohnfläche belegt. Der volle Grundwert 1914 pro m² Wohnfläche kann für die Wohnfläche im Kellergeschoss deshalb nicht angesetzt werden, weil der Wert des Kellers in unausgebautem Zustand bereits im Grundwert pro m² Wohnfläche nach Gebäudetyp berücksichtigt ist. Unterkellerte Gebäude werden mit einem höheren Grundwert pro m² Wohnfläche belegt als nicht unterkellerte Gebäude. Der Ansatz des Grundwerts für die Wohnfläche im Kellergeschoss würde infolgedessen zu einer Doppelbewertung und zu überhöhten Versicherungssummen 1914 führen. Mit dem Zuschlag von 15 M pro m² Wohnfläche im Keller wird der Gebäudemehrwert für den Kellerausbau erfasst. Es wäre theoretisch möglich gewesen, analog der Handhabung beim Dachgeschoss unterschiedliche Grundwerte für Gebäude mit ausgebautem Keller und für Gebäude mit nicht ausgebautem Keller anzusetzen. Das Summenermittlungsschema wäre dadurch jedoch unnötig aufgebläht worden. Anstelle von zwölf Gebäudetypen hätten 18 Gebäudetypen gebildet werden müssen. Daneben ist zu berücksichtigen, dass das Dachgeschoss in der Regel voll ausgebaut wird, während der Kellerausbau zumeist ein Teilausbau ist, dessen Umfang stark variiert. Infolgedessen würde die Einrechnung des Kellerausbaus in den Grundwert zu ungenauen Ergebnissen führen.

Die Berechnung der Versicherungssumme 1914 wird durch die **Berücksichtigung von Garagen** vervollständigt. Garagen innerhalb des Wohngebäudes (zumeist Garagen im Kellergeschoss) sind im Grundwert enthalten. Dagegen sind angebaute und frei stehende Garagen außerhalb des Wohngebäudes gesondert zu bewerten. Je Garage wird eine pauschale Versicherungssumme 1914 von 700 M berechnet. Der tatsächliche Wert von Garagen wird im Einzelfall davon abweichen. Dies kann außer Betracht bleiben. Die Versicherungssummen 1914 für das Wohngebäude und die Garagen (sowie Nebengebäude und weiteres Zubehör) werden zusammengezählt. Es wird eine Position mit einer gemeinsamen Versicherungssumme gebildet.

---

457   Dietz HRV nach § 18 Vorbemerkung zur Klausel 834 Rn. 3.1.

Die richtig ermittelte Versicherungssumme 1914 gibt den ortsüblichen Neubauwert des Gebäudes nach Preisen des Jahres 1914 nicht genau wieder. Dies liegt vor allem daran, dass die in Ansatz gebrachten Grundwerte je m² Wohnfläche Durchschnittswerte sind, die in der Regel von den durch die Gebäudegröße, die Ausstattung und die örtliche Lage bestimmten exakten Werten eines Gebäudes abweichen. Im Versicherungsfall hat der Versicherungsnehmer keine Nachteile dadurch, dass Versicherungswert 1914 und Versicherungssumme 1914 nicht genau übereinstimmen. Hat der Versicherungsnehmer die Antragsfragen nach Größe, Ausbau und Ausstattung zutreffend beantwortet und wird vom Versicherer hiernach eine auf seine Verantwortung berechnete Versicherungssumme vereinbart, so gilt der Unterversicherungsverzicht. Versicherte Schäden werden in voller Höhe ohne betragsmäßige Begrenzung entschädigt. Die Ermittlung der Versicherungssumme 1914 für Ein- und Zweifamilienhäuser nach Wohnfläche und Ausstattungsmerkmalen hat für die Wohngebäudeeigentümer große Vorteile. Sie verbindet die schnelle und unproblematische Ermittlung der Versicherungssumme 1914 mit dem uneingeschränkten Leistungsversprechen auf vollen Ersatz des versicherten Schadens. Der Versicherer übernimmt weitgehend die Verantwortung für die richtige Ermittlung der Versicherungssumme 1914. Der Versicherungsnehmer ist lediglich für die zutreffende Beantwortung der Antragsfragen nach Größe, Ausbau und Ausstattung des Gebäudes verantwortlich.

Von Kritikern wird verschiedentlich auf die vermeintlich gravierenden Nachteile dieser Methode hingewiesen. Dabei handelt es sich im Wesentlichen um **zwei Kritikpunkte**. Einmal wird eingewendet, dass es sich bei dieser Methode zur Ermittlung der Versicherungssumme um ein „sehr grobes Raster" handelt, „das eine Reihe von wertbildenden Faktoren unberücksichtigt lässt oder nur in sehr verallgemeinerter Form anspricht"[458]. Objektiv ist das zutreffend. Indessen halten sich die dadurch verursachten Abweichungen in tolerablen Grenzen. Dies wurde durch die bereits angesprochene Sondererhebung von mehr als 10.000 bestehenden Wohngebäudeversicherungsverträgen nach Maßgabe der im Summenermittlungsbogen enthaltenen Differenzierungsmerkmale bestätigt. Die Abweichungen und Ungenauigkeiten werden im Interesse einer einfachen und praktikablen Lösung in Kauf genommen. Es ist eben nicht möglich, bei der Ermittlung der Versicherungssumme 1914 größte Genauigkeit, vertretbaren Aufwand und einfache Handhabung nebeneinander zu realisieren. Da die Versicherungssumme 1914 Beitragsberechnungsgrundlage ist, liegt die berechnete Prämie über oder unter der „gerechten" Prämie, die sich aus dem (unbekannten) Versicherungswert 1914 errechnet. Dieser vermeintliche Verstoß gegen den Grundsatz der Beitragsgerechtigkeit kann hingenommen werden, da er durch die unbestreitbaren Vorteile der in Rede stehenden Lösung mehr als aufgewogen wird. Bei dieser Wertung kann auch nicht außer Betracht bleiben, dass gerade im Breitengeschäft ohnehin nicht alle risikorelevanten Faktoren bei der Beitragsberechnung berücksichtigt werden können. So bleiben z. B. bei der Tarifierung von Wohnge-

---
458 Martin S IV 34.

bäuden objektive Risikomerkmale wie Art der Heizung, Anzahl der Feuerstätten, Umfang der leitungswasserführenden Installationen oder Dachform außer Betracht. Auch die subjektiven Risikomerkmale können nicht im Einzelnen berücksichtigt werden. Die Erfassung und Berücksichtigung aller Risikofaktoren bei der Tarifierung ist im Breitengeschäft wirtschaftlich nicht vertretbar. Ähnlich verhält es sich mit der Ermittlung der „richtigen" Versicherungssumme 1914. Es wird deutlich, dass es „die" gerechte Prämie im Breitengeschäft nicht gibt und nicht geben kann. Wenn Gebäudeeigentümer dennoch nicht bereit sind, die nach Wohnfläche und Ausstattungsmerkmalen ermittelte Versicherungssumme 1914 vertraglich zu vereinbaren, haben sie die Möglichkeit, ihr Wohngebäude durch einen Bausachverständigen schätzen zu lassen. Die Kosten dieser Schätzung dürften jedoch zumeist höher sein als die im anderen Fall vermutete Beitragsmehrbelastung während der gesamten Lebensdauer des Gebäudes. Als weiterer Ausweg bleibt die Ermittlung des ortsüblichen Neubauwerts eines beliebigen Jahres und die Division dieses Wertes durch den mittleren Baukostenindex. Dabei sieht sich der Versicherungsnehmer jedoch mit den verschiedentlich angesprochenen Abgrenzungs- und Bewertungsproblemen konfrontiert, die das Risiko der falschen Ermittlung der Versicherungssumme 1914 stark erhöhen.

17 Ein weiterer gewichtiger Einwand gegen die Ermittlung der Versicherungssumme 1914 mit Hilfe des Summenermittlungsbogens ist der Hinweis, **dass es sich bei den dortigen Wertansätzen um Durchschnittswerte handele, die keine Rücksicht auf die regionalen Baupreisunterschiede nehmen**. Infolgedessen würden Gebäudeeigentümer in Gebieten mit überdurchschnittlichen Baupreisen zulasten von Gebäudeeigentümern in Gebieten mit unterdurchschnittlichen Baupreisen bevorteilt. Diese unangemessene Benachteiligung von Gebäudeeigentümern in Gebieten mit unterdurchschnittlichen Baupreisen könne nicht hingenommen werden. Deshalb sei es angebracht, die Wertansätze im Summenermittlungsbogen bzw. die Ergebnisse der Versicherungssummenermittlung mit Hilfe von Regionalfaktoren zu korrigieren. Die ermittelten Versicherungssummen 1914 seien für Gebäude in Gebieten mit überdurchschnittlichen Baupreisen mit Zuschlägen und umgekehrt für Gebäude in Gebieten mit unterdurchschnittlichen Baupreisen mit Abschlägen zu versehen.

Diese Argumentation ist nicht zutreffend. Werden die Versicherungssummen 1914 im Summenermittlungsbogen regionalisiert, so führt das im derzeitigen System der gleitenden Neuwertversicherung zur Ungleichbehandlung, wenn daneben nicht auch die Baupreisindizes und die gleitenden Neuwertfaktoren regionalisiert oder aber regionale Tarifbeitragssätze auf der Grundlage der regionalisierten Versicherungssummen 1914 neu kalkuliert werden.

C. Vereinbarung und Wirkung des Unterversicherungsverzichts

Der Versicherer nimmt abweichend von § 13 Nr. 9 VGB 2010 (A) keinen Abzug wegen Unterversicherung vor, wenn die nach § 11 Nr. 1 VGB 2010 (A) ermittelte Versicherungssumme 1914 vertraglich vereinbart wurde (§ 11 Nr. 2 a) VGB 2010 (A)). **Es gilt dann der unbegrenzte Unterversicherungsverzicht**. Die Kürzung der Entschädigung wegen Unterversicherung ist ausgeschlossen.

18

Der Unterversicherungsverzicht ist nur in der gleitenden Neuwertversicherung möglich. Weiterhin ist vorausgesetzt, dass die Versicherungssumme nach einer der in § 11 Nr. 1 VGB 2010 (A) beschriebenen Methode ermittelt wurde. Eine ähnliche Regelung trifft § 2 Nr. 3 SGIN 79a für die Fälle, in denen der Versicherungsnehmer den Neubauwert eines anderen Jahres angegeben hat, den der Versicherer auf seine Verantwortung umrechnet. Ins Gewicht fallende praktische Bedeutung hat dieser Unterversicherungsverzicht jedoch aus den oben unter Rn. 8 dargestellten Gründen nicht erlangt. Die Verantwortung für die zutreffende Ermittlung des Neubauwerts wird dem Versicherungsnehmer nicht abgenommen. Der Wortlaut von § 2 Nr. 3 SGIN 79a bestätigt das. Ähnlich verhält es sich mit der in der Geschäftsplanmäßigen Erklärung Nr. 3 zu den SGIN 79a verankerten, unklar formulierten Unterversicherungsverzichtsvariante, wonach sich die Versicherer bereit erklären, eine Gebäudeschätzung durch einen auch ihnen geeignet erscheinenden Schätzer nach Prüfung als richtig anzuerkennen. Auch diese Regelung hatte untergeordnete praktische Bedeutung, weil Versicherungsnehmer nicht bereit waren, die Kosten für eine Gebäudeschätzung zu tragen. Es wird deutlich, dass der Unterversicherungsverzicht auf der Grundlage der mit Hilfe des Summenermittlungsbogens richtig ermittelten Versicherungssumme 1914 eine entscheidende Verbesserung der Wohngebäudeversicherung seit den VGB 88 im Vergleich zur bisherigen Wohngebäudeversicherung nach den VGB 62, SGIN 79a ist. Damit wurde die Voraussetzung dafür geschaffen, dass der Unterversicherungsverzicht in der Wohngebäudeversicherung weite Verbreitung findet. Die Erfolge dieser Versicherungsform in den zurückliegenden 25 Jahren bestätigen dies.

19

Die Parallelen zwischen dem Unterversicherungsverzicht in der Hausratversicherung nach den VHB 2010 und dem Unterversicherungsverzicht in der Wohngebäudeversicherung sind unverkennbar. Voraussetzung des Unterversicherungsverzichts ist in beiden Fällen, dass eine vom Versicherer vorgegebene (Mindest-)Versicherungssumme vertraglich vereinbart wird. Die Höhe der Versicherungssumme hängt übereinstimmend maßgeblich von der Wohnfläche der Wohnung bzw. des Wohngebäudes ab. In der Wohngebäudeversicherung sind daneben Gebäudetyp sowie Ausbau und Ausstattung des Gebäudes zu berücksichtigen. Formal ist der Unterversicherungsverzicht in beiden Sparten unterschiedlich gelöst. In der Hausratversicherung wird der Unterversicherungsverzicht in der Klausel 7712 geregelt, die auf Antrag des Versicherungsnehmers vertraglich vereinbart wird. Dagegen ist der Unterversicherungsverzicht in der

Wohngebäudeversicherung unmittelbar in den VGB verankert. Daraus kann jedoch nicht geschlossen werden, der Unterversicherungsverzicht in der Wohngebäudeversicherung sei obligatorisch. Auch in der Wohngebäudeversicherung kommt er durch drei aufeinanderfolgende Schritte zustande. Im ersten Schritt beantragt der Versicherungsnehmer den Unterversicherungsverzicht, indem er dem Versicherer die Gebäudeschätzung vorlegt, den Neubauwert in Preisen eines anderen Jahres angibt oder die Antragsfragen nach Größe, Ausstattung und Ausbau des Gebäudes beantwortet. Anschließend erkennt der Versicherer die Gebäudeschätzung an, rechnet den angegebenen Neubauwert um oder berechnet die Versicherungssumme 1914 auf seine Verantwortung. Im letzten Schritt wird die richtig ermittelte Versicherungssumme 1914 vereinbart und im Versicherungsschein dokumentiert.

20 Durch den Unterversicherungsverzicht wird die in § 13 Nr. 9 VGB 2010 (A) wiedergegebene Proportionalitätsregel des § 75 VVG außer Kraft gesetzt, sofern bei Abschluss des Vertrages die in § 11 Nr. 1 VGB 2010 (A) geforderten vertraglichen Voraussetzungen geschaffen wurden. Die Versicherungssumme 1914 dient in der gleitenden Neuwertversicherung mit Unterversicherungsverzicht ausschließlich als Grundlage für die Beitragsberechnung. Abweichend von der gesetzlichen Regelung des VVG ist sie weder Obergrenze der Entschädigung, wie es § 50 VVG a. F. grundsätzlich ausdrücklich vorsah, noch Maßstab für die Versicherungsdichte (§ 75 VVG). Auch der Versicherungswert 1914 hat in der gleitenden Neuwertversicherung mit Unterversicherungsverzicht seine Funktion als Gradmesser der Versicherungsdichte verloren. Er hat infolgedessen für die Schaden- und Entschädigungsberechnung keinerlei Bedeutung. Fraglich ist dagegen, ob der Versicherungswert 1914 unverändert Grundlage für die Vereinbarung der richtigen Versicherungssumme 1914 ist. Die Formulierung von § 11 Nr. 1c) VGB 2010 (A) und insbesondere das Verfahren zur richtigen Ermittlung der Versicherungssumme anhand des Summenermittlungsbogens sprechen dagegen, Abweichungen zwischen dem Versicherungswert 1914 und der richtig ermittelten Versicherungssumme 1914 werden bewusst in Kauf genommen.

Unter diesen Umständen fragt es auch, ob der Versicherungsnehmer in der gleitenden Neuwertversicherung mit Unterversicherungsverzicht jederzeit unter Hinweis auf § 74 VVG eine sofortige Herabsetzung der Versicherungssumme 1914 wegen Überversicherung verlangen kann. Dagegen spricht, dass der Hinweis auf § 74 Abs. 1 VVG nur im Zusammenhang mit der Umwandlung einer gleitenden Neuwertversicherung in eine feste Neuwertversicherung durch Widerspruch des Versicherungsnehmers gegen eine Erhöhung des gleitenden Neuwertfaktors gegeben wird (vgl. § 12 Nr. 2 c) VGB 2010 (A)). Andererseits ist § 87 VVG zu berücksichtigen, wonach von § 74 VVG nicht zum Nachteil des Versicherungsnehmers abgewichen werden darf. Die Beantwortung der angeschnittenen Frage hängt also davon ab, ob es für den Versicherungsnehmer nachteilig ist, wenn in der gleitenden Neuwertversicherung mit Unterversicherungsverzicht die richtig ermittelte Versicherungssumme 1914 den Versicherungswert 1914 übersteigt. Dabei kommt es auf eine Gesamtwürdigung der hiermit verbundenen wirtschaftlichen Vor- und Nachteile an. Bei einer derartigen Betrachtung kann die angeschnittene Frage verneint werden, weil die mit dem Unterversicherungsverzicht für den Versicherungsnehmer verbundenen Vorteile den Nachteil einer möglichen geringen Beitragsmehrbelastung durch eine „überhöhte" Versicherungssumme 1914 überkompensieren. Deshalb kann in der gleitenden Neuwertversicherung mit Unterversicherungsverzicht § 74 Abs. 1 VVG grundsätzlich nicht unmittelbar angewendet werden. Eine weitere Herabsetzung der Versicherungssumme unter Hinweis auf § 74 Abs. 1 VVG kann der Versicherungsnehmer nur auf dem „Umweg" über § 12 Nr. 2 c) VGB 2010 (A) verwirklichen. Ausgenommen davon sind Fälle, in denen nachträglich die Wohnfläche des versicherten Gebäudes z. B. durch Teilabbruch verringert oder – was praktisch selten vorkommt – seine Ausstattung wertmindernd verändert wurde.

In diesem Zusammenhang ist auch zu beachten, dass eine Aufhebung des Unterversicherungsverzichts analog Klausel 7712 Nr. 3 zu den VHB 2010 in den VGB nicht vorgesehen ist. Eine derartige Regelung hat insbesondere für den Versicherer praktischen Wert[459]. Sie wurde daher in die VGB nicht übernommen. Dadurch wird aber die hier vertretene Ansicht gestützt, dass § 74 Abs. 1 VVG auf die gleitende Neuwertversicherung mit Unterversicherungsverzicht grundsätzlich nicht unmittelbar anzuwenden ist.

21

Die vorausgegangenen Ausführungen belegen, dass die **gleitende Neuwertversicherung mit Unterversicherungsverzicht in wesentlichen Punkten von den gesetzlichen Regelungen für die Schadenversicherung zum vollen Wert in §§ 74 ff. VVG abweicht**. Sie ist jedoch keine Erstrisikoversicherung[460]. Der Versicherer verzichtet im Gegensatz zur Versicherung auf erstes Risiko nicht ohne weiteres auf die Anwendung der Proportionalitätsregel. Vielmehr gilt der Unterversicherungsverzicht nur, wenn die Versicherungssumme 1914 nach § 11 Nr. 1 korrekt ermittelt und vertraglich vereinbart wurde. Sofern diese Voraussetzungen bei Vertragsschluss nicht geschaffen wurden, gilt der Unterversicherungsverzicht nicht. Vergleichbare Bedingungen existieren in der Erstrisikoversicherung nicht. Der Wert der versicherten Sachen spielt in der Erstrisikoversicherung überhaupt keine Rolle, zumal es einen Versicherungswert im Sinne von § 88 VVG bei typischen Fällen der Erstrisikoversicherung (z. B. Kostenversicherung) ohnehin nicht gibt.

In der gleitenden Neuwertversicherung mit Unterversicherungsverzicht liegt es anders. Auf die exakte Ermittlung des Versicherungswerts 1914 wird zwar verzichtet, jedoch soll eine weitgehende Übereinstimmung zwischen der richtig ermittelten Versicherungssumme 1914 und dem Versicherungswert 1914 gegeben sein. Dabei werden Abweichungen zwischen der richtig ermittelten Versicherungssumme 1914 und dem Versicherungswert 1914 in einer gewissen Bandbreite in Kauf genommen. Der Unterversicherungsverzicht beinhaltet keineswegs den für die

---

459 Martin S II 107.
460 Martin S II 78 und wohl auch Ollick VerBAV 84 Anm. 28a S. 363 zu VHB 84 in Verbindung mit Klausel 7712.

Erstrisikoversicherung charakteristischen Verzicht auf die Feststellung und die versicherungstechnische Umsetzung des Versicherungswerts. Die „Unanwendbarkeit von § 75 VVG" ist Erkennungsmerkmal der Erstrisikoversicherung und des Unterversicherungsverzichts[461]. Martin ist gegenteiliger Ansicht[462]. Er begründet dies vor allem damit, dass es in der Hausratversicherung mit vereinbartem Unterversicherungsverzicht „sehr wohl ein zweites, durch den Versicherungsnehmer selbst zu tragendes" Risiko gibt, wenn nämlich die Höhe des Schadens die Versicherungssumme übersteigt. Selbst wenn man dieser Argumentation folgt, lässt sie sich auf die gleitende Neuwertversicherung mit vereinbartem Unterversicherungsverzicht nicht übertragen. Ein zweites Risiko, das der Versicherungsnehmer trägt, gibt es hier überhaupt nicht. Liegen die Voraussetzungen für den Unterversicherungsverzicht vor, werden versicherte Schäden – abgesehen von den Entschädigungsgrenzen – ohne betragsmäßige Begrenzung voll entschädigt.

22 Darin liegen die unbestreitbaren **wirtschaftlichen Vorteile des Unterversicherungsverzichts in der gleitenden Neuwertversicherung für den Versicherungsnehmer**. Die schwierige, mit vielen Unsicherheitsfaktoren belastete Ermittlung der richtigen Versicherungssumme 1914 wird stark vereinfacht. Die Verantwortung für die richtige Berechnung der Versicherungssumme 1914 wird bei der Anwendung des Summenermittlungsbogens darüber hinaus vom Versicherungsnehmer auf den Versicherer verlagert. Wird eine nach § 11 Nr. 1 ermittelte Versicherungssumme 1914 vereinbart, ist eine Kürzung der Entschädigung wegen Unterversicherung nicht mehr möglich. Versicherte Schäden werden voll ersetzt.

23 Die gleitende Neuwertversicherung mit Unterversicherungsverzicht hat aber auch **Vorteile für den Versicherer**. Auf die außerordentlich schwierige und aufwendige Überprüfung des Versicherungswerts 1914 kann im Versicherungsfall grundsätzlich verzichtet werden. Die Feststellung und die Bearbeitung von Schäden wird vereinfacht. Die Schadenbearbeitungskosten sinken. Unerfreuliche Auseinandersetzungen mit dem Versicherungsnehmer bei Kürzung der Entschädigung wegen Unterversicherung sind ausgeschlossen. Die gleitende Neuwertversicherung mit Unterversicherungsverzicht bietet vor allem aber auch eine zuverlässigere und realistischere Basis für die Tarifkalkulation und die Beitragsberechnung als die Versicherung zum vollen Wert. Grundlage der Tarifkalkulation und der Tarifierung in der Vollwertversicherung ist die Annahme, dass Versicherungsnehmer den Wert der versicherten Sachen als Versicherungssumme vereinbaren. Wird eine niedrigere Versicherungssumme vereinbart, soll die Entschädigung nach der Proportionalitätsregel des § 75 VVG gekürzt werden. Die Kalkulation des Versicherers geht deshalb nur auf, wenn dem vollen Wert entsprechende Versicherungssummen vereinbart oder aber vorhandene Unterversicherungen tatsächlich auch angerechnet werden.

---

461 Dietz HRV nach § 18 Vorbemerkung zu Klausel 834 Rn. 1.6 (noch mit Verweis auf § 56 VVG a. F.).
462 Martin S II 78.

Gerade in der Wohngebäudeversicherung zum vollen Wert ist diese Grundvoraussetzung in der Praxis nicht erfüllt. In vielen Fällen besteht Unterversicherung. Zahlreiche Kleinschäden werden aber aus Kostengründen büromäßig bearbeitet. Eine Überprüfung des Versicherungswerts und die Anrechnung einer bestehenden Unterversicherung ist in diesen Fällen ausgeschlossen. Dies trifft aber auch bei sogenannten Reguliererschäden zu, weil die Regulierungsbeauftragten der Versicherer mit der Feststellung des Versicherungswerts 1914 zumeist überfordert sind. Die Anrechnung einer Unterversicherung unterbleibt in diesen Fällen, weil sie der Versicherer nicht beweisen kann und die Kosten für die Feststellung des Versicherungswerts 1914 durch einen Sachverständigen nicht tragen möchte. Erschwerend kommt in der Wohngebäudeversicherung hinzu, dass bei Sturmkatastrophen oder anhaltenden Frostperioden Schäden in großer Zahl anfallen. Bei derartigen Kumulschäden kommt es regelmäßig zu Bearbeitungsengpässen im Schadeninnen- und -außendienst, die unter anderem durch großzügige Regulierung überbrückt werden.

In der gleitenden Neuwertversicherung mit Unterversicherungsverzicht treten die dargestellten Diskrepanzen zwischen theoretischer Tarifkalkulation einerseits sowie praktischer Beitragsberechnung und Schadenbearbeitung andererseits nicht auf. Die der Tarifkalkulation zugrunde liegenden Annahmen werden in der Praxis umgesetzt. Für die Ermittlung der Versicherungssumme 1914 werden allgemeingültige und realisierbare Bedingungen gesetzt, die mit den Tarifierungsgrundlagen übereinstimmen. Bei dieser Betrachtungsweise ist auch zu erkennen, warum der Unterversicherungsverzicht auf die gleitende Neuwertversicherung beschränkt werden musste. Es besteht eine enge wechselseitige Beziehung zwischen dem Unterversicherungsverzicht und der Anpassung der Haftung und des Beitrags nach § 11 Nr. 2 VGB 2010 (A) und § 12 Nr. 2 VGB 2010 (A). **Der Unterversicherungsverzicht wäre ohne die Anpassung der Haftung und des Beitrags an die Baupreisentwicklung nicht realisierbar.**

D. Verlust des Unterversicherungsverzichts

Nach den VGB 2010 (A) sind verschiedene Fallgestaltungen geregelt, die dazu führen, dass ein vertraglich vereinbarter Unterversicherungsverzicht entweder gar nicht erst entsteht oder später beseitigt wird. Vergleichbare Regelungen gibt es in der Erstrisikoversicherung nicht. Es bestätigt sich einmal mehr, dass der Unterversicherungsverzicht keine Erstrisikoversicherung ist, sondern als eigene Versicherungsform neben der Versicherung zum vollen Wert und der Erstrisikoversicherung steht.

I. Unzutreffende Beschreibung des Gebäudes

25 Nach § 11 Nr. 2 b) VGB 2010 (A) gilt der Unterversicherungsverzicht nicht, wenn sich im Versicherungsfall herausstellt, dass die Beschreibung des Gebäudes und seiner Ausstattung im Summenermittlungsbogen von den tatsächlichen Verhältnissen abweicht und dadurch die Versicherungssumme zu niedrig bemessen ist. Auf den ersten Blick erscheint diese Bestimmung überflüssig bzw. deklaratorisch. Ist die Abweichung auf die Falschbeantwortung von Antragsfragen nach Größe, Ausstattung und Ausbau des Gebäudes zurückzuführen, gilt der Unterversicherungsverzicht nach § 11 Nr. 1 c) VGB 2010 (A) in Verbindung mit § 11 Nr. 2 a) VGB 2010 (A) ohnehin nicht, weil die Antragsfragen nicht zutreffend beantwortet wurden.

§ 11 Nr. 2 b) VGB 2010 (A) stellt jedoch für diesen Fall ausdrücklich klar, dass der Wohngebäudeversicherer im Falle einer Falschbeantwortung der Antragsfragen nach den Bestimmungen über die Anzeigepflichtverletzung (vgl. § 1 VGB (B)) vom Vertrag zurücktreten, diesen kündigen oder eine Vertragsanpassung vornehmen kann. Darüber hinaus führt die Falschbeantwortung der Antragsfragen zum Wegfall des Unterversicherungsverzichts.

II. Nachträgliche werterhöhende Veränderung des Bauzustands

26 Der vereinbarte Unterversicherungsverzicht gilt ferner nicht, wenn der der Versicherungssummenermittlung zugrunde liegende Bauzustand nachträglich durch wertsteigernde Um-, An- oder Ausbauten verändert wurde und die Veränderung dem Versicherer nicht unverzüglich angezeigt wurde, § 11 Nr. 2 c) VGB 2010 (A). Zwischen dieser Bestimmung und der Regelung in § 11 Nr. 2 b) VGB 2010 (A) bestehen **zwei grundlegende Unterschiede**. Die vorstehende Regelung gilt für alle Methoden zur richtigen Ermittlung der Versicherungssumme 1914 in gleicher Weise, während § 11 Nr. 2 b) VGB 2010 (A) lediglich Fälle erfasst, in denen die Versicherungssumme 1914 mit Hilfe des Summenermittlungsbogens festgestellt wurde. Daneben spielt der Verschuldensgrad hier keine Rolle.

Die nachträgliche werterhöhende Veränderung des Bauzustands beseitigt den ursprünglich geltenden Unterversicherungsverzicht, es sei denn, die Veränderung wurde dem Versicherer unverzüglich angezeigt. Es sind jedoch nicht alle wertsteigernden Baumaßnahmen anzuzeigen, sondern nur solche, die den der Versicherungssummenermittlung zugrunde liegenden Bauzustand nachträglich verändert haben[463]. Wertminderungen und Wertsteigerungen können gegeneinander aufgerechnet werden. Ausschlaggebend ist der Vergleich der vereinbarten Versicherungssumme 1914 mit derjenigen Versicherungssumme 1914, die sich unter Berücksichtigung der baulichen Veränderung ergibt. Ist die vereinbarte Versicherungssumme 1914 höher oder gleich hoch, so bleibt die Nichtan-

---
463 Martin S IV 48.

zeige werterhöhender baulicher Veränderungen folgenlos. Praktische Bedeutung hat dies vor allem für die Fälle, in denen die Versicherungssumme 1914 mit Hilfe des Summenermittlungsbogens ermittelt wurde. Werden Merkmale verändert, nach denen im Summenermittlungsbogen nicht gefragt wurde, so bleiben dadurch verursachte Wertänderungen unberücksichtigt[464].

Zwischen § 11 Nr. 2 c) VGB 2010 (A) einerseits und § 11 Nr. 2 b) VGB 2010 (A) andererseits besteht Konkurrenz, wenn die mit Hilfe des Summenermittlungsbogens ermittelte Versicherungssumme 1914 vereinbart wurde und die nachträgliche wertsteigernde Veränderung des Bauzustands dazu führt, dass die Beschreibung des Gebäudes und seiner Ausstattung von den tatsächlichen Verhältnissen abweicht. Die Lösung des Konkurrenzproblems hat materielle Auswirkungen, weil nach § 11 Nr. 2 b) VGB 2010 (A) nur grobe Fahrlässigkeit und Vorsatz schadet, während es bei § 11 Nr. 2 c) VGB 2010 (A) auf das Verschulden bzw. den Verschuldensgrad nicht ankommt. Auf den ersten Blick bietet es sich an, das Konkurrenzproblem zugunsten von § 11 Nr. 2 b) VGB 2010 (A) zu lösen, da dies für den Versicherungsnehmer vorteilhafter ist. Es ist jedoch nicht gerechtfertigt, an denselben Sachverhalt in Abhängigkeit von der angewendeten Methode zur Ermittlung der Versicherungssumme 1914 unterschiedliche Sanktionen zu knüpfen. Deshalb ist § 11 Nr. 2 c) VGB 2010 (A) im Verhältnis zu § 11 Nr. 2 b) VGB 2010 (A) als Spezialregelung einzustufen. Wurde die Versicherungssumme 1914 mit Hilfe des Summenermittlungsbogens ermittelt, so ist § 11 Nr. 2 b) VGB 2010 (A) anzuwenden, wenn Abweichungen zwischen dem angezeigten und dem tatsächlichen Bauzustand bereits bei Antragsaufnahme vorlagen. § 11 Nr. 2 c) VGB 2010 (A) ist einschlägig, wenn die Abweichungen auf nachträglichen Veränderungen des Bauzustands beruhen.

Die Anwendung von § 11 Nr. 2 c) VGB 2010 (A) kann Schwierigkeiten bereiten, weil insbesondere bei der richtigen Ermittlung der Versicherungssumme 1914 durch Umrechnung des Neubauwerts mit dem mittleren Baukostenindex oder mit Hilfe des Summenermittlungsbogens Abweichungen zwischen dem Versicherungswert 1914 und der richtig ermittelten Versicherungssumme 1914 in Kauf genommen werden. Fällt der Unterversicherungsverzicht nachträglich weg, so können daraus zusätzliche Nachteile für den Versicherungsnehmer entstehen, wenn die Proportionalitätsregel angewendet und dabei der exakte Versicherungswert 1914 ermittelt und zugrunde gelegt wird. Dies wird nachfolgend verdeutlicht.

27

Fall	Richtig ermittelte Versicherungssumme 1914		Versicherungswert 1914 vor baulicher Veränderung	Wert 1914 der baulichen Veränderung	Wert 1914 nach baulicher Veränderung
	alt	neu			
A	30.000	32.000	30.000	2.000	32.000
B	30.000	32.000	28.000	2.000	30.000
C	30.000	32.000	32.000	2.000	34.000

---

464   Martin S IV 49.

Der Fall A ist unproblematisch. Der Versicherungswert 1914 vor der baulichen Veränderung entspricht der richtig ermittelten Versicherungssumme 1914. Die Unterversicherung ist ausschließlich durch die bauliche Veränderung bedingt. Der Fall B ist für den Versicherungsnehmer vorteilhaft. Die richtig ermittelte Versicherungssumme 1914 ist höher als der ursprüngliche Versicherungswert 1914. Die Versicherungssummenreserve reicht aus, um die Werterhöhung durch die bauliche Veränderung abzudecken. Es besteht auch nach der baulichen Veränderung keine Unterversicherung. Schwierigkeiten bereitet der Fall C. Die Unterversicherung infolge der baulichen Veränderung wird dadurch verstärkt, dass die richtig ermittelte Versicherungssumme 1914 bereits niedriger ist als der Versicherungswert 1914 vor der baulichen Veränderung. Diesen Teil der Unterversicherung hat der Versicherungsnehmer nicht zu vertreten, wenn er nachweist, dass dieser durch die Umrechnung des Neubauwerts mit Hilfe des mittleren Baukostenindexes oder durch die Berechnung der Versicherungssumme 1914 nach dem Summenermittlungsbogen verursacht wurde. Unter dieser Voraussetzung wäre im Versicherungsfall der Schadenbetrag nicht im Verhältnis 30:34, sondern im Verhältnis 30:32 zu kürzen.

28 Es ist allerdings nicht zu übersehen, dass die **Umsetzung dieser Grundsätze** zumeist **an nahezu unlösbaren praktischen Schwierigkeiten scheitert**. Sie entstehen insbesondere dadurch, dass der Versicherungswert 1914 vor der baulichen Veränderung und der Mehrwert 1914 nicht exakt zu ermitteln sind, weil der ursprüngliche Bauzustand nicht umfassend dokumentiert ist und ursprünglich vorhandene Gebäudeteile im Zuge baulicher Maßnahmen untergehen oder ebenfalls verändert werden. Der Versicherungsnehmer kann deshalb in der Regel nicht nachweisen, dass die Unterversicherung infolge der Umrechnung oder der Berechnung der Versicherungssumme 1914 durch den Versicherer verursacht bzw. verstärkt wurde. Eine sachgerechte und praktikable Lösung wäre die Einführung einer modifizierten Proportionalitätsregel. Der richtig ermittelten Versicherungssumme 1914 nach Maßgabe des ursprünglichen Bauzustand (des ursprünglichen Neubauwerts) wird die richtig ermittelte Versicherungssumme 1914 nach Maßgabe des veränderten Bauzustands (des erhöhten Neuwerts) gegenübergestellt. Eine derartige Lösung hätte den großen praktischen Vorteil, dass der Versicherungswert 1914 überhaupt nicht festgestellt werden müsste. Es genügte, die Versicherungssumme 1914 nach Maßgabe des veränderten Bauzustands zu ermitteln. In den dargestellten Beispielen würde im Fall A die Schaden- und Entschädigungsberechnung durch die modifizierte Proportionalitätsregel nicht verändert. Im Fall B würde ein für den Versicherungsnehmer ungünstigeres, im Fall C ein für den Versicherungsnehmer günstigeres Ergebnis eintreten. Die Proportionalitätsregel sollte bei sich bietender Gelegenheit in der dargestellten Form modifiziert werden. Eine derartige Abänderung ist mit § 75 VVG vereinbar.

29 **Nachträgliche wertsteigernde Um-, An- oder Ausbauten beseitigen den Unterversicherungsverzicht dann nicht, wenn die Veränderung dem Versicherer unverzüglich angezeigt wurde.** Der Versicherer kann aufgrund der Anzeige überprüfen, ob die bauliche Veränderung eine Erhöhung der Versicherungssum-

me 1914 erfordert oder ob der Unterversicherungsverzicht mit unveränderter Versicherungssumme 1914 weiter gilt. In den VGB nicht geregelt ist der Fall, dass der Versicherungsnehmer eine bauliche Veränderung unverzüglich anzeigt, eine vom Versicherer geforderte Erhöhung der Versicherungssumme 1914 aber ablehnt. Eine Aufhebung des Unterversicherungsverzichts oder die Kündigung des Vertrages ist in diesen Fällen nach dem Bedingungswortlaut nicht vorgesehen. Deshalb ist die vorstehende Bestimmung dahingehend auszulegen, dass dieses Verhalten des Versicherungsnehmers zum Wegfall des Unterversicherungsverzichts führt. Andernfalls wäre es einzelnen Versicherungsnehmern möglich, sich zum Nachteil der Versichertengemeinschaft ungerechtfertigte Vermögensvorteile zu verschaffen. Gleichwohl sollte die bestehende Regelunglücke geschlossen werden.

§ 12 Prämie in der gleitenden Neuwertversicherung und deren Anpassung

1. Berechnung der Prämie

   Grundlagen der Berechnung der Prämie sind die Versicherungssumme „Wert 1914", der vereinbarte Prämiensatz sowie der Anpassungsfaktor (siehe Nr. 2 a).

   Die jeweils zu zahlende Jahresprämie wird berechnet durch Multiplikation der vereinbarten Grundprämie 1914 (Versicherungssumme „Wert 1914" multipliziert mit dem Prämiensatz) mit dem jeweils gültigen Anpassungsfaktor.

2. Anpassung der Prämie

   a. *Die Prämie verändert sich entsprechend der Anpassung des Versicherungsschutzes (siehe Abschnitt A § 10 Nr. 1 a) gemäß der Erhöhung oder Verminderung des Anpassungsfaktors.*

   b. *Der Anpassungsfaktor erhöht oder vermindert sich jeweils zum 1. Januar eines jeden Jahres für das in diesem Jahr beginnende Versicherungsjahr entsprechend dem Prozentsatz, um den sich der jeweils für den Monat Mai des Vorjahres veröffentlichte Baupreisindex für Wohngebäude und der für den Monat April des Vorjahres veröffentlichte Tariflohnindex für das Baugewerbe verändert haben. Beide Indizes gibt das Statistische Bundesamt bekannt. Bei dieser Anpassung wird die Änderung des Baupreisindexes zu 80 Prozent und die des Tariflohnindexes zu 20 Prozent berücksichtigt, und zwar der jeweilige Index auf zwei Stellen nach dem Komma gerundet.*

   Der Anpassungsfaktor wird auf zwei Stellen nach dem Komma errechnet und gerundet.

   Soweit bei Rundungen die dritte Zahl nach dem Komma eine Fünf oder eine höhere Zahl ist, wird aufgerundet, sonst abgerundet.

   c. *Der Versicherungsnehmer kann einer Erhöhung der Prämie innerhalb eines Monats, nachdem ihm die Mitteilung über die Erhöhung des Anpassungsfaktors zugegangen ist, durch Erklärung in Textform widersprechen. Zur Wahrung der Frist genügt die rechtzeitige Absendung. Damit wird die Erhöhung nicht wirksam. Die Versicherung bleibt dann als Neuwertversicherung (siehe Abschnitt A § 10 Nr. 1 b) in Kraft, und zwar zur bisherigen Prämie und mit einer Versicherungssumme, die sich aus der Versicherungssumme „Wert 1914" multipliziert mit 1/100 des Baupreisindexes für Wohngebäude ergibt, der im Mai des Vorjahres galt.*

In diesem Fall gilt ein vereinbarter Unterversicherungsverzicht nicht mehr.

Das Recht des Versicherungsnehmers auf Herabsetzung der Versicherungssumme wegen erheblicher Überversicherung bleibt unberührt.

A. Prämienberechnung; Grundbeitrag 1914

1 Die Versicherungssumme 1914 ist Grundlage der Prämienberechnung. Bei der Prämienberechnung in der gleitenden Neuwertversicherung wird in einem ersten Schritt der sogenannte Grundbeitrag 1914 als Produkt der vereinbarten Versicherungssumme 1914 und dem vereinbarten Beitragssatz nach der Formel „**Grundbeitrag 1914 = Versicherungssumme 1914 x Beitragssatz**" berechnet. Dieser Beitrag ist nicht die Prämie, die der Versicherungsnehmer zu zahlen hat. Er nach Maßgabe der nachfolgend dargestellten Grundsätze ebenso wie die Haftung des Versicherers an die Baupreisentwicklung angepasst. In § 12 VGB 2010 (A) wird versucht, diese Zusammenhänge für den Versicherungsnehmer verständlich darzustellen. Er wird in § 12 Nr. 2 a) VGB 2010 (A) darauf hingewiesen, dass sich die Prämie gemäß der Erhöhung oder der Verminderung des **Anpassungsfaktors** verändert. Die VGB verwenden den Begriff Anpassungsfaktor, während in den VGB 88 noch der Begriff „**gleitender Neuwertfaktor**" verwandt wurde; inhaltliche Änderungen sind mit dieser sprachlichen Anpassung nicht verbunden. Weiterhin wird ausgeführt, dass der jeweils zu zahlende Jahresbeitrag durch Multiplikation des bei Vertragsabschluss vereinbarten Jahresgrundbeitrags 1914 mit dem veränderten Anpassungsfaktor berechnet wird. Diese Klarstellung ist aus Verbrauchersicht zu begrüßen. Sie verbessert die Transparenz und die Verständlichkeit der gleitenden Neuwertversicherung. Im Gegensatz zu den VGB 88 enthalten die VGB 2010 als weitere Verbesserung, dass in diesem Zusammenhang auch dargestellt wird, wie der Jahresgrundbeitrag 1914 ermittelt wird. Eine Reihe von Wohngebäudeversicherern ermitteln den Grundbeitrag 1914 im Versicherungsantrag nicht bzw. weisen diesen im Versicherungsschein nicht aus. Vielmehr wird der zu zahlende Jahresbeitrag nach der Formel „Versicherungssumme 1914 x Beitragssatz x Anpassungsfaktor" berechnet und ausgewiesen. Dies führt dazu, dass eine Reihe von Versicherern § 12 Nr. 1 VGB 2010 (A) nicht oder nur in modifizierter Form in ihre unternehmensindividuellen Bedingungswerke übernommen haben.

B. Anpassung der Haftung und des Beitrags

2 Der Anpassungsfaktor (gleitender Neuwertfaktor) ist ein Instrument zur Bekämpfung der inflationsbedingten Unterversicherung. Sie verhindert, dass der reale Wert des Versicherungsschutzes durch nachträgliche Baupreissteigerungen aus-

gehöhlt wird. Dies wird dadurch erreicht, dass die Haftung des Versicherers in der gleitenden Neuwertversicherung dynamisiert ist. Sie wird an die Baupreisentwicklung angepasst. **Die Anpassung der Haftung vollzieht sich unsichtbar**. Sie kommt im Versicherungsfall dadurch zum Ausdruck, dass eintretende Schäden zum aktuellen Neuwert ohne betragsmäßige Begrenzung ersetzt werden. In der Schaden- und Entschädigungsberechnung werden die Preise des Schadentags zugrunde gelegt. Darüber hinaus werden gemäß § 8 VGB 2010 (A) die notwendigen Mehrkosten infolge Preissteigerungen zwischen dem Eintritt des Versicherungsfalls und der Wiederherstellung entschädigt. Steigen die Baupreise, so steigen die Kosten für die Beseitigung der realen Substanzschäden in gleichem Umfang. In der gleitenden Neuwertversicherung haftet der Wohngebäudeversicherer ohne weiteres und unbegrenzt für derartige durch Preissteigerungen verursachte Mehrkosten. Der Versicherungsnehmer muss generell aus Baupreissteigerungen nicht mit Anpassungen der Versicherungssumme reagieren, da die Haftung des Versicherers den Preissteigerungen folgt. Demgegenüber ist die bei Vertragsschluss vereinbarte Versicherungssumme 1914 fest. Sie wird durch während der Vertragslaufzeit eintretende Preissteigerungen nicht berührt. Das Gleiche gilt für den Grundbeitrag 1914. Daraus folgt, dass sich bei Baupreisänderungen das ursprünglich vorhandene Preis-Leistungs-Verhältnis zum Nachteil des Versicherers verändern würde, wenn nur die Haftung und damit die Leistung, nicht aber die Prämie (Preis) der Preisentwicklung folgen würde. Deshalb wird der Grundbeitrag 1914 während der Vertragslaufzeit mit Hilfe des Anpassungsfaktors an die Baupreisentwicklung angepasst. Der vom Versicherungsnehmer zu zahlende Jahresbeitrag errechnet sich nach der Formel „**Grundbeitrag 1914 x Anpassungsfaktor**". Auf diese Weise wird das Preis-Leistungs-Verhältnis des Vertrages bei Preisänderungen gewahrt. Die Haftung des Versicherers und die vom Versicherungsnehmer zu zahlende Prämie verändern sich gleichmäßig.

Fraglich ist, ob der Versicherer bei einer Erhöhung des Anpassungsfaktors einseitig auf die Anpassung des Beitrags verzichten kann. Nach dem eindeutigen Bedingungswortlaut der VGB ist dies zunächst einmal nicht vorgesehen. Dennoch ist auch in der gleitenden Neuwertversicherung ein Verzicht des Versicherers auf eine Anpassung der Prämie bei einer Erhöhung des Anpassungsfaktors ohne weiteres möglich. Es handelt sich dabei um einen Vorteil für den Versicherungsnehmer. Nachteile sind für den Versicherungsnehmer damit nicht verbunden, weil die Anpassung der Haftung davon nicht berührt wird. Der Versicherer hat lediglich darauf zu achten, dass er alle Versicherungsnehmer gleich behandelt, da ansonsten ein Verstoß gegen das Begünstigungsverbot (vgl. § 81 Abs. 2 Satz 3 VAG i.V.m. § 2 der Verordnung über das Verbot von Sondervergütungen und Begünstigungsverträgen in der Schadenversicherung). Verzichtet der Versicherer auf eine mögliche Anpassung der Prämie, so ist dies endgültig. Unterbliebene Anpassungen können in späteren Jahren nicht nachgeholt werden. Abgesehen davon treten bei einem derartigen Verzicht betriebstechnische Probleme auf.

I. Anpassungsfaktor

4   Der Begriff Anpassungsfaktor ist in den VGB 2010 an die Stelle des Begriffs gleitender Neuwertfaktor in den VGB 88 bzw. Prämienfaktor in den SGIN 79a getreten. Inhaltliche Änderungen sind damit nicht verbunden.

Beim Anpassungsfaktor handelt es sich um einen Mischfaktor. Er erhöht oder vermindert sich jeweils zum 01. Januar eines Jahres für das in diesem Jahr beginnende Versicherungsjahr entsprechend dem Prozentsatz, um den sich der jeweils für den Monat Mai des Vorjahres veröffentlichte Baupreisindex für Wohngebäude und der für den Monat April des Vorjahres veröffentlichte Tariflohnindex für das Baugewerbe verändert haben. Beide Indizes werden vom Statistischen Bundesamt bekanntgegeben. Die Änderung des Baupreisindexes wird zu 80 % und die Änderung des Tariflohnindexes für das Baugewerbe wird zu 20 % berücksichtigt (vgl. § 12 Nr. 2 b) VGB 2010 (A)). Mit dieser Berechnungsmethode soll die Baupreisentwicklung in angemessener Weise auf die Veränderung der Haftung und der Prämie übertragen werden. Dabei muss offenbleiben, ob dies durch die dargestellte Gewichtung von Baupreisen und Tariflöhnen theoretisch exakt sichergestellt wird. Dies liegt unter anderem daran, dass exakte Werte für das Lohn-Material-Verhältnis bei den Neubaukosten und Angaben über den durchschnittlichen Anteil der Lohnkosten am Gesamtschadenaufwand in der Wohngebäudeversicherung nicht vorliegen.

Unbestritten ist dagegen, dass die Haftung des Wohngebäudeversicherers entscheidend durch die **Entwicklung der Neubaukosten für Wohngebäude** beeinflusst wird. Veränderungen der Neubaukosten für Wohngebäude werden in der Bundesrepublik Deutschland mit dem vom Statistischen Bundesamt berechneten und veröffentlichten Baupreisindex für Wohngebäude gemessen. Bei diesem Index handelt es sich um eine gewichtete Maßzahl, die die Veränderung der durchschnittlichen Neubaukosten für ein idealtypisches Wohngebäude in der Bundesrepublik Deutschland ausdrückt. Ein Gebäude ist aus einer Vielzahl von Bauleistungen zusammengesetzt. Ein repräsentativer Baukostenindex lässt sich infolgedessen nur ermitteln, wenn ein bestimmter Gebäudetyp zugrunde gelegt wird, der auf bestimmten Annahmen über den Umfang und die Qualität der einzelnen Bauleistungen beruht.

5   Dies ist deswegen erforderlich, weil sich die **Preise für verschiedene Bauleistungen** durchaus unterschiedlich entwickeln. Die Entwicklung des Baupreisindexes stellt deswegen die Veränderung der Neubaukosten eines bestimmten Gebäudes exakt dar, wenn die beiden nachfolgenden Bedingungen erfüllt sind. Erstens muss das betreffende Gebäude in seiner Größe, in seiner Bauausführung und in seiner Ausstattung mit dem der Indexberechnung zugrunde liegenden Wohngebäude völlig identisch sein. Auf diese Bedingung könnte verzichtet werden, wenn sich die Preise aller Bauleistungen gleichmäßig verändern. Dies ist aber tatsächlich nie der Fall. Zweitens muss die **Baupreisentwicklung am Standort des betreffenden Gebäudes** genau der durchschnittlichen Baupreis-

entwicklung im Gebiet der Bundesrepublik Deutschland entsprechen. Beide Bedingungen werden in der Praxis nie nebeneinander erfüllt sein. Kein Gebäude gleicht einem anderen völlig. Abweichungen des versicherten Gebäudes vom „Index-Gebäude" führen dazu, dass der Index die Entwicklung des Neubauwerts des versicherten Gebäudes nicht exakt wiedergibt.

Weitere Abweichungen treten auf, wenn die Baupreisentwicklung am Standort des Gebäudes nicht mit der durchschnittlichen Baupreisentwicklung übereinstimmt. Insbesondere daran entzündet sich immer wieder die Kritik am Anpassungsfaktor und an der Konstruktion der gleitenden Neuwertversicherung. Es wird darauf hingewiesen, dass in der Regel die Baupreise in Großstädten und Ballungsräumen überdurchschnittlich und in ländlichen Randgebieten unterdurchschnittlich steigen. Infolgedessen benachteiligt die Anpassung der Prämie nach Maßgabe der durchschnittlichen Baupreisentwicklung die Versicherungsnehmer, deren Gebäude in ländlichen Gebieten liegen. Umgekehrt würden den Gebäudeeigentümern in Großstädten und Ballungsgebieten ungerechtfertigte Vorteile eingeräumt.

Diese Kritik mag im Prinzip zutreffen. Eine völlige Gleichbehandlung aller Versicherungsnehmer ist indessen aus praktischen Gründen nicht realisierbar. Dies liegt zunächst daran, dass lokale Baupreisindizes in der notwendigen regionalen Differenzierung überhaupt nicht verfügbar sind. Zwar werden für alle Bundesländer regionale Baupreisindizes berechnet. Damit lässt sich aber das angesprochene Problem nicht lösen, da auch innerhalb der einzelnen Bundesländer Unterschiede im Baupreisniveau und in der Baupreisentwicklung auftreten. Daneben ist zu berücksichtigen, dass die gleitende Neuwertversicherung mit zahlreichen unterschiedlich verlaufenden Indexreihen und Anpassungsfaktoren wirtschaftlich nicht zu verwalten wäre. Außerdem würde damit auch der Außendienst der Versicherer völlig überfordert. Infolgedessen muss die angesprochene Ungleichbehandlung in Kauf genommen werden. Sie bewegt sich in tolerablen Grenzen und wird durch die Vorteile der gleitenden Neuwertversicherung für den Versicherungsnehmer überkompensiert. Abgesehen davon steht es dem Gebäudeeigentümer frei, anstelle der gleitenden Neuwertversicherung eine Neuwertversicherung mit fester Versicherungssumme abzuschließen.

6

Neben der Änderung der Neubaupreise für Wohngebäude beeinflusst auch die **Veränderung der Tariflöhne für das Baugewerbe den Anpassungsfaktor**. Die Tariflohnänderungen werden mit Hilfe des Tariflohnindexes für das Baugewerbe gemessen. Diese Komponente wurde erstmals mit den SGIN 79/79a eingeführt. Im Vorfeld dieser Änderung der Berechnungsmethode hat eine lebhafte Auseinandersetzung darüber stattgefunden, ob die Einbringung der Tariflohnentwicklung in das Berechnungsschema für die Veränderung des Anpassungsfaktors in der gleitenden Neuwertversicherung gerechtfertigt ist[465]. Auf die vielfältigen Aspekte dieser Diskussion kann an dieser Stelle nicht eingegangen werden. Die Einbringung der Tariflohnentwicklung wird vor allem damit gerechtfertigt, dass es

---

465 Kempe VW 1976, 227 und ZfV 1976, 414; Luttmer ZfV 1976, 304 und ZfV 1977, 72; Engels VP 1976, 246.

sich bei den Schäden in der Wohngebäudeversicherung in erster Linie um lohnkostenintensive Reparaturschäden handelt. Der Lohnkostenanteil am Gesamtschadenaufwand in der Wohngebäudeversicherung ist infolgedessen höher als der Lohnkostenanteil, der in die Berechnung der Neubaukosten eingeht. Steigen die Tariflöhne im Baugewerbe stärker als die Kosten der übrigen Bauleistungen und Bauteile, so verändert sich daher das Preis-Leistungs-Verhältnis zum Nachteil des Versicherers selbst dann, wenn die Prämie nach Maßgabe der Veränderung der Neubaupreise angepasst wird. Dieser Störung soll durch die verstärkte Berücksichtigung der Tariflohnentwicklung vorgebeugt werden.

Die Anpassung der Haftung und der Prämie in der gleitenden Neuwertversicherung ist dennoch keine Beitragsanpassungsklausel. Sie ist ein Aliud, hat aber starke Ähnlichkeit mit einer Summenanpassungsklausel, weil diese lediglich auf Veränderungen des Baupreisniveaus anspricht. Andere Risikoänderungen, also insbesondere Änderungen der Schadenhäufigkeit oder des Schadenaufwands, lösen keine Anpassung aus. Die gleitende Neuwertversicherung unterscheidet sich in diesem wichtigen Punkt von Beitragsanpassungsklauseln. Darauf ist es zurückzuführen, dass die in § 3 Nr. 4 SGlN 79a verankerten Bestimmungen zur Tarifobergrenze in die VGB nicht übernommen wurden. Diese waren 1984 aufgrund der vom Bundesverwaltungsgericht festgestellten Grundsätze für Beitragsanpassungsklauseln[466] in die SGlN 79a eingefügt worden[467]. Auf diese Weise entstanden seinerzeit aus den SGlN 79 die SGlN 79a. Offenbar hat das BAV seinerzeit den Anpassungsmechanismus der gleitenden Neuwertversicherung als Beitragsanpassungsklausel eingestuft. Diese Einstellung hat sich gewandelt. Inzwischen vertritt auch die BaFin zu Recht den Standpunkt, dass die gleitende Neuwertversicherung die entscheidenden Charakteristika einer Summenanpassungsklausel aufweist. Das in § 40 VVG verankerte Kündigungsrecht steht dem Versicherungsnehmer bei einer Erhöhung des Anpassungsfaktors nicht zu. Erhöht sich der Anpassungsfaktor, so wird nicht nur die Prämie, sondern in gleichem Ausmaß auch die Haftung erhöht. Der Versicherungsnehmer hat jedoch bei einer Erhöhung des Anpassungsfaktors ein Vertragsgestaltungsrecht (s. u. Rn. 11).

II. Berechnung der Veränderungen

7   Das Verfahren für die Berechnung der Veränderungen des Anpassungsfaktors ist in den VGB eindeutig und für den Versicherungsnehmer nachvollziehbar geregelt. Der Anpassungsfaktor erhöht oder vermindert sich jeweils zum 01. Januar eines jeden Jahres für das in diesem Jahr beginnende Versicherungsjahr entsprechend dem Prozentsatz, um den sich der jeweils für den Monat Mai des Vorjahres vom Statistischen Bundesamt veröffentlichte Baupreisindex für Wohngebäude und der für den Monat April des Vorjahres veröffentlichte Tariflohnindex für das Bau-

---

466   VerBAV 1981, 80.
467   VerBAV 1984, 174.

gewerbe geändert haben. Die Änderung des Baupreisindexes für Wohngebäude wird zu 80 % und die des Tariflohnindexes zu 20 % berücksichtigt. Bei dieser Berechnung wird auf jeweils zwei Stellen hinter dem Komma gerundet. Ebenso wird der Anpassungsfaktor auf zwei Stellen hinter dem Komma errechnet und gerundet. § 12 Nr. 2 b) VGB 2010 (A) enthält noch eine Rundungsregel des Inhalts, dass in Fällen, in denen die dritte Zahl hinter dem Komma eine Fünf oder höher ist, aufgerundet und ansonsten abgerundet wird. Der Anpassungsfaktor wird für jedes Kalenderjahr neu berechnet und festgesetzt. Er gilt für alle zwischen dem 01.01. und dem 31.12. eines Kalenderjahres beginnenden Versicherungsjahre.

Die Berechnungen zur Erhöhung oder Verminderung des Anpassungsfaktors werden nachstehend anhand der konkreten Berechnung des Anpassungsfaktors für das am 01.01.2014 beginnende Versicherungsjahr dargestellt. 8

1. Schritt: Der vom Statistischen Bundesamt für den Monat Mai 2013 veröffentlichte Baupreisindex wird zu dem für den Monat Mai 2012 berechneten Baupreisindex in Beziehung gesetzt. Dabei werden die Baupreisindizes auf der Basis des Jahres 2010 zugrunde gelegt. Sie betragen 107,4 für Mai 2013 und 105,2 für Mai 2012. Der Veränderungsprozentsatz errechnet sich wie folgt:

Dieser Wert wird auf zwei Stellen hinter dem Komma gerundet. Er lautet danach ./. 2,09 %.

$$\left(\frac{107,4}{105,2} \times 100\right) ./. 100 \quad = ./. 2,0912 \%$$

2. Schritt: Der vom Statistischen Bundesamt für den Monat April 2014 veröffentlichte Tariflohnindex für das Baugewerbe wird zu dem für den Monat April 2012 berechneten Tariflohnindex in Beziehung gesetzt. Zugrunde gelegt werden die Tariflohnindizes auf der Basis des Jahres 2010. Sie betragen 107,1 für den Monat April 2013 und 103,9 für den Monat April 2012. Der Veränderungsprozentsatz errechnet sich wie folgt:

Die Rundung auf zwei Stellen hinter dem Komma ergibt 3,08 %. Auffallend ist, dass der Tariflohnindex deutlich stärker als der Baupreisindex gestiegen ist.

$$\left(\frac{107,1}{103,9} \times 100\right) ./. 100 \quad = ./. 3,0798 \%$$

3. Schritt: Es wird die gewichtete durchschnittliche Veränderung von Baupreisindex und Tariflohnindex berechnet. Die Veränderung des Baupreisindex wird mit 80 % und die Veränderung des Tariflohnindex wird mit 20 % gewichtet. Daher ergibt sich folgende Berechnung:

(2,09% x 0,8) + (3,08 x 0,2)   = 2,288 %

Der endgültige Veränderungsprozentsatz wird auf zwei Stellen hinter dem Komma gerundet. Er lautet 2,29 %.

4. Schritt: Der für das Jahr 2013 maßgebende Anpassungsfaktor von 16,08 erhöht sich um 2,29 %. Der ab dem 01.01.2014 gültige Anpassungsfaktor berechnet sich wie folgt:

$$\frac{16{,}08 \times 102{,}29}{100} = 16{,}4482$$

Dieser Wert wird auf zwei Stellen nach dem Komma gerundet.
Ab dem 01.01.2014 beträgt der Anpassungsfaktor daher 16,45.

III. Zeitverzögerte Anpassung

9   Die dargestellten Berechnungsmethoden führen dazu, dass Baupreisänderungen erst mit erheblicher zeitlicher Verzögerung auf die Prämien durchschlagen. Dies gilt sowohl für die Berechnungen nach den VGB als auch für die Berechnungen nach den SGIN 79a. Wegen der Einzelheiten kann auf *Rolwes*[468]

verwiesen werden, der jedoch bei seinen Berechnungen mögliche zusätzliche Zeitverzögerungen durch die Schwellenwertregelung in § 3 Nr. 2 SGIN 79a außer Betracht lässt. Deshalb trifft der von Rolwes und Luttmer berechnete durchschnittliche „time lag" von 18,5 Monaten für die VGB und sie SGIN 88/93 zu. Wegen der Schwellenwertregelung kann die Zeitverzögerung nach den SGIN 79a jedoch noch wesentlich länger sein. Im Gegensatz zur zeitverzögerten Prämienanpassung verändern sich die Haftung und der Schadenaufwand des Versicherers in unmittelbarem zeitlichen Zusammenhang mit Baupreisänderungen. Darauf ist es zurückzuführen, dass die Schwellenwertregelung der SGIN 79a in den VGB und den SGIN 88/93 nicht übernommen wurde. Infolgedessen stimmen Prämienfaktor (SGIN) und Anpassungsfaktor häufig nicht mehr überein. Dies gilt nicht nur im Hinblick auf rechnerische Abweichungen infolge Rundungsdifferenzen. Daneben stimmen Prämienfaktor und Anpassungsfaktor insbesondere immer dann nicht überein, wenn die binnen Jahresfrist eingetretenen gewichteten Baupreis- und Tariflohnveränderungen den Schwellenwert von 3 % nach § 3 Nr. 2

---
[468] *Rolwes* ZfV 1986, 95.

SGIN 79a nicht erreichen. Dann wird der Anpassungsfaktor erhöht, während die Anpassung des Prämienfaktors unterdrückt wird.

IV. Abweichende Vereinbarungen

10 Die Erhöhung oder Verminderung des Anpassungsfaktors ist in den VGB im Einzelnen geregelt. Dagegen wird ebenso wie in den SGiN 79a wiederum nicht festgelegt, welcher Anpassungsfaktor bei Abschluss des Vertrages zugrunde zu legen ist. Deshalb ist unverändert davon auszugehen, dass es den Vertragsparteien theoretisch möglich ist, die Höhe des Anpassungsfaktors bei Vertragsabschluss frei zu vereinbaren[469]. Praktische Bedeutung haben diese Erwägungen nicht, da die Wohngebäudeversicherer bei Vertragsabschluss den zu diesem Zeitpunkt gültigen Anpassungsfaktor zugrunde legen. Die freie Vereinbarung eines beliebigen Anpassungsfaktors bei Vertragsabschluss wird damit jedoch grundsätzlich nicht ausgeschlossen.

C. Vertragsgestaltungsrechte des Versicherungsnehmers

11 Die gleitende Neuwertversicherung kann bei steigenden Baupreisen zu jährlicher Prämienmehrbelastung für den Versicherungsnehmer führen. Daher sind bei langfristigen Verträgen zuverlässige Prognosen über die Prämienbelastung während der Vertragslaufzeit nicht möglich. Dem Versicherungsnehmer wird daher in § 12 Nr. 2 c) VGB 2010 (A) das Recht eingeräumt, der Erhöhung der Prämie zu widersprechen. Die Erhöhung der Versicherungsprämie wird im Falle eines Widerspruchs nicht wirksam. Im Falle eines Widerspruchs bleibt die Versicherung als Neuwertversicherung in Kraft, und zwar zur bisherigen Prämie mit einer Versicherungssumme, die sich aus der Versicherungssumme „Wert 1914" multipliziert mit 1/100 des Baupreisindexes für Wohngebäude ergibt, der im Mai des Vorjahres galt. Es handelt sich dabei nicht um ein Kündigungsrecht, sondern um ein einseitiges Vertragsgestaltungsrecht des Versicherungsnehmers während der Vertragslaufzeit[470], das ein typisches Merkmal von Summenanpassungsklauseln ist. Der Versicherungsnehmer kann bei jeder Anpassung die daraus folgende Prämienmehrbelastung verhindern, indem er widerspricht. Der Versicherungsvertrag wird dadurch nicht beendet, besteht aber in veränderter Form fort. Im Gegensatz dazu steht dem Versicherungsnehmer bei Prämienanpassungen aufgrund von Beitragsanpassungsklauseln ein Kündigungsrecht nach § 40 VVG zu. Die Ausübung des Kündigungsrechts führt zur Beendigung des Vertrages. Der Begriff Kündigung wird in den VGB abweichend von § 5 SGIN 79a in diesem Zusammenhang nicht verwendet. Materiell stimmen beide Regelungen in wesentli-

---

469 Ollick VerBAV 1979, 403.
470 Martin S IV 72.

chen Punkten überein. Daneben bestehende Unterschiede werden nachfolgend im Sachzusammenhang behandelt.

12 **Der Versicherungsnehmer kann innerhalb eines Monats**, nachdem ihm die Mitteilung über die Höhe des Anpassungsfaktors zugegangen ist, **der Erhöhung widersprechen** (§ 12 Nr. 2 c) VGB 2010 (A)). Nach § 5 SGiN 79a kann er das entsprechende Vertragsgestaltungsrecht „jederzeit unter Einhaltung einer Kündigungsfrist von drei Monaten" ausüben. Nach dem Wortlaut dieser Regelung kann der Versicherungsnehmer die Umwandlung einer gleitenden Neuwertversicherung in eine Neuwertversicherung mit fester Versicherungssumme zu jedem beliebigen Zeitpunkt fordern. Dabei ist unklar, ob die Formulierung „unter Einhaltung einer Kündigungsfrist von drei Monaten" auf das Ende des Versicherungsjahres abstellt oder ob eine Umwandlung auch innerhalb des laufenden Versicherungsjahres möglich sein soll. Diese Frage hat indessen nur theoretische Bedeutung. Ein Umwandlungsrecht hat der Versicherungsnehmer nach den SGiN 79a auch dann, wenn der Prämienfaktor während der Vertragslaufzeit überhaupt noch nicht erhöht wurde. Im Gegensatz dazu entsteht das Vertragsgestaltungsrecht nach den VGB bei einer Erhöhung des Anpassungsfaktors innerhalb eines Monats nach Zugang der Mitteilung über die Erhöhung. Damit wird dem zuvor skizzierten Grundgedanken Rechnung getragen, dass es dem Versicherungsnehmer ermöglicht werden soll, Prämienmehrbelastungen entgegen zu wirken. Lässt der Versicherungsnehmer die Monatsfrist ungenutzt verstreichen, so fällt das Vertragsgestaltungsrecht endgültig weg. Es entsteht erst dann wieder, wenn der Anpassungsfaktor in den Folgejahren erneut erhöht wird. Der Widerspruch gegen die vom Versicherer mitgeteilte Erhöhung muss in **Textform** (§ 126b BGB) erklärt werden. Er wirkt für den Zeitpunkt, in dem die Erhöhung wirksam werden sollte, d. h. zum Beginn des betreffenden Versicherungsjahres. Im Allgemeinen wird die Erhöhung des Anpassungsfaktors dem Versicherungsnehmer in der Prämienrechnung mitgeteilt. Dies führt dazu, dass der Widerspruch des Versicherungsnehmers zurückwirkt, da der Widerspruch dem Versicherer zumeist erst nach Beginn des betreffenden Versicherungsjahres zugeht. Deswegen muss der Versicherer dafür sorgen, dass in diesen Fällen das Mahnverfahren nicht eingeleitet wird, da die Beitragsrechnung durch den Widerspruch obsolet geworden ist.

13 Der Widerspruch des Versicherungsnehmers führt dazu, dass die Versicherung ab dem Zeitpunkt, in dem die Erhöhung des Anpassungsfaktors wirksam werden sollte, als **Neuwertversicherung mit fester Versicherungssumme zur „bisherigen Prämie" in Kraft bleibt**. Die „bisherige Prämie" ist die Jahresprämie, die der Versicherungsnehmer für das letzte vor dem Erhöhungszeitpunkt des Anpassungsjahres liegende Versicherungsjahr zu entrichten hatte. Die neue Versicherungssumme wird ermittelt, indem die vereinbarte Versicherungssumme 1914 mit 1/100 des Baupreisindexes für Wohngebäude, der im Mai des Vorjahres galt, multipliziert wird (vgl. § 12 Nr. 2c) Satz 4). Widerspricht der Versicherungsnehmer einer zum 01.01.2014 wirkenden Erhöhung des Anpassungsfaktors, so wird für die Berechnung der neuen Versicherungssumme der Mai-Index des Jahres 2013 auf der Grundlage des Jahres 1914 verwendet. Es ist zu beachten, dass

der Baupreisindex 1914 und der Anpassungsfaktor voneinander abweichen. Dadurch verändert sich infolge der Umrechnung der Beitragssatz. Das nachfolgende Berechnungsbeispiel verdeutlicht die angesprochenen Zusammenhänge.

Der Anpassungsfaktor beträgt 16,08 für das Jahr 2013 und 16,45 für das Jahr 2014. Der für die Umrechnung maßgebende Baupreisindex Mai 2013 beträgt 1263,0. Es besteht ein Vertrag mit folgenden Vertragsdaten: 14

Versicherungssumme 1914:	25.000 EUR	
Beitragssatz:	0,9 ‰	
Beitragsfälligkeit des Vertrages:	01.07.	
Jahresbeitrag 2012/2013:	$\frac{25.000 \times 0,9 \times 16,08}{1.000}$	= 361,80 EUR
Jahresbeitrag 2013/2014:	$\frac{25.000 \times 0,9 \times 16,45}{1.000}$	= 370,13 EUR

Der Widerspruch des Versicherungsnehmers gegen die Erhöhung des Anpassungsfaktors für das Versicherungsjahr 2013/2014 führt zu folgenden Vertragsveränderungen:

Jahresbeitrag 2013/2014:	361,80 EUR	
Versicherungssumme:	$\frac{25.000 \times 1.263,0}{100}$	= 315.750 EUR
Neuer Beitragssatz:	$\frac{361,80 \times 1.000}{315.750}$	= 1,15 ‰

In der Praxis werden gleitende Neuwertversicherungen nur sehr selten in feste Neuwertversicherungen umgewandelt. Dies liegt daran, dass damit von vornherein eine ganze Reihe von Nachteilen für den Versicherungsnehmer verbunden ist. Bei steigenden Baupreisen wird dadurch Unterversicherung erzeugt. Der mit der gleitenden Neuwertversicherung vereinbarte Unterversicherungsverzicht gilt nach dem Widerspruch des Versicherungsnehmers nicht mehr. Der Baupreisindex, der der Berechnung der festen Neuwertversicherungssumme zugrunde gelegt wird, ist im Zeitpunkt der Berechnung bereits überholt. Daneben gilt die in § 13 Nr. 8 VGB 2010 (A) verankerte Gesamtentschädigungsgrenze für Sach-, Kosten und Mietausfallschäden auf den Betrag der Versicherungssumme. Weiterhin verschlechtert sich die Haftung dadurch, dass bei gleicher Beitragszahlung die absoluten Beträge der Entschädigungsgrenzen nach §§ 7 und 8 VGB 2010 (A) sinken. Deswegen haben sich die Versicherer seinerzeit bei der Einführung der SGlN in einer Geschäftsplanmäßigen Erklärung dazu verpflichtet, den Versicherungsnehmer in diesen Fällen auf die Zweckmäßigkeit der Überprüfung des Vertragsinhalts, insbesondere der Versicherungssumme hinzuweisen[471]. Diese Hinweispflicht sollten die Versicherer weiterhin wahrnehmen, zumal sie sich auch aus § 6 VVG ergeben dürfte. Die Geschäftsplanmäßige Erklärung gilt nach Auffassung des BAV weiterhin[472]. Generell sollte aus Anlass des Widerspruchs eine grundlegende Neuordnung des Vertrages erfolgen.

In § 12 Nr. 2 c) VGB 2010 (A) wird ausdrücklich darauf hingewiesen, dass das Recht des Versicherungsnehmers auf eine (weitere) Herabsatzung der Versicherungssumme wegen erheblicher Überversicherung nach § 74 Abs. 1 VVG durch die dargestellte Umwandlung der Versicherungssumme 1914 in eine feste Neuwertversicherungssumme nicht berührt wird. Weist der Versicherungsnehmer nach, dass der ortsübliche Neubauwert des versicherten Gebäudes erheblich niedriger ist als die nach § 11 Nr. 1 VGB 2010 (A) errechnete Versicherungssumme, so kann er verlangen, dass die Versicherungssumme auf den Betrag des ortsüblichen Neubauwerts herabgesetzt wird. Der Versicherungsnehmer hat jedoch nicht das Recht, darüber hinaus eine Versicherung zum Zeitwert oder zum gemeinen Wert zu fordern. Ausgenommen davon sind die in § 10 Nr. 1 d) VGB 2010 (A) geregelten Fälle, in denen eine gleitende Neuwertversicherung jedoch unmittelbar, d. h. ohne den Umweg über eine Neuwertversicherung, zu einer Versicherung zum gemeinen Wert wird. Der Hinweis auf § 74 Abs. 1 VVG bezieht sich auf die Fälle, in denen eine gleitende Neuwertversicherung zuvor durch den Widerspruch des Versicherungsnehmers gegen eine Erhöhung des Anpassungsfaktors in eine feste Neuwertversicherung umgewandelt wurde. Die unmittelbare Anwendung von § 74 Abs. 1 VVG auf die gleitende Neuwertversicherung mit Unterversicherungsverzicht wird dadurch nicht geregelt.

---

471 VerBAV 1979, 390.
472 VerBAV 1994, 356.

§ 13 Entschädigungsberechnung

1. Gleitende Neuwert- und Neuwertversicherung

    a. Der Versicherer ersetzt

        aa. bei zerstörten Gebäuden die ortsüblichen Wiederherstellungskosten des Gebäudes (einschließlich der Architektengebühren sowie sonstiger Konstruktions- und Planungskosten) unmittelbar vor Eintritt des Versicherungsfalles,

        bb. bei beschädigten Gebäuden oder sonstigen beschädigten Sachen die notwendigen Reparaturkosten unmittelbar vor Eintritt des Versicherungsfalles zuzüglich einer durch die Reparatur nicht ausgeglichenen Wertminderung, höchstens jedoch der Versicherungswert unmittelbar vor Eintritt des Versicherungsfalles,

        cc. bei zerstörten oder abhanden gekommenen sonstigen Sachen den Wiederbeschaffungspreis von Sachen gleicher Art und Güte im neuwertigen Zustand unmittelbar vor Eintritt des Versicherungsfalles.

    b. Öffentlich-rechtliche Vorschriften, nach denen die noch vorhandene und technisch brauchbare Sachsubstanz der versicherten und vom Schaden betroffenen Sache für die Wiederherstellung nicht wieder verwendet werden darf, werden bei der Entschädigungsberechnung gemäß a) berücksichtigt, soweit

        aa. es sich nicht um behördliche Anordnungen handelt, die vor Eintritt des Versicherungsfalles erteilt wurden oder

        bb. nicht aufgrund öffentlich-rechtlicher Vorschriften die Nutzung der Sachen zum Zeitpunkt des Versicherungsfalles ganz oder teilweise untersagt war.

        Mehrkosten durch behördliche Wiederherstellungsbeschränkungen, die dadurch entstehen, dass die versicherte und vom Schaden betroffene Sache aufgrund öffentlich-rechtlicher Vorschriften nicht in derselben Art und Güte wiederhergestellt oder wiederbeschafft werden darf, werden im Rahmen der Entschädigungsberechnung gemäß a) nicht ersetzt, es sei denn, dass diese Mehrkosten als Technologiefortschritt im Versicherungswert zu berücksichtigen sind. Versicherungsschutz für diese Mehrkosten besteht gemäß den Vereinbarungen zu den versicherten Mehrkosten.

    c. Der erzielbare Verkaufspreis von Resten wird bei der Entschädigungsberechnung gemäß a) angerechnet.

2. Zeitwert

   Der Versicherer ersetzt

   a. bei zerstörten Gebäuden den Neuwert unmittelbar vor Eintritt des Versicherungsfalles abzüglich der Wertminderung insbesondere durch Alter und Abnutzungsgrad;

   b. bei beschädigten Gebäuden oder sonstigen beschädigten Sachen die notwendigen Reparaturkosten unmittelbar vor Eintritt des Versicherungsfalles zuzüglich einer durch die Reparatur nicht ausgeglichenen Wertminderung, höchstens jedoch der Zeitwert unmittelbar vor Eintritt des Versicherungsfalles;

   c. bei zerstörten oder abhanden gekommenen sonstigen Sachen den Wiederbeschaffungspreis von Sachen gleicher Art und Güte im neuwertigen Zustand zum Zeitpunkt des Vertragsschlusses unter Berücksichtigung eines Abzuges entsprechend dem insbesondere durch das Alter und den Abnutzungsgrad bestimmten Zustand;

   d. Der erzielbare Verkaufspreis von Resten wird bei der Entschädigungsberechnung gemäß a) bis c) angerechnet.

3. Gemeiner Wert

   Soweit ein Gebäude zum Abbruch bestimmt oder sonst dauerhaft entwertet ist, werden versicherte Sachen nur unter Zugrundelegung des erzielbaren Verkaufspreises ohne Grundstücksanteile (gemeiner Wert) entschädigt.

4. Kosten

   Berechnungsgrundlage für die Entschädigung versicherter Kosten (siehe Abschnitt A §§ 7 und 8) ist der Nachweis tatsächlich angefallener Kosten unter Berücksichtigung der jeweils vereinbarten Entschädigungsgrenzen.

5. Mietausfall, Mietwert

   Der Versicherer ersetzt den versicherten Mietausfall bzw. Mietwert bis zum Ende der vereinbarten Haftzeit.

6. Mehrwertsteuer

   a. Die Mehrwertsteuer wird nicht ersetzt, wenn der Versicherungsnehmer vorsteuerabzugsberechtigt ist; das Gleiche gilt, wenn der Versicherungsnehmer Mehrwertsteuer tatsächlich nicht gezahlt hat.

   b. Für die Berechnung der Entschädigung versicherter Kosten (siehe Abschnitt A §§ 7 und 8) und versicherten Mietausfalls bzw. Mietwerts (siehe Abschnitt A § 9) gilt a) entsprechend.

7. Neuwertanteil

In der Gleitenden Neuwertversicherung und der Neuwertversicherung erwirbt der Versicherungsnehmer den Anspruch auf Zahlung des Teils der Entschädigung, der den Zeitwertschaden übersteigt (Neuwertanteil) nur, soweit und sobald er innerhalb von drei Jahren nach Eintritt des Versicherungsfalles sicherstellt, dass er die Entschädigung verwenden wird, um versicherte Sachen in gleicher Art und Zweckbestimmung an der bisherigen Stelle wiederherzustellen oder wiederzubeschaffen. Ist dies an der bisherigen Stelle rechtlich nicht möglich oder wirtschaftlich nicht zu vertreten, so genügt es, wenn die Gebäude an anderer Stelle innerhalb der Bundesrepublik Deutschland wiederhergestellt werden.

Der Zeitwertschaden errechnet sich aus der Entschädigung nach Nr. 1 a), Nr. 1 b) und Nr. 1 c) unter Berücksichtigung eines Abzuges entsprechend dem insbesondere durch das Alter und den Abnutzungsgrad bestimmten Zustand.

Der Versicherungsnehmer ist zur Rückzahlung des vom Versicherer entschädigten Neuwertanteils verpflichtet, wenn die Sache infolge eines Verschuldens des Versicherungsnehmers nicht innerhalb einer angemessenen Frist wiederhergestellt oder wiederbeschafft worden ist.

8. *Gesamtentschädigung, Kosten auf Weisung des Versicherers*

   In der Neu- und Zeitwertversicherung ist die Gesamtentschädigung für versicherte Sachen (siehe Abschnitt A § 5), versicherte Kosten (siehe Abschnitt A §§ 7 und 8) und versicherten Mietausfalls bzw. Mietwerts (siehe Abschnitt A § 9) je Versicherungsfall auf die Versicherungssumme begrenzt. Schadenabwendungs- und Schadenminderungskosten, die auf Weisung des Versicherers entstanden sind, werden unbegrenzt ersetzt.

9. *Feststellung und Berechnung einer Unterversicherung*

   Ist die Versicherungssumme im Zeitpunkt des Versicherungsfalles in der Gleitenden Neuwertversicherung (siehe Abschnitt A § 10 Nr. 1 a) ohne Vereinbarung eines Unterversicherungsverzichts, in der Neu- und Zeitwertversicherung sowie in der Versicherung zum gemeinen Wert (siehe Abschnitt A § 10 Nr. 1 b) – Nr. 1 c) niedriger als der Versicherungswert der versicherten Sachen (Unterversicherung), wird die Entschädigung gemäß Nr. 1 bis Nr. 3 in dem Verhältnis von Versicherungssumme zum Versicherungswert nach folgender Berechnungsformel gekürzt: Entschädigung = Schadenbetrag multipliziert mit der Versicherungssumme dividiert durch den Versicherungswert. Entsprechendes gilt für die Berechnung versicherter Kosten (siehe Abschnitt A §§ 7 und 8) und versicherten Mietausfalles bzw. Mietwerts (siehe Abschnitt A § 9).

A. Allgemeines

1 Bei der **Entschädigungsberechnung** gem. § 13 VGB 2010 (A) sind die **Ermittlung der Schadenhöhe** und die **Berechnung der Entschädigung** voneinander zu **trennen**.

2 Der Betrag des versicherten (ersatzpflichtigen) Schadens ist in vielen Fällen nicht zugleich der Betrag, der als Entschädigung vom Versicherer zu leisten ist. Die Entschädigung ist niedriger als der versicherte Schaden, wenn Unterversicherung vorliegt, Entschädigungsgrenzen wirken oder ein Selbstbehalt vereinbart wurde (**Klausel 7761 „Selbstbehalt"**). Die Überschrift des § 13 VGB 2010 (A) erweckt den Eindruck, dass dort ausschließlich und abschließend die Entschädigungsberechnung geregelt ist. Dies trifft jedoch nicht zu, da **auch die Grundsätze der Ermittlung der Schadenhöhe** in dieser Bestimmung niedergelegt sind.

3 Bei § 13 VGB 2010 (A) handelt es sich um die **gedankliche Fortführung der Haftungs- bzw. Leistungsbeschreibung** in § 1 Nr. 1 VGB 2010 (A). Dort werden die versicherten Sachschäden als die Zerstörung, die Beschädigung oder das Abhandenkommen versicherter Sachen durch eine versicherte Gefahr definiert. In § 13 VGB 2010 (A) sind die Grundsätze niedergelegt, nach denen der Schaden an der Substanz versicherter Sachen bewertet wird. Auf diese Weise wird der reale Schaden an der Sachsubstanz in einem Geldbetrag ausgedrückt.

4 Die **Versicherungsleistung** besteht in der Wohngebäudeversicherung in erster Linie im **Ersatz bestimmter Kosten, insbesondere von Reparatur- bzw. Wiederherstellungskosten**. Allerdings ist eine Tendenz einiger Versicherer hin zu einem **aktiven Schadenmanagement** zur Steigerung der Kosteneffizienz zu beobachten. Hier übernimmt der Versicherer die Auswahl und Beauftragung der Handwerker, durch die der Schaden beseitigt wird. Ein solches Vorgehen kann bereits im Versicherungsvertrag vereinbart werden. Aber auch ohne eine entsprechende Regelung im Versicherungsvertrag können Versicherer und Versicherungsnehmer dies im Zusammenhang mit einem konkreten Schadenfall gesondert vereinbaren.

5 An die Stelle des Geldersatzes tritt in diesen Fällen der **Naturalersatz**. Der Versicherer haftet für Mängel bei der Schadenbehebung gem. § 280 BGB und hat hierbei nach § 278 BGB **auch für Fehler der von ihm beauftragten Personen und Reparaturfirmen einzustehen**.[473] Dies gilt allerdings **nicht**, wenn der Versicherer lediglich eine **Empfehlung** abgibt, die Beauftragung der Handwerker jedoch durch den Versicherungsnehmer erfolgt. Soweit der Auftrag im Einzelfall durch den Versicherer erteilt wird, ist genau zu prüfen, ob der Versicherungsnehmer tatsächlich davon ausgehen durfte, dass der Versicherer den Auftrag auf eigenes Risiko erteilen wollte.[474]

---

473 OLG Karlsruhe r + s 1995, 426.
474 OLG Nürnberg VersR 1995, 290.

Darüber hinausgehend könnte der Versicherer für dabei auftretende Mängel allenfalls dann haften, wenn der Versicherungsnehmer nachweist, dass der Handwerker objektiv nicht die erforderliche Qualifikation und Fachkunde hatte und der Versicherer bzw. sein Beauftragter dies bei sorgfältiger Prüfung vor Aufnahme des Handwerkers in den Kreis der von ihm ausgewählten Bauhandwerker hätte erkennen müssen.

B. Gleitende Neuwert- und Neuwertversicherung

I. Höhe der Entschädigung

Hinsichtlich der Höhe der Entschädigung in der gleitenden Neuwert- und der Neuwertversicherung (zu den Begriffen siehe die Kommentierung zu § 10 VGB 2010 (A)) wird zwischen Totalschäden an Gebäuden (§ 13 Nr. 1 a) aa) VGB 2010 (A)), Teilschäden (§ 13 Nr. 1 a) bb) VGB 2010 (A)) und Totalschäden an sonstigen Sachen (§ 13 Nr. 1 a) aa) VGB 2010 (A)) unterschieden.

1. Abgrenzung von Totalschäden und Teilschäden

Totalschäden an Wohngebäuden sind selten. Dennoch bereitet die **Abgrenzung zwischen Totalschäden und Teilschäden** auch in der Wohngebäudeversicherung **erhebliche praktische Schwierigkeiten**. Die Abgrenzungsfragen stellen sich insbesondere auch bei Schäden an Gebäudeteilen, die zwar rechtlich unselbständige Gebäudebestandteile sind, tatsächlich aber wie selbständige Sachen in Erscheinung treten.[475] Typische Beispiele dafür sind Rundfunk- und Fernsehantennenanlagen, Markisen, Heizkessel, Öfen, Herde, Tür- oder Fensterflügel, Teppichböden, Einbaumöbel etc. Bei Schäden an diesen Gegenständen handelt es sich begrifflich auch dann nicht um Totalschäden, wenn sie zerstört werden. Praktisch ist aber in vielen Fällen zu prüfen, ob der Gegenstand zerstört wurde und erneuert werden muss (Totalschaden) oder ob die entstandenen Beschädigungen durch eine Reparatur beseitigt werden können (Teilschaden).

Bei der Beurteilung dieser Frage stimmen Versicherer und Versicherungsnehmer oft nicht überein, weil sie in der Regel grundsätzlich entgegengesetzte Interessen haben. Der **Versicherungsnehmer** neigt dazu, **im Zweifel Totalschaden anzunehmen**, um die höhere Neuwertentschädigung zu erlangen. Im Gegensatz dazu möchte der Versicherer die Höhe des Schadens begrenzen und strebt den Ersatz der niedrigeren Reparaturkosten an. In der Praxis der Schadenregulierung kommt es darauf an, einen angemessenen Ausgleich zwischen den unterschiedlichen Interessen des Versicherungsnehmers und des Versicherers zu schaffen.

---

475 Vgl. Martin R I 8 und 28.

10 Die Abgrenzung zwischen Totalschäden und Teilschäden vollzieht sich bei der praktischen Schadenprüfung **in mehreren Schritten.**

11 Zunächst wird festgestellt, ob die an der Sache entstandenen Beschädigungen technisch überhaupt zu beseitigen sind. Es wird geprüft, ob eine Reparatur **technisch durchführbar** ist (**Reparaturfähigkeit**). Ist eine Reparatur technisch nicht möglich, so liegt ein technischer und wirtschaftlicher Totalschaden vor, wenn die Sache in ihrer Funktion oder in ihrem Aussehen derartig beeinträchtigt ist, dass ihr weiterer Gebrauch durch den Versicherungsnehmer nicht möglich oder dem Versicherungsnehmer nicht zumutbar ist. Reparaturfähigkeit liegt vor, wenn die Sache durch die Reparatur in einen Zustand gebracht werden kann, bei dem der weitere Gebrauch der Sache dem Versicherungsnehmer zugemutet werden kann. Liegt diese Voraussetzung vor, so handelt es sich um einen technischen Teilschaden. Damit steht aber noch nicht endgültig fest, dass der Schaden auf der Basis der Reparaturkosten entschädigt wird.

12 Der Ersatz des Schadens auf Reparaturkostenbasis setzt weiterhin voraus, dass eine Reparatur **wirtschaftlich sinnvoll** ist. Deshalb wird in einem weiteren Schritt die **Reparaturwürdigkeit** geprüft. Sind die Reparaturkosten (zuzüglich einer evtl. Wertminderung) höher als der Versicherungswert (abzüglich eines evtl. Restwerts), so werden technisch mögliche Reparaturen dennoch nicht durchgeführt. Unter diesen Voraussetzungen handelt es sich technisch um einen Teilschaden, wirtschaftlich jedoch um einen Totalschaden.

13 Maßstab für die **Beurteilung der Reparaturwürdigkeit** ist der **vertraglich vereinbarte Versicherungswert bzw. der Ersatzwert**. Sind die Reparaturkosten niedriger als der Versicherungswert, werden die Reparaturkosten ersetzt. Es handelt sich um einen Teilschaden. Dagegen liegt ein wirtschaftlicher Totalschaden vor, wenn die Reparaturkosten den vereinbarten Versicherungswert (Ersatzwert) übersteigen. Das nachfolgende Beispiel verdeutlicht dies:

Neuwert des versicherten Gebäudes:	500.000 EUR
Zeitwert des versicherten Gebäudes:	200.000 EUR
Reparaturkosten:	250.000 EUR

Die Reparaturkosten sind höher als der Zeitwert, aber niedriger als der Neuwert. In der gleitenden Neuwertversicherung und in der Neuwertversicherung mit fester Versicherungssumme hat der Versicherungsnehmer Anspruch auf die Reparaturkosten, obwohl sie höher sind als der Zeitwert.

14 Bei der Prüfung der Reparaturwürdigkeit bleibt der **Zeitwert außer Betracht**. Entgegen Martin[476] ist in derartigen Fällen selbst dann nicht Totalschaden anzunehmen, wenn die Reparaturkosten höher sind als der Zeitwert der Sache nach

---

[476] Martin R I 16 und 17.

der Reparatur. Für die Schaden- und Entschädigungsberechnung kommt es auch nicht darauf an, ob eine Reparatur nach der Verkehrsansicht „unrentabel" ist.[477] Ebenso spielt es keine Rolle, wie ein Gebäudeeigentümer den Schaden einstufen würde, wenn er nicht versichert wäre. **Allein ausschlaggebend** ist das **Verhältnis** zwischen dem **Betrag der Reparaturkosten** und dem **vertraglich vereinbarten Versicherungswert**. Ein Totalschaden liegt nur dann vor, wenn die Reparaturkosten höher sind als der Versicherungswert bzw. der Ersatzwert der vom Schaden betroffenen Sachen.

Infolgedessen ist der ersatzpflichtige Schaden im vorstehenden Beispiel bei einer Zeitwertversicherung 200.000 EUR und bei einer Neuwertversicherung 250.000 EUR. Dabei ist zu berücksichtigen, dass es in der Wohngebäudeversicherung **keinen Reparaturzwang** gibt. Der Versicherungsnehmer kann auf die Reparatur des beschädigten Gebäudes verzichten und die Reparaturkostenentschädigung ohne weiteres zur Finanzierung eines Neubaus oder eines Gebäudekaufs verwenden. Allerdings ist auch in diesen Fällen die **Fälligkeitsregelung für den sogenannten Neuwert- oder Entwertungsanteil** gem. § 13 Nr. 7 VGB 2010 (A) zu beachten. Der Versicherungsnehmer erwirbt danach den Anspruch auf Zahlung des Teils der Entschädigung, der den Zeitwertschaden übersteigt, nur soweit und sobald er innerhalb von drei Jahren nach Eintritt des Versicherungsfalls sichergestellt hat, dass er die Entschädigung verwenden will, um versicherte Sachen in gleicher Art und Zweckbestimmung an der bisherigen Stelle wiederherzustellen oder wiederzubeschaffen. 15

Die Abgrenzung zwischen Totalschäden und Teilschäden, die Ermittlung der Schadenhöhe und die Feststellung der Entschädigung ist **im Allgemeinen unproblematisch**, wenn der Gebrauchswert von Sachen ausschließlich **durch ihre technische Funktion bzw. ihre technische Gebrauchsfähigkeit bestimmt** ist. Der Schadenumfang wird durch die nachteilige Veränderung der Sachsubstanz bzw. der technischen Gebrauchs- oder Funktionsfähigkeit zuverlässig ermittelt. 16

2. Maßgebender Zeitpunkt

Maßgebender Zeitpunkt für die Feststellung der Schadenhöhe und die Berechnung der Entschädigung ist der Zeitpunkt **unmittelbar vor Eintritt des Versicherungsfalles** (§ 13 Nr. 1, Nr. 2 VGB 2010 (A)). 17

Diese Bestimmung hat für den Versicherungsnehmer jedoch **keine besondere Bedeutung**, da **Mehrkosten durch Preissteigerungen** nach Eintritt des Versicherungsfalls unter den Voraussetzungen des § 8 Nr. 3 VGB 2010 (A) versichert sind. 18

---

[477] Martin R I 16 und 17.

3. Totalschäden an Gebäuden

19 Bei zerstörten Gebäuden werden die **ortsüblichen Wiederherstellungskosten des Gebäudes (einschließlich der Architektengebühren sowie sonstiger Konstruktions- und Planungskosten) unmittelbar vor Eintritt des Versicherungsfalls** ersetzt. Dies entspricht dem gleitenden Neuwert bzw. dem Neuwert gem. § 10 Nr. 1 a) aa), bb) VGB 2010 (A).

20 Der Neuwert wird also **ohne Rücksicht** auf die **Entwertung des Gebäudes** ersetzt, wenn der Versicherungswert 1914 oder der Neuwert als Versicherungswert vertraglich vereinbart wurde. **Ausgenommen** davon sind lediglich die Fälle, in denen das Gebäude zum **Abbruch bestimmt oder sonst dauernd entwertet** ist. In diesen Fällen wird gem. § 10 Nr. 3 VGB 2010 (A) lediglich der **gemeine Wert** entschädigt. Die nahezu uneingeschränkte Neuwertversicherung im privaten Bereich trägt den **berechtigten Belangen der Versicherten** Rechnung. Der Gebäudeeigentümer soll mit der Neuwertentschädigung alle Kosten abdecken können, die der Wiederaufbau des zerstörten Gebäudes verursacht.

21 Durch den Erhalt des Neuwerts tritt aufseiten des Versicherungsnehmers eine Bereicherung ein, wenn das zerstörte Gebäude nicht mehr neuwertig war. Nach dem Wegfall des § 55 VVG a. F., aus dem teilweise ein allgemeines Bereicherungsverbot hergeleitet wurde, stellt sich die Frage einer Vereinbarkeit der Neuwertversicherung mit einem solchen Bereicherungsverbot allerdings nicht mehr. Bereits nach alter Rechtslage wurde die **Neuwertversicherung allgemein als zulässig** angesehen.[478]

22 Bei Totalschäden werden **Architektengebühren sowie sonstige Konstruktions- und Planungskosten** vom Versicherer ersetzt, wenn sie infolge des Schadens beim Wiederaufbau des zerstörten Gebäudes entstehen. Planungskosten werden vom Versicherer jedoch **nicht entschädigt**, wenn es möglich und auch **zumutbar ist, das zerstörte Gebäude unter Verwendung der ursprünglich erstellten Pläne und Unterlagen wieder aufzubauen**. Der Versicherungsnehmer hat dann keinen Anspruch auf Ersatz dieser Kosten, weil insoweit überhaupt kein Schaden entstanden ist.[479] Wenn es möglich und zumutbar ist, die nicht zerstörten Konstruktions- und Planungsunterlagen beim Wiederaufbau des zerstörten Gebäudes zu verwenden, so liegt diesbezüglich wirtschaftlich überhaupt kein Totalschaden vor. Zwar ist die Sachsubstanz des Gebäudes zerstört, die Konstruktions- und Planungsunterlagen sind jedoch erhalten geblieben. Sie sind bei der Berechnung des Schadens nicht anzusetzen. Sie sind Teil des Versicherungswerts, ihr wirtschaftlicher Wert wurde jedoch durch den Versicherungsfall nicht zerstört.

23 Dies gilt **auch**, wenn der Versicherungsnehmer sich dafür entscheidet, das zerstörte Gebäude **in veränderte Form wieder aufzubauen** und infolgedessen Architektengebühren sowie Konstruktions- und Planungskosten entstehen, ob-

---

[478] BGH VersR 1998, 305.
[479] A. A. Martin Q IV 105f. in Anlehnung an Engels VP 1982, 11.

wohl die alten Unterlagen erhalten sind. Es ist sachgerecht, bei Teilschäden und Totalschäden für die Erstattung der genannten Kosten einheitliche Maßstäbe anzuwenden. Daraus folgt, dass Planungskosten entschädigt werden, wenn die Planungsunterlagen zerstört wurden oder ohne Verschulden des Versicherungsnehmers verloren gegangen sind. Ein Entschädigungsanspruch besteht daneben in den Fällen, in denen das zerstörte Gebäude aufgrund behördlicher Auflagen nur in veränderter Form wieder aufgebaut werden kann und infolgedessen neu geplant werden muss.

4. Teilschäden

Steht die Reparaturwürdigkeit von beschädigten Sachen fest, so werden nach § 13 Nr. 1 a) bb) VGB 2010 (A) die **Reparaturkosten unmittelbar vor Eintritt des Versicherungsfalls zuzüglich einer durch die Reparatur nicht ausgeglichenen Wertminderung** entschädigt. 24

Ersetzt werden die **notwendigen Reparaturkosten**. Dabei handelt es sich um den Geldbetrag, der aufzuwenden ist, um die an den betroffenen versicherten Sachen durch den Versicherungsfall **entstandenen Beschädigungen zu beseitigen**. Es kommt darauf an, dass die beschädigten Sachen durch die Reparaturmaßnahmen in einen (Gebrauchs-)Zustand versetzt werden, in dem der weitere Gebrauch der Sachen dem Versicherungsnehmer zuzumuten ist. Nicht vorausgesetzt ist, dass der Zustand der Sachen nach der Reparatur mit ihrem Zustand vor Eintritt des Versicherungsfalls vollkommen übereinstimmt. Nachteilige Veränderungen muss der Versicherungsnehmer in zumutbarem Rahmen hinnehmen. Dafür hat der Versicherungsnehmer einen Anspruch auf Ausgleich einer Wertminderung. 25

a) Ermittlung der notwendigen Reparaturkosten

Die **Ermittlung der notwendigen Reparaturkosten** vollzieht sich in **mehreren Schritten**. Zunächst wird festgestellt, welche **Gebäudeteile** vom Schaden **betroffen** sind und durch eine Reparatur wieder in einen gebrauchsfähigen Zustand versetzt werden können. Anschließend werden die **notwendigen Reparaturmaßnahmen festgelegt** und in einem weiteren Schritt **bewertet**. 26

In den allermeisten Fällen werden die Reparaturkosten zwischen dem Versicherungsnehmer und dem Versicherer frei vereinbart. Dabei werden häufig Handwerker und bei größeren Schäden auch Bausachverständige als Berater hinzugezogen. Das bedingungsgemäße Sachverständigenverfahren (§ 15 VGB 2010 (A)) wird bei Teilschäden nur in Ausnahmefällen durchgeführt. 27

Als notwendige Reparaturkosten sind diejenigen Reparaturkosten einzustufen, die durch den Versicherungsfall **objektiv notwendig** geworden sind. **Nicht** 28

schadenbedingte Teile der Reparaturkosten werden **ausgesondert und nicht entschädigt.**[480]

29 Dieser Gesichtspunkt hat insbesondere bei **Bruchschäden durch Korrosion** an Wasserzuleitungs- und Heizungsrohren praktische Bedeutung. Bei Rohrbrüchen stellt sich häufig heraus, dass gesamte Rohrstränge bereits weitgehend korrodiert sind, so dass weitere Rohrbruchschäden drohen. Infolgedessen wird dann zumeist nicht nur die Bruchstelle repariert, sondern der gesamte Rohrstrang erneuert. Die Kosten für die Erneuerung gesamter Rohrstränge werden vom Versicherer nicht ersetzt. Dabei handelt es sich nicht um schadenbedingte notwendige Reparaturkosten, sondern um nicht versicherte Schadenverhütungskosten. Derartige Schäden werden **fiktiv abgerechnet.** Entschädigt wird **der Betrag,** der aufzuwenden wäre, um das **gebrochene Rohrstück zu reparieren.**

30 **Darüber hinausgehende Kürzungen** der Reparaturkosten wegen dauernder Entwertung des korrodierten Rohres werden jedoch **nicht vorgenommen.**[481] Die Versicherung gegen Rohrbruchschäden ist eine **Allgefahrendeckung,** die sich auch auf reine Verschleißschäden erstreckt. Ausschlaggebend für die Ersatzverpflichtung des Wohngebäudeversicherers ist, dass die gebrochenen Rohre **unmittelbar vor Eintritt des Versicherungsfalls noch voll funktionsfähig** waren. Eine Kürzung der Reparaturkosten lässt sich auch nicht unter Hinweis auf den gemeinen Wert gem. § 10 Nr. 1 d) VGB 2010 (A) rechtfertigen. Die Frage der dauernden Entwertung stellt sich nur für das versicherte Gebäude in seiner Gesamtheit sowie für selbständig nutzbare Nebengebäude oder Anbauten, nicht für einzelne Gebäudeteile. Über diesen Grundsatz hat sich das OLG Köln hinweggesetzt.[482] Das Gericht hat sich auf den Standpunkt gestellt, dass die brüchigen Zuleitungsrohre in einem Wohngebäude bereits vor Eintritt des Versicherungsfalls dauernd entwertet waren, wenn die gesamten Rohrleitungen wegen eingetretener Bruchschäden und wegen ihres insgesamt schlechten Zustands ausgetauscht werden müssen und wenn etwa ein Drittel dieser Leitungsrohre Bruchschäden aufweisen.

31 In Schadenfällen, die auf Bruchschäden durch Korrosion zurückzuführen sind, dürfte auch eine Kürzung der Entschädigung oder gar die Leistungsfreiheit wegen **Verletzung der Instandhaltungspflicht** gem. § 16 Nr. 1 a) VGB 2010 (A) **grundsätzlich nicht in Betracht kommen.** Denn regelmäßig wird es sich um eine **nicht erkennbare Innenkorrosion** gehandelt haben, die erst durch den Rohrbruch in Erscheinung getreten ist.

32 Die **Kosten für die Beseitigung des Rohrbruchs** sind daher in diesen Fällen **zu erstatten.** Die darüber hinausgehenden Kosten für die Erneuerung ganzer Rohrstränge hat der Versicherungsnehmer selbst zu tragen. Er hat zur Vermeidung einer Leistungsfreiheit des Versicherers für die Instandhaltung der Rohrleitungen zu sorgen, so dass ihn auch die Kostenlast für die im Interesse der Schadenver-

---

480 Einzelheiten vgl. Martin R III 18 ff.
481 A. A. Martin Q III 82.
482 OLG Köln VersR 1994, 670.

hütung notwendigen Reparaturmaßnahmen trifft, und zwar selbst dann, wenn ohne Austausch der Rohre in kürzester Zeit ein Rohrbruch entstanden wäre.[483]

b) Grundsatz der abstrakten Schadenberechnung

In der Wohngebäudeversicherung gilt der **Grundsatz der abstrakten Schadenberechnung**.[484] Es werden die Preise zugrunde gelegt, die am Versicherungsort oder in der Nähe des Versicherungsorts ansässige und tätige Bauhandwerker berechnen. Es **kommt** infolgedessen **nicht darauf an**, welche Reparaturkosten die Beseitigung des Schadens beim Versicherungsnehmer **tatsächlich verursacht**.[485] Dies kann dazu führen, dass die tatsächlich anfallenden Reparaturkosten höher oder niedriger sind als die notwendigen Reparaturkosten im dargestellten Sinn. Fallen **höhere Kosten** an, gehen sie **zulasten des Versicherungsnehmers. Einsparungen** kann der **Versicherungsnehmer in Anspruch nehmen**. Werden die Reparaturkosten auf der Grundlage der Reparaturkostenrechnungen von Handwerkern ermittelt bzw. ersetzt, treten Abweichungen der konkreten von den abstrakten Reparaturkosten nicht auf. Anders liegt es, wenn der Versicherer auf Basis von Kostenvoranschlägen entschädigt. In diesen Fällen kann der Versicherungsnehmer Einsparungen dadurch erzielen, dass er die Reparatur durch andere preiswerter Handwerker bzw. durch Schwarzarbeiter vornehmen lässt oder selbst repariert.[486]

33

Die vom BGH zur Kraftfahrzeug-Kaskoversicherung entwickelten Grundsätze lassen sich auf die Wohngebäudeversicherung übertragen. Nach Auffassung des BGH **hängt die Leistungsverpflichtung des Versicherers nicht davon ab, ob und in welchem Umfang eine Wiederherstellung erfolgt**.[487] Eine fiktive Abrechnung ist grundsätzlich sogar beim Anspruch auf Ersatz von Aufwendungen für Aufräumungs-, Abbruch- oder Schadenminderungskosten möglich.[488] Allerdings ist die Rechtsprechung des BGH auf den Kostenersatz nach § 7 VGB 2010 (A) nicht anwendbar, da hier tatsächlich angefallene Kosten vorausgesetzt werden.

34

Die Reparaturkosten können jedoch fiktiv abgerechnet werden. Nach der Rechtsprechung hat der Versicherungsnehmer auch dann einen Anspruch in Höhe der Reparaturkosten, die bei ordnungsgemäßer Beseitigung des Schadens durch eine Fachfirma entstanden wären, wenn er die durch einen Leitungswasserschaden notwendigen Maler- und Anstreicherarbeiten selbst ausführt oder durch ein „Billigunternehmen" ausführen lässt.[489]

35

---

483 OLG Hamm VersR 1993, 97.
484 Allgemein s. Martin R III 11.
485 Ombudsmannentscheidung 13625/2006-K.
486 Bruck/Möller/*Johannsen* Band 7 VGB 2008/2010 A § 13 Rn. 8.
487 BGH VersR 1985, 354.
488 BGH VersR 2013, 1039.
489 AG Berlin-Charlottenburg r + s 1988, 306.

36 In der Regulierungspraxis werden die dargestellten Probleme bei Kleinschäden privater Versicherungsnehmer in vielen Fällen dadurch **pragmatisch gelöst**, dass von vornherein eine **Schadenabgrenzung auf der Grundlage von Eigenleistungen des Versicherungsnehmers** vereinbart wird. Dies gilt insbesondere für Reinigungs- und Aufräumungskosten. Auch für die Abwendung oder Minderung des Schadens sind dem Versicherungsnehmer unter Umständen die Kosten von Eigenleistungen zu ersetzen, dies jedoch nur soweit, als nicht die persönlichen Tätigkeiten ohnehin zur Schadenminderungspflicht gehören.[490] Aber auch die Reparatur kleinerer Gebäudeschäden, z. B. an Tapeten, Anstrichen oder Bodenbelägen, wird oft vom Versicherungsnehmer selbst durchgeführt. Neben den Materialkosten entschädigt der Wohngebäudeversicherer bestimmte Beträge für den Arbeitseinsatz des Versicherungsnehmers, die zwischen Versicherungsnehmer und Versicherer frei vereinbart werden. Es ist nicht angebracht, in diesen Fällen generell die Stundensätze einschließlich Zuschläge für vergleichbare Fremdleistungen anzusetzen.[491] Es würden dann wiederum Kostenteile entschädigt, die überhaupt nicht entstehen. Durch eine derartige Praxis würden die Bedenken im Hinblick auf konkrete Bereicherungsmöglichkeiten für private Versicherungsnehmer noch verstärkt.

c) Nebenkosten

37 Zu den notwendigen Reparaturkosten zählen neben den Lohn- und den Material- oder Sachkosten für die Reparatur auch alle **Nebenkosten für die Vorbereitung der Reparaturarbeiten und den Ausbau beschädigter Gebäudeteile.** Dabei spielt die **Abgrenzung** zwischen Aufräumungs- und Abbruchkosten sowie Bewegungs- oder Schutzkosten einerseits und den notwendigen Reparaturkosten andererseits in der Wohngebäudeversicherung nach den VGB praktisch eine **untergeordnete Rolle**, weil die Aufräumungs- und Abbruchkosten ohne weiteres im Rahmen der Entschädigungsgrenzen nach § 7 Nr. 1 VGB 2010 (A) versichert sind.

Bedeutung erlangt die Abgrenzung jedoch bei der **fiktiven Abrechnung**, da Kosten im Gegensatz zum Sachschaden nach dem eindeutigen Bedingungswortlaut des § 7 Abs. 1 VGB 2010 (A) bereits angefallen sein müssen und damit nicht fiktiv abgerechnet werden können.[492] Kommt es hier zum Streit, ist eine Abgrenzung im Einzelfall vorzunehmen (§ 7 (A) Rn. 5). Nach anderer Ansicht sollen Aufräumungs- und Abbruchkosten in der Gebäudeversicherung stets Teil des Sachsubstanzschadens sein,[493] was auch nach den VGB 2010 eine fiktive Abrechnung ermöglichen würde.

---

490 LG Düsseldorf r + s 1988, 175.
491 A. A. Martin Q IV 118 ff.
492 Dies gilt aufgrund des abweichenden Bedingungswortlauts auch entgegen BGH VersR 2013, 1039.
493 Mühlhausen VersR 2014, 927.

Von den Reparaturkosten werden jedoch **nicht die Kosten** erfasst, die für die Beseitigung von **während des Reparaturvorgangs verursachten weiteren Sachschäden** aufzubringen sind.[494]

Anders sind hingegen Schäden zu beurteilen, die noch vom **gewöhnlichen Kausalverlauf** der Schadenfeststellungs- und Schadenbehebungsmaßnahmen umfasst sind.[495]

Wenn zur Freilegung und Behebung eines Rohrbruchs in der unmittelbaren Nähe des versicherten Gebäudes ein Gerüst entfernt worden ist, das zur Ausführung von Sanierungsarbeiten an den Balkonen aufgestellt war und das nach der Behebung des Rohrbruchs wieder aufgestellt worden ist, so sind die Kosten für das Abbauen und das spätere Wiederaufstellen des Gerüsts neben den Kosten der Rohrreparatur zu ersetzen. Nicht versichert sind dagegen die Kosten, die das Sanierungsunternehmen der Balkone dem Versicherungsnehmer für die Unterbrechung seiner Arbeiten in Rechnung gestellt hat.[496] 38

Der Anspruch auf Versicherungsschutz richtet sich nach § 13 Nr. 1 a) bb) VGB 2010 (A) nur auf **Ersatz der Reparaturkosten**. Schon sprachlich sind die **entfernteren Folgeschäden** der in Rede stehenden Art **nicht mehr Kosten der Reparatur**. Dieses Verständnis bestätigt der Umstand, dass – immer noch näher an der Reparatur liegende – spezielle Folgekosten (wie Bewegungs- und Schutzkosten) in den VGB 2010 ausdrücklich zusätzlich erfasst sind.[497] Derartige „Zweitschäden" liegen nicht mehr innerhalb des versicherten Erstschadens.[498] In vielen Fällen lassen sich diese Schäden auch bei sorgfältiger Vorbereitung und Durchführung der Reparatur vermeiden. 39

d) Regiekosten

Der Ersatz von Reparaturkosten umfasst auch die **sogenannten Regiekosten**, d. h. die notwendigen Aufwendungen für die **Auswahl, Beauftragung und Überwachung der Handwerker** sowie die Arbeiten für das Aus- und Einräumen der Möbel. Dazu können bei **schwierigen Schäden** auch die **Kosten eines Sachverständigen oder Architekten** zählen, die der Versicherungsnehmer aufwenden muss, um die zweckmäßigste Reparaturmethode ermitteln zu lassen, die Aufträge an verschiedene Firmen zu vergeben, deren Arbeiten zu koordinieren und die Reparaturleistungen abzunehmen.[499] Die **Kosten für die Feststellung der Reparaturfähigkeit und der Reparaturwürdigkeit und die Festlegung der Reparaturmaßnahmen** zählen ebenfalls zu den notwendigen Reparaturkosten, sofern sie erforderlich waren. 40

---

494 AG Kiel VersR 1988, 1016; OLG Nürnberg VersR 1995, 290.
495 OLG Köln VersR 2011, 1439.
496 OLG Düsseldorf r + s 1994, 426.
497 OLG Düsseldorf r + s 1994, 426.
498 Martin R III 46.
499 OLG Köln VersR 1996, 1534.

41 Im Allgemeinen begründen **vorbereitende und begleitende Verwaltungsarbeiten** des Versicherungsnehmers im privaten Bereich **keinen Ersatzanspruch**.[500] Soweit der Versicherungsnehmer seinen persönlichen Einsatz bei der Abwendung oder Minderung eines Leitungswasserschadens dahin präzisiert, er habe mitgeholfen, den Verlauf der Leitungen festzustellen, und dazu beigetragen, dass nicht ein kompletter Parkettfußboden, sondern nur ein Teil dessen habe entfernt werden müssen, kommt ein Kostenersatz nicht in Frage, weil diese Tätigkeiten der Schadenminderung jedem Versicherungsnehmer obliegen.[501]

42 Bei **kleineren und mittleren Reparaturschäden** kann der Versicherungsnehmer danach für die genannten Tätigkeiten **keine Entschädigung** beanspruchen. Das gilt nicht nur für Eigenleistungen, sondern auch in den Fällen, in denen der Versicherungsnehmer dafür einen **Bausachverständigen oder Architekten** hinzuzieht, obwohl dies nach allgemeiner Erfahrung **nicht notwendig** ist. Zwar zählen Architekten- und Ingenieurkosten zum Versicherungswert, sie werden jedoch vom Versicherer nur ersetzt, wenn es wegen des Umfangs und der Komplexität des Schadens objektiv notwendig ist, einen Architekten oder Bauingenieur bei der Wiederherstellung bzw. der Reparatur des Gebäudes hinzuzuziehen. Reparaturkosten sind die **objektiv notwendigen Kosten**, die durch die sachgemäße Herbeiführung des Reparaturerfolges entstehen. Ob zu den Reparaturkosten auch die Kosten gehören, die dadurch entstanden sind, dass der Versicherungsnehmer einen Architekten eingeschaltet hat, ist eine **Frage des Einzelfalls**. Ihre Beantwortung richtet sich danach, ob der Versicherungsnehmer auch ohne Unterstützung durch einen Architekten in der Lage gewesen wäre, die erforderlichen Maßnahmen selbst zu treffen.[502]

43 Bei einem **hohen Gebäudeschaden** ist der Versicherungsnehmer **selbst bei eigener Sachkunde nicht verpflichtet**, auf den Einsatz eines Architekten zu verzichten und stattdessen unentgeltlich die Koordinierung und Überwachung der Sanierungskosten zu übernehmen und insoweit auf anderweitigen Einsatz seiner Arbeitskraft oder auch auf die Wahrnehmung von Freizeit zu verzichten. Dies gilt erst recht, wenn der Ehegatte des Versicherungsnehmers als außerhalb des Versicherungsverhältnisses stehender Dritter über die Sachkunde verfügt.[503] Bei der weitaus überwiegenden Zahl der Wohngebäudeschäden kann die sachgemäße Herbeiführung des Reparaturerfolgs aber sichergestellt werden, ohne dass ein Architekt oder ein sonstiger Bausachverständiger tätig wird.

44 Die Kosten für ein **privates Sachverständigengutachten** sind vom Wohngebäudeversicherer **nicht zu ersetzen**. Dabei handelt es sich weder um Kosten der Schadenfeststellung nach § 85 VVG noch um ersatzpflichtige Nebenkosten der Reparatur.[504]

---

500 Martin Q I 10, Q IV 86 und R III 43.
501 LG Düsseldorf r + s 1988, 175.
502 BGH VersR 1985, 780.
503 BGH VersR 1986, 482.
504 Vgl. OLG Köln VersR 1996, 1534; OLG Hamburg VersR 1994, 461; OLG Hamm VersR 1993, 738.

e) Optische Beeinträchtigungen

Schwierigkeiten treten auf, wenn der **Gebrauchswert von Sachen** nicht nur durch ihre technische Funktion, sondern auch durch **ihr Aussehen bzw. durch ihre Schönheit bestimmt wird.** Dieser Umstand spielt bei Schäden an Wohngebäuden eine große Rolle. Ihr Gebrauchswert wird sehr stark durch ihr Aussehen bestimmt, das wiederum häufig durch die Einwirkung versicherter Gefahren nachteilig verändert wird, ohne dass damit eine Beeinträchtigung der technischen Funktion der betroffenen Gebäudeteile einhergeht. Typische Beispiele sind Wasserflecken auf Tapeten, Anstrichen und Bodenbelägen, geringfügige Verrußungen an Fassaden, Risse im Mauerwerk oder im Verputz, Sprünge in Wand- oder Bodenfliesen, Randabschläge an Dachziegeln oder andere Oberflächenbeschädigungen, wie Kratzer, Schrammen oder Dellen. 45

Derartige **sogenannte Schönheitsschäden** treten in der Wohngebäudeversicherung häufig auf. Die Bewertung dieser Schäden bereitet erhebliche Schwierigkeiten, da es dafür **keine allgemeingültigen Bewertungsmaßstäbe** gibt. Maßgebend für die Einstufung sind ästhetische Gesichtspunkte, die individuell geprägt sind. Zunächst ist zu prüfen, ob der Schönheitsschaden **überhaupt als Sachschaden** einzustufen ist. Dies ist nicht der Fall, wenn dem Versicherungsnehmer der weitere Gebrauch des Gebäudes **entschädigungslos zugemutet** werden kann. Eine Entschädigung kommt in diesen Fällen überhaupt nicht in Betracht. 46

Ansonsten wird festgestellt, ob Schönheitsschäden durch eine **Reparatur zu beseitigen** sind. Ist dies **nicht möglich**, so wird nicht ohne weiteres Totalschaden angenommen. Vielmehr wird geprüft, ob dem Versicherungsnehmer nicht dennoch der **Gebrauch der reparierten Sachen zuzumuten** ist. Trifft dies zu, so liegt **kein Totalschaden** vor. Es werden die Reparaturkosten entschädigt. Daneben wird jedoch unter Umständen die bleibende schadenbedingte Beeinträchtigung des Aussehens der Sache durch eine Entschädigung für **Wertminderung** ausgeglichen. Die Wertminderung ist als Mittel des Schadenausgleichs nach dem Bedingungswortlaut nur in den Fällen vorgesehen, in denen eine **Reparatur erfolgt** und dennoch eine **Wertminderung verbleibt**. Nach § 13 Nr. 1 a) bb) VGB 2010 (A) werden die notwendigen Reparaturkosten zur Zeit des Eintritts des Versicherungsfalls zuzüglich einer Wertminderung ersetzt, die durch Reparatur nicht auszugleichen ist. 47

Bei Schönheitsschäden werden in der Praxis Wertminderungen indessen **häufig auch dann vereinbart**, wenn eine Reparatur beschädigter Sachen **technisch nicht möglich oder wirtschaftlich nicht sinnvoll** ist, der weitere Gebrauch der Sache in beschädigtem Zustand dem Versicherungsnehmer aber zuzumuten ist. Den Bestimmungen über die Wertminderung liegen wirtschaftliche Überlegungen zugrunde. Unter bestimmten Voraussetzungen sollen Totalschäden auch dann nicht angenommen werden, wenn die schadenbedingten Beeinträchtigungen von Sachen durch eine Reparatur nicht oder nicht vollständig zu beseitigen sind, der weitere Gebrauch der Sachen aber zumutbar ist. Unter diesen Voraussetzungen 48 kann es grundsätzlich nicht darauf ankommen, ob die Beschädigungen durch eine Reparatur teilweise oder überhaupt nicht zu beheben sind. Der Ausgleich von Wertminderungen steht somit als eigenständiges Mittel des Schadenersatzes zur Verfügung steht.

49 Es ist ebenfalls eine **Frage der Zumutbarkeit**, ob der Versicherungsnehmer bei einem Schönheitsschaden **die Reparatur bzw. den Ersatz der Sache verlangen kann oder nur Ausgleich der Wertminderung**.[505] Allgemeingültige Kriterien für die Festlegung der Zumutbarkeitsgrenze und die Ermittlung der Höhe einer Wertminderung gibt es nicht. Bei der Beurteilung der Zumutbarkeit darf **kein zu weiter Maßstab** angelegt werden. Die Beantwortung dieser Frage richtet sich nach der Verkehrsanschauung. Daneben ist zu prüfen, ob der Versicherungsnehmer die vom Schaden betroffene Sache auch dann reparieren und ersetzen würde, wenn er nicht versichert wäre.

50 Die **Höhe eines angemessenen Wertausgleichs** hängt bei einem Schönheitsschaden von der Zweckbestimmung der Sache und von der Art, der Größe und der örtlichen Lage der Schadenstelle ab.[506] Weiterhin ist der Zustand des beschädigten Gebäudes vor Eintritt des Versicherungsfalls in Betracht zu ziehen. Die Wertminderung wird durch den Vergleich des Zustandes der Sache vor Schadeneintritt mit ihrem Zustand nach dem Schaden bzw. nach der Reparatur ermittelt. Treten im Falle der Ausbesserung der Schadenstelle Farbabweichungen zur Umgebung auf, kommt es insbesondere auf die Erheblichkeit der Farbabweichung und die Größe der Fläche bzw. Anzahl der Stellen, bei denen Farbabweichungen auftreten, an.

51 Dem Versicherungsnehmer ist es dabei **durchaus zuzumuten, geringfügige Farbabweichungen in Kauf zu nehmen**.[507] Er kann nicht die völlige Neuverfliesung eines einheitlich gefliesten Badezimmers verlangen, wenn die Kosten außer Verhältnis zur verbleibenden optischen Beeinträchtigung stehen.[508] Die optische Beeinträchtigung ist vielmehr durch eine Wertminderung auszugleichen. Anders liegt es, wenn beispielsweise eine Neuverfliesung die teilweise Ausbesserung nur um einen überschaubaren Betrag übersteigt. Dann nämlich würde auch ein nicht versicherter Gebäudeeigentümer eine komplette Neuverfliesung vornehmen lassen.[509]

52 Besitzt das **optische Erscheinungsbild** eines Gegenstandes **erheblichen Stellenwert**, können auch Reparaturkosten ersatzfähig sein, die den Restwert nicht unerheblich überschreiten.[510] Andererseits besteht kein Anspruch auf Reparatur, sondern lediglich auf Wertminderung, wenn eine optische Beeinträchtigung von

---

505 Vgl. VG Sigmaringen r + s 1988, 114.
506 Vgl. VG Sigmaringen r + s 1988, 114.
507 OLG Saarbrücken VersR 2006, 1635.
508 OLG Düsseldorf VersR 1994, 670.
509 OLG Düsseldorf VersR 2007, 943.
510 OLG München VersR 2011, 1138.

schwer einsehbaren Kupferblechen auf dem Dach vorliegt, deren Funktionsfähigkeit, Lebensdauer und Wartungsbedürftigkeit nicht beeinträchtigt ist.[511]

f) Vorrang von Reparatur und Wertminderung

Die **Entschädigung von Reparaturkosten und/oder die Entschädigung einer Wertminderung** sind **vorrangige Instrumente des Schadenersatzes** in der Wohngebäudeversicherung. 53

Totalschaden und Ersatz des Neuwerts werden erst dann angenommen, wenn **feststeht**, dass beschädigte Gebäude mit wirtschaftlich vertretbarem Aufwand **nicht repariert** werden können, und wenn daneben die **weitere Nutzung** dieser Sachen dem Versicherungsnehmer **nicht zugemutet** werden kann. Nur unter diesen Voraussetzungen hat der Versicherungsnehmer Anspruch auf den Ersatz des Neuwerts bzw. den Ersatz des Wiederbeschaffungspreises von Sachen gleicher Art und Güte in neuwertigem Zustand. Das gilt sinngemäß auch für Schäden an Gebäudeteilen (vgl. oben Rn. 8). 54

Diese Auslegung der Bestimmungen über den Schadenersatz folgt aus wirtschaftlichen Überlegungen. Dadurch wird die volkswirtschaftlich nachteilige Vernichtung von gebrauchsfähigen Gütern vermieden. Die Versichertengemeinschaft wird daneben vor überzogenen Schadenersatzforderungen einzelner Versicherungsnehmer geschützt, die letztlich über erhöhte Beiträge von allen Versicherungsnehmern zu tragen wären. 55

g) Werterhöhung

Auch in dem Fall, dass der **Versicherungswert** einer Sache gegenüber ihrem Versicherungswert unmittelbar vor Eintritt des Versicherungsfalls **durch die Reparatur erhöht** wird, wird **keine Kürzung der Versicherungsleistung** vorgenommen. Eine andere Regelung gab es noch in den VGB 88 a. F.[512] 56

5. Totalschäden an sonstigen Sachen

Nach § 13 Nr. 1 a) cc) VGB 2010 (A) ist bei zerstörten oder abhandengekommenen sonstigen Sachen der **Wiederbeschaffungspreis von Sachen gleicher Art und Güte im neuwertigen Zustand unmittelbar vor Eintritt des Versicherungsfalles** ersatzpflichtig. 57

Die Bestimmung stellt eine eigenständige Ersatzwertdefinition für sonstige Sachen dar. Eine solche Definition ist notwendig, da sich die Ersatzwertdefinition des § 13 Nr. 1 a) aa) VGB 2010 (A) auf das gem. § 5 Nr. 1 VGB 2010 (A) mitversicherte Gebäudezubehör nicht übertragen lässt. 58

---

511 AG München VersR 2000, 581.
512 Dietz, 2. Auflage, R 1.5.

II. Mehrkosten aufgrund von Wiederherstellungsbeschränkungen für nicht mehr wiederverwendbare Sachsubstanz

59 Allgemein werden Mehrkosten in § 8 VGB 2010 (A) geregelt. § 13 Nr. 1 b) S. 1 VGB 2010 (A) erfasst lediglich den Fall, dass **öffentlich-rechtliche Vorschriften einer Wiederverwendung von noch vorhandener und technisch brauchbarer Sachsubstanz der versicherten und vom Schaden betroffenen Sache für die Wiederherstellung entgegenstehen**. Solche Wiederherstellungsbeschränkungen werden berücksichtigt, falls

- es sich nicht um behördliche Anordnungen handelt, die vor Eintritt des Versicherungsfalles erteilt wurden und

- nicht aufgrund öffentlich-rechtlicher Vorschriften die Nutzung der Sachen zum Zeitpunkt des Versicherungsfalles ganz oder teilweise untersagt war.

60 Stehen öffentlich-rechtliche Vorschriften jedoch der Wiederherstellung oder Wiederbeschaffung der gesamten vom Schaden betroffenen Sache entgegen, findet eine Berücksichtigung gem. § 13 Nr. 1 b) S. 2 VGB 2010 (A) nur dann statt, wenn die Mehrkosten als Technologiefortschritt im Versicherungswert zu berücksichtigen sind. Ist dies nicht der Fall, besteht Versicherungsschutz gem. § 13 Nr. 1 b) S. 3 VGB 2010 (A) ausschließlich im Rahmen der allgemeinen Vereinbarungen zu den versicherten Mehrkosten (§ 8 VGB 2010 (A))

61 Der Wortlaut entspricht § 8 Nr. 1 b) AFB 2010 (A). Durch die komplizierte Regelung wurde wohl versucht, den **Zweifeln des BGH**[513] **an der Wirksamkeit des Ausschlusses von Mehrkosten infolge behördlicher Wiederherstellungsbeschränkungen Rechnung zu tragen**.[514]

62 Durch die Bestimmung ist die angesprochene Sachsubstanz erstmals von der Grunddeckung der Wohngebäudeversicherung umfasst. In §§ 26 Nr. 4 S. 3 VGB 2000, 2 Nr. 5 d VGB 88 n. F., 15 Nr. 3 Abs. 2 VGB 88 a. F. waren Mehrkosten, die dadurch entstehen, dass wiederverwertbare Reste der versicherten, vom Schaden betroffenen Sachen infolge behördlicher Wiederherstellungsbeschränkungen nicht mehr verwendet werden dürfen, noch vom Versicherungsschutz ausgeschlossen. Allerdings war ein einzelvertraglicher Einschluss dieser Mehrkosten durch Vereinbarung der Klausel 7360 „Mehrkosten infolge behördlicher Wiederherstellungsbeschränkungen für Restwerte" vorgesehen. In den VGB 2008 waren die entsprechenden Mehrkosten unter Berücksichtigung einer Entschädigungsgrenze gesondert versicherbar (§ 8 Nr. 5 VGB 2008).

63 Die Bestimmung findet beispielsweise Anwendung, wenn nach einem versicherten Schaden an einem versicherten Gebäude der gemauerte Rauchabzugskamin erhalten bleibt und bei der Wiederherstellung technisch wieder verwendet werden könnte. Wird der Kamin dennoch abgebrochen und neu erstellt, weil er

---

513 BGH VersR 2008, 816.
514 FA-Komm-VersR/*Schnepp/Wolff* Absch. A § 8 AFB 2010 Rn. 2.

gegen feuerpolizeiliche Vorschriften verstößt, sind die Kosten nach den VGB 2010 vom Versicherungsschutz umfasst.

Die Versicherung von Mehrkosten infolge behördlicher Wiederherstellungsbeschränkungen für Restwerte ist eine logische **Erweiterung** der in § 8 Nr. 1 a), Nr. 2 VGB 2010 (A) geregelten **Haftung für notwendige Mehrkosten infolge behördlicher Auflagen**. Die durch die Bestimmung geregelte Problematik tritt nur bei **Vorliegen besonderer Risikoverhältnisse** auf. Typische Beispiele sind Gebäude, bei denen Gebäudeteile gegen feuerpolizeiliche oder baurechtliche Vorschriften verstoßen. Trotz des relativ kleinen Anwendungsbereichs hat man sich zu einer Aufnahme in die Grunddeckung entschlossen. 64

Die besonderen Voraussetzungen, die in § 13 Nr. 1 b) S. 1 aa) und bb) VGB 2010 (A) bestimmt werden, entsprechen denen des § 8 Nr. 2 b) VGB 2010 (A). 65

Aufgrund der Bestimmung wird die betroffene, wiederverwendbare Sachsubstanz **so behandelt, als ob sie selbst beschädigt worden wäre**. Daher sind auch erhöhte Aufräumungs- und Abbruchkosten vom Versicherungsschutz umfasst. 66

Kein Versicherungsschutz besteht, wenn aufgrund eines Schadens an einer versicherten Sache **andere nicht vom Schaden betroffene versicherte Sachen aufgrund öffentlich-rechtlicher Vorschriften dauernd entwertet** werden. So liegt es, wenn aufgrund eines Brandschadens an einem versicherten Gebäude eine Abbruchverfügung für das vom Schaden betroffene Gebäude und für andere nicht vom Schaden betroffene Gebäude auf demselben Versicherungsgrundstück ergeht. Der durch die Abbruchverfügung an versicherten, aber nicht vom Schaden betroffenen Gebäuden entstehende Schaden wird nicht ersetzt. 67

Es bestehen **erhebliche Zweifel**, ob die Bestimmung **den allgemeinen Transparenzanforderungen entspricht**.[515] Insbesondere der genaue Umfang der Einschränkung nach § 13 Nr. 1 b) S. 2 VGB 2010 (A) wird dem um Verständnis bemühten durchschnittlichen Versicherungsnehmer verschlossen bleiben. Andererseits stellt sich die Frage, ob der komplexe Regelungsgegenstand überhaupt einer transparenten Regelung zugänglich ist. 68

III. Anrechnung von Restwerten

Der **erzielbare Verkaufspreis von Restwerten** wird nach § 13 Nr. 1 c) VGB 2010 (A) **angerechnet**. 69

Restwerte fallen gelegentlich an, wenn Gebäude, Gebäudeteile oder Zubehörstücke durch den Versicherungsfall zwar nicht völlig zerstört werden und noch einen wirtschaftlichen Wert haben, aber dennoch völlig neu wieder aufgebaut bzw. erneuert werden, weil eine Reparatur technisch nicht möglich oder unwirtschaft- 70

---

515 Vgl. FA-Komm-VersR/*Schnepp/Wolff* Absch. A § 8 AFB 2010 Rn. 2.

lich ist. Auch beim Abbruch stehen gebliebener, aber beim Wiederaufbau nicht mehr verwendbarer Gebäudeteile werden gelegentlich Restwerte gewonnen.

71 In diesen Fällen wird die **Entschädigung um den Betrag der Restwerte gekürzt**. Durch die Kürzung der Entschädigung um den Betrag der Restwerte werden die **wirtschaftlichen Vorteile ausgeglichen**, die dem Versicherungsnehmer durch den Verbleib der Restwerte erwachsen.[516] Die Restwertregelung verlagert die **Verantwortung für die Verwertung der Reste auf den Versicherungsnehmer**. Die Vorteilsausgleichung könnte theoretisch auch dadurch erreicht werden, dass der Versicherer die Restwerte übernimmt und dem Versicherungsnehmer die ungekürzte Entschädigung zur Verfügung stellt. Damit wäre der Versicherer organisatorisch überfordert. Es bestünde daneben die Gefahr, dass Versicherungsnehmer die Reparatur oder die Vereinbarung einer Wertminderung bei beschädigten Sachen von vornherein ablehnen und den Ersatz des Neuwerts fordern. Die bedingungsgemäße Restwertregelung trägt dazu bei, einen angemessenen Interessenausgleich zu schaffen.

72 Die Bewertung der Reste bereitet **in der Praxis Schwierigkeiten**. Nach dem Bedingungswortlaut ist der erzielbare Verkaufspreis der Reste anzusetzen. Da die Verwertung der Reste dem Versicherungsnehmer zugewiesen wird, richtet sich die Bewertung von Restwerten entscheidend nach der **Verwendbarkeit seitens des Versicherungsnehmers**.[517] Es kommen im Wesentlichen zwei Alternativen in Betracht.

73 Zum einen besteht die Möglichkeit, dass die **Reste vom Versicherungsnehmer anderweitig genutzt** werden. So liegt es, wenn nur eine Bahn eines Teppichbodens durch Leitungswasser beschädigt wird, jedoch der gesamte Teppichboden des betroffenen Raums erneuert werden muss und der Versicherungsnehmer die unbeschädigten Bahnen übernimmt, um sie in einem anderen, kleineren Raum des Wohngebäudes zu verlegen. Ähnlich verhält es sich, wenn das Dach des Wohngebäudes neu eingedeckt wird, der Versicherungsnehmer aber die anfallenden unversehrten Restziegel als Reparaturmaterial für die Dacheindeckung eines Nebengebäudes verwendet. Ersetzt werden die Reparaturkosten abzüglich des Restwerts.

74 Die geschilderten Beispiele **unterscheiden sich** insoweit von den Fällen der **Entschädigung einer Wertminderung** grundsätzlich. Eine Wertminderung wird ersetzt, wenn dieselbe beschädigte Sache mit oder ohne Reparatur weiterhin in gleicher Weise genutzt wird. Ein Restwert wird angerechnet, wenn vom Schaden betroffene Sachen bzw. Gebäude erneuert bzw. repariert werden und dabei wirtschaftlich verwertbare Restwerte anfallen. Für die Bewertung der Reste sind die in § 13 Nr. 1 bis Nr. 3 VGB 2010 (A) festgelegten Bewertungsmaßstäbe nicht geeignet. Sie erfolgt unabhängig vom Versicherungswert, vom Gebrauchszustand der Sache bei Eintritt des Versicherungsfalls und von der Höhe der Re-

---

516 Schnitzler S. 317.
517 Schnitzler S. 319f.

paraturkosten. Alleinige Bewertungsgrundlage ist die vom Versicherungsnehmer geplante anderweitige Nutzung und der Zustand der Reste.

Die **gleichen Grundsätze** gelten, wenn die **Reste vom Versicherungsnehmer nicht anderweitig genutzt werden können.** So liegt es, wenn beim Brand eines alten Fachwerkhauses die Standfestigkeit der Umfassungswände so beeinträchtigt wird, dass sie beim Wiederaufbau nicht verwendet werden können. Werden beim Abbruch der Mauern unbeschädigte Fachwerksbalken gewonnen, so wird ihr **Wert abzüglich der Gewinnungskosten** dem Versicherungsnehmer angerechnet. Als Gewinnungskosten ist der Betrag anzusetzen, um den die tatsächlich angefallenen Abbruchkosten über den Abbruchkosten liegen, die bei einem Abbruch ohne Rücksicht auf die angestrebte Gewinnung von Restwerten entstanden wären. 75

Dabei treten oft **Schwierigkeiten** auf, weil nicht klar ist, **welche Verkaufsaktivitäten** dem Versicherungsnehmer zuzumuten sind, und wie die dafür erforderlichen Maßnahmen zu bewerten sind (Minderung des erzielbaren Verkaufspreises). Es zeigt sich, dass die Veräußerung von Restwerten durch den Versicherungsnehmer Probleme aufwirft. **Vereinbarungen** über die anderweitige Nutzung von Resten durch den Versicherungsnehmer sind daher die **für beide Seiten vorteilhaftere Lösung**. 76

C. Zeitwert

In § 13 Nr. 2 VGB 2010 (A) wird die **Entschädigungsberechnung des Zeitwerts** geregelt. Der Zeitwert wird in der Wohngebäudeversicherung ersetzt, wenn er nach § 10 Nr. 1 VGB 2010 (A) vertraglich vereinbart wurde. 77

Bei **Totalschäden** entspricht die Regelung der Regelung zur gleitenden Neuwert- und Neuwertversicherung, wobei zur Bestimmung des Zeitwerts eine **Wertminderung insbesondere durch Alter und Abnutzungsgrad zu berücksichtigen** ist. 78

Bei **Teilschäden** ist die Entschädigungsleistung mit der gleitenden Neuwert- und Neuwertversicherung **grundsätzlich identisch**. Es werden die Reparaturkosten unmittelbar vor Eintritt des Versicherungsfalls zuzüglich einer durch die Reparatur nicht ausgeglichenen Wertminderung ersetzt. **Entschädigungsgrenze** ist jedoch der **Zeitwert** unmittelbar vor Eintritt des Versicherungsfalls. 79

D. Gemeiner Wert

§ 13 Nr. 3 VGB 2010 (A) regelt die **Entschädigungsberechnung des gemeinen Werts**. Der gemeine Wert wird in der Wohngebäudeversicherung ersetzt, wenn er nach § 10 Nr. 1 VGB 2010 (A) vertraglich vereinbart wurde oder soweit ein Gebäude zum Abbruch bestimmt oder sonst dauerhaft entwertet ist. 80

81 Es erfolgt eine Entschädigung unter Zugrundelegung des **erzielbaren Verkaufspreises ohne Grundstücksanteile** (§ 10 (A) Rn. 21).

E. Kosten

82 Gem. § 13 Nr. 4 VGB 2010 (A) dient als Berechnungsgrundlage für die Entschädigung versicherter Kosten der **Nachweis tatsächlich angefallener Kosten unter Berücksichtigung der jeweils vereinbarten Entschädigungsgrenze**. Entgegen einer aktuellen BGH-Entscheidung[518] zu den AFB 87 ist eine fiktive Abrechnung nicht möglich, da die Kosten nach dem eindeutigen Wortlaut der VGB 2010 tatsächlich angefallen sein müssen. Bezüglich der einzelnen Kosten ist auf die Kommentierung zu § 7 VGB 2010 (A) zu verweisen.

83 Kosten werden **auch dann ersetzt, wenn der gemeine Wert Versicherungswert ist**. Die Entschädigung für den Kostenschaden wird neben dem Verkaufspreis für das Material geleistet.

F. Mietausfall, Mietwert

84 Nach § 13 Nr. 5 VGB 2010 (A) ersetzt der Versicherer den **versicherten Mietausfall bzw. Mietwert bis zum Ende der vereinbarten Haftzeit**. § 9 VGB 2010 (A) beinhaltet die eigentlichen Regelungen zum Mietausfall. Hier wird auch die Haftzeit bestimmt.

G. Mehrwertsteuer

85 § 13 Nr. 6 VGB 2010 (A) beinhaltet genaue Regelungen zum **Ersatz der Mehrwertsteuer**.

86 Nach § 13 Nr. 6 a) VGB 2010 (A) wird **Mehrwertsteuer nicht ersetzt**, wenn der Versicherungsnehmer **vorsteuerabzugsberechtigt** ist oder wenn er **Mehrwertsteuer tatsächlich nicht gezahlt** hat. Während die erste Alternative auf Unternehmer abzielt, betrifft die zweite Alternative vor allem Fälle fiktiver Abrechnung.

87 Gem. § 13 Nr. 6 b) VGB 2010 (A) gilt dies **für die Berechnung der Entschädigung von Kosten und Mietausfall entsprechend**.

88 Ist **Klausel 7760** vereinbart, besteht ein Anspruch auf Erstattung der Mehrwertsteuer im Schadenfall nicht, soweit die Versicherungssumme 1914 entsprechend niedriger festgesetzt wurde als der Versicherungswert 1914.

---

[518] BGH VersR 2013, 1039.

H. Neuwertanteil

Nach § 13 Nr. 7 VGB 2010 (A) erwirbt der Versicherungsnehmer in der gleitenden Neuwertversicherung und der Neuwertversicherung **den Anspruch auf Zahlung des Teils der Entschädigung, der den Zeitwertschaden übersteigt**, nur, soweit und sobald er **innerhalb von drei Jahren** nach Eintritt des Versicherungsfalls **sicherstellt**, dass er die Entschädigung verwenden wird, um versicherte Sachen in gleicher Art und Zweckbestimmung an der bisherigen Stelle **wiederherzustellen oder wiederzubeschaffen**.

89

Bei diesen Bestimmungen handelt es sich um sogenannte **strenge Wiederherstellungsklauseln**.[519] Derartige Wiederherstellungsklauseln sind auch in der sonstigen Sachversicherung verbreitet (vgl. etwa § 8 Nr. 2 AFB 2010 (A)). Ziel der strengen Wiederherstellungsklauseln ist die Begrenzung des subjektiven Risikos, das durch die Neuwertversicherung erhöht wird. Die Bereicherung durch die Neuwertentschädigung soll auf den Bereich von ungeplanten und unvorhersehbaren Aufwendungen beschränkt werden, die dem Versicherungsnehmer durch den Versicherungsfall entstehen.[520] Anders ausgedrückt wird die Bereicherung in Sachwerten hingenommen, die Bereicherung in Geldwerten dagegen durch die strengen Wiederherstellungsklauseln verhindert. Anders liegt es bei den sogenannten **einfachen Wiederherstellungsklauseln**. Sie dienen der Sicherung des Realkredits.

90

I. Wirkung

Wegen der zitierten Wiederherstellungsklausel hat der Versicherungsnehmer **zunächst nur Anspruch** auf die Entschädigung des Sachschadens in Höhe des **Zeitwertschadens**. Der Anspruch auf den darüber hinausgehenden Entschädigungsbetrag entsteht erst, wenn die in der Wiederherstellungsklausel genannten Voraussetzungen erfüllt sind.[521] Die **Differenz** zwischen dem **Zeitwertschaden** und **dem auf der Versicherung zum Neuwert beruhenden höheren Entschädigungsbetrag** wird als **Neuwertanteil, Neuwertspitze oder als Entwertungsanteil** bezeichnet.

91

Die Wiederherstellungsklauseln betreffen den Entschädigungsanspruch für den Sachschaden, der den Zeitwertschaden übersteigt. Dazu zählen aber **auch die Entschädigungsansprüche für Mehrkosten infolge Preissteigerungen oder behördlicher Auflagen** nach § 8 VGB 2010 (A). Diese Mehrkosten zählen nicht zum Versicherungswert. Sie werden bei der Ermittlung des Zeitwerts und des Zeitwertschadens gem. § 13 Nr. 2 VGB 2010 (A) nicht berücksichtigt. Infolgedessen sind sie dem Teil der Entschädigung zuzurechnen, der den Zeitwert-

92

---

519 Rüffer/Halbach/Schimikowski/*Halbach* AFB 2008/2010 Abschnitt A § 93 Rn. 3.
520 Vgl. Martin R IV 8.
521 Martin R IV 6 ff.

schaden übersteigt. Die in den Wiederherstellungsklauseln verankerten weiteren Anspruchsvoraussetzungen gelten daher auch für die Entschädigung dieser Mehrkosten.

93 Das nachfolgende **Beispiel** erläutert dies:

Versicherungssumme 1914		20.000 EUR
Versicherungswert 1914		25.000 EUR
Sachschaden	zum Neuwert	400.000 EUR
	zum Zeitwert	200.000 EUR
Mehrkosten infolge Preissteigerungen		10.000 EUR
Aufräumungs- und Abbruchkosten		10.000 EUR
Mietausfall		20.000 EUR
Die Gesamtentschädigung setzt sich wie folgt zusammen:		
Sachschaden		320.000 EUR
Mehrkosten infolge Preissteigerungen		8.000 EUR
Aufräumungs- und Abbruchkosten		8.000 EUR
Mietausfall		16.000 EUR

94 Der Versicherungsnehmer erwirbt **zunächst** den Anspruch auf die Sachschadenentschädigung **in Höhe des Zeitwertschadens von 200.000 EUR** und den Anspruch auf die Entschädigung für **Aufräumungs- und Abbruchkosten in Höhe von 8.000 EUR** sowie für den **Mietausfall in Höhe von 16.000 EUR**. Die bestehende Unterversicherung wird auf den ungeteilten Neuwertschaden angerechnet. Eine **rechnerische Kürzung** des Zeitwertschadens **wegen Unterversicherung erfolgt nicht**, weil die Wiederherstellungsklauseln den Begriff der Zeitwertentschädigung nicht kennen. Der Entwertungsanteil ist als Differenzbetrag zwischen dem Zeitwertschaden und der (gekürzten) Neuwertentschädigung, nicht als Differenzbetrag zwischen der Zeitwertentschädigung und der Neuwertentschädigung definiert. Der weitere Entschädigungsanspruch für den Sachschaden in Höhe von 120.000 EUR und der Anspruch auf die Mehrwertentschädigung in Höhe von 8.000 EUR entsteht erst, wenn die in den Wiederherstellungsklauseln genannten Voraussetzungen erfüllt sind. Dabei entsteht der Anspruch in dem Umfang, in dem der Wiederherstellungsaufwand den Zeitschaden übersteigt.

95 Die **Wiederherstellungsklausel wirkt nicht nur bei Totalschäden**. Es kommt vor, dass Teilschäden auf Reparaturkostenbasis abgerechnet werden, obwohl die Reparaturkosten höher sind als der Zeitwert der beschädigten Sache. Auch in diesen Fällen entsteht der Anspruch auf den Teil der Entschädigung, der den Zeitwertschaden übersteigt, erst dann, wenn die Verwendung dieses Betrages zur Wiederherstellung sichergestellt ist.

96 Der **Begriff der Wiederherstellung** ist **weit auszulegen**. Darunter fällt auch die Reparatur beschädigter Sachen.

Die Wiederherstellungsklausel ist ein **notwendiges Korrektiv** für die aus dem Grundsatz der abstrakten Schadenberechnung resultierenden Möglichkeiten zur Bereicherung für den Versicherungsnehmer. Hauptzweck der Wiederherstellungsklausel ist es, nur für ungeplante, aufgezwungene Ausgaben und nur in Form von Sachwerten dem Versicherungsnehmer den erforderlichen, besonderen Vermögensausgleich durch die Neuwertentschädigung zukommen zu lassen.[522] Dieser Zweck gilt auch nach dem Wegfall des § 55 VVG a. F., aus dem ein allgemeines Bereicherungsverbot hergeleitet wurde, weiter. Die Wiederherstellungsklausel soll sicherstellen, dass der Versicherungsnehmer durch die Neuwertentschädigung zumindest nicht in Form von Bargeld bereichert wird. Sie dient auch dem öffentlichen Interesse, die Wiederherstellung durch Brand vernichteter Gebäude zu fördern.[523]

97

Mit der Neuwertversicherung soll **lediglich der etwaige Schaden ausgeglichen** werden, der dem Versicherungsnehmer **dadurch entsteht**, dass er einen höheren Betrag als den Zeitwert aufwenden muss, wenn er **das zerstörte Gebäude wieder aufbaut**. Schon darin, dass der Versicherungsnehmer nach der Wiederherstellung ein neues Gebäude erhält, liegt eine Bereicherung, die aber gerechtfertigt ist und deshalb hingenommen werden kann. Zweck der Wiederherstellungsklausel ist es, die Bereicherung durch die Neuwertentschädigung auf den Bereich zu beschränken, der das Bedürfnis für die Neuwertversicherung begründet, nämlich auf die ungeplanten, dem Versicherungsnehmer durch den Versicherungsfall aufgezwungenen Ausgaben.[524]

98

II. Sachen gleicher Art und Zweckbestimmung

Vorausgesetzt ist, dass die Entschädigung verwendet wird, um versicherte **Sachen in gleicher Art und Zweckbestimmung wiederherzustellen oder wiederzubeschaffen**. Den Anforderungen der Wiederherstellungsklausel wird nicht schon dadurch genügt, dass an der bisherigen Stelle wiederum ein Gebäude errichtet wird. Es ist vielmehr gefordert, dass das **neue Gebäude** seiner **Art und Funktion** nach einem Verwendungszweck dient, der **dem Verwendungszweck des zerstörten Gebäudes entspricht**. Der Anspruch auf den Entwertungsanteil entsteht nicht, wenn der Versicherungsnehmer aus Anlass des Versicherungsfalls statt des zerstörten Wohnhauses, das seinen wirtschaftlichen Bedürfnissen nicht mehr entsprach, ein völlig andersartiges Gebäude errichtet. Eine Wiederherstellung kann nur angenommen werden, wenn das neu errichtete Gebäude etwa dieselbe Größe aufweist wie das zerstörte Gebäude und gleichartigen Zwecken dient.

99

---

522 BGH VersR 1988, 925.
523 OLG Hamm VersR 1988, 150.
524 BGH VersR 1990, 488.

100   Dies **schließt allerdings nicht aus**, dass der Versicherte bei der Wiederherstellung eine **modernere Bauweise** wählt.[525] Keine Wiederherstellung liegt aber vor, wenn der Versicherungsnehmer die Reste eines instandsetzungsfähigen Einfamilienhauses abreißen lässt und auf dem Versicherungsgrundstück und dem Nachbargrundstück ein Gebäude errichtet, das neben sechs Mietwohnungen auch Räume zur gewerblichen Nutzung enthält.[526] Die Errichtung eines Mietwohnhauses mit fünf bis sechs Wohnungen anstelle eines zerstörten Einfamilienhauses genügt nicht den Anforderungen der Wiederherstellungsklausel.[527] Eine **völlig gleiche Wiederherstellung** ist indessen **nicht gefordert**. Daher ist es dem Versicherungsnehmer ohne weiteres möglich, Grundriss, Raumaufteilung, Dachform und Anzahl der Geschosse eines zerstörten Einfamilienhauses beim Wiederaufbau zu verändern. Auch kann er durch Veränderungen der Ausstattung des Gebäudes eine größere oder kleinere Wohnfläche als die ursprünglich vorhandene Wohnfläche schaffen.

101   Die Neuwertversicherung soll grundsätzlich **nicht auch solche Aufwendungen abdecken, die durch wesentliche Verbesserungen des Gebäudes bei seiner Wiedererrichtung verursacht werden**. Eine derartige Bereicherung des Versicherungsnehmers aus Anlass des Schadenfalls ist zu vermeiden, auch um das Interesse am Abbrennen des versicherten Gebäudes nicht zu fördern.[528] Dies **gilt aber nicht soweit**, dass **jede** mit der Wiederherstellung verbundene **Besserstellung des Versicherungsnehmers auszuschließen** ist. Zweck der Wiederherstellungsklausel ist lediglich, die Bereicherung durch die Neuwertentschädigung auf den Bereich zu beschränken, der das Bedürfnis für die Neuwertversicherung begründet. Dazu können auch durch technische, wirtschaftliche und soziale Änderungen bedingte Modernisierungsmaßnahmen gehören.[529]

102   Bei der Wiederherstellung ist es dem Versicherungsnehmer **nicht verwehrt**, eine **modernere Technik** und **zeitgemäßere Bauausstattung** zu wählen. Auch die damit verbundenen Vorteile für den Versicherungsnehmer werden bei der Neuwertversicherung von Wohngebäuden hingenommen. Beispiele dafür sind die Wahl einer moderneren Heizungstechnik, auch einer Wärmepumpen- oder Solarheizungsanlage, der Einbau von Fenstern mit Mehrscheiben-Isolierverglasung anstelle einfach verglaster Fenster oder die Neuinstallation einer Einbruchmeldeanlage anstelle von Tür- oder Fenstergittern. Daran liegt es, dass in der Wohngebäudeversicherung für die ausdrückliche Mitversicherung von Kosten für die Modernisierung infolge Technologiefortschritts kein ausgeprägter Versicherungsbedarf besteht. Wählt der Versicherungsnehmer beim Wiederaufbau eine modernere und aufwendigere Technik, so ist in der Regel möglich, die dadurch

---

[525]   BGH VersR 1984, 843.
[526]   BGH VersR 1984, 843.
[527]   OLG Koblenz r + s 1986, 186.
[528]   BGH VersR 1990, 488.
[529]   BGH VersR 1990, 488.

gegebenenfalls verursachten Mehrkosten durch Einsparungen bei anderen Bauteilen zu kompensieren.

Eine Wiederherstellung des versicherten Gebäudes kann aber unter Berücksichtigung von Sinn und Zweck der Wiederherstellungsklausel nur dann angenommen werden, wenn das **neu errichtete Gebäude etwa dieselbe Größe aufweist wie das zerstörte und gleichartigen Zwecken dient**. 103

In den folgenden Fällen hat die Rechtsprechung die **Wiederherstellung eines gleichartigen Gebäudes verneint**: 104

- Vor dem Schaden: Gaststättenteil (ca. 65 m²) und Einliegerwohnung (ca. 55 m²); wegen Beschränkung auf eine Küche Nutzung/Vermietung der Wohnung nur gemeinsam mit der Nutzung/Verpachtung der Gaststätte möglich.

  Nach dem Schaden: zwei Mietwohnungen (je ca. 60 m²); keine gewerbliche Nutzung mehr vorgesehen.[530]

- Vor dem Schaden: Gaststätte und Ladenlokal (zusammen 686 m²); Wohnung nebst drei Zimmern (289 m²).

  Nach dem Schaden: um ein Geschoss erhöhtes Gebäude mit Ladenlokalen (870 m²); neun Wohnungen (637 m² Wohnfläche).[531]

- Vor dem Schaden: Gastronomiebetrieb; acht an die Stadt zur Unterbringung von Asylbewerbern vermietete Kleinstwohnungen (Hotelcharakter).

  Nach dem Schaden: Wohnanteil nur noch aus zwei Wohnungen zu je 92 m² bestehend.[532]

- Vor dem Schaden: Vereinsheim mit Gesellschaftsraum, zwei WC, Teeküche, Gastraum und zwei kleinen Büros (insgesamt 216 m²).

  Nach dem Schaden: Gebäude mit größerem Gastraum, größerer Küche, zusätzlichem Lagerraum, drei WC-Räumen, größerem Büro, zusätzlichem Besprechungsraum, Sporthalle, Sportlager und Umkleiden für Damen und Herren (insgesamt 538 m²).[533]

Hingegen wurde die **Wiederherstellung eines gleichartigen Gebäudes** in folgendem Fall **bejaht**: 105

- Vor dem Schaden: zweigeschossiges, kombiniertes landwirtschaftliches Wohn- und Wirtschaftsgebäude.

---

530 OLG Hamm VersR 1992, 741.
531 OLG Hamm VersR 1997, 307.
532 OLG Köln VersR 2008, 962.
533 OLG Köln VersR 2006, 1357.

Nach dem Schaden: freistehendes Einfamilienhaus mit Einliegerwohnung und Anbau; im Abstand von 15 m eine eingeschossige landwirtschaftliche Mehrzweckhalle mit einer Ebene.[534]

III. Wiederherstellung an der bisherigen Stelle

106 **Grundsätzlich** ist die Wiederherstellung **an der bisherigen Stelle**, d. h. auf dem Versicherungsgrundstück gefordert, Dieser Grundsatz wird **nach § 13 Nr. 7 S. 2 VGB 2010 (A) durchbrochen**, wenn die Wiederherstellung an der bisherigen Stelle **rechtlich nicht möglich** oder **wirtschaftlich nicht zu vertreten** ist. Der Versicherungsnehmer muss nachweisen, dass diese Voraussetzungen vorliegen. Dann genügt es, wenn das Gebäude an anderer Stelle innerhalb der Bundesrepublik Deutschland wiederhergestellt wird.

107 Nicht versichert sind gem. § 8 Nr. 2 c) VGB 2010 (A) eventuelle Mehrkosten durch den Wiederaufbau an anderer Stelle. Weiterhin sind die Begriffe **Wiederherstellung und Wiederherstellen im Sinne von Wiederaufbau und Wiederaufbauen** zu verstehen und umfassen auch nicht ausnahmsweise die Wiederbeschaffung eines bestimmten Gebäudes durch Kauf.[535] Das schließt nicht aus, dass im Einzelfall zwischen Versicherungsnehmer und Versicherer anderweitige Vereinbarungen getroffen werden.

IV. Sicherstellung der Verwendung

108 Der Anspruch auf Entschädigung entsteht, soweit und sobald der Versicherungsnehmer **sichergestellt** hat, dass er die Entschädigung zur Wiederherstellung versicherter Sachen an der bisherigen Stelle verwenden wird. Es ist **nicht gefordert**, dass er den Betrag der Entschädigung tatsächlich **bereits für die Wiederherstellung aufgewendet** hat.

109 Die **Sicherstellung der bestimmungsgemäßen Verwendung** kann im Allgemeinen angenommen werden, wenn der Versicherungsnehmer **verbindliche Bauverträge** über den Wiederaufbau mit Bauhandwerkern geschlossen hat. Auch ein **verbindlicher Kaufvertrag** über ein Fertighaus genügt.[536]

110 Dagegen bedeutet eine entsprechende **Bauplanung noch keine Sicherstellung** dafür, dass diese Planung auch verwirklicht wird und damit auch keine Sicherstellung der Verwendung der Entschädigung zur Wiederherstellung des Gebäudes.[537] Weiterhin genügt es nicht, wenn ein Antrag auf Baugenehmigung

---

534 BGH VersR 1990, 486.
535 OLG Hamm VersR 1988, 150.
536 Martin R IV 35.
537 OLG Düsseldorf ZfS 1984, 313.

gestellt und eine Baugenehmigung erteilt wurde. Selbstverständlich reicht auch das Einholen von Kostenvoranschlägen für die Sicherstellung der Wiederherstellung nicht aus.[538] Das Gleiche gilt für eine Vereinbarung mit dem Erwerber, dass dieser die Voraussetzungen für den Anspruch auf den Neuwertanteil erfüllen muss, wenn bestimmt ist, dass dem Veräußerer der Neuwertanteil nach einer gewissen Frist wieder zufließen soll.[539]

Für die Sicherung der bestimmungsgemäßen Verwendung reicht es aus, wenn angesichts der getroffenen Vorkehrungen **keine vernünftigen Zweifel an der Wiederherstellung** des Gebäudes bestehen.[540] Hiervon ist auszugehen nach dem verbindlichen Abschluss eines Bauvertrags oder eines Fertighauskaufvertrags mit einem leistungsfähigen Unternehmer, wenn die Möglichkeit der Rückgängigmachung fern liegt oder von der Durchführung nicht ohne erhebliche wirtschaftliche Einbußen Abstand genommen werden kann.[541] 111

Aus der Wiederherstellungsklausel lässt sich jedoch **nicht schließen**, dass der **Versicherungsnehmer und der Verwender der Entschädigung (Wiederherstellender) identisch sein müssen**.[542] Bei einer Veräußerung des Grundstücks geht die Möglichkeit, den Anspruch auf die Neuwertspanne zu erwerben, unter den Voraussetzungen des § 95 VVG (§ 69 VVG a. F.) mit dem Erwerb des Eigentums am Kaufgrundstück auf den Käufer über. Ist eine Wiederherstellungsklausel vereinbart, stellt der Erwerber das versicherte Gebäude nach dem Eigentumsübergang wieder her und war die Verwendung der Entschädigung zur Wiederherstellung vor diesem Zeitpunkt auch noch nicht sichergestellt, dann **entsteht der Anspruch** auf den Neuwertteil der Entschädigung erst **in der Person des Erwerbers**.[543] Folgerichtig entsteht der Anspruch auf den Neuwertanteil bis zum Eigentumsübergang in der Person des Grundstücksveräußerers, wenn bis dahin die Wiederherstellung sichergestellt ist.[544] 112

Diese Grundsätze waren in Fällen der Gesamtrechtsnachfolge (Erbfall)[545] und in Fällen der Einzelrechtsnachfolge (Verkauf des Versicherungsgrundstücks), in denen das Gebäude durch den Versicherungsfall nicht völlig zerstört worden war, nicht umstritten. Keine einheitliche Auffassung gab es indessen zu der Frage, ob dies auch gilt, wenn das versicherte Gebäude total zerstört wurde und das Versicherungsgrundstück nach dem Versicherungsfall veräußert wurde. Es war zweifelhaft, ob § 95 VVG (§ 69 VVG a. F.) auf diese Fälle überhaupt anwendbar ist.[546] Der BGH hat jedoch entschieden, dass auch der Erwerber der vor der Ver- 113

---

538 OLG Düsseldorf VersR 2007, 1080.
539 OLG Koblenz r + s 1986, 186.
540 OLG Düsseldorf VersR 1996, 623.
541 BGH VersR 2004, 512.
542 OLG Hamm r + s 1987, 109.
543 BGH VersR 1988, 925.
544 BGH VersR 2004, 512.
545 OLG Hamm VersR 1986, 331 zur Hausratversicherung.
546 Vgl. Martin R IV 44 f.

äußerung vom Versicherungsfall betroffenen Sachen den Wiederherstellungsvorbehalt wegen der Regelung des § 95 Abs. 1 VVG (§ 69 Abs. 1 VVG a. F.) erfüllen und die Neuwertentschädigung verlangen kann. Der **Anspruch auf den Neuwertanteil entsteht** nach der Wiederherstellung des versicherten Gebäudes **auch** dann in der Person des Grundstückserwerbers, wenn **wegen Totalschadens das versicherte Interesse weggefallen** ist.[547]

V. Dreijahresfrist

114 Die Verwendung des Neuwertanteils zur Wiederherstellung muss **innerhalb von drei Jahren nach Eintritt des Versicherungsfalls sichergestellt** werden. Nach Ablauf dieser Frist geht der mögliche Anspruch auf den Entwertungsanteil endgültig verloren. Es spielt grundsätzlich **keine Rolle, aus welchen Gründen** die Voraussetzungen für das Entstehen des Anspruchs auf den Entwertungsanteil innerhalb der Dreijahresfrist nicht geschaffen werden.

115 Dies **gilt jedoch nicht**, wenn der **Versicherungsnehmer durch das Verhalten des Versicherers an der Fristwahrung gehindert** worden ist. Ähnlich liegt es, wenn der Versicherer wegen einer strafrechtlichen Untersuchung gegen der Versicherungsnehmer zur Aufschiebung der Entschädigung berechtigt war. In diesen Fällen beginnt die Frist nach Wegfall des Hindernisses nicht erneut zu laufen. Vielmehr muss dem Versicherungsnehmer ausreichend Zeit für die Nachholung derjenigen Maßnahmen gegeben werden, die er ergreifen muss, um die bestimmungsgemäße Verwendung der Entschädigung sicherzustellen.[548]

116 Wenn der Versicherer die Versicherungsleistung für einen Gebäudeschaden zu Unrecht abgelehnt hat und im zweiten Rechtszug die Behauptung wiederholt hat, der Versicherungsnehmer habe sein Objekt selbst in Brand gesetzt, obwohl er wusste, dass er für die Vermutung den Beweis nicht erbringen kann, für seine Darstellung sogar Indizien angeführt hat, von denen er positiv wusste, dass sie falsch sind, so handelt der Versicherer rechtsmissbräuchlich, falls er sich auf den Ablauf der Wiederherstellungsfrist beruft.[549] Wenn der Versicherer jedoch den Entschädigungsanspruch des Versicherungsnehmers schon im Jahr des Schadeneintritts dem Grunde nach anerkannt hat und wenn der Versicherungsnehmer im Rechtsstreit um die Neuwertspitze auch in der Berufungsinstanz bis zum Tag der letzten mündlichen Verhandlungen die Sicherstellung einer Wiederbeschaffung nicht schlüssig dargelegt hat, spricht dies gegen die Treuwidrigkeit einer Berufung auf die Dreijahresfrist.[550] Die sonst übliche Frist von drei Jahren, in denen der Versicherungsnehmer die bestimmungsgemäße Verwendung der Entschädigung sicherstellen muss, ist dann unangemessen, wenn der Versicherer

---

547 BGH VersR 1992, 1221; ebenso OLG Hamm VersR 1992, 1351.
548 Vgl. BGH VersR 1979, 173.
549 OLG Hamm r + s 1989, 195.
550 OLG Köln r + s 1989, 406.

sich über einen längeren Zeitraum **zu Unrecht der Leistungspflicht entzogen** hat und die Dreijahresfrist im Zeitpunkt der Entscheidung bereits abgelaufen ist. In diesem Fall erscheint eine Frist von 18 Monaten ab Rechtskraft des Urteils angemessen.[551]

Wenn der Versicherungsnehmer über einen Monat vor Ablauf der Frist um Fristverlängerung bittet, verstößt das Berufen des Versicherers auf den Fristablauf zumindest dann nicht gegen Treu und Glauben, wenn der Versicherer zuvor unmissverständlich auf die Frist hingewiesen und nicht zu erkennen gegeben hat, gegebenenfalls auf die Einhaltung verzichten zu wollen.[552] Selbst wenn der Versicherungsnehmer die Dreijahresfrist nicht hat einhalten können, weil er erfolglos um eine Baugenehmigung nachgesucht hat, verstößt die Berufung des Versicherers auf den Ablauf der Frist nicht gegen § 242 BGB, wenn der Unterschied zwischen Neuwertentschädigung und Zeitwertentschädigung weniger als 10 % der bereits ausgezahlten Zeitwertentschädigung beträgt.

117

VI. Höhe des Neuwertanteils

Ist die Verwendung der Entschädigung sichergestellt, kann der Versicherungsnehmer den **vollen Neuwertanteil unabhängig davon** verlangen, ob der **tatsächliche Wiederherstellungsaufwand niedriger** war.[553] Dies gilt selbst dann, wenn der Aufwand aufgrund Eigenleistungen letztlich unterhalb des Zeitwerts lag. Erspart der Versicherungsnehmer durch Eigenleistungen im Rahmen der Wiederherstellung Aufwendungen, ist der Zweck der strengen Wiederherstellungsklausel, präventiv Missbrauch zu verhindern und die Versicherungsleistung an den Sachwert zu binden, dennoch erreicht. Es gibt dann keinen Grund, dem Versicherungsnehmer den Neuwertanteil zu versagen.[554]

118

VII. Rückzahlung des Neuwertanteils

Zu beachten ist, dass mit der Auszahlung des Neuwertanteils aufgrund der Sicherstellung der Wiederherstellung bzw. der Wiederbeschaffung **noch nicht endgültig bestimmt** ist, dass der Versicherungsnehmer den Neuwertanteil auch **behalten darf**. Wird die Sache nämlich infolge eines Verschuldens des Versicherungsnehmers nicht innerhalb einer angemessenen Frist wiederhergestellt oder wiederbeschafft, ist der Versicherungsnehmer gem. § 14 Nr. 2 VGB 2010 (A) zur Rückzahlung des Neuwertanteils verpflichtet.

119

---

551 OLG Hamm VersR 1993, 1352.
552 OLG Koblenz r + s 1993, 427.
553 BGH VersR 2011, 1180.
554 BGH VersR 2011, 1180.

VIII. Abweichende Vereinbarung

120 In der Praxis wird gelegentlich durch Vereinbarungen **zwischen Versicherungsnehmer und Versicherer** von den Bestimmungen der Wiederherstellungsklausel abgewichen. Häufigster Fall abweichender Individualvereinbarungen ist eine **Verlängerung der Wiederherstellungsfrist**. Es kommt aber auch vor, dass der Versicherungsnehmer vor Ablauf der Dreijahresfrist auf die Wiederherstellung des Gebäudes und damit auf die Entschädigung des Entwertungsanteils verzichtet. Auch wird vereinzelt vereinbart, dass anstelle eines Wiederaufbaus der **Kauf eines bestehenden Gebäudes** als Voraussetzung für das Entstehen des Anspruchs auf den Entwertungsanteil anerkannt wird. Rechtlich sind derartige Individualvereinbarungen **ohne weiteres zulässig**. Es ist jedoch erforderlich, die abweichenden Vereinbarungen zweifelsfrei festzulegen.[555]

I. Gesamtentschädigung, Kosten auf Weisung des Versicherers

121 Verschiedentlich kommt es vor, dass den nach den in B. bis E. dargestellten Grundsätzen ermittelte Entschädigung nicht der Betrag ist, den der Versicherungsnehmer beanspruchen kann. Das liegt daran, dass bei einer Versicherung zum Neuwert oder zum Zeitwert die in § 13 Nr. 8 VGB 2010 (A) verankerte **Obergrenze der Entschädigung** gilt.

122 Die **Gesamtentschädigung** für versicherte Sachen, für versicherte Kosten (einschließlich Mehrkosten) und versicherten Mietausfall bzw. Mietwert wird dadurch je Versicherungsfall **auf die Versicherungssumme begrenzt**. **Ausgenommen** davon sind **Schadenabwendungs- und Schadenminderungskosten**, soweit diese auf **Weisung des Versicherers** entstanden sind. Sie werden unbegrenzt auch über die Versicherungssumme hinaus entschädigt (vgl. § 83 Abs. 3 VVG).

123 In der **gleitenden Neuwertversicherung gilt die Entschädigungsgrenze nicht**. Dort haftet der Wohngebäudeversicherer betragsmäßig unbegrenzt. Die **Versicherungsformen mit fester Versicherungssumme** sind infolgedessen im Verhältnis zur gleitenden Neuwertversicherung für den Versicherungsnehmer **nachteilig**. Bei Totalschäden und großen Teilschäden führt die Begrenzung der Gesamtentschädigung auf die Versicherungssumme dazu, dass Kostenschaden, Mietausfallschaden und Mehrkosten ganz oder teilweise nicht entschädigt werden können. Dies gilt in der Neuwertversicherung mit fester Versicherungssumme selbst dann, wenn der ortsübliche Neubauwert zutreffend ermittelt und als Versicherungssumme vereinbart wurde. Versicherte Kosten, versicherter Mietausfall und versicherte Mehrkosten werden bei der Ermittlung des Versicherungswerts nicht berücksichtigt. Tritt ein Totalschaden ein, so wird die Versicherungssumme von der Entschädigung für den Sachschaden ohne Mehrkosten aufgebraucht. Es

---

[555] Vgl. BGH r + s 1989, 265.

bleibt kein Raum für die Entschädigung von versicherten Kosten, versichertem Mietausfall und versicherten Mehrkosten.

Die dargestellten Nachteile für den Versicherungsnehmer können in der gleitenden Neuwertversicherung bei richtiger Bemessung der Versicherungssumme nicht entstehen. 124

J. Feststellung und Berechnung einer Unterversicherung

Die Bestimmungen über die Unterversicherung betreffen materiell die Entschädigungsberechnung. Darauf ist es zurückzuführen, dass sie in § 13 Nr. 9 VGB 2010 (A) im Zusammenhang mit der Entschädigungsberechnung behandelt werden. 125

I. Proportionalitätsregel; Versicherungsdichte

In § 13 Nr. 9 VGB 2010 (A) wird die **sogenannte Proportionalitätsregel** des § 75 VVG übernommen. Die Proportionalitätsregel wird angewendet, wenn die **Versicherungssumme niedriger ist als der Versicherungswert**. Entspricht die Versicherungssumme dem Versicherungswert oder ist sie höher, so ist die Proportionalitätsregel ohne Bedeutung. 126

Das Prinzip der Vollwertversicherung wird negativ umschrieben, indem die für den Versicherungsnehmer nachteiligen Folgen einer zu niedrigen Versicherungssumme geregelt werden. Die gedankliche Grundüberlegung der Vollwertversicherung wird im Bedingungswortlaut nicht angesprochen. Sie besteht darin, dass der **versicherte Schaden dann voll ersetzt** wird, **wenn die Versicherungssumme nicht niedriger ist als der Versicherungswert**. Eine ausreichend bemessene Versicherungssumme ist Voraussetzung für den vollen bzw. ungekürzten Ersatz versicherter Schäden. Diese objektive Voraussetzung hat der Versicherungsnehmer zu schaffen. Ist die Versicherungssumme niedriger als der Versicherungswert, so wird eine Unterversicherung ohne Rücksicht darauf angerechnet, ob der Versicherungsnehmer die Versicherungssumme absichtlich oder infolge eines Versehens bzw. eines Irrtums zu niedrig angesetzt hat. 127

In der Vollwertversicherung bestimmen nach der Proportionalitätsregel **drei Einflussfaktoren** die Höhe der Entschädigung: 128

- die Entschädigung (der nach § 13 Nr. 1 bis Nr. 3 VGB 2010 (A) ermittelte Betrag)
- die Versicherungssumme
- der Versicherungswert

Steht der Schadenbetrag fest, so kommt es für die Höhe der Entschädigung auf das Verhältnis Versicherungssumme zu Versicherungswert an. Dieses Verhältnis 129 wird als **Versicherungsdichte** bezeichnet.[556] Maßstab der Versicherungsdichte (D) ist eine Verhältniszahl, die ermittelt wird, indem die Versicherungssumme durch den Versicherungswert dividiert wird.

Es gilt:

$$D = \frac{Versicherungssumme}{Versicherungswert}$$

130 Der ermittelte Schadenbetrag wird voll entschädigt, wenn $D \geq 1$ ist. In diesen Fällen ist die Versicherungssumme gleich oder höher als der Versicherungswert. Der **Schadenbetrag wird gekürzt, wenn $D < 1$** ist. Dann ist die Versicherungssumme niedriger als der Versicherungswert. Die Entschädigung wird ermittelt, indem der **festgestellte Betrag des Schadens mit der Verhältniszahl D multipliziert** wird. Es gilt die Formel

Entschädigung = Schaden x D.

131 Eine andere Betrachtungsweise führt zu denselben Ergebnissen.[557] Sie basiert auf dem Wortlaut von § 75 VVG, wonach sich bei Unterversicherung die Entschädigung zum Schadenbetrag ebenso verhalten soll wie die Versicherungssumme zum Versicherungswert. Es gilt die Gleichung:

Die Auflösung der Gleichung führt zu folgender Formel für die Berechnung der Entschädigung bei Unterversicherung:

$$\frac{Entschädigung}{Schadenbetrag} = \frac{Versicherungssumme}{Versicherungswert}$$

II. Positionsweise Berechnung

132 $$Entschädigung = \frac{Versicherungssumme}{Versicherungswert} \times Schadenbetrag$$

Eine ausdrückliche Regelung, dass die Unterversicherung für jede Position bzw. jede vereinbarte Gruppe gesondert zu errechnen bzw. gesondert festzustellen ist, fehlt in den VGB 2010. Der **Grundsatz der positionsweisen Berechnung** der Unterversicherung gilt jedoch auch ohne ausdrückliche Vereinbarung.[558] Dabei ist allerdings **vorausgesetzt**, dass aus der **Deklaration** des Vertrages zweifelsfrei hervorgeht, dass **bestimmte Sachen mit eigenständiger Versicherungssumme als gesonderte Position** versichert sind.

---

556 Blanck S. 21.
557 Vgl. Blanck S. 17.
558 Vgl. Martin S II 29.

In der Wohngebäudeversicherung ist aber gerade dieser Umstand anhand der Antragsformulare und der Versicherungsscheine **in vielen Fällen nicht eindeutig** zu entscheiden. Dies liegt daran, dass häufig zwar einzelne Positionen mit gesonderter Versicherungssumme gebildet werden, diese aber anschließend addiert und unter der Bezeichnung Gesamtversicherungssumme in einem Betrag ausgewiesen werden. 133

Bei der weitaus **größten Zahl der Wohngebäudeversicherungsverträge** stellen sich diese Fragen überhaupt nicht, weil sie **aus einer Position** bestehen. Häufig wird nur ein Einzelgebäude versichert. Daneben werden Haupt- und Nebengebäude in vielen Fällen zusammengefasst in einer gemeinsamen Position versichert. 134

Die **generelle Zusammenfassung** der Versicherungssummen mehrerer Gebäude zu einer Position ist jedoch **nicht zu empfehlen**. Dabei ist es unbeachtlich, ob sich die Gebäude auf mehreren Grundstücken oder auf demselben Grundstück befinden. Die Schadenbearbeitung kann dadurch erheblich erschwert werden. Wird z. B. lediglich ein Gebäude vom Schaden betroffen und besteht Unterversicherung, so ist unter diesen Voraussetzungen eine aufwendige Versicherungswertermittlung für alle unter derselben Position versicherten Gebäude erforderlich, deren Kosten der Versicherer zu tragen hat. 135

III. Verantwortung des Versicherungsnehmers für die Bemessung der Versicherungssumme

Der **Versicherungsnehmer** trägt die **unbedingte Verantwortung** für die **ausreichende Bemessung der Versicherungssumme**. Das gilt grundsätzlich auch für die Vereinbarung der Versicherungssumme 1914 in der gleitenden Neuwertversicherung. Die Rechtsprechung hat dies verschiedentlich bestätigt. Das Risiko der Unterversicherung trifft – auch bei gleitender Neuwertversicherung – grundsätzlich nicht den Versicherer, sondern den Versicherungsnehmer. Daneben hat jedoch die Rechtsprechung in den zurückliegenden Jahren Grundsätze für die Hinweis- und Beratungspflichten des Versicherers entwickelt, die insbesondere für die Ermittlung des Versicherungswerts und der Versicherungssumme in der gleitenden Neuwertversicherung gelten (vgl. § 10 (A) Rn. 30 ff.). 136

IV. Beweislast des Versicherers

Der **Versicherer** muss eine von ihm **behauptete Unterversicherung beweisen**.[559] Der Versicherungsnehmer muss dem Versicherer die dazu erforderlichen Untersuchungen und Feststellungen nach § 8 Nr. 2 a) hh) VGB 2010 (B) gestatten. Die Kosten trägt der Versicherer. Die Ermittlung des Versicherungswerts 137

---
559 OLG Saarbrücken VersR 2000, 358.

ist vor allem in der gleitenden Neuwertversicherung schwierig und mit erheblichem Aufwand verbunden. **Im Allgemeinen** sind **nur Bausachverständige** in der Lage, ein Wohngebäude zu bewerten und den Versicherungswert 1914 exakt zu ermitteln. Die Regulierungsbeauftragten der Versicherer können in der Regel allenfalls eine überschlägige Bewertung vornehmen. Infolgedessen wird die Unterversicherung auch bei sogenannten Regulierungsschäden, die von Regulierungsbeauftragten der Versicherer vor Ort in Augenschein genommen und reguliert werden, in vielen Fällen nicht oder nur eingeschränkt angerechnet.

V. Durchgehende Anwendung der Proportionalitätsregel

138   Nach § 13 Nr. 9 S. 1 VGB 2010 (A) gilt die Proportionalitätsregel für den Sachschaden. Nach § 13 Nr. 9 S. 2 VGB 2010 (A) wird ihr **Anwendungsbereich auf die Berechnung der Entschädigung für versicherte Kosten (einschließlich Mehrkosten) und für versicherten Mietausfall bzw. Mietwert ausgedehnt**. Das Vollwertprinzip wird durchgehend auf Sachschaden, Kostenschaden und Mietausfallschaden angewendet. Daraus folgt nicht, dass versicherte Kosten und versicherter Mietausfall auch in den Versicherungswert einzurechnen sind. Der Versicherungswert ist nach § 10 VGB 2010 (A) abschließend definiert. Für versicherte Kosten und versicherten Mietausfall bzw. Mietwert gibt es einen Versicherungswert in der Wohngebäudeversicherung nicht. Die entsprechende Anwendung der Proportionalitätsregel auf Kosten- und Mietausfallschaden bedeutet, dass auch die Entschädigung für diese Schäden im Verhältnis Versicherungssumme zu Versicherungswert gekürzt wird, wenn die Versicherungssumme niedriger ist als der Versicherungswert.

VI. Erheblich niedrigere Versicherungssumme

139   In § 13 Nr. 9 VGB 2010 (A) wurde nicht die gesamte Regelung des § 75 VVG aufgenommen. Es fällt auf, dass sich die **Voraussetzung des § 75 VVG**, nach dem die **Versicherungssumme „erheblich niedriger"** als der Versicherungswert zur Zeit des Eintrittes des Versicherungsfalles gewesen sein muss, in den § 13 Nr. 9 VGB 2010 (A) nicht wieder findet.

140   Hierdurch wird von der gesetzlichen Regelung eindeutig zum Nachteil des Versicherungsnehmers abgewichen.[560] Dies stellt eine unangemessene Benachteiligung des Versicherungsnehmers dar, da er nicht erkennen kann, dass der Versicherer hier von der gesetzlichen Regelung abweicht. Aus diesem Grund ist die (Teil-)Regelung nach § 307 Abs. 1 S. 1 BGB **unwirksam**. An ihre Stelle tritt § 75

---

560   Bruck/Möller/*Johannsen* Band 7 VGB 2008/2010 A § 13 Rn. 17.

VVG. Zur Auslegung des Begriffs „erheblich niedriger" kann man sich dabei an der von Literatur und Rechtsprechung entwickelten 10 %-Grenze orientieren.[561]

K. Wohnflächenmodell

Die Regelung zur Entschädigungsberechnung in § 11 VGB 2010 (A) Wohnflächenmodell (siehe Anhang 2) **entspricht weitestgehend § 13 VGB 2010 (A)**. 141

Auswirkungen auf die Entschädigungszahlung hat es insbesondere, wenn der Versicherungsnehmer **Veränderungen** an den versicherten Gebäuden entgegen §§ 11 Nr. 3, 10 Nr. 3 VGB 2010 (A) Wohnflächenmodell **nicht angezeigt** hat. Bei einer aufgrund der **konkreten Baugestaltung** geringerwertigen Beschaffenheit der versicherten Gebäude besteht gem. § 11 Nr. 4 a) VGB 2010 (A) Wohnflächenmodell die Entschädigungspflicht nur bis zum tatsächlich eingetretenen Schaden zum ortsüblichen Neubauwert. Diesbezüglich hat die Nichtanzeige des Versicherungsnehmers also letztlich keine Auswirkung auf die Entschädigungshöhe. Ist die konkrete Bauausgestaltung jedoch **höherwertig**, wird bei fehlender Anzeige dennoch nur **entsprechend der im Versicherungsvertrag beschriebenen konkreten Bauausgestaltung** entschädigt (§ 11 Nr. 4 b) VGB 2010 (A) Wohnflächenmodell). Der Versicherer hat in letzterem Fall nicht die Möglichkeit, auf Grund der Veränderung eine angemessene höhere Prämie zu verlangen.[562] 142

Hat der Versicherungsnehmer einer **Erhöhung der Prämie** nach § 10 Nr. 2 VGB 2010 (A) Wohnflächenmodell, die vor Eintritt des Versicherungsfalles hätte wirksam werden sollen, **widersprochen**, so wird die Entschädigung **anteilig gekürzt**. Die Kürzung erfolgt in dem Verhältnis, wie sich der zuletzt berechnete Jahresbeitrag zu dem Jahresbeitrag verhält, den der Versicherungsnehmer ohne Widerspruch gegen jede seit Vertragsbeginn erfolgte Anpassung zu zahlen gehabt hätte. 143

---

561 Bruck/Möller/*Johannsen* Band 7 VGB 2008/2010 A § 13 Rn. 18.
562 Bruck/Möller/*Johannsen* Band 7 VGB 2008 WoFlModell Rn. 6.

§ 14 Zahlung und Verzinsung der Entschädigung

1. Fälligkeit der Entschädigung

    a. Die Entschädigung wird fällig, wenn die Feststellungen des Versicherers zum Grunde und zur Höhe des Anspruchs abgeschlossen sind.

    Der Versicherungsnehmer kann einen Monat nach Meldung des Schadens den Betrag als Abschlagszahlung beanspruchen, der nach Lage der Sache mindestens zu zahlen ist.

    b. Der über den Zeitwertschaden hinausgehende Teil der Entschädigung wird fällig, nachdem der Versicherungsnehmer gegenüber dem Versicherer den Nachweis geführt hat, dass er die Wiederherstellung oder Wiederbeschaffung sichergestellt hat.

2. Rückzahlung des Neuwertanteils

    Der Versicherungsnehmer ist zur Rückzahlung der vom Versicherer nach Nr. 1 b) geleisteten Entschädigung einschließlich etwaiger nach Nr. 3 b) gezahlter Zinsen verpflichtet, wenn die Sache infolge eines Verschuldens des Versicherungsnehmers nicht innerhalb einer angemessenen Frist wiederhergestellt oder wiederbeschafft worden ist.

3. Verzinsung

    Für die Verzinsung gilt, soweit nicht aus einem anderen Rechtsgrund eine weitergehende Zinspflicht besteht:

    a. Die Entschädigung ist – soweit sie nicht innerhalb eines Monats nach Meldung des Schadens geleistet wird – seit Anzeige des Schadens zu verzinsen.

    b. Der über den Zeitwertschaden hinausgehende Teil der Entschädigung ist ab dem Zeitpunkt zu verzinsen, in dem der Versicherungsnehmer die Sicherstellung der Wiederherstellung oder Wiederbeschaffung versicherter Sachen gegenüber dem Versicherer nachgewiesen hat.

    c. Der Zinssatz liegt __ Prozentpunkt(e) unter dem jeweiligen Basiszinssatz des Bürgerlichen Gesetzbuches (§ 247 BGB), mindestens jedoch bei __ Prozent und höchstens bei __ Prozent Zinsen pro Jahr.

    d. Die Zinsen werden zusammen mit der Entschädigung fällig.

4. Hemmung

    Bei der Berechnung der Fristen gemäß Nr. 1, Nr. 3 a) und Nr. 3 b) ist der Zeitraum nicht zu berücksichtigen, in dem infolge Verschuldens des Versicherungsnehmers die Entschädigung nicht ermittelt oder nicht gezahlt werden kann.

5. Aufschiebung der Zahlung

Der Versicherer kann die Zahlung aufschieben, solange

a. Zweifel an der Empfangsberechtigung des Versicherungsnehmers bestehen;

b. ein behördliches oder strafgerichtliches Verfahren gegen den Versicherungsnehmer oder seinen Repräsentanten aus Anlass dieses Versicherungsfalles noch läuft;

c. eine Mitwirkung des Realgläubigers gemäß den gesetzlichen Bestimmungen über die Sicherung von Realgläubigern nicht erfolgte.

A. Fälligkeit der Entschädigung

1   In § 14 VGB 2010 (A) sind die Zahlung und die Verzinsung der Entschädigung geregelt. **Grundlage** der Bestimmungen für die Zahlung der Entschädigung ist **§ 14 VVG**. Dort sind die gesetzlichen Vorschriften für die Fälligkeit von Geldleistungen des Versicherers verankert.

I. Grundsatz

2   Nach § 14 Nr. 1 a) Abs. 1 VGB 2010 (A) wird die Entschädigung fällig, wenn die Feststellungen des Versicherers zum Grunde und zur Höhe des Anspruchs abgeschlossen sind. Diese Regelung entspricht sinngemäß § 14 Abs. 1 VVG.

1. Feststellungen zum Grunde und zur Höhe des Anspruchs

3   Die Feststellungen des Versicherers zum Grunde und zur Höhe des Anspruchs sind dann abgeschlossen, wenn der Versicherer die **Kenntnisse erlangt** hat, die er **zur abschließenden Beurteilung seiner Leistungsverpflichtung** dem Grunde und der Höhe nach benötigt. Allerdings ist zu beachten, dass § 14 Abs. 1 VVG von „notwendigen Erhebungen" spricht. Dieses Erfordernis ist auf § 14 Nr. 1 a) Abs. 1 VGB 2010 (A) sinngemäß zu übertragen, so dass auch hier **nur notwendige Feststellungen** die Fälligkeit der Entschädigung hinausschieben können.

4   **Grundlage** der Feststellungen des Versicherers ist die **Schadenanzeige** des Versicherungsnehmers, die schriftlich in freier Form oder mit dem Schadenanzeigeformular des Versicherers, aber auch mündlich oder telefonisch erfolgt. Anhand der Angaben in der Schadenanzeige entscheidet der Versicherer darüber, welche weiteren Erhebungen zur Schadenfeststellung er anstellen möchte. Insbesondere legt er fest, ob der Schaden vom Innendienst abgewickelt werden kann oder ob eine Besichtigung vor Ort erforderlich ist. Die Erhebungen des Versicherers sind beendet, sobald er alle Unterlagen und Informationen hat, die zur Beurteilung seiner Leistungspflicht dem Grunde und der Höhe nach erforderlich sind. Dazu zählen bei Schäden an Wohngebäuden insbesondere Reparatur-

kostenrechnungen und Kostenvoranschläge von Bauhandwerkern. Solange die **notwendigen Unterlagen** zur Beurteilung der Leistungspflicht dem Versicherer **nicht vorliegen**, sind die **Feststellungen noch nicht abgeschlossen**.

Das gilt auch bei einem Sachverständigenverfahren bis zur Vorlage des Gutachtens der Sachverständigen oder des Obmanns bzw. bis zur Vorlage des Sachverständigengutachtens im sogenannten Beraterverfahren.[563]

Zu den Feststellungen kann aber auch die **Einsicht in die polizeilichen Ermittlungsunterlagen** zählen. Dieser Gesichtspunkt spielt vor allem bei Schäden durch Einbruchdiebstahl eine große Rolle.[564] In der Wohngebäudeversicherung hat er geringere Bedeutung. Indessen kann die Akteneinsicht bei Abhandenkommen von Sachen und insbesondere bei begründetem Verdacht auf vorsätzliche oder grob fahrlässige Herbeiführung eines Brandschadens zu den unverzichtbaren Feststellungen zählen, die der Versicherer durchführen muss, damit er seine Leitungsverpflichtung beurteilen kann.

Das wurde durch die **Rechtsprechung** verschiedentlich bestätigt. Die Eintrittspflicht des Versicherers setzt nicht nur den Eintritt eines Versicherungsfalls, sondern darüber hinaus auch voraus, dass **ein Anlass zur Leistungsverweigerung nicht besteht**. Insoweit bedarf es für den Versicherer der Prüfung, ob sich auf dem strafrechtlichen Ermittlungsergebnis Anhaltspunkte dafür ergeben, dass der Brand vom Versicherungsnehmer (bzw. seinem Repräsentanten) selbst, auf seine Veranlassung hin, mit seinem Einverständnis oder zumindest seinem Wissen gelegt worden ist.[565] Dem Versicherer steht für die Prüfung der Ermittlungsunterlagen eine angemessene Frist zu. Nach Auffassung des LG Bonn ist es vertretbar, dem Versicherer für die Prüfung einer staatsanwaltschaftlichen Einstellungsverfügung bei kompliziertem Sachverhalt eine Frist von einem Monat zuzubilligen.[566] Wenn der Versicherer berechtigt war, vor weiteren Zahlungen die amtlichen Ermittlungsakten einzusehen, hat er nicht die Rechtsanwaltskosten zu tragen, die dadurch entstanden sind, dass der Versicherungsnehmer schon vor Akteneinsicht des Versicherers einen Rechtsanwalt beauftragt hat.[567]

Sind die Feststellungen **abgeschlossen**, so **muss der Versicherer entscheiden**, ob er die Ansprüche des Versicherungsnehmers anerkennt und die ermittelte Entschädigung auszahlt oder ob er die Entschädigungsansprüche ablehnt. Für die Vorbereitung dieser Entscheidung steht ihm eine **angemessene Überlegungsfrist** zu.[568]

---

563 Martin Y I 4.
564 Vgl. Dietz HRV § 24 RN 2.1.
565 OLG Hamm VersR 1994, 717.
566 LG Bonn VersR 1990, 303.
567 AG Aachen r + s 1990, 97.
568 Ollic VerBAV 1981, 42.

9 **Lehnt der Versicherer Leistungen endgültig ab**, wird der Anspruch ebenfalls fällig.[569] Nach einer endgültigen Leistungsablehnung kann sich der Versicherer im Hinblick auf die Fälligkeit nicht darauf berufen, aufgrund eines laufenden Ermittlungsverfahrens habe ein Recht zur Leistungsverweigerung bestanden.[570]

10 **Verzögert der Versicherer schuldhaft** die nötigen Feststellungen zum Grund und zur Höhe des Anspruchs, so **gerät er in Verzug**. Die Verzögerung kann darin bestehen, dass er auf die schriftliche Schadenanzeige des Versicherungsnehmers aufgrund von Bearbeitungsrückständen mit erheblicher zeitlicher Verspätung reagiert. Diese Verzögerungen muss sich der Versicherer anrechnen lassen, wenn sie darauf zurückzuführen sind, dass er es versäumt hat, qualifizierte Schadensachbearbeiter in ausreichender Zahl zur Verfügung zu haben. Die Entschädigung wird in diesen Fällen zu dem Zeitpunkt fällig, zu dem sie bei ordnungsgemäßer Bearbeitung fällig geworden wäre.[571] Treten vorübergehende Bearbeitungsengpässe und Verzögerungen z. B. **durch kurzfristigen kumulierten Schadenanfall** bei Sturmkatastrophen auf, so liegt **kein Verschulden des Versicherers** vor. Es kann nicht erwartet werden, dass er seine Personalkapazität andauernd am kurzfristigen Personalbedarf bei Katastrophenschäden ausrichtet, deren Ausmaß und Eintritt ungewiss ist. Schuldhaft verzögert der Versicherer dagegen die nötigen Feststellungen auch, wenn sein Regulierungsbeauftragter vereinbarte Besichtigungstermine mit dem Versicherungsnehmer nicht einhält oder ein vereinbartes Sachverständigenverfahren verspätet einleitet.

2. Fälligkeit der Entschädigung

11 Hinsichtlich der Fälligkeit der Entschädigung sind **zwei Fallgestaltungen** zu unterscheiden, die in Satz 1 und Satz 2 von § 14 Nr. 1 a) VGB 2010 (A) geregelt sind. **Satz 1** regelt abschließend diejenigen Fälle, in denen die Leistungspflicht dem Grunde und der Höhe nach **innerhalb eines Monats nach Anzeige des Schadens umfassend und endgültig festgestellt** werden kann. **Satz 2** der genannten Bestimmungen enthält ergänzende Bestimmungen für diejenigen Fälle, in denen die Erhebungen zur Feststellung der Leistungspflicht des Versicherers **innerhalb eines Monats nach Anzeige des Schadens nicht beendet werden können**.

a) Fälligkeit nach Abschluss der Feststellungen

12 Steht die Leistungspflicht des Versicherers dem Grunde und der Höhe nach fest, wird die **Entschädigung fällig**.

13 Bis einschließlich VGB 2000 wurden dem Versicherer noch zwei Wochen zugestanden, innerhalb derer die Entschädigungszahlung erfolgen sollte. Hierdurch wurde nicht etwa die Fälligkeit um weitere zwei Wochen hinausgeschoben. Viel-

---

569 BGH VersR 2000, 753.
570 BGH VersR 2007, 537.
571 Vgl. OLG Köln VersR 1983, 922; OLG Hamburg VersR 1982, 543.

mehr sollte der Versicherer dadurch in die Lage versetzt werden, die zur Zahlung notwendigen Schritte zu unternehmen, nachdem die nötigen Erhebungen abgeschlossen waren und seine Leistungspflicht feststand.

Auch nach Wegfall der ausdrücklichen Regelung wird man dem Versicherer noch eine gewisse Zeit zugestehen müssen, um die fällige Leistung zu erbringen. 14

b) Abschlagszahlung

Sind die nötigen Erhebungen einen Monat nach Anzeige des Schadens noch nicht beendet, kann der Versicherungsnehmer eine **Abschlagszahlung in Höhe des Betrages** verlangen, **der nach Lage der Sache mindestens zu zahlen ist** (§ 14 Nr. 1 a) Abs. 2 VGB 2010 (A)). 15

Maßgebend für die Ermittlung der Monatsfrist ist der Zugang der schriftlichen, mündlichen oder telefonischen Schadenanzeige beim Versicherer oder dessen Versicherungsvertreter. Der Versicherer hat eine Abschlagszahlung nur aufgrund einer **ausdrücklichen Aufforderung durch den Versicherungsnehmer** zu leisten. Das folgt aus dem Wortlaut des VVG bzw. der VGB. Danach kann der Versicherungsnehmer eine Abschlagszahlung „verlangen" bzw. „beanspruchen". Weder ist eine Abschlagszahlung nach Ablauf der Monatsfrist ohne weiteres fällig noch ist der Versicherer ohne Aufforderung durch den Versicherungsnehmer zur Zahlung verpflichtet. Die Fälligkeit entsteht mit der Aufforderung des Versicherungsnehmers an den Versicherer, eine Abschlagszahlung zu erbringen.[572] Dem Versicherer steht auch in diesen Fällen eine angemessene Frist zu, um die für die Zahlung erforderlichen Schritte zu unternehmen. 16

Als Abschlagszahlung kann **der Betrag** verlangt werden, der zu dieser Zeit nach dem **tatsächlichen Stand der Schadenermittlung unstreitig** ist. Deswegen ist generell vorausgesetzt, dass die **Leistungspflicht des Versicherers dem Grunde nach feststeht**.[573] Solange nicht feststeht, dass der Versicherer überhaupt zum Schadenersatz verpflichtet ist, besteht kein Anspruch auf Abschlagszahlung. Praktische Bedeutung hat die angesprochene Regelung vor allem bei Großschäden, bei denen die Ersatzpflicht dem Grunde nach frühzeitig feststeht, die Feststellung der Schadenhöhe aber erst sehr viel später abgeschlossen werden kann. In diesen Fällen kommt es auch vor, dass im Zeitverlauf mehrere Abschlagszahlungen geleistet werden, weil sich der Stand der Schadenermittlung und dadurch der Betrag, der nach Lage der Sache mindestens zu zahlen ist, im Zeitverlauf verändern. 17

Der Versicherer gerät in Verzug, wenn er eine **Abschlagszahlung,** die der Versicherungsnehmer einen Monat nach Anzeige des Schadens verlangt, **nicht rechtzeitig zahlt**, obwohl die Entschädigungsverpflichtung dem Grunde nach ebenso feststeht wie der Betrag, der nach Lage der Sache zu dieser Zeit mindestens zu zahlen ist. Er muss sich dabei auch eine Verzögerung anrechnen lassen, die sein 18

---

572 FA-Komm-VersR/*Wendt* § 14 VVG Rn. 27.
573 Vgl. FA-Komm-VersR/*Wendt* in Fachanwaltskommentar Versicherungsrecht § 14 VVG Rn. 26.

Regulierungsbeauftragter verursacht, weil er das Verlangen des Versicherungsnehmers nach einer Abschlagszahlung nicht unverzüglich an die Direktion des Versicherers weitergeleitet hat. Lehnt der Versicherer die Abschlagszahlung ab, weil er zu Unrecht der Auffassung ist, der vom Versicherungsnehmer geforderte Abzahlungsbetrag sei überhöht oder seine Ersatzverpflichtung dem Grunde nach stehe noch nicht fest, so gerät er ebenfalls in Verzug. Wenn dagegen der Versicherer eine Abschlagszahlung nur nicht rechtzeitig, letztlich aber gezahlt hat, so hat der Versicherer nicht die Rechtsanwaltskosten zu tragen, die dadurch entstanden sind, dass der Versicherungsnehmer die Zahlung der Abschlagszahlung nicht abgewartet, sondern mit der Einforderung einen Rechtsanwalt beauftragt hat.[574]

c) Zahlung unter Vorbehalt

19 Gelegentlich kommt es vor, dass der Versicherer **(Abschlags-)Zahlungen** leistet, obwohl die **Feststellungen zum Grund seiner Leistungsverpflichtung noch nicht vollständig abgeschlossen** sind. So liegt es z. B., wenn aus Anlass eines Brandschadens ein Ermittlungsverfahren wegen Brandstiftung eingeleitet wurde und die Ermittlungen entweder noch nicht abgeschlossen sind oder der Versicherer noch keine Einsicht in die Ermittlungsunterlagen nehmen konnte. Leistet der Versicherer unter diesen Umständen dennoch eine Zahlung an den Versicherungsnehmer, so zahlt er in der Regel mit dem **Vorbehalt**, dass er die geleistete Zahlung nach §§ 812 ff. BGB **zurückfordern kann**, wenn die noch anzustellenden Ermittlungen zu dem Ergebnis führen, dass er **zum Ersatz des Schadens dem Grunde nach nicht verpflichtet** ist.

20 Ein Haftungsvorbehalt mit ausdrücklichem Rückforderungsrecht für den Fall, dass sich wider Erwarten noch Umstände ergeben, die die Leistungspflicht aufheben oder einschränken, der in Verbindung mit Abschlagszahlungen vorgenommen wird, kann nur als Ausschluss der gesetzlichen Regelung des § 814 BGB verstanden werden, hat also nicht die Bedeutung, dass die Beweislast für die anspruchsbegründenden Tatsachen beim Versicherer verbleibt.[575]

21 Wenn der Versicherer nach einem behaupteten Einbruchdiebstahl noch vor Fälligkeit „vorbehaltlich der Einsichtnahme in die Ermittlungsakten" aufgrund einer Regulierungsvereinbarung mit entsprechendem Inhalt zahlt, ist die Erfüllungswirkung vom tatsächlichen Bestehen der Schuld abhängig. Daher muss der Versicherer im Rückforderungsprozess nur den Vorbehalt beweisen, während dem Versicherungsnehmer die Beweislast für das Bestehen der Schuld zufällt[576].

---

[574] LG Köln r + s 1990, 97.
[575] OLG Köln r + s 1995, 265.
[576] OLG Düsseldorf VersR 1996, 89.

II. Zahlung des Neuwertanteils

Die auf den Neuwertanteil entfallende Entschädigung wird nach § 14 Nr. 1 b) VGB 2010 (A) gezahlt, wenn der **Versicherungsnehmer dem Versicherer nachweist, dass die dafür geforderte Verwendung der Entschädigung sichergestellt ist**. Die Regelung ist im Zusammenhang mit § 13 Nr. 7 VGB 2010 (A) zu sehen. Der Versicherungsnehmer hat es in der Hand, die Fälligkeit für diesen Teil der Entschädigung herbeizuführen, indem er den geforderten Nachweis erbringt. Ist der Nachweis geführt, wird die Entschädigung für den Neuwertanteil gezahlt, sofern die sonstigen Voraussetzungen für die Fälligkeit vorliegen. Der Versicherer kann die Zahlung nicht davon abhängig machen, dass diese Beträge für den Wiederaufbau oder die Reparatur des versicherten Gebäudes tatsächlich bereits aufgewendet wurden.

22

B. Rückzahlung des Neuwertanteils

Wird die Sache infolge eines Verschuldens des Versicherungsnehmers **nicht innerhalb einer angemessenen Frist wiederhergestellt oder wiederbeschafft**, ist der Versicherungsnehmer gem. § 14 Nr. 2 VGB 2010 (A) **zur Rückzahlung des Neuwertanteils einschließlich etwaiger gezahlter Zinsen verpflichtet**.

23

Die Regelung **entspricht § 93 S. 2 VVG**. Die Frist ist nicht mit der Frist von drei Jahren zu verwechseln, innerhalb derer der Versicherungsnehmer die Wiederherstellung bzw. Wiederbeschaffung sicherstellen muss. Vielmehr kann die Frist zur Wiederherstellung oder Wiederbeschaffung erst beginnen, wenn die Wiederherstellung sichergestellt ist.

24

Um dem Versicherungsnehmer Klarheit hinsichtlich der laufenden Frist zu verschaffen, ist es erforderlich, dass der Versicherer die **Frist ausdrücklich bestimmt**.[577] Die **Angemessenheit** der Frist dürfte in erster Linie davon abhängen, welche Maßnahmen zur Wiederherstellung bzw. Wiederbeschaffung erforderlich sind. Ist beispielsweise die Sicherstellung durch den Abschluss von Bauverträgen erfolgt, ist dem Versicherungsnehmer zumindest der Zeitraum zur Wiederherstellung zu gewähren, der für Projekte gleichen Umfangs einschließlich üblicher Bauverzögerungen anzusetzen ist.

25

Selbst wenn die Wiederherstellung nicht innerhalb einer angemessenen Frist erfolgt, besteht ein Anspruch auf Rückzahlung nur, wenn den Versicherungsnehmer diesbezüglich ein **Verschulden** trifft. Da den Versicherungsnehmer gerade wirtschaftliche Umstände (z. B. Wirtschaftskrise, Verlust des Arbeitsplatzes) zu einer Aufgabe seiner ursprünglichen Pläne bewegen können, ohne dass er hierauf einen Einfluss hat, ist sehr genau zu prüfen, ob tatsächlich ein Verschulden des Versicherungsnehmers vorliegt.[578]

26

---

577 Bruck/Möller/*Johannsen* Band 3 §§ 93, 94 Rn. 52.
578 Bruck/Möller/*Johannsen* Band 3 §§ 93, 94 Rn. 53.

C. Verzinsung

27 Nach § 14 Nr. 3 VGB 2010 (A) ist die Entschädigung **seit Anzeige des Schadens zu verzinsen**.

28 Nach einem Versicherungsfall wird die Entschädigung nicht sofort fällig. Dadurch entstehen beim Versicherer wirtschaftliche Vorteile, weil er bis zur Fälligkeit bzw. zur Zahlung der Entschädigung über die entsprechenden Geldbeträge weiterhin verfügen und daraus Kapitalerträge erzielen kann. Durch die Verzinsung der Entschädigung wird dieser **Vermögensvorteil vom Versicherer zum Versicherungsnehmer** verlagert. Diese Vorteilsausgleichung zulasten des Versicherers ist daneben auch deswegen gerechtfertigt, weil in der Zeit zwischen dem Eintritt des Versicherungsfalls und der Zahlung der Entschädigung sowie der nachfolgenden Beseitigung des Schadens die Nutzung des versicherten Gebäudes in vielen Fällen eingeschränkt ist. Zwar ist diese Beeinträchtigung der Nutzung des versicherten Gebäudes kein versicherter Schaden. Er wird jedoch durch die verzögerte Schadenbeseitigung infolge der späteren Zahlung der Entschädigung vergrößert[579] und durch die Mietausfallentschädigung für Wohnräume nur zum Teil ausgeglichen. Diese wirtschaftlichen Nachteile für den Versicherungsnehmer sollen durch die Verzinsung der Entschädigung kompensiert werden.

29 Der vertragliche Zinsanspruch des Versicherungsnehmers **stellt nicht auf die Fälligkeit der Entschädigung ab**. Der vertraglich vorgesehene Zins soll den Nachteil ausgleichen, der dadurch entsteht, dass die Fälligkeit der Entschädigung nicht sofort eintritt, sondern vom Abschluss der nötigen Erhebungen abhängt. Der Zinsanspruch wird nicht durch das Sachverständigenverfahren gegenstandslos.[580] Die Pflicht zur Verzinsung erstreckt sich nach § 91 VVG auf den Gesamtbetrag der Entschädigung.

I. Zinslauf

30 Der Zinslauf ist in den § 14 Nr. 3 a) VGB 2010 (A) einerseits sowie in § 91 VVG andererseits geregelt.

31 Wichtigster Unterschied beider Regelungen ist, dass **nach § 14 Nr. 3 a) VGB 2010 (A)** die Entschädigung **seit Anzeige des Schadens** zu verzinsen ist, **soweit sie nicht innerhalb eines Monats seit Schadenanzeige geleistet** wird. Zahlt der Versicherer innerhalb der Monatsfrist die Entschädigung, so hat der Versicherungsnehmer keinen Anspruch auf die Verzinsung der Entschädigung. Lediglich die Entschädigungsbeträge, die nach Ablauf eines Monats seit Schadenanzeige noch nicht gezahlt sind, sind zu verzinsen. Der Zinslauf setzt mit der Anzeige des Schadens beim Versicherer ein.

---

579 Vgl. Martin Y IV 8.
580 OLG Koblenz VersR 1997, 963.

Im Gegensatz dazu beginnt der Zinslauf nach **§§ 91 VVG überhaupt erst einen Monat nach Anzeige des Schadens**. Die Regelung der **VGB 2010** ist für den Versicherungsnehmer **vorteilhafter**. Meldet er einen Schaden am 1. 2. 2014 und zahlt der Versicherer die Entschädigung am 1. 5. 2014, so wird die Entschädigung nach § 14 Nr. 3 a) VGB 2010 (A) für den Zeitraum vom 1. 2. bis zum 1. 5. 2014 verzinst. Nach § 91 VVG hat der Versicherungsnehmer dagegen einen Anspruch auf Zinsen für die Zeit vom 1. 3. bis zum 1. 5. 2014. Daneben ist zu beachten, dass bereits eine geringfügige Überschreitung der Monatsfrist nach den VGB 2010 die Pflicht zur rückwirkenden Verzinsung ab Anzeige des Schadens auslöst. Dadurch wird das Interesse des Versicherers an einer zügigen Bearbeitung der Schäden und der zügigen Zahlung der Entschädigung verstärkt.

32

Besonderheiten sind bei der **Verzinsung der Entschädigung für den Neuwertanteil** zu beachten. Denn nach § 14 Nr. 3 b) VGB 2010 (A) ist der Neuwertanteil erst **ab dem Zeitpunkt** zu verzinsen, in dem der **Versicherungsnehmer die Wiederherstellung oder Wiederbeschaffung nachgewiesen** hat. Diese gesonderte Regelung stellt eine Abweichung von § 91 VVG dar, in dem eine solche Ausnahme nicht vorgesehen ist. Allerdings ist § 91 VVG grundsätzlich abdingbar. Die Regelung stellt auch keine unangemessene Benachteiligung des Versicherungsnehmers im Sinne des § 307 BGB dar.[581] Vielmehr hat der Versicherer ein berechtigtes Interesse daran, den Neuwertanteil erst ab der Sicherstellung der Wiederherstellung oder Wiederbeschaffung zahlen zu müssen. Denn die Voraussetzungen hierfür hat der Versicherungsnehmer zu schaffen. Der Versicherer kann grundsätzlich keinen Einfluss auf die Dauer der Sicherstellung nehmen. Vielmehr darf der Versicherungsnehmer die vertraglich vorgesehenen drei Jahre voll ausschöpfen. Würde der Neuwertanteil jedoch verzinst werden, könnte dies den Versicherungsnehmer dazu verleiten, die Sicherstellung zu verzögern. Weiterhin stellt der Neuwertanteil lediglich den Ausgleich für dem Versicherungsnehmer aufgezwungene, ungeplante und über den Zeitwert hinausgehende Ausgaben aus Anlass des Versicherungsfalls dar. Diesbezüglich trifft den Versicherungsnehmer ein späterer Beginn der Verzinsungspflicht nicht mit der gleichen Härte, wie dies bei einer entsprechenden Regelung hinsichtlich des Zeitwertanteils der Fall wäre.

33

§ 14 Nr. 3 b) VGB 2010 (A) schränkt somit die Verzinsungspflicht hinsichtlich der Neuwertanteils wirksam ein.[582]

34

II. Zinssatz

Der Zinssatz wird in § 14 Nr. 3 c) VGB 2010 (A) geregelt. Hierin ist eine Abweichung von der gesetzlichen Regelung des § 91 VVG enthalten, gegen die aber keine rechtlichen Bedenken bestehen.

35

---

581 Bruck/Möller/*Johannsen* Band 7 AFB 2008/2010 A § 9 Rn. 13.
582 A. A. noch Dietz 2. Auflage 3.1.

36　Es ist vorgesehen, dass die Vertragsparteien **den Zinssatz in Abhängigkeit vom Basiszinssatz gem. § 247 BGB frei vereinbaren**, wobei jedoch **eine Unter- und eine Obergrenze festgelegt** werden soll. Dies entspricht der Regelung in älteren Bedingungswerken. Dort wurden jedoch noch Vorgaben hinsichtlich der Höhe der Zinssätze gemacht wurden.

37　Die nun gewählte Formulierung ohne feste Vorgaben gibt den Versicherern die Möglichkeit, eine Anpassung an die wirtschaftliche Entwicklung vorzunehmen. Das Festlegen einer Ober- und Untergrenze dient dazu, die Zinsansprüche dennoch in einem für beide Vertragsparteien kalkulierbaren Rahmen zu halten. Eine Vereinbarung ohne solche Grenzen wäre hingegen nicht zulässig, was aufgrund der aktuellen Entwicklung mit einem negativen Basiszinssatz einleuchtet.

III. Fälligkeit der Zinsen

38　Die Fälligkeit der Zinsen richtet sich **nach der Fälligkeit der Entschädigung**. Zinsen werden fällig, wenn die Entschädigung fällig ist, d. h. wenn die Leistungspflicht des Versicherers dem Grunde und der Höhe nach endgültig feststeht (vgl. § 14 Nr. 1 a) VGB 2010 (A)). Davor können Zinsen nicht beansprucht werden, und zwar auch dann nicht, wenn sich die abschließende Schadenfeststellung längere Zeit hinzieht und zwischenzeitlich Abschlagszahlungen geleistet werden. Der Versicherungsnehmer kann lediglich Abschlagszahlungen auf die Entschädigung, dagegen **keine Abschlagszahlungen auf die Zinsen** beanspruchen.

D. Hemmung

39　Die Fristen für die Zahlung der Entschädigung, für den Anspruch auf eine Abschlagszahlung sowie für den Beginn des Zinslaufs sind nach § 14 Nr. 4 VGB 2010 (A) **gehemmt, solange infolge Verschuldens des Versicherungsnehmers die Entschädigung nicht ermittelt oder nicht gezahlt** werden kann (vgl. auch §§ 14 Abs. 2 S. 1, 91 S. 2 VVG).

40　Ein Verschulden des Versicherungsnehmers kann insbesondere in der verspäteten Beibringung von Belegen oder in der Verletzung seiner Auskunftsobliegenheit liegen.[583]

E. Zahlungsaufschub

41　Der Versicherer ist nach § 14 Nr. 5 VGB 2010 (A) berechtigt, die Zahlung aufzuschieben, solange

- Zweifel an der Empfangsberechtigung des Versicherungsnehmers bestehen,

---

583　Rüffer/Halbach/Schimikowski/*Halbach* § 91 Rn. 6.

- ein behördliches oder strafgerichtliches Verfahren gegen den Versicherungsnehmer oder seine Repräsentanten aus Anlass der Versicherungsfalls noch läuft oder
- eine Mitwirkung des Realgläubigers gemäß den gesetzlichen Bestimmungen über die Sicherung von Realgläubigern nicht erfolgte.

Geht der Versicherer hingegen **fälschlicherweise vom Vorliegen der vorgenannten Voraussetzungen** aus und zahlt eine fällige Entschädigung nicht, so **gerät er in Verzug**. 42

I. Zweifel an der Empfangsberechtigung des Versicherungsnehmers

Solange **Zweifel an der Empfangsberechtigung des Versicherungsnehmers** bestehen, weiß der Versicherer nicht, an wen er **mit befreiender Wirkung zahlen** kann. Das gibt ihm das Recht, die Zahlung solange aufzuschieben, bis diese Zweifel beseitigt sind. 43

So liegt es bei einer **Versicherung für fremde Rechnung**, wenn der Versicherungsnehmer den vom Versicherer geforderten Nachweis nicht erbringt, dass der Versicherte seine Zustimmung zur Auszahlung der Entschädigung an den Versicherungsnehmer gegeben hat. Ähnlich verhält es sich, wenn der Versicherungsnehmer den vom Versicherer geforderten beglaubigten Grundbuchauszug nicht vorlegt. Dabei **kommt es nicht darauf an**, dass den Versicherungsnehmer ein **Verschulden** trifft. Verzögert der Versicherungsnehmer die geforderten Nachweise jedoch schuldhaft, so richten sich die weiteren Rechtsfolgen nach § 14 Nr. 4 VGB 2010 (A). Der Unterschied besteht darin, dass bei **Verschulden des Versicherungsnehmers** nicht nur die Auszahlung der Entschädigung aufgeschoben, sondern daneben auch der **Zinslauf gehemmt** wird. 44

Zweifel an der Empfangsberechtigung des Versicherungsnehmers können auch **bei Pfändungen** bestehen. Insbesondere in diesen Fällen ist zu beachten, dass Unklarheiten über die Person des Gläubigers den Verzug des Versicherers nicht generell ausschließen. Er ist verpflichtet, die ihm vorliegenden Unterlagen daraufhin zu überprüfen, an wen er mit befreiender Wirkung leisten kann. 45

Ist die Leistungspflicht des Versicherers dem Grunde und der Höhe nach festgestellt, so kann er sich von dem Verzug nach Fälligkeit der Entschädigung nur dann **mit einem Rechtsirrtum entschuldigen**, wenn es sich um **besonders zweifelhafte, schwierige Rechtsfragen** handelt, bei denen sich noch keine einheitliche Rechtsprechung der Gerichte gebildet hat.[584] Verzug ist nicht ausgeschlossen, weil unklar ist, an welchen Drittgläubiger des Versicherungsnehmers Entschädigungsbeiträge in welcher Höhe zu zahlen sind.[585] Drohenden Verzugs- 46

---

[584] BGH VersR 1984, 1137.
[585] OLG Hamm VersR 1989, 584.

schäden kann der Versicherer in diesen Fällen dadurch begegnen, dass er **die Entschädigung hinterlegt,** wenn die Person des Gläubigers unklar ist. Dazu ist der Versicherer nach § 372 BGB berechtigt, aber nicht verpflichtet. Bestehen Unklarheiten, an welchen der zahlreichen Gläubiger des Versicherungsnehmers Zahlungen in welcher Höhe zu erfolgen haben, so kann der Versicherer den Anspruch des Versicherungsnehmers durch Hinterlegung zugunsten der ihm bekannten Gläubiger erfüllen.[586] Der Versicherer ist wegen einer Ungewissheit über die Person des Gläubigers zur Hinterlegung der Entschädigung berechtigt.[587]

II. Behördliches oder strafgerichtliches Verfahren

47 Der Versicherer kann die Zahlung weiterhin aufschieben, wenn gegen den Versicherungsnehmer oder seinen Repräsentanten **aus Anlass des Versicherungsfalls ein behördliches oder strafgerichtliches Verfahren noch läuft** (§ 14 Nr. 5 b) VGB 2010 (A)).

48 Die **Gründe**, die zur Einleitung des Verfahrens geführt haben, müssen für den Entschädigungsanspruch **rechtserheblich** sein. Der Versicherer ist nur dann zum Zahlungsaufschub berechtigt, wenn es sich um ein Verfahren handelt, dessen Ergebnis in irgendeiner Weise **Einfluss auf die Zahlungspflicht** des Versicherers haben könnte.[588]

49 Die Eintrittspflicht des Versicherers setzt nicht nur den Eintritt eines Versicherungsfalls, sondern darüber hinaus auch voraus, dass ein **Anlass zur Leistungsverweigerung nicht besteht.** Insoweit bedarf es für den Versicherer der Prüfung, ob sich aus dem strafrechtlichen Ermittlungsergebnis Anhaltspunkte dafür ergeben, dass beispielsweise der Brand vom Versicherungsnehmer (bzw. seinem Repräsentanten) selbst, auf seine Veranlassung hin, mit seinem Einverständnis oder zumindest seinem Wissen gelegt worden ist.[589] Nach dem eindeutigen Bedingungswortlaut genügt ein Ermittlungsverfahren der Staatsanwaltschaft gegen Unbekannt (UJs-Sache) nicht mehr für einen berechtigten Zahlungsaufschub.[590]

50 Nicht eindeutig geklärt war lange Zeit die Frage, ob die **vorläufige Einstellung eines strafgerichtlichen Verfahrens** dem Versicherer weiterhin das Recht gibt, die Zahlung aufzuschieben. Diese Frage wurde **überwiegend bejaht.** Es wurde die Auffassung vertreten, dass der Versicherer das Recht zum Zahlungsaufschub erst dann verliert, wenn das Verfahren formell eingestellt ist, wobei die Einstel-

---

586 OLG Hamm VersR 1989, 584.
587 BGH VersR 1984, 1137.
588 Vgl. BGH VersR 1991, 331.
589 OLG Hamm VersR 1994, 717.
590 Anders noch OLG Oldenburg VersR 1998, 1502 zum früheren Bedingungswortlaut „Untersuchung".

lung rechtskräftig sein müsse.[591] Eine vorläufige Einstellung entsprechend § 205 StPO sollte nicht ausreichen.[592]

Im Gegensatz dazu hat der **BGH** zur Hausratversicherung entschieden, dass diese Bestimmung dem Versicherer **kein Leistungsverweigerungsrecht** mehr gibt, wenn das Verfahren **vorläufig eingestellt** ist.[593] Der BGH begründet seine Auffassung wiederum damit, dass es darauf ankomme, wie ein durchschnittlicher Versicherungsnehmer bei verständiger Würdigung, aufmerksamer Durchsicht und Berücksichtigung des erkennbaren Sinnzusammenhangs diese Bestimmung verstehen muss. Dabei ist nach Auffassung des BGH auf die Verständnismöglichkeit eines Versicherungsnehmers ohne versicherungsrechtliche Spezialkenntnisse abzustellen. Nach allgemeinem Sprachgebrauch bezeichne „Laufen" einen Vorgang der Bewegung. Der BGH stellt dazu fest: „Was steht oder ruht, läuft nicht." Das gelte auch im übertragenen Sinne. Deshalb werde ein durchschnittlicher Versicherungsnehmer in einem Verfahren, das eingestellt ist, kein laufendes mehr sehen. Das gelte auch, wenn das Verfahren nur vorläufig eingestellt sei. Laufe das Ermittlungsverfahren aber nicht mehr, weil es eingestellt sei, könne ein durchschnittlicher Versicherungsnehmer kein berechtigtes Interesse des Versicherers erkennen, dass der Versicherer seine Leistungen noch zurückhält. Daneben sei der Versicherer nicht gehindert, seine eigenen Ermittlungen fortzusetzen, sofern dazu ausreichender Anlass besteht.

51

Die Rechtsprechung des BGH ist **auch auf die Wohngebäudeversicherung** zu übertragen, da § 14 Nr. 5 b) VGB 2010 (A) ebenfalls darauf abstellt, ob das Verfahren **„noch läuft"**. In den VGB 88 wurde hingegen noch auf den Abschluss des Verfahrens abgestellt, was allerdings zu Bedenken hinsichtlich der Rechtswirksamkeit der Klausel führte.[594]

52

Ein Aufschub der Zahlung ist hingegen **nicht möglich**, wenn der Versicherer **bereits** in einem Zeitpunkt **zur Zahlung verpflichtet war**, in dem das Ermittlungsverfahren noch nicht gegen den Versicherungsnehmer gerichtet war.[595] Der Rechtsgedanke gilt entsprechend, wenn ein einmal eingestelltes Ermittlungsverfahren wieder aufgenommen wird. Auch hier ändert die Wiederaufnahme nichts an der eingetretenen Fälligkeit der Versicherungsleistung.[596]

53

---

591 LG Bonn VersR 1990, 303; nicht ganz eindeutig Martin Y I 13 und 17.
592 LG Hamburg VersR 1988, 509.
593 BGH VersR 1999, 227.
594 Bruck/Möller/*Johannsen* Band 7 AFB 2008/2010 A § 9 Rn. 22.
595 BGH VersR 1991, 331.
596 Bruck/Möller/*Johannsen* Band 7 AFB 2008/2010 A § 9 Rn. 23; a. A. Prölss/Martin/*Prölss* AFB 2008 § 14 Rn. 6.

III. Fehlende Mitwirkung des Realgläubigers

54 Nach § 14 Nr. 5 c) VGB 2010 (A) ist der Versicherer zum Aufschub berechtigt, solange eine **Mitwirkung des Realgläubigers gemäß den gesetzlichen Bestimmungen über die Sicherung von Realgläubigern nicht erfolgte**.

55 Die Regelung dürfte sich in erster Linie auf die **Mitwirkung des Hypothekengläubigers nach § 94 VVG** beziehen. Auf die einschlägigen Kommentierungen zum VVG wird diesbezüglich verwiesen.

§ 15 Sachverständigenverfahren

1. *Feststellung der Schadenhöhe*

   Der Versicherungsnehmer kann nach Eintritt des Versicherungsfalles verlangen, dass die Höhe des Schadens in einem Sachverständigenverfahren festgestellt wird.

   Ein solches Sachverständigenverfahren können Versicherer und Versicherungsnehmer auch gemeinsam vereinbaren.

2. *Weitere Feststellungen*

   Das Sachverständigenverfahren kann durch Vereinbarung auf weitere Feststellungen zum Versicherungsfall ausgedehnt werden.

3. *Verfahren vor Feststellung*

   Für das Sachverständigenverfahren gilt:

   a. *Jede Partei hat in Textform einen Sachverständigen zu benennen. Eine Partei, die ihren Sachverständigen benannt hat, kann die andere unter Angabe des von ihr genannten Sachverständigen in Textform auffordern, den zweiten Sachverständigen zu benennen. Wird der zweite Sachverständige nicht innerhalb von zwei Wochen nach Zugang der Aufforderung benannt, so kann ihn die auffordernde Partei durch das für den Schadenort zuständige Amtsgericht ernennen lassen. In der Aufforderung durch den Versicherer ist der Versicherungsnehmer auf diese Folge hinzuweisen.*

   b. *Der Versicherer darf als Sachverständigen keine Person benennen, die Mitbewerber des Versicherungsnehmers ist oder mit ihm in dauernder Geschäftsverbindung steht; ferner keine Person, die bei Mitbewerbern oder Geschäftspartnern angestellt ist oder mit ihnen in einem ähnlichen Verhältnis steht.*

   c. *Beide Sachverständige benennen in Textform vor Beginn ihrer Feststellungen einen dritten Sachverständigen als Obmann. Die Regelung unter b) gilt entsprechend für die Benennung eines Obmannes durch die Sachverständigen. Einigen sich die Sachverständigen nicht, so wird der Obmann auf Antrag einer Partei durch das für den Schadenort zuständige Amtsgericht ernannt.*

4. *Feststellung*

   Die Feststellungen der Sachverständigen müssen enthalten:

   a. *ein Verzeichnis der abhanden gekommenen, zerstörten und beschädigten versicherten Sachen sowie deren nach dem Versicherungs-*

vertrag in Frage kommenden Versicherungswerte zum Zeitpunkt des Versicherungsfalles;

b. die Wiederherstellungs- und Wiederbeschaffungskosten;

c. die Restwerte der vom Schaden betroffenen Sachen;

d. die nach dem Versicherungsvertrag versicherten Kosten und den versicherten Mietausfall bzw. Mietwert;

e. den Versicherungswert der nicht vom Schaden betroffenen versicherten Sachen zum Zeitpunkt des Versicherungsfalles, wenn kein Unterversicherungsverzicht gegeben ist.

5. Verfahren nach Feststellung

Der Sachverständige übermittelt seine Feststellungen beiden Parteien gleichzeitig. Weichen die Feststellungen der Sachverständigen voneinander ab, so übergibt der Versicherer sie unverzüglich dem Obmann. Dieser entscheidet über die streitig gebliebenen Punkte innerhalb der durch die Feststellungen der Sachverständigen gezogenen Grenzen und übermittelt seine Entscheidung beiden Parteien gleichzeitig.

Die Feststellungen der Sachverständigen oder des Obmannes sind für die Vertragsparteien verbindlich, wenn nicht nachgewiesen wird, dass sie offenbar von der wirklichen Sachlage erheblich abweichen. Aufgrund dieser verbindlichen Feststellungen berechnet der Versicherer die Entschädigung.

Im Falle unverbindlicher Feststellungen erfolgen diese durch gerichtliche Entscheidung. Dies gilt auch, wenn die Sachverständigen die Feststellung nicht treffen können oder wollen oder sie verzögern.

6. Kosten

Sofern nicht etwas anderes vereinbart ist, trägt jede Partei die Kosten ihres Sachverständigen. Die Kosten des Obmannes tragen beide Parteien je zur Hälfte.

7. Obliegenheiten

Durch das Sachverständigenverfahren werden die Obliegenheiten des Versicherungsnehmers nicht berührt.

A. Abgrenzung

1 § 15 VGB 2010 (A) regelt das **Sachverständigenverfahren**. Diese vertraglich geregelte Form der Schadenfeststellung ist **abzugrenzen von anderen Formen**, denen sich Versicherer bzw. Versicherungsnehmer im Rahmen eines Versicherungsfalls bedienen können und von denen insbesondere bei hohen Schadenbeträgen Gebrauch gemacht wird.

I. Regulierungsbeauftragte

Erreicht der Entschädigungsanspruch des Versicherungsnehmers eine gewisse Höhe, wird der Versicherungsfall in der Regel durch **sogenannte Regulierungsbeauftragte des Versicherers** vor Ort dem Grunde und der Höhe nach überprüft. Bei diesen Regulierungsbeauftragten handelt es sich **zumeist um Angestellte des Versicherers**. Es kommt jedoch auch vor, dass unabhängige Schadenregulierungsbüros oder freie Sachverständige vom Versicherer damit beauftragt werden, die nötigen Feststellungen und Vereinbarungen vor Ort mit dem Versicherungsnehmer zu treffen.

Dabei wird in vielen Fällen die Schaden- und Entschädigungshöhe abschließend vereinbart. Darüber wird in der Regel eine schriftliche Vereinbarung getroffen, die verschiedentlich durch eine sogenannte Verhandlungsniederschrift bzw. ein Verhandlungsprotokoll ergänzt wird. Die dabei verwendeten Formulare der Versicherer enthalten regelmäßig den Hinweis, dass sich der Versicherer die Anerkennung der Entschädigungsberechnung und der vereinbarten Entschädigung vorbehält. Damit will der Versicherer verhindern, dass Fehleinschätzungen bzw. Fehler des Regulierungsbeauftragten bindend sind. Er möchte die Möglichkeit haben, die Vereinbarungen zwischen dem Versicherungsnehmer und dem Regulierungsbeauftragten nachzuprüfen und gegebenenfalls zu korrigieren.

Unter den geschilderten Umständen sind die Vereinbarungen zwischen dem Versicherungsnehmer und dem Regulierungsbeauftragten ein **Schaden- und Entschädigungsfeststellungsvertrag**, der aber einen **Zustimmungsvorbehalt** des Versicherers enthält. Daher ist der Vertrag schwebend unwirksam. Der Zustimmungsvorbehalt ist rechtlich wirksam und hält auch einer Inhaltskontrolle nach den Bestimmungen des § 307 BGB stand.[597] Letzteres gilt zumindest, wenn die Erklärung für Versicherer und Versicherungsnehmer die gleiche (unverbindliche) Wirkung hat. Nicht entschieden ist bisher die Frage, ob ein solcher Zustimmungsvorbehalt zugunsten des Versicherers dann keine überraschende Klausel ist, wenn der Schadenfeststellungsvertrag in der Person des Versicherungsnehmers eine Bindung bewirkt und nur der Versicherer noch freie Hand hat, die Entschädigungsfeststellung zu akzeptieren oder nicht.[598]

Gelegentlich kommt es vor, dass Regulierungsbeauftragte von Versicherern nicht über die erforderliche Sachkunde zur abschließenden Beurteilung des Entschädigungsanspruchs dem Grunde oder der Höhe nach verfügen. Dann werden zur Klärung von Sachfragen über den Schadenhergang oder die Schadenhöhe vom Versicherer Sachverständige hinzugezogen. Sie werden im Auftrag des Versicherers tätig und sollen den Regulierungsbeauftragten des Versicherers bei seiner Feststellungsarbeit unterstützen. Die Kosten des Sachverständigen trägt in diesen Fällen der Versicherer.

---

597 OLG Köln VersR 1997, 569.
598 Martin Y I 9 f.

6   Es muss sich nicht um freie Sachverständige, schon gar nicht um selbständige Sachverständige handeln.[599] Der Versicherer kann jede Person hinzuziehen, die über besondere Fachkenntnisse verfügt, die für die Feststellung der Schaden- und Entschädigungshöhe im konkreten Schadenfall vorteilhaft sind. Auch der Versicherungsnehmer kann auf seine Kosten einen Sachverständigen hinzuziehen oder mit den Verhandlungen zur Ermittlung und Feststellung des Schadens bevollmächtigen (vgl. dazu § 85 Abs. 2 VVG). Daneben hat der Versicherungsnehmer in diesen Fällen selbstverständlich das Recht, die Durchführung eines Sachverständigenverfahrens zu verlangen.

II. Gemeinsamer Sachverständiger

7   Versicherungsnehmer und Versicherer können auch vereinbaren, dass zur Feststellung der Schadenhöhe, der Entschädigungshöhe oder sonstiger Voraussetzungen des Entschädigungsanspruchs ein **gemeinsamer Sachverständiger** tätig wird. Dabei muss jedoch insbesondere **festgelegt** werden, **welche Feststellungen** der Sachverständige **im Einzelnen** treffen soll, ob diese Feststellungen **verbindlich** sein sollen und ob bzw. gegebenenfalls wie die **Kosten** dieses Sachverständigen geteilt werden. Wird ein derartiges Verfahren auf Initiative des Versicherers vereinbart, treffen ihn gesteigerte Hinweis- und Aufklärungspflichten.[600]

8   Praktisch spielt dieser Weg der Schadenfeststellung in der Wohngebäudeversicherung eine **untergeordnete Rolle**. Dies liegt vor allem daran, dass der Versicherungsnehmer aufgrund seines Initiativrechts für das Sachverständigenverfahren zunächst einmal abwarten kann, welches Entschädigungsangebot der Versicherer aufgrund der Feststellungen seines Regulierungsbeauftragten unterbreitet. Ist er damit nicht einverstanden, kann er anschließend eine Vereinbarung mit dem Versicherer über die Beauftragung eines gemeinsamen Sachverständigen anstreben. Dazu wird der Versicherer in der Regel nicht mehr bereit sein. Dann hat der Versicherungsnehmer das Recht, ein Sachverständigenverfahren zu fordern.

B. Sachverständigenverfahren

9   Das **Sachverständigenverfahren** ist in § 15 VGB 2010 (A) geregelt. Daneben sind §§ 84 und 85 VVG zu beachten. Im Gegensatz zu den oben dargestellten Methoden zur Feststellung der Schaden- und Entschädigungshöhe aufgrund freier Vereinbarung zwischen Versicherungsnehmer und Versicherer gelten für das bedingungsgemäße Sachverständigenverfahren die in den VGB 2010 niedergelegten Grundsätze und Regeln. Ist ein Sachverständigenverfahren eingeleitet,

---

599   So Martin Y I 4.
600   Vgl. Martin Y I 77.

so ist die **Feststellung der Schadenhöhe** zumindest für die **Dauer des Sachverständigenverfahrens der unmittelbaren Einflussnahme durch Versicherungsnehmer und Versicherer entzogen**.

Das Sachverständigenverfahren steht **vor allem für die Feststellung der Schadenhöhe** zur Verfügung. Es bietet den Vertragsparteien die Möglichkeit, auch schwirige Großschäden ohne Inanspruchnahme der Gerichte festzustellen und abzuwickeln. Die Sachverständigen verfügen über die Sachkunde, die den Vertragsparteien fehlt. Bei der Beurteilung und Lösung von Streitfragen haben sie ein höheres Maß an Objektivität als die Vertragsparteien. Das Sachverständigenverfahren ist ein **schneller, flexibler und kostengünstiger Weg für die Abwicklung schwieriger Schäden**. Die ordentlichen Gerichte werden entlastet, weil das Sachverständigenverfahren insbesondere dann zu Konfliktlösungen eingesetzt werden kann, wenn sich die Vertragsparteien über die Schadenhöhe nicht einigen können. Leistungsklagen werden vermieden.

10

Solange der Versicherungsnehmer sich nicht des Rechts begeben hat, ein in den Versicherungsbedingungen vorgesehenes Sachverständigenverfahren zur Schadenhöhe zu beantragen, kann seiner Klage auf Feststellung, dass Versicherungsschutz für den Schadenfall zu gewähren ist, nicht der Einwand entgegengesetzt werden, er müsse Leistungsklage erheben.[601] Eine Feststellungsklage auf Gewährung von Versicherungsschutz ist trotz Möglichkeit einer Leistungsklage jedenfalls dann zulässig, wenn der Versicherungsnehmer zur Höhe noch in das bedingungsgemäße Sachverständigenverfahren eintreten kann oder der Versicherer eine geleistete Abschlagszahlung mit der Begründung zurückverlangt, er sei schon dem Grunde nach leistungsfrei. Der Versicherungsnehmer verliert sein Recht auf Durchführung des Sachverständigenverfahrens nicht dadurch, dass der Versicherer Leistungen schon dem Grunde nach ablehnt.[602]

11

I. Zustandekommen des Sachverständigenverfahrens

Nach § 15 Nr. 1 Abs. 1 VGB 2010 (A) kann der Versicherungsnehmer nach Eintritt des Versicherungsfalles verlangen, dass die Höhe des Schadens in einem Sachverständigenverfahren festgestellt wird. Nach § 15 Nr. 1 Abs. 2 VGB 2010 (A) können Versicherungsnehmer und Versicherer ein solches Verfahren auch gemeinsam vereinbaren.

12

Ein Sachverständigenverfahren kann infolgedessen **nur dann durchgeführt** werden, wenn **der Versicherungsnehmer dem zumindest zustimmt**. Der Versicherungsnehmer hat es somit auch in der Hand, ob er im Zuge der Schadenregulierung Sachverständigenkosten zu tragen hat. Mit dieser Neufassung der vertraglichen Regelung wurde der Rechtsprechung des BGH Rechnung getragen. Nach Auffassung des BGH war die Kostenregelung in den älteren Bedin-

13

---

601 BGH VersR 1986, 675.
602 OLG Hamm r + s 1992, 61.

gungswerken eine unangemessene Benachteiligung des Versicherungsnehmers in Fällen, in denen das Sachverständigenverfahren auf Verlangen des Versicherers durchgeführt wurde.[603] Danach wurden die Kosten des Sachverständigen zwischen Versicherer und Versicherungsnehmer auch in den Fällen geteilt, in denen das Sachverständigenverfahren auf Verlangen des Versicherers zustande kam. Nach der geltenden Regelung kann der Versicherungsnehmer ein Sachverständigenverfahren weiterhin erzwingen, während dem Versicherer dieses Recht nicht mehr zusteht.

14 In den VGB 2010 sind **keine allgemeingültigen Voraussetzungen** festgelegt, unter denen es sinnvoll und notwendig ist, ein Sachverständigenverfahren durchzuführen. Darauf konnte verzichtet werden, weil die Durchführung von Sachverständigenverfahren in den **allermeisten Fällen einvernehmlich** zwischen Versicherungsnehmer und Versicherer geregelt wird. Die Vertragsparteien können dabei frei entscheiden, ob sie die Schadenhöhe oder sonstige schaden- bzw. entschädigungsrelevante Sachverhalte durch ein Sachverständigenverfahren feststellen lassen.

15 Einseitig kann der Versicherungsnehmer nach dem eindeutigen Bedingungswortlaut ein Sachverständigenverfahren nur zur Höhe des Schadens herbeiführen. Auf weitere Feststellungen kann das Sachverständigenverfahren gem. § 15 Nr. 2 VGB 2010 (A) nur einverständlich erstreckt werden.

II. Gegenstand des Sachverständigenverfahrens

16 Nach dem Wortlaut der VGB erstreckt sich das Sachverständigenverfahren ohne weiteres auf die **Feststellung der Höhe des Schadens** durch die Sachverständigen. Darüber hinaus ist es jedoch möglich, das Sachverständigenverfahren durch Vereinbarung zwischen Versicherungsnehmer und Versicherer „**auf weitere Feststellungen zum Versicherungsfall**" (§ 15 Nr. 2 VGB 2010 (A)) auszudehnen.

17 Nach dem zitierten Wortlaut der VGB ist es **obligatorische Aufgabe** des Sachverständigenverfahrens, die **Höhe des Schadens** festzustellen. Soweit **nichts anderes zwischen den Parteien vereinbart** wurde, sind die Feststellungen der Sachverständigen daher **nur insoweit verbindlich**, als sie sich auf die Schadenhöhe beziehen. Gegenstand der Feststellungen ist in der Regel die Höhe des Gesamtschadens. Es kann sich aber auch um die Ermittlung und Bewertung einzelner Schadenteile handeln. Wurden keine abweichenden Vereinbarungen getroffen, so ist jedoch grundsätzlich davon auszugehen, dass sich die Feststellungen der Sachverständigen zur Schadenhöhe auf den gesamten Schaden beziehen sollen.

---

[603] BGH VersR 1982, 482.

Fraglich ist, ob die Sachverständigen auch **den Schadenumfang**, d. h. die Anzahl und die Art der zerstörten, beschädigten oder abhandengekommenen Sachen, festzustellen haben. Diese Frage wird in der Rechtsprechung und im Schrifttum nicht einheitlich beantwortet. Martin vertritt unter Hinweis auf die Rechtsprechung des BGH[604] die Ansicht, der Umfang des Schadens, also „die Art und Anzahl der durch den Schaden betroffenen Sachen oder Gebäudebestandteile", falle nicht unter den Begriff des Schadens.[605]

18

Allerdings sind die von der Rechtsprechung für die Einbruchdiebstahlversicherung entwickelten Grundsätze nicht auf die Wohngebäudeversicherung zu übertragen. Daraus folgt, dass die Feststellungen der Sachverständigen zur Höhe des Schadens generell **nicht auf die Bewertung der zerstörten, beschädigten bzw. abhandengekommenen Gegenstände beschränkt** sind. Dazu zählt vielmehr in vielen Fällen **auch** die Feststellung, **welche Sachen bzw. Gebäudeteile zerstört oder beschädigt** sind. Insbesondere bei größeren Gebäudeschäden zählt dazu unter anderem die Beantwortung der Frage, ob erhalten gebliebene Gebäudeteile wie Umfassungswände, Decken oder Fundamente durch den Schaden zerstört wurden oder beim Wiederaufbau des Gebäudes wieder verwendet werden können. Ermittlung des Schadenumfangs und Feststellung der Schadenhöhe gehen ineinander über und lassen sich nicht getrennt voneinander behandeln.

19

Für die Feststellung und Beurteilung **anderer Fragen** als der Höhe und des Umfangs des Schadens sind die Sachverständigen jedoch **nicht zuständig**. Das gilt insbesondere für Feststellungen zur Schadenursache, zur Höhe des Versicherungswerts bzw. der Unterversicherung sowie für alle Rechtsfragen. Derartige Feststellungen der Sachverständigen haben **keine Bindungswirkung**, es sei denn, zwischen den Vertragsparteien wurde etwas anderes vereinbart.

20

Die **vertragliche Grundlage** für derartige Vereinbarungen bildet § 15 Nr. 2 VGB 2010 (A). Danach kann das Sachverständigenverfahren auf **weitere Feststellungen** zum Versicherungsfall ausgedehnt werden. In der Wohngebäudeversicherung zählt dazu **vor allem die Feststellung des Versicherungswerts bzw. des Versicherungswerts 1914**. Gelegentlich wird das Sachverständigenverfahren auch auf die **Feststellung der Schadenursache bzw. des Schadenhergangs** ausgedehnt. Jedoch erkennt der Versicherer dadurch allein nicht schon seine Ersatzverpflichtung dem Grunde nach an.[606] Der Auftrag der Sachverständigen wird in diesen Fällen auf die Feststellung **weiterer tatsächlicher Voraussetzungen** möglicher Entschädigungsansprüche ausgedehnt. Dazu zählt **nicht** die **vertragsrechtliche Beurteilung** der von den Sachverständigen festgestellten Tatsachen. Insbesondere die Beurteilung von Rechtsfragen fällt nicht in ihre Zuständigkeit. Selbst dann, wenn das Sachverständigenverfahren auf die Feststellung des Versicherungswerts ausgedehnt wurde, fällt die Feststellung der Un-

21

---

604 Vgl. BGH VersR 1989, 395.
605 Martin Y I 49.
606 Vgl. OLG Hamm VersR 1984 749.

22 Versicherungsnehmer und Versicherer können **jederzeit die Durchführung eines Sachverständigenverfahrens vereinbaren**. Dies gilt auch dann, wenn nach Abschluss der Schadenfeststellungen und nach Zahlung der Entschädigung neue Gesichtspunkte oder Erkenntnisse auftauchen. **Zweifelhaft** ist, ob der Versicherungsnehmer ein Sachverständigenverfahren dann nicht mehr erzwingen kann, wenn er eine **Entschädigungsleistung als endgültig entgegengenommen** hat. Nach Martin soll dies selbst dann gelten, wenn der Versicherungsnehmer „später eine Mehrforderung behauptet und selbst wenn er sich dafür auf neue Tatsachen oder Beweismittel beruft".[607]

23 Dieser Auffassung kann nicht gefolgt werden. Gerade bei größeren Gebäudeschäden stellt sich gelegentlich erst nach Zahlung der Entschädigung heraus, dass Gebäudebestandteile, die bei der Reparatur oder dem Wiederaufbau des Gebäudes verwendet werden sollten, tatsächlich zu verwerfen sind. Auch bei Leitungswasserschäden treten gelegentlich nach Abschluss der Reparaturarbeiten und nach der abschließenden Regulierung des Versicherungsfalls erneut Schäden auf, weil weitere Bruchstellen an derselben Rohrleitung seinerzeit nicht erkannt wurden oder Nässeschäden erst mit zeitlicher Verzögerung eintreten. Dabei handelt es sich in der Regel um technisch komplizierte Schäden. In diesen Fällen **muss dem Versicherungsnehmer** grundsätzlich das **Recht zustehen**, die **Durchführung eines neuen Sachverständigenverfahrens** bzw. die Wiederaufnahme eines abgeschlossenen Sachverständigenverfahrens zu fordern.

III. Benennung der Sachverständigen und des Obmanns

24 Die Regeln für die **Ernennung der Sachverständigen und des Obmanns sowie für die Einleitung und Vorbereitung des Sachverständigenverfahrens** sind in § 15 Nr. 3 VGB 2010 (A) festgelegt. Ein **Verstoß** gegen diese Regeln kann zur **Unverbindlichkeit** des Sachverständigenverfahrens führen. Sind in den im Versicherungsvertrag vereinbarten Bedingungen für das darin vorgesehene Sachverständigenverfahren genaue Regeln gegeben, so liegt ein Gutachten im Sinne der Bedingungen und des § 84 VVG (§ 64 VVG a. F.) jedenfalls dann nicht vor, wenn diese Regeln in wesentlichen Punkten nicht beachtet worden sind.[608]

25 Einigen sich die Vertragsparteien darauf, ein Sachverständigenverfahren durchzuführen, oder verlangt der Versicherungsnehmer die Durchführung eines Sachverständigenverfahrens, so **benennt jede Partei in Textform einen Sachverständigen** (§ 15 Nr. 3 a) S. 1 VGB 2010 (A)). Werden die Sachverständigen von beiden Parteien nicht gleichzeitig ernannt, so kann die benennende Partei die andere schriftlich auffordern, den zweiten Sachverständigen zu benennen.

---

607 Martin Y I 32 der 2. Auflage.
608 BGH r + s 1989, 295.

Wird der zweite Sachverständige von der anderen Partei binnen zwei Wochen nach Zugang der Aufforderung nicht benannt, so kann ihn die auffordernde Partei durch das für den Schadenort zuständige Amtsgericht ernennen lassen. Diese Regelung hat weitgehend theoretische Bedeutung, weil in der Praxis beide Parteien ihren Sachverständigen unverzüglich benennen, wenn die Durchführung eines Sachverständigenverfahrens vereinbart wurde. Das Gleiche gilt zumeist, wenn der Versicherungsnehmer ein Sachverständigenverfahren durch einseitige Erklärung gegenüber dem Versicherer herbeiführt.

Es fragt sich, ob es mit den Regelungen über das Sachverständigenverfahren in Einklang zu bringen ist, dass sich Versicherungsnehmer und Versicherer auf einen **gemeinsamen Sachverständigen** einigen, der für beide Parteien im Sachverständigenverfahren tätig wird. Der Bedingungswortlaut spricht dagegen. Die Formulierung „zweiter Sachverständiger" bringt zum Ausdruck, dass es im Sachverständigenverfahren **nicht vorgesehen** ist, einen für beide Parteien tätigen Sachverständigen zu ernennen. Sofern die Ernennung eines gemeinsamen Sachverständigen als Alternative beabsichtigt wäre, hätte es sich angeboten, in den Bedingungen davon zu sprechen, dass die andere Partei „ihren Sachverständigen" oder „einen Sachverständigen" zu benennen habe. So aber lautet die maßgebende Bestimmung der VGB gerade nicht. Auch die weitere Formulierung, wonach beide Sachverständige schriftlich einen dritten Sachverständigen als Obmann benennen, spricht für die hier vertretene Auffassung.

26

Es liegt auch **nicht im Interesse der Vertragsparteien**, wenn ein gemeinsamer Sachverständiger tätig wird. Zwar werden Kosten eingespart, jedoch gehen die Vorteile einer ausgewogenen objektiven Schadenermittlung verloren.[609] Sofern ein gemeinsamer Sachverständiger tätig wird, gibt es keine „streitig gebliebenen Punkte" im Sinne von § 15 Nr. 5 Abs. 1 S. 3 VGB 2010 (A). Die Bestellung eines Obmanns wäre unter diesen Bedingungen sachlich überflüssig und daneben formal nach den VGB-Regelungen unmöglich. Es zeigt sich, dass die Ernennung eines gemeinsamen Sachverständigen einen **schwerwiegenden Verstoß** gegen die in den VGB 2010 festgelegten Regeln für die Durchführung des Sachverständigenverfahrens darstellt. Dieser Verstoß führt zur **Unverbindlichkeit** des Verfahrens für beide Vertragsparteien. Sollen die Kosten für einen zweiten Sachverständigen und für den Obmann eingespart werden, so können Versicherungsnehmer und Versicherer **frei vereinbaren**, dass zur Feststellung der Schadenhöhe, der Entschädigungshöhe und der sonstigen Voraussetzungen des Entschädigungsanspruchs ein gemeinsamer Sachverständiger tätig wird. Dabei handelt es sich jedoch **nicht um die Durchführung eines bedingungsgemäßen Sachverständigenverfahrens**.

27

Die Sachverständigen haben ihrerseits das Recht, für die Feststellung der Schadenhöhe **weitere Sachverständige hinzuzuziehen**, wenn sich im Verlauf des Verfahrens herausstellt, dass besonders schwierige Bewertungsfragen auftreten, die besondere Spezialkenntnisse erfordern. Es kommt gelegentlich auch

28

---

609 Einzelheiten vgl. Dietz HRV § 23 RN 3.1.

vor, dass bereits bei der Einleitung des Sachverständigenverfahrens eine Vereinbarung darüber getroffen wird, welche weiteren Sachverständigen als Beirat bzw. Berater für Spezialfragen hinzugezogen werden. So liegt es beispielsweise, wenn bei einem größeren Gebäudeschaden von vornherein feststeht, dass neben den Bausachverständigen ein Statiker für die Beurteilung der Stand- und Tragfähigkeit erhalten gebliebener Gebäudeteile eingesetzt werden muss.

29   Die beiden Sachverständigen benennen gem. § 15 Nr. 3 c) S. 1 VGB 2010 (A) in Textform vor Beginn des Sachverständigenverfahrens einen **dritten Sachverständigen als Obmann**. Der Obmann muss von den Sachverständigen vor jeder Tätigkeit zur Feststellung der Schadenhöhe formgerecht gewählt, d. h. übereinstimmend benannt werden.[610] Von einer Wahl des Obmanns kann nicht die Rede sein, wenn es dem Büro des Sachverständigen des Versicherers überlassen bleibt, eigenmächtig in das von beiden Sachverständigen blanko unterschriebene Formular den Obmann und dessen Vertreter einzusetzen. Dass die von den Parteien ernannten Sachverständigen die Person des Obmanns trotz der Aufnahme ihrer Tätigkeit zur Feststellung der Schadenhöhe überhaupt nicht bestimmt und das Ergebnis der Wahl des Obmanns nicht formgerecht niedergelegt haben, sind schwerwiegende Mängel des Sachverständigenverfahrens, von denen jeder allein zur Unverbindlichkeit des Verfahrens für die Parteien führt.[611]

30   Sofern sich die beiden Sachverständigen **nicht auf einen Obmann einigen**, wird er auf Antrag einer Partei durch das **für den Schadenort zuständige Amtsgericht** ernannt. Die Parteien haben dabei kein Mitwirkungsrecht. Auch kann eine Verfügung des Amtsgerichts wegen § 84 Abs. 2 Satz 3 VVG nicht angefochten werden. Sie ist ebenso bindend wie die Ernennung des zweiten Sachverständigen durch das Amtsgericht, wenn eine Partei ihren Sachverständigen nicht rechtzeitig benennt. Wenn es jedoch die von den Parteien ernannten Sachverständigen vor jeder Tätigkeit zur Feststellung der Schadenhöhe versäumt haben, einen Obmann zu bestimmen, so kommt eine Ernennung des Obmanns durch das Amtsgericht nicht mehr in Betracht.[612] In der Praxis sind derartige Fälle jedoch äußerst selten.

31   Der Versicherer darf als Sachverständigen **keine Person** benennen, die **Mitbewerber des Versicherungsnehmers** ist oder mit ihm **in dauernder Geschäftsverbindung** steht, ferner keine Person, die bei Mitbewerbern oder Geschäftspartnern angestellt ist oder mit ihnen in einem ähnlichen Verhältnis steht (§ 15 Nr. 3 b) VGB 2010 (A). Im privaten Bereich hat diese Regelung untergeordnete Bedeutung. Dagegen dient sie **im gewerblichen Bereich** dem **Schutz der berechtigten Belange des Versicherungsnehmers**. Dadurch soll verhindert werden, dass Konkurrenten durch Einblicke in die wirtschaftlichen Verhältnisse des Versicherungsnehmers Informationen erhalten, die sie im Wettbewerb unter Umständen zum Nachteil des Versicherungsnehmers verwerten. Benennt der Versi-

---

610   BGH VersR 1989, 910.
611   BGH VersR 1989, 910.
612   BGH VersR 1989, 910.

cherer dennoch eine der genannten Personen zum Sachverständigen, so hat der Versicherungsnehmer das Recht, diesen Sachverständigen abzulehnen. Andererseits ist es möglich, dass sich Versicherer und Versicherungsnehmer dennoch darauf einigen, eine derartige Person zum Sachverständigen des Versicherers zu benennen, sofern es keine gleichwertigen Alternativen gibt.

Umstritten ist die Frage, ob die Parteien das Recht haben, den von der anderen Partei benannten **Sachverständigen wegen Befangenheit abzulehnen**.[613] Lehnt jedoch eine Partei den Sachverständigen der anderen Partei als befangen ab, so muss gefordert werden, dass sie die Ablehnung unverzüglich erklärt, nachdem sie von den Gründen, die für die Befangenheit des Sachverständigen sprechen, Kenntnis erlangt hat. Ansonsten verliert sie ihr Anfechtungsrecht.[614]

32

Die Benennung der Sachverständigen und des Obmanns entsprechend den Verfahrensregeln für das Sachverständigenverfahren ist **für die Parteien verbindlich**. Die Benennung der Sachverständigen kann nicht einseitig, sondern nur mit Zustimmung der jeweils anderen Partei geändert werden.[615] Damit wird sichergestellt, dass die mit Hilfe des Sachverständigenverfahrens angestrebte schnelle Schadenfeststellung realisiert wird. Daneben wird dadurch vermieden, dass eine Partei die Ablösung eines Sachverständigen zu einem Zeitpunkt fordert, zu dem das Ergebnis der Sachverständigenbegutachtung bereits mitgeteilt worden ist. Im Sachverständigenverfahren soll gerade nicht an die Stelle des einen Sachverständigen ein anderer, zufällig der einen Partei günstigerer Sachverständiger gesetzt werden.[616]

33

Der Versicherungsnehmer kann nicht davon ausgehen, dass die bloße Entgegennahme seines Wunsches auf Ablehnung des von ihm benannten Sachverständigen und die Weiterleitung dieses Wunsches an den zuständigen Sachbearbeiter des Versicherers als Zustimmung des Versicherers zu werten ist. Eine solche **Zustimmung** bedarf der **ausdrücklichen Erklärung**.[617] Weiterhin ist jede Partei dem Obmann gegenüber zur Kündigung des Sachverständigenauftrags berechtigt, wenn dieser ihr gegenüber nicht als von den Parteien unabhängiger Schiedsgutachter, sondern als Parteigutachter der anderen Partei aufgetreten ist. Dieses Kündigungsrecht gilt selbst dann, wenn die kündigende Partei nicht Auftraggeberin des Obmanns war.[618]

34

---

613 FA-Komm-VersR/*K. Schneider* § 84 VVG Rn. 21.
614 FA-Komm-VersR/*K. Schneider* § 84 VVG Rn. 24.
615 OLG Hamm VersR 1994, 342.
616 OLG Hamm VersR 1994, 342; BGH VersR 1987, 601.
617 OLG Hamm VersR 1994, 342.
618 LG Bonn r + s 1994, 268.

IV. Inhalt des Sachverständigengutachtens

35 In § 15 Nr. 4 VGB 2010 (A) ist festgelegt, welche **Angaben die Feststellungen** der Sachverständigen im Sachverständigengutachten **im Einzelnen** enthalten müssen.

36 Dabei handelt es sich um **Mindestanforderungen**, die den Aufbau und den Inhalt des Sachverständigengutachtens prägen. Die in den VGB geforderten Angaben betreffen die **Feststellungen zur Schadenhöhe**. Wird das Sachverständigenverfahren durch Vereinbarung auf andere Sachverhalte **ausgedehnt**, so empfiehlt es sich, bei der Einleitung des Sachverständigenverfahrens **schriftlich genau festzulegen**, welche weiteren Feststellungen das Sachverständigengutachten enthalten soll. Dadurch lassen sich spätere Auseinandersetzungen über die Verbindlichkeit der Feststellungen der Sachverständigen von vornherein ausschließen.

37 Die Feststellungen der Sachverständigen müssen ein **Verzeichnis** der zerstörten, beschädigten und abhanden gekommenen Gegenstände sowie deren Versicherungswert zum Zeitpunkt des Versicherungsfalls enthalten (§ 15 Nr. 4 a) VGB 2010 (A)). Diese Bestimmung spielt bei der Versicherung beweglicher Sachen (Hausrat, Betriebseinrichtung, Vorräte) eine große Rolle. In der Wohngebäudeversicherung hat sie untergeordnete praktische Bedeutung, weil Totalschäden (Zerstörung oder Abhandenkommen) von Gebäuden selten sind. Insoweit hat diese Regelung allenfalls bei Zubehörstücken praktische Auswirkungen.

38 Fraglich ist, ob aus den zitierten Regelungen abzuleiten ist, die Sachverständigen hätten auch die **Anzahl und die Art der zerstörten, beschädigten oder abhanden gekommenen Sachen** festzustellen. Allgemein wird diese Frage verneint, für die Wohngebäudeversicherung gelten Besonderheiten (vgl. oben Rn. 18 f.).

39 Bei beschädigten Gegenständen müssen die Feststellungen der Sachverständigen die **notwendigen Reparaturkosten**, eine **Wertminderung**, die durch Reparatur nicht auszugleichen ist, sowie eine **eventuelle Werterhöhung**, soweit der Versicherungswert der versicherten Sache durch die Reparatur erhöht wurde, enthalten. Das sind die Wiederherstellungskosten, die nach §§ 15 Nr. 4 b) VGB 2010 (A) gefordert sind. In der Wohngebäudeversicherung handelt es sich hierbei um die zentrale Aufgabe der Sachverständigen. Die Feststellung der notwendigen Reparaturkosten erfordert Annahmen darüber, ob eine Reparatur technisch möglich und wirtschaftlich sinnvoll ist. Im Ergebnis entscheiden die Sachverständigen infolgedessen auch darüber, ob bei beschädigten Gegenständen ein Totalschaden oder ein Teilschaden anzunehmen ist.

40 Weiterhin müssen die Feststellungen der Sachverständigen die **Restwerte** der vom Schaden betroffenen Sachen, die **versicherten Kosten** und den **versicherten Mietausfall bzw. Mietwert** sowie, wenn kein Unterversicherungsverzicht gegeben ist, den **Versicherungswert der nicht vom Schadenfall betroffenen versicherten Sachen** enthalten (§ 15 Nr. 4 a) bis e) VGB 2010 (A)). Im Hinblick

auf den Kostenschaden ist es Aufgabe der Sachverständigen, Angaben darüber zu machen, welche versicherten Kosten infolge des Versicherungsfalls notwendig sind. Dazu genügt es nicht, bereits durchgeführte Aufräumungs- oder Abbrucharbeiten sowie Bewegungs-, Schutz- oder Rettungsmaßnahmen zu bewerten. Es müssen vielmehr weitergehend alle diejenigen einschlägigen **Maßnahmen** festgelegt und bewertet werden, die **infolge des Versicherungsfalls notwendig** geworden sind. Dazu zählen auch solche Maßnahmen, die bei der Feststellung der Schadenhöhe durch die Sachverständigen **noch nicht ergriffen wurden**. Ebenfalls erforderlich sind Feststellungen der Sachverständigen hinsichtlich des versicherten Mietausfalls bzw. Mietwerts. In den VGB 88 a. F. und den VGB 62 wurde bewusst auf eine derartige Forderung verzichtet. Dies lag daran, dass für die Feststellung von Mietausfallschäden vor allem betriebswirtschaftliche und mietwirtschaftliche Kenntnisse gefordert sind.

V. Verfahren nach Feststellung

Nach Abschluss ihrer Tätigkeit **übermitteln** die Sachverständigen beiden Parteien **gleichzeitig ihre Feststellungen**. Die praktische Umsetzung dieser Bestimmung bereitet im Allgemeinen keine Schwierigkeiten. Ziel des Sachverständigenverfahrens ist es, dass die Sachverständigen die Schadenhöhe einvernehmlich feststellen. Dazu ist es erforderlich, dass sie eng zusammenarbeiten. Diese Zusammenarbeit führt in den allermeisten Fällen dazu, dass die Sachverständigen ein gemeinsames übereinstimmendes Gutachten erstellen, das sie den beiden Parteien gleichzeitig übermitteln.

41

Die Ansicht des LG Bremen, wonach es unzulässig ist, dass die Sachverständigen ein gemeinsames Gutachten erstellen,[619] ist durch die spätere Rechtsprechung der Obergerichte nicht bestätigt worden. Der **BGH** hält ein inhaltlich übereinstimmendes, d. h. in der Sache **gemeinsames Gutachten** für **zulässig** und für die Parteien bindend, falls sich die Parteien als Auftraggeber damit stillschweigend im Voraus oder auch nachträglich **einverstanden** erklärt haben.[620] Davon kann in der Praxis regelmäßig ausgegangen werden. Dies gilt insbesondere dann, wenn gemeinsame Besichtigungen des Objektes und insbesondere eine gemeinsame Schlussbesprechung durch den Versicherungsnehmer und die beiden Sachverständigen stattgefunden haben.[621] Die Vorlage eines gemeinsamen Gutachtens im Sachverständigenverfahren reicht aus, wenn sich die Parteien hiermit, etwa durch die Nichtbeanstandung einer gemeinsamen Besichtigung und Besprechung durch die Sachverständigen, einverstanden erklärt haben.[622] Es ist nicht zu beanstanden, dass das Gutachten von dem einen Sachverständi-

42

---

619 LG Bremen r + s 1984, 63.
620 BGH VersR 1987, 601.
621 BGH VersR 1987, 601.
622 OLG Hamm VersR 1988, 509.

gen erstellt bzw. geschrieben ist und dass sich der andere Sachverständige dem Gutachten durch seine Unterschrift angeschlossen hat.[623]

43 **Etwas anderes** gilt, wenn die Sachverständigen **voneinander abweichende Feststellungen** treffen. Sie erstellen dann **getrennte Gutachten**, die den Parteien gleichzeitig übermittelt werden. Der Versicherer übergibt sie in diesen Fällen unverzüglich dem Obmann.

44 **Aufgabe des Obmanns** ist es, über die streitig gebliebenen Punkte zu entscheiden. Die Entscheidungsbefugnis des Obmanns ist insoweit eingeschränkt. Sie erstreckt sich gem. § 15 Nr. 5 Abs. 1 S. 3 VGB 2010 (A) nur auf die streitig gebliebenen Punkte. Er ist nicht berechtigt, Feststellungen zu korrigieren, die die Sachverständigen übereinstimmend getroffen haben. Das gilt selbst dann, wenn diese Feststellungen nach seiner Überzeugung unzutreffend sind oder gar offenbar und erheblich von der wirklichen Sachlage abweichen.

45 Allerdings kann der Obmann bei abweichenden Feststellungen zur Schadenhöhe die von den Feststellungen der Sachverständigen **gezogenen Grenzen sowohl nach oben als auch nach unten überschreiten**. Abgesehen davon ist der Obmann generell berechtigt, weitere Untersuchungen anzustellen oder anstellen zu lassen, soweit übereinstimmende Feststellungen der Sachverständigen nicht vorliegen.[624]

46 Die Feststellungen der Sachverständigen oder des Obmanns sind für den Versicherer und den Versicherungsnehmer **verbindlich**, wenn nicht nachgewiesen wird, dass sie offenbar von der wirklichen Sachlage erheblich abweichen (§ 15 Nr. 5 Abs. 2 S. 1 VGB 2010 (A)).

47 Generell sind **nur diejenigen Feststellungen** der Sachverständigen verbindlich, die sie im Rahmen ihrer **Zuständigkeit** treffen. Grundsätzlich haben sie die Höhe des Schadens festzustellen. Dadurch ist der Entscheidungsrahmen der Sachverständigen abschließend festgelegt, es sei denn, das Sachverständigenverfahren wurde durch besondere Vereinbarung auf sonstige tatsächliche Voraussetzungen des Entschädigungsanspruchs sowie der Höhe der Entschädigung ausgedehnt. Alle darüber hinausgehenden Feststellungen der Sachverständigen sind unverbindlich.

48 Die Sachverständigen können insbesondere **nicht Beweisfragen** zum Schadenumfang, **Fragen der Auslegung oder der Anwendung der VGB 2010** sowie alle sonstigen **Rechtsfragen** entscheiden. Sie verfügen in aller Regel auch nicht über die erforderliche Qualifikation auf diesen Gebieten. Gehen die Sachverständigen bei der Beurteilung von falschen rechtlichen Voraussetzungen aus, ist ihr Gutachten bereits bei geringfügigen Abweichungen nicht bindend.[625] So liegt es,

---

623 OLG Köln r + s 1989, 59.
624 OLG Düsseldorf VersR 1991, 657.
625 Vgl. Martin Y I 39.

wenn die Sachverständigen z. B. die versicherten Sachen unzutreffend abgrenzen.

Derartige Schwierigkeiten lassen sich vermeiden, wenn die Sachverständigen bei der Feststellung der Schadenhöhe **mit dem Versicherungsnehmer und dem Versicherer zusammenarbeiten**. Allerdings **führen geringe Mängel nicht ohne weiteres zur Unverbindlichkeit** des gesamten Sachverständigengutachtens. Sind die Feststellungen zutreffend, die die Sachverständigen im Rahmen ihrer Zuständigkeit getroffen haben, so ist das Sachverständigenverfahren insoweit verbindlich.[626]

49

Das Sachverständigengutachten ist nicht bindend, wenn **Befangenheit eines Sachverständigen nachgewiesen** ist. Befangenheit kann als selbständige Einwendung im Sachverständigenverfahren jedoch nur geltend gemacht werden, sofern eine Partei die Gründe dafür analog § 406 Abs. 2 ZPO rechtzeitig vorbringt. Es soll vermieden werden, dass die Ablehnung eines Sachverständigen vom Ausgang des Gutachtens abhängt.[627]

50

Weiterhin hat ein Sachverständigenverfahren dann keine Bindungswirkung, wenn es inhaltlich **nicht den in § 15 VGB 2010 (A) verankerten Mindestanforderungen gerecht wird**. Dies gilt vor allem dann, wenn das Gutachten so abgefasst ist, dass es den Parteien eine Überprüfung und den eventuellen Nachweis, dass die Feststellungen offenbar von der wirklichen Sachlage erheblich abweichen, von vornherein überhaupt nicht ermöglicht.[628]

51

Können oder wollen die Sachverständigen oder der Obmann die ihnen obliegenden Feststellungen nicht treffen, oder verzögern sie deren Feststellung, erfolgt die **Feststellung durch gerichtliche Entscheidung** (§ 15 Nr. 5 Abs. 3 S.1 VGB 2010 (A), § 84 Abs. 1 S. 3 VVG). So liegt es, wenn der Obmann die ihm obliegende Feststellung nicht getroffen hat, weil dazu weitere Ermittlungen notwendig waren, die er jedoch nicht aufgenommen hat.[629]

52

Aufgrund der verbindlichen Feststellungen der Sachverständigen **berechnet der Versicherer** gem. § 15 Nr. 5 Abs. 2 S. 2 VGB 2010 (A) die **Entschädigung**. Daraus folgt, dass die Berechnung der Entschädigung **nicht in die Zuständigkeit der Sachverständigen bzw. des Obmanns** fällt. Es bestätigt sich, dass die Sachverständigen den Schadenumfang und die Schadenhöhe sowie gegebenenfalls sonstige tatsächliche Voraussetzungen des Entschädigungsanspruchs sowie der Höhe der Entschädigung festzustellen haben.

53

Die Feststellungen der Sachverständigen sind für die Vertragsparteien **nicht verbindlich**, wenn sie **offenbar von der wirklichen Sachlage erheblich abweichen** (§ 15 Nr. 5 Abs. 2 S. 1 VGB 2010 (A)). Diejenige Partei, die die Fest-

54

---

626 Vgl. dazu BGH VersR 1989, 395.
627 Vgl. BGH VersR 1987, 601.
628 LG Bremen r + s 1984, 63.
629 Vgl. OLG Düsseldorf VersR 1991, 657.

stellungen des Sachverständigen oder des Obmanns nicht anerkennt, hat nachzuweisen, dass sie offenbar von der wirklichen Sachlage erheblich abweichen.

55 Mit den beiden Anforderungen „offenbar" und „erheblich" soll **Abhilfe nur bei offensichtlichen Fehlentscheidungen ermöglicht werden**. Dabei sind nicht die Abweichungen in einzelnen Positionen des Gutachtens, sondern nur solche **im Gesamtergebnis** entscheidend, weil Wertermittlungen und Schätzungen schon ihrer Natur nach die Möglichkeit eines gewissen Spielraums eröffnen.[630] Die Zusage eines der beiden Sachverständigen, das bereits festgestellte und von beiden Sachverständigen unterzeichnete Gutachten zu korrigieren, vermag dessen Verbindlichkeit im förmlichen Sachverständigenverfahren nicht in Frage zu stellen. Die Bestimmungen des Sachverständigenverfahrens sehen dies nicht vor; die Bestimmungen gehen vom Grundsatz der Verbindlichkeit des Gutachtens aus und nennen nur die offenbare und erhebliche Abweichung von der wirklichen Sachlage als Grund für die Unverbindlichkeit.[631]

56 Als offenbar unrichtig ist ein Sachverständigengutachten dann einzustufen, wenn es **für einen sachgerecht vorgehenden fachkundigen Dritten offenbare Unrichtigkeiten enthält**.[632] Unerheblich ist, inwiefern die Beurteilung getroffener Bau- und Sanierungsmaßnahmen einer tatsächlichen Übung im Baugewerbe entspricht. Eine offenbare Unrichtigkeit liegt nur in den wenigen Fällen ganz offensichtlichen Unrechts vor.[633] Offenbar ist die Unrichtigkeit einer Feststellung nur, wenn sich der Fehler einem sachkundigen und unbefangenen Beobachter nach vorgenommener Prüfung ohne weiteres aufdrängt.[634]

57 Maßgebend für das Vorliegen einer offenbaren Unrichtigkeit sind **der Sachstand und die Erkenntnismittel zur Zeit der Begutachtung** im Sachverständigenverfahren. Können die Sachverständigen einen für ihre Entscheidung wesentlichen Punkt nicht aufklären, weil der Versicherungsnehmer nicht die hierzu erforderlichen und angeforderten Nachweise liefert, dann müssen sie diesen Punkt zum Nachteil des Versicherungsnehmers entscheiden; eine offenbare Unrichtigkeit liegt dann nicht mehr vor.[635] Denn die **Obliegenheiten des Versicherungsnehmers** im Versicherungsfall werden durch das Sachverständigenverfahren **nicht berührt** (vgl. § 15 Nr. 7 VGB 2010 (A)). Insbesondere hat der Versicherungsnehmer seine Rettungspflicht sowie seine Aufklärungs- und Auskunftsobliegenheit zu erfüllen. Bei einer Verletzung dieser Obliegenheiten kann er sich nicht darauf berufen, dass er der Ansicht war, durch das Sachverständigenverfahren sei er von der Erfüllung bestimmter Obliegenheiten im Versicherungsfall entbunden.

---

630 BGH VersR 1987, 601.
631 OLG Köln VersR 1992, 693.
632 BGH VersR 1986, 482.
633 OLG Hamm VersR 1988, 509.
634 OLG Köln r + s 1989, 59.
635 OLG Koblenz VersR 1997, 963.

Es gibt keine allgemeinverbindliche Festlegung für eine erhebliche Abweichung von der wirklichen Sachlage. Die Erheblichkeit oder Unerheblichkeit einer Abweichung darf nicht schematisch nach dem Abweichungsprozentsatz beurteilt werden. Sie ist vielmehr als Tatfrage nach den **besonderen Umständen des einzelnen Falls** zu entscheiden, was nicht ausschließt, bei der Würdigung im Interesse der weitgehenden Gleichbehandlung der Versicherungsnehmer von einem **Prozentsatz als „Richtschnur"** auszugehen.[636]

58

Von der Unverbindlichkeit einer Sachverständigenfeststellung ist nur dann auszugehen, wenn die Feststellung erheblich außerhalb des an sich üblichen Toleranzbereichs entsprechender Schätzungen liegt. Dies ist bei Abweichungen bei einer **Größenordnung von unter 15 %** (Berechnungsmethode: geforderter höherer Betrag = 100 %) regelmäßig **zu verneinen**.[637] Auf der Grundlage der BGH-Rechtsprechung sehen die Gerichte im Allgemeinen Abweichungsprozentsätze von weniger als 15 % als unerheblich an.

59

Die nachfolgend zitierten **Urteile** bestätigen dies:

60

- Eine Abweichung von weniger als 15 % ist nicht erheblich.[638]

- Sogar eine Abweichung von 16,6 % ist nicht erheblich, und zwar selbst dann nicht, wenn sich daraus eine Abweichung der Entschädigung von rund 71.500 DM zulasten des Versicherungsnehmers ergibt.[639]

- Da die Anfechtungsmöglichkeit der im Sachverständigenverfahren getroffenen Feststellungen auf die wenigen Fälle ganz offensichtlichen Unrechts beschränkt werden soll, kann eine Abweichung von weniger als 15 % (im konkreten Fall 11,66 %) regelmäßig nicht als erheblich angesehen werden.[640]

- Eine Abweichung des Gebäudeschadens von rund 13,2 % ist nach den Grundsätzen der höchstrichterlichen Rechtsprechung nicht erheblich, eine Abweichung des Schadenbetrags bei Betriebseinrichtungen von 28,5 % kann jedoch nicht mehr als innerhalb des Toleranzbereichs angesehen werden.[641]

- Weichen die Feststellungen um mehr als 20 % vom tatsächlichen Schaden ab, sind diese unverbindlich.[642]

- Erheblichkeit ist bei Abweichungen in einer Größenordnung von unter 15 % (im entschiedenen Fall ca. 7,66 %) in der Regel zu verneinen.[643]

---

636 BGH VersR 1987, 601 m. w. N.
637 BGH VersR 1987, 601.
638 OLG Hamm VersR 1988, 509.
639 OLG Köln VersR 1992, 693.
640 OLG Hamm VersR 1994, 342.
641 OLG Köln r + s 1994, 384.
642 LG Frankenthal VersR 2009, 778.
643 LG Aachen r + s 2011, 110.

- Bei einer Differenz von weniger als 10 % liegt keine Erheblichkeit vor.[644]

61 Die zitierten Urteile belegen, dass bei Großschäden bereits eine relative Abweichung **von weniger als 15 % zu erheblichen Belastungen für den Versicherungsnehmer** führen kann. Sie können zu ernsthaften wirtschaftlichen Problemen bis hin zur Existenzgefährdung führen und den Wiederaufbau von Gebäuden in Frage stellen. Infolgedessen ist es **durchaus vorstellbar**, dass die Gerichte gerade bei hohen Beträgen künftig **in Einzelfällen auch niedrigere Prozentsätze** als 15 % als erhebliche Abweichung einstufen.[645]

62 Daneben ist gerade in der Wohngebäudeversicherung zu berücksichtigen, dass die Schadenhöhe **im Allgemeinen recht zuverlässig zu ermitteln** ist. Die Unsicherheiten und Schätztoleranzen bei der Feststellung der Schadenhöhe in der Wohngebäudeversicherung sind infolgedessen sehr viel niedriger als bei Schäden an beweglichen Sachen. Dies kann bei der Beurteilung der Frage, ob die Feststellungen der Sachverständigen offenbar von der wirklichen Sachlage erheblich abweichen, in der Wohngebäudeversicherung nicht unberücksichtigt bleiben.

63 Im Falle unverbindlicher Feststellungen erfolgen diese nach § 15 Nr. 5 Abs. 3 S. 1 VGB 2010 (A) durch **gerichtliche Entscheidung**. Gleiches gilt nach § 15 Nr. 5 Abs. 3 S. 2 VGB 2010 (A) bei Verzögerung der Feststellungen.

VI. Kosten

64 Sofern nicht etwas anderes vereinbart ist, **trägt jede Partei die Kosten ihres Sachverständigen**. Die Kosten des **Obmanns tragen beide Parteien je zur Hälfte** (§ 15 Nr. 6 VGB 2010 (A)).

65 Diese Kostenregelung bedeutet keine Abweichung von § 85 VVG zum Nachteil des Versicherungsnehmers, da der Versicherer ein Sachverständigenverfahren nicht mehr erzwingen kann. Es ist infolgedessen ausgeschlossen, dass der Versicherungsnehmer gegen seinen Willen aufgrund einer Forderung des Versicherers nach Durchführung des Sachverständigenverfahrens zur Hinzuziehung eines Sachverständigen vertraglich verpflichtet ist.

66 Generell kann infolgedessen der **Versicherungsnehmer entscheiden**, ob ein **Sachverständigenverfahren durchgeführt** wird und er infolgedessen Sachverständigenkosten zu tragen hat. Daher ist die von § 85 VVG abweichende Kostenregelung in den VGB nicht unangemessen im Sinne von § 307 BGB.[646]

67 Dennoch sollte der **Versicherer den Versicherungsnehmer** trotz der klaren Bestimmung bei der Vereinbarung des Sachverständigenverfahrens **ausdrücklich**

---

644 OLG Celle r + s 2014, 173.
645 Ähnlich Römer/Langheid § 84 Rn. 25.
646 Vgl. Martin Y I 28 und 63.

auf die Kostenregelung hinweisen. Der BGH hat zu §§ 15 Nr. 2 c AFB a. F., 15 Nr. 2 e VHB 74 a. F. entschieden, dass sich der Versicherer auf eine Vereinbarung über die Teilung der Kosten des Sachverständigenverfahrens nur dann berufen kann, wenn er vorher den Versicherungsnehmer über die Rechtslage aufgeklärt hat oder wenn der Versicherungsnehmer bei Abschluss der Vereinbarung erwiesenermaßen die Rechtslage kannte, die ohne die Vereinbarung bestünde.[647]

Zwar lässt sich dieses Urteil auf neuere AVB nicht übertragen, weil ein Sachverständigenverfahren ohne Zustimmung des Versicherungsnehmers nicht mehr herbeigeführt werden kann. Dennoch sollte dem Versicherungsnehmer bei der Einleitung des Sachverständigenverfahrens generell unmissverständlich erläutert werden, wie die Kostentragung im Sachverständigenverfahren geregelt ist.

Eine Erweiterung der Kostentragungsregelung kann durch Einschluss von **Klausel 7365** erfolgen. Danach ersetzt der Versicherer die **durch den Versicherungsnehmer zu tragenden Kosten des Sachverständigenverfahrens**, soweit der entschädigungspflichtige Schaden in seiner Höhe den vereinbarten Betrag übersteigt. Um zu verhindern, dass bereits bei Kleinschäden das Sachverständigenverfahren durch den Versicherungsnehmer eingeleitet wird, wird in der Regel ein relativ hoher Betrag vereinbart, ab dem die Regelung greift. 68

VII. Obliegenheiten

§ 15 Nr. 7 VGB 2010 (A) stellt klar, dass die **Obliegenheiten** des Versicherungsnehmers durch das Sachverständigenverfahren **nicht berührt** werden. 69

---

647 BGH VersR 1988, 682.

§ 16 Vertraglich vereinbarte, besondere Obliegenheiten des Versicherungsnehmers vor dem Versicherungsfall, Sicherheitsvorschriften

1. Sicherheitsvorschriften

    Als vertraglich vereinbarte, besondere Obliegenheiten hat der Versicherungsnehmer

    a. die versicherten Sachen, insbesondere wasserführende Anlagen und Einrichtungen, Dächer und außen angebrachte Sachen stets in ordnungsgemäßem Zustand zu erhalten und Mängel oder Schäden unverzüglich beseitigen zu lassen;

    b. nicht genutzte Gebäude oder Gebäudeteile zu jeder Jahreszeit genügend häufig zu kontrollieren und dort alle wasserführenden Anlagen und Einrichtungen abzusperren, zu entleeren und entleert zu halten;

    c. in der kalten Jahreszeit alle Gebäude und Gebäudeteile zu beheizen und dies genügend häufig zu kontrollieren oder dort alle wasserführenden Anlagen und Einrichtungen abzusperren, zu entleeren und entleert zu halten;

    d. zur Vermeidung von Überschwemmungs- bzw. Rückstauschäden

        aa. bei rückstaugefährdeten Räumen Rückstausicherungen funktionsbereit zu halten und

        bb. Abflussleitungen auf dem Versicherungsgrundstück freizuhalten.

2. Folgen der Obliegenheitsverletzung

    Verletzt der Versicherungsnehmer eine der in Nr. 1 genannten Obliegenheiten, ist der Versicherer unter den in Abschnitt B § 8 Nr. 1 b) und Nr. 3 beschriebenen Voraussetzungen zur Kündigung berechtigt oder auch ganz oder teilweise leistungsfrei.

A. Allgemeines

In § 16 VGB 2010 (A) sind für die Wohngebäudeversicherung geltende, **besondere Sicherheitsvorschriften** verankert. Anders als in früheren Bedingungswerken werden **Obliegenheiten und Sicherheitsvorschriften nicht mehr gemeinsam** geregelt. 1

Sicherheitsvorschriften sind Obliegenheiten, die ein **bestimmtes Verhalten des Versicherungsnehmers oder der ihm gleichgestellten Personen fordern**. Von Sicherheitsvorschriften im Sinne des Versicherungsrechts kann nur die Rede 2 sein, wenn dem Versicherungsnehmer konkrete Verhaltensweisen vorgeschrieben werden. Nicht ausreichend ist die Normierung allgemeiner Sorgfaltspflichten, aus denen für den Versicherungsnehmer nicht mit der erforderlichen Klarheit hervorgeht, was er genau in einer gegebenen Lage zu tun oder zu unterlassen hat (Erfordernis einer hinreichend bestimmten Handlungspflicht).[648]

3   Sicherheitsvorschriften sind **vorbeugende Obliegenheiten**, die nach § 28 Abs. 1 VVG **vor Eintritt des Versicherungsfalls zu erfüllen sind**. An die Verletzung dieser Vertragspflichten sind die Rechtsfolgen von § 28 Abs. 1, Abs. 2 VVG bzw. des § 8 Nr. 3 VGB 2010 (B) geknüpft. Sicherheitsvorschriften dienen im Allgemeinen dazu, die versicherte Gefahr zu mindern. Daneben sollen dadurch drohende Gefahrerhöhungen verhütet bzw. eingetretene Gefahrerhöhungen kompensiert werden. Zwischen den Bestimmungen über die Gefahrerhöhung und den Vereinbarungen über Sicherheitsvorschriften besteht ein enger sachlicher Zusammenhang.

4   § 16 VGB 2010 regelt lediglich in Nr. 1 die **tatsächlichen Anforderungen** der geltenden besonderen Obliegenheiten. Hinsichtlich der **Rechtsfolgen** wird in § 16 Nr. 2 VGB 2010 (A) **auf § 8 Nr. 1 b) und Nr. 3 VGB 2010 (B) verwiesen**. Die in den VGB 2010 verankerten Sicherheitsvorschriften gelten nach ihrem Wortlaut für alle versicherten Gefahren.

B. Einzelne Sicherheitsvorschriften

I. Instandhaltungspflicht

5   Der Versicherungsnehmer ist gem. § 16 Nr. 1 a) VGB 2010 (A) verpflichtet, die **versicherten Sachen, insbesondere wasserführende Anlagen und Einrichtungen, Dächer und außen angebrachte Sachen, stets in ordnungsgemäßem Zustand zu erhalten und Mängel oder Schäden unverzüglich beseitigen zu lassen.**

6   Die Instandhaltungspflicht gilt für **alle versicherten Gefahren**, auch wenn die Sicherheitsvorschrift in erster Linie in der Leitungswasser- und Sturmversicherung eine Rolle spielt. In der Feuerversicherung kommt es zwar nicht auf die Instandhaltung wasserführender Anlagen und Einrichtungen an. Anders liegt es dagegen, wenn elektrische Anlagen, Löschwassereinrichtungen oder Feuerstätten nicht in ordnungsgemäßem Zustand erhalten werden und dadurch ein Schaden verursacht wird. In diesen Fällen ist die Sicherheitsvorschrift verletzt, so dass die Rechtsfolgen von § 8 Nr. 1 b) und Nr. 3 VGB 2010 (B) eingreifen.

7   Das **Hauptmotiv** für die angesprochenen Sicherheitsvorschriften liegt jedoch im **Charakter der Leitungswasser- und Sturmgebäudeversicherung** begründet.

---

[648] OLG Oldenburg r + s 1999, 162.

Dies wird dadurch deutlich, dass § 11 AWB 2010 (A) und § 11 AStB 2010 (A) entsprechende Sicherheitsvorschriften enthalten, während die AFB 2010 keine vergleichbaren Regelungen beinhalten. Die Leitungswasser- und Sturmversicherung ist überwiegend eine Reparaturkostenversicherung. Auch die Kosten für die Instandhaltung des Gebäudes und die Beseitigung von verschleißbedingten Mängeln am Gebäude sind Reparaturkosten. Bei alters- und abnutzungsbedingten Verschleißschäden handelt es sich jedoch im Grunde genommen nicht um versicherungswürdige und nicht versicherbare Risiken. Sie treten in aller Regel nicht plötzlich und unvorhersehbar, sondern allmählich und vorhersehbar ein. Der Wohngebäudeversicherer möchte infolgedessen für derartige Schäden nicht haften. Die Sicherheitsvorschriften sollten dazu beitragen, derartige Schäden vom Versicherungsschutz auszugrenzen.

Erlangt der Versicherer Kenntnis von der Verletzung der Instandhaltungsobliegenheit, so wird er den Versicherungsnehmer häufig auffordern, die am versicherten Gebäude aufgetretenen Mängel zu beseitigen. Folgt der Versicherungsnehmer dieser Aufforderung nicht und kommt es dadurch zu einem Schaden, so ist es dem Versicherer grundsätzlich nicht verwehrt, sich auf Leistungsfreiheit zu berufen. Der Verzicht des Versicherungsnehmers, die bekannten Mängel am Gebäude wie vom Versicherer gefordert zu beseitigen, stellt eine erneute Verletzung der Instandhaltungsobliegenheit dar. 8

So liegt es, wenn der Versicherer den Versicherungsnehmer auffordert, vorhandene Mängel am Dach des versicherten Gebäudes zu beseitigen. Folgt der Versicherungsnehmer dieser Aufforderung nicht, so liegt darin eine erneute Obliegenheitsverletzung. Tritt danach ein Sturmschaden am Dach des versicherten Gebäudes auf, so kann sich der Versicherer auf Verletzung der Instandhaltungsobliegenheit berufen.[649] 9

In der Leitungswasserversicherung handelt es sich in erster Linie darum, wasserführende Anlagen und Einrichtungen in ordnungsgemäßem Zustand zu erhalten und Mängel oder Schäden daran unverzüglich zu beseitigen. Die Formulierung „in ordnungsgemäßem Zustand zu erhalten" bringt auch zum Ausdruck, dass der Versicherer unterstellt, dass die genannten Sachen bei Antragsaufnahme bzw. Vertragsabschluss in ordnungsgemäßem Zustand sind. 10

Im Zusammenhang damit ist die **Antragsfrage nach dem ordnungsgemäßen Zustand der versicherten Gebäude** zu beachten. Wird diese Frage verneint, nimmt der Versicherer Anträge auf Wohngebäudeversicherung nicht an. Versicherungsschutz wird in der Regel nur für Gebäude geboten, die sich in ordnungsgemäßem Zustand befinden. Indessen bereitet die praktische Umsetzung dieser Grundsätze erhebliche Schwierigkeiten. Bei Schäden oder Mängeln an wasserführenden Anlagen und Einrichtungen handelt es sich häufig um versteckte Mängel, die auch dem Versicherungsnehmer nicht bekannt sind. Darauf ist es zurückzuführen, dass es praktisch häufig nicht möglich ist, dem Versicherungs- 11

---

649 OLG Hamburg r + s 1994, 426.

nehmer eine schuldhafte Verletzung der vorvertraglichen Anzeigepflicht oder der Instandhaltungspflicht nachzuweisen, wenn Mängel an versicherten wasserführenden Installationen Leitungswasserschäden verursachen.

12 Praktische Auswirkungen hat die Instandhaltungspflicht des Versicherungsnehmers insbesondere bei sogenannten **Korrosionsschäden** in der Rohrbruchversicherung (vgl. § 3 (A) Rn. 27 ff.). Häufig stellt sich aus Anlass eines Rohrbruchs heraus, dass das **Rohrnetz des versicherten Gebäudes weitgehend korrodiert** ist, so dass weitere Rohrbruchschäden drohen. Die Kosten für die Beseitigung des eingetretenen Rohrbruchs sind auch in diesen Fällen versichert. Der Versicherer wird den Versicherungsnehmer jedoch unter Hinweis auf die Sicherheitsvorschrift auffordern, die korrodierten, aber noch nicht gebrochenen Rohrstränge auf seine Kosten zu erneuern. Kommt der Versicherungsnehmer dieser Aufforderung nicht nach, treten bei weiteren Rohrbruchschäden die Rechtsfolgen nach § 8 Nr. 3 VGB 2010 (B) ein. Die Obliegenheit, insbesondere wasserführende Anlagen und Einrichtungen stets in ordnungsgemäßem Zustand zu erhalten und Mängel oder Schäden daran unverzüglich beseitigen zu lassen, ist jedoch ohne weiteres bereits dann verletzt, wenn nach zahlreichen vorherigen Rohrbrüchen in dem versicherten Gebäude weitere Rohrbrüche eintreten. Eine Verletzung der Instandhaltungspflicht liegt vor, wenn nach elf Versicherungsfällen in der Leitungswasserversicherung, die in den ersten drei Monaten des Jahres eingetreten bzw. repariert worden sind, mehr als neun weitere Fälle eingetreten sind.[650]

13 **Ähnlich** liegt es, wenn **Ableitungsrohre verstopft** sind. Der Versicherungsnehmer ist verpflichtet, die Verstopfung auf seine Kosten beseitigen zu lassen, um die Ableitungsrohre in ordnungsgemäßem Zustand zu erhalten. Die Instandhaltungskosten sind typische Kosten der vorbeugenden Schadenverhütung, die dem Versicherungsnehmer zur Last fallen.

14 In der **Sturm- und Hagelversicherung** kommt es vor allem darauf an, **Dächer und außen angebrachte Sachen** stets in ordnungsgemäßem Zustand zu erhalten und Mängel oder Schäden daran unverzüglich zu beseitigen. Dies liegt daran, dass diese Sachen in besonderem Maß sturmgefährdet sind. Sie werden daher in der Regelung ausdrücklich erwähnt.

15 Die Instandhaltungspflicht des Versicherungsnehmers erstreckt sich aber auch in der Sturm- und Hagelversicherung auf **alle versicherten Sachen bzw. auf das gesamte versicherte Gebäude einschließlich Zubehör**. Ebenso wie in der Leitungswasserversicherung möchte der Wohngebäudeversicherer auch in der Sturmversicherung nicht die Kosten der Instandhaltung für mangelhafte bzw. schadhafte Gebäude tragen.

16 Praktisch bereitet aber der **Nachweis**, dass Schäden wegen des mangelhaften Zustands des versicherten Gebäudes eingetreten sind oder sich deswegen vergrößert haben, auch in der Sturmversicherung **erhebliche Schwierigkeiten**. Weiterhin ist es in vielen Fällen auch **nicht möglich**, eine **eindeutige Trennung**

---

[650] Vgl. OLG Karlsruhe r + s 1995, 189.

zwischen versicherten schadenbedingten Reparaturkosten und nicht versicherten Instandhaltungskosten zu treffen. Dabei spielt es keine Rolle, dass im Breitengeschäft aus Wirtschaftlichkeitsgründen auf eine sorgfältige Risikoprüfung bei Antragsaufnahme verzichtet wird. Der Versicherer begnügt sich mit der Antragsfrage nach dem ordnungsgemäßen Zustand des versicherten Gebäudes. Verschiedentlich wird in den Antragsformularen auf Wohngebäudeversicherung selbst eine derartige Antragsfrage nicht mehr gestellt. Dann ist es sehr zweifelhaft, ob sich der Versicherer im Schadenfall auf die vorstehende Sicherheitsvorschrift überhaupt berufen kann, wenn sich herausstellt, dass die versicherten Sachen bereits bei Antragsaufnahme nicht in ordnungsgemäßem Zustand waren und dies dem Versicherer bzw. dessen Versicherungsvertreter sogar zur Kenntnis gebracht wurde.

II. Nicht genutzte Gebäude oder Gebäudeteile

Nach § 16 Nr. 1 b) VGB 2010 (A) hat der Versicherungsnehmer **nicht genutzte Gebäude oder Gebäudeteile zu jeder Jahreszeit genügend häufig zu kontrollieren und dort alle wasserführenden Anlagen und Einrichtungen abzusperren, zu entleeren und entleert zu halten**. 17

Nicht genutzte Gebäude oder Gebäudeteile sind **besonderen Gefährdungen** ausgesetzt. Die Sicherheitsvorschrift soll diesem Zustand erhöhter Gefahr entgegenwirken. Dadurch soll der Eintritt von Schäden verhütet und die Ausbreitung eingetretener Schäden verhindert werden. 18

Nach dem Wortlaut der VGB 2010 gilt die Sicherheitsvorschrift **für alle versicherten Gefahren**. Es handelt sich nicht um eine Sicherheitsvorschrift gegen Rohrbruch- oder Nässeschäden. Die in den VGB 2010 geforderten Vorsorgemaßnahmen sind dabei ausdrücklich **zu jeder Jahreszeit** zu treffen. Sie sollen dem Eintritt und der Ausbreitung von Schäden durch alle versicherten Gefahren entgegenwirken. 19

Die beschriebenen Schadenverhütungsmaßnahmen nach den VGB 2010 sind in nicht genutzten Gebäuden oder Gebäudeteilen durchzuführen. Der Begriff „nicht genutzt" ist in den VGB 2010 nicht definiert. Nach dem allgemeinen Sprachgebrauch werden Gebäude **nicht genutzt, wenn darin weder Wohnungen noch Geschäfte, Betriebe oder Lager unterhalten werden**. Im Gegensatz dazu halten sich in genutzten Gebäuden regelmäßig Menschen auf, die das Gebäude zu privaten Zwecken als Wohnung oder zu sonstigen Zwecken nutzen. Nicht genutzte Gebäude stehen leer. 20

Ein unbewohntes Zweifamilienhaus ist auch dann nicht benutzt, wenn dort gelegentlich Räumungsarbeiten wegen einer bevorstehenden Renovierung ausgeführt werden.[651] Zu den nicht genutzten Gebäuden können nach dem allgemeinen 21

---

651 OLG Stuttgart VersR 1989, 958.

Sprachgebrauch auch Gebäude gezählt werden, die wegen Renovierungsarbeiten leerstehen und unbewohnt sind.[652]

22 Es ist jedoch zu beachten, dass in den VGB **zwischen** den Sachverhalten **„nicht benutzbar" und „nicht genutzt" unterschieden** wird. Die vorstehende Sicherheitsvorschrift bezieht sich auf Gebäude, die objektiv noch genutzt (bewohnt) werden können bzw. benutzbar sind, aufgrund besonderer Umstände jedoch nicht genutzt werden. Sind dagegen die versicherten Gebäude aufgrund ihres Zustands objektiv nicht benutzbar, so greifen die Ausschlüsse für nicht bezugsfertige Gebäude gem. § 3 Nr. 4 b) und § 4 Nr. 4 b) aa) VGB 2010 (A). Für Schäden durch Leitungswasser oder Naturgefahren an diesen Gebäuden besteht kein Versicherungsschutz, wenn sie unbenutzbar sind.

23 Ist ein versichertes Gebäude wegen Renovierungs-, Sanierungs- oder Umbauarbeiten nicht genutzt, so kommt es in der Regel darauf an, ob das gesamte Gebäude wegen des Umbaus objektiv nicht mehr benutzbar ist. Trifft dies zu, so greifen die angesprochenen Ausschlussbestimmungen und es besteht kein Versicherungsschutz. Dagegen sind für die Feuerversicherung die vorstehenden Sicherheitsvorschriften auch in diesen Fällen maßgebend. Sind nur Teile des Gebäudes wegen Bauarbeiten nicht benutzbar, so gelten die angesprochenen Ausschlussbestimmungen nur für die betroffenen Gebäudeteile, im Übrigen kommen die Rechtsfolgen der Sicherheitsvorschriften zur Anwendung.

24 Die Sicherheitsvorschrift bezieht sich **generell nicht auf nicht ständig bewohnte Wohngebäude, in denen Wochenend- oder Ferienwohnungen bzw. sonstige nicht ständig bewohnte Wohnungen unterhalten werden**. Derartige Gebäude werden genutzt. Es ist nicht gefordert, dass sich ständig Menschen in der Wohnung aufhalten. Der Versicherer trägt der höheren Gefährdung durch eine entsprechende Gestaltung des Versicherungsvertrages Rechnung. Der Versicherungsnehmer muss die beschriebenen Sicherheitsvorkehrungen **auch dann nicht treffen**, wenn ein ansonsten ständig bewohntes Wohngebäude **wegen Urlaub, Krankheit oder aus anderen Anlässen vorübergehend nicht bewohnt** wird. Übersteigt die Zeit des vorübergehenden Unbewohntseins allerdings einen Zeitraum von **ca. 3 bis 4 Wochen**, so werden auch in diesen Fällen gefahrenkompensierende Maßnahmen zu treffen sein. Sie richten sich nach den Umständen des Einzelfalls. Bei einer Urlaubsreise von ca. 10 bis 14 Tagen ist ein ansonsten ständig bewohntes Wohnhaus jedoch keinesfalls als nicht genutzt anzusehen.[653]

25 Es genügt, dass **Gebäudeteile** nicht genutzt werden. Gebäudeteile sind **auch einzelne Wohnungen in Mehrfamilienhäusern**. Die Regelung bereitet in der praktischen Umsetzung erhebliche Schwierigkeiten, wenn einzelne Wohnungen oder Stockwerke von Gebäuden nicht genutzt werden. Einzelne Wohnungen haben zumeist keine abtrennbare Wasserversorgung und keine separate Heizungsanlage. In diesen Fällen sollte der Versicherungsnehmer mit dem Versicherer

---

652 OLG Hamm r + s 1989, 92.
653 A. A. OLG Hamm VersR 1972, 265.

Verbindung aufnehmen, um gegebenenfalls andere angemessene Maßnahmen zur Schadenverhütung zu vereinbaren. Es kann generell nicht davon ausgegangen werden, dass es unter diesen Voraussetzungen genügt, nicht genutzte Gebäudeteile genügend häufig zu kontrollieren und für eine ausreichende Beheizung während der kalten Jahreszeit zu sorgen.

Anders als noch in den VGB 62 werden vorübergehend **außer Betrieb gesetzte Anlagen** seit den VGB 88 **nicht mehr erwähnt**. Infolgedessen ist die Sicherheitsvorschrift nicht maßgebend, wenn eine wasserführende Anlage in einem genutzten Gebäude vorübergehend außer Betrieb genommen wird. Legt der Versicherungsnehmer z. B das Hausschwimmbad oder eine Solarheizungsanlage vorübergehend still, so ist er nach der Sicherheitsvorschrift nicht verpflichtet, die Anlage abzusperren, zu entleeren und entleert zu halten. Dies gilt indessen nur, solange das Gebäude genutzt wird. 26

Nach dem Wortlaut der VGB 2010 hat der Versicherungsnehmer nicht genutzte Gebäude oder Gebäudeteile **genügend häufig zu kontrollieren und dort alle wasserführenden Anlagen und Einrichtungen abzusperren, zu entleeren und entleert zu halten**. Beide Maßnahmen sind **nebeneinander zu jeder Jahreszeit** durchzuführen. Genügend häufige Kontrolle ist demnach auch gefordert, wenn alle wasserführenden Anlagen und Einrichtungen abgesperrt und entleert sind. 27

Dies ist unter anderem **darauf zurückzuführen**, dass durch die vorstehende Sicherheitsvorschrift die erhöhte Gefahr nicht nur in der Leitungswasser-, sondern **auch in der Feuer- und in der Naturgefahrenversicherung** ausgeglichen werden soll. In der Feuerversicherung kann die Gefahr, dass ein Schaden eintritt, erheblich erhöht werden, wenn ein Gebäude leersteht. Die erhöhte Gefahr kann durch eine genügend häufige Kontrolle des Gebäudes zwar nicht völlig kompensiert, aber doch wesentlich herabgesetzt werden. Ähnlich verhält es sich in der Naturgefahrenversicherung. Zwar erhöht sich nicht die Wahrscheinlichkeit eines Schadeneintritts, jedoch können insbesondere Sturm- oder Hagelschäden an Gebäuden zu erhöhten Folgeschäden führen. So liegt es, wenn ein Sturmschaden am Dach des Gebäudes eingetreten ist, und durch die dadurch entstandenen Öffnungen Witterungsniederschläge in das Gebäude eindringen. Wird das nicht genutzte Gebäude nicht kontrolliert, können erhebliche Folgeschäden eintreten. Ihnen kann durch eine genügend häufige Kontrolle entgegengewirkt werden. 28

Die Kontrolle muss sich auf das nicht genutzte Gebäude oder den nicht genutzten Teil des Gebäudes erstrecken. Eine **Außenkontrolle genügt nicht**. Eine effektive Überwachung setzt voraus, dass auch das Innere des Gebäudes kontrolliert wird. 29

Die Auslegung des Begriffs „**genügend häufig**" bereitet Schwierigkeiten. Es ist nicht möglich, allgemeinverbindliche Werte für die zulässigen Zeitabstände zwischen den einzelnen Kontrollgängen festzulegen. Die Häufigkeit der Kontrollen hängt von den Risikoverhältnissen ab. Eine Rolle spielen vor allem die Lage des 30

Gebäudes sowie der Umfang der Nichtnutzung (gesamtes Gebäude/Gebäudeteile) und deren Zeitdauer. Maßstab ist die Sorgfalt, die ein ordentlicher, nicht versicherter Gebäudeeigentümer unter denselben Voraussetzungen ausüben würde. Das erfordert nicht tägliche Kontrollgänge. Unter normalen Risikoverhältnissen kann aber in der Regel erwartet werden, dass nicht genutzte Gebäude **einmal wöchentlich** kontrolliert werden.

31   Aus der Sicherheitsvorschrift folgt, dass für nicht genutzte Gebäude in der Wohngebäudeversicherung **grundsätzlich Versicherungsschutz** besteht. Ansonsten wäre es widersinnig, eine Sicherheitsvorschrift für nicht genutzte Gebäude zu schaffen. Ausgenommen davon sind die Fälle, in denen versicherte Gebäude noch nicht bezugsfertig oder wegen Umbauarbeiten für ihren Zweck nicht mehr benutzbar sind.

32   Diese Feststellungen treffen uneingeschränkt auf die Fälle zu, in denen dem Versicherer bei Antragsaufnahme angezeigt wurde, dass Gebäude nicht genutzt wurden. Sie gelten im Grundsatz aber auch, wenn die Nutzung von versicherten Gebäuden nach Vertragsabschluss aufgegeben und dies dem Versicherer nicht angezeigt wird.

33   In diesen Fällen wird die **Gefahrerhöhung** wegen Nichtnutzung **durch die in den Sicherheitsvorschriften geforderten kompensierenden Gegenmaßnahmen ausgeglichen**. In der **Feuerversicherung** wird die höhere Gefährdung durch Fremdeinwirkung (Brandstiftungsgefahr) durch den Wegfall des Gefährdungspotentials bei der Nutzung des Gebäudes weitgehend ausgeglichen. Das **Leitungswasserrisiko** wird durch das Absperren und Entleeren der wasserführenden Anlagen und Einrichtungen stark gemindert. Im Grunde genommen reduziert sich die Leitungswassergefahr auf Schäden durch Ursachen, die außerhalb des nicht genutzten Gebäudes liegen (Schäden in angrenzenden Gebäuden oder Rohrbruchschäden am öffentlichen Rohrleitungsnetz mit nachfolgendem Wasseraustritt). In der **Naturgefahrenversicherung** wird die Wahrscheinlichkeit, dass Schäden eintreten, durch die Nichtnutzung nicht beeinflusst. Allerdings besteht allgemein die Gefahr, dass sich eintretende Schäden vergrößern, weil in der Regel nicht sofort Schadenminderungsmaßnahmen eingeleitet werden. Diese Schadenausbreitungsgefahr wird durch genügend häufige Kontrolle zwar herabgesetzt, aber nicht vollständig kompensiert.

34   Ausnahmen von diesen Grundsätzen gelten, wenn mit der Nichtnutzung des Gebäudes sonstige außergewöhnliche Gefahrenumstände wie **isolierte Lage oder offenkundige Verwahrlosung** des Gebäudes einhergehen. Dies kann dazu führen, dass sich der Versicherer dann dennoch **mit Erfolg auf Gefahrerhöhung** beruft, obwohl der Versicherungsnehmer die in der Sicherheitsvorschrift geforderten Maßnahmen durchgeführt hat.

35   Andererseits steht es **nicht im Belieben des Versicherungsnehmers**, vereinbarte Sicherheitsvorschriften zu ignorieren, weil er meint, auch ein geringerer Sicherheitsstandard sei ausreichend. Soweit gefahrvorbeugende Obliegenhei-

ten rechtlich nicht als überzogen oder untauglich zu beanstanden sind – was für § 16 Nr. 1 b) VGB 2010 (A) nicht zutrifft –, hat der Versicherungsnehmer sie zu beachten.[654] Allenfalls mag es sein, dass der Versicherungsnehmer nur gering oder überhaupt nicht schuldhaft handelt, wenn er statt der vorgeschriebenen eine alternative Sicherheitsmaßnahme wählt, von der er den Umständen nach annehmen darf, dass sie zur Vorbeugung der Risikoverwirklichung besser oder zumindest gleich gut geeignet ist als die vom Versicherer verlangte Maßnahme.[655] Wenn der Versicherungsnehmer, der in dem nicht benutzten Gebäude die Wasserleitungsanlage nicht absperrt, nicht entleert und nicht entleert gehalten hat, andere Sicherheitsvorkehrungen getroffen hat (hier: Beauftragung der Putzfrau mit der Kontrolle des Gebäudes), hat er dennoch seine Obliegenheiten verletzt. Der genannte Umstand wäre nur dann erheblich, wenn der Schaden mit Sicherheit auch dann eingetreten wäre, wenn der Versicherungsnehmer die vereinbarten Sicherheitsvorschriften erfüllt hätte.[656]

III. Kalte Jahreszeit

Nach § 16 Nr. 1 c) VGB 2010 (A) hat der Versicherungsnehmer **in der kalten Jahreszeit alle Gebäude und Gebäudeteile zu beheizen und dies genügend häufig zu kontrollieren oder dort alle wasserführenden Anlagen und Einrichtungen abzusperren, zu entleeren und entleert zu halten**. 36

Die Sicherheitsvorschrift ist in der kalten Jahreszeit **für alle versicherten Gebäude** zu beachten. Die Art der Nutzung ist nach dem Wortlaut der Bedingungen unbeachtlich. Praktische Bedeutung hat die Sicherheitsvorschrift jedoch **nur für genutzte Gebäude**. Führt der Versicherungsnehmer bei ungenutzten Gebäuden die nach § 16 Nr. 1 b) VGB 2010 (A) geforderten Maßnahmen durch und entleert alle wasserführenden Anlagen und Einrichtungen, so ist damit zugleich auch der Sicherheitsvorschrift für die kalte Jahreszeit Genüge getan. Es wird deutlich, dass bei nicht genutzten Gebäuden darüber hinaus keine weitere Frostvorsorge erforderlich ist. Daraus folgt wiederum, dass die Sicherheitsvorschrift für die kalte Jahreszeit praktisch für alle sonstigen genutzten Gebäude zu beachten ist. Gefahrumstand ist die kalte Jahreszeit. In dieser Zeit besteht die Gefahr von Frostschäden. Die Sicherheitsvorschrift soll diesen Schäden vorbeugen. Sie dient infolgedessen in erster Linie der Schadenverhütung in der Leitungswasserversicherung. 37

Allerdings können auch in der Feuerversicherung Schäden durch Frost eintreten. So liegt es, wenn ein Wasserzuleitungsrohr durch Frost bricht und Leitungswasser austritt, das an einer elektrischen Anlage einen Kurzschluss mit nachfolgen- 38

---

654 OLG Hamm r + s 1999, 115.
655 Vgl. BGH VersR 1995, 956.
656 OLG Karlsruhe r + s 1994, 466.

dem Brand verursacht. Infolgedessen konnte die Sicherheitsvorschrift nicht auf die Leitungswasserversicherung beschränkt werden.

39 Der Versicherungsnehmer kann **zwischen den Alternativen Beheizen und Kontrolle oder Absperren und Entleeren frei wählen**. Beide Alternativen sind gleichwertig. In der Praxis werden beide Maßnahmen der Frostvorsorge zumeist nebeneinander durchgeführt. Wohn- und Betriebsräume werden in der Regel beheizt, Wasserleitungsanlagen im Freien und in nicht beheizbaren Nebengebäuden (z. B. Garagen) werden abgesperrt und entleert. Schwierigkeiten treten in der Praxis häufig bei nicht ständig bewohnten Gebäuden auf, wenn der Versicherungsnehmer zwar heizt, die Heizung infolge einer Störung oder eines Defekts aber ausfällt, während der Versicherungsnehmer nicht anwesend ist. Daher ist der Versicherungsnehmer verpflichtet, „dies", d. h. das Beheizen bzw. die Heizung, **genügend oft zu kontrollieren**. Der Versicherungsnehmer kann generell nicht darauf vertrauen, dass die Heizung störungsfrei arbeitet. Daher wurde die Kontrollverpflichtung in den VGB 2010 verankert.

40 Der Versicherungsnehmer ist nicht nur zur Kontrolle der Heizung verpflichtet. Er hat vielmehr **auch zu kontrollieren**, dass das Gebäude **ausreichend beheizt** ist. Die Heizung und die einzelnen Heizkörper sind so einzustellen, dass in allen Räumen des Gebäudes mit wasserführenden Installationen eine Raumtemperatur über 0° Celsius herrscht. Hinsichtlich der erforderlichen Kontrollintervalle gelten die Ausführungen zu § 16 Nr. 1 b) VGB 2010 (A) sinngemäß. Bei anhaltendem strengem Frost sind jedoch Kontrollen in kürzeren Abständen erforderlich.

41 Auch hier ist es dem Versicherungsnehmer **nicht gestattet**, anstelle der vereinbarten Sicherheitsmaßnahmen **andere Maßnahmen** zur Vorbeugung der Risikoverwirklichung zu treffen. Wenn der Versicherungsnehmer während seiner urlaubsbedingten Abwesenheit im Dezember die Wasserleitungsanlagen seines Hauses nicht abgesperrt und entleert und die Wohnräume nicht beheizt hat, sondern stattdessen eine Bekannte beauftragt, regelmäßig in dem Haus nach dem Rechten zu sehen und die Blumen zu gießen, hat er keine ausreichende Vorsorge gegen Frostschäden getroffen. Der regelmäßig kurze Aufenthalt einer Person in einer nicht beheizten Wohnung im Winter ist nicht geeignet, das Einfrieren der Wasserleitungen zu verhindern.[657]

42 Der Begriff **kalte Jahreszeit** ist in den Bedingungen nicht definiert. Es ist die Zeit des Jahres, in der an dem Ort, an dem sich das versicherte Gebäude befindet, **nach allgemeiner Erfahrung mit Frost zu rechnen ist**.[658] Eine Festschreibung auf bestimmte Monate des Jahres war wegen der regional unterschiedlichen klimatischen Verhältnisse (z. B. Höhenlage) nicht angebracht. Die Formulierung „bei Frost" wurde vor allem deswegen nicht verwendet, weil sie den Versicherungsnehmer zu dem Trugschluss verleiten könnte, er habe die geforderten Maßnahmen erst dann einzuleiten, wenn die Temperaturen bereits unter den Gefrier-

---

[657] LG Mainz r + s 1994, 387.
[658] Vgl. Ollick VerBAV 1984, 310.

punkt gefallen sind. Dies würde vor allem bei nicht ständig bewohnten Gebäuden zu erheblichen Schwierigkeiten bei der praktischen Umsetzung der Sicherheitsvorschrift führen.

Infolgedessen sind die beschriebenen Vorkehrungen generell **bereits dann** gefordert, wenn jahreszeitlich **mit Frost gerechnet werden muss**. Tritt der Versicherungsnehmer während der kalten Jahreszeit eine mehrtägige Reise an, so muss er die geforderten Maßnahmen auch dann ergreifen, wenn die Außentemperaturen bei Antritt einer Reise deutlich über 0° Celsius liegen. Nach allgemeiner Erfahrung muss er in der kalten Jahreszeit damit rechnen, dass die Temperaturen während seiner Abwesenheit unter den Gefrierpunkt fallen und im Gebäude ein Frostschaden entstehen kann.

43

IV. Vermeidung von Überschwemmungs- und Rückstauschäden

Gem. § 16 Nr. 1 d) VGB 2010 (A) hat der Versicherungsnehmer zur Vermeidung von Überschwemmungs- bzw. Rückstauschäden

44

- **bei rückstaugefährdeten Räumen Rückstausicherungen funktionsbereit zu halten und**
- **Abflussleitungen auf dem Versicherungsgrundstück freizuhalten.**

Die Aufnahme dieser Obliegenheit in die VGB 2010 ist der Aufnahme der weiteren Elementargefahren in die Grunddeckung geschuldet. Das Fehlen von (funktionstüchtigen) Rückstausicherungen sowie defekte Abflussleitungen stellen eine ganz erhebliche Gefahrerhöhung im Hinblick auf Rückstau- und Überschwemmungsschäden dar.

45

Unter rückstaugefährdeten Räumen dürften alle Räume zu verstehen sein, die über gebäudeeigene Ableitungsrohre oder damit verbundene Einrichtungen verfügen.[659] Im Schadenfall wird sich der Versicherungsnehmer beispielsweise dadurch entlasten können, dass er entsprechende Bestätigungen eines Fachbetriebs vorlegt.[660]

C. Rechtsfolgen

Die Rechtsfolgen der Verletzung der Sicherheitsvorschriften richten sich nach § 8 Nr. 1 b) und Nr. 3 VGB 2010 (B) (§ 16 Nr. 2 VGB 2010 (A)). Auf die dortige Kommentierung wird verwiesen.

46

Gerade im Hinblick auf die Sicherheitsvorschriften gem. § 16 Nr. 1 b) und c) VGB 2010 (A) kommt **bei Nichtbeachtung das Vorliegen von Vorsatz in Be-**

47

---

659 Behrens Rn. 66.
660 Behrens Rn. 67.

tracht. Hinsichtlich der Obliegenheit zum Absperren von Leitungen in einem nicht genutzten Gebäude reicht es aus, wenn dem Versicherungsnehmer die Versicherungsbedingungen bekannt waren und das Abstellen der Leitungen bewusst nicht erfolgt ist.[661] Zumindest aber wird es dem Versicherungsnehmer in der Regel nicht möglich sein, ein geringeres Verschulden als grobe Fahrlässigkeit darzulegen.[662]

---

[661] LG Mainz VersR 2010, 1449.
[662] LG Berlin VersR 2005, 75.

§ 17 Besondere gefahrerhöhende Umstände

1. *Anzeigepflichtige Gefahrerhöhung*

    Eine anzeigepflichtige Gefahrerhöhung gemäß Abschnitt B § 9 kann insbesondere dann vorliegen, wenn

    a. *sich ein Umstand ändert, nach dem der Versicherer vor Vertragsschluss gefragt hat;*

    b. *ein Gebäude oder der überwiegende Teil eines Gebäudes nicht genutzt wird;*

    c. *an einem Gebäude Baumaßnahmen durchgeführt werden, in deren Verlauf das Dach ganz oder teilweise entfernt wird oder die das Gebäude überwiegend unbenutzbar machen;*

    d. *in dem versicherten Gebäude ein Gewerbebetrieb aufgenommen oder verändert wird;*

    e. *das Gebäude nach Vertragsschluss unter Denkmalschutz gestellt wird.*

2. *Folgen einer Gefahrerhöhung*

    Zu den Folgen einer Gefahrerhöhung siehe Abschnitt B § 9 Nr. 3 bis Nr. 5.

A. Allgemein

Wie in § 15 VGB 2010 (A) für die Sicherheitsvorschriften sind in § 16 VGB 2010 (A) einige besondere **gefahrerhöhende Umstände ausdrücklich genannt**, die in der Praxis häufig vorkommen. Die ausdrückliche Aufzählung erfolgt, da insbesondere private Versicherungsnehmer im Allgemeinen nicht zuverlässig einschätzen, ob Veränderungen am Gebäude, in der Nutzung des Gebäudes oder in seiner Umgebung eine erhebliche Gefahrerhöhung in der Wohngebäudeversicherung darstellen. **Im Übrigen** befinden sich **Regelungen zur Gefahrerhöhung** in § 9 VGB 2010 (B). 1

Die Formulierung, dass eine Gefahrerhöhung in den in § 17 Nr. 1 VGB 2010 (A) genannten Fällen **vorliegen „kann"**, wurde **bewusst gewählt**. Sie bringt zum Ausdruck, dass die angesprochenen Änderungen **nicht in allen Fällen eine Gefahrerhöhung** bedeuten. Dies hängt von den Umständen des Einzelfalls ab. Es kommt auch vor, dass die Änderung eines Umstands, nach dem im Antrag gefragt wurde, zu einer Minderung der Gefahr führt. So liegt es beispielsweise, wenn ein Gewerbebetrieb in einem versicherten Gebäude stillgelegt oder ein Ferienhaus künftig ständig bewohnt wird. Die Formulierung in den VGB 2010 trägt diesen Umständen Rechnung. Sie macht dem Versicherungsnehmer klar, dass in den angesprochenen Fällen eine Gefahrerhöhung vorliegen kann, aber nicht generell vorliegt. Der Versicherungsnehmer ist gehalten, einschlägige Än- 2 derungen dem Versicherer anzuzeigen. Der Versicherer prüft, ob eine erhebliche Gefahrerhöhung vorliegt, und ist verpflichtet, entsprechende Reaktionen oder Maßnahmen einzuleiten. Sie können darin bestehen, dass er dem Versicherungsnehmer mitteilt, es handle sich nicht um eine erhebliche Gefahrerhöhung. Mögliche Reaktionen sind aber auch Kündigung des Vertrages oder ein Angebot auf Vertragsänderung.

3   Durch den Begriff „insbesondere" kommt zum Ausdruck, dass die Aufzählung gefahrerheblicher Umstände **nicht abschließend** ist. Auch sonstige Gefahrerhöhungen können nach der Regelung des § 9 VGB 2010 (B) relevant sein.

4   Die Aufzählung gefahrerhöhender Änderungen in § 17 VGB 2010 (A) ist **deklaratorisch**. Es werden Sachverhalte genannt, die in der Regel ohnehin eine Gefahrerhöhung darstellen. Allerdings wird die Rechtslage dadurch insoweit verändert, als sich der Versicherungsnehmer bei einschlägigen Veränderungen **nicht mehr darauf berufen** kann, er habe **nicht gewusst bzw. erkennen können**, dass die Änderung eine Gefahrerhöhung darstellt. Darin liegt kein Verstoß gegen § 32 VVG. Die Klarstellung liegt **auch im Interesse des Versicherungsnehmers**. Dadurch werden Fehleinschätzungen durch den Versicherungsnehmer und daraus resultierende Nachteile im Versicherungsfall verhindert.

B. Besondere gefahrerhöhende Umstände

I. Antragsfragen

5   Die Änderung eines Umstands, nach dem der **Versicherer vor Vertragsschluss gefragt** hat, stellt gem. § 17 Nr. 1 a) VGB 2010 (A) eine mögliche Gefahrerhöhung dar.

6   Eine nahezu identische Formulierung ist in § 9 Nr. 1 b) VGB 2010 (B) enthalten. In § 17 VGB 2010 (A) ist sie ausschließlich klarstellend aufgeführt. Im Verhältnis zu § 9 Nr. 1 b) VGB 2010 (B) hat sie jedoch keine eigenständige rechtliche Bedeutung.[663]

II. Nicht genutzte Gebäude

7   Eine Gefahrerhöhung liegt in der Regel vor, wenn **bei Antragstellung genutzte Gebäude oder überwiegende Teile davon nicht mehr genutzt werden** (§ 17 Nr. 1 b) VGB 2010 (A)).

8   Die Wohngebäudeversicherung ist für die **Versicherung von genutzten/bewohnten Wohngebäuden konzipiert**. In den Antragsformularen auf Wohnge-

---
663   Bruck/Möller/*Johannsen* Band 7 VGB 2008/2010 A § 17 Rn. 2.

bäudeversicherung fragen die Versicherer danach, ob das zur Versicherung beantragte Gebäude ganz oder teilweise nicht genutzt wird. Bei nicht genutzten Gebäuden ist sowohl die Gefahr, dass ein Versicherungsfall eintritt, als auch die Gefahr, dass sich eintretende Versicherungsfälle ausbreiten, im Vergleich zu genutzten Gebäuden wesentlich erhöht. Dies gilt mit unterschiedlicher Gewichtung für alle versicherten Gefahren und wird in den VGB 2010 klargestellt.

Anstelle des Begriffs „**nicht bewohnt**" wird der Begriff „**nicht genutzt**" verwendet, weil nach den VGB 2010 auch **gemischt genutzte Gebäude** versichert werden. Außerdem wird dadurch verdeutlicht, dass „nicht genutzt" **nicht gleichbedeutend ist mit „nicht ständig bewohnt"**. In nicht ständig bewohnten Gebäuden unterhalten private Haushaltungen ihre Wohnungen. Sie bewohnen diese Wohnungen jedoch nicht ständig, sondern mit wiederkehrenden zeitlichen Unterbrechungen. Zeiträume des Unbewohntseins und Zeiträume des Bewohntseins wechseln einander ab. Dieser gefahrerhebliche Umstand wird dem Versicherer bei Vertragsabschluss angezeigt. Der Versicherer trägt der erhöhten Gefahr dadurch Rechnung, dass ein höherer Beitrag vereinbart wird. 9

Tritt nach Vertragsabschluss eine **Nutzungsänderung** ein, indem ein ständig bewohntes Gebäude zu einem nicht ständig bewohnten Gebäude **umgewidmet** wird, so handelt es sich um eine **Gefahrerhöhung**, die **durch § 17 Nr. 1 a) VGB 2010 (A) erfasst** ist. Es ändert sich nachträglich ein gefahrerheblicher Umstand, nach dem im Antrag gefragt worden ist. 10

Im Gegensatz dazu handelt es sich bei den hier angesprochenen Fällen darum, dass **bisher ständig oder nicht ständig bewohnte bzw. teilgewerblich genutzte Gebäude nicht oder überwiegend nicht mehr genutzt** werden. Wohnungen werden im Gebäude nicht mehr unterhalten, Betriebe werden im Gebäude nicht mehr geführt. Das Gebäude steht vollständig oder überwiegend leer. Dadurch entsteht eine grundlegend veränderte und wesentlich erhöhte Gefahr. Es hängt von den Umständen des Einzelfalls ab, welche Auswirkungen dies auf das Versicherungsverhältnis hat. 11

Eine **wichtige Rolle** spielen dabei der **Umfang und die Dauer der Nichtnutzung**. Abweichend von § 17 Nr. 1 c) VHB 2010 (A) wird in den VGB 2010 aber eine zeitliche Untergrenze dafür nicht festgelegt, weil es sich um unterschiedliche Sachverhalte handelt. In den in § 17 Nr. 1 c) VHB 2010 (A) geregelten Fällen werden ansonsten ständig bewohnte Wohnungen vorübergehend nicht bewohnt. Hier handelt es sich darum, dass Gebäude überhaupt nicht mehr genutzt werden, also leerstehen. Infolgedessen kann eine Gefahrerhöhung durch Nichtnutzung versicherter Gebäude bereits am ersten Tag der Nichtnutzung eintreten, ohne dass es generell auf die vorgesehene Dauer der Nichtnutzung ankommt. 12

Aus § 17 Nr. 1 b) VGB 2010 (A) folgt im Umkehrschluss, dass **keine Gefahrerhöhung** vorliegt, wenn **Teile versicherter Gebäude nicht genutzt werden, die genutzten Teile aber überwiegen**. Maßgebend ist das Verhältnis der ungenutzten zur genutzten Fläche des versicherten Gebäudes. Daneben ist jedoch die in § 16 13

Nr. 1 b) VGB 2010 (A) verankerte Sicherheitsvorschrift zu beachten. Sie ist auch dann maßgebend, wenn nur geringe Teile versicherter Gebäude nicht genutzt werden. Im Verhältnis zu §§ 3 Nr. 4 b), 4 Nr. 4 b) aa) VGB 2010 (A) hat der dort verankerte Risikoausschluss Vorrang. Ist die Nichtnutzung eines Gebäudes oder des überwiegenden Teils eines Gebäudes darin begründet, dass keine Bezugsfertigkeit gegeben ist, so greifen die genannten Ausschlussbestimmungen. In der Leitungswasser- und Naturgefahrenversicherung besteht während der Rohbau- oder Umbauzeit kein Versicherungsschutz. Der Versicherungsnehmer sollte dem Versicherer einen Umbau unbedingt anzeigen.

14 Die fristlose Kündigung der Versicherung eines Wohnhauses mit Anbau und Garagen unter Berufung auf § 24 VVG (gewollte Gefahrerhöhung) ist unwirksam, wenn die Gefahrerhöhung in der Reduzierung der Bewohner auf eine einzige Mietpartei gesehen wird. Die **Belegung** eines innerhalb einer Ortschaft gelegenen und an andere bewohnte Gebäude unmittelbar angrenzenden Wohnhauses **mit wenigstens einer Partei** schließt grundsätzlich aus, dass das versicherte Wohnhaus zu einem Anziehungspunkt für Wohnsitzlose wird, die erfahrungsgemäß mit fremdem Eigentum recht sorglos umgehen, oder dass es in erhöhtem Maße Ziel mutwilliger oder fahrlässiger Brandstiftung durch Kinder, Jugendliche oder auch Erwachsene wird.[664]

15 Eine Gefahrerhöhung ist **möglich** bei **fast dreimonatigem Leerstehen** eines Hauses, wenn das Leerstehen durch Verwahrlosung des Gebäudes offenbar wird und der Gefahrerhöhung nicht durch geeignete Maßnahmen entgegengewirkt wird.[665] Hierbei ist zumindest dann von einer Gefahrerhöhung auszugehen, wenn der Versicherungsnehmer vom Eindringen unbefugter Personen in das leerstehende Gebäude weiß.[666]

16 **Auch in geschlossener Ortslage** kann das Leerstehen eines Wohngebäudes in der Feuerversicherung eine anzeigepflichtige Gefahrerhöhung bedeuten. Eine solche Gefahrerhöhung wird nicht dadurch kompensiert, dass das Gebäude zeitweilig vom Nachbargrundstück beobachtet oder durch den Versicherungsnehmer oder dessen Beauftragten gelegentlich aufgesucht wird.[667]

17 Das Leerstehen eines Wohngebäudes kann grundsätzlich für sich allein betrachtet noch nicht als eine **Erhöhung der Brandgefahr** erachtet werden; dazu sind vielmehr zusätzliche weitere Umstände erforderlich – z. B. dass das Gebäude abseits, in beträchtlicher Entfernung von einer geschlossenen Ortschaft liegt, seit geraumer Zeit leergestanden hat und durch sein verwahrlostes und ungepflegtes äußeres Erscheinungsbild geeignet ist, Nichtsesshafte anzulocken, das Gebäude in Besitz zu nehmen und sich dort niederzulassen. Eine Erhöhung der Brandgefahr ist nicht ohne weiteres anzunehmen, wenn ein Wohngebäude im

---

664 OLG Köln r + s 1986, 45.
665 OLG Hamm VersR 1987, 397.
666 OLG Hamm VersR 2006, 113.
667 LG Köln NJW-RR 1988, 923.

geschlossenen Ortsgebiet in einer Wohngegend mit bewohnten Nachbarhäusern liegt, im Zeitpunkt des Schadens erst rund sieben Wochen leerstand, zwar renovierungsbedürftig, aber nicht in einem derart desolaten Zustand war, dass es zwangsläufig Unbefugte zum Eindringen anlocken musste.[668]

Auch in der Feuerversicherung ist eine Gefahrerhöhung anzunehmen, wenn das **Nachbargebäude**, das über den Keller **mit dem versicherten Gebäude Verbindung** hat, **längere Zeit unbewohnt** ist und leersteht oder von Stadtstreichern oder Hausbesetzern aufgesucht wird. Der Umstand, dass in das Nachbargebäude des Versicherungsgrundstücks Einbruchdiebstähle verübt worden sind, stellt bei einer Feuerversicherung für sich allein noch keine Gefahrerhöhung dar.[669] 18

Das **Leerstehen eines Wohnhauses allein** muss **nicht eine Erhöhung der versicherten Gefahr** bedeuten. Das folgt schon daraus, dass nach dem Auszug der Bewohner die von diesen ausgehenden Gefahren und Gefährdungen entfallen. Eine mehr als nur unerhebliche Gefahrerhöhung ist aber gegeben, wenn der Zustand des Hauses auch für Außenstehende erkennbar macht, dass das Haus unbewohnt und weitgehend unbeaufsichtigt ist und das Haus so Unbefugte, seien es spielende Kinder oder auch Obdachlose, anreizt, sich Zutritt zu verschaffen.[670] 19

Generell neigen die Gerichte offenbar dazu, Leerstehen bzw. Nichtnutzung von Gebäuden als Gefahrerhöhung anzusehen. Es werden jedoch **verschiedentlich Nebenbedingungen** gesetzt. Bei der Würdigung der zitierten Urteile ist weiterhin zu beachten, dass sie sich auf das Feuerrisiko beziehen. In der Wohngebäudeversicherung kann jedoch nicht außer Betracht bleiben, dass Leerstehen bzw. Nichtnutzung auch das Risiko in der Leitungswasser- und in der Naturgefahrenversicherung erhöhen, so dass ein Gefahrerhöhungskumul über die drei Gefahrengruppen eintritt. 20

In den zitierten Urteilen wird verschiedentlich auch der Gesichtspunkt der **Gefahrenkompensation** durch geeignete Gegenmaßnahmen angesprochen. Dieser ist in den VGB 2010 nicht ausdrücklich erwähnt. Aber auch ohne diese ausdrückliche Erwähnung können auch in der Wohngebäudeversicherung gefahrerhöhende Umstände durch Maßnahmen des Versicherungsnehmers oder durch sonstige gefahrmindernde Umstände ausgeglichen werden. 21

Es **fragt sich**, ob die in der **Sicherheitsvorschrift der § 16 Nr. 1 b) VGB 2010 (A) geforderten Maßnahmen** geeignet sind, die durch die Nichtnutzung veranlasste Gefahrerhöhung **auszugleichen**. Generell kann dies nicht vorbehaltlos bejaht werden. Zwar ist im Allgemeinen davon auszugehen, dass dadurch die Gefahrerhöhung infolge Nichtnutzung kompensiert wird, es sind jedoch Fälle vorstellbar, in denen diese Maßnahmen nicht ausreichen. Beispiele sind zum Abbruch bestimmte oder isoliert gelegene Gebäude, die leerstehen. In diesen Fällen wird der Versicherer weitergehendere Gegenmaßnahmen fordern oder den 22

---

668 OLG Köln r + s 1989, 195.
669 OLG Hamm VersR 1985, 378.
670 OLG Hamm VersR 1999, 359.

Vertrag wegen Gefahrerhöhung kündigen. Daraus folgt, dass der Versicherungsnehmer in jedem Fall anzeigen sollte, dass versicherte Gebäude vollständig oder überwiegend nicht genutzt werden. Der Hinweis auf Sicherheitsvorschriften wird in diesem Zusammenhang in den VGB 2010 bewusst nicht gegeben.

III. Baumaßnahmen

23 Nach § 17 Nr. 1 c) VGB 2010 (A) kann eine Gefahrerhöhung insbesondere dann vorliegen, wenn **an einem Gebäude Baumaßnahmen durchgeführt werden, in deren Verlauf das Dach ganz oder teilweise entfernt wird oder die das Gebäude überwiegend unbenutzbar machen.**

24 Diese Bestimmung wurde wohl als **Reaktion auf ein BGH-Urteil**[671] neu eingeführt. In diesem Urteil wurde entschieden, dass eine kurzfristig andauernde Gefahrerhöhung durch die vorübergehende Abdeckung des Dachs mit Planen während Reparaturarbeiten keine anzeigepflichtige Gefahrerhöhung darstellt. Es sei davon auszugehen, dass diese kurzfristige Änderung der Gefahrumstände von vornherein mitversichert sei. Auch mit der ausdrücklichen Regelung wird man nur dann zu einer anzeigepflichtigen Gefahrerhöhung kommen, wenn ein gewisses Dauerelement gegeben ist, da dieses dem Begriff der Gefahrerhöhung immanent ist.[672]

25 Wird das Gebäude durch die Baumaßnahmen unbenutzbar, so gelten die Risikoausschlüsse gem. § 3 Nr. 4 b) und § 4 Nr. 4 b) aa) VGB 2010 (A). Werden lediglich Teile des versicherten Gebäudes durch Baumaßnahmen unbenutzbar, so kommt es vor allem darauf an, ob der nicht benutzbare Teil des Gebäudes überwiegt, d. h. ob die nicht benutzbare Gebäudefläche größer ist als die benutzbare Gebäudefläche. Auf die Dauer des beschriebenen Zustands kommt es nach dem Wortlaut der Bedingungen nicht an.

IV. Gewerbebetrieb

26 Nach § 17 Nr. 1 d) VGB 2010 (A) kann eine Gefahrerhöhung vorliegen, wenn **in dem versicherten Gebäude ein Gewerbebetrieb aufgenommen oder verändert wird.**

27 Der Gebäudebegriff der VGB 2010 setzt gem. § 5 Nr. 2 VGB 2010 (A) voraus, dass eine **Bestimmung zur überwiegenden Nutzung zu Wohnzwecken** vorliegt. Wird ein Wohngebäude nachträglich zu gewerblichen Zwecken genutzt, liegt hierin eine Gefahrerhöhung, wenn sich die Gefahrenlage durch die neue Nutzung verschlechtert. Dies kann sich allerdings auch aus einer Änderung der

---

671 BGH VersR 1992, 606.
672 Johannsen in Bruck/Möller/*Johannsen* Band 7 VGB 2008/2010 A § 17 Rn. 4.

(teilweisen) gewerblichen Nutzung ergeben, etwa wenn eine Änderung der gewerblichen Nutzung von Räumlichkeiten zur Nutzung als Bordell erfolgt.[673]

V. Denkmalschutz

Eine Gefahrerhöhung kann nach § 17 Nr. 1 e) VGB 2010 (A) auch vorliegen, wenn das Gebäude **nach Vertragsschluss unter Denkmalschutz** gestellt wird. In diesem Fall sind bei Baumaßnahmen häufig umfangreiche Vorgaben zu beachten, was zu höheren Kosten führt.

28

C. Rechtsfolgen

Die Folgen einer Gefahrerhöhung richten sich nach § 9 Nr. 3 bis Nr. 5 VGB 2010 (B), auf die § 17 Nr. 2 VGB 2010 (A) ausdrücklich verweist.

29

---

[673] BGH VersR 2012, 1300.

§ 18 Veräußerung der versicherten Sachen

1. Rechtsverhältnisse nach Eigentumsübergang

   a. Wird die versicherte Sache vom Versicherungsnehmer veräußert, so tritt zum Zeitpunkt des Eigentumsübergangs (bei Immobilien das Datum des Grundbucheintrages) an dessen Stelle der Erwerber in die während der Dauer seines Eigentums aus dem Versicherungsverhältnis sich ergebenden Rechte und Pflichten des Versicherungsnehmers ein.

   b. Der Veräußerer und der Erwerber haften für die Prämie, die auf das zur Zeit des Eintrittes des Erwerbers laufende Versicherungsjahr entfällt, als Gesamtschuldner.

   c. Der Versicherer muss den Eintritt des Erwerbers erst gegen sich gelten lassen, wenn er hiervon Kenntnis erlangt.

2. Kündigungsrechte

   a. Der Versicherer ist berechtigt, dem Erwerber das Versicherungsverhältnis unter Einhaltung einer Frist von einem Monat zu kündigen. Dieses Kündigungsrecht erlischt, wenn es nicht innerhalb eines Monats ab der Kenntnis des Versicherers von der Veräußerung ausgeübt wird.

   Der Erwerber ist berechtigt, das Versicherungsverhältnis mit sofortiger Wirkung oder zu jedem späteren Zeitpunkt zum Ablauf des Versicherungsjahres in Schriftform zu kündigen. Das Kündigungsrecht erlischt, wenn es nicht innerhalb eines Monats nach dem Erwerb, bei fehlender Kenntnis des Erwerbers vom Bestehen der Versicherung innerhalb eines Monats ab Erlangung der Kenntnis, ausgeübt wird.

   b. Im Falle der Kündigung nach a) und b) haftet der Veräußerer allein für die Zahlung der Prämie.

3. Anzeigepflichten

   a. Die Veräußerung ist dem Versicherer vom Veräußerer oder Erwerber unverzüglich in Textform anzuzeigen.

   b. Ist die Anzeige unterblieben, so ist der Versicherer nicht zur Leistung verpflichtet, wenn der Versicherungsfall später als einen Monat nach dem Zeitpunkt eintritt, zu dem die Anzeige hätte zugehen müssen, und der Versicherer nachweist, dass er den mit dem Veräußerer bestehenden Vertrag mit dem Erwerber nicht geschlossen hätte.

   c. Abweichend von b) ist der Versicherer zur Leistung verpflichtet, wenn ihm die Veräußerung zu dem Zeitpunkt bekannt war, zu dem ihm die Anzeige hätte zugehen müssen, oder wenn zur Zeit des Eintrittes des Versicherungsfalles die Frist für die Kündigung des Versicherers abgelaufen war und er nicht gekündigt hat.

A. Inhalt der Bestimmung

1 § 18 VGB 2010 (A) konkretisiert die gesetzliche Regelung der §§ 95 bis 98 VVG für die Wohngebäudeversicherung.

Geregelt ist dort zunächst das **Schicksal des Wohngebäudeversicherungsvertrages nach dem Eigentumsübergang**. Darüber hinaus enthält die Bestimmung auch Regelungen zu den Rechten von Versicherer und dem Erwerber des Wohngebäudes. Abschließend trifft die Bestimmung auch Aussagen zu Anzeigepflichten im Rahmen einer Eigentumsübertragung.

§ 98 VVG lässt abweichende Bestimmungen, die zum Nachteil des Erwerbers führen, nicht zu.

B. Rechtsverhältnisse nach Eigentumsübergang

I. Allgemeine Erläuterungen

2 § 18 Nr. 1 VGB 2010 (A) wiederholt mit nahezu identischem Wortlaut die gesetzliche Regelung des § 95 VVG und regelt die Rechtsverhältnisse bezüglich des Wohngebäudeversicherungsvertrages nach dem Eigentumsübergang.

Gemäß § 18 Nr. 1 a) VGB 2010 (A) tritt der Erwerber des Wohngebäudes zum Zeitpunkt des Eigentumsübergangs, also mit der Eintragung im Grundbuch, anstelle des bisherigen Eigentümers (= Versicherungsnehmer) in die während der Dauer seines Eigentums aus dem Versicherungsverhältnis sich ergebenden Rechte und Pflichten ein. **Der Erwerber wird anstelle des Veräußerers Versicherungsnehmer des Wohngebäudeversicherungsvertrages.**

3 Nach § 18 Nr. 1 b) VGB 2010 (A) haften der **Veräußerer und der Erwerber für die Prämie**, die auf das zur Zeit des Eintritts des Erwerbers laufende Versicherungsjahr entfällt, als **Gesamtschuldner**. § 95 VVG, dessen Regelungsgehalt von § 18 VGB 2010 (A) wiederholt wird, spricht in diesem Zusammenhang lediglich davon, dass der Erwerber und der Veräußerer für die laufende Versicherungsperiode als Gesamtschuldner. Als Versicherungsperiode können Zeiträume von einem Monat, einem Vierteljahr, einem halben Jahr oder einem Jahr vereinbart werden (vgl. § 3 VGB 2010 (B)). Eine Versicherungsperiode von einem Jahr stellt also das Maximum dar. In § 18 VGB 2010 (A) wird also insofern zulasten des Versicherungsnehmers (= Veräußerer) abgewichen, als er für die Prämie noch für das komplette laufende Versicherungsjahr mithaften soll, auch wenn ggf. eine deutlich kürzere Versicherungsperiode vereinbart ist. Da § 98 VVG zulasten des Versicherungsnehmers von § 95 VVG abweichende Vereinbarungen verbietet, ist § 18 Nr. 1 VGB 2010 b) so zu verstehen, dass Veräußerer und Erwerber entsprechend der gesetzlichen Bestimmung des § 95 VVG nur für die laufende Versicherungsperiode als Gesamtschuldner für die Prämie haften.

Die **praktische Bedeutung** dieser Bestimmung **ist gering**, da die Prämie regelmäßig zu Beginn der Versicherungsperiode fällig wird (vgl. § 5 Nr. 1 a) VGB 2010 (A)). Im Falle der nicht rechtzeitigen Zahlung der (Folge-)Prämie wird der Versicherer regelmäßig eher von den Rechten Gebrauch machen, die in § 5 VGB 2010 (A) geregelt sind, als auf den Eintritt eines Erwerbers in den Wohngebäudeversicherungsvertrag zu hoffen, den er dann als Gesamtschuldner bezüglich der Prämie in Anspruch nehmen kann.

Den Eintritt des Erwerbers in den Versicherungsvertrag muss der Versicherer erst dann gegen sich gelten lassen, wenn er hiervon Kenntnis erlangt, vgl. § 18 Nr. 1 c) VGB 2010 (A).

II. Begrenzung des Anwendungsbereichs

§ 95 VVG – und dementsprechend auch die Regelung des § 18 VGB 2010 (A) – **gilt sowohl für die Eigenversicherung des Gebäudeeigentümers**, als auch für Fremdversicherungen[674]. Hat der Mieter oder Pächter den Wohngebäudeversicherungsvertrag abgeschlossen und veräußert der Eigentümer das Gebäude, so wird dieser Vertrag dadurch nicht berührt. Das gilt auch, wenn der bisherige Mieter oder Pächter das Gebäude erwirbt. Aus der Fremdversicherung wird dann eine Eigenversicherung. Ansonsten bleibt das Vertragsverhältnis unberührt. Infolgedessen entsteht auch kein außerordentliches Kündigungsrecht nach § 96 VVG (bzw. § 18 Nr. 2 VGB 2010 (A)). Hatte jedoch der Eigentümer einen weiteren Wohngebäudeversicherungsvertrag abgeschlossen, so geht dieser Vertrag auf den bisherigen Mieter oder Pächter über. Es entsteht Doppelversicherung, die nach § 79 VVG bzw. über das außerordentliche Kündigungsrecht nach § 96 VVG/§ 18 Nr. 2 VGB 2010 (A) beseitigt werden kann. Der Versicherungsnehmer kann wählen, ob er den später geschlossenen Vertrag nach § 79 VVG aufhebt oder den auf ihn übergegangenen Vertrag nach § 96 VVG kündigt. Ähnlich verhält es sich, wenn der Erwerber des Gebäudes nach Gefahrübergang, aber vor Eintragung in das Grundbuch einen weiteren Wohngebäudeversicherungsvertrag abgeschlossen hat.

Wurde der Vertrag von einem Miteigentümer des versicherten Gebäudes abgeschlossen, so treten die Rechtsfolgen nach §§ 95 ff. VVG ein, wenn der **Miteigentümer-Versicherungsnehmer seinen Anteil am Miteigentum veräußert**. Der Vertrag geht einschließlich der Fremdversicherung für die übrigen Miteigentümer über. Veräußert ein mitversicherter Miteigentümer seinen Anteil, so wird dadurch der Vertrag nicht berührt. Ähnlich liegt es, wenn der **Miteigentümer einer Wohnungseigentümergemeinschaft** seinen Anteil veräußert. Wurde der Vertrag mit der Wohnungseigentümergemeinschaft geschlossen, so wird er durch die Veräußerung der Anteile von Wohnungseigentümern nicht berührt. Dabei kommt es

---

674 Römer/Langheid § 95 Rn. 4; Prölss/Martin/*Armbrüster* § 95 Rn. 23.

nicht darauf an, ob die einzelnen Wohnungseigentümer als Versicherungsnehmer oder als Versicherte einzustufen sind.

Hat ein Mieter oder Pächter den Wohngebäudeversicherungsvertrag abgeschlossen und tritt ein neuer Mieter oder Pächter in den Miet- oder Pachtvertrag ein, so ist § 95 VVG analog anzuwenden. Der Vertrag geht auf den neuen Mieter Pächter über. Das gilt jedoch nicht, wenn ein neuer Miet- oder Pachtvertrag erstmals oder mit einem anderen Mieter oder Pächter abgeschlossen wird[675].

C. Kündigungsrechte

6   Bei der Veräußerung des Wohngebäudes steht beiden Vertragsparteien nach § 96 VVG/§ 18 Nr. 2 VGB 2010 (A) ein **außerordentliches Kündigungsrecht** zu. Diese Regelung trägt dem Gedanken der Privatautonomie Rechnung, zu welcher es auch gehört, dass die Teilnehmer am Rechtsverkehr bei der Auswahl ihrer Vertragspartner grundsätzlich frei sind. Einen Zwang, ein Vertragsverhältnis mit einem bestimmten Vertragspartner eingehen zu müssen, darf es nur im Ausnahmefall geben. In der Wohngebäudeversicherung gibt es für eine solche Einschränkung der Privatautonomie keinen Anlass.

I. Kündigungsrecht des Versicherers

7   Dem **Versicherer** steht das Recht zu, den Wohngebäudeversicherungsvertrag unter **Einhaltung einer Kündigungsfrist von einem Monat zu kündigen**, § 18 Nr. 2 a) Abs. 1 VGB 2010 (A). Diese Möglichkeit hat der Versicherer jedoch nicht unbegrenzt lange. Das Recht zur Kündigung des Versicherungsvertrages erlischt nämlich einen Monat, nachdem der Versicherer Kenntnis von der Veräußerung des versicherten Wohngebäudes erlangt hat.

II. Kündigungsrecht des Erwerbers

8   Auch dem **Erwerber** steht das Recht zu, den auf ihn übergegangenen Wohngebäudeversicherungsvertrag **außerordentlich zu kündigen**. Er ist dazu berechtigt, den Vertrag **mit sofortiger Wirkung** oder auch zu einem späteren Zeitpunkt zum Ablauf des Versicherungsjahres zu kündigen, § 18 Nr. 2 a) Abs. 2 VGB 2010 (A). Auch das Kündigungsrecht des Erwerbers erlischt, wenn es nicht innerhalb eines Monats nach dem Erwerb bzw., wenn dem Erwerber das Bestehen einer Wohngebäudeversicherung nicht bekannt war, innerhalb eines Monats nach Erlangung dieser Kenntnis ausgeübt wird.

---

675   Prölss/Martin/*Armbrüster* § 95 Rn. 26; Römer/Langheid § 95 Rn. 5.

III. Weitere Regelungen

Der Wegfall des Kündigungsrechts für den Versicherer und den Erwerber nach einem gewissen Zeitraum, soll für Rechtsklarheit über das weitere Bestehen des Versicherungsvertrages sorgen.

9

Entgegen der allgemeinen Aussage in § 18 Nr. 1 b) VGB 2010 (A) haftet der Veräußerer im Falle einer Kündigung des Wohngebäudeversicherungsvertrages nach § 18 Nr. 2 VGB 2010 (A) alleine für die Zahlung der Prämie, vgl. § 18 Nr. 2 b) VGB 2010 (A).

D. Anzeigepflichten

§ 18 Nr. 3 VGB 2010 (A) normiert Anzeigepflichten, die im Zusammenhang mit der Veräußerung des Wohngebäudes entstehen. Nach § 18 Nr. 3 a) ist dem Versicherer die Veräußerung vom Veräußerer oder vom Erwerber unverzüglich (ohne schuldhaftes Zögern) anzuzeigen. Die Anzeige muss in Textform (§ 126b BGB) erfolgen. Wird die Veräußerung dem Versicherer weder vom Erwerber noch vom Veräußerer unverzüglich angezeigt, so ist der Versicherer gemäß § 18 Nr. 3 b) VGB 2010 (A) **von der Verpflichtung zur Leistung frei**, wenn der Versicherungsfall später als einen Monat nach dem Zeitpunkt eintritt, in dem dem Versicherer die Anzeige hätte zugehen müssen, und der Versicherer nachweist, dass er den mit dem Veräußerer bestehenden Vertrag mit dem Erwerber nicht geschlossen hätte. Wie der Versicherer diesen Nachweis im Einzelfall führen soll, ist unklar. Denkbar ist, dass der Versicherer darlegt und gegebenenfalls beweist, dass nach seinen internen Annahmerichtlinien ein Vertrag mit dem Erwerber aus in dessen Person liegenden Gründen, z. B. wegen schlechter Bonität aufgrund der Eröffnung eines Insolvenzverfahrens, nicht geschlossen worden wäre.

10

Abweichend von § 18 Nr. 3 b) VGB 2010 (A) ist der Versicherer doch zur Leistung verpflichtet, wenn ihm zu dem Zeitpunkt, zu dem ihm die Anzeige über die Veräußerung hätte zugehen müssen, die Veräußerung bereits bekannt war. Dies kann beispielsweise der Fall sein, wenn der Veräußerer und der Erwerber es zwar unterlassen haben, den Versicherer in Textform über die Veräußerung zu informieren, der Versicherungsvermittler – dessen Kenntnis sich der Versicherer zurechnen lassen muss – aber Kenntnis von der Veräußerung hatte. Der Versicherer ist auch dann zur Leistung verpflichtet, wenn zur Zeit des Eintritts des Versicherungsfalls die Frist zur Kündigung des Versicherungsvertrages durch den Versicherer (vgl. § 18 Nr. 2 a) VGB 2010 (A)) bereits abgelaufen war und der Versicherer nicht gekündigt hat. Diese Regelung trägt dem Gedanken Rechnung, dass es Sinn und Zweck der Anzeigepflicht nach § 18 Nr. 3 a) VGB 2010 (A) ist, den Versicherer über die geänderte (Risiko-)Situation zu informieren, damit der Versicherer entscheiden kann, ob er von dem außerordentlichen Kündigungsrecht Gebrauch machen möchte. Eine Verletzung der Anzeigepflicht hat sich im Ergebnis nicht ausgewirkt, wenn die Frist, innerhalb derer der Versicherer die

Kündigung hätte erklären können, abgelaufen ist und eine Kündigung nicht erfolgt ist.

Unabhängig von der Einschränkungen der Leistungsfreiheit des Versicherer ist § 18 Nr. 3 b) VGB 2010 (A) immer noch eine „Strafbestimmung" von außerordentlicher Schärfe. Deshalb kann nicht jede Verletzung der Anzeigepflicht schlechthin zur Leistungsfreiheit führen. Die Vorschrift ist in einer an den Geboten von Treu und Glauben ausgerichteten Betrachtungsweise einschränkend auszulegen[676]. Leistungsfreiheit des Versicherers ist nach Auffassung des BGH nur gegeben, wenn diese Rechtsfolge nicht außer Verhältnis zur Schwere des Verstoßes steht. Dabei ist auf Seiten des Versicherers abzuwägen, wie weit seine Interessen in ernster Weise beeinträchtigt werden und auf Seiten des Versicherungsnehmers, in welchem Umfang ihn ein Verschulden trifft, d. h. wie schwer es wiegt und welches Gewicht die Entziehung der Versicherungsleistung für ihn hat[677]. Kündigt der Versicherer den Versicherungsvertrag nicht, nachdem ihm die Veräußerung bekannt wurde, so kann das Unterlassen der Kündigung als starkes Indiz gegen ein berechtigtes Interesse des Versicherers an Leistungsfreiheit wegen Verstoßes gegen die Anzeigeobliegenheit gewertet werden. Er bringt dadurch zum Ausdruck, dass er die Gefahr durch die Veräußerung nicht als erhöht ansieht. Infolgedessen ist auch zu vermuten, dass unter diesen Umständen die Interessen des Versicherers nicht in ernster Weise beeinträchtigt sind[678].

---

676 BGH VersR 1987, 477.
677 BGH VersR 1987, 477 und VersR 1987, 705.
678 OLG Hamm VersR 1996, 466.

Abschnitt B

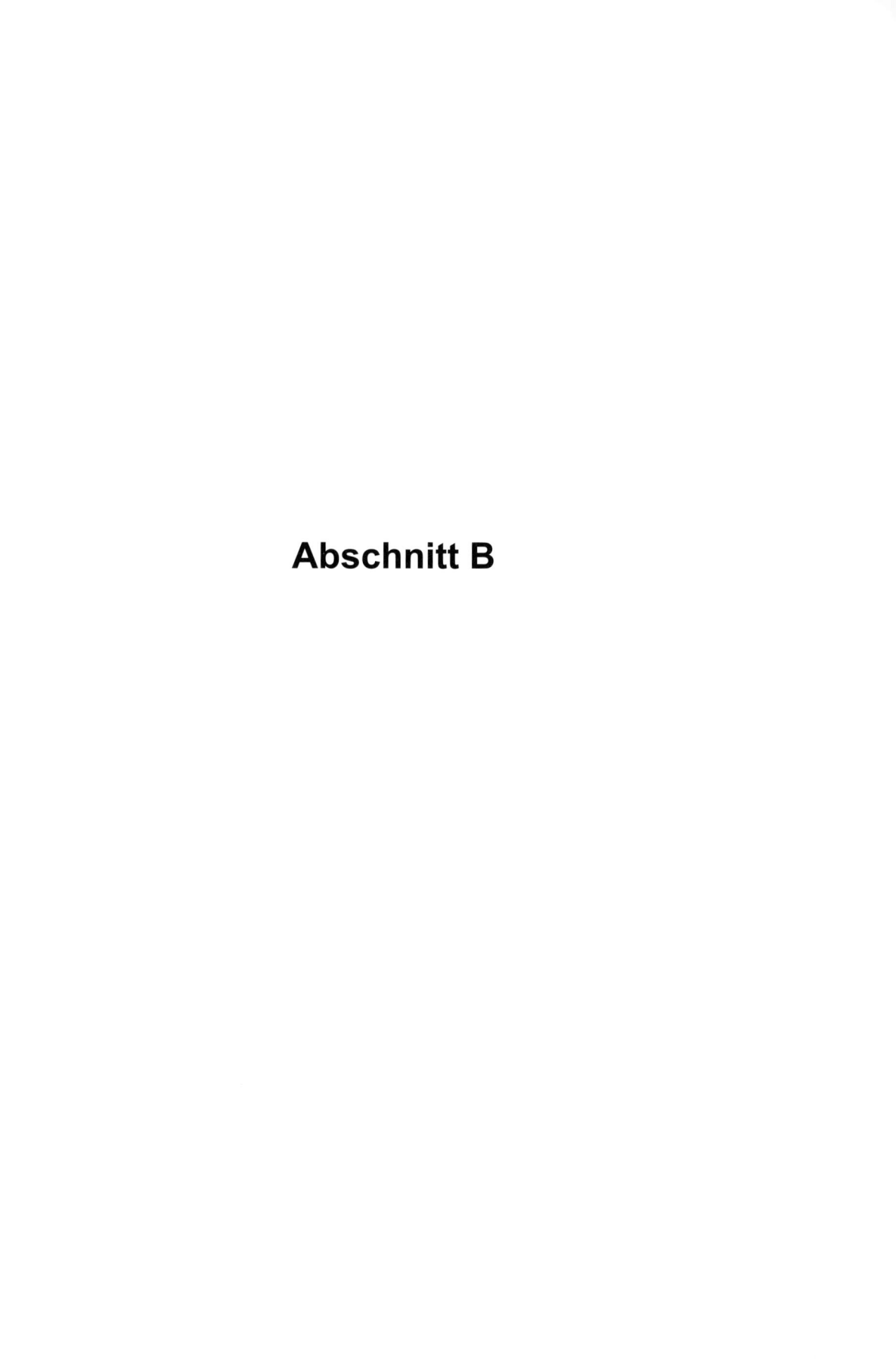

§ 1 Anzeigepflicht des Versicherungsnehmers oder seines Vertreters bis zum Vertragsschluss

1. Wahrheitsgemäße und vollständige Anzeigepflicht von Gefahrumständen

   Der Versicherungsnehmer hat bis zur Abgabe seiner Vertragserklärung dem Versicherer alle ihm bekannten Gefahrumstände anzuzeigen, nach denen der Versicherer in Textform gefragt hat und die für dessen Entschluss erheblich sind, den Vertrag mit dem vereinbarten Inhalt zu schließen.

   Der Versicherungsnehmer ist auch insoweit zur Anzeige verpflichtet, als nach seiner Vertragserklärung, aber vor Vertragsannahme der Versicherer in Textform Fragen im Sinne des Satzes 1 stellt.

2. Rechtsfolgen der Verletzung der Anzeigepflicht

   a. Vertragsänderung

   Hat der Versicherungsnehmer die Anzeigepflicht nicht vorsätzlich verletzt und hätte der Versicherer bei Kenntnis der nicht angezeigten Gefahrumstände den Vertrag auch zu anderen Bedingungen geschlossen, so werden die anderen Bedingungen auf Verlangen des Versicherers rückwirkend Vertragsbestandteil. Bei einer vom Versicherungsnehmer unverschuldeten Pflichtverletzung werden die anderen Bedingungen ab der laufenden Versicherungsperiode Vertragsbestandteil.

   Erhöht sich durch eine Vertragsänderung die Prämie um mehr als 10 Prozent oder schließt der Versicherer die Gefahrabsicherung für den nicht angezeigten Umstand aus, so kann der Versicherungsnehmer den Vertrag innerhalb eines Monats nach Zugang der Mitteilung des Versicherers ohne Einhaltung einer Frist kündigen. In dieser Mitteilung der Vertragsänderung hat der Versicherer den Versicherungsnehmer auf dessen Kündigungsrecht hinzuweisen.

   b. Rücktritt und Leistungsfreiheit

   Verletzt der Versicherungsnehmer seine Anzeigepflicht nach Nr. 1, kann der Versicherer vom Vertrag zurücktreten, es sei denn, der Versicherungsnehmer hat die Anzeigepflicht weder vorsätzlich noch grob fahrlässig verletzt.

   Bei grober Fahrlässigkeit des Versicherungsnehmers ist das Rücktrittsrecht des Versicherers ausgeschlossen, wenn der Versicherungsnehmer nachweist, dass der Versicherer den Vertrag bei Kenntnis der nicht angezeigten Umstände zu gleichen oder anderen Bedingungen abgeschlossen hätte.

Tritt der Versicherer nach Eintritt des Versicherungsfalles zurück, so ist er nicht zur Leistung verpflichtet, es sei denn, der Versicherungsnehmer weist nach, dass die Verletzung der Anzeigepflicht sich auf einen Umstand bezieht, der weder für den Eintritt oder die Feststellung des Versicherungsfalles noch für die Feststellung oder den Umfang der Leistungspflicht des Versicherers ursächlich ist. Hat der Versicherungsnehmer die Anzeigepflicht arglistig verletzt, ist der Versicherer nicht zur Leistung verpflichtet.

c. Kündigung

Verletzt der Versicherungsnehmer seine Anzeigepflicht nach Nr. 1 leicht fahrlässig oder schuldlos, kann der Versicherer den Vertrag unter Einhaltung einer Frist von einem Monat kündigen, es sei denn, der Versicherer hätte den Vertrag bei Kenntnis der nicht angezeigten Umstände zu gleichen oder anderen Bedingungen abgeschlossen.

d. Ausschluss von Rechten des Versicherers

Die Rechte des Versicherers zur Vertragsänderung (a), zum Rücktritt (b) und zur Kündigung (c) sind jeweils ausgeschlossen, wenn der Versicherer den nicht angezeigten Gefahrenumstand oder die unrichtige Anzeige kannte.

e. Anfechtung

Das Recht des Versicherers, den Vertrag wegen arglistiger Täuschung anzufechten, bleibt unberührt.

3. Frist für die Ausübung der Rechte des Versicherers

Die Rechte zur Vertragsänderung (Nr. 2 a), zum Rücktritt (Nr. 2 b) oder zur Kündigung (Nr. 2 c) muss der Versicherer innerhalb eines Monats schriftlich geltend machen und dabei die Umstände angeben, auf die er seine Erklärung stützt; zur Begründung kann er nachträglich weitere Umstände innerhalb eines Monats nach deren Kenntniserlangung angeben. Die Monatsfrist beginnt mit dem Zeitpunkt, zu dem der Versicherer von der Verletzung der Anzeigepflicht und der Umstände Kenntnis erlangt, die das von ihm jeweils geltend gemachte Recht begründen.

4. Rechtsfolgenhinweis

Die Rechte zur Vertragsänderung (Nr. 2 a), zum Rücktritt (Nr. 2 b) und zur Kündigung (Nr. 2 c) stehen dem Versicherer nur zu, wenn er den Versicherungsnehmer durch gesonderte Mitteilung in Textform auf die Folgen der Verletzung der Anzeigepflicht hingewiesen hat.

5. *Vertreter des Versicherungsnehmers*

Wird der Vertrag von einem Vertreter des Versicherungsnehmers geschlossen, so sind bei der Anwendung von Nr. 1 und Nr. 2 sowohl die Kenntnis und die Arglist des Vertreters als auch die Kenntnis und die Arglist des Versicherungsnehmers zu berücksichtigen. Der Versicherungsnehmer kann sich darauf, dass die Anzeigepflicht nicht vorsätzlich oder grob fahrlässig verletzt worden ist, nur berufen, wenn weder dem Vertreter noch dem Versicherungsnehmer Vorsatz oder grobe Fahrlässigkeit zur Last fällt.

6. *Erlöschen der Rechte des Versicherers*

Die Rechte des Versicherers zur Vertragsänderung (Nr. 2 a), zum Rücktritt (Nr. 2 b) und zur Kündigung (Nr. 2 c) erlöschen mit Ablauf von fünf Jahren nach Vertragsschluss; dies gilt nicht für Versicherungsfälle, die vor Ablauf dieser Frist eingetreten sind. Die Frist beläuft sich auf zehn Jahre, wenn der Versicherungsnehmer oder sein Vertreter die Anzeigepflicht vorsätzlich oder arglistig verletzt hat.

A. Vorvertragliche Anzeigepflicht

Die vorvertragliche Anzeigepflicht ist in den §§ 19 ff. VVG geregelt. Diese Bestimmungen werden in den VGB mit unterschiedlichem Wortlaut auszugsweise wiederholt, wobei § 32 VVG der Gestaltungsfreiheit in den VGB insofern eine Grenze setzt, als dass von den §§ 19 bis 28 Abs. 4 und 31 Abs. 1 Satz 2 VVG nicht zum Nachteil des Versicherungsnehmers abgewichen werden kann.

Nach § 19 Abs. 1 VVG hat der Versicherungsnehmer bis zur Abgabe seiner Vertragserklärung die ihm bekannten Gefahrumstände, die für den Entschluss des Versicherers, den Vertrag mit dem vereinbarten Inhalt zu schließen, erheblich sind und nach denen der Versicherer in Textform gefragt hat, dem Versicherer anzuzeigen. Erheblich sind nach dem Wortlaut des Gesetzes Gefahrumstände, die geeignet sind, auf den Entschluss des Versicherers, den Vertrag überhaupt oder zu dem vereinbarten Inhalt abzuschließen, einen Einfluss auszüben.

Die vorvertragliche Anzeigepflicht endet nicht mit der Abgabe der Vertragserklärung durch den Versicherungsnehmer. Der Versicherungsnehmer ist vielmehr auch insoweit zur Anzeige verpflichtet, als der Versicherer nach Abgabe der Vertragserklärung durch den Versicherungsnehmer, aber vor Vertragsannahme Fragen im Sinne des § 19 Abs. 1 Satz 1 VVG stellt (§ 19 Abs. 1 Satz 2 VVG).

§ 1 Nr. 1 VGB 2010 (B) wiederholt die gesetzliche Regelung des § 19 Abs. 1 VVG, ohne dass damit inhaltliche Änderungen verbunden wären.

I. Gefahrerhebliche Umstände

3   Durch die zitierten Bestimmungen werden die vertragsrechtlichen Voraussetzungen dafür hergestellt, dass der Versicherer sich Kenntnis über diejenigen Gefahrumstände verschaffen kann, die für die Übernahme der Gefahr bzw. für die Annahme des vorliegenden Versicherungsvertrages erheblich sind. Dadurch erhält der Versicherer klare Vorstellungen über die Risikoverhältnisse, die Voraussetzung für eine risikogerechte Vertragsgestaltung und Tarifierung sind.

4   Im Privatkundengeschäft werden **die Gefahrumstände in den Antragsformularen der Versicherer erfragt**. Die Antragsformulare für die Wohngebäudeversicherung enthalten Fragen nach den Gefahrverhältnissen, die für die Übernahme der Gefahr erheblich sind. Von der Beantwortung dieser Fragen hängt es ab, ob und zu welchen Bedingungen und Beiträgen der Wohngebäudeversicherer den Antrag annimmt. Gleichzeitig ist die Dokumentierung der Gefahrverhältnisse bei Antragsannahme die Grundlage für die Beurteilung nachträglicher Gefahrerhöhungen. Durch den Wortlaut von § 1 Nr. 1 VGB 2010 (B) wird verdeutlicht, dass die vorvertragliche Anzeigepflicht des Antragstellers vor allem in der Pflicht zur wahrheitsgemäßen Beantwortung der Fragen in den Antragsformularen des Versicherers liegt. Daraus folgt jedoch nicht, dass die in den §§ 19 ff. VVG geregelten Rechtsfolgen generell eintreten, wenn der Versicherungsnehmer Antragsfragen nicht wahrheitsgemäß beantwortet. Es ist **zu unterscheiden zwischen Antragsfragen, die für die Übernahme der Gefahr erheblich sind** (z. B. Bauart und Nutzung des Gebäudes), **sowie Antragsfragen, die für die Übernahme der Gefahr nicht erheblich sind** (z. B. Alter und Beruf des Antragstellers). Rechtsfolgen sind nur an die nicht wahrheitsgemäße Beantwortung derjenigen Fragen geknüpft, die für die Übernahme der Gefahr erheblich sind. Es ist dem Versicherer nicht möglich, beliebige Sachverhalte durch entsprechende Antragsfragen zu gefahrerheblichen Umständen zu erheben und an die Falschbeantwortung dieser Fragen die Rechtsfolgen der §§ 19 ff. VVG zu knüpfen. Anders als noch von Dietz in der Vorauflage ausgeführt, liegt das jedoch nicht an dem in § 32 VVG enthaltenen Grundsatz, dass u. a. von § 19 Abs. 1 VVG nicht zum Nachteil des Versicherungsnehmers abgewichen darf[679]. Vielmehr lässt sich durch eine Auslegung des Begriffs „Gefahrumstand" ermitteln, welche Fragen des Versicherers noch in den Anwendungsbereich des § 19 Abs. 1 VVG und damit in den der entsprechenden VVG-Bestimmung fallen und welche nicht.

II. Antragsfragen

5   Aus dem Bedingungswortlaut folgt andererseits, dass sich der Versicherer in der Regel auf eine Verletzung der vorvertraglichen Anzeigepflicht nur in Ansehung derjenigen Gefahrumstände berufen kann, nach denen er im Antrag gefragt hat. Er ist deshalb verpflichtet, alle Umstände, die er als gefahrerheblich einstuft, im

---

[679] Dietz 2. Auflage N 1.1.

Antrag schriftlich zu erfragen. Beantwortet der Antragsteller diese Fragen wahrheitsgemäß, so hat er seine vorvertragliche Anzeigepflicht in der Regel umfassend und abschließend erfüllt. Stellt sich z. B. im Versicherungsfall heraus, dass besondere Gefahrumstände bei Antragstellung vorlagen, nach denen der Versicherer nicht gefragt hatte, so kann sich der Versicherer auf eine Verletzung der vorvertraglichen Anzeigepflicht nicht berufen. Davon ausgenommen sind lediglich diejenigen Fälle, in denen der Antragsteller arglistig einen gefahrerheblichen Umstand verschwiegen hat, nach dem im Antrag nicht gefragt wurde. In diesen Fällen gilt § 22 VVG. Danach kann der Versicherer den Vertrag anfechten, wenn er dem Antragsteller Arglist nachweist. So liegt es beispielsweise, wenn der Antragsteller bei Aufnahme des Antrags nicht anzeigt, dass kurze Zeit zuvor eine Brandstiftung angedroht wurde[680]. Ähnlich liegt es, wenn der Grundstückseigentümer aus Anlass eines vorausgegangenen Brandschadens wegen Brandstiftung zu einer siebeneinhalbjährigen Freiheitsstrafe verurteilt worden war[681].

Die **Fragen zu Gefahrumständen in den Antragsformularen der Versicherer** haben infolgedessen in der Wohngebäudeversicherung große Bedeutung. Es sind alle Risikomerkmale zu erfragen, die für die Übernahme der beantragten Gefahr und die Festsetzung des Beitrags von Bedeutung sind. Andererseits kommt es jedoch in der Massensparte Wohngebäudeversicherung darauf an, die Antragsfragen allgemeinverständlich und eindeutig zu formulieren sowie auf den unbedingt notwendigen Umfang zu beschränken. Unklarheiten und Zweifel gehen zulasten des Versicherers (§ 305c Abs. 2 BGB). Einheitliche Richtlinien und Grundsätze für die Gestaltung von Antragsformularen gibt es nicht, jedoch haben die Versicherer die Vorgaben in § 10a Abs. 1 VAG zu beachten. Antragsvordrucke dürfen danach nur so viele Anträge auf Abschluss rechtlich selbständiger Versicherungsverträge enthalten, dass die Übersichtlichkeit, Lesbarkeit und Verständlichkeit nicht beeinträchtigt werden. Der Antragsteller ist daneben schriftlich und unter besonderer Hervorhebung auf die rechtliche Selbständigkeit der beantragten Verträge einschließlich der für sie vorgesehenen Versicherungsbedingungen sowie auf die jeweils geltenden Antragsbindungsfristen und Vertragslaufzeiten hinzuweisen.

6

In der Wohngebäudeversicherung wird häufig eine zweigleisige Lösung getroffen. Einerseits wird ein kurz gefasstes Antragsformular für ständig und ausschließlich bewohnte Ein- und Zweifamilienhäuser verwendet. Es ist in der Regel in einen sogenannten Sammelversicherungsvertrag für das Geschäft mit privaten Kunden integriert. Mit dem Sammelversicherungsantrag können alle diejenigen Versicherungsverträge beantragt werden, die private Kunden üblicherweise gemeinsam abschließen, z. B. Wohngebäudeversicherung und Hausratversicherung. Daneben wird ein detailliertes Antragsformular für sonstige Gebäude verwendet. Bei ständig bewohnten Ein- und Zweifamilienhäusern, die ausschließlich Wohnzwecken dienen, handelt es sich um weitgehend gleichartige Risiken, so dass die

7

---

680 KG Berlin r + s 1998, 471.
681 BGH VersR 1991, 1404.

Antragsfragen nach den individuellen Risikoverhältnissen auf wenige Fragen zurückgeführt werden können. Dabei wird im Interesse einer verbraucher- und vermittlerfreundlichen Formulargestaltung häufig auch darauf verzichtet, nach bestimmten gefahrerheblichen Umständen überhaupt zu fragen, weil diese Umstände im Ein- und Zweifamilienhausbereich eine untergeordnete Rolle spielen. Beispiele dafür sind Antragsfragen nach gefahrerhöhender Nachbarschaft oder nach der Verkleidung von Außenwänden. Im Breitengeschäft verzichtet der Versicherer aus Gründen der Wirtschaftlichkeit und der Praktikabilität auf die Feststellung dieser Gefahrumstände. Er fragt im Versicherungsantrag nicht danach. Infolgedessen kann er sich in diesen Fällen nicht auf eine Verletzung der vorvertraglichen Anzeigepflicht berufen, wenn sich im Versicherungsfall herausstellt, dass einer dieser Gefahrenumstände vorliegt und einen Schaden verursacht oder vergrößert hat. Dies gilt nicht, wenn unter denselben objektiven Umständen ein Großrisiko versichert ist, das bei der Antragsaufnahme und in der Vertragsgestaltung individuell behandelt wurde. Es zeigt sich einmal mehr, dass die Abgrenzung gefahrerheblicher Umstände von nicht gefahrerheblichen Umständen nicht allgemeingültig, sondern nur vor dem Hintergrund der individuellen Risiko-, Antrags- und Vertragssituation erfolgen kann. Das führt dazu, dass derselbe Gefahrumstand in einem Fall als gefahrerheblich, in einem anderen Fall als nicht gefahrerheblich einzustufen ist. Grundlage für die Beurteilung der Frage, ob die vorvertragliche Anzeigepflicht vom Antragsteller schuldhaft verletzt wurde, ist das für die Antragstellung verwendete Antragsformular des Versicherers.

8   Im Allgemeinen fragen die Wohngebäudeversicherer in den Antragsformularen nach den **nachfolgend aufgeführten Gefahrumständen**.

1. Örtliche Lage

9   Die **örtliche Lage des zur Versicherung beantragten Gebäudes** ist ein gefahrerheblicher Umstand in der Wohngebäudeversicherung. Dies liegt daran, dass die Schadenbelastung in der Leitungswasser- und in der Sturmversicherung nach den Schadenerfahrungen der Versicherer ausgeprägte regionale Unterschiede aufweist, die ihren Niederschlag in regional gestaffelten Beitragssätzen für das Leitungswasser- und Sturmrisiko gefunden haben. Eine große Rolle spielt die Lage des versicherten Gebäudes auch für die erweiterte Elementarschadenversicherung. Die örtliche Lage des Gebäudes wird im Versicherungsantrag und im Versicherungsschein durch die Bezeichnung des Versicherungsgrundstücks nach Postleitzahl, Ortsname, Straße und Hausnummer eindeutig festgelegt. Die Tarifierung des Leitungswasser-, Sturm- und Elementarschadenrisikos richtet sich nach der Postleitzahl bzw. der Ortsbezeichnung. Um beispielsweise das Hochwasserrisiko zutreffend einschätzen zu können betreiben die Wohngebäudeversicherer das Zonierungssystem für Überschwemmung, Rückstau und Starkregen (ZÜRS Geo). Dabei spielt es jedoch keine Rolle, ob das Gebäude innerhalb oder außerhalb einer geschlossenen Ortschaft oder eines geschlossenen Wohngebiets liegt.

2. Nutzung des Gebäudes

Die **Nutzung der zur Versicherung beantragten Gebäude** hat wesentlichen Einfluss auf die Tarifierung und die Vertragsgestaltung. Infolgedessen wird in den Antragsformularen auf Wohngebäudeversicherung regelmäßig nach der Nutzung der Gebäude gefragt. Es ist zu **unterscheiden zwischen der Nutzung zu Wohnzwecken und einer sonstigen Nutzung** zu gewerblichen, landwirtschaftlichen, öffentlichen oder anderen Zwecken. Die Wohngebäudeversicherung nach den VGB wird abgeschlossen für reine Wohngebäude und gemischt genutzte Gebäude, die überwiegend Wohnzwecken dienen. Die Beantwortung der Antragsfragen nach der Gebäudenutzung entscheidet daher zunächst darüber, ob überhaupt ein Wohngebäudeversicherungsvertrag nach den VGB zustande kommt. Weiterhin hat sie großen Einfluss auf die Beitragshöhe. Überwiegt die gewerbliche Nutzung, so werden Einzelverträge nach Maßgabe der AFB, AWB und AStB abgeschlossen. Ansonsten wird bei teilgewerblicher Nutzung ein Beitragszuschlag berechnet, dessen Höhe von der Art des Gewerbebetriebes abhängt. 10

Auch die **Art und Weise der Nutzung zu Wohnzwecken** spielt für die Vertragsgestaltung und die Beitragsberechnung eine große Rolle. Generell ist zu unterscheiden zwischen ständig bewohnten und nicht ständig bewohnten Gebäuden. Für die Versicherung nicht ständig bewohnter Gebäude werden Beitragszuschläge berechnet. Nicht ständig bewohnte Gebäude sind stärker gefährdet als bewohnte Gebäude. In bewohnten Gebäuden können die Bewohner den Eintritt drohender Schäden durch entsprechende Gegenmaßnahmen in vielen Fällen verhindern. Weiterhin wird häufig durch sofort eingeleitete Rettungsmaßnahmen die Ausbreitung eingetretener Schäden eingegrenzt. Diese Möglichkeiten zur sofortigen Schadenverhütung bzw. Schadenminderung sind bei nicht bewohnten Gebäuden in der Regel nicht gegeben. Daher ist die Wahrscheinlichkeit, dass Schäden eintreten und dass sich eingetretene Schäden ausbreiten, bei nicht bewohnten Gebäuden größer als bei bewohnten Gebäuden. 11

Die erhöhte Gefahr nicht ständig bewohnter Gebäude schlägt sich in der Berechnung des Beitragszuschlags nieder. Ständig bewohnt ist nicht gleichzusetzen mit ununterbrochen bewohnt. Auch die Nutzung ständig bewohnter Gebäude wird immer wieder unterbrochen, wenn die Bewohner wegen Urlaub, Krankheit oder aus anderen Anlässen vorübergehend abwesend sind. Darauf kommt es bei der Unterscheidung zwischen ständig bewohnten Gebäuden und nicht ständig bewohnten Gebäuden nicht an. Als **nicht ständig bewohnt** sind vielmehr solche Gebäude einzustufen, die von vornherein dazu bestimmt sind, nicht ständig bewohnt zu werden. Es handelt sich dabei um Gebäude, bei denen **die Zeit des Unbewohntseins überwiegt**. Typische Beispiele sind **Ferien- oder Wochenendhäuser**. In den Antragsformularen wird regelmäßig gefragt, ob die zur Versicherung beantragten Gebäude ständig bewohnt sind. Bejaht der Versicherungsnehmer diese Frage, obwohl es sich um ein Ferien- oder Wochenendhaus handelt, liegt eine Verletzung der vorvertraglichen Anzeigepflicht vor, die die Rechtsfolgen der §§ 19 ff. VVG nach sich zieht. Es ist zu unterscheiden zwischen nicht ständig bewohnten Gebäuden und nicht genutzten Gebäuden. Nicht ständig bewohnte Gebäude werden genutzt. In diesen Gebäuden unterhalten private Haushalte ständige Wohnungen, die mit wiederkehrenden zeitlichen Unterbrechungen auch bewohnt werden. Im Gegensatz dazu werden nicht genutzte Gebäude überhaupt nicht bewohnt bzw. überhaupt nicht genutzt. Sie stehen in der Regel leer. Die VGB sind für die Versicherung genutzter Wohngebäude konzipiert. Nicht genutzte Gebäude sind außergewöhnliche Risiken, die in Ausnahmefällen nur unter eingeschränkten Bedingungen versichert werden.

3. Bauweise des Gebäudes

12 Auch die **Bauweise von Gebäuden** ist ein gefahrerheblicher Umstand, der in den Antragsformularen auf Wohngebäudeversicherung regelmäßig erfragt wird. In der Wohngebäudeversicherung werden die Gebäude zumeist in vier oder fünf **Bauartklassen** (BAK) eingeteilt. Die Einstufung eines Gebäudes richtet sich nach der Art der Außenwände und der Art der Dacheindeckung. Eine Einteilung in fünf BAK ist beispielhaft in der nachfolgenden Übersicht dargestellt.

Bauartklasse oder Fertighausgruppe	Außenwände	Bedachung
1	- massiv - Stahl- oder Holzfachwerk mit Stein- oder Glasfüllung	hart
2	- Stahl-, Holz- oder Stahlbetonkonstruktion mit raumseitiger Wandplattenbekleidung aus nichtbrennbaren Baustoffen (Klasse A nach DIN 4102) - Holz, Holzfachwerk mit Lehmfüllung	hart
3	- Stahl-, Holz- oder Stahlbetonkonstruktion mit raumseitiger Wandplattenbekleidung aus nichtbrennbaren Baustoffen (Klasse B nach DIN 4102) - Gebäude mit einer oder mehreren offenen Seiten	hart
4	- wie 1 oder 2	weich
5	- wie 3	weich

Eine Reihe von Wohngebäudeversicherern differenziert inzwischen nicht mehr zwischen den BAK 1 und 2. Daraus folgt, dass erhöhte Beitragssätze nur für Gebäude mit Umfassungswänden aus Holz, Holzfachwerk und/oder mit Dacheindeckungen aus Holz, Reet, Schilf oder Stroh (Weichdach) berechnet werden. Formulartechnisch führt dies dazu, dass eine Beschreibung der Bauart des Gebäudes im Versicherungsantrag nicht mehr gefordert wird. Es wird lediglich gefragt, ob das Gebäude Umfassungswände aus Holz, Holzfachwerk und/oder ein

Weichdach hat. Werden diese Fragen verneint, so wird der Vertrag nach den Grundbeitragssätzen tarifiert. Ansonsten werden entsprechende Beitragszuschläge berechnet.

Ein erhöhtes Risiko stellen auch **Gebäude mit einer oder mehreren offenen Seiten** dar. Zumeist wird danach im Antragsformular auf Wohngebäudeversicherung nicht gefragt, weil es Wohngebäude mit einer oder mehreren offenen Seiten in der Regel nicht gibt. Es kann sich dabei allenfalls um Nebengebäude handeln. Typische Beispiele sind freistehende oder an das Wohngebäude angebaute Kfz-Unterstellplätze (Carports), die häufig nach mehreren Seiten offen sind. Diese Bauwerke haben im Verhältnis zum Wohngebäude einen untergeordneten Wert. Deshalb werden sie zumeist zum Grundbeitrag ohne Beitragszuschlag versichert. Dabei wird häufig darauf verzichtet, für das Nebengebäude eine eigene Position zu bilden. Wohngebäude und Nebengebäude werden in einer einheitlichen Position mit einer gemeinsamen Versicherungssumme versichert. Es ist dabei jedoch darauf zu achten, dass der Wert der Nebengebäude bei der Ermittlung der Versicherungssumme berücksichtigt wird. 13

Auch die **Verkleidung der Außenwände** von Gebäuden mit Asbestzement, Metall, Kunststoff, Holz oder anderen Materialien wird als gefahrerheblicher Umstand in der Sturm-/Hagelversicherung angesehen. In der Praxis ist die Einstellung der Versicherer zur Außenwandverkleidung jedoch uneinheitlich. Verschiedene Versicherer verzichten auf eine entsprechende Antragsfrage und auf die Berechnung eines Beitragszuschlags. Andere Versicherer fragen nach der Außenverkleidung und berechnen einen Zuschlag, wenn derartige Verkleidungen vorhanden sind. Es wird wiederum deutlich, dass die Frage der Verletzung der vorvertraglichen Anzeigepflicht generell nicht allgemeinverbindlich und abstrakt geprüft und beantwortet werden kann. Im konkreten Fall kommt es auch auf die Geschäftspolitik und die versicherungstechnische Einstufung und Handhabung von Gefahrumständen durch den Versicherer an. Sie finden ihren Niederschlag in der Tarif- und Antragsgestaltung.

4. Alter des Gebäudes

Ähnlich liegt es bei der Einstufung des **Alters von Gebäuden** als Gefahrumstand. Zahlreiche Wohngebäudeversicherer räumen für die **Versicherung von Neubauten** Nachlässe auf die Tarifbeitragssätze ein. Andererseits kommt es vor, dass Versicherer Zuschläge auf die Grundbeiträge berechnen, wenn die zur Versicherung beantragten **Gebäude ein bestimmtes Alter übersteigen**. Vereinzelt lehnen die Versicherer Anträge auf Wohngebäudeversicherung auch ab, wenn das zur Versicherung beantragte Gebäude eine bestimmte Altersgrenze überschritten hat. Unter diesen Voraussetzungen fragen die Versicherer in den Antragsformularen nach dem Baujahr der Gebäude. Das **Baujahr eines Gebäudes** ist in diesen Fällen ein gefahrerheblicher Umstand, der Einfluss auf die Vertragsgestaltung bzw. die Höhe des Beitrags hat. Dem steht nicht entgegen, dass andere Versicherer das Alter von Gebäuden nicht als ein Kriterium für die 14

Vertragsgestaltung ansehen und infolgedessen danach in den Antragsformularen auch nicht fragen. Es handelt sich nicht darum, dass durch die differenzierte Behandlung von Gebäuden nach Maßgabe ihres Alters ein nicht gefahrerheblicher Umstand zu einem gefahrerheblichen Umstand erhoben wird. Vielmehr bedeutet der Verzicht auf eine Antragsfrage nach dem Alter bzw. dem Baujahr von Gebäuden, dass verschiedene Versicherer diesem Gefahrumstand eine geringere Bedeutung beimessen als diejenigen Versicherer, die danach fragen und daraus Konsequenzen für die Vertragsgestaltung ableiten. Im Einzelfall sind die Geschäftsgrundsätze maßgebend, von denen sich der Versicherer bei der Risikoprüfung und Zeichnung leiten lässt. Die Gefahrerheblichkeit einzelner Umstände kann nicht ohne Rücksicht auf die Geschäftsgrundsätze des Versicherers geprüft werden, sofern die Erheblichkeit oder Unerheblichkeit nicht auf der Hand liegt[682].

5. Zustand des Gebäudes

15 Häufig wird in den Antragsformularen auch gefragt, ob die **Gebäude in gutem Zustand sind oder ob sie Mängel aufweisen**. Mit Hilfe dieser Antragsfrage sollen in erster Linie bei Antragsaufnahme bereits vorhandene Schäden bzw. Mängel am Gebäude erfasst werden. Sind derartige Mängel vorhanden, so kommt der Wohngebäudeversicherungsvertrag im Allgemeinen nicht zustande, weil die Wohngebäudeversicherer nicht bereit sind, Gebäude zu versichern, die sich nicht in ordnungsgemäßem Zustand befinden. Der praktische Wert einer derartigen Antragsfrage ist umstritten. Es kommt selten vor, dass bei Antragsaufnahme Mängel angezeigt oder beschrieben werden. Darauf ist es zurückzuführen, dass verschiedene Versicherer auf eine entsprechende Frage verzichten. Es ist aber nicht zu übersehen, dass die Antragsfrage im Hinblick auf die in den VGB verankerte Instandhaltungspflicht (§ 16 Nr. 1 VGB 2010 (A)) des Versicherungsnehmers praktische Bedeutung hat.

6. Besondere Ausstattungen

16 **Fußbodenheizungen oder ähnliche in Decken und Wänden verlegte Strahlungsheizungen sowie Klima-, Wärmepumpen- oder Solarheizungsanlagen** sind gefahrerhebliche Umstände in der Leitungswasserversicherung. Deshalb wird in den Antragsformularen auf Wohngebäudeversicherung gefragt, ob in den zur Versicherung beantragten Gebäuden derartige Anlagen vorhanden sind. Sind Strahlungsheizungen installiert, wird ein Beitragszuschlag berechnet. Daneben fragen einige Versicherer in den Antragsformularen auf Wohngebäudeversicherung auch danach, ob in dem versicherten Gebäude Schwimmbecken vorhanden sind.

---

682 BGH VersR 1984, 629.

7. Weitere Umstände

In der Feuerversicherung wird die versicherte Gefahr in vielen Fällen durch die sogenannte **gefahrerhöhende Nachbarschaft** beeinflusst. Sie liegt in der Wohngebäudeversicherung vor, wenn in der unmittelbaren Umgebung des Gebäudes andere Gebäude bzw. Betriebe liegen, deren Brand- und Betriebsgefahr höher einzuschätzen ist als die des versicherten Gebäudes. Eine Gefahrerhöhung kann durch die sogenannte räumliche oder bauliche Trennung kompensiert werden. Ansonsten sind Beitragszuschläge vorgesehen. Sie richten sich nach den Umständen des Einzelfalls. Allerdings wird auch der Gefahrumstand der gefahrerhöhenden Nachbarschaft von den Versicherern sehr unterschiedlich eingestuft und gehandhabt. Die Unterschiede reichen vom völligen Verzicht auf entsprechende Antragsfragen über eine Differenzierung nach Breitengeschäft und individuellem Großgeschäft bis hin zur generellen Antragsfrage nach gefahrerhöhender Nachbarschaft. 17

Grundsätzlich wird in den Antragsformularen gefragt, ob für die zur Versicherung beantragten Gebäude **anderweitig Versicherungsverträge bestehen oder bestanden haben bzw. ob ein Antrag auf Wohngebäudeversicherung bereits einmal abgelehnt wurde**. Diese Antragsfragen beziehen sich in erster Linie auf die subjektiven Risikoverhältnisse. Wurde ein Versicherungsantrag abgelehnt, so wird der Versicherer vor Antragsannahme nachfragen, welche Gründe dafür maßgebend waren. Besteht ein weiterer Versicherungsvertrag für dieselben Gebäude gegen dieselben versicherten Gefahren, so liegt Mehrfachversicherung vor, die im Versicherungsfall die Ermittlung und Verteilung der Entschädigung beeinflusst. Bestand ein anderer Versicherungsvertrag, so interessiert sich der Versicherer für die Gründe, die zur Beendigung dieses Vertrages geführt haben. Dies gilt insbesondere in den Fällen, in denen zu dem Vorvertrag Schäden angefallen sind. 18

Nach versicherten und nicht versicherten Vorschäden wird grundsätzlich gefragt, weil es sich dabei um einen gefahrerheblichen Umstand handelt. Nicht selten lehnen Versicherer Anträge auf Wohngebäudeversicherung ab, weil Vorschäden eingetreten sind. Insbesondere in der Leitungswasserversicherung ist unter diesen Voraussetzungen häufig mit weiteren Schäden zu rechnen. Im Allgemeinen fragen die Versicherer in ihren Antragsformularen nur nach Vorschäden, die nicht länger als fünf Jahre zurückliegen[683]. Der Versicherungsnehmer hat diese Fragen auch dann zu beantworten, wenn die Vorversicherungen bei demselben Versicherer bestanden haben. Die Gefahrerheblichkeit von Vorschäden, Vorversicherungen und Kündigungen von Vorversicherungen durch Vorversicherer liegt auf der Hand. Wenn der Versicherungsnehmer beim Abschluss einer betrieblichen Feuer- und Hausratversicherung die Antragsfragen nach Vorschäden, nach Vorversicherungen und nach Kündigungen von Vorversicherungen durch Versicherer unzutreffend verneint hat, kann der Versicherungsnehmer nicht ohne weiteres damit gehört werden, dass dem Versicherer die Vorgeschichte bekannt 19

---
683   VerBAV 1991, 73.

gewesen sei, weil auch die Vorversicherungen bei diesem Versicherer bestanden haben und daher in seinem Datenbestand registriert sind[684]. Die Verpflichtung des Versicherungsnehmers, Vorschäden anzugeben, nach denen im Schadenanzeigeformular des Versicherers gefragt wird, entfällt nicht deshalb, weil die Vorschäden von dem Versicherer selbst reguliert worden waren und der Versicherer dies anhand seiner Schadenunterlagen oder anhand der Daten in seiner EDV-Anlage hätte feststellen können[685].

Zweifelhaft ist, ob auch Vorversicherungen und Vorschäden des Ehegatten bzw. des Lebensgefährten des Versicherungsnehmers anzuzeigen sind. Das OLG Köln[686] hat diese Frage ebenso verneint wie das OLG Hamm[687]. Die Frage: *„Bestehen oder bestanden bereits Versicherungen?"* muss von einem aufmerksamen und verständigen Versicherungsnehmer nicht so verstanden werden, dass auch Versicherungen des Ehegatten oder Lebensgefährten bekannt gemacht werden müssen[688]. Gerade für die Wohngebäudeversicherung sind diese Entscheidungen problematisch, da das versicherte Wohngebäude häufig im Miteigentum der beiden Ehegatten steht. In diesen Fällen ist zumeist ein Ehegatte Versicherungsnehmer, der andere Versicherter. Auch der Versicherte ist anzeigepflichtig[689]. Verschweigt der Antragsteller Vorschäden, um die Willensbildung des Versicherers über die Annahme des Antrags zu beeinflussen, so handelt er arglistig[690].

20   Verschiedentlich wird in den Antragsformularen auch gefragt, ob der **Antragsteller Eigentümer oder Mieter bzw. Pächter des zur Versicherung beantragten Gebäudes ist**. Im Allgemeinen hat dieser Umstand jedoch keinen Einfluss auf die Annahme des Antrags bzw. auf die Vertragsgestaltung. Weiterhin spielt es keine Rolle, ob die zur Versicherung beantragten Gebäude vermietet oder vom Antragsteller bzw. Gebäudeeigentümer selbst genutzt werden. Deshalb wird nach diesem Umstand in den Antragsformularen in der Regel nicht gefragt.

In den Antragsformularen sind häufig die **Summenermittlungsbogen** für die Ermittlung der Versicherungssumme 1914 nach Maßgabe der Wohnfläche integriert. Die zutreffende Beantwortung der Frage nach dem Gebäudetyp, der Bauausstattung und der Wohnfläche des Gebäudes ist die Voraussetzung für den Unterversicherungsverzicht für Ein- und Zweifamilienhäuser. Es fragt sich, ob an die **schuldhafte Falschbeantwortung dieser Fragen durch den Versicherungsnehmer** die Rechtsfolgen der §§ 19 ff. VVG geknüpft sind. Diese Frage ist zu verneinen. Im Gegensatz zu den zuvor behandelten Gebäudemerkmalen, die für die Bauartklasseneinstufung bzw. die Risikoeinschätzung maßgebend sind, beeinflussen Gebäudetyp, Bauausstattung und Wohnfläche generell nicht

---

684   OLG Hamm r + s 1998, 473.
685   OLG Saarbrücken r + s 1998, 139.
686   OLG Köln VersR 1992, 231.
687   OLG Hamm r + s 1990, 168.
688   OLG Köln VersR 1992, 231.
689   Römer/Langheid § 19 Rn. 21.
690   OLG Hamm r + s 1990, 170.

die versicherte Gefahr. Es handelt sich dabei nicht um gefahrerhebliche Umstände. Die zutreffende Beantwortung dieser Fragen im Summenermittlungsbogen ist vielmehr die Voraussetzung für die Berechnung einer angemessenen Versicherungssumme und die darauf basierende Vereinbarung des Unterversicherungsverzichts. Stellt sich im Versicherungsfall heraus, dass der Versicherungsnehmer die Antragsfragen nach Größe, Ausbau und Ausstattung der Gebäude unzutreffend beantwortet hat, so gilt der Unterversicherungsverzicht nicht. Weitere Sanktionen sind an die Falschangabe des Gebäudetyps, der Bauausstattung und der Größe des Gebäudes nicht geknüpft. Entsprechendes gilt für den Unterversicherungsverzicht in der Hausratversicherung nach den VHB 2010 (dort in Verbindung mit Klausel 7712) bei einer Falschangabe zur Wohnfläche der versicherten Wohnung[691].

III. Kenntnis und Verhalten

Nach dem Wortlaut von § 19 Abs. 1 VVG hat der Versicherungsnehmer (Antragsteller) alle ihm bekannten Umstände, die für die Übernahme der Gefahr erheblich sind (und nach denen der Versicherer in Textform gefragt hat), dem Versicherer anzuzeigen. Es kommt auf die Kenntnis und das Verhalten des Versicherungsnehmers an. Umstände, die ihm bei der Antragstellung nicht bekannt waren, konnte er dem Versicherer auch nicht anzeigen. Sind mehrere Personen Versicherungsnehmer, so ist jeder einzelne zur wahrheitsgemäßen Beantwortung der Fragen nach den Gefahrumständen verpflichtet. Das gilt auch für die Repräsentanten sowie für die Willenserklärungsvertreter oder Wissensvertreter des Versicherungsnehmers. Bei einer Versicherung für fremde Rechnung ist auch der Versicherte zur Anzeige von Gefahrumständen verpflichtet. Weiterhin muss sich der Versicherungsnehmer nach § 20 VVG auch die Kenntnis und das Verhalten seiner Bevollmächtigten bzw. Stellvertreter anrechnen lassen, die den Vertrag geschlossen haben. Vertreter des Versicherungsnehmers ist auch der Versicherungsmakler[692], nicht jedoch der Versicherungsvertreter des Versicherers. Der Versicherungsmakler steht auch bezüglich der vorvertraglichen Anzeigepflichten im Lager des Versicherungsnehmers. Für das Verhalten eines sogenannten Verhandlungsgehilfen, der bei den maßgeblichen Verhandlungen über den Versicherungsabschluss als Wortführer des Versicherungsnehmers fungiert, haftet der Versicherungsnehmer nur, wenn der Versicherer Arglist nachweist[693].

21

---

691   Dietz HRV § 13 Rn. 2.4.
692   OLG Oldenburg VersR 1996, 373.
693   BGH VersR 1989, 564 und VersR 1991, 1404.

IV. Empfänger der Anzeige

22 Empfänger der Anzeige sind der Versicherer, dessen Angestellte, dessen Versicherungsvermittler, auch sogenannte Mehrfachagenten, nicht jedoch ein Versicherungsmakler[694]. Der Versicherer muss sich auch die Kenntnisse der genannten Personen zurechnen lassen, die sie im Zusammenhang mit der Aufnahme des Versicherungsantrags erlangt haben. Nach der **Auge-und-Ohr-Rechtsprechung des BGH**[695] erstreckt sich die sogenannte Empfangsvollmacht des Versicherungsvertreters auch auf die Entgegennahme mündlicher vorvertraglicher Anzeigen des Versicherungsnehmers[696]. Was dem Versicherungsvertreter bei Antragstellung zur Kenntnis gelangt, muss sich der Versicherer anrechnen lassen. Das gilt auch, wenn der Antragsteller das Antragsformular nicht selbst ausfüllt, sondern dies dem Versicherungsvertreter überlässt (Regelfall). Der Versicherungsvertreter stellt in diesen Fällen anhand des Antragsformulars Fragen an den Antragsteller. Die Antworten trägt er in das Antragsformular ein. Was der Antragsteller dem Versicherungsvertreter dabei mündlich mitteilt, ist dem Versicherer mitgeteilt, auch wenn der Vertreter diese Mitteilung falsch, unvollständig oder gar nicht in das Antragsformular einträgt[697]. Der Versicherer kann sich in diesen Fällen auf eine Verletzung der vorvertraglichen Anzeigepflicht durch den Antragsteller selbst dann nicht berufen, wenn er im Antragsformular nach einem gefahrerheblichen Umstand zwar ausdrücklich gefragt hat, die entsprechende Frage dem Antragsteller aber durch das Verhalten des Versicherungsvertreters nicht zur Kenntnis gebracht wurde und deshalb unbeantwortet geblieben ist[698].

Die **Wissenszurechnung des Versicherungsvertreters kann** auch **nicht** durch eine in älteren Antragsformularen enthaltene Klausel **eingeschränkt oder ausgeschlossen werden**[699]. Danach sollte die Empfangsvollmacht des Versicherungsvertreters beschränkt werden. Die Klausel lautete: *„Für die Richtigkeit der Angaben bin ich alleinverantwortlich, auch wenn ich den Antrag nicht selbst ausgefüllt habe. Der Vermittler darf über die Erheblichkeit von Antragsfragen oder Erkrankungen keine verbindlichen Erklärungen abgeben."* Der BGH hat diese in den Antragsformularen der Versicherer enthaltene Klausel als unwirksam eingestuft[700]. Gegen die danach angestellten Überlegungen der Versicherer, eine abgeänderte Klausel in die Antragsformulare einzubringen, hat schon das BAV als Vorgänger der BaFin von vornherein schwerwiegende Bedenken geäußert[701]. Die aktuellen Antragsformulare enthalten eine derartige Klausel nicht mehr.

---

694 Römer/Langheid § 19 Rn. 35.
695 BGH VersR 1988, 234.
696 Prölss/Martin/*Prölss* § 19 Rn. 36 und Römer/Langheid § 19 Rn. 36 m. w. N.
697 Römer/Langheid § 19 Rn. 39.
698 BGH VersR 1996, 1529.
699 Prölss/Martin/*Prölss* § 19 Rn. 38.
700 BGH VersR 1992, 217 und VerBAV 1992, 175.
701 VerBAV 1993, 342.

B. Rechtsfolgen von Verstößen gegen die vorvertragliche Anzeigepflicht

I. Überblick

Im Falle einer Verletzung der vorvertraglichen Anzeigepflicht durch den Versicherungsnehmer stehen dem Versicherer verschiedene Möglichkeiten zur Verfügung, mit denen er auf diese reagieren kann. Die nachfolgende Übersicht soll einen Überblick über die Rechte des Versicherers verschaffen.

23

Art der Anzeigepflichtverletzung	Rechte des Versicherers
Unverschuldete Anzeigepflichtverletzung	☐ Kündigung des Versicherungsvertrages, wenn der Versicherer den Vertrag nicht auch zu anderen Bedingungen geschlossen hätte ☐ Vertragsänderung, wenn Versicherer den Vertrag auch zu anderen Bedingungen geschlossen hätte
Fahrlässige Anzeigepflichtverletzung	☐ Kündigung des Versicherungsvertrages, wenn der Versicherer den Vertrag nicht auch zu anderen Bedingungen geschlossen hätte ☐ Vertragsänderung, wenn Versicherer den Vertrag auch zu anderen Bedingungen geschlossen hätte
Grob fahrlässige Anzeigepflichtverletzung	☐ Rücktritt vom Versicherungsvertrag ☐ Vertragsänderung, wenn Versicherer den Vertrag auch zu anderen Bedingungen geschlossen hätte
Vorsätzliche Anzeigepflichtverletzung	☐ Rücktritt vom Versicherungsvertrag
Arglist	☐ Anfechtung des Versicherungsvertrages

II. Rücktrittsrecht

Bei der Verletzung der vorvertraglichen Anzeigepflicht hat der Versicherer unter bestimmten Voraussetzungen ein Rücktrittsrecht. Es ist in § 19 Abs. 2 bis Abs. 5 VVG geregelt. Die nach altem VVG bestehende Unterscheidung zwischen Unterlassung der Anzeige (§ 16 Abs. 2 VVG a. F.) und einer unrichtigen Anzeige (§ 17 VVG a. F.) wurde im Zuge der VVG-Reform zum 01.01.2008 aufgehoben, wobei die Rechtsfolgen jedoch ohnehin bei beiden Sachverhalten übereinstimmten. Der Versicherer kann im Falle einer Verletzung der vorvertraglichen Anzeigepflicht vom Vertrag zurücktreten. Das Rücktrittsrecht besteht für den Hauptvertrag so-

24

wie für eine gegebenenfalls bei Antragsaufnahme erteilte vorläufige Deckungszusage.

1. Ausschluss des Rücktrittsrechts

25 Der Rücktritt ist ausgeschlossen, wenn der Versicherer den nicht angezeigten Gefahrenumstand kannte oder er die Unrichtigkeit der Anzeige kannte, § 19 Abs. 5 Satz 2 VVG. In diesen Fällen entfällt die Schutzwürdigkeit des Versicherers, weil die Verletzung der vorvertraglichen Anzeigepflicht durch den Versicherungsnehmer ihn in seiner Risikoeinschätzung im Ergebnis nicht beeinflusst hat.

Ferner ist das Rücktrittsrecht des Versicherers ausgeschlossen, wenn der Versicherungsnehmer die Anzeigepflicht weder vorsätzlich noch grob fahrlässig verursacht hat, § 19 Abs. 3 Satz 1 VVG. Ein Rücktritt kommt somit nur im Falle einer vorsätzlichen oder grob fahrlässigen Verletzung der vorvertraglichen Anzeigepflicht in Betracht. Da jedoch auch im Falle einer nur einfach fahrlässigen Verletzung der vorvertraglichen Anzeigepflicht das Interesse des Versicherers an einer möglichst umfassenden Risikobewertung beeinträchtigt ist, steht dem Versicherer im Falle einer einfach fahrlässigen Verletzung der vorvertraglichen Anzeigepflicht das Recht zu, den Vertrag unter Einhaltung einer Kündigungsfrist von einem Monat zu kündigen, § 19 Abs. 3 Satz 2 VVG.

Das Rücktrittsrecht des Versicherers wegen grob fahrlässiger Verletzung der vorvertraglichen Anzeigepflicht sowie das Kündigungsrecht nach § 19 Abs. 3 Satz 2 VVG sind außerdem ausgeschlossen, wenn der Versicherer den Vertrag auch bei Kenntnis der nicht angezeigten Umstände, wenn auch zu anderen Bedingungen, geschlossen hätte, § 19 Abs. 4 Satz 1 VVG.

Darüber hinaus stehen dem Versicherer die in § 19 Abs. 2 bis Abs. 4 VVG genannten Rechte nur zu, wenn er den Versicherungsnehmer durch gesonderte Mitteilung in Textform auf die Folgen einer Anzeigepflichtverletzung hingewiesen hat, § 19 Abs. 5 Satz 1 VVG. Die Antragsformulare der Wohngebäudeversicherer enthalten daher in der Regel ein entsprechendes Informationsblatt.

2. Beweislast

26 Tritt der **Versicherer** vom Vertrag zurück, so **trägt** er die **volle Beweislast** für alle den Rücktritt begründenden Umstände. Er hat zu beweisen, dass der Versicherungsnehmer die nicht oder nicht zutreffend angezeigten Umstände kannte und dennoch nicht angezeigt hat. Weiterhin muss der Versicherer den Nachweis führen, dass der nicht angezeigte Umstand gefahrerheblich ist. Ist die Verletzung der Anzeigepflicht objektiv bewiesen, beruft sich der Versicherungsnehmer aber darauf, dass der Versicherer den nicht angezeigten Umstand kannte oder ihn kein Verschulden an der Anzeigepflichtverletzung trifft, so ist der Versicherungsnehmer dafür beweispflichtig. Auf den Verschuldensgrad kommt es insofern an,

als dem Versicherer bei einer einfach fahrlässigen Verletzung der vorvertraglichen Anzeigepflicht lediglich ein Kündigungsrecht zusteht.

3. Frist

Der Versicherer muss die Rechte aus § 19 Abs. 2 bis Abs. 4 VVG innerhalb eines Monats geltend machen, § 21 Abs. 1 Satz 1 VVG. Die Frist beginnt mit dem Zeitpunkt, in welchem der Versicherer von der Verletzung der Anzeigepflicht Kenntnis erlangt hat, § 21 Abs. 1 Satz 2 VVG. Der Kenntnis des Versicherers ist die Kenntnis seiner Angestellten, auch der Angestellten einer Bezirks- oder Filialdirektion, sowie seiner Versicherungsvertreter gleichgestellt[702]. Der Rücktritt bzw. die Kündigung hat schriftlich, d. h. in Schriftform gemäß § 126 BGB zu erfolgen. Bei der Ausübung seiner Rechte hat der Versicherer die Umstände anzugeben, auf die er seine Erklärung stützt, § 21 Abs. 1 Satz 3, 1. Halbsatz VVG. Der Versicherer muss also konkret darlegen, auf welche Verletzung welcher vorvertraglichen Anzeigepflicht er die Ausübung seiner Rechte stützt. Innerhalb der in § 21 Abs. 1 Satz 1 VVG genannten Monatsfrist kann der Versicherer auch weitere Umstände für die Begründung seiner Erklärung angeben. Wurde bei Antragsaufnahme vorläufige Deckung erteilt, sollte der Versicherer zur Vermeidung von Unklarheiten den Rücktritt bzw. die Kündigung ausdrücklich auch für die vorläufige Deckung erklären.

27

4. Folgen des Rücktritts

Die allgemeinen Rücktrittsfolgen, die in § 346 BGB geregelt sind, werden im VVG bzw. in den VGB leicht modifiziert.

28

Mit dem Zugang der Rücktrittserklärung des Versicherers beim Versicherungsnehmer wird der Wohngebäudeversicherungsvertrag (sowie gegebenenfalls die vorläufige Deckungszusage) rückwirkend beendet. Der Rücktritt bewirkt, dass der Versicherer und der Versicherungsnehmer dazu verpflichtet sind, die empfangenen Leistungen zurückzugewähren.

Daraus könnte geschlossen werden, der Versicherer sei dazu verpflichtet, die erhaltenen Beiträge zurückzugewähren. Wird das Vertragsverhältnis durch Rücktritt auf Grund des § 19 Abs. 2 VVG oder durch Anfechtung des Versicherers wegen arglistiger Täuschung beendet, steht dem Versicherer die Prämie bis zum Wirksamwerden der Rücktritts- oder Anfechtungserklärung zu. Diese gesetzliche Regelung, die mit der VVG-Reform zum 01.01.2008 in das VVG eingefügt wurde, ersetzt die bis zum 31.12.2007 gültige Bestimmung des § 40 Abs. 1 VVG a. F. Die gesetzliche Bestimmung des § 40 Abs. 1 VVG a. F. sah vor, dass dem Versicherer die Prämie bis zum Schluss der Versicherungsperiode zusteht, in der er beispielsweise von der Verletzung der vorvertraglichen Anzeigepflicht Kenntnis erlangt hat. Die gesetzliche Regelung trug dem sogenannten **Grundsatz der**

---

702 Prölss/Martin/*Prölss* § 22 Rn. 15 m. w. N.

Unteilbarkeit der Prämie Rechnung. Diese gesetzliche Regelung war schwer verständlich und aus Sicht des Versicherungsnehmers ungerecht und unbefriedigend. Er kann nicht einsehen, warum dem Versicherer der gesamte Jahresbeitrag zustehen soll, wenn er z. B. einen Monat nach Versicherungsbeginn vom Vertrag zurücktritt. Deshalb war lange Zeit umstritten, ob die Regelungen in § 40 Abs. 1 und Abs. 2 Satz 1 VVG a. F. verfassungsgemäß sind. Der BGH hat mit Urteil vom 03.10.1991 entschieden, dass § 40 Abs. 2 Satz 1 VVG a. F. verfassungsgemäß ist[703]. Dies trifft auch auf § 40 Abs. 1 Satz 1 VVG zu. Infolgedessen stand dem Wohngebäudeversicherer bei Verletzung der vorvertraglichen Anzeigepflicht die Prämie für das laufende Versicherungsjahr und gegebenenfalls auch für frühere Versicherungsjahre zu, wenn er von der Verletzung der vorvertraglichen Anzeigepflicht erst nach Ablauf des ersten Versicherungsjahres Kenntnis erlangte. Schon die VGB 88 sahen eine vom Gesetzeswortlaut abweichende Regelung zugunsten des Versicherungsnehmers vor. Die gesetzliche Regelung wurde durch den Text-Baustein 16 Nr. 2 c Abs. 3 Satz 2 der VGB 88 n. F. zugunsten des Versicherungsnehmers abgeändert. Danach behält der Versicherer im Falle des Rücktritts seinen Anspruch auf den Teil des Beitrags, der der im Zeitpunkt des Rücktritts abgelaufenen Vertragszeit entspricht. Damit entsprach die bedingungsgemäße Regelung nach den VGB 88 der aktuellen gesetzlichen Regelung.

29 **Tritt der Versicherer nach Eintritt des Versicherungsfalls zurück**, so ist er nicht zur Leistung verpflichtet, es sei denn, der Versicherungsnehmer weist nach, dass die Verletzung der Anzeigepflicht sich auf einen Umstand bezieht, der weder für den Eintritt oder die Feststellung des Versicherungsfalls noch für die Feststellung oder den Umfang der Leistungspflicht des Versicherers ursächlich ist. Hat der Versicherer in diesen Fällen bereits eine Entschädigung geleistet, muss der Versicherungsnehmer diese ebenfalls nicht zurückzahlen, wenn der Versicherungsnehmer nachweist, dass der nicht oder nicht zutreffend angezeigte Gefahrenumstand weder auf den Eintritt des Versicherungsfalls noch auf den Umfang der Leistung des Versicherers Einfluss hatte. In solchen Fällen ist es dem Versicherer jedoch nicht verwehrt, sich auf andere Leistungsfreiheit begründende Regelungen wie etwa die Verletzung von Sicherheitsvorschriften oder die schuldhafte Herbeiführung des Versicherungsfalls zu berufen. Auch kann er den Vertrag in solchen Fällen bei erwiesener Arglist des Versicherungsnehmers nach § 22 VVG (§ 1 Nr. 2 e) anfechten. Dies spielt insbesondere dann eine Rolle, wenn der Versicherungsnehmer Vorversicherungen, abgelehnte Anträge oder Vorschäden arglistig verschwiegen hat. Da diese Umstände keinen Einfluss auf den Eintritt des einzelnen Versicherungsfalls oder den Umfang der Entschädigung haben, kann der Versicherer Leistungsfreiheit nur über die Anfechtung des Vertrages wegen arglistiger Täuschung herbeiführen.

Sind empfangene Leistungen zurückzugewähren, so ist eine Geldsumme von der Zeit des Empfangs an zu verzinsen. Der Zinssatz ist im VVG nicht bestimmt. Die für die Verzinsung der Entschädigung geltende Regelung ist nicht

---

703 BGH VersR 1991, 1227.

anwendbar. Es gilt § 246 BGB bzw. § 352 HGB. Der Zinssatz beträgt im Privatkundengeschäft 4 %, bei Verträgen mit Kaufleuten 5 %.

II. Beitragserhöhung/Vertragsänderung

Hätte der Versicherer den Wohngebäudeversicherungsvertrag im Falle einer nicht vorsätzlich verursachten Verletzung der vorvertraglichen Anzeigepflicht auch in Kenntnis der nicht angezeigten Umstände, wenn auch zu anderen Bedingungen, abgeschlossen, so kann er gemäß § 19 Abs. 4 Satz 2 VVG verlangen, dass die anderen Bedingungen gegebenenfalls auch rückwirkend Vertragsbestandteil werden. Der Versicherer kann demnach beispielsweise eine dem versicherten Risiko entsprechende erhöhte Versicherungsprämie bzw. den Ausschluss einzelner nicht versicherbarer Risiken verlangen. 30

Eine rückwirkende Vertragsänderung kann der Versicherer nur im Falle einer fahrlässigen Verletzung der vorvertraglichen Anzeigepflicht verlangen. Im Falle einer vom Versicherungsnehmer nicht verschuldeten Pflichtverletzung werden die anderen Bedingungen erst ab der laufenden Versicherungsperiode Vertragsbestandteil.

Der Versicherungsnehmer muss jedoch nicht jedes Änderungsverlangen des Versicherers ohne weiteres akzeptieren. Erhöht sich nämlich die Versicherungsprämie um mehr als 10 % bzw. schließt der Versicherer die Gefahrabsicherung für den nicht angezeigten Umstand aus, kann der Versicherungsnehmer den Vertrag innerhalb eines Monats nach Zugang der Mitteilung des Versicherers ohne Einhaltung einer Frist kündigen. Der Versicherer hat den Versicherungsnehmer in seiner Mitteilung über die Vertragsänderung auf dieses Kündigungsrecht hinzuweisen.

III. Kündigungsrecht

Hat der Versicherungsnehmer die vorvertragliche Anzeigepflicht lediglich einfach fahrlässig bzw. überhaupt nicht schuldhaft verletzt, steht dem Versicherer das Recht zu, den Wohngebäudeversicherungsvertrag unter Einhaltung einer Kündigungsfrist von einem Monat zu kündigen. 31

IV. Erlöschen der Rechte des Versicherers

In § 1 Nr. 6 VGB 2010 (B) sehen die VGB Ausschlussfristen für die Rechte des Versicherers vor. Die Rechte des Versicherers auf Vertragsänderung, Rücktritt und Kündigung erlöschen mit Ablauf von fünf Jahren nach Vertragsschluss. Im 32

Falle einer vorsätzlichen oder arglistigen Verletzung der Anzeigepflicht beträgt diese Frist zehn Jahre.

§ 2 Beginn des Versicherungsschutzes, Dauer und Ende des Vertrages

1. Beginn des Versicherungsschutzes

   Der Versicherungsschutz beginnt vorbehaltlich der Regelungen über die Folgen verspäteter Zahlung oder Nichtzahlung der Erst- oder Einmalprämie zu dem im Versicherungsschein angegebenen Zeitpunkt.

2. Dauer

   Der Vertrag ist für den im Versicherungsschein angegebenen Zeitraum abgeschlossen.

3. Stillschweigende Verlängerung

   Bei einer Vertragsdauer von mindestens einem Jahr verlängert sich der Vertrag um jeweils ein Jahr, wenn nicht einer der Vertragsparteien spätestens drei Monate vor dem Ablauf der jeweiligen Vertragslaufzeit eine Kündigung zugegangen ist.

4. Kündigung bei mehrjährigen Verträgen

   Der Vertrag kann bei einer Vertragslaufzeit von mehr als drei Jahren zum Ablauf des dritten oder jedes darauf folgenden Jahres unter Einhaltung einer Frist von drei Monaten vom Versicherungsnehmer gekündigt werden.

   Die Kündigung muss dem Versicherer spätestens drei Monate vor dem Ablauf des jeweiligen Versicherungsjahres zugehen.

5. Vertragsdauer von weniger als einem Jahr

   Bei einer Vertragsdauer von weniger als einem Jahr endet der Vertrag, ohne dass es einer Kündigung bedarf, zum vorgesehenen Zeitpunkt.

6. Nachweis bei angemeldetem Grundpfandrecht durch Realgläubiger

   Hat ein Realgläubiger sein Grundpfandrecht angemeldet, ist eine Kündigung des Versicherungsverhältnisses durch den Versicherungsnehmer im Hinblick auf die Gefahrengruppe Brand, Blitzschlag, Überspannung durch Blitz, Explosion, Implosion, Absturz oder Anprall eines Luftfahrzeuges nur wirksam, wenn der Versicherungsnehmer mindestens einen Monat vor Ablauf des Versicherungsvertrags nachgewiesen hat, dass zu dem Zeitpunkt, zu dem die Kündigung spätestens zulässig war, das Grundstück nicht mit dem Grundpfandrecht belastet war oder dass der Realgläubiger der Kündigung zugestimmt hat. Diese gilt nicht für eine Kündigung nach Veräußerung oder im Versicherungsfall.

7. Wegfall des versicherten Interesses

Fällt das versicherte Interesse nach dem Beginn der Versicherung weg, endet der Vertrag zu dem Zeitpunkt, zu dem der Versicherer vom Wegfall des Risikos Kenntnis erlangt.

A. Abschluss des Versicherungsvertrages

1 Zum Abschluss des Wohngebäudeversicherungsvertrages enthalten die VGB keine Regelungen. Daher ist diesbezüglich auf die einschlägigen Bestimmungen des BGB, die durch die Bestimmungen des VVG ergänzt und modifiziert werden, zurückzugreifen. Die dabei auftretenden vielfältigen Rechtsfragen können hier nicht im Einzelnen dargestellt werden. Diesbezüglich sei auf die entsprechenden Kommentierungen zum BGB bzw. zum VVG verwiesen. Hier soll es bei einigen grundsätzlichen Ausführungen bleiben. Grundsätzlich entsteht ein privatrechtlicher Vertrag dadurch, dass die Vertragsparteien zwei übereinstimmende Willenserklärungen abgeben. Eine Vertragspartei erklärt der anderen ihren Willen zum Abschluss eines Vertrages. Sie bietet den Abschluss eines Vertrages an bzw. stellt einen Antrag auf Vertragsabschluss. Die andere Partei erklärt die Annahme dieses Vertragsangebots. Der Vertrag ist zustande gekommen, wenn die beiden Willenserklärungen inhaltlich übereinstimmen. Diese Grundsätze des allgemeinen Vertragsrechts gelten auch für das Zustandekommen eines (Wohngebäude-)Versicherungsvertrages. Jedoch sind dabei eine Reihe von Besonderheiten zu beachten, die in der Eigenart des Versicherungsvertrages begründet sind. Praktische Bedeutung haben vor allem die in den §§ 6 und 7 VVG verankerten Beratungs- und Informationspflichten des Versicherers und das Widerrufsrecht des Versicherungsnehmers nach den §§ 8, 9 VVG sowie das Widerspruchsrecht des Versicherungsnehmers aus § 5 VVG.

I. Antrag

2 Die Initiative zum Abschluss eines Wohngebäudeversicherungsvertrages geht in der Regel vom Gebäudeeigentümer aus. Er bietet dem Versicherer den Abschluss eines Vertrages an, indem er einen Antrag auf Abschluss eines Wohngebäudeversicherungsvertrages an den Versicherer richtet. Dieser Antrag kann grundsätzlich formlos gestellt werden. In der Regel jedoch werden die Anträge schriftlich gestellt.

Es kommt auch vor, dass Versicherer Vertragsangebote unterbreiten. So liegt es, wenn der Versicherer die Antragsbindungsfrist verstreichen lässt. Die verspätete Annahme des Antrags führt dazu, dass die Übersendung des Versicherungsscheins an den Antragsteller rechtlich als ein neues Angebot des Versicherers auf Abschluss eines Wohngebäudeversicherungsvertrages einzustufen ist (§ 150 Abs. 1 BGB). Ähnlich verhält es sich, wenn der Versicherer bzw. dessen Vermittler aufgrund einer Anfrage eines Gebäudeeigentümers diesem ein sogenanntes Angebot abgibt, in dem die Konditionen für den Abschluss eines Wohngebäudeversicherungsvertrages dargestellt werden. Dabei handelt es sich rechtlich nicht um das Angebot auf Abschluss eines Wohngebäudeversicherungsvertrages. Vielmehr informiert der Versicherer den Interessenten darüber, welche Bedingungen und Beiträge für den Abschluss des Vertrages gelten. Nimmt der Gebäudeeigentümer dieses „Angebot" des Versicherers an, so handelt es sich bei dieser Willenserklärung um einen Antrag auf Abschluss eines Vertrages bzw. um ein Vertragsangebot des Versicherungsnehmers. Der Versicherungsvertrag entsteht auch in diesen Fällen dadurch, dass der Versicherer dieses Angebot annimmt.

II. Schriftlicher Antrag

Obwohl die Schriftform nicht gefordert ist und in der Regel vor Abschluss des Vertrages auch nicht wirksam vereinbart wurde, werden Anträge auf Abschluss eines Wohngebäudeversicherungsvertrages in den allermeisten Fällen schriftlich gestellt. Dabei werden die Antragsformulare des Versicherers verwendet. Dieses Verfahren dient der Rechtssicherheit. Der Versicherer erhält die für den Vertragsabschluss notwendigen Risikoinformationen. Daneben können rechtswirksam auf diesem Weg auch alle Vereinbarungen getroffen werden, die für die Verwaltung des Vertrages erforderlich sind (z. B. Einwilligungserklärungen nach dem Bundesdatenschutzgesetz oder die Lastschrifteinzugsermächtigung bzw. die Erteilung des SEPA-Mandats). Beim Antragsteller verbleibt eine Kopie des Antrags. Anhand der Antragskopie kann er überprüfen, ob der Versicherungsschein inhaltlich mit dem Antrag übereinstimmt. Die **Antragsformulare auf Wohngebäudeversicherung sind nicht einheitlich**. Dies liegt vor allem daran, dass zahlreiche Versicherer nach der Deregulierung der europäischen Versicherungsmärkte eigene Produktlinien entwickelt haben, die sich in der Gestaltung der Antragsformulare niedergeschlagen haben. Daneben sind die Versicherer in unterschiedlichem Ausmaß dazu übergegangen, insbesondere für das Privatkundengeschäft sogenannte **Kombiprodukte** zu schaffen, in denen in unterschiedlicher Weise Anträge für verschiedene Sparten zusammengefasst sind. 3

Auch in Fällen, in denen ausnahmsweise ein Vertrag zunächst formlos geschlossen wurde, wird der Versicherer in der Regel darauf bestehen, dass der Versicherungsnehmer (nachträglich) ein Antragsformular ausfüllt und unterschreibt. Dabei geht es dem Versicherer vor allem darum, die notwendigen Kenntnisse über die Risikoverhältnisse zu erlangen.

III. Verbraucherinformationen

Große Bedeutung haben die in den §§ 6 und 7 VVG verankerten Beratungs- und Informationspflichten. Sie wurden im Zuge der VVG-Reform zum 01.01.2008 4 stärker betont, als dies bis dahin der Fall war. Es handelt sich dabei um Vorschriften zum Schutz der Interessen privater Verbraucher.

Nach § 7 Abs. 1 VVG hat der Versicherer dem Versicherungsnehmer **rechtzeitig vor Abgabe von dessen Vertragserklärung** die Vertragsbestimmungen einschließlich der allgemeinen Versicherungsbedingungen sowie die in einer Rechtsverordnung nach § 7 Abs. 2 VVG bestimmten Informationen in Textform mitzuteilen.

Auf Grundlage von § 7 Abs. 2 VVG wurde die **Verordnung über Informationspflichten bei Versicherungsverträgen** (VVG-InfoV) erlassen. In § 1 VVG-InfoV werden die Informationspflichten genannt, die bei Versicherungsverträgen aller Sparten, also auch bei der Wohngebäudeversicherung, zu erfüllen sind. Bezüglich der Einzelheiten sei hier auf die einschlägigen Kommentierungen der VVG-InfoV verwiesen.

Neben diesen Informationen ist dem Versicherungsnehmer, wenn es sich um einen Verbraucher handelt, auch das sogenannte **Produktinformationsblatt** zur Verfügung zu stellen, das die in § 4 Abs. 2 VVG-InfoV genannten Informationen enthalten muss.

IV. Hinweis- und Beratungspflichten

5   Neben den gesetzlich geregelten Informationspflichten, welche insbesondere gegenüber Verbrauchern zu erfüllen sind, treffen den Versicherer bzw. auch die Versicherungsvermittler vorvertragliche Hinweis- und Beratungspflichten. Nach § 6 Abs. 1 VVG hat der Versicherer den Versicherungsnehmer, soweit nach der Schwierigkeit, die angebotene Versicherung zu beurteilen, oder der Person des Versicherungsnehmers und dessen Situation hierfür Anlass besteht, nach seinen Wünschen und Bedürfnissen zu befragen und, auch unter Berücksichtigung eines angemessenen Verhältnisses zwischen Beratungsaufwand und der vom Versicherungsnehmer zu zahlenden Prämien, zu beraten sowie die Gründe für jeden zu einer bestimmten Versicherung erteilten Rat anzugeben. § 61 VVG enthält die spiegelbildliche Vorschrift für Versicherungsvermittler. Wesentliche Sachverhalte sind Hilfe und Beratung beim Ausfüllen des Antragsformulars, Beratung und Aufklärung über die Grundzüge der Haftung, unterschiedliche Produkte und fakultative Erweiterungen der Grunddeckung beispielsweise auf Überspannungsschäden, weitere Elementarschäden oder sonstige Rohrbruchschäden. Dazu zählt auch der Hinweis auf günstigere AVB oder Tarife bei der Aufnahme von Anträgen.

Beratungsverschulden hat der Versicherungsnehmer nachzuweisen. Dazu zählt auch der Nachweis, dass das Beratungsverschulden für den beim Versicherungsnehmer entstandenen Schaden (mit)ursächlich ist. Der Versicherer haftet dafür. Für das Verschulden seiner Angestellten im Innendienst und im Außendienst sowie seiner Versicherungsvertreter haftet der Versicherer nach § 278 BGB. Die Schadenersatzverpflichtung erstreckt sich in der Regel auf den durch die fehlerhafte Beratung entstandenen Schaden. Der Versicherungsnehmer kann Erfüllung des Vertrages nach Maßgabe fehlerfreier Beratung fordern.

B. Regelungsgehalt des § 2 VGB 2010 (B)

I. Materieller Versicherungsbeginn

Im Versicherungsrecht wird zwischen dem formellen, dem technischen und dem materiellen Versicherungsbeginn unterschieden. Der **formelle Versicherungsbeginn** ist der Zeitpunkt, zu dem der Versicherungsvertrag zustande gekommen ist. Im Gegensatz dazu ist **technischer Versicherungsbeginn** der Zeitpunkt, ab dem der Versicherer Prämie berechnet.

6

Ausschlaggebende praktische Bedeutung hat der **materielle Versicherungsbeginn**. Das ist der Zeitpunkt, ab dem Versicherungsschutz besteht, ab dem der Wohngebäudeversicherer für Schäden durch einen Versicherungsfall haftet. Die genannten Zeitpunkte können, müssen aber nicht zusammenfallen. Weiterhin kommt es vor, dass innerhalb desselben Vertrages der materielle Versicherungsbeginn für die einzelnen versicherten Gefahren nicht übereinstimmt. So liegt es bei Neubauten. Der Versicherungsschutz für das Feuerrisiko besteht in der Regel bereits während der Bauzeit. Der Versicherungsschutz für die übrigen versicherten Gefahren beginnt mit der Bezugsfertigkeit des Gebäudes.

§ 2 Nr. 1 VGB 2010 (B) regelt den **materiellen Versicherungsbeginn**. Hierfür ist in erster Linie der zwischen Versicherungsnehmer und Versicherer vereinbarte Zeitpunkt maßgeblich, der im Versicherungsschein benannt worden ist.

Allerdings erfolgt der materielle Versicherungsbeginn nur vorbehaltlich der Regelungen über die verspätete Zahlung oder Nichtzahlung der Erst- oder Einmalprämie, vgl. § 4 VGB 2010 (B). Diese Regelung wird als **erweiterte Einlöseklausel** bezeichnet.

II. Dauer

Die Dauer des Versicherungsvertrages ergibt sich aus dem Versicherungsschein, § 2 Nr. 2 VGB 2010 (B).

7

III. Stillschweigende Verlängerung

8 § 2 Nr. 3 VGB 2010 (B) sieht vor, dass sich ein Wohngebäudeversicherungsvertrag, der für einen Zeitraum von mindestens einem Jahr geschlossen wurde, um ein weiteres Jahr verlängert, wenn er nicht vom Versicherungsnehmer bzw. vom Versicherer unter Einhaltung einer Kündigungsfrist von drei Monaten vor Ablauf des jeweiligen Vertragszeitraums gekündigt wird. Die Kündigung muss der jeweils anderen Vertragspartei innerhalb des genannten Zeitraums zugegangen sein. Der Zugang ist dabei im Streitfalle von der Partei zu beweisen, die sich auf den rechtzeitigen Zugang der Kündigung beruft.

IV. Kündigung von mehrjährigen Verträgen

9 § 2 Nr. 4 VGB 2010 (B) enthält eine Kündigungsregelung für Wohngebäudeversicherungsverträge, die eine Laufzeit von mindestens drei Jahren haben. Ein solcher Vertrag kann sowohl vom Versicherungsnehmer als auch vom Versicherer unter Einhaltung einer Kündigungsfrist von drei Monaten zum Ende des dritten Versicherungsjahres sowie jeweils zum Ende der nachfolgenden Versicherungsjahre gekündigt werden. Auch in diesem Fall muss die Kündigung innerhalb der genannten Kündigungsfrist dem Vertragspartner zugehen.

V. Wohngebäudeversicherungsverträge mit kurzer Laufzeit

10 § 2 Nr. 5 VGB 2010 (B) beinhaltet eine Regelung für die Beendigung von kurzfristigen Versicherungsverträgen, womit Verträge mit einer Laufzeit von weniger als einem Jahr gemeint sind. Solche Verträge enden mit dem Ablauf der vereinbarten Laufzeit. Eine automatische Verlängerung sehen die VGB 2010 hier nicht vor, so dass sich der Wohngebäudeversicherungsvertrag nur dann verlängert, wenn Versicherungsnehmer und Versicherer dies ausdrücklich vereinbaren.

VI. Sonderregelung bei Grundpfandgläubigern

11 § 2 Nr. 6 VGB 2010 (B) enthält eine Bestimmung zum Schutze von Grundpfandgläubigern. Die Regelung erweitert die gesetzliche Bestimmung des § 144 VVG, die nur die Gebäudefeuerversicherung betrifft, auch auf andere Gefahren.

VII. Wegfall des versicherten Interesses

12 § 2 Nr. 7 VGB 2010 (B) regelt die Beendigung des Versicherungsvertrages infolge des Wegfalls des versicherten Interesses.

1. Interesse

Die Bestimmung des Interessenbegriffs hat in der Schadenversicherung große Bedeutung. Ein rechtwirksamer Vertrag kann in der Schadenversicherung und infolgedessen auch in der Wohngebäudeversicherung nur geschlossen werden, wenn die Versicherung eines versicherbaren Interesses vereinbart wurde. Ist ein als versichert vereinbartes Interesse nicht vorhanden, so liegt ein Fall des anfänglichen Interessemangels nach § 80 VVG vor. Ein rechtswirksamer Versicherungsvertrag ist dann nicht zustande gekommen. Die Bestimmung der versicherbaren und der versicherten Interessen bereitet erhebliche Schwierigkeiten, weil diese Begriffe weder im VVG noch in den VGB definiert sind. Die VGB sprechen nur von den versicherten Sachen, nicht von versicherten Interessen, obwohl im Grunde genommen nicht Gebäude, sondern versicherbare Interessen an Gebäuden versichert sind.

a) Versicherbare Interessen

Versicherbare Interessen sind allgemein rechtliche Beziehungen, kraft derer der Versicherungsnehmer oder ein versicherter Dritter einen Nachteil erleiden kann. Ausgangspunkt für die Bestimmung des versicherten Interesses sind diejenigen rechtlichen Beziehungen, „deretwegen die Zerstörung oder Beschädigung oder das Abhandenkommen einer Sache für den Versicherungsnehmer oder für einen versicherten einen Schaden darstellt"[704]. Ein versicherbares Interesse an einer Sache hat derjenige, dessen Vermögen durch die Zerstörung, die Beschädigung oder das Abhandenkommen der Sache gemindert wird. Dabei kann es sich um den Eigentümer der Sache, aber auch um einen Nichteigentümer handeln. Versicherbar ist auch der Vermögensnachteil, der bei einem Dritten eintritt, sofern der Versicherungsnehmer ein eigenes Interesse am Nichteintritt des Versicherungsfalles hat[705]. In der Wohngebäudeversicherung hat infolgedessen derjenige ein versicherbares Interesse an einem Wohngebäude, der einen versicherbaren Schaden an dem Gebäude zu tragen hätte, wenn ein Wohngebäudeversicherungsvertrag nicht bestünde. Derartige versicherbare Interessen haben in erster Linie Eigentümer von Gebäuden. Daneben können jedoch auch versicherbare fremde Interessen von Nichteigentümern an demselben Gebäude bestehen. Beispiele für versicherbare Interessen von Nichteigentümern in der Wohngebäudeversicherung sind die Interessen von Realrechtsgläubigern, von Pächtern oder Mietern sowie von Erwerbern von Wohngrundstücken, die die Gefahr bereits vor Eigentumsübergang, d. h. vor dem Grundbucheintrag, tragen.

b) Versicherte Interessen

Es liegt auf der Hand, dass nicht alle versicherbaren Interessen an dem versicherten Wohngebäude ohne weiteres auch durch einen Wohngebäudeversicherungsvertrag versichert sind. Deswegen schließt an die allgemeine Frage, wel-

---

[704] Martin J I 1.
[705] BGH r + s 1988, 85.

che Interessen versicherbar sind, bei Vertragsschluss und im Versicherungsfall die konkrete Frage an, welche versicherbaren Interessen durch den Vertrag versichert werden sollten bzw. tatsächlich versichert sind. Die Beantwortung dieser Frage bereitet in der Praxis erhebliche Schwierigkeiten. Dies liegt in erster Linie daran, dass bei Vertragsabschluss in den allermeisten Fällen darüber keine Vereinbarungen getroffen werden und auch in den VGB nicht bestimmt ist, welche Interessen an den versicherten Sachen versichert sind. Infolgedessen wird die Frage nach den versicherten Interessen in der Regel erst im Versicherungsfall gestellt und beantwortet. Dabei kommt es in vielen Fällen zu Auslegungsschwierigkeiten und auch zu Auseinandersetzungen zwischen Versicherungsnehmer, Versicherten und Versicherern.

Nach der Rechtsprechung des BGH versteht man unter versichertem Interesse einen von den Parteien des Versicherungsvertrages bei Vertragsschluss für möglich gehaltenen Vermögensnachteil, der im Falle seines Eintritts durch die Versicherungsleistung ausgeglichen werden soll. Welches Interesse versichert ist, ist bei Bedarf durch Auslegung zu ermitteln. Dabei sind auch die Umstände des Falles zu berücksichtigen[706].

c) Eigenversicherung

16 Grundlage für die Beantwortung der Frage nach den versicherten Interessen in der Wohngebäudeversicherung ist § 43 Abs. 3 VVG. Demnach gilt die Versicherung als für eigene Rechnung geschlossen, sofern sich aus den Umständen nicht ergibt, dass die Versicherung für einen anderen genommen werden soll. Der Begriff „eigene Rechnung" ist gleichzusetzen mit der Versicherung eigener Interessen des Versicherungsnehmers, die auch als Eigenversicherung bezeichnet wird. Die zitierte Bestimmung des VVG beinhaltet die widerlegbare Vermutung der Eigenversicherung. Mangels abweichender Bestimmungen in den VGB ist von dem in § 43 Abs. 3 VVG als Regel angesehenen Fall auszugehen, dass Versicherungsnehmer und Interessenträger identisch sind[707].

17 (1) Eigentümer-Versicherungsnehmer

Die Antwort auf die Frage nach den versicherten Interessen hängt in der Wohngebäudeversicherung entscheidend davon ab, ob der Eigentümer des versicherten Gebäudes oder eine andere Person Versicherungsnehmer des Vertrages ist.

In den allermeisten Fällen werden Wohngebäudeversicherungsverträge vom Gebäudeeigentümer abgeschlossen. Dann ist ohne weiteres davon auszugehen, dass der Eigentümer-Versicherungsnehmer sein **eigenes Interesse an der Erhaltung der Sachsubstanz seines Eigentums** versichern möchte. Mit dem Abschluss des Wohngebäudeversicherungsvertrages möchte er diejenigen Schäden versichern, die durch eine versicherte Gefahr an seinem Wohngebäude entstehen und die ohne Versicherungsschutz in der Wohngebäudeversicherung

---

706 BGH r + s 1988, 85.
707 Vgl. Bruck/Möller Anm. 3 zu § 74.

zulasten seines Vermögens gingen. Es handelt sich um eine Eigenversicherung. Das versicherte Interesse des Gebäudeeigentümers wird auch als **Sacherhaltungsinteresse** bezeichnet[708]. Es spielt dabei keine grundsätzliche keine Rolle, ob der Versicherungsnehmer Alleineigentümer oder nur Miteigentümer des versicherten Gebäudes ist.

Bei Miteigentum an versicherten Gebäuden können einzelne Eigentümer oder alle Eigentümer gemeinsam Versicherungsnehmer des Wohngebäudeversicherungsvertrages sein. In allen Fällen ist jedoch das gesamte Gebäude zu versichern. Die Versicherung von Bruchteilen eines Gebäudes ist im Allgemeinen aus versicherungstechnischen Gründen nicht möglich. Sind alle Miteigentümer Versicherungsnehmer, so ist das eigene Interesse aller Miteigentümer versichert. Ist nur ein Miteigentümer Versicherungsnehmer, so sind die übrigen Miteigentümer Versicherte. Insoweit handelt es sich um Fremdversicherung. Ist dagegen eine Gesamthandsgesellschaft Versicherungsnehmer, so sind nach herrschender Meinung alle Gesamthandseigentümer Versicherungsnehmer[709]. Schließt eine Wohnungseigentümergemeinschaft einen Vertrag ab, so sind die einzelnen Wohnungseigentümer nach Auffassung des BGH[710] sowie des OLG Hamm[711] nicht Versicherungsnehmer, sondern nur Versicherte. Das kann zu nachteiligen Folgen für den einzelnen Wohnungseigentümer im Versicherungsfall führen. Im Gegensatz zum OLG Hamm ist das OLG Düsseldorf der Auffassung, dass alle Mitglieder der Wohnungseigentümergemeinschaft Versicherungsnehmer der Wohngebäudeversicherung sind, weil die Wohnungseigentümergemeinschaft keine selbständige Rechtspersönlichkeit sei[712].

18

Es fragt sich, ob in der Wohngebäudeversicherung neben den Interessen des Eigentümer-Versicherungsnehmers an eigenen Sachen auch dessen Interessen an fremden Sachen versichert sind. Diese Frage ist grundsätzlich zu bejahen. Praktisch hat dieser Sachverhalt untergeordnete Bedeutung. Versichert ist das sogenannte Sachersatzinteresse des Eigentümer-Versicherungsnehmers an in fremdem Eigentum stehenden Elektrizitäts- und Wasserzählern sowie Gas- und Wasseruhren. Daneben ist aber auch das Eigentümerinteresse des Versorgungsunternehmens an diesen Sachen versichert. Insoweit handelt es sich um eine Versicherung für fremde Rechnung. Es zeigt sich, dass in demselben Vertrag ohne besondere Vereinbarung nebeneinander eigene Interessen des Versicherungsnehmers und fremde Interessen Dritter an derselben Sache versichert sein können. Nicht versichert sind mögliche Interessen des Versicherungsnehmers an sogenannten Mietereinbauten, weil derartige Gegenstände in der Wohngebäudeversicherung nach den VGB 2010 grundsätzlich ausgeschlossen sind (§ 5 Nr. 3 b) VGB 2010 (A)).

---

708 Prölss/Martin/*Prölss/Klimke* § 43 Rn. 14.
709 Prölss/Martin/*Prölss/Klimke* § 43 Rn. 10.
710 BGH VersR 2007, 411.
711 VersR 1996, 1234; vgl. auch Prölss/Martin/*Prölss/Klimke* § 43 Rn. 12.
712 r + s 1998, 337.

19 (2) Nichteigentümer-Versicherungsnehmer

Ist der Versicherungsnehmer des Wohngebäudeversicherungsvertrages nicht Eigentümer des versicherten Gebäudes, so ist nach § 43 Abs. 3 VVG auch in diesen Fällen zunächst davon auszugehen, dass die eigenen Interessen des Versicherungsnehmers an dem in fremdem Eigentum stehenden Gebäude versichert sein sollen. Dabei handelt es sich in der Regel darum, dass der Nichteigentümer-Versicherungsnehmer diejenigen Schäden an dem fremden Gebäude versichern möchte, die aus Rechtsgründen zulasten seines Vermögens gehen, wenn eine Wohngebäudeversicherung nicht besteht.

So liegt es, wenn ein **Mieter oder Pächter einen Wohngebäudeversicherungsvertrag** für das gemietete oder gepachtete Gebäude **abschließt**. Das versicherte Eigeninteresse des Mieters oder Pächters besteht vor allem darin, von möglichen Schadenersatzansprüchen des Gebäudeeigentümers nicht belastet zu werden, wenn er einen Schaden an dem Gebäude schuldhaft herbeigeführt hat. Dieses Interesse wird als **Sachersatzinteresse** bezeichnet[713]. Es handelt sich um ein typisches Haftpflichtrisiko. Dennoch ist es in einem vom Mieter oder Pächter abgeschlossenen Wohngebäudeversicherungsvertrag ohne weiteres versichert. Daneben sind aber auch die Interessen des Gebäudeeigentümers mitversichert.

20 Dagegen ist das sogenannte **Gebrauchsrechtinteresse des Mieters oder Pächters** an dem versicherten Gebäude in der Wohngebäudeversicherung nicht versichert. Ein bei einem Mieter oder Pächter eintretender Vermögensschaden infolge der Nichtbenutzbarkeit des Gebäudes ist grundsätzlich nicht Gegenstand der Wohngebäudeversicherung[714]. Infolgedessen führt die Unbenutzbarkeit der gemieteten Wohnung, die der Mieter schuldhaft verursacht hat, nicht zu einem versicherten Mietausfallschaden, sondern zu einem unversicherten eigenen Mietschaden des Mieters.

In der Regel ist der Abschluss einer Wohngebäudeversicherung durch den Mieter des Gebäudes sowohl für den Mieter als auch für den Vermieter mit Nachteilen verbunden. Nachteile für den Vermieter können vor allem dadurch entstehen, dass der Versicherer infolge eines Fehlverhaltens des Mieters im Versicherungsfall leistungsfrei ist. Fälle sind Prämienverzug, vom Mieter veranlasste Gefahrerhöhungen, Verletzung vertraglicher Obliegenheiten oder grobfahrlässig bzw. vorsätzlich verursachte Herbeiführung des Versicherungsfalls durch den Mieter. Die Nachteile für den Mieter bestehen insbesondere darin, dass die Wohngebäudeversicherung sein Sachersatzinteresse an dem versicherten Gebäude nur ausschnittweise deckt. Auch Schäden durch andere als die in der Wohngebäudeversicherung versicherten Gefahren können eine Schadenersatzpflicht des Mieters und damit ein Sachersatzinteresse begründen. Auch die **Mitversicherung des Interesses des Mieters an seinem Wegnahmerecht nach § 547a BGB a. F.** für von ihm eingefügte Sachen, die wesentliche Gebäudebestandteile geworden

---

[713] Prölss/Martin/*Prölss/Klimke* § 43 Rn. 15.
[714] Rüffer/Halbach/Schimikowski/*Muschner*, 43 Rn. 17 m.w. N.

sind, spielt in der Wohngebäudeversicherung keine Rolle. Dies liegt daran, dass die sogenannten Mietereinbauten in der Wohngebäudeversicherung grundsätzlich ausgeschlossen, in der Hausratversicherung nach den VHB 2010 dagegen mitversichert sind[715]. Damit fehlt in der Wohngebäudeversicherung ein weiteres Motiv für den Abschluss eines Wohngebäudeversicherungsvertrages durch den Mieter. Es ist infolgedessen generell vorteilhafter, wenn der Mieter eines Wohngebäudes eine Haftpflichtversicherung mit dem Einschluss von Mietsachschäden abschließt, während der Gebäudeeigentümer (Vermieter) Versicherungsnehmer eines Wohngebäudeversicherungsvertrages ist. Dabei ist auch zu berücksichtigen, dass die Haftpflichtversicherer Mietsachschäden in der Privathaftpflichtversicherung im Allgemeinen ohne Beitragszuschlag einschließen.

Es kommt auch vor, dass Käufer von Wohngrundstücken nach Übergabe des Grundstücks und Gefahrübergang, aber vor Eigentumsübergang (Eintragung im Grundbuch) eine Wohngebäudeversicherung abschließen. Versichert ist in diesen Fällen das Interesse des Käufers. Daneben ist das Interesse des Verkäufers bis zum Eigentumsübergang mitversichert. Besteht dagegen ein Wohngebäudeversicherungsvertrag des Verkäufers, so liegt aber Eigentumsübergang Doppelversicherung vor.

Ein Sonderfall der Versicherung eigener Interessen an fremden Sachen war in § 105 VVG a. F. geregelt. Die sogenannte Hypothekeninteressenversicherung sichert das Interesse des Realrechtsgläubigers an dem versicherten Gebäude bis zur Höhe seines Pfandrechts. Versicherungsnehmer ist der Realrechtsgläubiger. Das Interesse des Gebäudeeigentümers ist nicht mitversichert, da das versicherte Interesse nach § 105 Satz 2 VVG a. F. als das berechtigte Interesse des Hypothekengläubigers ausdrücklich geregelt ist. 21

d) Fremdversicherung

Der Begriff „**Fremdversicherung**" ist gleichzusetzen mit den Begriffen „Versicherung für fremde Rechnung" und „Versicherung fremder Interessen". Fremdversicherung liegt vor, wenn durch den Wohngebäudeversicherungsvertrag andere Interessen als die des Versicherungsnehmers versichert sind. Bei der Fremdversicherung sind Träger des versicherten Interesses und Versicherungsnehmer nicht identisch. Versichert sind die Interessen Dritter. Verträge, die sich ausschließlich auf die Versicherung fremder Interessen erstrecken, kommen abgesehen von der Hypothekeninteressenversicherung in der Wohngebäudeversicherung praktisch nicht vor. Zumeist handelt es sich darum, dass durch denselben Vertrag eigene Interessen des Versicherungsnehmers und fremde Interessen Dritter nebeneinander versichert sind. Da die versicherten Interessen in den VGB nicht geregelt sind und einzelvertragliche Vereinbarungen darüber äußerst selten getroffen werden, sind die versicherten Interessen wiederum durch Auslegung des Vertrages unter Berücksichtigung der gesetzlichen Bestimmungen festzustellen. Dabei spielt in der Wohngebäudeversicherung vor allem die Frage eine Rolle, ob neben 22

---

715 Dietz HRV § 1 Rn. 4.2

den eigenen Interessen des Versicherungsnehmers auch die Interessen Dritter an diesem Gebäude versichert sind. Auch dabei kommt es wiederum entscheidend darauf an, ob der Wohngebäudeversicherungsvertrag vom Versicherungsnehmer für ein eigenes oder ein fremdes Wohngebäude abgeschlossen wurde.

23 (1) Eigentümer-Versicherungsnehmer

Ist der Versicherungsnehmer Eigentümer des versicherten Gebäudes, so fragt es sich, ob neben den eigenen Interessen auch fremde Interessen Dritter an diesem Gebäude versichert sind. Dabei kann es sich um die Interessen von Eigentümern handeln, wenn der Versicherungsnehmer nicht alleiniger Eigentümer, sondern nur Miteigentümer des versicherten Gebäudes ist. Daneben können aber auch fremde Interessen Dritter versichert sein, die nicht (Mit-)Eigentümer des versicherten Gebäudes sind.

Häufige Fälle des Miteigentums an Wohngebäuden sind **Bruchteilseigentum von Eheleuten oder Erbengemeinschaften**. Schließt ein Miteigentümer als Versicherungsnehmer den Wohngebäudeversicherungsvertrag ab, so sind neben seinen eigenen Interessen ohne weiteres auch die fremden Interessen der übrigen Bruchteilseigentümer versichert. Sie sind Versicherte. Das gilt ohne Rücksicht darauf, ob dem Versicherer die Bruchteilsgemeinschaft bei Vertragsschluss angezeigt worden war. Die Tatsache, dass der Versicherungsnehmer den Versicherungswert des versicherten Gebäudes als Versicherungssumme vereinbart hat, ist ein ausreichender Umstand, der im Sinne von § 48 VVG dazu führt, dass neben der Eigenversicherung des Versicherungsnehmers auch Fremdversicherung für die übrigen Bruchteilseigentümer anzunehmen ist.

Besonderheiten sind **bei Verträgen mit Wohnungseigentümergemeinschaften** zu beachten. Versicherungsnehmer ist in der Regel die Wohnungseigentümergemeinschaft, vertreten durch den Verwalter (§ 27 Abs. 2 WEG). Es ist umstritten, ob die einzelnen Wohnungseigentümer Versicherungsnehmer oder lediglich Mitversicherte sind. Unabhängig von dieser Streitfrage deckt die Wohngebäudeversicherung der Wohnungseigentümergemeinschaft neben dem Eigentumsinteresse des einzelnen Wohnungseigentümers an seinem Anteil auch dessen Sachersatzinteresse an den Anteilen der übrigen Wohnungseigentümer. Darauf ist es zurückzuführen, dass für die Zurechnung von Kenntnis und Verhalten einzelner Wohnungseigentümer in der Wohngebäudeversicherung besondere Regelungen gelten (vgl. insbesondere Teil A – § 6).

Anders liegt es bei der Versicherung von Wohngebäuden im Gesamthandseigentum. Nach der herrschenden Meinung sind hier alle Gesellschafter der Gesamthandsgesellschaft Versicherungsnehmer, und zwar auch dann, wenn ein Gesellschafter als Versicherungsnehmer den Vertrag für die Gesamthandsgesellschaft abgeschlossen hat. Infolgedessen handelt es sich dabei nicht um eine Fremdversicherung. Das Fehlverhalten eines Gesellschafters schadet allen Gesellschaftern und kann zur Leistungsfreiheit des Versicherers führen.

Im Hinblick auf die **Mitversicherung fremder Interessen von Nichteigentümern in der Wohngebäudeversicherung des Eigentümer-Versicherungsnehmers** haben drei Fallgestaltungen praktische Bedeutung. Sie werden nachfolgend dargestellt. Diese Form der Fremdversicherung entsteht häufig durch die **Veräußerung von Wohngebäuden**. Dies liegt daran, dass Übergabe und Gefahrtragung in vielen Fällen vor dem Eigentumswechsel durch Grundbuchumschreibung stattfinden. In der Übergangszeit zwischen Gefahr- und Eigentumsübergang ist das Interesse des Erwerbers in der Wohngebäudeversicherung des Veräußerers als fremdes Interesse ohne weiteres mitversichert. Wenn der Erwerber das Grundstück aufgrund notariellen Kaufvertrags vom 02.10.2013 erworben hat und die Eintragung des Erwerbers in das Grundbuch am 10.01.2014 erfolgt ist und das Gebäude am 31.12.2013 von einem Brandschaden betroffen worden ist, nachdem die Gefahrtragung bereits auf den Erwerber übergegangen war, ist das Interesse des Erwerbers durch die Wohngebäudeversicherung des Veräußerers im Zweifel mitversichert[716]. Nach dem Eigentumsübergang richtet sich das Schicksal des Vertrages nach §§ 95 ff. VVG. Schließt der Erwerber während der Übergangszeit einen weiteren Wohngebäudeversicherungsvertrag ab, so entsteht Doppelversicherung. Das Interesse des Veräußerers ist in diesem Vertrag neben den eigenen Interessen des Erwerbers als fremdes Interesse bis zur Grundbucheintragung mitversichert.

Mitversichert ist das Sachersatzinteresse von Familienangehörigen, die mit dem Versicherungsnehmer in häuslicher Gemeinschaft leben[717]. Dies folgt aus § 86 Abs. 3 VVG. Danach ist ein Regress des Wohngebäudeversicherers gegen einen mit dem Versicherungsnehmer in häuslicher Gemeinschaft lebenden Familienangehörigen **bei leichter und grober Fahrlässigkeit** ausgeschlossen[718]. Infolgedessen ist der Versicherungsschutz für das Sachersatzinteresse dieser Familienangehörigen weitergehend als das Eigentümerinteresse des Versicherungsnehmers, da der Versicherer bei grober Fahrlässigkeit der mit dem Versicherungsnehmer in häuslicher Gemeinschaft lebenden Familienangehörigen haftet. Fehlgeschlagen ist der Versuch der Hausrat- und Wohngebäudeversicherer, diese Ungleichbehandlung zumindest bei volljährigen Familienangehörigen über die Definition des Repräsentantenbegriffs in den VHB und den VGB zu beseitigen. Aufgrund der Rechtsprechung des BGH ist die diesbezügliche Bestimmung in den VGB 88 a. F. unwirksam. Sie wurde inzwischen beseitigt.

24

Umstritten ist die Frage, ob in **Wohngebäudeversicherungsverträgen von Eigentümer-Versicherungsnehmern auch die Sachersatzinteressen von Mietern und Pächtern einer Wohnung oder eines (Wohn-)Gebäudes versichert sind**. Dazu liegt umfangreiche, zum Teil widersprüchliche Rechtsprechung vor. Auch im Schrifttum werden zu dieser Frage gegensätzliche Standpunkte vertreten. Es ist nicht möglich, die vielschichtigen Probleme in allen Einzelheiten dar-

---

716 LG Düsseldorf r + s 1995, 425.
717 Martin J II 30.
718 Rüffer/Halbach/Schimikowski/*Muscher* § 86 Rn 49.

zustellen. Dabei ist auch zu berücksichtigen, dass diese Fragen zwar im Hinblick auf die Regressmöglichkeiten des Wohngebäudeversicherers gegen Mieter oder Pächter von Gebäuden von einiger Bedeutung sind, andererseits aber bei weitem nicht die praktischen Auswirkungen haben, wie dies aufgrund des umfangreichen Schrifttums vermutet werden könnte. Dafür spricht auch, dass die Versicherer bisher darauf verzichtet haben, diesen Sachverhalt in den VGB oder aber über eine Vereinbarung zwischen Sach- und Haftpflichtversicherern zu regeln.

Die Grundsatzfrage lautet, ob der Mieter oder Pächter eines Wohngebäudes in den Schutzbereich einer Wohngebäudeversicherung einbezogen ist, die der Eigentümer als Versicherungsnehmer für dieses Gebäude abschließt. Martin ist der Ansicht, dass diese Frage für Mieter eines Einfamilienhauses zu bejahen, für Mieter von Wohnungen in Mehrfamilienhäusern dagegen zu verneinen ist, und zwar in der Regel auch dann, wenn der Vermieter die Versicherungsbeiträge auf die Vermieter umlegt[719]. Im Gegensatz dazu wird bei Prölss/Martin seit der 26. Auflage die Meinung vertreten, dass das Sachersatzinteresse des Mieters in der vom Gebäudeeigentümer genommenen Wohngebäudeversicherung ohne weiteres geschützt ist[720]. Die dort bis zur 25. Auflage entsprechend der Ansicht von Martin vorgenommene Unterscheidung zwischen der Vermietung von Ein- und Mehrfamilienhäusern wird aufgegeben.

25 Beide Auffassungen stehen nicht im Einklang mit der **Rechtsprechung des BGH**. Der BGH hatte diese Frage zunächst offengelassen und in seinem Urteil vom 07.03.1990 lediglich die Frage gestellt, ob nicht in der Feuerversicherung der Mieter oder Pächter allgemein – also allein aufgrund der in diesem Versicherungszweig bestehenden Interessenlage – als in den Versicherungsschutz einbezogen angesehen werden muss. Für diese Ansicht werden nach Auffassung des BGH namentlich von *Honsell*[721]

beachtliche Gründe geltend gemacht[722]. Entschieden hat der BGH diese Frage in dem genannten Urteil nicht, weil in dem zur Entscheidung anstehenden Fall im Mietvertrag der Schadenersatzanspruch des Vermieters auf die Fälle nachgewiesenen Vorsatzes und nachgewiesener grober Fahrlässigkeit beschränkt worden war. Zudem hatte sich der Vermieter im Mietvertrag zum Abschluss einer Feuerversicherung verpflichtet. Dies ist nach Auffassung des BGH ein gewichtiges Indiz dafür, dass die Feuerversicherung auch im Interesse des Mieters abgeschlossen wurde, der Versicherungsschutz auch ihm zugutekommen sollte[723].

In einem späteren Urteil vom 23.01.1991 hat der BGH dann zur Leitungswasserversicherung entschieden, dass der Mieter nicht in die Schutzwirkung eines vom Gebäudeeigentümer abgeschlossenen Wohngebäudeversicherungsvertra-

---

719 Martin J II 15 ff.
720 Prölss/Martin, VVG, 26. Auflage § 80 Rn. 26.
721 *VersR 1985, 301.*
722 BGH VersR 1990, 625.
723 BGH VersR 1990, 625.

ges eingeschlossen ist und auch ein stillschweigender Haftungseinschluss nicht anzunehmen ist[724]. Die Vermutung des damaligen § 80 Abs. 1 VVG a. F. (heute: § 43 Abs. 3 VVG), wonach die Versicherung als für eigene Rechnung genommen gilt, wenn Umstände für die Annahme einer Fremdversicherung fehlen, wird nach Auffassung des BGH nicht dadurch widerlegt, dass der Mieter durch die Zahlung von Nebenkosten auch die Versicherungsprämie für die Wohngebäudeversicherung finanziert. Daneben hat der BGH unter Hinweis auf frühere Entscheidungen zur Kaskoversicherung ausgeführt, es gehe nicht an, durch Auslegung des Versicherungsvertrages ein Sachersatzinteresse des Mieters oder sonstigen Besitzers (des Fahrzeugs), bestehend in seinem Haftpflichtrisiko, in den Versicherungsvertrag einzubeziehen. Dies bedeute, dass die Sachversicherung in eine Haftpflichtversicherung umfunktioniert werde. Auch müsse es dem Vermieter unbenommen bleiben, ob er die Regulierung des Versicherungsfalls durch den Gebäudeversicherer wünscht oder ob er es – unter Umständen wegen des Kündigungsrechts des Versicherers – bevorzugt, gegen den Mieter als Schadenverursacher vorzugehen. Der Mieter bleibe auch dann nicht schutzlos, wenn ein Regressverzicht nicht anzunehmen sei. Die im Schrifttum geäußerten Bedenken, der Mieter könne sich selbst gegen etwaige Haftpflichtansprüche wegen Beschädigung der Mietsache nicht versichern, seien nicht gerechtfertigt.

In seinem Nichtannahmebeschluss vom 18.12.1991 zu einem Urteil des OLG Düsseldorf hat der BGH danach ausgeführt, dass die in seinem zuvor zitierten Urteil vom 23.01.1991 für die Gebäude-Leitungswasserversicherung gegebene Begründung dafür, dass in eine reine Sachversicherung nicht ein Sachersatzinteresse des Mieters, bestehend in dessen Haftpflichtrisiko, einbezogen werden könne, gleicherweise auch für die Gebäude-Feuerversicherung gilt. Auch sie sei eine reine Sachversicherung. Deshalb sei die Frage, ob die Mieter oder Pächter in der Gebäudeversicherung mitversichert seien, auch für die Gebäude-Feuerversicherung zu verneinen[725]. In einer späteren Entscheidung vom 13.12.1995 hat der BGH noch einmal den Grundsatz bestätigt, dass die Interessen des Wohnungsmieters in der Gebäude-Feuerversicherung nicht mitversichert sind, da sie Dritte im Sinne von § 67 Abs. 1 Satz 1 VVG a. F. (heute: § 86 Abs. 1 Satz 1 VVG) sind, so dass insoweit nach dieser Vorschrift der Übergang eines gegen sie gerichteten Schadenersatzanspruchs von Wohnungseigentümern auf den Versicherer nicht ausgeschlossen ist. Daneben hat der BGH jedoch entschieden, dass in der mietvertraglichen Verpflichtung des Wohnungsmieters, die (anteiligen) Kosten der Gebäudefeuerversicherung des Wohnungseigentümers zu zahlen, die stillschweigende Beschränkung seiner Haftung für die Verursachung von Brandschäden auf Vorsatz und grobe Fahrlässigkeit liegt[726].

26

Damit sind die Grundsätze für die Mitversicherung des Sachersatzinteresses von Mietern in Wohngebäudeversicherungsverträgen von Eigentümer-Versiche-

---

724 BGH VersR 1991, 462.
725 BGH VersR 1992, 311.
726 BGH VersR 1996, 320 und r + s 1996, 86 und 110.

rungsnehmern festgelegt. Sofern keine abweichenden Vereinbarungen im Mietvertrag oder im Versicherungsvertrag getroffen wurden, ist das Mieterinteresse in der Wohngebäudeversicherung des Gebäudeeigentümers nicht mitversichert. Ist der Mieter nach dem Mietvertrag jedoch verpflichtet, die anteiligen Kosten der Wohngebäudeversicherung des Eigentümers zu zahlen, und wird der Kostenbetrag im Mietvertrag gesondert ausgewiesen, so liegt darin die stillschweigende Beschränkung der Haftung des Mieters für die Verursachung von Brand- und anderen Schäden auf Vorsatz und grobe Fahrlässigkeit. Andere Gerichte haben diese Grundsätze bei ihrer Rechtsprechung berücksichtigt[727]. Dagegen hat das LG Köln die Auffassung vertreten, dass die anteilige Beteiligung des Mieters an der Sachversicherungsprämie nicht die Annahme einer konkludenten Haftungsbeschränkung auf Vorsatz und grobe Fahrlässigkeit rechtfertigt. Dies gilt nach Meinung des Gerichts erst recht bei Vorliegen einer Inklusivmiete[728].

Eine ausdrückliche Vereinbarung im Versicherungsvertrag kann beispielsweise darin bestehen, dass das vermietete oder gepachtete Gebäude im Versicherungsvertrag mit namentlicher Erwähnung des Mieters oder Pächters aufgeführt ist. Dies stellt ein ausdrückliches Indiz dafür dar, dass die Interessen des Pächters oder Mieters mitversichert sein sollen[729]. Auch der Untermieter des Pächters oder Mieters ist in der dargestellten Weise in einen vom Vermieter abgeschlossenen Wohngebäudeversicherungsvertrag einbezogen[730].

27 **An der dargestellten Rechtsprechung ist verschiedentlich Kritik geübt worden**[731]. Dabei wird unter anderem zu Recht darauf hingewiesen, dass die von der Rechtsprechung vorgenommene Differenzierung nach der Form der Umlage des Beitrags für die Wohngebäudeversicherung auf den Mieter nicht sachgerecht ist. Wenn die anteilige Übernahme des Beitrags eine stillschweigenden Haftungsbeschränkung auf Vorsatz und grobe Fahrlässigkeit des Mieters begründet, dann kann es nicht darauf ankommen, ob diese Umlage wie im vom Bundesgerichtshof entschiedenen Fall im Mietvertrag als Einzelvertrag gesondert ausgewiesen ist, pauschal bzw. in einem Betrag mit den anderen umlagefähigen Betriebskosten im Sinne der Verordnung über die Aufstellung von Betriebskosten umgelegt worden ist oder in eine Inklusivmiete einkalkuliert wurde. Auffallend ist, dass insbesondere die Befürworter der generellen Mitversicherung der Mieterinteressen im Wohngebäudeversicherungsvertrag des Vermieters immer wieder auf den Willen der Vertragsparteien und die Privatautonomie verweisen. Dabei wird unterstellt, dass Mieter und Vermieter bei Abschluss des Mietvertrages eine stillschweigende Vereinbarung über die Mitversicherung der Mieterinteressen getroffen haben, weil dies im Interesse beider Vertragsparteien liegt. Zumindest für Wohngebäudeversicherungsverträge mit Privatkunden darf das in dieser all-

---

727 OLG Hamm r + s 1998, 514; OLG Celle VersR 1998, S. 846.
728 LG Köln VersR 1999, 183.
729 OLG Hamm VersR 1991, 1406.
730 OLG Hamm VersR 1991, 1406 sowie OLG Hamm r + s 1998, 514.
731 Armbrüster r + s 1998, 221 m. w. N.

gemeinen Form bezweifelt werden. Es ist bisher nicht bekannt geworden, dass sich Wohnungsmieter beim Abschluss eines Mietvertrages vergewissert haben, dass der Vermieter einen Wohngebäudeversicherungsvertrag abgeschlossen hat. Dazu haben Mieter in der Regel auch überhaupt keine Veranlassung, weil sie eine Haftpflichtversicherung mit dem Einschluss von Mietsachschäden abgeschlossen haben, die umfassenden Versicherungsschutz sicherstellt, während die Wohngebäudeversicherung nur eine Ausschnittdeckung bietet. Einen Beitragszuschlag für den Einschluss von Mietsachschäden berechnen die Haftpflichtversicherer im Allgemeinen nicht mehr. Bei der weiten Verbreitung der Haftpflichtversicherung hat infolgedessen der Mieter in der Regel überhaupt keinen Bedarf für die Mitversicherung seines Sachersatzinteresses in der Wohngebäudeversicherung des Vermieters. Ähnlich liegt es auch bei der Mitversicherung der vom Mieter eingebrachten, aber in das Eigentum des Gebäudeeigentümers übergegangenen Sachen. In der Wohngebäudeversicherung nach VGB 2010 ist das Interesse des Mieters ohnehin nicht mitversichert[732]. Derartige Gegenstände sind in der Hausratversicherung nach den VHB 2010 versichert, in der Wohngebäudeversicherung nach den VGB 2010 ausgeschlossen. Bei dieser Betrachtungsweise wird deutlich, dass die Mitversicherung des Sachersatzinteresses des Mieters in der Wohngebäudeversicherung weniger im Interesse des Mieters, sondern vielmehr im Interesse des Haftpflichtversicherers liegt. Wenn die Wohngebäudeversicherer schon darauf verzichten, die Mitversicherung des Mieterinteresses in den VGB zu regeln, so sollte zumindest über eine Vereinbarung oder ein Abkommen zwischen Haftpflicht- und Gebäudeversicherern Rechtsklarheit geschaffen werden. Dadurch würden bei der weiten Verbreitung der Haftpflichtversicherung die allermeisten Streitfälle beigelegt. Die Gerichte würden entlastet.

Es kann unter diesen Umständen nicht die Rede davon sein, der Vermieter und Eigentümer-Versicherungsnehmer habe ein Interesse an der Mitversicherung von Mieterinteressen in seinem Wohngebäudeversicherungsvertrag. Im Allgemeinen dürfte das Gegenteil der Fall sein. Der Vermieter möchte in vielen Fällen den Mieter unmittelbar in Anspruch nehmen, um seinen Wohngebäudeversicherungsvertrag nicht zu belasten und dadurch mögliche vertragliche Nachteile zu vermeiden. Es kommt immer wieder vor, dass Wohngebäudeversicherer schadenbelastete Verträge kündigen oder aber für die Fortsetzung des Vertrages die Konditionen zum Nachteil des Versicherungsnehmers verändern. Dazu zählen vor allem die Vereinbarung höherer Beiträge oder Selbstbehaltsregelungen. Bei dieser Betrachtungsweise wird deutlich, dass die Mitversicherung von Mieterinteressen aus Sicht des Vermieters und Eigentümer-Versicherungsnehmers keineswegs so vorteilhaft und erwünscht ist, wie das gelegentlich unterstellt wird. Dadurch können im Gegenteil Nachteile für den Gebäudeeigentümer und auch für Mieter entstehen. Dieser Gesichtspunkt wurde jedoch bisher in der Rechtsprechung nicht ausreichend gewürdigt.

---

[732] BGH VersR 1994, 1103.

28 (2) Nichteigentümer-Versicherungsnehmer

Auch für Wohngebäudeversicherungsverträge von Nichteigentümer-Versicherungsnehmern stellt sich die Frage, ob und gegebenenfalls welche fremden Interessen mitversichert sind. Auch in diesen Fällen ist diese Frage durch Vertragsauslegung zu beantworten. Ausgenommen davon ist die sogenannte Hypothekeninteressenversicherung. Sie deckt lediglich das Interesse des Realgläubigers, nicht das Interesse des Gebäudeeigentümers.

Das Interesse des Gebäudeeigentümers ist in einem vom Mieter oder Pächter sowie einem vom Erwerber vor Eigentumsübergang abgeschlossenen Wohngebäudeversicherungsvertrag ohne weiteres mitversichert. Dabei spielt es keine Rolle, ob ein Mieter oder Pächter aufgrund mietvertraglicher Vereinbarung zum Abschluss des Vertrages verpflichtet war oder den Vertrag aufgrund eigener freier Entscheidung abgeschlossen hat. Unbeachtlich ist es auch, ob dem Wohngebäudeversicherer bei Vertragsschluss angezeigt wurde, dass der Antragsteller nicht Eigentümer, sondern Mieter oder Pächter des Wohngebäudes ist. Danach wird in den Anträgen auf Wohngebäudeversicherung häufig nicht mehr gefragt. Weiterhin sind in den genannten Fällen auch die Interessen der mit dem Versicherungsnehmer in häuslicher Gemeinschaft lebenden Familienangehörigen mitversichert. Das sogenannte Familienprivileg des § 86 Abs. 3 VVG gilt auch hier.

Es fragt sich, ob **auch die Interessen von Untermietern in einem vom Mieter oder Pächter abgeschlossenen Wohngebäudeversicherungsvertrag mitversichert** sind. Diese Frage wurde von der Rechtsprechung in den Fällen bejaht, in denen Mieter oder Pächter in den Schutzbereich eines vom Gebäudeeigentümer abgeschlossenen Wohngebäudeversicherungsvertrages einbezogen wurden. Der Untermieter des Pächters ist in den Schutzbereich des zwischen dem Gebäudeeigentümer und dem Feuerversicherer bestehenden Vertrages einbezogen[733]. In der mietvertraglichen Verpflichtung des Wohnungsmieters, die anteiligen Kosten der Gebäudeversicherung des Wohnungseigentümers zu zahlen, liegt eine stillschweigende Beschränkung der Haftung für die Verursachung von Brandschäden auf Vorsatz und grobe Fahrlässigkeit. Demgemäß kam eine Haftung des Mieters für eine schuldhafte Brandverursachung durch den Untermieter gemäß § 549 Abs. 3 BGB a. F. auch nur dann in Betracht, wenn ihnen ein vorsätzliches oder grob fahrlässiges Verhalten vorzuwerfen ist[734]. Dies gilt entsprechend für Wohngebäudeversicherungsverträge, die vom Mieter oder Pächter abgeschlossen wurden.

---

733 OLG Hamm VersR 1991, 1406.
734 OLG Hamm r + s 1998, 514.

§ 3 Prämien, Versicherungsperiode

Je nach Vereinbarung werden die Prämien entweder durch laufende Zahlungen monatlich, vierteljährlich, halbjährlich, jährlich oder als Einmalprämie im Voraus gezahlt.

Entsprechend der Vereinbarung über laufende Zahlungen umfasst die Versicherungsperiode einen Monat, ein Vierteljahr, ein halbes Jahr oder ein Jahr. Bei einer Einmalprämie ist die Versicherungsperiode die vereinbarte Vertragsdauer, jedoch höchstens ein Jahr.

Inhalt der Bestimmung

§ 3 Abs. 1 VGB 2010 (B) stellt klar, dass die Versicherungsprämie als Prämie für einen, drei oder sechs Monate bzw. ein ganzes Jahr vereinbart werden kann. Üblich ist im Bereich der Wohngebäudeversicherung eine halbjährliche bzw. jährliche Zahlung der Versicherungsprämie. Möglich ist auch die Vereinbarung einer Einmalprämie, die für den vereinbarten Versicherungszeitraum im Voraus zu entrichten ist. Hiervon wird in der Praxis jedoch nur selten Gebrauch gemacht. 1

§ 3 S. Abs. 2 VGB 2010 (B) stellt darüber hinausgehend noch klar, dass entsprechend der zwischen dem Versicherer und dem Versicherungsnehmer vereinbarten Zahlungsweise die Versicherungsperiode einen, drei oder sechs Monate bzw. ein Jahr beträgt. 2

§ 4 Fälligkeit der Erst- oder Einmalprämie, Folgen verspäteter Zahlung oder Nichtzahlung

1. *Fälligkeit der Erst- oder Einmalprämie*

   Die erste oder einmalige Prämie ist – unabhängig von dem Bestehen eines Widerrufrechts – unverzüglich nach dem Zeitpunkt des vereinbarten und im Versicherungsschein angegebenen Versicherungsbeginns zu zahlen.

   Liegt der vereinbarte Zeitpunkt des Versicherungsbeginns vor Vertragsschluss, ist die erste oder einmalige Prämie unverzüglich nach Vertragsschluss zu zahlen.

   Zahlt der Versicherungsnehmer nicht unverzüglich nach dem in Satz 1 oder 2 bestimmten Zeitpunkt, beginnt der Versicherungsschutz erst, nachdem die Zahlung bewirkt ist.

   Weicht der Versicherungsschein vom Antrag des Versicherungsnehmers oder getroffenen Vereinbarungen ab, ist die erste oder einmalige Prämie frühestens einen Monat nach Zugang des Versicherungsscheins zu zahlen.

2. *Rücktrittsrecht des Versicherers bei Zahlungsverzug*

   Wird die erste oder einmalige Prämie nicht zu dem nach Nr. 1 maßgebenden Fälligkeitszeitpunkt gezahlt, so kann der Versicherer vom Vertrag zurücktreten, solange die Zahlung nicht bewirkt ist.

   Der Rücktritt ist ausgeschlossen, wenn der Versicherungsnehmer die Nichtzahlung nicht zu vertreten hat.

3. *Leistungsfreiheit des Versicherers*

   Wenn der Versicherungsnehmer die erste oder einmalige Prämie nicht zu dem nach Nr. 1 maßgebenden Fälligkeitszeitpunkt zahlt, so ist der Versicherer für einen vor Zahlung der Prämie eingetretenen Versicherungsfall nicht zur Leistung verpflichtet, wenn er den Versicherungsnehmer durch gesonderte Mitteilung in Textform oder durch einen auffälligen Hinweis im Versicherungsschein auf diese Rechtsfolge der Nichtzahlung der Prämie aufmerksam gemacht hat.

   Die Leistungsfreiheit tritt jedoch nicht ein, wenn der Versicherungsnehmer die Nichtzahlung nicht zu vertreten hat.

A. Überblick über die Regelung

§ 4 VGB 2010 (B) regelt die Fälligkeit der Erst- oder Einmalprämie sowie die Rechtsfolgen einer nicht rechtzeitigen Zahlung. 1

Die Regelungen zur Fälligkeit weichen von der gesetzlichen Regelung des § 33 Abs. 1 VVG ab, indem sie den Zeitpunkt der Fälligkeit nicht an den Zugang des Versicherungsscheins, sondern unmittelbar an den materiellen Beginn der Versicherung knüpfen. Es handelt sich um eine Abweichung zu Ungunsten des Versicherungsnehmers, was nach § 42 VVG jedoch zulässig ist.

Ein etwaiger Zahlungsverzug des Versicherungsnehmers kann verschiedene Folgen haben, von einem verspäteten Beginn des Versicherungsschutzes über ein Rücktrittsrecht des Versicherers bis hin zur Leistungsfreiheit für einen in der Zeit des Zahlungsverzugs eingetretenen Versicherungsfall.

B. Rechtzeitige Zahlung der Erstprämie

2   Angaben über die Fälligkeit der Prämie und die Rechtsfolgen des Verzugs gehören gemäß § 10 Abs. 1 Nr. VAG zum Mindestinhalt von Allgemeinen Versicherungsbedingungen.

Gemäß § 4 Nr. 1 Abs. 1 VGB 2010 (B) ist die erste bzw. einmalige Prämie – unabhängig vom Bestehen von Widerrufsrechten – unverzüglich nach dem Zeitpunkt des vereinbarten und im Versicherungsschein angegebenen Versicherungsbeginns. Unverzüglich bedeutet auch in diesem Fall, dass die Zahlung ohne schuldhaftes Zögern (§ 121 Abs. 1 Satz 1 BGB) erfolgen muss.

In Fällen, in denen der vereinbarte Zeitpunkt des Versicherungsbeginns vor dem Vertragsabschluss liegt, also wenn rückwirkend ein Versicherungsvertrag abgeschlossen wird, ist die erste bzw. einmalige Prämie unmittelbar nach dem Vertragsschluss zu zahlen, § 4 Nr. 1 Abs. 2 VGB 2010 (B).

C. Rechtsfolgen verspäteter Zahlung der Erstprämie

3   Gemäß § 4 Nr. 1 Abs. 3 VGB 2010 (B) **verschiebt sich der materielle Beginn des Versicherungsschutzes**, wenn der Versicherungsnehmer den Erst- bzw. Einmalbeitrag nicht zu dem in § 4 Nr. 1 Abs. 1 und 2 VGB 2010 (A) genannten Zeitpunkt gezahlt hat. Der Versicherungsschutz beginnt erst dann, wenn der Versicherungsnehmer die Zahlung bewirkt hat. Die Zahlung ist bewirkt, wenn diese beim Versicherer eingegangen ist. Durch die bloße Erteilung des Überweisungsauftrags durch den Versicherungsnehmer wird die Leistung somit noch nicht bewirkt.

4   **Dem Versicherer steht ferner ein Rücktrittsrecht zu**, wenn der Versicherungsnehmer die Zahlung der Erst- bzw. Einmalprämie nicht zu dem in § 4 Nr. 1 Abs. 1 und 2 VGB 2010 (B) genannten Zeitpunkt bewirkt hat. Die Regelung in **§ 4 Nr. 2 VGB 2010 (B)** entspricht hier der gesetzlichen Bestimmung in § 37 Abs. 1 VGB. Ein Rücktrittsrecht hat der Versicherer jedoch nur solange, wie der Versicherungsnehmer die Zahlung noch nicht bewirkt hat, d. h., es erlischt mit der

(verspäteten) Zahlung durch den Versicherungsnehmer. Das Rücktrittsrecht des Versicherers ist ausgeschlossen, wenn der Versicherungsnehmer die Nicht- bzw. nicht rechtzeitige Zahlung der Erst- bzw. Einmalprämie nicht zu vertreten hat. Da bezüglich Geldschulden der Grundsatz „Geld hat man zu haben" gilt, sind nur wenige Fälle denkbar, in denen das Rücktrittsrecht des Versicherers aus diesem Grund ausgeschlossen ist.

§ 4 Nr. 3 VGB 2010 (B) entspricht der gesetzlichen Regelung des § 37 Abs. 2 VVG. Demnach ist der Versicherer, wenn der Versicherungsnehmer die erste oder einmalige Prämie nicht zu dem nach § 4 Nr. 1 VGB 2010 (B) maßgebenden Fälligkeitszeitpunkt zahlt, für einen vor Zahlung der Prämie eingetretenen Versicherungsfall nicht zur Leistung verpflichtet. Die **Leistungsfreiheit** des Versicherers besteht in solchen Fällen jedoch nur unter der Voraussetzung, dass er den Versicherungsnehmer zuvor durch gesonderte Mitteilung in Textform oder durch einen auffälligen Hinweis im Versicherungsschein auf die Rechtsfolge der Nichtzahlung der Prämie hingewiesen hat. Dem Versicherungsnehmer muss dabei deutlich vor Augen geführt werden, dass die Nicht- bzw. nicht rechtzeitige Zahlung der Erst- oder Einmalprämie dazu führen kann, dass für in der Zeit des Zahlungsverzugs eintretende Versicherungsfälle kein Versicherungsschutz besteht. Auch die Leistungsfreiheit tritt nicht ein, wenn der Versicherungsnehmer die Nichtzahlung der Prämie nicht zu vertreten hat, § 4 Nr. 3 Abs. 2 VGB 2010 (B).

5

§ 5 Folgeprämie

1. *Fälligkeit*

    a. *Eine Folgeprämie wird zu Beginn der vereinbarten Versicherungsperiode fällig.*

    b. *Die Zahlung gilt als rechtzeitig, wenn sie innerhalb des im Versicherungsschein oder in der Prämienrechnung angegebenen Zeitraums bewirkt ist.*

2. *Schadenersatz bei Verzug*

    Ist der Versicherungsnehmer mit der Zahlung einer Folgeprämie in Verzug, ist der Versicherer berechtigt, Ersatz des ihm durch den Verzug entstandenen Schadens zu verlangen.

3. *Leistungsfreiheit und Kündigungsrecht nach Mahnung*

    a. *Der Versicherer kann den Versicherungsnehmer bei nicht rechtzeitiger Zahlung einer Folgeprämie auf dessen Kosten in Textform zur Zahlung auffordern und eine Zahlungsfrist von mindestens zwei Wochen ab Zugang der Zahlungsaufforderung bestimmen (Mahnung).*

    Die Mahnung ist nur wirksam, wenn der Versicherer je Vertrag die rückständigen Beträge der Prämie, Zinsen und Kosten im Einzelnen beziffert und außerdem auf die Rechtsfolgen – Leistungsfreiheit und Kündigungsrecht – aufgrund der nicht fristgerechten Zahlung hinweist.

    b. *Tritt nach Ablauf der in der Mahnung gesetzten Zahlungsfrist ein Versicherungsfall ein und ist der Versicherungsnehmer bei Eintritt des Versicherungsfalles mit der Zahlung der Prämie oder der Zinsen oder Kosten in Verzug, so ist der Versicherer von der Verpflichtung zur Leistung frei.*

    c. *Der Versicherer kann nach Ablauf der in der Mahnung gesetzten Zahlungsfrist den Vertrag ohne Einhaltung einer Kündigungsfrist mit sofortiger Wirkung kündigen, sofern der Versicherungsnehmer mit der Zahlung der geschuldeten Beträge in Verzug ist.*

    Die Kündigung kann mit der Bestimmung der Zahlungsfrist so verbunden werden, dass sie mit Fristablauf wirksam wird, wenn der Versicherungsnehmer zu diesem Zeitpunkt mit der Zahlung in Verzug ist. Hierauf ist der Versicherungsnehmer bei der Kündigung ausdrücklich hinzuweisen.

4. *Zahlung der Prämie nach Kündigung*

    Die Kündigung wird unwirksam, wenn der Versicherungsnehmer innerhalb eines Monats nach der Kündigung oder, wenn sie mit der Fristbestimmung verbunden worden ist, innerhalb eines Monats nach Fristablauf die Zahlung leistet.

Die Regelung über die Leistungsfreiheit des Versicherers (Nr. 3 b) bleibt unberührt.

A. Übersicht über die Bestimmung

1 § 5 VGB 2010 (B) regelt die Fälligkeit sowie die Folgen der nicht rechtzeitigen Zahlung der Folgeprämie. Die Bestimmung entspricht der gesetzlichen Regelung in § 38 VVG, von welcher nach § 42 VVG nicht zulasten des Versicherungsnehmers abgewichen werden darf.

B. Abgrenzung zwischen Erst- und Folgeprämie

2 Da der Gesetzgeber an die nicht rechtzeitige Zahlung der Erst- oder Einmalprämie schärfere Sanktionen knüpft als an die nicht rechtzeitige Zahlung der Folgeprämie und diese Differenzierung auch in den VGB vorgenommen werden muss (§ 42 VVG), kann die Unterscheidung zwischen Erst- und Folgeprämie unter bestimmten Voraussetzungen ausschlaggebend für die Leistungsverpflichtung des Versicherers sein. Die Erstprämie ist die zeitlich erste Prämie für einen Versicherungsvertrag.

3 Folgeprämie ist jede Prämie, die nicht Erst- oder Einmalprämie im Sinne des § 33 Abs. 1 VVG ist. Entscheidend für die Abgrenzung ist, ob es sich um die zeitlich erste Prämie oder um eine zeitlich nachfolgende Prämie handelt. Folgeprämie ist jede Prämie für die zweite und jede nachfolgende Versicherungsperiode.

4 **Auslegungsschwierigkeiten** treten jedoch auf, **wenn ein Versicherungsvertrag nachträglich verändert wird**. Dabei kommt es nicht darauf an, ob aus Anlass der Veränderung ein neuer Antrag gestellt oder lediglich eine Veränderungsanzeige abgegeben wird. Auch spielt es keine ausschlaggebende Rolle, ob aus diesem Anlass ein neuer Versicherungsschein oder ein Nachtrag zum ursprünglichen Versicherungsschein gefertigt wird. Zwar ist die Einlöseprämie eines Nachtrags generell eine Folgeprämie, jedoch ist nicht umgekehrt jede Einlöseprämie eines Versicherungsscheins eine Erstprämie im Sinne von § 33 Abs. 1 VVG.

In der Wohngebäudeversicherung werden häufig auch bei geringfügigen vertraglichen Veränderungen neue Versicherungsscheine mit ansonsten unverändertem Vertragsinhalt erstellt. Dies liegt vor allem daran, dass bei der modernen EDV-gestützten Bestandsführung der Wohngebäudeversicherer Versicherungsscheine mit geringem Zeitaufwand am Bildschirm veranlasst und ohne weiteren maschinellen Aufwand erstellt werden können. Im Gegensatz dazu erfordern individuell konzipierte Nachträge häufig einen vergleichsweise hohen Aufwand. Daher wird z. B. vielfach dann ein neuer Versicherungsschein gefertigt, wenn der Vertrag infolge eines Eigentumswechsels nach § 95 VVG auf den Erwerber des versicherten Gebäudes übergeht. Häufig wird in diesen Fällen bei Aushändigung des Versicherungsscheins keine Prämie fällig. Ausschlaggebend ist indessen, dass der sonstige Vertragsinhalt im Wesentlichen unverändert bleibt. Dies gilt auch dann, wenn der Erwerber im Zusammenhang mit der Übertragung eines Gebäudegrundstücks einen sogenannten Ersatzantrag an den Gebäudeversicherer unterschrieben hat, der wegen rückständigen Beitrags einen vor der Veräußerung liegenden Versicherungsbeginn vorsah und neben der Person des Versicherungsnehmers nur Änderungen des Versicherungsablaufs, der Zahlweise, des Beitragsfaktors und das Erlöschen der sogenannten Vorversicherung des Veräußerers zum Inhalt hatte, und wenn der Versicherer daraufhin als „Nachtrag" einen Versicherungsschein ausgestellt hat[735]. Der Erwerber hat unter diesen Voraussetzungen mit dem Versicherer keinen neuen Versicherungsvertrag abgeschlossen, sondern nur den auf ihn übergegangenen Vertrag des Veräußerers abgeändert. Für die Beitragsforderung gegen den Erwerber ist insgesamt § 38 VVG (Zahlungsverzug der Folgeprämie) maßgebend[736]. Dabei ist jedoch vorausgesetzt, dass der materielle Inhalt des Vorvertrages im Wesentlichen erhalten bleibt.

Es handelt sich infolgedessen **häufig auch dann nicht um eine Erstprämie**, wenn ein bestehendes Vertragsverhältnis durch einen Antrag des Versicherungsnehmers verändert und **bei Aushändigung des Versicherungsscheins eine Prämie eingefordert wird**. In diesen Fällen kommt es darauf an, ob sich der neue Vertrag in wesentlichen Punkten von dem bisherigen Vertrag materiell unterscheidet. So liegt es, wenn durch den Ergänzungsantrag die Versicherungssumme und die Versicherungsdauer grundlegend verändert werden oder der Unterversicherungsverzicht vereinbart wird. Das Gleiche gilt, wenn der Kreis der versicherten Gefahren erweitert wird. In diesen Fällen wird ein bestehendes Vertragsverhältnis beendet und ein neues begründet. Die bei Aushändigung des Versicherungsscheins eingeforderte Prämie ist dann eine Erstprämie im Sinne des § 33 Abs. 1 VVG. Ansonsten handelt es sich lediglich um die Veränderung der für den Vertrag maßgebenden Grundsätze unter Wahrung der Identität des Vertrages. Die Prämie ist dann eine Folgeprämie. Die Abgrenzung zwischen der Begründung eines neuen Vertragsverhältnisses und der Modifikation eines bestehenden Vertragsverhältnisses richtet sich nach den Umständen des Einzelfalls. Kein neuer Vertrag wird geschlossen, wenn lediglich die Versicherungssumme erhöht wird[737].

---

735 BGH r + s 1989, 22.
736 BGH r + s 1989, 22.
737 OLG Hamm VersR 1979, 413.

C. Einzelheiten der Bestimmung

I. Fälligkeit der Folgeprämie

5   Zur Fälligkeit der Folgeprämie enthält § 5 Nr. 1 VGB 2010 (B) zwei Aussagen.

Nach § 5 Nr. 1 a) VGB 2010 (B) wird die Folgeprämie jeweils zu **Beginn der vereinbarten Versicherungsperiode fällig**. Die Versicherungsperiode kann einen, drei, sechs oder zwölf Monate betragen (vgl. § 3 VGB 2010 (B)).

6   Als rechtzeitig gilt eine Zahlung durch den Versicherungsnehmer dann, wenn diese innerhalb des im Versicherungsschein oder in der Prämienrechnung angegebenen Zeitraums bewirkt ist. Hat der Versicherungsnehmer dem Versicherer eine Lastschrifteinzugsermächtigung erteilt, so beschränkt sich die Verpflichtung des Versicherungsnehmers darauf, zum Zeitpunkt der Fälligkeit der Folgeprämie für eine ausreichende Deckung auf seinem Konto zu sorgen (vgl. § 6 Nr. 1 VGB 2010 (B)).

Der Bedingungswortlaut ist hier insofern unpräzise, als dass der Eindruck entsteht, es würde lediglich fiktiv angenommen, die Zahlung der Prämie sei dann rechtzeitig bewirkt worden, wenn diese innerhalb des jeweiligen Zeitraums erfolgt ist („*gilt* als rechtzeitig"). Tatsächlich *ist* die Zahlung rechtzeitig bewirkt, wenn sie innerhalb des vereinbarten Zeitraums erfolgt.

II. Rechtsfolgen verspäteter Zahlung der Folgeprämie

7   Die Nicht- bzw. nicht rechtzeitige Zahlung der Folgeprämie löst verschiedene Rechtsfolgen aus. Dem **Versicherer** stehen im Falle des Zahlungsverzugs **Schadenersatzansprüche** sowie – unter bestimmten Voraussetzungen – das Recht zu, den **Wohngebäudeversicherungsvertrag zu kündigen** bzw. sich für in der Zwischenzeit eingetretene Versicherungsfälle für **leistungsfrei** zu erklären.

1. Schadenersatzanspruch

8   Nach § 5 Nr. 2 VGB 2010 (B) stehen dem Versicherer im Falle des Zahlungsverzugs Schadenersatzansprüche zu. Damit verweist diese Bestimmung in den VGB auf die gesetzliche Regelung in den §§ 280 Abs. 1 und 2, 286 ff. BGB. Der Versicherer muss darlegen, dass und in welchem Umfang ihm durch die verzögerte Zahlung der Folgeprämie ein Schaden entstanden ist. In der Praxis werden Schadenersatzansprüche nach dieser Bestimmung von den Wohngebäudeversicherern eher zurückhaltend geltend gemacht, da der hierfür notwendige Aufwand das wirtschaftliche Ausmaß des durch die Zahlungsverzögerung entstandenen Schadens oft erheblich übersteigt.

2. Leistungsfreiheit und Kündigungsrecht

Praktisch wesentlich bedeutsamer sind die in § 5 Nr. 3 VGB 2010 (B) geregelten Rechte des Versicherers, **den Wohngebäudeversicherungsvertrag zu kündigen bzw. sich bezüglich eines eingetretenen Schadenfalls für leistungsfrei zu erklären**. 9

a) Qualifizierte Mahnung

Das Kündigungsrecht des Versicherers bzw. die Leistungsfreiheit wegen der nicht rechtzeitigen Zahlung der Folgeprämie bestehen nur unter der Voraussetzung, dass der Versicherer zuvor eine sogenannte **qualifizierte Mahnung** ausgesprochen hat. 10

Bei nicht rechtzeitiger Zahlung der Folgeprämie kann der Versicherer den Versicherungsnehmer auf dessen Kosten in Textform zur Zahlung auffordern und ihm dabei eine Zahlungsfrist von mindestens zwei Wochen ab Zugang der Zahlungsaufforderung setzen, § 5 Nr. 3 a) Abs. 1 VGB 2010 (B). Wirksam ist diese (qualifizierte) Mahnung aber nur dann, wenn der Versicherer je Vertrag die rückständigen Beträge der Prämie, Zinsen und Kosten im Einzelnen beziffert und außerdem auf die Rechtsfolgen – Leistungsfreiheit und Kündigungsrecht – bei nicht fristgerechter Zahlung hinweist (§ 5 Nr. 3 a) Abs. 2 VGB 2010 (B)).

Bei der qualifizierten Mahnung handelt es sich um eine **empfangsbedürftige Willenserklärung**.

b) Leistungsfreiheit des Versicherers

Leistungsfreiheit tritt nach § 5 Nr. 3 b) VGB 2010 (B) ein, wenn nach Ablauf der gesetzten Zahlungsfrist ein Versicherungsfall eintritt und der Versicherungsnehmer zu diesem Zeitpunkt mit der Zahlung der Prämie, der Zinsen oder Kosten im Verzug ist. Für Versicherungsfälle, die noch innerhalb der vom Versicherer gesetzten Zahlungsfrist auftreten, bleibt der Versicherer somit auch im Falle des Zahlungsverzugs einstandspflichtig. Nach Ablauf der Zahlungsfrist kommt jedoch Leistungsfreiheit in Betracht, wenn der Versicherungsfall eintritt, noch bevor der Versicherungsnehmer die geschuldeten Zahlungen geleistet hat. 11

c) Kündigungsrecht des Versicherers

Kündigen kann der Versicherer nach dem Ablauf der in der qualifizierten Mahnung gesetzten Zahlungsfrist. Eine Kündigungsfrist muss der Versicherer in diesem Fall nicht einhalten. Auch bei der Kündigung handelt es sich um eine empfangsbedürftige Willenserklärung, die mit ihrem Zugang beim Versicherungsnehmer rechtswirksam wird. 12

Nach § 5 Nr. 3 c) Abs. 2 VGB 2010 (B) **kann der Versicherer die Kündigungserklärung schon mit der qualifizierten Mahnung verbinden**. Die Kündigung wird in diesem Fall unter der aufschiebenden Bedingung erklärt, dass der Versicherungsnehmer die geschuldete Prämie oder die Zinsen bzw. Kosten nicht innerhalb der vom Versicherer gesetzten Frist bezahlt. Erklärt der Versicherer zusammen mit der qualifizierten Mahnung auch zugleich die Kündigung des Versicherungsvertrages, ist der Versicherungsnehmer ausdrücklich darauf hinzuweisen, dass die Kündigung mit Verstreichen der Zahlungsfrist rechtswirksam wird. Dem Versicherungsnehmer muss deutlich vor Augen geführt werden, dass die Beendigung seines Versicherungsvertrages droht.

3. Zahlung der Prämie nach Kündigung

13 § 5 Nr. 4 VGB 2010 (B) räumt dem Versicherungsnehmer die Möglichkeit ein, die Rechtswirkungen der an sich wirksamen Kündigung nach § 5 Nr. 3 c) VGB 2010 (B) wieder zu beseitigen. Nach der genannten Bestimmung wird die Kündigung unwirksam, wenn der Versicherungsnehmer innerhalb eines Monats nach der Kündigung – hiermit ist der Zugang der Kündigung beim Versicherungsnehmer gemeint – oder, wenn die Kündigung bereits mit der qualifizierten Mahnung verbunden worden war, innerhalb eines Monats nach Fristablauf die Zahlung leistet. Zahlt der Versicherungsnehmer innerhalb der genannten Frist verliert die Kündigung ihre Rechtswirksamkeit und der Wohngebäudeversicherungsvertrag wird unverändert fortgeführt.

§ 5 Nr. 4 Abs. 2 VGB 2010 (B) stellt klar, dass diese sehr versicherungsnehmerfreundliche Regelung eine etwaige Leistungsfreiheit des Versicherers nach § 5 Nr. 3 b) VGB 2010 (B) unberührt lässt.

§ 6 Lastschriftverfahren

1. *Pflichten des Versicherungsnehmers*

    Ist zur Einziehung der Prämie das Lastschriftverfahren vereinbart worden, hat der Versicherungsnehmer zum Zeitpunkt der Fälligkeit der Prämie für eine ausreichende Deckung des Kontos zu sorgen.

2. *Änderung des Zahlungsweges*

    Hat es der Versicherungsnehmer zu vertreten, dass eine oder mehrere Prämien, trotz wiederholtem Einziehungsversuch, nicht eingezogen werden können, ist der Versicherer berechtigt, die Lastschriftvereinbarung in Textform zu kündigen.

    Der Versicherer hat in der Kündigung darauf hinzuweisen, dass der Versicherungsnehmer verpflichtet ist, die ausstehende Prämie und zukünftige Prämien selbst zu übermitteln.

    Durch die Banken erhobene Bearbeitungsgebühren für fehlgeschlagenen Lastschrifteinzug können dem Versicherungsnehmer in Rechnung gestellt werden.

A. Inhalt der Bestimmung

§ 6 VGB 2010 (B) regelt die Zahlung der Versicherungsprämie im **Lastschriftverfahren**. Überwiegend werden die Versicherungsprämien heutzutage auch im Bereich der Wohngebäudeversicherung im Wege des Lastschriftverfahrens bezahlt. Schon bei Antragsaufnahme ermächtigt der Antragsteller den Versicherer, die fälligen Beiträge von seinem Konto per Lastschrift einzuziehen. Die Antragsformulare der allermeisten Wohngebäudeversicherer sehen die Erteilung einer sogenannten Lastschrifteinzugsermächtigung (bzw. eines sogenannten SEPA-Mandats) vor.

1

B. Pflichten des Versicherungsnehmers

Gemäß § 6 Nr. 1 VGB 2010 (B) ist der Versicherungsnehmer, wenn die Zahlung der Prämie im Wege des Lastschriftverfahrens vereinbart wurde, lediglich dazu verpflichtet, **zum Zeitpunkt der Fälligkeit der Prämie für eine ausreichende Deckung des Kontos zu sorgen**, von welchem die Prämie eingezogen werden soll. Damit hat der Versicherungsnehmer seinerseits für die (rechtzeitige) Zahlung der Prämie alles Erforderliche getan. Unterlässt der Versicherer die Einziehung der Prämie zu dem vereinbarten Zeitpunkt, so bleibt das für den Versicherungsnehmer folgenlos.

2

C. Änderung des Zahlungsweges

3   Der Versicherer ist unter bestimmten Voraussetzungen dazu berechtigt, die Lastschriftvereinbarung in Textform zu kündigen, d. h., er kann vom Versicherungsnehmer die Zahlung der Prämie auf andere Weise verlangen, z. B. per Überweisung.

Voraussetzung für dieses Kündigungsrecht des Versicherers ist jedoch, dass die Prämien trotz mehrfachem Einzugsversuch nicht eingezogen werden konnten. Die VGB enthalten jedoch keine Aussage zu der Frage, wie oft der Versicherer den Lastschrifteinzug versucht haben muss, bevor er gemäß § 6 Nr. 2 VGB 2010 (B) eine Änderung des Zahlweges verlangen kann. Es stellt sich die Frage, wie viele Versuche dem Versicherer zuzumuten sind.

Im Kaufrecht lässt der Gesetzgeber erkennen, wie viele Leistungsversuche des Schuldners er für den Gläubiger für zumutbar hält. In Anlehnung an die gesetzliche Bestimmung des § 440 BGB ist daher davon auszugehen, dass der Versicherer die Lastschriftvereinbarung **auf jeden Fall dann kündigen kann**, **wenn er zuvor dreimal** (erster Versuch + zwei „Nachbesserungsversuche") **versucht hat**, die Prämie im Wege des Lastschrifteinzugs einzuziehen.

Da es jedoch vorliegend um die Erfüllung einer Geldschuld geht, ist es naheliegender, dem Versicherer das Recht auf Beendigung der Lastschriftvereinbarung schon dann einzuräumen, wenn der Lastschrifteinzug zweimal gescheitert ist.

4   Voraussetzung für das Recht des Versicherers, die Lastschriftvereinbarung kündigen zu können, ist ferner, dass der Versicherungsnehmer es zu vertreten hat, dass der Lastschrifteinzug nicht möglich ist. Dies ist insbesondere dann der Fall, wenn das Konto des Versicherungsnehmers entgegen § 6 Nr. 1 VGB 2010 (B) zum Zeitpunkt der Fälligkeit der Versicherungsprämie nicht die erforderliche Deckung aufweist („Geld hat man zu haben") oder er irrtümlich eine falsche Bankverbindung im Rahmen der Lastschriftvereinbarung genannt hat. Ist die Ursache des Fehlschlags des Lastschrifteinzugs hingegen nicht vom Versicherungsnehmer zu vertreten, wie beispielsweise technische Probleme bei den beteiligten Banken, so darf der Versicherer die Lastschriftvereinbarung nicht kündigen.

Die Kündigung der Lastschriftvereinbarung muss durch eine Erklärung gegenüber dem Versicherungsnehmer in Textform (§ 126 b BGB) erfolgen. Dabei muss der Versicherer den Versicherungsnehmer darauf hinweisen, dass der Versicherungsnehmer dazu verpflichtet ist, die ausstehende Prämie und etwaige Folgeprämien selbst zu übermitteln, also diese beispielsweise zu überweisen.

Gemäß § 6 Nr. 2 Abs. 3 VGB 2010 (B) hat der Versicherer darüber hinaus das Recht, die durch die Banken erhobenen Bearbeitungsgebühren für die fehlgeschlagenen Lastschriften (sogenannte Rücklastschriftgebühren) dem Versicherungsnehmer in Rechnung zu stellen. Im Hinblick auf den mit dem Einzug dieses Betrages verbundenen Verwaltungsaufwand verzichten die Versicherer in der Regel auf diese Möglichkeit.

§ 7 Prämie bei vorzeitiger Vertragsbeendigung

1. *Allgemeiner Grundsatz*

    a. *Im Falle der vorzeitigen Vertragsbeendigung steht dem Versicherer nur derjenige Teil der Prämie zu, der dem Zeitraum entspricht, in dem der Versicherungsschutz bestanden hat.*

    b. *Fällt das versicherte Interesse nach dem Beginn der Versicherung weg, steht dem Versicherer die Prämie zu, die er hätte beanspruchen können, wenn die Versicherung nur bis zu dem Zeitpunkt beantragt worden wäre, zu dem der Versicherer vom Wegfall des Interesses Kenntnis erlangt hat.*

2. *Prämie oder Geschäftsgebühr bei Widerruf, Rücktritt, Anfechtung und fehlendem versicherten Interesse*

    a. *Übt der Versicherungsnehmer sein Recht aus, seine Vertragserklärung innerhalb von 14 Tagen zu widerrufen, hat der Versicherer nur den auf die Zeit nach Zugang des Widerrufs entfallenden Teil der Prämien zu erstatten. Voraussetzung ist, dass der Versicherer in der Belehrung über das Widerrufsrecht, über die Rechtsfolgen des Widerrufs und den zu zahlenden Betrag hingewiesen und der Versicherungsnehmer zugestimmt hat, dass der Versicherungsschutz vor Ende der Widerrufsfrist beginnt.*

    Ist die Belehrung nach Satz 2 unterblieben, hat der Versicherer zusätzlich die für das erste Versicherungsjahr gezahlte Prämie zu erstatten; dies gilt nicht, wenn der Versicherungsnehmer Leistungen aus dem Versicherungsvertrag in Anspruch genommen hat.

    b. *Wird das Versicherungsverhältnis durch Rücktritt des Versicherers beendet, weil der Versicherungsnehmer Gefahrumstände, nach denen der Versicherer vor Vertragsannahme in Textform gefragt hat, nicht angezeigt hat, so steht dem Versicherer die Prämie bis zum Wirksamwerden der Rücktrittserklärung zu.*

    Wird das Versicherungsverhältnis durch Rücktritt des Versicherers beendet, weil die einmalige oder die erste Prämie nicht rechtzeitig gezahlt worden ist, so steht dem Versicherer eine angemessene Geschäftsgebühr zu.

    c. *Wird das Versicherungsverhältnis durch Anfechtung des Versicherers wegen arglistiger Täuschung beendet, so steht dem Versicherer die Prämie bis zum Wirksamwerden der Anfechtungserklärung zu.*

    d. *Der Versicherungsnehmer ist nicht zur Zahlung der Prämie verpflichtet, wenn das versicherte Interesse bei Beginn der Versicherung nicht besteht, oder wenn das Interesse bei einer Versicherung, die für ein künftiges Unternehmen oder für ein anderes künftiges Interesse genommen ist, nicht entsteht. Der Versicherer kann jedoch eine angemessene Geschäftsgebühr verlangen.*

Hat der Versicherungsnehmer ein nicht bestehendes Interesse in der Absicht versichert, sich dadurch einen rechtswidrigen Vermögensvorteil zu verschaffen, ist der Vertrag nichtig. Dem Versicherer steht in diesem Fall die Prämie bis zu dem Zeitpunkt zu, zu dem er von den die Nichtigkeit begründenden Umständen Kenntnis erlangt.

A. Einführende Hinweise

1 § 7 Nr. 1 a) VGB 2010 (B) entspricht inhaltlich der gesetzlichen Regelung des § 39 Abs. 1 Satz 1 VVG. In § 7 Nr. 1 b) VGB 2010 (B) wird die gesetzliche Bestimmung des § 80 Abs. 2 VVG wiederholt.

Auch die in § 7 Nr. 2 VGB 2010 (B) enthaltenen Regelungen bilden gesetzliche Bestimmungen des VVG nach.

§ 7 Nr. 2 a) VGB 2010 (B) = § 9 Abs. 1 VVG

§ 7 Nr. 2 b) VGB 2010 (B) = §§ 39 Abs. 1 Satz 2, 39 Abs. 1 Satz 3 VVG

§ 7 Nr. 2 c) VGB 2010 (B) = § 39 Abs. 1 Satz 2 VVG

§ 7 Nr. 2 d) VGB 2010 (B) = §§ 80 Abs. 1, 80 Abs. 3 VVG

Die nachfolgende Kommentierung beschränkt sich auf wenige Hinweise zu den einzelnen Bestimmungen. Bezüglich weitergehender Informationen wird auf die zahlreiche (Kommentar-)Literatur zu den genannten VVG-Bestimmungen verwiesen.

B. Grundsatz

2 Nach § 7 Nr. 1 a) VGB 2010 (B) steht dem Versicherer im Falle der vorzeitigen Vertragsbeendigung nur derjenige Teil der Prämie zu, der auf den Zeitraum entfällt, für welchen Versicherungsschutz bestand. Mit dieser Regelung weichen die VGB 2010 deutlich von den vorhergehenden Bedingungswerken ab. Ursache hierfür ist die zum 01.01.2008 erfolgte Reform des VVG. Bis dahin galt der in § 40 VVG a. F. verankerte **Grundsatz der Unteilbarkeit der Prämie**. Der Gesetzgeber hat nun die Geltung dieses Grundsatzes beendet und stattdessen die grundsätzliche Regelung getroffen, dass die Prämie nur für den Zeitraum geschuldet ist, in welchem tatsächlich Versicherungsschutz bestand (**pro rata temporis**).

Klagt der Versicherer auf Zahlung der Prämie, so ist der Versicherungsnehmer für den Umstand, dass der Vertrag vorzeitig beendet wurde, beweispflichtig[738].

---

738 Prölss/Martin/*Knappmann* § 39 Rn. 3.

Etwas umständlich formuliert kommt in § 7 Nr. 1 b) VGB 2010 (B) zum Ausdruck, dass dem Versicherer bei Interessenwegfall die Prämie bis zu dem Zeitpunkt zusteht, zu dem der Versicherer Kenntnis vom Wegfall des versicherten Interesses erlangt.

C. Konkretisierungen des Grundsatzes

Von diesem Grundsatz ausgehend, regelt § 7 Nr. 2 VGB 2010 (B) zahlreiche besondere Fallkonstellationen, in denen es zu einer Beendigung des Vertrages gekommen ist und sich die Frage stellt, in welchem Umfang der Versicherer einen Zahlungsanspruch gegen den Versicherungsnehmer hat.

I. Schicksal des Prämienanspruchs bei Widerruf der Vertragserklärung

Der Versicherungsnehmer eines Wohngebäudeversicherungsvertrages hat nach allgemeinen versicherungsrechtlichen Grundsätzen das Recht, seine Vertragserklärung unter bestimmten Voraussetzungen zu widerrufen und sich auf diese Weise wieder vom Vertrag zu lösen, § 8 VVG. § 7 Nr. 2 a) VGB 2010 (B) regelt das Schicksal des Prämienanspruchs des Versicherers in diesen Fällen. Die Regelung in den VGB 2010 entspricht inhaltlich der gesetzlichen Regelung des § 9 VVG.

Im Falle eines Widerrufs hat der Versicherer nur den auf die Zeit nach Zugang des Widerrufs entfallenden Anteil der Prämien zu erstatten. Das bedeutet, dass der Versicherer den Anteil der Prämie, der auf die Zeit zwischen dem Beginn des Versicherungsvertrages und dem Zugang der Widerrufserklärung entfällt, behalten darf, was zunächst eine Abweichung von dem allgemeinen Grundsatz des (Verbraucher-)Widerrufsrechts darstellt, dass empfangene Leistungen zurückzugewähren sind (§ 357 Abs. 1 BGB).

Voraussetzung hierfür ist jedoch zunächst, dass der Versicherer den Versicherungsnehmer in der Belehrung über das Widerrufsrecht über die Rechtsfolgen des Widerrufs und den zu zahlenden Betrag hingewiesen hat.

Die **Belehrung über das Widerrufsrecht** ist Bestandteil der umfangreichen Informationspflichten, die den Versicherer nach § 7 VVG in Verbindung mit der VVG-InfoV treffen. Die Belehrung, die dem Versicherungsnehmer rechtzeitig vor Abgabe seiner Vertragserklärung (§ 7 Abs. 1 VVG) vorliegen muss, muss den Versicherungsnehmer über die **Rechtsfolgen des Widerrufs** sowie über **den zu zahlenden Betrag** informieren. Bei der Belehrung über den zu zahlenden Betrag muss der Versicherer nicht in Euro und Cent angeben, welchen Betrag der Versicherungsnehmer genau schuldet. Dies ist auch nicht möglich, weil der Zeitpunkt, zu dem der Versicherungsnehmer seine Vertragserklärung möglicherweise widerruft zum Zeitpunkt der Belehrung völlig offen ist. Es ist daher ausreichend, wenn der Versicherer dem Versicherungsnehmer einen Weg aufzeigt, die Höhe der geschuldeten Prämie anhand der vereinbarten Monats- oder Jahresprämie selbst zu berechnen.

8 **Weitere Voraussetzung** dafür, dass der Versicherer seinen anteiligen Prämienanspruch behält, ist, **dass der Versicherungsnehmer zugestimmt hat, dass der Versicherungsschutz schon vor Ablauf der Widerrufsfrist beginnt.** Es muss also materieller Versicherungsschutz bestanden haben. Ist dies nicht der Fall, weil der vereinbarte Versicherungsschutz erst nach Ablauf der Widerrufsfrist beginnt, so gilt nicht die Regelung des § 7 Nr. 2 a) VGB 2010 (B), sondern die allgemeinen gesetzlichen Bestimmungen über die Widerrufsfolgen.

9 Erfolgte keine Belehrung, die den Anforderungen von § 7 Nr. 2 a) Abs. 1 VGB 2010 (B) genügt, so hat der Versicherer zusätzlich die für das erste Versicherungsjahr gezahlte Prämie zu erstatten; dies gilt nicht, wenn der Versicherungsnehmer Leistungen aus dem Versicherungsvertrag in Anspruch genommen hat, § 7 Nr. 2 a) Abs. 2 VGB 2010 (B).

Da das Widerrufsrecht des Versicherungsnehmers im Falle einer nicht ordnungsgemäßen Belehrung grundsätzlich ewig bestehen bleibt, führt die Regelung, dass dem Versicherer die Prämien ab dem zweiten Versicherungsjahr ggf. trotz Widerrufs weiter zustehen zu unangemessenen Ergebnissen. § 7 Nr. 2 a) Abs. 2 VGB 2010 (B) ist demnach ebenso wie § 9 Abs. 1 Satz 2 VVG, dem die VGB-Bestimmung inhaltlich entspricht, als richtlinienwidrig (Verstoß gegen Art. 7 Abs. 3 Satz 1 der Fernabsatz-Richtlinie II) anzusehen. Im Wege einer teleologischen Reduktion der Bestimmung soll diese dahingehend verstanden werden, dass der Versicherer im Falle einer nicht ordnungsgemäßen Widerrufsbelehrung zur Rückerstattung aller gezahlten Prämien verpflichtet ist[739].

II. Schicksal des Prämienanspruchs bei Rücktritt des Versicherers

10 Im Falle eines **Rücktritts** vom Wohngebäudeversicherungsvertrag durch den Versicherer **wegen einer Verletzung der vorvertraglichen Anzeigepflicht** (§ 1 Nr. 2 b) VGB 2010 (B)) steht dem Versicherer die Prämie bis zum Wirksamwerden der Rücktrittserklärung zu, § 7 Nr. 2 b) Abs. 1 VGB 2010 (B). Die Rücktrittserklärung wird mit ihrem Zugang beim Versicherungsnehmer wirksam.

11 Ist der Versicherer zum **Rücktritt** berechtigt, **weil der Versicherungsnehmer die einmalige oder die erste Prämie nicht rechtzeitig gezahlt hat** (§ 4 Nr. 2 VGB 2010 (B), steht dem Versicherer eine **angemessene Geschäftsgebühr** zu. Da der Versicherer in einem solchen Fall kein Risiko trägt, steht ihm auch kein Anspruch auf die (anteilige) Prämie zu. Die Angemessenheit der Geschäftsge-

---

739 Schwintowski/Brömmelmeyer/*Ebers* § 9 Rn. 8 m. w. N.

bühr bemisst sich nach den typischen Aufwendungen des Versicherers für einen solchen Versicherungsvertrag; dabei dürfen grundsätzlich Pauschalbeträge verwendet werden[740].

III. Schicksal des Prämienanspruchs bei Anfechtung des Vertrages durch den Versicherer

Bei einer Anfechtung des Wohngebäudeversicherungsvertrages durch den Versicherer wegen einer arglistigen Täuschung (§ 1 Nr. 2 e) VGB 2010 (B)) steht dem Versicherer die Prämie bis zum Wirksamwerden der Anfechtungserklärung zu, § 7 Nr. 2 c) VGB 2010 (B). Wirksam wird die Anfechtungserklärung mit ihrem Zugang beim Versicherungsnehmer.

12

IV. Schicksal des Prämienanspruchs bei fehlendem versicherten Interesse

Eine Verpflichtung zur Zahlung der Prämie besteht nicht, wenn schon bei Beginn der Versicherung kein versichertes Interesse besteht bzw. wenn ein solches – entgegen den Erwartungen der Vertragsparteien – auch zu einem zukünftigen Zeitpunkt nicht entsteht. In diesem Fall steht dem Versicherer wiederum nur eine Geschäftsgebühr zu, die den entstandenen Verwaltungsaufwand decken soll (s. o. Rn. 11), § 7 Nr. 2 d) Abs. 1 VGB 2010 (B).

13

Wurde ein nicht bestehendes versichertes Interesse durch den Versicherungsnehmer in der Absicht versichert, sich dadurch einen rechtswidrigen Vermögensvorteil zu verschaffen, so ist der abgeschlossene Wohngebäudeversicherungsvertrag nichtig. Dem Versicherer steht gleichwohl die Prämie bis zu dem Zeitpunkt zu, zu dem er die Kenntnis von den die Nichtigkeit begründenden Umständen erlangt, § 7 Nr. 2 d) Abs. 2 VGB 2010 (B).

---

[740] Schwintowski/Brömmelmeyer/*Michaelis/Pitz* § 39 Rn. 5.

§ 8 Obliegenheiten des Versicherungsnehmers

1. Obliegenheiten vor Eintritt des Versicherungsfalles

    a. Vertraglich vereinbarte Obliegenheiten, die der Versicherungsnehmer vor Eintritt des Versicherungsfalles zu erfüllen hat, sind:

        aa. die Einhaltung aller gesetzlichen, behördlichen sowie vertraglich vereinbarten Sicherheitsvorschriften;

        bb. die Einhaltung aller sonstigen vertraglich vereinbarten Obliegenheiten.

    b. Verletzt der Versicherungsnehmer vorsätzlich oder grob fahrlässig eine Obliegenheit, die er vor Eintritt des Versicherungsfalles gegenüber dem Versicherer zu erfüllen hat, so kann der Versicherer innerhalb eines Monats, nachdem er von der Verletzung Kenntnis erlangt hat, den Vertrag fristlos kündigen.

        Das Kündigungsrecht des Versicherers ist ausgeschlossen, wenn der Versicherungsnehmer beweist, dass er die Obliegenheit weder vorsätzlich noch grobfahrlässig verletzt hat.

2. Obliegenheiten bei und nach Eintritt des Versicherungsfalles

    a. Der Versicherungsnehmer hat bei und nach Eintritt des Versicherungsfalles

        aa. nach Möglichkeit für die Abwendung und Minderung des Schadens zu sorgen;

        bb. dem Versicherer den Schadeneintritt, nachdem er von ihm Kenntnis erlangt hat, unverzüglich – ggf. auch mündlich oder telefonisch – anzuzeigen;

        cc. Weisungen des Versicherers zur Schadenabwendung/-minderung – ggf. auch mündlich oder telefonisch – einzuholen, wenn die Umstände dies gestatten;

        dd. Weisungen des Versicherers zur Schadenabwendung/-minderung, soweit für ihn zumutbar, zu befolgen. Erteilen mehrere an dem Versicherungsvertrag beteiligte Versicherer unterschiedliche Weisungen, hat der Versicherungsnehmer nach pflichtgemäßem Ermessen zu handeln;

        ee. Schäden durch strafbare Handlungen gegen das Eigentum unverzüglich der Polizei anzuzeigen;

        ff. dem Versicherer und der Polizei unverzüglich ein Verzeichnis der abhanden gekommenen Sachen einzureichen;

gg. das Schadenbild so lange unverändert zu lassen, bis die Schadenstelle oder die beschädigten Sachen durch den Versicherer freigegeben worden sind. Sind Veränderungen unumgänglich, sind das Schadenbild nachvollziehbar zu dokumentieren (z. B. durch Fotos) und die beschädigten Sachen bis zu einer Besichtigung durch den Versicherer aufzubewahren;

hh. soweit möglich dem Versicherer unverzüglich jede Auskunft – auf Verlangen in Schriftform – zu erteilen, die zur Feststellung des Versicherungsfalles oder des Umfanges der Leistungspflicht des Versicherers erforderlich ist sowie jede Untersuchung über Ursache und Höhe des Schadens und über den Umfang der Entschädigungspflicht zu gestatten

ii. vom Versicherer angeforderte Belege beizubringen, deren Beschaffung ihm billigerweise zugemutet werden kann.

b. Steht das Recht auf die vertragliche Leistung des Versicherers einem Dritten zu, so hat dieser die Obliegenheiten gemäß Nr. 2 a) ebenfalls zu erfüllen – soweit ihm dies nach den tatsächlichen und rechtlichen Umständen möglich ist.

3. Leistungsfreiheit bei Obliegenheitsverletzung

a. Verletzt der Versicherungsnehmer eine Obliegenheit nach Nr. 1 oder Nr. 2 vorsätzlich, so ist der Versicherer von der Verpflichtung zur Leistung frei. Bei grob fahrlässiger Verletzung der Obliegenheit ist der Versicherer berechtigt, seine Leistung in dem Verhältnis zu kürzen, das der Schwere des Verschuldens des Versicherungsnehmers entspricht. Das Nichtvorliegen einer groben Fahrlässigkeit hat der Versicherungsnehmer zu beweisen.

b. Außer im Falle einer arglistigen Obliegenheitsverletzung ist der Versicherer jedoch zur Leistung verpflichtet, soweit der Versicherungsnehmer nachweist, dass die Verletzung der Obliegenheit weder für den Eintritt oder die Feststellung des Versicherungsfalles noch für die Feststellung oder den Umfang der Leistungspflicht des Versicherers ursächlich ist.

c. Verletzt der Versicherungsnehmer eine nach Eintritt des Versicherungsfalles bestehende Auskunfts- oder Aufklärungsobliegenheit, ist der Versicherer nur dann vollständig oder teilweise leistungsfrei, wenn er den Versicherungsnehmer durch gesonderte Mitteilung in Textform auf diese Rechtsfolge hingewiesen hat.

A. Allgemeines

In § 8 VGB 2010 (A) sind die Obliegenheiten des Versicherungsnehmers im Versicherungsfall geregelt. 1

Eine umfassende Erläuterung ist hier nicht möglich. Es wird auf die einschlägigen Kommentierungen zu § 28 VVG verwiesen, der Grundlage der AVB-Bestimmung ist. Zum Verhältnis zur Gefahrerhöhung siehe § 9 (B) Rn. 42 ff. 2

Die Obliegenheiten im Versicherungsfall sind **nach der herrschenden Meinung Verhaltensnormen, die der Versicherungsnehmer beachten muss, um seine Ansprüche aus dem Versicherungsvertrag nicht zu gefährden**. Nach dem Wortlaut der AVB hat der Versicherungsnehmer die Obliegenheiten im Versicherungsfall zu erfüllen. Er muss sich jedoch unter bestimmten Voraussetzungen auch Kenntnis und Verhalten Dritter zurechnen lassen. Die Obliegenheiten im Versicherungsfall dienen der Feststellung des Schadens dem Grunde nach (Schadenursache, Schadenereignis) sowie der Ermittlung der Schaden- und Entschädigungshöhe. Weiteres Ziel ist die Minderung eingetretener Schäden bzw. die Abwendung weiterer Schäden. 3

B. Obliegenheiten vor Eintritt des Versicherungsfalls

I. Einzelne Obliegenheiten

1. Gesetzliche, behördliche oder vereinbarte Sicherheitsvorschriften

Nach § 8 Nr. 1 a) aa) VGB 2010 (B) hat der Versicherungsnehmer **alle gesetzlichen, behördlichen oder vereinbarten Sicherheitsvorschriften zu beachten**. 4

Einschlägige gesetzliche Sicherheitsvorschriften sind in **zahlreichen Gesetzen und Verordnungen** enthalten. Sie betreffen unter anderem die Errichtung und den Betrieb von Rauch- und Feuerstätten, von elektrischen Anlagen und Einrichtungen sowie von Garagen oder den Umgang mit brennbaren Stoffen. Insbesondere die Landesbauordnungen und die dazu erlassenen Ausführungsbestimmungen, die Brandschutzgesetze sowie die in verschiedenen Bundesländern bestehenden Feuerungsverordnungen enthalten verschiedene Regelungen, die als gesetzliche Sicherheitsvorschriften in der Wohngebäudeversicherung einzustufen und zu beachten sind.[741] 5

Behördliche Sicherheitsvorschriften werden von Institutionen erlassen, die hoheitliche Aufgaben wahrnehmen (Behörden). Ein Beispiel für behördliche Sicherheitsvorschriften sind auch die Unfallverhütungsvorschriften der Berufsge- 6

---

[741] Vgl. BGH VersR 1997, 485.

nossenschaften.⁷⁴² Sie gelten indessen nur für Mitglieder der jeweiligen Berufsgenossenschaften und haben in der Wohngebäudeversicherung untergeordnete Bedeutung. Gesetzliche und behördliche Sicherheitsvorschriften betreffen insbesondere die Feuerversicherung, weil an der Verhütung von Bränden ein öffentliches Interesse besteht.

7 Weiterhin gibt es in der industriellen, gewerblichen und landwirtschaftlichen Feuerversicherung eine Reihe von Sicherheitsvorschriften, die in Formblättern zusammengefasst und als Besondere Bedingungen oder Allgemeine Sicherheitsvorschriften zu den Verträgen generell vereinbart werden. Auch verschiedene Klauseln für die Feuer-, die Einbruchdiebstahl- und Raub-, die Leitungswasser- und die Sturmversicherung betreffen Sicherheitsvorschriften. In der Wohngebäudeversicherung spielen all diese Regelungen allenfalls bei der Versicherung von gemischt genutzten Gebäuden eine Rolle. Spezielle Sicherheitsvorschriften, die auf die besonderen Belange der Wohngebäudeversicherung abgestellt sind und vertraglich vereinbart werden, gibt es abgesehen von § 16 Nr. 1 VGB 2010 (A) nicht.

2. Einhaltung aller sonstigen vertraglich vereinbarten Obliegenheiten

8 § 8 Nr. 1 a) bb) 2010 enthält den deklaratorischen Hinweis, dass der Versicherungsnehmer die vertragliche Obliegenheit hat, auch alle sonstigen vertraglich vereinbarten Obliegenheiten zu erfüllen. Die Regelung ist sprachlich misslungen.

II. Kündigungsrecht der Versicherers

9 Nach § 8 Nr. 1 b) VGB 2010 (B) kann der Versicherer innerhalb eines Monats, nachdem er von der Verletzung der **vor Eintritt des Versicherungsfalls zu erfüllenden Obliegenheit** Kenntnis erlangt hat, **fristlos kündigen**, wenn der Versicherungsnehmer diese **vorsätzlich oder grob fahrlässig** verletzt. Nach Absatz 2 ist das Kündigungsrecht **ausgeschlossen**, wenn der Versicherungsnehmer beweist, dass er die Obliegenheit **weder vorsätzlich noch grob fahrlässig verletzt** hat.

10 Die Regelung entspricht § 28 Abs. 1 VVG. Im Gegensatz zur früheren Rechtslage vor der Reform des Versicherungsvertragsgesetzes reicht die **leicht fahrlässige Verletzung einer Obliegenheit nicht mehr aus**, um ein Recht zur fristlosen Kündigung des Versicherers zu begründen (vgl. § 6 Abs. 1 S. 2 VVG a. F.). Ebenfalls **aufgegeben** wurde die **Pflicht des Versicherers**, vom **Recht zur Kündigung Gebrauch zu machen**, wenn er sich auf die Leistungsfreiheit berufen wollte (vgl. § 6 Abs. 1 S. 3 VVG a. F.). Insbesondere im Bereich existenzsichernder Versicherungszweige wie der privaten Krankenversicherung wurden diese Regelungen

---
742 Vgl. OLG Celle VersR 1988, 617; OLG Düsseldorf r + s 1988, 83.

als zu hart empfunden.⁷⁴³ Ins VGB ist die Regelung schon deshalb unverändert übernommen worden, weil nach § 32 VVG eine Abweichung zum Nachteil des Versicherungsnehmers nicht zulässig ist.

Die Kündigung muss **innerhalb eines Monats**, nachdem der Versicherer von der Verletzung der Obliegenheit **Kenntnis erlangt** hat, erfolgen. Erforderlich ist der **Zugang** der Kündigungserklärung **beim Versicherungsnehmer**.⁷⁴⁴ Hierdurch soll der Schwebezustand für den Versicherungsnehmer beendet werden, der aufgrund der Entdeckung der Obliegenheitsverletzung durch den Versicherer entstanden ist. Der Versicherungsnehmer soll Klarheit darüber erhalten, ob der Versicherer den Vertrag fortsetzen wird. 11

Andererseits ist es **dem Versicherer nach dem Wortlaut der Bestimmung möglich**, am Vertrag festzuhalten, sich aber bei **künftigen Schadenfällen dennoch auf Leistungsfreiheit** aufgrund der Obliegenheitsverletzung **zu berufen**. Dies verdeutlicht, dass auch nach der Änderung der gesetzlichen Regelung ein für den Versicherungsnehmer ungünstiger Schwebezustand entstehen kann. Man wird daher fordern müssen, dass der Versicherer, falls er von seinem Kündigungsrecht keinen Gebrauch macht, sich aber künftig dennoch **auf die Leistungsfreiheit** aufgrund der Obliegenheitsverletzung **berufen** möchte, dem Versichernehmer dies **mitteilen muss**.⁷⁴⁵ Nur so erhält der Versicherungsnehmer Klarheit und kann entscheiden, ob er sich selbst vom Vertrag lösen möchte. Dies erscheint gerade bei solchen Obliegenheitsverletzungen wichtig, die der Versicherungsnehmer selbst nicht abstellen kann. 12

Es ist **positive Kenntnis** des Versicherers vom objektiven Obliegenheitsverstoß für den Beginn der Frist erforderlich. Es genügt nicht, dass der Versicherer die Obliegenheitsverletzung hätte kennen müssen.⁷⁴⁶ Allerdings wird man hiervon eine **Ausnahme** machen müssen, wenn der Versicherer sich **einer aufdrängenden Erkenntnis** durch Verzögerung der Ermittlungen **verschließt**.⁷⁴⁷ Insbesondere muss der Versicherer auch nicht Kenntnis des Verschuldens des Versicherungsnehmers haben. Dies ist dem eindeutigen Bedingungswortlaut zu entnehmen. Es wird lediglich Kenntnis der Verletzung der Obliegenheit gefordert. Dies entspricht auch dem Sinn und Zweck der Regelung, die dem Versicherungsnehmer möglichst früh Klarheit über die Folgen der Obliegenheitsverletzung verschaffen soll.⁷⁴⁸ 13

Dem Versicherungsnehmer muss im Hinblick auf die Obliegenheitsverletzung **Vorsatz oder grobe Fahrlässigkeit** vorzuwerfen sein. Nach § 8 Nr. 1 b) Abs. 2 VGB 2010 (B) wird, entsprechend der gesetzlichen Regelung in § 28 Abs. 1 VVG, 14

---

743 Rüffer/Halbach/Schimikowski/*Felsch* § 28 Rn. 125.
744 Rüffer/Halbach/Schimikowski/*Felsch* § 28 Rn. 132.
745 Rüffer/Halbach/Schimikowski/*Felsch* § 28 Rn. 141.
746 FA-Komm-VersR/*Nugel* § 28 VVG Rn. 50.
747 Rüffer/Halbach/Schimikowski/*Felsch* § 28 Rn. 135.
748 Vgl. BGH, Entscheidung vom 14.11.1960 – II ZR 263/58.

vermutet, dass die Obliegenheitsverletzung **zumindest grob fahrlässig** erfolgt ist. Der Versicherungsnehmer muss den Entlastungsbeweis führen, also die gesetzlich Vermutung der vorsätzlichen oder grob fahrlässigen Obliegenheitsverletzung widerlegen. Anders als hinsichtlich der Leistungsfreiheit nach § 8 Nr. 3 VGB 2010 (B) besteht auch bezüglich grober Fahrlässigkeit eine Vermutung zuungunsten des Versicherungsnehmers. Dies kann dazu führen, dass das Verschulden im Hinblick auf das Kündigungsrecht und im Hinblick auf die Leistungsfreiheit des Versicherers unterschiedlich zu bewerten ist.

C. Obliegenheiten bei und nach Eintritt des Versicherungsfalls

I. Einzelne Obliegenheiten

1. Abwendung und Minderung des Schadens

15　Den Versicherungsnehmer trifft die Obliegenheit, **den Schaden nach Möglichkeit abzuwenden oder zu mindern** (§ 8 Nr. 2 a) aa) VGB 2010 (B)).

16　Gesetzliche Grundlage der **Rettungspflicht** ist **§ 82 Abs. 1 VVG**. Die Verpflichtung des Versicherungsnehmers, den Schaden abzuwenden oder zu mindern, **korrespondiert** mit dem vertraglichen Anspruch nach § 13 Nr. 1 a) VGB 2010 (B) auf **Ersatz der Kosten**, die dem Versicherungsnehmer durch Schadenabwendungs- oder Schadenminderungsmaßnahmen entstehen.

2. Unverzügliche Schadenanzeige

17　Der Versicherungsnehmer ist nach § 8 Nr. 2 a) bb) VGB 2010 (B) verpflichtet, **dem Versicherer den Schadeneintritt, nachdem er von ihm Kenntnis erlangt hat, unverzüglich – ggf. auch mündlich oder telefonisch – anzuzeigen.**

18　Gesetzliche Grundlage dieser Regelungen ist § 30 Abs. 1 VVG. Der Begriff unverzüglich wird nicht definiert. Unverzüglich bedeutet nach § 121 BGB **ohne schuldhaftes Zögern**. Es hängt von den Umständen des Einzelfalls ab, ob der Versicherungsnehmer die Obliegenheit zur unverzüglichen Schadenanzeige verletzt hat.

19　Meldet der Versicherungsnehmer nach vier Monaten einen Schaden, nachdem ihn ein Heizungsfachmann direkt nach dem Schadeneintritt darauf hingewiesen hatte, dass eine größere Reparatur notwendig werde, die in der kalten Jahreszeit nicht durchführbar sei, hat der Versicherungsnehmer die Obliegenheit grob fahrlässig verletzt. Denn durch die verspätete Meldung wurde es dem Versicherer praktisch unmöglich, die Verletzung von Sicherheitsvorschriften, die grob fahrlässige Herbeiführung des Versicherungsfalls oder die Schadenursache festzustellen.[749] Erfüllt ist hingegen die Obliegenheit, wenn der Versicherungsnehmer seinem Versicherungsvertreter einen Tag nach einem Sturmschaden informiert hat, auch wenn dieser das Schadenanzeigeformular des Versicherers erst etwa einen Monat später ausfüllt.[750] Eine sechs Tage nach Eintritt des Schadenfalls erfolgte Anzeige kann im Hinblick auf den Zweck der Anzeigeobliegenheit nicht mehr unverzüglich sein, weil in diesem Zeitraum wertvolle Zeit für entsprechende Aufklärungsbemühungen verloren geht.[751] Dem Versicherer muss nämlich die Möglichkeit eingeräumt werden, den Schaden unmittelbar nach dessen Eintritt in Augenschein zu nehmen. Nach sechs Tagen ist der Zustand durch Wasser beschädigter Gegenstände so, wie er sich unmittelbar nach dem Schadenereignis dargestellt hat, nicht mehr annähernd feststellbar, so dass sich insbesondere die Gefahr einer unberechtigten Inanspruchnahme ganz erheblich vergrößert hat.

Eine **bestimmte Form der Schadenanzeige** ist in den VGB 2010 **nicht vorgeschrieben**, vielmehr kann die Schadenanzeige auch mündlich oder telefonisch erfolgen. Auch ist der Versicherungsnehmer nicht verpflichtet, das vom Versicherer ausgehändigte Schadenanzeigeformular auszufüllen und unverzüglich an den Versicherer zurückzusenden.[752] Denn die Pflicht zur unverzüglichen Schadenanzeige bezieht sich nur auf die Unterrichtung über den Eintritt des Versicherungsfalls, nicht auf die näheren Umstände. 20

Durch die unverzügliche Anzeige des Schadens soll der Versicherer vor allem auch in die Lage versetzt werden, geeignete **Maßnahmen zur Schadenfeststellung sowie zur Schadenminderung** zu ergreifen (Reinigung, Sanierung, Trocknung usw.). Dieser Gesichtspunkt spielt in der Wohngebäudeversicherung eine große Rolle. Gerade bei Leitungswasser- oder Sturmschäden können zumeist erhebliche Folgeschäden vermieden werden, wenn unverzüglich geeignete Gegenmaßnahmen ergriffen werden. Der private Versicherungsnehmer ist dazu häufig nicht in der Lage. 21

Die **Reaktion des Versicherers** auf die Schadenanzeige des Versicherungsnehmers **hängt sehr stark von der erwarteten Höhe des Schadens** ab. Infolgedessen kommt es auch darauf an, dass der Versicherungsnehmer in der Schadenanzeige zutreffende Angaben über die voraussichtliche Schadenhöhe macht.[753] Enthält eine Schadenanzeige unrichtige Angaben, die der Versicherungsnehmer später berichtigt, z. B. über die voraussichtliche Schadenhöhe, so trägt der Versicherungsnehmer die Darlegungs- und Beweislast, wenn er behauptet, die notwendige Tatsachenkenntnis erst nachträglich erlangt zu haben.[754] Die Obliegenheit, den Schaden dem Versicherer anzuzeigen, gilt nicht nur für 22

---

749 OLG Koblenz r + s 1990, 132.
750 LG Oldenburg r + s 1994, 468.
751 LG Köln VersR 1995, 291.
752 OLG Köln VersR 1995, 1480; OLG Köln VersR 1993, 310.
753 A. A. OLG Hamm r + s 1988, 302.
754 LG Osnabrück VersR 1986, 1237.

den Eintritt des Versicherungsfalls insgesamt, sondern auch für jeden einzelnen Teil eines erst nach und nach in vollem Umfang festgestellten Schadens.[755]

23　Die Verletzung der Obliegenheit zur unverzüglichen Schadenanzeige an sich bleibt für den Versicherungsnehmer dennoch **zumeist folgenlos**. Rechtsfolgen werden zumeist nur dann eintreten, wenn **damit die Verletzung weiterer Obliegenheiten verbunden** ist. Dies ist bei einer verspäteten Schadenanzeige häufig der Fall. In vielen Fällen gehen damit Verstöße gegen die Rettungs- bzw. Schadenminderungspflicht, die Aufklärungs- und Auskunftspflicht und das Verbot der Veränderung der Schadenstelle einher.

24　Insbesondere bei **Teilschäden** kommt es häufig vor, dass Versicherungsnehmer die Schadenanzeige erst nach der Reparatur mit erheblicher zeitlicher Verzögerung zusammen mit der Reparaturkostenrechnung einreichen. Bei Kleinschäden und eindeutiger Sach- und Rechtslage nehmen die Versicherer die damit verbundenen Verstöße gegen die Obliegenheiten des Versicherungsnehmers im Versicherungsfall im Allgemeinen sanktionslos hin. Dies liegt daran, dass auch bei unverzüglicher Schadenanzeige Kleinschäden ohne Besichtigung durch den Versicherer auf Basis der Reparaturkostenrechnung entschädigt werden. In diesen Fällen ist daher zumeist die Ursächlichkeit nach § 8 Nr. 3 b) VGB 2010 (B) zu verneinen.

3. Einholen und Befolgen von Weisungen des Versicherers

25　Nach § 8 Nr. 2 a) cc) VGB 2010 (B) hat der Versicherungsnehmer **Weisungen des Versicherers zur Schadenabwendung/-minderung einzuholen, wenn die Umstände dies gestatten**. Dies kann auch mündlich oder telefonisch geschehen. Gem. § 8 Nr. 2 a) dd) VGB 2010 (B) hat der Versicherungsnehmer die Weisungen des Versicherers **zu befolgen, soweit dies für ihn zumutbar ist**. Erteilen mehrere am Versicherungsvertrag beteiligte Versicherer unterschiedliche Weisungen, hat der Versicherungsnehmer nach pflichtgemäßem Ermessen zu handeln.

26　Die beiden Obliegenheiten entsprechen § 82 Abs. 2 VVG. Weisungen sind **einzelfallbezogene und einseitige Erklärungen** des Versicherers, die **dem Versicherungsnehmer ein bestimmtes Verhalten vorgeben**.[756]

27　**Weisungen einholen** muss der Versicherungsnehmer, wenn die **Umstände ihm dies gestatten**. Allerdings steht diese Obliegenheit in einem Spannungsverhältnis zur Schadenabwendungs- und -minderungsobliegenheit des Versicherungsnehmers. Gerade bei einer drohenden Schadenausweitung hat letztere den Vorrang. Dies gilt auch, wenn ein Schaden außerhalb der Geschäftszeiten des Versicherers festgestellt wird. In diesen Fällen ist der Versicherungsnehmer verpflichtet, zunächst zweckmäßige Maßnahmen zur Abwendung oder Minderung

---

755　LG Amberg VersR 1988, 149.
756　Rüffer/Halbach/Schimikowski/*Schimikowski* § 82 Rn. 18.

des Schadens zu ergreifen. Andererseits muss der Versicherungsnehmer Weisungen des Versicherers einholen, sobald dies wieder möglich ist.

Weiterhin muss der Versicherungsnehmer die **Weisungen des Versicherers befolgen**. Dass dies nur **bei Zumutbarkeit** geschehen muss, ist eigentlich selbstverständlich, wird jedoch in den Bedingungen nochmals klargestellt. Erteilt der Versicherer dem Versicherungsnehmer Weisungen zur Abwendung oder Minderung des Schadens, die falsch oder unzweckmäßig sind und zum Eintritt eines Versicherungsfalles oder zur Vergrößerung eines bereits entstandenen Schadens führen, hat der Versicherer, sofern er nicht schon aus dem Versicherungsvertrag zur Leistung verpflichtet ist, nach § 280 BGB Schadenersatz zu leisten. Das Gleiche kann auch dann gelten, wenn der Versicherer außerhalb des vertraglichen Rahmens fehlerhafte oder unzweckmäßige Weisungen zur Schadenbehebung erteilt. Ebenfalls haftet der Versicherer, wenn er zwar nur Ratschläge und Empfehlungen gibt, wenn der Versicherungsnehmer diese aber infolge eines nicht vorwerfbaren Irrtums für bindend hält.[757] 28

4. Anzeigeobliegenheit

Der Versicherungsnehmer muss nach § 8 Nr. 2 a) ee) VGB 2010 (B) **Schäden durch strafbare Handlungen gegen das Eigentum unverzüglich der Polizei anzeigen**. Die Regelung spielt in der Wohngebäudeversicherung nur eine **untergeordnete Rolle**. Als strafbare Handlung gegen das Eigentum kommt insbesondere die Brandstiftung im Bereich der Feuerversicherung und Sachbeschädigung durch vorsätzliche Handlungen unbefugter Dritter im Bereich der Leitungswasserversicherung in Betracht. 29

5. Verzeichnis abhanden gekommener Gegenstände

Sind bei einem Versicherungsfall versicherte Gegenstände (Gebäudeteile und Zubehörstücke) abhanden gekommen, so hat der Versicherungsnehmer nach § 8 Nr. 2 a) ff) VGB 2010 (B) **der zuständigen Polizeidienststelle unverzüglich ein Verzeichnis der abhanden gekommenen Gegenstände einzureichen**. 30

Diese Obliegenheit, eine sogenannte **Stehlgutliste** einzureichen, hat vor allem in der Einbruchdiebstahl- bzw. in der Hausratversicherung große Bedeutung. In der Wohngebäudeversicherung spielt sie eine **untergeordnete Rolle**, weil es selten vorkommt, dass Gebäudebestandteile oder Zubehörstücke in zeitlichem und örtlichem Zusammenhang mit dem Eintritt des Versicherungsfalls abhanden kommen. 31

---

757 OLG Karlsruhe r + s 1995, 426.

6. Veränderung der Schadenstelle

32 Der Versicherungsnehmer hat bei Eintritt eines Versicherungsfalls das Schadenbild **so lange unverändert zu lassen, bis die Schadenstelle oder die beschädigten Sachen durch den Versicherer freigegeben sind** (§ 8 Nr. 2 a) gg) VGB 2010 (B)). Bei unumgänglichen Veränderungen muss er das Schadenbild nachvollziehbar dokumentieren und die beschädigten Sachen bis zur Besichtigung durch den Versicherer aufbewahren.

33 Die Regelung betrifft einen **wichtigen Teilaspekt der Schadenminderungspflicht bzw. der Aufklärungs- und Auskunftspflicht**. Zuverlässig kann der Versicherer die Schadenursache und die Schadenhöhe nur beurteilen, wenn er die unveränderte Schadenstelle in Augenschein nimmt. Daneben kann er bei dieser Gelegenheit Weisungen zur Schadenabwendung und -minderung erteilen und gemeinsam mit dem Versicherungsnehmer die wirtschaftlichste Art der Schadenbeseitigung festlegen.

34 Indessen machen Versicherer von dieser Möglichkeit nicht generell Gebrauch. Bei Kleinschäden verzichten sie in der Regel auf eine Schadenbesichtigung. Eine allgemeingültige Grenze dafür lässt sich jedoch nicht ziehen. Daher darf der Versicherungsnehmer das Schadenbild durch Aufräumungs- oder Reparaturarbeiten grundsätzlich erst verändern, nachdem der Versicherer zugestimmt hat.

35 Ein **generelles Verbot** der vorherigen Veränderung der Schadenstelle ist damit jedoch **nicht verbunden**. Vielmehr darf der Versicherungsnehmer die Schadenstelle verändern, wenn eine **Veränderung unumgänglich** ist. Dies ist insbesondere der Fall, wenn die Veränderungen im öffentlichen Interesse geboten sind, zur Schadenabwendung bzw. Schadenminderung erforderlich sind oder dem Versicherungsnehmer allgemein nicht zugemutet werden kann, die Schadenstelle unverändert zu lassen.

36 So liegt es, wenn der Versicherungsnehmer bei einem Schaden an der Heizungsanlage **während einer strengen Frostperiode** den Schaden sofort beseitigen lässt. Ähnlich verhält es sich, wenn der Versicherungsnehmer Sturmschäden am Dach des versicherten Gebäudes unverzüglich repariert, um weitere Schäden zu verhindern.

37 Den **Nachweis** dafür, dass durch die Veränderung des Schadenbildes weitere Schäden verhütet oder eingetretene Schäden gemindert werden, hat der **Versicherungsnehmer** zu führen. Dass die Reparatur eines Sturmschadens vor Anzeige des Schadens beim Versicherer der Rettungspflicht entspricht, ist auszuschließen, wenn das Ziegeldach am Tag nach dem Schaden zunächst provisorisch eingedeckt und schon am darauf folgenden Tag abgetragen und endgültig eingedeckt worden ist.[758]

38 Auch muss der Versicherungsnehmer die verursachten Veränderungen des Schadenbildes **auf das notwendige Maß beschränken**. Ausgewechselte Teile

---

[758] LG Berlin r + s 1990, 424.

hat er für eine Besichtigung durch den Versicherer aufzubewahren, wenn Veränderungen der Schadenstelle unumgänglich waren. Indessen muss der Versicherer in diesen Fällen die Besichtigung innerhalb einer angemessenen Frist durchführen. Dem Versicherungsnehmer kann nicht zugemutet werden, nach einer entsprechenden Aufforderung an den Versicherer zwei Monate auf eine Begutachtung eines durch Leitungswasser beschädigten Heizkessels zu warten.[759]

7. Aufklärungs- und Auskunftspflicht

Nach § 8 Nr. 2 a) hh) VGB 2010 (B) ist der Versicherungsnehmer verpflichtet, dem Versicherer **soweit möglich jede Auskunft zu erteilen,** die zur Feststellung des Versicherungsfalles oder des Umfanges der Leistungspflicht des Versicherers erforderlich ist, sowie jede **Untersuchung** über Ursache und Höhe des Schadens und über den Umfang der Entschädigungspflicht **zu gestatten.** Der Versicherer kann verlangen, dass die Auskünfte schriftlich erteilt werden. 39

Gesetzliche Grundlage ist § 31 Abs. 1 S. 1 VVG. Der Versicherer soll dadurch in die Lage versetzt werden, seine **Leistungspflicht dem Grunde nach (Schadenursache) und der Höhe nach zu beurteilen.** Insbesondere die **wahrheitswidrige Beantwortung von Fragen** kann eine Verletzung der Obliegenheit darstellen. 40

Wenn der Versicherungsnehmer in der Schadenanzeige die Frage des Versicherers, ob die Räume vermietet sind, bejaht hat, wenn die in Rede stehende Wohnung aber nach beiderseitiger Kündigung in unvermietetem Zustand zurückgegeben wurde und insofern nicht mehr benutzbar war, hat der Versicherungsnehmer die Auskunftsobliegenheit in objektiver Hinsicht verletzt.[760] 41

Erklärt der Versicherungsnehmer nach einem Leitungswasserschaden wahrheitswidrig, das Haus sei zum Zeitpunkt des Versicherungsfalls noch bewohnt gewesen, so begeht er eine Auskunftsobliegenheitsverletzung.[761] Sendet der Versicherungsnehmer das Schadenanzeigeformular nach einem Sturmschaden erst zurück, nachdem die von ihm in Auftrag gegebenen Reparaturarbeiten schon fünf Tage andauern, und macht er dabei zudem unzutreffende Angaben, so hat er seine Auskunftsobliegenheit grob fahrlässig verletzt.[762] 42

Die Auskunftspflicht des Versicherungsnehmers **erschöpft sich jedoch nicht in der Beantwortung der im Schadenanzeigeformular gestellten Fragen.** Erkennt ein Versicherungsnehmer nach der Schadenregulierung, dass weitere bisher nicht festgestellte Schäden durch den Versicherungsfall eingetreten sind, die er gegenüber dem Versicherer geltend machen will, ist er nach Sinn und Zweck der Auskunftsobliegenheit verpflichtet, den Versicherer so rechtzeitig von den weiteren Schäden in Kenntnis zu setzen, dass die Möglichkeit der Überprü- 43

---

759 OLG Oldenburg r + s 1992, 423.
760 OLG Hamm r + s 1996, 496.
761 OLG Hamm VersR 1993, 1269.
762 OLG Celle VersR 1992, 1000.

fung gegeben ist. Rechtzeitig ist die Mitteilung dieser weiteren Schäden jedenfalls dann nicht mehr, wenn sie erst nach deren Beseitigung erfolgt.[763]

44 Weiterhin hat der Versicherungsnehmer nicht nur jede Auskunft über die Ursache und die Höhe des Schadens zu geben, sondern **auch die Fragen nach dem Bestehen weiterer Versicherungen** für die vom Schaden betroffenen Sachen zu beantworten.[764] Auch zur Beantwortung der Fragen nach Vorschäden ist der Versicherungsnehmer verpflichtet.[765] Zudem hat der Versicherungsnehmer auch die mit dem Versicherer vereinbarten Besichtigungstermine einzuhalten.[766]

8. Beschaffung von Belegen

45 Nach § 8 Nr. 2 a) ii) VGB 2010 (B), der § 31 Abs. 1 S. 2 VVG entspricht, hat der Versicherungsnehmer **die vom Versicherer angeforderten Belege beizubringen,** deren Beschaffung ihm billigerweise zugemutet werden kann.

46 Diese Obliegenheit, die in früheren Bedingungswerken Bestandteil der Aufklärungs- und Auskunftsobliegenheit war, hat eine **große Bedeutung** in der Wohngebäudeversicherung. Zu den betroffenen Belegen zählen in erster Linie **Kostenvoranschläge und Reparaturkostenrechnungen**. Bei größeren Schäden kann der Versicherer aber auch verlangen, dass der Versicherungsnehmer die sogenannten **Rapportzettel** zu den Handwerkerrechnungen vorlegt. Wenn der Versicherer bei einem behaupteten sehr hohen Gebäude-Sturmschaden die Versicherungsnehmer mehrfach klar und eindeutig aufgefordert hat, die Rapportzettel zu den Handwerkerrechnungen vorzulegen und die Versicherungsnehmer dieser Aufforderung nicht entsprochen haben, kann nur von einer vorsätzlichen Verletzung der Obliegenheit zur Beibringung der erforderlichen Belege ausgegangen werden.[767]

47 In den VGB 62 und den VGB 88 a. F. war noch die ausdrückliche Obliegenheit zur Beibringung eines **beglaubigten Grundbuchauszugs** verankert. Diese ausdrückliche Obliegenheit findet sich in späteren Bedingungswerken nicht mehr. Daraus folgt jedoch nicht, dass der Versicherungsnehmer nicht verpflichtet ist, einen beglaubigten Grundbuchauszug beizubringen, wenn der Versicherer dies verlangt. Insbesondere bei größeren Schäden kann auf die Vorlage eines beglaubigten Grundbuchauszugs nicht verzichtet werden, weil die gesetzlichen Vorschriften über die Sicherung des Realkredits zu beachten und mögliche Zweifel an der Empfangsberechtigung des Versicherungsnehmers für die Entschädigung zu beseitigen sind.

---

763 OLG Hamm VersR 1993, 1268.
764 BGH VersR 1981, 625.
765 Martin VP 1986, 49.
766 OLG Karlsruhe VersR 1998, 975.
767 OLG Köln r + s 1988, 337.

II. Erfüllung von Obliegenheiten durch Dritte

Falls einem Dritten das Recht auf die vertragliche Leistung zusteht, hat **der Dritte** **die Obliegenheiten** nach Nr. 2 a) **zu erfüllen**, soweit ihm dies nach den tatsächlichen und rechtlichen Umständen möglich ist (§ 8 Nr. 2 b) VGB 2010 (B)). 48

D. Leistungsfreiheit bei Obliegenheitsverletzung

I. Allgemeines

Die vertragliche Regelung in § 8 Nr. 3 VGB 2010 (B) **entspricht § 28 Abs. 2 bis Abs. 4 VVG**. Von dieser Norm kann nach § 32 S. 1 VVG nicht zum Nachteil des Versicherungsnehmers abgewichen werden. Sie gilt sowohl für Obliegenheiten vor Eintritt des Versicherungsfalls als auch für Obliegenheiten, die bei oder nach Eintritt des Versicherungsfalls zu erfüllen sind. 49

Abhängig vom **Grad des Verschuldens** des Versicherungsnehmers hat die Verletzung der Obliegenheiten **unterschiedliche Folgen** für die Leistungsverpflichtung des Versicherers. **Keine Auswirkungen** auf die Leistungspflicht haben **schuldlose und einfach fahrlässige Verletzungen** der Obliegenheiten. Grobe Fahrlässigkeit des Versicherungsnehmers führt zu einer Quotelung der Leistung, während Vorsatz die vollständige Leistungsfreiheit des Versicherers bedingt. 50

II. Vorsatz

Nach § 8 Nr. 3 a) S. 1 VGB 2010 (B) ist der **Versicherer von der Verpflichtung zur Leistung frei**, wenn der Versicherungsnehmer eine Obliegenheit nach Nr. 1 oder Nr. 2 **vorsätzlich verletzt**. 51

Vorsatz setzt das **Kennen der Tatumstände** und das **Wollen ihrer Verwirklichung** in einem Schaden voraus.[768] Dabei muss der **Versicherer beweisen**, dass der Versicherungsnehmer vorsätzlich gehandelt hat. Diese Beweislastverteilung stellt im Vergleich zu den Bedingungswerken vor der VVG-Reform, nach denen noch die Vorsatzvermutung galt, eine wesentliche Verbesserung für den Versicherungsnehmer dar. 52

Ausreichend ist das Vorliegen von **bedingtem Vorsatz**. Diese Vorsatzform liegt vor, wenn der Versicherungsnehmer sich die Verletzung der Obliegenheit zumindest als möglich vorgestellt und die **Verletzung in Kauf genommen** hat.[769] In Abgrenzung hierzu handelt der Versicherungsnehmer bewusst (und zumeist grob) 53

---

768 Handbuch FA VersR/Wandt 1. Kapitel Rn. 561.
769 FA-Komm-VersR/*Nugel* § 28 Rn. 68.

fahrlässig, wenn er darauf vertraut, dass die Obliegenheit durch sein Verhalten nicht verletzt werde.[770]

54 Der Versicherer ist trotz Vorsatzes des Versicherungsnehmers **zur Leistung verpflichtet**, wenn der **Versicherungsnehmer nachweist**, dass die Verletzung der Obliegenheit **weder für den Eintritt oder die Feststellung des Versicherungsfalles noch für die Feststellung oder den Umfang der Leistungspflicht des Versicherers ursächlich** ist (§ 8 Nr. 3 b) VGB 2010 (B); **Kausalitätsgegenbeweis**). Das bedeutet, dass die Kausalität bis zum Beweis des Gegenteils durch den Versicherungsnehmer vermutet wird. Aufgrund der Möglichkeit des Kausalitätsgegenbeweises findet die über Jahre entwickelte umfangreiche Relevanzrechtsprechung keine Anwendung mehr.[771]

55 Der Kausalitätsgegenbeweis steht dem Versicherungsnehmer **nicht** offen, wenn er die Obliegenheit **arglistig verletzt** hat. **Arglist** ist das in einer gewissen **rechtsfeindlichen Gesinnung erfolgende** und **auf eine vom Irrtum beeinflusste Willensbildung eines anderen gerichtete Handeln**.[772] Es reicht aus, dass ins „ins Blaue hinein" falsche Angaben gemacht werden, ohne dabei offen zu legen, dass es an einer notwendigen Kenntnis der zugrunde liegenden Tatsachen fehlt.[773] Das Vorliegen von Arglist hat wiederum der Versicherer zu beweisen.

56 Somit ist festzuhalten, dass der Versicherer eine vorsätzliche Verletzung einer Obliegenheit beweisen muss. Gelingt dies, kann der Versicherungsnehmer beweisen, dass diese Verletzung nicht ursächlich für den eingetretenen Schaden war. Kann der Versicherer jedoch eine arglistige Obliegenheitsverletzung nachweisen, ist dem Versicherungsnehmer der Gegenbeweis versperrt und die Kausalität wird unwiderleglich vermutet.

57 Neben der Kausalität ist das Vorliegen des **sogenannten Rechtswidrigkeitszusammenhangs** allgemeine Voraussetzung bei Rechtspflichtverletzungen.[774] Das bedeutet, dass ein innerer Zusammenhang zwischen der durch die Verletzung der Obliegenheit geschaffenen Gefahrenlage und der eingetretenen Schadenfolge in dem Sinne erforderlich ist, dass Letztere zu denjenigen Schadenfolgen gehören muss, denen die Obliegenheit vorbeugen soll.[775] Fehlt es am Rechtswidrigkeitszusammenhang, kann sich der Versicherer nicht auf die Leistungsfreiheit berufen.

58 Bei der Verletzung einer nach Eintritt des Versicherungsfalls bestehenden Auskunfts- oder Aufklärungsobliegenheit setzt die Leistungsfreiheit nach § 8 Nr. 3 c) VGB 2010 (B) einen **ausdrücklichen vorherigen Hinweis auf die Rechtsfolge**

---

770 Rüffer/Halbach/Schimikowski/*Felsch* § 28 Rn. 76.
771 Siehe zur Relevanzrechtsprechung Dietz 2. Auflage S 6.3.
772 Rüffer/Halbach/Schimikowski/*Felsch* § 28 Rn. 78.
773 BGH NJW 1980, 2460.
774 Handbuch FA VersR/*Wandt* 1. Kapitel Rn. 581.
775 BGH VersR 1976, 134.

durch den Versicherer durch gesonderte Mitteilung in Textform (siehe unten Rn. 65) voraus.

III. Grobe Fahrlässigkeit

Nach § 8 Nr. 3 a) S. 2 VGB 2010 (B) ist der Versicherer **bei grob fahrlässiger Verletzung der Obliegenheit berechtigt**, seine **Leistung** in dem Verhältnis **zu kürzen**, das der Schwere des Verschuldens des Versicherungsnehmers entspricht. 59

1. Allgemeines

Die Einführung der **sogenannten „Quotelung"** stellt die Abkehr vom für die Bedingungswerke nach der Rechtslage vor der VVG-Reform geltenden Alles-oder-nichts-Prinzip dar, nach dem auch die grob fahrlässige Obliegenheitsverletzung unabhängig von Schwere und Erheblichkeit zur vollständigen Leistungsfreiheit des Versicherers führte. 60

Grob fahrlässig handelt, wer **die im Verkehr erforderliche Sorgfalt nach den gesamten Umständen in ungewöhnlich hohem Maß verletzt** und unbeachtet lässt, was im gegebenen Fall jedem hätte einleuchten müssen.[776] Die Annahme grober Fahrlässigkeit setzt dabei auf der subjektiven Seite voraus, dass die im Verkehr erforderlich Sorgfalt durch ein auch subjektiv unentschuldbares Verhalten in hohem Maß außer Acht gelassen worden ist.[777] Allerdings bestehen Zweifel, ob auch nach neuer Rechtslage noch ein subjektives Element zur Abgrenzung der groben Fahrlässigkeit von der einfachen Fahrlässigkeit zu fordern ist (vgl. § 16 (B) Rn.13). 61

Auch im Rahmen der grob fahrlässigen Obliegenheitsverletzung finden die Ausführungen zum **Kausalitätsgegenbeweis** und zum **Rechtswidrigkeitszusammenhang** entsprechende Anwendung, weshalb auf die diesbezügliche Kommentierung im Rahmen des Vorsatzes verwiesen wird. Gleiches gilt für die Hinweispflicht bei einer nach Eintritt des Versicherungsfalls bestehenden **Auskunfts- oder Aufklärungsobliegenheit**. 62

2. Quotelung

Die Leistung des Versicherers ist entsprechend der **Schwere des Verschuldens des Versicherungsnehmers** zu kürzen. Gemeint ist damit die **Schwere der groben Fahrlässigkeit**. 63

Zwar sind die Regelungen bei Obliegenheitsverletzungen gem. § 8 VGB 2010 (B) und bei der Herbeiführung des Versicherungsfalls gem. § 16 VGB 2010 (B) 64

---
[776] BGH VersR 2011, 1390.
[777] BGH VersR 2003, 1561.

im Hinblick auf die Beweislast unterschiedlich. Die **Grundsätze der Quotenbildung** sind jedoch **einheitlich** anzuwenden,[778] insbesondere ist der Nachweis der Umstände, die bei der Quotenbildung zu berücksichtigen sind, auch im Rahmen der Obliegenheitsverletzung dem Versicherer auferlegt.[779] Daher wird im Hinblick auf die **Methodik der Quotenbildung** auf die entsprechende **Kommentierung zu § 16 VGB 2010 (B)** verwiesen.

IV. Belehrung

65 Nach § 8 Nr. 3 c) VGB 2010 (B) ist der Versicherer bei **Verletzung einer Auskunfts- oder Aufklärungsobliegenheit** nur dann vollständig oder teilweise leistungsfrei, wenn er den Versicherungsnehmer **durch gesonderte Mitteilung in Textform auf diese Rechtsfolge hingewiesen** hat.

66 Die Regelung bezieht sich ausschließlich auf Auskunfts- und Aufklärungsobliegenheiten. **Keiner Belehrung** bedarf es hingegen bei **sogenannten Spontanobliegenheiten**.[780] Hierbei handelt es sich beispielsweise um die Obliegenheit zur unverzüglichen Schadenanzeige[781] oder die Obliegenheit, die Schadenstelle unverändert zu lassen.[782] Allgemein lässt sich formulieren, dass eine Belehrung zumindest dann nicht erforderlich ist, wenn der Versicherer gar keine Möglichkeit hatte, den Versicherungsnehmer vor seinem Fehlverhalten über die Folgen einer Obliegenheitsverletzung zu informieren.[783]

67 Aus dem Zweck der Regelung ergibt sich, dass eine **unmittelbare Belehrung** erfolgen muss, dass also die **Rechtsfolgen in der Belehrung selbst genannt** werden müssen. Nicht ausreichend ist ein bloßer Hinweis auf die entsprechenden Stellen des einschlägigen Bedingungstextes, selbst wenn diese Belehrung alle übrigen Anforderungen erfüllt.

68 **Umstritten** war lange Zeit die Frage, ob aufgrund des Bedingungs- bzw. Gesetzeswortlauts („gesonderte Mitteilung") eine Belehrung **auf einem eigenen Blatt** erfolgen muss oder ob beispielsweise auch ein entsprechender Hinweis **im Schadenformular** ausreicht.[784] Hier ist der **BGH** der herrschenden Meinung gefolgt und hat entschieden, dass auch die **Aufnahme in einen Schadenformularfragebogen oder ein sonstiges Schreiben**, in welchem dem Versicherungsnehmer Fragen zur Aufklärung des Versicherungsfalls gestellt werden, zulässig ist.[785] Erforderlich ist jedoch, dass die Belehrung drucktechnisch so gestaltet ist,

---

[778] VHS/*Brand* S. 63.
[779] FA-Komm-VersR/*Nugel* § 28 Rn. 78.
[780] Spielmann S. 211.
[781] OLG Köln VersR 2005, 1431.
[782] OLG Hamm VersR 2004, 644.
[783] FA-Komm-VersR/*Nugel* § 28 Rn. 172.
[784] Vgl. Rüffer/Halbach/Schimikowski/*Felsch* § 28 Rn. 217.
[785] BGH VersR 2013, 297.

dass sie sich deutlich vom übrigen Text abhebt und vom Versicherungsnehmer nicht übersehen werden kann.[786] Neben der Formatierung hat der BGH in der zitierten Entscheidung auch andere grafische Mittel wie Balken, Kästen, Pfeile oder eine besondere Hintergrundfärbung als möglich angesehen. Alleine das fett gedruckte Wort „Belehrung" und die Kursivstellung eines Klammerzusatzes im Fließtext hat der BGH in seiner Entscheidung als nicht ausreichend erachtet.

---

[786] BGH VersR 2013, 297.

§ 9 Gefahrerhöhung

1. Begriff der Gefahrerhöhung

    a. *Eine Gefahrerhöhung liegt vor, wenn nach Abgabe der Vertragserklärung des Versicherungsnehmers die tatsächlich vorhandenen Umstände so verändert werden, dass der Eintritt des Versicherungsfalles oder eine Vergrößerung des Schadens oder die ungerechtfertigte Inanspruchnahme des Versicherers wahrscheinlicher wird.*

    b. *Eine Gefahrerhöhung kann insbesondere – aber nicht nur – vorliegen, wenn sich ein gefahrerheblicher Umstand ändert, nach dem der Versicherer vor Vertragsschluss gefragt hat.*

    c. *Eine Gefahrerhöhung nach a) liegt nicht vor, wenn sich die Gefahr nur unerheblich erhöht hat oder nach den Umständen als mitversichert gelten soll.*

2. Pflichten des Versicherungsnehmers

    a. *Nach Abgabe seiner Vertragserklärung darf der Versicherungsnehmer ohne vorherige Zustimmung des Versicherers keine Gefahrerhöhung vornehmen oder deren Vornahme durch einen Dritten gestatten.*

    b. *Erkennt der Versicherungsnehmer nachträglich, dass er ohne vorherige Zustimmung des Versicherers eine Gefahrerhöhung vorgenommen oder gestattet hat, so muss er diese dem Versicherer unverzüglich anzeigen.*

    c. *Eine Gefahrerhöhung, die nach Abgabe seiner Vertragserklärung unabhängig von seinem Willen eintritt, muss der Versicherungsnehmer dem Versicherer unverzüglich anzeigen, nachdem er von ihr Kenntnis erlangt hat.*

3. Kündigung oder Vertragsänderung durch den Versicherer

    a. Kündigungsrecht

        Verletzt der Versicherungsnehmer seine Verpflichtung nach Nr. 2 a), kann der Versicherer den Vertrag fristlos kündigen, wenn der Versicherungsnehmer seine Verpflichtung vorsätzlich oder grob fahrlässig verletzt hat. Das Nichtvorliegen von Vorsatz oder grober Fahrlässigkeit hat der Versicherungsnehmer zu beweisen.

        Beruht die Verletzung auf einfacher Fahrlässigkeit, kann der Versicherer unter Einhaltung einer Frist von einem Monat kündigen.

        Wird dem Versicherer eine Gefahrerhöhung in den Fällen nach Nr. 2 b) und Nr. 2 c) bekannt, kann er den Vertrag unter Einhaltung einer Frist von einem Monat kündigen.

b. Vertragsänderung

Statt der Kündigung kann der Versicherer ab dem Zeitpunkt der Gefahrerhöhung eine seinen Geschäftsgrundsätzen entsprechende erhöhte Prämie verlangen oder die Absicherung der erhöhten Gefahr ausschließen.

Erhöht sich die Prämie als Folge der Gefahrerhöhung um mehr als 10 Prozent oder schließt der Versicherer die Absicherung der erhöhten Gefahr aus, so kann der Versicherungsnehmer den Vertrag innerhalb eines Monats nach Zugang der Mitteilung des Versicherers ohne Einhaltung einer Frist kündigen. In der Mitteilung hat der Versicherer den Versicherungsnehmer auf dieses Kündigungsrecht hinzuweisen.

4. Erlöschen der Rechte des Versicherers

Die Rechte des Versicherers zur Kündigung oder Vertragsanpassung nach Nr. 3 erlöschen, wenn diese nicht innerhalb eines Monats ab Kenntnis des Versicherers von der Gefahrerhöhung ausgeübt werden oder wenn der Zustand wiederhergestellt ist, der vor der Gefahrerhöhung bestanden hat.

5. Leistungsfreiheit wegen Gefahrerhöhung

a. Tritt nach einer Gefahrerhöhung der Versicherungsfall ein, so ist der Versicherer nicht zur Leistung verpflichtet, wenn der Versicherungsnehmer seine Pflichten nach Nr. 2 a) vorsätzlich verletzt hat. Verletzt der Versicherungsnehmer diese Pflichten grob fahrlässig, so ist der Versicherer berechtigt, seine Leistung in dem Verhältnis zu kürzen, das der Schwere des Verschuldens des Versicherungsnehmers entspricht. Das Nichtvorliegen einer groben Fahrlässigkeit hat der Versicherungsnehmer zu beweisen.

b. Nach einer Gefahrerhöhung nach Nr. 2 b) und Nr. 2 c) ist der Versicherer für einen Versicherungsfall, der später als einen Monat nach dem Zeitpunkt eintritt, zu dem die Anzeige dem Versicherer hätte zugegangen sein müssen, leistungsfrei, wenn der Versicherungsnehmer seine Anzeigepflicht vorsätzlich verletzt hat. Hat der Versicherungsnehmer seine Pflicht grob fahrlässig verletzt, so gilt a) Satz 2 und 3 entsprechend. Die Leistungspflicht des Versicherers bleibt bestehen, wenn ihm die Gefahrerhöhung zu dem Zeitpunkt, zu dem ihm die Anzeige hätte zugegangen sein müssen, bekannt war.

c. Die Leistungspflicht des Versicherers bleibt bestehen,

aa. soweit der Versicherungsnehmer nachweist, dass die Gefahrerhöhung nicht ursächlich für den Eintritt des Versicherungsfalles oder den Umfang der Leistungspflicht war oder

- bb. wenn zur Zeit des Eintrittes des Versicherungsfalles die Frist für die Kündigung des Versicherers abgelaufen und eine Kündigung nicht erfolgt war oder

- cc. wenn der Versicherer statt der Kündigung ab dem Zeitpunkt der Gefahrerhöhung eine seinen Geschäftsgrundsätzen entsprechende erhöhte Prämie verlangt.

A. Allgemeines

I. Systematik

Die Gefahrerhöhung ist in § 9 VGB 2010 (B) geregelt. Die vertragliche Regelung **entspricht** der gesetzlichen Normierung der Gefahrerhöhung in **§§ 23 bis 27 VVG**. 1

Die **subjektive bzw. vorgenommene Gefahrerhöhung** ist in § 9 Nr. 2 a) und b) VGB 2010 (B) sowie § 23 Abs. 1 und Abs. 2 VVG geregelt. Für die **objektive bzw. ungewollte (eingetretene) Gefahrerhöhung** gelten § 9 Nr. 2 c) VGB 2010 (B) sowie § 23 Abs. 3 VVG. Die Sanktionen werden einheitlich in §§ 24 bis 26 VVG normiert. Hierdurch wurde im Vergleich zur früheren Rechtslage, nach der beide Arten von Gefahrerhöhungen separat geregelt waren, die **Übersichtlichkeit wesentlich verbessert**. 2

In der nachfolgenden Kommentierung können nicht alle Fragen zur Gefahrerhöhung umfassend dargestellt werden. Es wird wiederum auf die einschlägigen Kommentierungen zu §§ 23 bis 27 VVG verwiesen. 3

II. Gefahrstandspflicht

Der Versicherungsnehmer darf **nach Antragstellung** ohne vorherige Zustimmung des Versicherers **keine Gefahrerhöhung vornehmen oder deren Vornahme durch Dritte gestatten** (§ 9 Nr. 2 a) VGB 2010 (B)). 4

Dieser Sachverhalt wird auch als **Gefahrstandspflicht des Versicherungsnehmers** bezeichnet. Es soll dadurch verhindert werden, dass der bei Antragstellung vorhandene Gefahrenzustand nachträglich zum Nachteil des Versicherers verändert wird. Das VGB stellt für den Beginn der Gefahrstandspflicht nach § 9 Nr. 1 a) VGB 2010 (B) auf die Abgabe der Vertragserklärung durch den Versicherungsnehmer ab (vgl. § 23 VVG). 5

Es besteht eine **enge Beziehung** zwischen den Regelungen über die **vorvertraglichen Anzeigepflichten** und den Bestimmungen über die Gefahrerhöhung. Die Anzeige gefahrerheblicher Umstände bei Antragsaufnahme gibt dem Versi- 6 cherer Kenntnis von der zur Versicherung beantragten Gefahr. Auf der Grundlage dieser Kenntnisse zur Gefahrenlage wird der Versicherer in die Lage versetzt, das Risiko zu beurteilen, versicherungstechnisch einzustufen und die vertraglichen Konditionen festzulegen. Erhöht sich die versicherte Gefahr nach Vertragsschluss (nachträgliche Gefahrerhöhung), so ändert sich das Preis-Leistungs-Verhältnis des Vertrages zum Nachteil des Versicherers. Daher hat der Versicherer ein berechtigtes Interesse daran, dass er von der erhöhten Gefahr in Kenntnis gesetzt wird. Er möchte überprüfen, ob er die erhöhte Gefahr überhaupt bzw. zu veränderten Bedingungen und Beiträgen weiter versichern kann. Eine **nachträgliche Gefahrerhöhung** zieht **häufig** eine **Änderung des Vertrages** nach sich, da der Versicherer die bei Vertragsschluss vorhandene Äquivalenz zwischen Preis (Beitrag) und Leistung (Gefahrtragung) wieder herstellen möchte. Ist dies nicht möglich, so muss dem Versicherer Gelegenheit gegeben werden, sich von dem Vertrag zu trennen. Hier liegen das Motiv und die Rechtfertigung der Regelungen über die Gefahrerhöhung.

7   Eine Gefahrerhöhung wird durch den **Vergleich** des **aktuellen Gefahrenzustands** mit der **Gefahrenlage bei Antragstellung** festgestellt. Grundlage dieser vergleichenden Betrachtung sind der Versicherungsvertrag und der Versicherungsantrag. Im Versicherungsantrag ist die Gefahrenlage bei der Antragstellung beschrieben. Dieser Gefahrenzustand hat seinen Niederschlag in der Vereinbarung von Beitrag, Bedingungen, Klauseln und sonstigen vertragsrelevanten Sachverhalten gefunden, die im Versicherungsvertrag dokumentiert sind. Die Kenntnis über die ursprüngliche Gefahrenlage hat sich der Versicherer bei Antragsannahme anhand des Antragsformulars und der dortigen Antworten des Versicherungsnehmers verschafft. Die enge Beziehung zwischen den Antragsfragen nach Gefahrumständen, vertraglicher Anzeigepflicht und Gefahrerhöhung wird deutlich. Es zeigt sich, dass die **Antragsfragen** nach Gefahrumständen **auch für die Beurteilung einer Gefahrerhöhung eine große Rolle spielen** (vgl. § 1 VGB 2010 (B)). Verdeutlicht wird dies insbesondere durch den **Verweis auf die Antragsfragen** in § 9 Nr. 1 b) VGB 2010 (B).

III. Begriff

8   Nach § 9 Nr. 1 a) 2010 (B) liegt eine Gefahrerhöhung vor, wenn nach Abgabe der Vertragserklärung die **tatsächlich vorhandenen Umstände so verändert** werden, dass der **Eintritt des Versicherungsfalls oder** eine **Vergrößerung des Schadens oder** die **ungerechtfertigte Inanspruchnahme des Versicherers wahrscheinlicher** wird.

9   Allerdings liegt nach dem Bedingungswortlaut **keine Gefahrerhöhung** nach Nr. 1 a) vor, wenn sich die Gefahr **nur unerheblich** erhöht hat oder nach den Umständen als mitversichert gelten soll (§ 9 Nr. 1 c) VGB 2010 (B)). Nach dem Gesetzeswortlaut des § 27 VG sind auf solche „unerheblichen Gefahrerhöhun-

gen" die §§ 23 bis 26 VVG nicht anwendbar. Letztlich führen damit sowohl die VGB als auch das VVG bezüglich solcher Gefahren zum gleichen Ergebnis.

Maßstab für die Beurteilung der Belanglosigkeit sind Antragsfragen, Tarife, Bedingungen sowie der sonstige Vertragsinhalt. Den Antragsfragen kommt dabei ebenso wie bei der vorvertraglichen Anzeigepflicht besondere Bedeutung zu. Es ist **grundsätzlich davon auszugehen**, dass die nachträgliche Änderung von **Umständen**, nach denen **im Antrag gefragt** wurde, **gefahrerheblich ist**. Daraus kann im Zweifel im Umkehrschluss gefolgert werden, dass Umstände, nach denen im Antrag nicht gefragt wurde, auch nicht gefahrerheblich sind,[787] so dass ihre Änderung keine Gefahrerhöhung im Sinne von § 9 VGB 2010 (B) ist.

10

Beispiele in der Wohngebäudeversicherung sind der nachträgliche Einbau eines offenen Kamins, die Installation von weiteren Bädern, Duschen oder Wasserzapfstellen sowie das Anbringen von Sachen an der Außenseite des versicherten Gebäudes. Dabei handelt es sich um belanglose Gefahrerhöhungen. Es kann aus fehlenden Antragfragen jedoch **nicht uneingeschränkt** gefolgert werden, dass der betreffende Gefahrumstand nicht gefahrerheblich sei. Martin[788] ist zuzustimmen, dass dies nur für wirtschaftlich sinnvolles und vertretbares Handeln gelten soll. **Nachlässiges oder mutwilliges Verhalten** des Versicherungsnehmers kann **auch ohne eine entsprechende Antragsfrage** eine erhebliche Gefahrerhöhung sein. Daneben können in den AVB und im Vertrag bestimmte Umstände klarstellend als gefahrerheblich eingestuft werden. Allerdings stehen derartige vertragliche Bestimmungen als AGB zur Disposition der Rechtsprechung.

11

Für die **Versicherung ständig bewohnter Ein- und Zweifamilienhäuser** gelten zur Beurteilung und Einstufung der Gefahrerhöhung **andere Maßstäbe** als für das sonstige Wohngebäudegeschäft. Dies ist vor allem darauf zurückzuführen, dass sich die Geschäfts- und Annahmepolitik der Versicherer in beiden Geschäftsbereichen voneinander unterscheidet und infolgedessen zumeist unterschiedliche Antragsformulare verwendet werden. Daher kommt es vor, dass dieselbe Gefahrerhöhung für einen Vertrag eine belanglose Gefahrerhöhung, für einen anderen Vertrag jedoch eine erhebliche Gefahrerhöhung darstellt.

12

Es kommt entscheidend darauf an, ob der Versicherer den Vertrag **zu denselben Beiträgen und Bedingungen angenommen hätte**, wenn die **veränderten Gefahrumstände** bereits bei Vertragsabschluss vorgelegen hätten. Maßstab für die Prüfung dieser Frage sind die Grundsätze, die der einzelne Versicherer bei der Risikoprüfung sowie der Vertragsgestaltung und der Beitragsberechnung zugrunde legt.[789] In gleicher Weise ist auch die Frage zu prüfen, ob eine erhebliche Gefahrerhöhung deshalb belanglos ist, weil **nach den Umständen als vereinbart anzusehen ist**, dass dadurch das Vertragsverhältnis nicht berührt werden soll.

13

---

787 Ebenso Martin N III 32.
788 Martin N III 33.
789 Vgl. BGH VersR 1984, 629.

14 Beim Vergleich der aktuellen Gefahrenlage mit der Gefahrenlage bei Antragstellung sind **alle erheblichen Gefahrumstände** und folglich alle nach Aufnahme des Antrags eingetretenen Änderungen der Gefahr zu berücksichtigen. Bei der Prüfung der Frage, ob eine Gefahrerhöhung vorliegt, ist nicht auf einzelne Gefahrumstände, sondern auf die **Gesamtentwicklung des Risikos** abzustellen. Soweit sich gefahrerhöhende und gefahrmindernde Umstände gegenüber stehen, sind sie gegeneinander abzuwägen.[790] Theoretisch ist es demnach möglich, Gefahrerhöhungen und Gefahrminderungen gegeneinander aufzurechnen (**Gefahrenaufrechnung bzw. Gefahrenkompensation**).[791] Die Aufrechnung bereitet praktisch erhebliche Schwierigkeiten, da es einheitliche Bewertungsmaßstäbe zur Quantifizierung unterschiedlicher Gefahränderungen zumeist nicht gibt. Etwas anderes gilt zumindest für die Fälle, in denen eingetretene Gefahrerhöhungen durch gezielte Gegenmaßnahmen ausgeglichen werden. Ein Beispiel dafür sind die in den VGB verankerten Kompensationsmaßnahmen bei nicht genutzten Gebäuden (§ 16 Nr. 1 b) VGB 2010 (A)).

15 Die Annahme einer Gefahrerhöhung setzt voraus, dass der Zustand erhöhter Gefahr für eine **gewisse Dauer** besteht. Ist eine Gefahrerhöhung von so kurzer Dauer, dass sie unter normalen Umständen nicht für eine Gefahrverwirklichung geeignet erscheint, ist sie unerheblich i. S. v. § 9 Nr. 1 c) VGB 2010 (B) bzw. § 27 VVG und daher mitversichert.[792] Dies stellt die herrschende Meinung dar, ist jedoch nicht unumstritten.[793] Allgemeingültige Vorgaben für die vorausgesetzte Zeitdauer bestehen nicht.

16 In der Wohngebäudeversicherung spielt dieser Gesichtspunkt **vor allen Dingen** bei der **Versicherung des Sturm-/Hagelrisikos** eine Rolle, wenn bei einer Reparatur oder Sanierungsarbeiten das **Dach des versicherten Gebäudes vorübergehend geöffnet** wird. Wird die entstandene Dachlücke während der Reparaturarbeiten durch eine Abdeckplane geschlossen, so liegt nach Auffassung des BGH keine anzeigepflichtige Gefahrerhöhung vor.[794] Danach kommt eine anzuzeigende Gefahrerhöhung nur in Betracht, wenn sie einen neuen Zustand erhöhter Gefahr schafft, der mindestens von so langer Dauer ist, dass er die Grundlage eines neuen natürlichen Gefahrenverlaufs bilden kann. Bei der nur kurzfristig andauernden Gefahrerhöhung durch die vorübergehende Abdeckung mit Planen während der Reparaturarbeiten am Dach könne aber nicht angenommen werden, der Versicherer werde bei Anzeige der Reparaturarbeiten den Beitrag erhöhen oder den Vertrag kündigen. Vielmehr sei davon auszugehen, dass die kurzfristige Änderung der Gefahrumstände von vornherein mitversichert sei.[795]

---

[790] BGH VersR 1981, 245.
[791] Rüffer/Halbach/Schimikowski/*Karczewski* § 23, Rn. 16.
[792] BGH VersR 1994, 45.
[793] FA-Komm-VersR/*Segger/Degen* § 23 Rn. 31 ff. m. w. N.
[794] BGH VersR 1992, 606.
[795] BGH VersR 1992, 606.

Die Versicherer sehen dies offenbar anders, als es der BGH vermutet bzw. unterstellt hat. Gem. § 17 Nr. 1 c) VGB 2010 (A) **kann** es eine **anzeigepflichtige Gefahrerhöhung** darstellen, wenn an einem Gebäude Baumaßnahmen durchgeführt werden, in deren Verlauf das Dach ganz oder teilweise entfernt wird. Die Rechtsprechung des BGH ist daher grundsätzlich überholt. Allerdings wird man trotz der Regelung ein **gewisses Dauerelement** voraussetzen müssen, um von einer Gefahrerhöhung auszugehen (vgl. § 17 (A) Rn. 24). 17

IV. Antragsfragen

Die **Änderung von Umständen**, nach denen **beim Antrag gefragt** worden ist, stellt **häufig eine erhebliche Gefahrerhöhung** dar. Andererseits fragt der Versicherer im Versicherungsantrag häufig auch nach Umständen, die für die Übernahme der Gefahr überhaupt nicht erheblich sind. Anzeigepflichtig sind nach § 19 Abs. 1 S. 1 VVG dem Versicherungsnehmer bekannte Gefahrumstände, „die für den **Entschluss des Versicherers**, den Vertrag mit dem vereinbarten Inhalt zu schließen, **erheblich sind und** nach denen der Versicherer **in Textform gefragt** hat." 18

Hinsichtlich der Änderung derartiger Umstände ist die **Regelung in den VGB 2010 deklaratorisch**. Andere als die in § 19 Abs. 1 S. 1 VVG genannten Sachverhalte können wegen § 32 VVG auch durch entsprechende Antragsfragen nicht zu gefahrerheblichen Umständen werden. Dies stellt auch § 9 Nr. 1 b) VGB 2010 (B) klar, nach dem eine Gefahrerhöhung vorliegt, wenn sich ein **„gefahrerheblicher Umstand"** ändert, nach dem vor Vertragsschluss gefragt wurde. **Unerhebliche Gefahrumstände** muss der Versicherungsnehmer **nicht anzeigen**, und zwar auch nicht, wenn danach ausdrücklich gefragt wurde. 19

Allerdings ist der Versicherungsnehmer in der Regel nicht in der Lage, zutreffend zwischen gefahrerheblichen und nicht gefahrerheblichen Umständen zu unterscheiden. Deshalb sollte er die Änderung von Umständen, nach denen im Antrag gefragt worden ist, dem Versicherer unverzüglich schriftlich anzeigen, um den Versicherungsschutz nicht zu gefährden. Der Versicherer kann dann nach Prüfung des Sachverhalts entsprechend reagieren. 20

V. Sonstige Umstände

Neben den in den VGB 2010 ausdrücklich geregelten Fällen möglicher Gefahrerhöhung hat die Rechtsprechung Gefahrerhöhung verschiedentlich **auch dann angenommen**, wenn sich **andere** bei Antragstellung vorhandene **Gefahrumstände nachträglich geändert** haben oder neue Gefahrumstände hinzugetreten sind. 21

22 Häufigster Fall sind die **sogenannten Brandreden**. Äußert der **Versicherungsnehmer ernsthaft den Wunsch, sein Haus möge abbrennen**, so nimmt er eine Gefahrerhöhung durch sogenannte Brandreden vor. Jedoch liegen Brandreden in der Regel nur vor, wenn der Versicherungsnehmer andere ernsthaft zur Brandstiftung auffordert. Dadurch wird die Feuergefahr deswegen erhöht, weil der Dritte meinen könnte, im Interesse und nach dem Willen des Versicherungsnehmers zu handeln, wenn er das Objekt ansteckt.[796] Brandreden stellen eine Gefahrerhöhung dar, wenn sie sich über einen längeren Zeitraum wiederholen, ernst genommen werden können und nach der Art ihrer Bekanntgabe die Möglichkeit bieten, auf eine Brandstiftung hinzuwirken.[797] Äußert der Versicherungsnehmer in einer Gaststätte ganz allgemein aus einer Bierlaune heraus, dass derjenige, der das Gebäude in Brand stecke, eine Belohnung erhalte, so kann eine derartige Aufforderung nicht ernst genommen werden. Eine Gefahrerhöhung liegt nicht vor. Das gilt insbesondere, wenn diese Aufforderung vier bis fünf Jahre vor dem Brand erfolgte.[798] Andererseits ist der erforderliche zeitliche Zusammenhang gegeben, wenn Brandrede und Eintritt des Versicherungsfalls etwa sieben Monate auseinander liegen.[799]

23 Eine erhebliche Gefahrerhöhung kann auch vorliegen, wenn dem Versicherungsnehmer, seinen Repräsentanten oder seinen Mitarbeitern eine **Brandstiftung angedroh**t wird.[800] Anonyme Drohungen gegenüber der Versicherungsnehmerin und ihrem Ehemann, die Brand und Gewalt gegen das feuerversicherte Gebäude zum Gegenstand haben und innerhalb weniger Monate wiederholt ausgesprochen werden, können geeignet sein, die bei Vertragsabschluss vorhandene Gefahr zu erhöhen.[801]

24 Eine Gefahrerhöhung liegt weiterhin vor, wenn in einem bewohnten Haus im Winter Strom und Wasser abgesperrt werden.[802] Auch die Verwahrlosung des versicherten Gebäudes kann eine Gefahrerhöhung sein.[803] Das gilt jedoch nicht, wenn die Verwahrlosung schon bei Vertragsschluss bestand und durch den Auszug der Voreigentümer nicht nachteilig verändert worden ist.[804]

25 Grundsätzlich kann jedoch davon ausgegangen werden, dass insbesondere bei der Versicherung von Ein- und Zweifamilienhäusern **der Kreis der erheblichen Gefahrerhöhungen über die im Bedingungstext geregelten Sachverhalte hinaus eng zu ziehen ist**. Dies ist im Charakter dieses Geschäfts begründet, das hinsichtlich Beiträgen und Bedingungen weitgehend standardisiert ist. Dadurch

---

796 OLG Hamm VersR 1994, 1419.
797 OLG Schleswig VersR 1992, 1258.
798 OLG Düsseldorf VersR 1997, 231.
799 OLG Brandenburg VersR 2000, 1014.
800 Vgl. KG Berlin r + s 1998, 471.
801 OLG Koblenz r + s 1988, 303.
802 OLG Hamm VersR 1999, 49.
803 OLG Karlsruhe VersR 1997, 1225.
804 OLG Hamm VersR 1998, 1152.

werden der Verkauf und die Verwaltung dieser Verträge beim Versicherer erleichtert. Andererseits führt dies zwangsläufig dazu, dass bei der Annahme von Anträgen auf Wohngebäudeversicherung ein grobes Raster für die Beurteilung der Gefahrenverhältnisse zugrunde gelegt wird. Daran ist der Versicherer auch gebunden, wenn es um die Beurteilung und die Einstufung nachträglicher Gefahrerhöhungen geht. Deshalb sind erhebliche Gefahrerhöhungen in der Wohngebäudeversicherung seltener als in den übrigen Sachversicherungszweigen. Die Rechtsprechung zur Gefahrerhöhung in anderen Zweigen der Sachversicherung kann infolgedessen auch nur eingeschränkt auf die Wohngebäudeversicherung übertragen werden. Nicht zulässig ist jedoch der Umkehrschluss, andere als die in den VGB 2010 aufgeführten Sachverhalte seien in der Wohngebäudeversicherung grundsätzlich nicht gefahrerheblich im Sinne der §§ 23 ff. VVG.

VI. Anzeigepflicht

Erkennt der Versicherungsnehmer **nachträglich**, dass eine von ihm vorgenommene oder gestattete Veränderung eine Gefahrerhöhung darstellt, muss er diese dem Versicherer **unverzüglich anzeigen** (subjektive Gefahrerhöhung; vgl. § 9 Nr. 2 b) VGB 2010 (B)). Tritt nach Antragstellung eine Gefahrerhöhung **unabhängig vom Willen des Versicherungsnehmers** ein, so muss er sie dem Versicherer **unverzüglich anzeigen, sobald er von der Gefahrerhöhung Kenntnis erlangt** (objektive Gefahrerhöhung; vgl. § 9 Nr. 2 c) VGB 2010 (B)).

26

Zur unverzüglichen Anzeige verpflichtet sind Versicherungsnehmer, bei mehreren Versicherungsnehmern jeder Versicherungsnehmer, deren Repräsentanten sowie deren Vertreter und Bevollmächtigte. Auch Erben des Versicherungsnehmers sind zur Anzeige verpflichtet.[805] Die Anzeige hat in Textform zu erfolgen (§ 17 Nr. 1 VGB 2010 (B)). Sie soll wie alle Anzeigen und Erklärungen des Versicherungsnehmers an die Hauptverwaltung des Versicherers oder an die im Versicherungsschein oder in dessen Nachträgen als zuständig bezeichnete Stelle gerichtet werden.

27

B. Rechtsfolgen

I. Kündigungsrecht

Liegt eine **subjektive Gefahrerhöhung** nach **§ 9 Nr. 2 a) VGB 2010 (B)** vor, so hat der Versicherer nach § 9 Nr. 3 a) VGB 2010 (B) das **Recht, den Vertrag fristlos zu kündigen**. Der Versicherungsnehmer trägt die Beweislast dafür, dass ihm weder Vorsatz noch grobe Fahrlässigkeit zur Last fällt. Beruht die Verletzung

28

---
805 OLG Hamm VersR 1999, 359.

auf **einfacher Fahrlässigkeit**, kann der Versicherer den Vertrag unter Einhaltung einer **Frist von einem Monat kündigen**.

29 Wird dem Versicherer eine Gefahrerhöhung in den Fällen von **§ 9 Nr. 2 b) oder Nr. 2 c) VGB 2010 (B)** bekannt, kann der Versicherer den Vertrag ebenfalls unter Einhaltung einer **Frist von einem Monat kündigen**.

30 Anders als nach früherer Rechtslage steht dem Versicherer gem. § 39 Abs. 1 S. 1 VGB im Falle der Kündigung nur **der Teil der Prämie** zu, der dem Zeitraum entspricht, in dem **Versicherungsschutz** bestanden hat.

31 Das **Kündigungsrecht erlischt** nach § 9 Nr. 4 VGB 2010 (B), wenn es nicht innerhalb eines Monats ab Kenntnis des Versicherers von der Gefahrerhöhung ausgeübt wird oder wenn der Zustand wiederhergestellt ist, der vor der Gefahrerhöhung bestanden hat. Maßgebend für die Berechnung der Monatsfrist ist der Zugang der Anzeige des Versicherungsnehmers beim Versicherer bzw. der Zeitpunkt, zu dem der Versicherer, seine Angestellten oder Versicherungsvertreter von der Gefahrerhöhung Kenntnis erlangt haben.

II. Vertragsänderung

32 Anstelle der Kündigung kann der Versicherer gem. § 9 Nr. 3 b) Abs. 1 VGB 2010 (B) auch **eine seinen Geschäftsgrundsätzen entsprechende erhöhte Prämie verlangen**. Die erhöhte Prämie gilt dann ab dem Zeitpunkt der Gefahrerhöhung. Stattdessen kann der Versicherer auch die **Absicherung der erhöhten Gefahr ausschließen**.

33 Im Falle einer Prämienerhöhung von **mehr als 10 %** oder dem **Ausschluss** der Absicherung der Gefahr kann der **Versicherungsnehmer** gem. § 9 Nr. 3 b) Abs. 2 VGB 2010 (B) den Vertrag innerhalb eines Monats nach Zugang der Mitteilung **fristlos kündigen**. Der Versicherer muss auf dieses Kündigungsrecht in der Mitteilung hinweisen.

34 Auch das **Recht zur Vertragsänderung erlischt** gem. § 9 Nr. 4 VGB 2010 (B), wenn der Versicherer nicht innerhalb der Monatsfrist ab Kenntnis kündigt oder der Zustand vor Gefahrerhöhung innerhalb der Monatsfrist wiederhergestellt ist.

III. Leistungsfreiheit

35 Auch hinsichtlich der Leistungsfreiheit nach § 9 Nr. 5 VGB 2010 (B) wird **nach der Art der Gefahrerhöhung differenziert**.

36 Im Falle einer **subjektiven Gefahrerhöhung nach § 9 Nr. 2 a) VGB 2010 (B)** ist der Versicherer nicht zur Leistung verpflichtet, wenn dem Versicherungsnehmer Vorsatz zur Last fällt. Bei grober Fahrlässigkeit findet eine Leistungskürzung statt,

deren Höhe sich nach der Schwere des Verschuldens des Versicherungsnehmers richtet. Grobe Fahrlässigkeit wird vermutet, die Beweislast für das Nichtvorliegen trägt nach § 9 Nr. 5 a) S. 3 VGB 2010 (B) der Versicherungsnehmer.

Etwas **weniger streng** sind die Folgen einer **Gefahrerhöhung nach § 9 Nr. 2 b) und Nr. 2 c) VGB 2010 (B)**. Hier bleibt dem Versicherungsnehmer zunächst die in den genannten Regelungen festgelegte **Monatsfrist zur Anzeige** der Gefahrerhöhung. 37

Nur wenn der Versicherungsfall **später als einen Monat** nach dem Zeitpunkt eintritt, zu dem die Anzeige dem Versicherer hätte zugegangen sein müssen, hat die Gefahrerhöhung **Auswirkungen auf die Leistungspflicht**. In diesem Fall treten die gleichen Folgen wie bei einer Gefahrerhöhung nach § 9 Nr. 2 a) VGB 2010 (B) ein. Auch hier trägt der Versicherungsnehmer die Beweislast für das Nichtvorliegen grober Fahrlässigkeit. 38

Keine Leistungsfreiheit bei Gefahrerhöhungen nach § 9 Nr. 2 b) und Nr. 2 c) VGB 2010 (B) tritt jedoch ein, wenn dem Versicherer zu dem Zeitpunkt, zu dem ihm die Anzeige hätte zugehen müssen, die **Gefahrerhöhung bekannt** war. 39

Nach § 9 Nr. 5 c) VGB 2010 (B) bleibt die Leistungspflicht bei allen Arten von Gefahrerhöhungen bestehen, 40

- soweit der Versicherungsnehmer die **fehlende Kausalität** der Gefahrerhöhung für den Eintritt des Versicherungsfalls oder den Umfang der Leistungspflicht nachweist (§ 9 Nr. 5 c) aa) VGB 2010 (B)),
- wenn bei Eintritt des Versicherungsfalls die **Kündigungsfrist** nach Nr. 3 a) ohne Kündigung **abgelaufen** war (§ 9 Nr. 5 c) bb) VGB 2010 (B)) oder
- wenn der Versicherer von seinem **Recht zur Erhöhung der Prämie** Gebrauch gemacht hat (§ 9 Nr. 5 c) cc) VGB 2010 (B)).

Der Fall des Ausschlusses der erhöhten Gefahr ist in § 9 Nr. 5 c) cc) VGB 2010 (B) nicht genannt, da der Versicherer in diesem Fall ohnehin keine Versicherungsleistung für die Gefahr schuldet. 41

C. Abgrenzung

Die Regelungen über Gefahrerhöhung sind **neben den Regelungen** über die **vorvertragliche Anzeigepflicht** nach § 1 VGB 2010 (B), über **Obliegenheitsverletzungen vor Eintritt des Versicherungsfalls** nach § 8 Abs. 1 VGB 2010 (B) und über die **Herbeiführung des Versicherungsfalls** nach § 16 VGB 2010 (B) anzuwenden.[806] 42

Zu Überschneidungen im Bereich der **vorvertraglichen Anzeigepflicht** kann es kommen, da der Versicherungsnehmer nach § 1 Abs. 2 VGB 2010 (B) auch in- 43

---
806 Rüffer/Halbach/Schimikowski/*Karczewski* § 23 Rn. 3 ff.

soweit zur Anzeige verpflichtet ist, als nach seiner Vertragserklärung, aber vor Vertragsannahme der Versicherer Fragen stellt. In diesen Fällen kommen beide Regelungen nebeneinander zur Anwendung.

44 Gleiches gilt für die Regelungen über die **Obliegenheitsverletzungen vor Eintritt des Versicherungsfalls**. Da beide Regelungen nach neuer Rechtslage nur noch bei Vorsatz Leistungsfreiheit, bei grober Fahrlässigkeit aber lediglich eine Kürzung der Leistungspflicht vorsehen, bestehen im Bereich der Überschneidung keine Probleme mehr.

45 Ebenfalls parallel anwendbar ist die Regelung über die **Herbeiführung des Versicherungsfalls**. Auch hier sind die Rechtsfolgen je nach Verschuldensgrad identisch. Ein wichtiger Unterschied besteht jedoch darin, dass bei der Herbeiführung des Versicherungsfalls im Gegensatz zur Gefahrerhöhung der Versicherer auch für das Vorliegen grober Fahrlässigkeit beweisbelastet ist. Daher kann es für den Versicherer vorteilhafter sein, sich auf Gefahrerhöhung zu berufen.

§ 10 Überversicherung

1. Übersteigt die Versicherungssumme den Wert des versicherten Interesses erheblich, so kann sowohl der Versicherer als auch der Versicherungsnehmer verlangen, dass zur Beseitigung der Überversicherung die Versicherungssumme mit sofortiger Wirkung herabgesetzt wird. Ab Zugang des Herabsetzungsverlangens, ist für die Höhe der Prämie der Betrag maßgebend, den der Versicherer berechnet haben würde, wenn der Vertrag von vornherein mit dem neuen Inhalt geschlossen worden wäre.

2. Hat der Versicherungsnehmer die Überversicherung in der Absicht geschlossen, sich dadurch einen rechtswidrigen Vermögensvorteil zu verschaffen, ist der Vertrag nichtig. Dem Versicherer steht die Prämie bis zu dem Zeitpunkt zu, zu dem er von den die Nichtigkeit begründenden Umständen Kenntnis erlangt.

A. Einführung und Normzweck

Die in § 10 VGB 2010 (B) enthaltene Bestimmung entspricht inhaltlich der gesetzlichen Bestimmung des § 74 VVG und enthält darüber hinausgehend eine Regelung zum Ablauf der Beseitigung der Übersicherung.

§ 10 VGB 2010 (B) verfolgt einen doppelten Zweck. Die Prämie in der Wohngebäudeversicherung hängt von der vereinbarten Versicherungssumme ab. Ist eine zu hohe Versicherungssumme gewählt, zahlt der Versicherungsnehmer unnötig hohe Prämien.

§ 10 VGB 2010 (B) schützt den redlichen Versicherungsnehmer, indem die Bestimmung es diesem ermöglicht, die Überversicherung zu beseitigen, um eine angemessene Prämie zu bezahlen.

Die Bestimmung dient jedoch auch dem **Schutz des Versicherers**, da eine zu hohe Versicherungssumme für einen unredlichen Versicherungsnehmer einen Anreiz für die vorsätzliche Herbeiführung des Versicherungsfalls darstellt[807]. Die Überversicherung erhöht das subjektive Risiko.

Damit die Versicherungssumme dem tatsächlichen Versicherungswert entspricht, ermöglicht es § 10 VGB 2010 (B) sowohl dem Versicherungsnehmer als auch dem Versicherer, die Versicherungssumme unter verhältnismäßiger Anpassung der Prämie anzupassen.

Praktisch kommt die Überversicherung in der Wohngebäudeversicherung nur selten vor.

---

807 Schwintowski/Brömmelmeyer/*Kloth/Neuhaus* § 71 Rn. 1.

B. Voraussetzungen der Bestimmung

2   Eine Anpassung der Versicherungssumme unter gleichzeitiger Herabsetzung der Versicherungsprämie erfolgt, wenn **die Versicherungssumme den Versicherungswert übersteigt**. Bezüglich der Begriffe Versicherungswert und Versicherungssumme wird auf die Kommentierung des § 10 VGB 2010 (A) verwiesen.

Eine Herabsetzung der Versicherungsprämie kommt jedoch nur dann in Betracht, wenn die Versicherungssumme den Versicherungswert **erheblich** übersteigt. Die Erheblichkeit wird bejaht, wenn die Versicherungssumme den Versicherungswert um mehr als 10 % übersteigt[808]. Es wird aber auch die Ansicht vertreten, dass eine Abweichung von mehr als 10 % ausreichend sein kann, dies aber nicht zwingend der Fall ist[809].

C. Rechtsfolgen

3   Wenn die Versicherungssumme den Versicherungswert erheblich übersteigt, **können sowohl der Versicherungsnehmer als auch der Versicherer verlangen, dass die Versicherungssumme mit sofortiger Wirkung herabgesetzt wird**. Mit Herabsetzung der Versicherungssumme reduziert sich auch die vom Versicherungsnehmer geschuldete Versicherungsprämie. Dabei wird die Prämie verhältnismäßig gemindert, was jedoch nicht bedeutet, dass sich die Versicherungsprämie in dem gleichen Maße reduziert wie die Versicherungssumme, da bei der Festsetzung der neuen Versicherungsprämie die Tarife des Versicherers zu berücksichtigen sind[810]. In den VGB kommt dies durch die sachgerechte Formulierung zum Ausdruck, dass für die Höhe der Prämie der Betrag maßgebend ist, den der Versicherer berechnet haben würde, wenn der Vertrag von vornherein mit dem neuen Inhalt, also mit der neuen, reduzierten Versicherungssumme abgeschlossen worden wäre, vgl. § 10 Nr. 1 Satz 2 VGB 2010 (B).

Das Recht, die Herabsetzung der Versicherungssumme unter gleichzeitiger Reduzierung der Versicherungsprämie zu verlangen, stellt ein Gestaltungsrecht dar, welches durch eine einseitige, empfangsbedürftige Willenserklärung ausgeübt wird.

D. Betrügerische Überversicherung

4   § 10 Nr. 2 VGB 2010 (B) befasst sich mit der sogenannten **betrügerischen Überversicherung**[811]. Damit sind solche Fälle gemeint, in denen der Versicherungsnehmer den Versicherungsvertrag mit Übersicherung von vornherein in der

---

808   Römer/Langheid § 74 Rn. 3 m. w. N.
809   Schwintowski/Brömmelmeyer/*Kloth/Neuhaus* § 4 Rn. 10.
810   Schwintowski/Brömmelmeyer/*Kloth/Neuhaus* § 4 Rn. 13.
811   Schwintowski/Brömmelmeyer/*Kloth/Neuhaus* § 4 Rn. 14.

Absicht geschlossen hat, sich dadurch einen rechtswidrigen Vermögensvorteil zu verschaffen. Die Rechtsfolge eines derart abgeschlossenen Versicherungsvertrages besteht darin, dass der komplette Versicherungsvertrag von Anfang an unwirksam ist. Es wird also nicht nur die Überversicherung beseitigt. Gleichwohl steht dem Versicherer die Versicherungsprämie bis zu dem Zeitpunkt zu, in dem er Kenntnis von den die Nichtigkeit begründenden Umständen erlangt.

E. Nachträgliche Überversicherung

Überversicherung kann nicht nur dadurch entstehen, dass schon zum Zeitpunkt des Vertragsschlusses eine im Verhältnis zum Versicherungswert zu hohe Versicherungssumme vereinbart wurde. Sie entsteht auch, wenn sich der Versicherungswert während der Vertragslaufzeit vermindert. So liegt es beispielsweise, wenn in einem Wohngebäudeversicherungsvertrag mehrere Gebäude versichert sind, von denen eines oder mehrere nach Abschluss des Vertrages abgebrochen werden. Überversicherung kann aber auch dadurch entstehen, dass versicherte Gebäude während der Vertragslaufzeit dauernd entwertet werden und anstelle des vertraglich vertraglichen Neuwerts oder Zeitwerts der gemeine Wert Versicherungswert ist.

5

§ 11 Mehrere Versicherer

1. *Anzeigepflicht*

   Wer bei mehreren Versicherern ein Interesse gegen dieselbe Gefahr versichert, ist verpflichtet, dem Versicherer die andere Versicherung unverzüglich mitzuteilen. In der Mitteilung sind der andere Versicherer und die Versicherungssumme anzugeben.

2. *Rechtsfolgen der Verletzung der Anzeigepflicht*

   Verletzt der Versicherungsnehmer die Anzeigepflicht (siehe Nr. 1) vorsätzlich oder grob fahrlässig, ist der Versicherer unter den in Abschnitt B § 8 beschriebenen Voraussetzungen zur Kündigung berechtigt oder auch ganz oder teilweise leistungsfrei. Leistungsfreiheit tritt nicht ein, wenn der Versicherer vor Eintritt des Versicherungsfalles Kenntnis von der anderen Versicherung erlangt hat.

3. *Haftung und Entschädigung bei Mehrfachversicherung*

   a. *Ist bei mehreren Versicherern ein Interesse gegen dieselbe Gefahr versichert und übersteigen die Versicherungssummen zusammen den Versicherungswert oder übersteigt aus anderen Gründen die Summe der Entschädigungen, die von jedem Versicherer ohne Bestehen der anderen Versicherung zu zahlen wären, den Gesamtschaden, liegt eine Mehrfachversicherung vor.*

   b. *Die Versicherer sind in der Weise als Gesamtschuldner verpflichtet, dass jeder für den Betrag aufzukommen hat, dessen Zahlung ihm nach seinem Vertrage obliegt; der Versicherungsnehmer kann aber im Ganzen nicht mehr als den Betrag des ihm entstandenen Schadens verlangen. Satz 1 gilt entsprechend, wenn die Verträge bei demselben Versicherer bestehen.*

   Erlangt der Versicherungsnehmer oder der Versicherte aus anderen Versicherungsverträgen Entschädigung für denselben Schaden, so ermäßigt sich der Anspruch aus dem vorliegenden Vertrag in der Weise, dass die Entschädigung aus allen Verträgen insgesamt nicht höher ist, als wenn der Gesamtbetrag der Versicherungssummen, aus denen die Prämien errechnet wurde, nur in diesem Vertrag in Deckung gegeben worden wäre. Bei Vereinbarung von Entschädigungsgrenzen ermäßigt sich der Anspruch in der Weise, dass aus allen Verträgen insgesamt keine höhere Entschädigung zu leisten ist, als wenn der Gesamtbetrag der Versicherungssummen in diesem Vertrag in Deckung gegeben worden wäre.

   c. *Hat der Versicherungsnehmer eine Mehrfachversicherung in der Absicht geschlossen, sich dadurch einen rechtswidrigen Vermögens-*

vorteil zu verschaffen, ist jeder in dieser Absicht geschlossene Vertrag nichtig.

Dem Versicherer steht die Prämie bis zu dem Zeitpunkt zu, zu dem er von den die Nichtigkeit begründenden Umständen Kenntnis erlangt.

4. Beseitigung der Mehrfachversicherung

   a. Hat der Versicherungsnehmer den Vertrag, durch den die Mehrfachversicherung entstanden ist, ohne Kenntnis von dem Entstehen der Mehrfachversicherung geschlossen, kann er verlangen, dass der später geschlossene Vertrag aufgehoben oder die Versicherungssumme unter verhältnismäßiger Minderung der Prämie auf den Teilbetrag herabgesetzt wird, der durch die frühere Versicherung nicht gedeckt ist.

Die Aufhebung des Vertrages oder die Herabsetzung der Versicherungssumme und Anpassung der Prämie werden zu dem Zeitpunkt wirksam, zu dem die Erklärung dem Versicherer zugeht.

   b. Die Regelungen nach a) sind auch anzuwenden, wenn die Mehrfachversicherung dadurch entstanden ist, dass nach Abschluss der mehreren Versicherungsverträge der Versicherungswert gesunken ist. Sind in diesem Fall die mehreren Versicherungsverträge gleichzeitig oder im Einvernehmen der Versicherer geschlossen worden, kann der Versicherungsnehmer nur die verhältnismäßige Herabsetzung der Versicherungssummen und der Prämien verlangen.

A. Einführung

1 Die Bestimmungen über die **Mehrfachversicherung** sind in § 11 VGB 2010 (B) verankert. Vergleichbare Regelungen finden sich in den allermeisten Sach-AVB. Gemeinsame gesetzliche Grundlage dieser Bestimmungen ist § 77 VVG. Die Mehrfachversicherung wird auch als Nebenversicherung bezeichnet. Dieser Begriff bezeichnet den zugrunde liegenden Sachverhalt zutreffender, wird aber in den Sach-AVB nicht verwendet. Während in den VGB 88 n. F. noch darauf verzichtet wurde, die Mehrfachversicherung zu regeln, enthalten die VGB 2010 entsprechende Bestimmungen, die jedoch im Wesentlichen der gesetzlichen Regelung in § 77 VVG nachgebildet sind.

B. Begriff der Mehrfachversicherung

2 Allgemein liegt **Mehrfachversicherung** oder **Nebenversicherung** vor, wenn für dieselben Interessen gegen dieselben Schäden mehrere Versicherungsverträge

bei mehreren Versicherern bestehen[812]. In der Wohngebäudeversicherung ist das der Fall, wenn für dasselbe Gebäude mehrere Wohngebäudeversicherungsverträge bei verschiedenen Versicherern bestehen. Dabei ist nicht gefordert, dass die Summe der Entschädigungen den Betrag des Schadens übersteigt. Ist dies der Fall, so liegt Doppelversicherung vor. Die Doppelversicherung ist ein Sonderfall der Mehrfachversicherung.

Mehrfachversicherung setzt nebeneinander **Identität der versicherten Interessen, der versicherten Gefahren und des versicherten Schadens** voraus. Daher besteht keine Neben- bzw. Mehrfachversicherung im Verhältnis einer Sachversicherung des Eigentümers zu einer Haftpflichtversicherung des Schädigers. Die Sachversicherung deckt das Eigentümerinteresse, die Haftpflichtversicherung deckt das Interesse des Schädigers aus der Schadenersatzpflicht[813]. Andererseits ist nicht gefordert, dass die versicherten Interessen und die versicherten Gefahren in den Verträgen vollkommen identisch sind. Es genügt teilweise Identität[814]. So lag es beispielsweise beim Zusammentreffen der Versicherung von Rundfunk- und Fernsehantennenanlagen sowie Markisen nach § 1 Nr. 2a VHB 84/VHB 92 mit einer Wohngebäudeversicherung nach den VGB 88[815]. Dienen diese Sachen nicht mehreren Wohnungen oder gewerblichen Zwecken, so sind sie sowohl in der Hausratversicherung nach den VHB 84/VHB 92 als auch in der Wohngebäudeversicherung nach den VGB 88 versichert. Identität des Versicherungsnehmers ist nicht vorausgesetzt. Daher kann Mehrfachversicherung auch beim Zusammentreffen von Eigen- und Fremdversicherung vorliegen[816]. Es kommt infolgedessen beim Zusammentreffen von § 1 Nr. 2a VGB 84/VHB 92 mit einer Wohngebäudeversicherung nach den VGB 88 nicht darauf an, ob beide Verträge mit demselben Versicherungsnehmer abgeschlossen wurden. Das ist regelmäßig bei Einfamilienhäusern der Fall, die vom Gebäudeeigentümer selbst bewohnt werden. Bei vermieteten Einfamilienhäusern wird dagegen die Hausratversicherung vom Mieter, die Wohngebäudeversicherung vom Gebäudeeigentümer abgeschlossen. Auch dann liegt Mehrfachversicherung für Rundfunk- und Fernsehantennenanlagen sowie Markisen vor, soweit diese Sachen nicht mehreren Wohnungen oder gewerblichen Zwecken dienen. Bei der Hausratversicherung für gemietete Wohnungen wird die Mehrfachversicherung durch § 2 Nr. 1f VHB 84/VHB 92 noch ausgedehnt. Nach dieser Bestimmung sind Kosten für Reparaturen in gemieteten Wohnungen versichert, um durch einen Versicherungsfall entstandene Leitungswasserschäden an Bodenbelägen, Innenanstrichen oder Tapeten der Wohnung zu beseitigen (Reparaturkosten für gemietete Wohnungen). Dadurch entsteht beim Zusammentreffen einer von einem Mieter abgeschlossenen Hausratversicherung nach den VHB 84/VHB 92 mit einer Ge-

---

812 Prölss/Martin/*Armbrüster* § 77 Rn. 4; Römer/Langheid § 77 Rn. 4.
813 Römer/Langheid § 77 Rn. 20.
814 Römer/Langheid § 77 Rn. 20.
815 Dietz HRV § 1 Rn. 4.1
816 Römer/Langheid § 77 Rn. 19.

bäude-Leitungswasserversicherung des Gebäudeeigentümers sowohl bei Einfamilienhäusern als auch bei Mehrfamilienhäusern Mehrfachversicherung[817].

C. Anzeigepflicht

3   Nach § 11 Nr. 1 VGB 2010 (B) (= § 77 Abs. 1 Satz 1 VVG) hat der Versicherungsnehmer unverzüglich Mitteilung zu machen, wenn er für ein Interesse gegen dieselbe Gefahr bei mehreren Versicherern Versicherung nimmt. In der Mitteilung ist der Versicherer, bei welchem die andere Versicherung genommen worden ist, zu bezeichnen und die Versicherungssumme anzugeben (§ 77 Abs. 1 Satz 2 VVG).

D. Rechtsfolgen

4   Anders als in den VGB 88 sind in § 11 Nr. 2 VGB 2010 (B) die Folgen eines Verstoßes gegen die Verpflichtung, die Mehrfachversicherung anzuzeigen, ausdrücklich geregelt. Auch § 77 VVG enthält keine Regelungen für den Fall, dass der Versicherungsnehmer die Anzeigepflicht nach § 77 Abs. 1 VVG verletzt. Da in der Aufzählung des § 87 VVG der § 77 VVG als Regelung, von der zulasten des Versicherungsnehmers nicht abgewichen darf, nicht genannt ist, ist § 11 Nr. 2 VGB 2010 (B) auch unter AGB-Gesichtspunkten nicht zu beanstanden.

In Betracht kommen dabei ein **Kündigungsrecht** des Versicherers sowie eine **vollständige oder teilweise Leistungsfreiheit**. Bezüglich der Voraussetzung für beide Rechtsbehelfe des Versicherers verweist § 11 Nr. 2 VGB 2010 (B) auf § 8 VGB 2010 (B); dort wird geregelt, unter welchen Voraussetzungen dem Versicherer welche Rechtsbehelfe wegen einer Obliegenheitsverletzung des Versicherungsnehmers zustehen.

I. Kündigungsrecht

5   Der Versicherer kann den Vertrag wegen eines Verstoßes gegen die Anzeigepflicht gemäß § 11 Nr. 1 VGB 2010 (B) kündigen, § 11 Nr. 2 VGB 2010 (B) i.V.m. 8 Nr. 1 b) VGB 2010 (B).

Voraussetzung für das Kündigungsrecht des Versicherers ist lediglich, dass der Versicherungsnehmer die **Anzeigepflicht** aus § 11 Nr. 1 VGB 2010 (B) **vorsätzlich oder grob fahrlässig verletzt** hat. Im Falle einfacher Fahrlässigkeit entsteht für den Versicherer kein Kündigungsrecht.

---

[817] Dietz HRV § 2 Rn. 4.6.

II. (Teilweise) Leistungsfreiheit

Unter den in Rn. 5 genannten Voraussetzungen ist der Versicherer darüber hinaus ganz oder teilweise leistungsfrei. Leistungsfreiheit tritt jedoch nicht ein, wenn der Versicherer vor Eintritt des Versicherungsfalls Kenntnis von der anderen Versicherung erlangt hat, § 11 Nr. 2 S. 2 VGB 2010 (B). 6

E. Haftung bei Mehrfachversicherung

In § 11 Nr. 3 VGB 2010 (B) wiederholt die gesetzliche Bestimmung des § 78 VVG. 7

Zweck der Regelungen ist es zu verhindern, dass der Versicherungsnehmer eine Entschädigung erhält, die über den ihm tatsächlich entstandenen Schaden hinausgeht. Der Versicherungsnehmer soll infolge der Mehrfachversicherung im Hinblick auf die Entschädigung nicht besser gestellt sein, als wenn nur ein Versicherungsvertrag bestehen würde.

Bei in betrügerischer Absicht abgeschlossenen Versicherungsverträgen, die zu einer Mehrfachversicherung führen, sind die abgeschlossenen Verträge nichtig; gleichwohl behalten die Versicherer ihre Ansprüche auf Zahlung der Prämie, § 11 Nr. 3 a) Abs. 2 VVG.

F. Beseitigung der Mehrfachversicherung

§ 11 Nr. 4 VGB 2010 (B) entspricht der gesetzlichen Regelung des § 79 VVG. Die Beseitigung der Mehrfachversicherung soll in erster Linie im Interesse des Versicherungsnehmers erfolgen, da dieser im Verhältnis zu seinen Entschädigungsansprüchen im Schadenfall (s. o. Rn. 7) eine zu hohe Prämie bzw. insgesamt zu hohe Prämien zahlt. 8

Bei anfänglicher Mehrfachversicherung hat der Versicherungsnehmer gegenüber dem Versicherer, mit dem er den zeitlich späteren Vertrag geschlossen hat, einen Anspruch auf Aufhebung des Vertrages bzw. Reduzierung der Versicherungssumme, § 11 Nr. 4 a) VGB 2010 (B).

Bei einer nachträglich entstandenen Mehrfachversicherung hat der Versicherungsnehmer gegen alle beteiligten Versicherer einen Anspruch auf verhältnismäßige Herabsetzung der Versicherungssummen und der Prämien, § 11 Nr. 4 b) VGB 2010 (B).

§ 12 Versicherung für fremde Rechnung

1. *Rechte aus dem Vertrag*

   Der Versicherungsnehmer kann den Versicherungsvertrag im eigenen Namen für das Interesse eines Dritten (Versicherten) schließen. Die Ausübung der Rechte aus diesem Vertrag steht nur dem Versicherungsnehmer und nicht auch dem Versicherten zu. Das gilt auch, wenn der Versicherte den Versicherungsschein besitzt.

2. *Zahlung der Entschädigung*

   Der Versicherer kann vor Zahlung der Entschädigung an den Versicherungsnehmer den Nachweis verlangen, dass der Versicherte seine Zustimmung dazu erteilt hat. Der Versicherte kann die Zahlung der Entschädigung nur mit Zustimmung des Versicherungsnehmers verlangen.

3. *Kenntnis und Verhalten*

   a. *Soweit die Kenntnis und das Verhalten des Versicherungsnehmers von rechtlicher Bedeutung sind, sind bei der Versicherung für fremde Rechnung auch die Kenntnis und das Verhalten des Versicherten zu berücksichtigen. Soweit der Vertrag Interessen des Versicherungsnehmers und des Versicherten umfasst, muss sich der Versicherungsnehmer für sein Interesse das Verhalten und die Kenntnis des Versicherten nur zurechnen lassen, wenn der Versicherte Repräsentant des Versicherungsnehmers ist.*

   b. *Auf die Kenntnis des Versicherten kommt es nicht an, wenn der Vertrag ohne sein Wissen abgeschlossen worden ist oder ihm eine rechtzeitige Benachrichtigung des Versicherungsnehmers nicht möglich oder nicht zumutbar war.*

   c. *Auf die Kenntnis des Versicherten kommt es dagegen an, wenn der Versicherungsnehmer den Vertrag ohne Auftrag des Versicherten geschlossen und den Versicherer nicht darüber informiert hat.*

A. Einführung

In § 12 VGB 2010 (B) wird unter der Überschrift der wesentliche Inhalt der §§ 43 bis 47 VVG zusammengefasst. Einen darüber hinausgehenden materiellen Regelungsgehalt hat die Bestimmung nicht. **1**

B. Rechte aus dem Vertrag

2 § 12 Nr. 1 S. 1 VGB 2010 (B) wiederholt zunächst die gesetzliche Bestimmung des § 43 Abs. 1 VVG und besagt, dass der Versicherungsnehmer den Vertrag im eigenen Namen für das Interesse eines Dritten (Versicherten) schließen kann (**Versicherung für fremde Rechnung**). Aus § 43 Abs. 1 VVG ergibt sich, dass der Dritte dabei nicht zwingend namentlich benannt werden muss.

Der Versicherungsnehmer bleibt jedoch alleiniger Vertragspartner des Versicherers, was gemäß § 12 Nr. 1 S. 2 VGB 2010 (B) zur Folge hat, dass die **Ausübung der Rechte aus dem Wohngebäudeversicherungsvertrag**, nicht aber die Rechte selbst (vgl. § 44 Abs. 1 Satz 1 VVG), nur dem Versicherungsnehmer und nicht auch dem Versicherten zusteht. Durch diese Regelung wird sichergestellt, dass der Versicherer über einen sicher greifbaren Schuldner und befugten Adressaten rechtsgeschäftlicher Erklärungen verfügt[818]. Dies gilt – wie § 12 Nr. 1 S. 3 VGB 2010 (B) ausdrücklich klarstellt – auch für den Fall, dass der Versicherte den Versicherungsschein besitzt.

C. Zahlung der Entschädigung

3 Wie bereits erwähnt steht dem Versicherungsnehmer einer Versicherung für fremde Rechnung nur die Ausübung der Rechte aus dem Versicherungsvertrag zu. **Die Rechte selbst stehen dem Versicherten zu** (§ 44 Abs. 1 Satz 1 VVG). Hierzu gehört insbesondere auch der Anspruch auf den Erhalt der Versicherungsleistung. Dieser Grundsatz wird in den VGB 2010 (B) nicht noch einmal wiederholt.

In § 12 Nr. 2 VGB 2010 (B) ist der Fall geregelt, dass die Zahlung der Entschädigung an den Versicherungsnehmer erfolgen soll. In einem solchen Fall kann der Versicherer einen Nachweis verlangen, dass der Versicherte hierzu seine Zustimmung erteilt hat.

An sich selbst kann jedoch auch der Versicherte die Zahlung der Entschädigung ebenfalls nur mit Zustimmung des Versicherungsnehmers verlangen.

Diese Bestimmung dient dem Schutz des Versicherers. Etwaige Unklarheiten bzw. Unstimmigkeiten zwischen Versicherungsnehmer und Versichertem bezüglich der Auszahlung der Entschädigung sollen nicht zu seinen Lasten gehen.

D. Kenntnis und Verhalten

4 § 12 Nr. 3 VGB 2010 (B) entspricht der gesetzlichen Regelung in § 47 VVG und ergänzt diese um einen Aspekt (s. u. Rn. 7).

Nach § 12 Nr. 3 a) S. 1 VGB 2010 (B) **sind bei der Versicherung für fremde Rechnung grundsätzlich auch die Kenntnis und das Verhalten des Versi-**

---

[818] Rüffer/Halbach/Schimikowski/*Muschner* § 43 Rn. 26 m. w. N.

cherten zu berücksichtigen, soweit Kenntnis und Verhalten des Versicherungsnehmers von rechtlicher Bedeutung sind. Der Versicherungsnehmer muss sich das Verhalten bzw. die Kenntnis des Versicherten also zurechnen lassen. Die Zurechnung erfolgt dabei unabhängig von der Frage, ob der Versicherte Repräsentant oder Wissenserklärungsvertreter des Versicherungsnehmers ist[819].

Auf die Kenntnis des Versicherten kommt es jedoch nicht an, wenn der Vertrag ohne sein Wissen abgeschlossen worden ist oder ihm eine rechtzeitige Benachrichtigung des Versicherungsnehmers nicht möglich oder nicht zumutbar war, § 12 Nr. 3 b) VGB 2010 (B). Sofern der Versicherte von dem Versicherungsvertrag überhaupt keine Kenntnis hat, hat er keinen Anlass dafür, seine Kenntnisse entweder dem Versicherungsnehmer oder dem Versicherer anzuzeigen[820]. Aus diesem Grund ist eine Zurechnung der Kenntnisse des Versicherten ebenso ausgeschlossen wie in Fällen, in denen dem Versicherten eine rechtzeitige Benachrichtigung des Versicherungsnehmers (bzw. des Versicherers) nicht möglich bzw. unzumutbar war.

§ 12 Nr. 3 c) VGB 2010 (B) enthält eine Rückausnahme von der Regelung des § 12 Nr. 3 b) VGB 2010 (B). Danach ist dem Versicherungsnehmer die Kenntnis des Versicherten gleichwohl zuzurechnen, wenn der Versicherungsnehmer beim Abschluss der Versicherung für fremde Rechnung dem Versicherer nicht angezeigt hat, dass er ohne Auftrag des Versicherten handelt.

Der Grund für diese Rückausnahme liegt darin, dass der Versicherte in diesen Fällen (Vertragsschluss ohne Auftrag) den notwendigen Informationsfluss zum Versicherer gar nicht gewährleisten kann. Falls der Versicherungsnehmer aber offenlegt, dass der Informationsfluss gestört oder unvollständig sein kann, ist es wiederum Sache des Versicherers, bei Bedarf weitere Rückfragen zu stellen. Unterlässt er dies, bleibt es bei der Ausnahme des § 12 Nr. 3 b) VGB 2010 (B); das Wissen des Versicherten wird dem Versicherungsnehmer dann nicht zugerechnet[821].

In § 12 Nr. 3 a) S. 2 VGB 2010 (B) ist noch eine Regelung für den Fall enthalten, **dass der abgeschlossene Wohngebäudeversicherungsvertrag nicht nur alleine das Interesse des Versicherten betrifft, sondern auch Interessen des Versicherungsnehmers selbst berührt**.

Soweit es um die Interessen des Versicherten geht, erfolgt eine Zurechnung des Verhaltens und der Kenntnis des Versicherten unabhängig davon, oder der Versicherte Repräsentant oder Wissenserklärungsvertreter des Versicherungsnehmers ist (s. o. Rn. 4).

Soweit es jedoch um die Interessen des Versicherungsnehmers selbst geht, muss sich dieser Kenntnis und Verhalten des Versicherten nur dann zurechnen

---

819 Rüffer/Halbach/Schimikowski/*Muschner* § 47 Rn. 2.
820 Rüffer/Halbach/Schimikowski/*Muschner* § 47 Rn. 13.
821 Rüffer/Halbach/Schimikowski/*Muschner* § 47 Rn. 16.

lassen, wenn der Versicherte im Sinne des § 19 VGB 2010 (B) Repräsentant des Versicherungsnehmers ist (vgl. hierzu die Kommentierung des § 19 VGB 2010 (B)).

§ 13 Aufwendungsersatz

1. *Aufwendungen zur Abwendung und Minderung des Schadens*

    a. *Versichert sind Aufwendungen, auch erfolglose, die der Versicherungsnehmer bei Eintritt des Versicherungsfalles den Umständen nach zur Abwendung und Minderung des Schadens für geboten halten durfte oder die er auf Weisung des Versicherers macht.*

    b. *Macht der Versicherungsnehmer Aufwendungen, um einen unmittelbar bevorstehenden Versicherungsfall abzuwenden oder in seinen Auswirkungen zu mindern, geltend, so leistet der Versicherer Aufwendungsersatz nur, wenn diese Aufwendungen bei einer nachträglichen objektiven Betrachtung der Umstände verhältnismäßig und erfolgreich waren oder die Aufwendungen auf Weisung des Versicherers erfolgten.*

    c. *Ist der Versicherer berechtigt, seine Leistung zu kürzen, kann er auch den Aufwendungsersatz nach a) und b) entsprechend kürzen, dies gilt jedoch nicht, soweit Aufwendungen auf Weisung des Versicherers entstanden sind.*

    d. *Der Ersatz dieser Aufwendungen und die Entschädigung für versicherte Sachen betragen zusammen höchstens die Versicherungssumme je vereinbarter Position; dies gilt jedoch nicht, soweit Aufwendungen auf Weisung des Versicherers entstanden sind.*

    e. *Der Versicherer hat den für die Aufwendungen gemäß a) erforderlichen Betrag auf Verlangen des Versicherungsnehmers vorzuschießen.*

    f. *Nicht versichert sind Aufwendungen für Leistungen der Feuerwehr oder anderer Institutionen, die im öffentlichen Interesse zur Hilfeleistung verpflichtet sind, wenn diese Leistungen im öffentlichen Interesse kostenfrei zu erbringen sind.*

2. *Kosten der Ermittlung und Feststellung des Schadens*

    a. *Der Versicherer ersetzt bis zur vereinbarten Höhe die Kosten für die Ermittlung und Feststellung eines von ihm zu ersetzenden Schadens, sofern diese den Umständen nach geboten waren.*

    Zieht der Versicherungsnehmer einen Sachverständigen oder Beistand hinzu, so werden diese Kosten nur ersetzt, soweit er zur Zuziehung vertraglich verpflichtet ist oder vom Versicherer aufgefordert wurde.

    b. *Ist der Versicherer berechtigt, seine Leistung zu kürzen, kann er auch den Kostenersatz nach a) entsprechend kürzen.*

A. Überblick

1 § 13 VGB 2010 (B) entspricht inhaltlich im Wesentlichen der gesetzlichen Bestimmung der §§ 82, 83 VVG, wobei die Regelung in den Bedingungen systematisch anders aufgebaut ist und zum Teil auch über die gesetzlichen Bestimmungen hinausgeht.

Die Regelung ergänzt die in § 8 Nr. 2 a) VGB 2010 (B) geregelten Obliegenheiten des Versicherungsnehmers bei oder nach dem Eintritt des Versicherungsfalls. Hierzu gehören unter anderem:

- Der Versicherungsnehmer hat nach Möglichkeit für die Abwendung oder Minderung des Schadens zu sorgen, § 8 Nr. 2a) aa) VGB 2010 (B).

- Der Versicherungsnehmer hat Weisungen des Versicherers zur Schadenabwehr/-minderung – gegebenenfalls auch mündlich oder telefonisch – einzuholen, wenn die Umstände dies gestatten, § 8 Nr. 2 a) cc) VGB 2010 (B).

- Der Versicherungsnehmer hat Weisungen des Versicherers zur Schadenabwendung/-minderung, soweit für ihn zumutbar, zu befolgen, § 8 Nr. a a) dd) VGB 2010 (B).

B. Aufwendungen bei Eintritt des Versicherungsfalls

2 § 13 Nr. 1 a) VGB 2010 (B) räumt dem Versicherungsnehmer einen **Aufwendungsersatzanspruch** für solche Aufwendungen ein, die dieser bei Eintritt des Versicherungsfalles den Umständen nach zur Abwendung und Minderung des Schadens für geboten halten durfte oder die er auf Weisung des Versicherers gemacht hat. Der Aufwendungsersatzanspruch besteht grundsätzlich auch dann, wenn die Aufwendungen nicht zu dem gewünschten Erfolg geführt haben.

3 **Aufwendungen** des Versicherungsnehmers im Sinne des § 13 VGB 2010 (B) sind Vermögensminderungen, die er für die Abwendung und Minderung des Schadens gemäß § 8 Nr. 2 a) aa) VGB 2010 (B) hinnehmen muss. Die Aufwendungen müssen **objektiv** der Schadenminderung bzw. der Abwendung des Schadens dienen[822].

Ein Aufwendungsersatzanspruch kann folglich auch dann bestehen, wenn der Versicherungsnehmer die Aufwendungen nicht im Hinblick auf seine in § 8 VGB 2010 (B) geregelten Rettungsobliegenheiten auf sich genommen hat, die Aufwendungen aber objektiv geboten waren.

Darüber hinaus besteht ein Aufwendungsersatzanspruch auch für solche Aufwendungen, die zwar nicht objektiv notwendig waren, der Versicherungsnehmer aber den Umständen des Einzelfalles nach für geboten halten durfte. Entschei-

---

[822] Schwintowski/Brömmelmeyer/*Kloth/Neuhaus* § 83 Rn. 3.

dend ist in solchen Fällen, ob der Versicherungsnehmer aus seiner subjektiven Sicht davon ausgehen durfte, dass die Aufwendungen geboten waren. **Geboten** sind solche Maßnahmen, die Erfolg versprechen und in ihrem Aufwand nicht außer Verhältnis zum angestrebten Erfolg stehen[823].

Stets ersatzfähig sind solche Aufwendungen, die der Versicherungsnehmer **auf Weisung des Versicherers** vornimmt. Gemäß § 8 Nr. 2 a) dd) VGB 2010 (B) hat der Versicherungsnehmer die Obliegenheit, entsprechende Weisungen des Versicherers zu befolgen. Vor diesem Hintergrund und angesichts der Tatsache, dass der Versicherer in der Regel besser beurteilen kann, welche Maßnahmen zur Abwendung oder Minderung des Schadens sinnvollerweise eingeleitet werden sollten, ist diese Regelung in den VGB interessengerecht.

Häufig dienen Aufwendungen zur Abwendung oder Minderung des Schadens zugleich der Abwehr weiterer versicherter und unversicherter Schäden. Es treten dann schwierige Schadenteilungsfragen auf. So liegt es, wenn ein durch Sturm beschädigtes Dach mit einer Plane provisorisch abgedichtet wird, um Einregenschäden am versicherten Gebäude und am unversicherten oder anderweitig versicherten Hausrat abzuwenden. Soweit Wohngebäudeversicherung und Hausratversicherung nebeneinander bestehen, haftet sowohl der Hausratversicherer als auch der Wohngebäudeversicherer. Es besteht Doppelversicherung. Dies gilt auch, wenn Feuerlöschkosten zugleich Hausrat- und Gebäudeschäden abwenden. Es fragt sich, ob und nach welchen Kriterien die Rettungskosten zu verteilen sind, wenn in den obigen Beispielen keine Hausrat- oder keine Wohngebäudeversicherung besteht. Dafür wurden von der Rechtsprechung und Kommentierung allgemeine Grundsätze entwickelt. Danach sollen die Rettungskosten in diesem Fällen im Verhältnis des abgewendeten (abwendbaren) versicherten Schadens zum abgewendeten (abwendbaren) nicht versicherten Schaden aufgeteilt werden. Die komplizierte und umfangreiche Gesamtproblematik kann hier in ihren Einzelheiten nicht dargestellt werden, zumal bei der praktischen Umsetzung der dargestellten Grundsätze zahlreiche, zum Teil unlösbare Zuordnungsprobleme entstehen. Es fragt sich deshalb, ob in der Wohngebäudeversicherung, abgesehen von den Fällen der Doppelversicherung, bei Rettungskosten nicht auf eine Schadenteilung zwischen Versicherungsnehmer und Versicherer verzichtet werden kann. Die Haftung des Wohngebäudeversicherers für den vollen Betrag der Rettungskosten könnte auch dann bejaht werden, wenn die Rettungsmaßnahmen bei alleiniger Betrachtung des abgewendeten Wohngebäudeschadens wirtschaftlich sinnvoll waren. Auf eine Quotierung der Rettungskosten würde verzichtet, der Aspekt „Nebennutzen für den VN" bliebe unberücksichtigt.

4

---

[823] Schwintowski/Brömmelmeyer/*Kloth/Neuhaus* § 83 Rn. 4.

C. Aufwendungen bei unmittelbar bevorstehendem Versicherungsfall

5   Die Regelung in § 13 Nr. 1 b) VGB 2010 (B) trägt der gesetzlichen Regelung des § 90 VVG Rechnung. Demnach sind in der Sachversicherung die §§ 83 Abs. 1 Satz 1, Abs. 2 und 3 VVG entsprechend anzuwenden, wenn der Versicherungsnehmer Aufwendungen macht, um einen unmittelbar bevorstehenden Versicherungsfall abzuwenden oder in seinen Auswirkungen zu mindern.

Der gesetzlichen Regelung, welche in § 13 Nr. 1b) VGB 2010 (B) wiederholt wird, liegt die von der Rechtsprechung entwickelte sogenannte **Vorerstreckungstheorie** zugrunde[824]. Diese ging davon aus, dass dem Versicherungsnehmer ein Ersatzanspruch auch für solche Aufwendungen zustehen sollte, die dieser bereits vor Eintritt des Versicherungsfalles getätigt hat, um diesen abzuwenden oder den Schaden zu mindern. Mit der VVG-Reform wurde die Vorerstreckungstheorie zum Gesetz. Die Vorerstreckung betrifft lediglich den Aufwendungsersatzanspruch des Versicherungsnehmers. Diesem steht – anders als dem Aufwendungsersatzanspruch nach § 13 Nr. 1a) VGB 2010 (B) – keine entsprechende Rettungsobliegenheit gegenüber.

6   Ein Ersatzanspruch besteht nur hinsichtlich solcher Aufwendungen, die für einen **unmittelbar bevorstehenden Versicherungsfall** getätigt werden. Der Eintritt eines Versicherungsfalles steht dann unmittelbar bevor, wenn ohne Rettungsmaßnahmen ein versicherter Schaden unabwendbar wäre oder mit hoher Wahrscheinlichkeit innerhalb kurzer Zeit eintreten würde[825].

7   Ein Erstattungsanspruch des Versicherungsnehmers gegen den Versicherer besteht nur für solche Aufwendungen, die bei einer nachträglichen objektiven Betrachtung der Umstände verhältnismäßig und erfolgreich waren. Als erfolgreich ist eine vom Versicherungsnehmer ergriffene Maßnahme schon dann anzusehen, wenn diese die Auswirkungen des Versicherungsfalls gemindert hat.

Ferner besteht ein Aufwendungsersatzanspruch auch für unverhältnismäßige und/oder erfolglose Maßnahmen des Versicherungsnehmers, wenn diese auf Weisung des Versicherers erfolgten.

8   Schwierigkeiten in der Anwendung dieser Bestimmung ergeben sich daraus, dass die hiernach zu ersetzenden Aufwendungen von **Schadenverhütungskosten** abgegrenzt werden müssen. Bei den Schadenverhütungskosten handelt es sich um Aufwendungen, die zwar ebenfalls den Zweck verfolgen, den Versicherungsfall nicht eintreten zu lassen, dieser jedoch noch nicht unmittelbar bevorsteht; bei den Schadenverhütungskosten handelt es sich letztlich um Aufwendungen für allgemein gebotene Vorsichts- oder Präventionsmaßnahmen[826].

---

[824] BGH VersR 1991, 459.
[825] Prölss/Martin/*Armbrüster* § 90 Rn. 3 m. w. N.
[826] Schwintowski/Brömmelmeyer/*Hammel* § 90 Rn. 13.

D. Ergänzende Bestimmungen zum Aufwendungsersatzanspruch

§ 13 VGB 2010 (B) enthält in Nr. 1 c) bis f) Regelungen, die den Aufwendungsersatzanspruch des Versicherungsnehmers ergänzen bzw. beschränken.

9

Gemäß § 13 Nr. 1 c) VGB 2010 (B) darf **der Versicherer** in Fällen, in denen er – aus welchen Gründen auch immer – **dazu berechtigt ist, seine Leistung zu kürzen, den Aufwendungsersatzanspruch in gleicher Weise kürzen**. Dies gilt jedoch ausdrücklich nicht für solche Aufwendungen, die der Versicherungsnehmer auf Weisung des Versicherers getätigt hat.

10

In § 13 Nr. 1 d) VGB 2010 (B) wird klargestellt, **dass der Ersatz für den Sachschaden und der Ersatz der Aufwendungen maximal die Versicherungssumme je vereinbarter Position betragen**. Sofern also die Versicherungssumme für den Ersatz des Sachschadens schon vollständig ausgeschöpft wird, werden vom Versicherungsnehmer übernommene Aufwendungen im Ergebnis nicht ersetzt. Die genannte Einschränkung in § 13 Nr. 1 d) VGB 2010 (B) gilt jedoch ebenfalls nicht für die Fälle, in denen die Aufwendungen auf Weisung des Versicherers entstanden sind.

11

Nach § 13 Nr. 1 e) VGB 2010 (B) kann der Versicherungsnehmer verlangen, dass ihm der Versicherer den für Aufwendungen nach § 13 Nr. 1 a) VGB 2010 (B) erforderlichen Betrag vorschießt.

12

Für **Leistungen der Feuerwehr** oder anderer Institutionen, die im öffentlichen Interesse zur Hilfeleistung verpflichtet sind, besteht nach § 13 Nr. 1 f) VGB 2010 (B) kein Aufwendungsersatzanspruch, wenn diese Leistungen im öffentlichen Interesse kostenfrei zu erbringen sind.

13

Bei dieser Regelung handelt es sich um eine Risikobegrenzung zulasten Dritter. Praktische Bedeutung hat sie in erster Linie für den Ersatz von Feuerlöschkosten, die als Schadenabwendungs- oder Schadenminderungskosten nach § 13 Nr. 1 a) VGB 2010 (B) versichert sind. Die Risikobegrenzung ist sachlich gerechtfertigt, weil Teile der Prämieneinnahmen aus der Wohngebäudeversicherung der zweckgebundenen **Feuerschutzsteuer** unterworfen sind. Die Feuerschutzsteuer ist für öffentliche Zwecke des Brandschutzes zu verwenden. Deshalb wäre es unbillig, wenn Versicherungsnehmer bzw. Versicherer bei der Inanspruchnahme öffentlicher Löschhilfe noch einmal zur Kostentragung herangezogen würden. Aufgrund der Kostenregelung in den Brandschutzgesetzen der einzelnen Bundesländer ist diese Einschränkung für den Versicherungsnehmer nicht nachteilig. Nach den landesgesetzlichen Regelungen ist der Einsatz der öffentlichen Feuerwehren bei Bränden, bei Notständen durch Naturereignisse und bei Hilfeleistungen zur Rettung von Menschen aus akuter Lebensgefahr unentgeltlich (vgl. beispielsweise § 34 Abs. 1 S. 1 des Feuerwehrgesetzes Baden-Württemberg). In diesen Fällen wird ein öffentliches Interesse unterstellt. Darauf ist es zurückzuführen, dass im zweiten Halbsatz von § 13 Nr. 1 f) VGB 2010 (B) eine abweichende Formulierung gewählt wurde. Dadurch wird positiv klargestellt, dass für andere Leistungen von öffentlichen Feuerwehren, die nicht im öffentlichen Interesse kostenfrei erbracht werden, grundsätzlich Kostenersatz aus der Wohngebäudeversicherung beansprucht werden kann. So liegt es beispielsweise, wenn die öffentliche Feuerwehr den infolge eines Rohrbruchs vollgelaufenen Keller des versicherten Gebäudes auspumpt. Dieser Einsatz ist nicht unentgeltlich. Die Kosten werden dem Versicherungsnehmer in Rechnung gestellt und sind als Schadenminderungskosten in der Wohngebäudeversicherung gedeckt. Andererseits kommt es vor, dass die öffentlichen Feuerwehren bei Sturmkatastrophen unentgeltlich Schadenminderungsmaßnahmen durchführen, sofern ein Notstand vorliegt. In diesen Fällen kann der Versicherungsnehmer keinen Aufwendungsersatz aus der Wohngebäudeversicherung beanspruchen.

E. Kosten der Ermittlung und der Feststellung des Schadens

14   Die VGB-Bestimmung zur Kostentragung entspricht der gesetzlichen Regelung des § 85 VVG.

§ 13 Nr. 2 VGB 2010 (B) trägt dem Grundgedanken Rechnung, dass Aufwendungen, die der Versicherungsnehmer zur Bewertung des Schadens tätigt, den Vermögensnachteil, den er infolge des Versicherungsfalls erleidet, weiter vergrößert.

Es ist grundsätzlich Aufgabe des Versicherers, den Schaden zu prüfen und zu bewerten[827]. Hierfür verfügt der Versicherer regelmäßig auch über die besseren Sachkenntnisse. Es ist daher grundsätzlich nicht geboten, dass der Versicherungsnehmer entweder selbst Maßnahmen zur Ermittlung und der Feststellung des Schadens ergreift oder er einen Sachverständigen damit beauftragt. Hierfür entstehende Aufwendungen sind vom Versicherer daher grundsätzlich nicht zu tragen.

15   Nach § 13 Nr. 2 a) Abs. 1 VGB 2010 (B) hat der Versicherer jedoch Kosten für die Ermittlung und Feststellung eines von ihm zu ersetzenden Schadens zu ersetzen, sofern diese den Umständen nach geboten waren. Mit **Ermittlungskosten** sind dabei diejenigen Kosten gemeint, die entstanden sind, um den Sachverhalt aufzuklären, der zum Eintritt des Versicherungsfalls geführt hat. Unter den Begriff der Feststellungskosten fallen diejenigen Kosten, die entstehen, um das Ausmaß und die Höhe des Schadens zu ermitteln.

Ersetzt werden nach § 13 Nr. 2 a) Abs. 1 VGB 2010 (B) nur die Kosten, die den Umständen nach **objektiv geboten** waren.

16   Kosten für die Hinzuziehung von Sachverständigen und oder Beiständen (z. B. Rechtsanwälte[828]) sind vom Versicherer nach § 13 Nr. 2 b) Abs. 2 VGB 2010 (B)

---

[827] Schwintowski/Brömmelmeyer/*Kloth/Neuhaus* § 85 Rn. 2.
[828] Schwintowski/Brömmelmeyer/*Kloth/Neuhaus* § 85 Rn. 11.

nur zu ersetzen, wenn der Versicherungsnehmer hierzu vertraglich verpflichtet war bzw. er vom Versicherer hierzu aufgefordert wurde.

Gemäß § 13 Nr. 2 b) VGB 2010 (B) ist der Versicherer zur Kürzung der nach § 13 Nr. 2 a) VGB 2010 (B) geschuldeten Leistung berechtigt, wenn er auch ansonsten ein Recht zur Leistungskürzung hat. 17

§ 14 Übergang von Ersatzansprüchen

1. Übergang von Ersatzansprüchen

Steht dem Versicherungsnehmer ein Ersatzanspruch gegen einen Dritten zu, geht dieser Anspruch auf den Versicherer über, soweit der Versicherer den Schaden ersetzt. Der Übergang kann nicht zum Nachteil des Versicherungsnehmers geltend gemacht werden. Richtet sich der Ersatzanspruch des Versicherungsnehmers gegen eine Person, mit der er bei Eintritt des Schadens in häuslicher Gemeinschaft lebt, kann der Übergang nicht geltend gemacht werden, es sei denn, diese Person hat den Schaden vorsätzlich verursacht.

2. Obliegenheiten zur Sicherung von Ersatzansprüchen

Der Versicherungsnehmer hat seinen Ersatzanspruch oder ein zur Sicherung dieses Anspruchs dienendes Recht unter Beachtung der geltenden Form- und Fristvorschriften zu wahren, und nach Übergang des Ersatzanspruchs auf den Versicherer bei dessen Durchsetzung durch den Versicherer soweit erforderlich mitzuwirken.

Verletzt der Versicherungsnehmer diese Obliegenheit vorsätzlich, ist der Versicherer zur Leistung insoweit nicht verpflichtet, als er infolgedessen keinen Ersatz von dem Dritten erlangen kann. Im Fall einer grob fahrlässigen Verletzung der Obliegenheit ist der Versicherer berechtigt, seine Leistung in einem der Schwere des Verschuldens des Versicherungsnehmers entsprechenden Verhältnis zu kürzen; die Beweislast für das Nichtvorliegen einer groben Fahrlässigkeit trägt der Versicherungsnehmer.

A. Einführung

§ 14 VGB 2010 (B) entspricht inhaltlich der gesetzlichen Bestimmung des § 86 VVG, so dass im Wesentlichen auf die zahlreichen Kommentierungen zu § 86 VVG verwiesen werden kann. Lediglich beim systematischen Aufbau der beiden Regelungen lassen sich Unterschiede feststellen. Das in § 86 Abs. 3 VVG enthaltene, sogenannte Familienprivileg wurde in § 14 Nr. integriert.

§ 86 VVG normiert einen Fall des **gesetzlichen Forderungsübergangs**.

B. Übergang von Ersatzansprüchen

Der Übergang der Ersatzansprüche erfolgt zu dem Zeitpunkt, in dem der Wohngebäudeversicherer die Versicherungsleistung **tatsächlich** erbringt. Gemeint ist der Zeitpunkt, zu dem die Zahlung des Versicherers erfolgt. Die bloße (schriftliche) Ankündigung, dass eine Versicherungsleistung erbracht werden wird, bewirkt noch keinen Forderungsübergang.

Ob die Versicherungsleistung **zu Recht oder zu Unrecht** erbracht worden ist, spielt nach der überwiegenden Auffassung keine Rolle[829]. Auch die Erbringung einer Versicherungsleistung durch den Versicherer bei **unklarer Sach- und Rechtslage** vermag einen Forderungsübergang nach § 86 VVG zu bewirken[830]. Der Schädiger wird durch die §§ 399 bis 404 BGB sowie die §§ 406 bis 410 BGB, welche gemäß § 412 BGB auf Fälle des gesetzlichen Forderungsübergangs anwendbar sind, geschützt. Im Übrigen soll der Schädiger durch das Bestehen eines Versicherungsvertrages auch nicht privilegiert werden.

Etwas anders ist die Rechtslage in Fällen, in denen der Wohngebäudeversicherer **irrtümlich eine Versicherungsleistung erbringt**. Der Versicherer hat in diesen Fällen zwei Möglichkeiten. Er kann entweder den nach § 86 VVG übergegangenen Anspruch gegen den Schädiger geltend machen oder seinen bereicherungsrechtlichen Rückzahlungsanspruch gegen den Versicherungsnehmer – Zug um Zug gegen Abtretung des übergegangenen Schadenersatzanspruchs – durchsetzen[831].

3   **Übergangsfähig** sind in der Wohngebäudeversicherung alle Ersatzansprüche, die der Versicherungsnehmer aufgrund eines versicherten Schadens gegen einen Dritten hat. Dabei handelt es sich regelmäßig um Fälle, in denen der Dritte schuldhaft einen Schaden an dem versicherten Gebäude verursacht, zu dessen Ersatz er gegenüber dem Versicherungsnehmer aufgrund privatrechtlicher Regelungen verpflichtet ist. Handelt es sich dabei um einen versicherten Schaden, so kann der Versicherungsnehmer wählen, ob er den Schädiger bzw. dessen Haftpflichtversicherer oder seine eigene Wohngebäudeversicherung in Anspruch nimmt. Entscheidet er sich für die Inanspruchnahme des Wohngebäudeversicherers, so gehen die Ansprüche gegen den Schädiger auf den Versicherer über, soweit dieser den Schaden ersetzt hat. Der Versicherer kann nun seinerseits den Schädiger in Regress nehmen, d. h. von ihm bzw. seinem Haftpflichtversicherer Ersatz der an den Versicherungsnehmer oder an den Versicherten erbrachten Leistungen verlangen. Dabei ist zu berücksichtigen, dass die Höhe des Ersatzanspruchs gegen den Dritten und des versicherungsrechtlichen Entschädigungsanspruchs häufig nicht übereinstimmen. So ist der versicherungsvertragliche Anspruch in der Wohngebäudeversicherung häufig höher als der Ersatzanspruch für den kongruenten Schaden, weil der Wohngebäudeversicherer den Neuwertschaden entschädigt, während der Schädiger nur zum Ersatz des Zeitwertschadens verpflichtet ist. Umgekehrt kann jedoch auch der versicherungsvertragliche Anspruch niedriger sein als der zivilrechtliche Ersatzanspruch, wenn beispielsweise Unterversicherung vorliegt, Selbstbehalte vereinbart wurden oder Entschädigungsgrenzen wirken.

---

829   Günther A.1.1.a) m. w. N.
830   Günther A.1.1.a) m. w. N.
831   Günther A.1.1.a) m. w. N.

Dabei kann es in der Neuwertversicherung zu schwierigen **Aufteilungsproblemen** kommen, die nachfolgend an einem **Beispiel** erläutert werden. 4

Annahmen:

- Zeitwertschaden: 65.000 EUR
- Neuwertschaden: 90.000 EUR
- Versicherungswert 1914: 30.000 EUR
- Versicherungssumme 1914: 20.000 EUR
- Selbstbehalt: 2.000 EUR

Die Entschädigung des Versicherers beträgt unter Anrechnung der Unterversicherung 58.000 EUR (2/3 des Neuwertschadens abzüglich des Selbstbehalts). Der zivilrechtliche Entschädigungsanspruch beträgt 65.000 EUR. Hier fragt sich, in welcher Höhe der zivilrechtliche Ersatzanspruch des Versicherungsnehmers gegen den Schädiger auf den Versicherer übergeht. Ansatzpunkt für die Beantwortung dieser Frage ist § 86 Abs. 1 Satz 2 VVG. Demnach kann der Forderungsübergang nicht zum Nachteil des Versicherungsnehmers geltend gemacht werden. Anders ausgedrückt darf der Versicherer seinen Regressanspruch erst dann realisieren, wenn der gesamte Schaden des Versicherungsnehmers ersetzt wurde.

Zur Umsetzung dieses **Quotenvorrechts des Versicherungsnehmers** hat die Rechtsprechung die sogenannte **Differenztheorie** entwickelt. Diese besagt, dass der Versicherungsnehmer bis zur vollständigen Befriedigung seiner Schadenersatzansprüche Gläubiger des zivilrechtlichen Ersatzanspruchs bleibt. Auf den Versicherer geht nur der Teil des zivilrechtlichen Ersatzanspruchs über, der nach Ausgleich der Differenz zwischen dem Gesamtschaden und der Leistung des Versicherers verbleibt. Übertragen auf das oben genannte Beispiel bedeutet dies, dass aus dem zivilrechtlichen Entschädigungsanspruch zunächst dem Versicherungsnehmer 32.000 EUR zustehen (90.000 EUR abzüglich der 58.000 EUR Versicherungsleistung). Auf den Versicherer geht infolgedessen der Ersatzanspruch lediglich in Höhe von 33.000 EUR über (65.000 EUR abzüglich der an den Versicherungsnehmer zu zahlenden 32.000 EUR). Dieses Ergebnis ist unausgewogen. Es bevorteilt die Versicherungsnehmer, die durch die Vereinbarung einer zu niedrigen Versicherungssumme und eines Selbstbehalts Prämie sparen, im Verhältnis zu denjenigen Versicherungsnehmern, die eine ausreichende Versicherungssumme ohne Selbstbehalt vereinbaren und infolgedessen eine höhere Prämie zahlen[832].

Praktisch bedeutsam sind Regressansprüche in der Wohngebäudeversicherung vor allen Dingen im Bereich der Feuer- und der Leitungswasserversicherung. 5

---

[832] Prölss/Martin/*Prölss* § 86 Rn. 25; Römer/Langheid § 86 Rn. 41.

Häufig entstehen Regressansprüche in Fällen, in denen Handwerker sowie Mieter oder Pächter bzw. deren Untermieter durch fahrlässiges Verhalten Schäden an versicherten Gebäuden anrichten. Für den Übergang des dadurch begründeten Ersatzanspruchs auf den Versicherer kommt es darauf an, ob der Schädiger Dritter im Sinne von § 86 abs. 1 VVG ist. Grundsätzlich ist Dritter jeder, der nicht Versicherungsnehmer oder Versicherter ist[833]. Obwohl es Ausnahmen von dieser Grundregel gibt[834], kann der Wohngebäudeversicherer seinen Regress in der Regel nur dann durchsetzen, wenn der Schädiger nicht Versicherungsnehmer oder Versicherter ist. Bei schädigenden Handwerkern kann davon regelmäßig ausgegangen werden, dagegen ist dies bei Mietern oder Pächtern aufgrund der oben dargestellten Problematik in vielen Fällen zweifelhaft oder nicht zutreffend. Es wird einmal mehr deutlich, dass es sich bei der Mitversicherung des sogenannten Sachersatzinteresses von Mietern oder Pächtern grundsätzlich darum handelt, ein lupenreines Haftpflichtrisiko in die Wohngebäudeversicherung einzubringen, und das in vielen Fällen auch zum Nachteil des Eigentümer-Versicherungsnehmers. Allerdings ist nicht zu übersehen, dass die vom Bundesgerichtshof geschaffene Konstruktion der stillschweigenden Beschränkung der Haftung von Wohnungsmietern für die Verursachung von Brandschäden auf Vorsatz und grobe Fahrlässigkeit[835] für Mieter und Wohngebäudeversicherer häufig wirtschaftlich zu denselben Ergebnissen führt. Dies liegt daran, dass der Versicherer bei Vorsatz und grober Fahrlässigkeit des Versicherten diesen dennoch in Regress nehmen kann, soweit er den Schaden an den versicherten Interessen des Versicherungsnehmers oder anderer Versicherter entschädigt[836]. Auch bei der Versicherung von Wohnungseigentümergemeinschaften sind Besonderheiten zu beachten. Dabei kann in diesem Zusammenhang dahingestellt bleiben, ob die einzelnen Mitglieder der Wohnungseigentümergemeinschaft Versicherungsnehmer[837] oder Versicherter[838] sind.

6 Erhebliche Bedeutung kommt in der Wohngebäudeversicherung auch dem in § 86 Abs. 3 VVG verankerten sogenannten **Familienprivileg** zu. Danach ist der Übergang von Ersatzansprüchen des Versicherungsnehmers auf den Versicherer ausgeschlossen, wenn sich die Ersatzansprüche gegen eine Person richten, die mit dem Versicherungsnehmer in häuslicher Gemeinschaft lebt. Dem Familienprivileg liegt der Gedanke zugrunde, dass ein persönliches Näheverhältnis zwischen dem Versicherungsnehmer und dem Schädiger nicht durch Regressbemühungen des Wohngebäudeversicherers belastet werden soll. Die Bezeichnung dieses Ausnahmetatbestandes als Familienprivileg ist insofern nicht mehr korrekt, als dass § 86 Abs. 3 VVG anders als noch die Vorgängerbestimmung des § 67 Abs. 2 VVG nicht mehr darauf abstellt, ob es sich bei dieser Person um einen

---

833 Prölss/Martin/*Prölss* § 86 Rn. 13.
834 Prölss/Martin/*Prölss* § 86 Rn. 13.
835 BGH VersR 1996, 320.
836 Prölss/Martin/*Prölss* § 86 Rn. 14; Römer/Langheid, VVG § 86 Rn. 21.
837 OLG Düsseldorf r + s 1998, 337.
838 BGH VersR 2007, 411; OLG Hamm VersR 1996, 1234.

Familienangehörigen handelt, sondern es ausreichend ist, dass die Person mit dem Versicherungsnehmer in häuslicher Gemeinschaft lebt. Häusliche Gemeinschaft setzt eine auf Dauer angelegte Haushalts- und Wirtschaftsführung voraus. Die Mitglieder der häuslichen Gemeinschaft führen einen gemeinsamen Haushalt und nutzen zumindest wesentliche Teile des Hausrats und der Wohnung gemeinschaftlich. Vorübergehende Abwesenheit hebt die häusliche Gemeinschaft nicht auf. Das Familienprivileg endet dort, wo der mit dem Versicherungsnehmer in häuslicher Gemeinschaft lebende Schädiger den Schaden vorsätzlich verursacht. In diesem Fall stehen dem Wohngebäudeversicherer Regressansprüche gegen den Schädiger zu.

C. Regressverzichtsabkommen der Feuerversicherer

Besonderheiten sind beim Regress in der Feuerversicherung zu beachten. Dort gilt das Regeressverzichtsabkommen der Feuerversicherer. Grundlage dafür sind die **Bestimmungen für einen Regressverzicht der Feuerversicherer bei übergreifenden Schadenereignissen** (im Weiteren: Regressverzichtsabkommen)[839], welches seit dem 01.01.1961 existiert[840]. Danach verzichten die Feuerversicherer unter bestimmten Voraussetzungen darauf, einen nach § 86 VVG auf sie übergegangenen Schadenersatzanspruch geltend zu machen (Regressverzicht). Das Regressverzichtsabkommen der Feuerversicherer soll den selbst feuerversicherten und lediglich leicht fahrlässig handelnden Schädiger in den Fällen begünstigen, in denen ein Brand von seiner feuerversicherten Sache auf fremde, bei einem anderen Versicherer gegen das Feuerrisiko versicherten Sachen übergreift. Der nur leicht fahrlässig handelnde Schädiger soll die Leistungen seines Feuerversicherers im wirtschaftlichen Ergebnis nicht dadurch wieder verlieren, dass er durch den Feuerversicherer des Geschädigten in Regress genommen wird[841].

7

Der Regressverzicht ist betragsmäßig nach oben und nach unten begrenzt. Er gilt bei einem Regressschuldner je Schadenereignis für eine Regressforderung bis zu 600.000 EUR, jedoch nur insoweit, als die Regressforderung 150.000 EUR übersteigt (vgl. Ziffer 6 a)). Die untere Grenze wurde eingeführt, weil erwartet werden kann, dass die Regressschuldner ein solches Risiko durch den Abschluss einer Haftpflichtversicherung abdecken. Jedoch erweitert sich der Regressverzicht über diese untere Grenze hinaus, soweit die Haftpflichtversicherung des Schädigers gemäß Ziffer 7.4 (2), 7.5 bis 7.7 der Allgemeinen Versicherungsbedingungen für die Haftpflichtversicherung (AHB, unverbindliche Musterbedingungen des GDV) keine Deckung bieten würde.

---

839 http://www.gdv.de/wp-content/uploads/2014/07/SU_282_Feuerversicherer_Regressverzicht_Bestimmungen_2010.pdf – zuletzt abgerufen am 10.08.2014.
840 Vgl. zur Historie des Regressverzichtabkommens: Siegel, Das Regressverzichtsabkommen der Feuerversicherer in: VersR 2009, S. 46 ff.
841 Günther B 1.

8   Aufgrund des Regressverzichtsabkommens der Feuerversicherer stellt sich die Regresssituation bei übergreifenden Brandschäden in der Regel folgendermaßen dar: Die ersten 150.000 EUR gehen zu Lasen des schadenverursachenden Regressschuldners bzw. dessen Haftpflichtversicherers, die darüber hinausgehende Regressforderung fällt bis zu einem Betrag in Höhe von 600.000 EUR unter den Regressverzicht. Übersteigt der Regressanspruch den Gesamtbetrag von 600.000 EUR, so geht der übersteigende Betrag wiederum zu Lasen des Versicherungsnehmers bzw. dessen Haftpflichtversicherers.

Der **Regressverzicht ist an verschiedene Voraussetzungen geknüpft**. Grundvoraussetzung ist, dass der Schaden, auf dem der Regressanspruch beruht, durch ein Ereignis herbeigeführt wurde, das für den Regressschuldner einen Versicherungsfall seiner Feuerversicherung darstellt. Der Versicherer muss im Rahmen dieser Feuerversicherung dafür auch eine Entschädigung gezahlt haben, es sei denn, die Ersatzpflicht entfällt wegen eines vereinbarten Selbstbehalts. Es kommt dabei darauf an, dass der Versicherer die Versicherungsleistung als Feuerversicherer erbracht hat. Nicht ausreichend ist es etwa, wenn ein in Anspruch genommener Haftpflichtversicherer gleichzeitig – was regelmäßig der Fall ist, da bezüglich der Haftpflicht- und der Feuerversicherung keine Spartentrennung gefordert wird – auch die Feuerversicherung betreibt und dem Regressverzichtsabkommen deshalb beigetreten ist[842]. Daneben ist vorausgesetzt, dass das Schadenereignis innerhalb der Bundesrepublik Deutschland vom Versicherungsort dieser Feuerversicherung auf die versicherten Gegenstände übergegriffen hat. Der Regressverzicht kommt nur zustande, wenn die betroffenen Feuerversicherer dem Regressverzichtsabkommen beigetreten sind. Dies ist in der Regel der Fall, weil nahezu alle in Deutschland niedergelassenen Feuerversicherer dem Regressverzichtsabkommen beigetreten sind[843].

Aus dem Wortlaut der Bestimmungen ergibt sich nicht eindeutig, ob der Regressverzicht auch für Versicherte gilt. In Ziffer 2 des Regressverzichtsabkommens wird im Zusammenhang mit dem Regressschuldner lediglich von „seiner Feuerversicherung" gesprochen. Jedoch folgt aus dem Sachzusammenhang, dass der Regressverzicht auch für Ersatzansprüche gilt, die sich gegen den Versicherten richten. Der Regressverzicht erstreckt sich nach Ziffer 4 a) und b) des Regressverzichtabkommens auch auf andere Personen, unter anderem auf Ersatzansprüche, die sich gegen Repräsentanten, gesetzliche Vertreter, Familienangehörige sowie im Betrieb oder Haushalt des Regressschuldners angestellte Personen richten. Familienangehörige sind „mit dem Betreffenden in häuslicher Gemeinschaft lebende Ehegatten und Verwandte direkter, aufsteigender und absteigender Linie des Betreffenden und seines Ehegatten" (Ziffer 4 a) des Regressverzichtsabkommens). Ausgeschlossen vom Regressverzicht sind nach Ziffer 5 des Regressverzichtsabkommens Vorsatz und grobe Fahrlässigkeit. Lediglich für

---

842 Günther B.1.1.b) m. w. N.

843 Vgl. Liste des GDV, die im Internet unter http://www.gdv.de/wp-content/uploads/2014/04/GDV_Feuer versicherer_Regressverzicht_Verzeichnis_beigetretene_VU_April_2014.pdf abrufbar ist – zuletzt abgerufen am 10.08.2014.

Angestellte im Betrieb oder Haushalt des Regressschuldners, die nicht zugleich Repräsentanten, gesetzliche Vertreter, Familienangehörige oder persönlich haftende Gesellschafter bzw. Gesellschafter des Regressschuldners sind, erstreckt sich der Regressverzicht auch auf Fälle grober Fahrlässigkeit. Dies ergibt sich aus Ziffer 5 c) des Regressverzichtabkommens.

Bei dem Regressverzichtsabkommen handelt es sich um einen **Vertrag zugunsten Dritter**.

D. Teilungsabkommen zwischen Sach- und Haftpflichtversicherer

Im Bereich der Wohngebäudeversicherung von Bedeutung ist auch das Teilungsabkommen zwischen Sach- und Haftpflichtversicherern, welches auch als **Teilungsabkommen Mieterregress** bezeichnet wird[844].

9

Das Teilungsabkommen regelt das Rechtsverhältnis der beigetretenen Wohngebäudeversicherer zu den beigetretenen Haftpflichtversicherern von Mietern, die durch ihr Verhalten einen Versicherungsfall in der Wohngebäudeversicherung verursacht haben und gegen die dem Wohngebäudeversicherer nach § 14 VGB 2010 (B) übergegangene Ersatzansprüche zustehen.

E. Obliegenheiten des Versicherungsnehmers

Im Zusammenhang mit dem Übergang von Ersatzansprüchen in der Wohngebäudeversicherung bestehen Obliegenheiten des Versicherungsnehmers. Diese und die Folgen ihrer Verletzung werden in § 14 Nr. 2 VGB 2010 (B) geregelt. Die Bestimmung aus den VGB 2010 entspricht der gesetzlichen Bestimmung des § 86 Abs. 2 VVG.

10

Der Versicherungsnehmer hat dabei in erster Linie die Ansprüche zu wahren, die auf den Wohngebäudeversicherer übergehen können. Ihn trifft also insbesondere die Obliegenheit, keine nachteiligen Vergleiche über übergangsfähige Ansprüche zu schließen bzw. auf solche Ansprüche gänzlich zu verzichten. Weiterer Bestandteil dieser Obliegenheit ist es, den Eintritt der Verjährung in Bezug auf die übergangsfähigen Ersatzansprüche zu vermeiden.

Im Rahmen der VVG-Reform wurde die Bestimmung zum gesetzlichen Forderungsübergang dahingehend ergänzt, dass den Versicherungsnehmer nicht mehr nur die Obliegenheit trifft, Ansprüche (passiv) zu wahren, sondern die Obliegenheit auch umfasst, bei der Durchsetzung der übergegangenen Ansprüche durch den Versicherer – soweit erforderlich – (aktiv) mitzuwirken. In § 14 Nr. 2 Abs. 1 VGB 2010 (B) wurde diese Änderung des § 86 Abs. 2 VVG berücksichtigt.

---

844 Günther E 1.9.

Den Versicherungsnehmer trifft daraus insbesondere die Obliegenheit, dem Versicherer benötigte Informationen zur Verfügung zu stellen.

11 Bei den Rechtsfolgen von Verstößen gegen die vorgenannten Obliegenheiten wird nach dem **Grad des Verschuldens differenziert**.

Verletzt der Versicherungsnehmer **vorsätzlich** seine Obliegenheit aus § 14 Nr. 2 Abs. 1 VGB 2010 (B), ist der Versicherer ihm gegenüber nicht mehr zum Ersatz verpflichtet, soweit er infolge der Obliegenheitsverletzung von dem Dritten keinen Ersatz mehr verlangen kann.

Bei einer **grob fahrlässigen Verletzung der Obliegenheiten** ist der Versicherer dazu berechtigt, seine Versicherungsleistung in einem der Schwere des Verschuldens entsprechenden Verhältnis zu kürzen. Der Versicherer ist hier also nicht gänzlich leistungsfrei.

Soweit der Versicherungsnehmer sich darauf beruft, dass die Obliegenheitsverletzung nicht grob fahrlässig erfolgte, trägt er hierfür die Beweislast.

§ 15 Kündigung nach dem Versicherungsfall

1. Kündigungsrecht

Nach dem Eintritt eines Versicherungsfalles kann jede der Vertragsparteien den Versicherungsvertrag kündigen. Die Kündigung ist in Schriftform[845] zu erklären. Die Kündigung ist nur bis zum Ablauf eines Monats seit dem Abschluss der Verhandlungen über die Entschädigung zulässig.

2. Kündigung durch Versicherungsnehmer

Der Versicherungsnehmer ist berechtigt, das Versicherungsverhältnis mit sofortiger Wirkung oder zu jedem späteren Zeitpunkt bis zum Ablauf des Versicherungsjahres in Schriftform[846] zu kündigen.

3. Kündigung durch Versicherer

Eine Kündigung des Versicherers wird einen Monat nach ihrem Zugang beim Versicherungsnehmer wirksam.

A. Allgemeine Anmerkungen

In Anlehnung an § 92 VVG bestimmt § 15 VGB 2010 (B), dass der Versicherer oder der Versicherungsnehmer den Versicherungsvertrag nach dem Eintritt eines Versicherungsfalles kündigen können. 1

Durch das Kündigungsrecht wird die Bindungswirkung langfristiger Wohngebäudeversicherungsverträge für beide Vertragsparteien wesentlich abgeschwächt. In der Wohngebäudeversicherung werden in der Regel weiterhin langjährige Verträge abgeschlossen. Zwar wurde die maximale Bindung durch die Neufassung von § 11 Abs. 4 VVG auf inzwischen drei Jahre (zuvor betrug sie gemäß § 8 Abs. 3 VVG fünf Jahre, davor sogar zehn Jahre) verkürzt. Der Versicherer und der Versicherungsnehmer sollen jedoch die Möglichkeit haben, langfristige Vertragsverhältnisse vorzeitig zu lösen, wenn sich im Versicherungsfall herausstellt, dass die Erwartungen und die Anforderungen, die ein Vertragspartner an den anderen Vertragspartner stellt, sich nicht einstellen bzw. nicht realisieren lassen. Im Versicherungsfall muss sich das Versicherungsvertragsverhältnis bewähren. An der vorzeitigen Beendigung eines langfristigen Vertragsverhältnisses können beide Parteien interessiert sein. Der Versicherer hat daran ein Interesse, wenn z. B. innerhalb kurzer Zeit mehrere Schäden anfallen oder sich im Versicherungsfall herausstellt, dass kurzfristig mit weiteren Schäden zu rechnen ist. Der Versicherungsnehmer möchte das Vertragsverhältnis dann vorzeitig lösen, wenn die Schadenregulierung langwierig ist, der Versicherer kleinlich reguliert oder überhöhte Anforderungen an den Schadennachweis stellt. Im Allgemeinen kün-

---

845 Hier auch Textform zulässig.
846 Hier auch Textform zulässig.

digen Versicherungsnehmer aus Anlass des Versicherungsfalls weitaus häufiger als Versicherer. Dies liegt unter anderem daran, dass im Zuge des verschärften Wettbewerbs die Schadenfallkündigung als Möglichkeit zum Versichererwechsel mehr und mehr genutzt wird.

B. Versicherungsfall

2 Nach dem Eintritt eines Versicherungsfalles kann der Versicherer oder der Versicherungsnehmer kündigen. Der Begriff Versicherungsfall ist in den VGB in diesem Zusammenhang nicht definiert. Maßgebend ist daher der in der Wohngebäudeversicherung allgemein geltende Begriff des Versicherungsfalls. Danach ist Versicherungsfall die Zerstörung, die Beschädigung oder das Abhandenkommen von versicherten Sachen durch eine versicherte Gefahr im Versicherungsort oder während der materiellen Dauer des Versicherungsschutzes. Es genügt, dass ein Ereignis eingetreten ist, das nach dieser Definition objektiv unter die Haftung des Versicherers fällt. So beseitigt nach übereinstimmender Auffassung Leistungsfreiheit aus subjektiven Gründen wie z. B. Verletzung der vorvertraglichen Anzeigepflicht, Nichtanzeige einer Gefahrerhöhung, Verletzung von Sicherheitsvorschriften, Obliegenheitsverletzungen im Versicherungsfall oder arglistige Täuschung das Kündigungsrecht nicht. Das gilt auch für Schäden, die unterhalb eines vereinbarten Selbstbehalts liegen. Dagegen besteht nach der herrschenden Meinung kein Kündigungsrecht, wenn der Versicherungsfall durch Vorsatz oder grobe Fahrlässigkeit des Versicherungsnehmers herbeigeführt wurde[847]. Nach Auffassung von *Römer/Langheid* ist das aufgrund der dargestellten Auffassung „entstehende Durcheinander" abzulehnen[848]. Dort wird insbesondere die Meinung vertreten, dass ein Kündigungsrecht auch entsteht, wenn der Versicherungsnehmer einen Versicherungsfall vorsätzlich oder grob fahrlässig herbeiführt oder fingiert. Umgekehrt soll entgegen der herrschenden Meinung kein Kündigungsrecht entstehen, wenn der Schaden unterhalb des Selbstbehalts liegt[849]. Das Durcheinander ist vollendet. Folgte man dieser Auffassung, so würde durch einen vom Versicherungsnehmer fingierten Schaden unterhalb des Selbstbehalts ein Kündigungsrecht entstehen, wenn weder ein Versicherungsfall noch überhaupt ein Schaden eingetreten ist. Umgekehrt würde nach einem Versicherungsfall nur deswegen kein Kündigungsrecht entstehen, weil der Schaden bzw. die Entschädigung unterhalb des Selbstbehalts liegt.

3 Dem kann nicht zugestimmt werden. Die Verfasser der VGB 88 n. F. waren der Auffassung von *Römer/Langheid* teilweise gefolgt und hatten das Kündigungsrecht nach § 19 Nr. 2 VGB 88 n. F. ausgeschlossen, wenn die Höhe des Schadens unterhalb des vereinbarten Selbstbehalts lag. Es kam also auf die Höhe des Schadens an. Die wörtliche Auslegung der zitierten Regelung in den VGB

---

847 Prölss/Martin/*Armbrüster* § 92 Rn.. 4; Martin L II 19; Ollick VerBAV 81 44.
848 Römer/Langheid § 92 Rn. 7.
849 Römer/Langheid § 92 Rn. 7.

88 n. F. führte dazu, dass der Versicherungsnehmer auch dann ein Kündigungsrecht hatte, wenn der Schadenbetrag über dem Selbstbehaltsbetrag, die errechnete Entschädigung jedoch z. B. wegen Unterversicherung unter dem Betrag des Selbstbehalts lag. Abgesehen davon stellte sich nun die Frage, ob diese Regelung eine Abweichung von § 96 VVG a. F. darstellte, die den Versicherungsnehmer unangemessen benachteiligte und infolgedessen wegen § 9 Abs. 2 Nr. 1 und Nr. 2 AGBG bzw. wegen § 307 Abs. 1 BGB unwirksam ist. Im Streitfall konnte der Versicherungsnehmer vortragen, er habe die Auswirkungen der vereinbarten Selbstbehaltsregelung bei Vertragsschluss falsch eingeschätzt, zumal er über die schwer verständliche vertragliche Bestimmung nicht ausreichend aufgeklärt worden sei. Infolgedessen seien seine Erwartungen an die Leistungen des Versicherers im Schadenfall enttäuscht worden, so dass er das langfristige Vertragsverhältnis lösen möchte. Dieser Argumentation konnten sich Gerichte nur schwer verschließen. Aufgrund dieser Schwierigkeiten wurde diese Differenzierung in den VGB 2010 nicht übernommen.

Unklar ist, ob ein Kündigungsrecht auch dann entsteht, wenn der Versicherungsnehmer für einen (behaupteten) ersatzpflichtigen Versicherungsfall keine Entschädigung beansprucht. Diese Fälle sind abweichend von den VGB 62 a. F. im Bedingungswortlaut der aktuellen VGB nicht mehr geregelt. Nach § 20 Nr. 2 Satz 3 VGB 62 a. F. war eine Kündigung auch dann zulässig, wenn für einen ersatzpflichtigen Versicherungsfall keine Entschädigung beansprucht wird. Dabei ist jedoch vorausgesetzt, dass der Versicherungsfall nicht länger als ein Jahr zurückliegt. Im Zuge der Anpassung der AVB Sach an das AGBG im Jahr 1984 wurde diese Bestimmung ersatzlos gestrichen. Dadurch entstanden erhebliche Schwierigkeiten bei der Auslegung von § 20 Nr. 2 VGB 62, wenn der Versicherungsnehmer für einen ersatzpflichtigen Schaden keine Entschädigung beanspruchte. Die herrschende Meinung ist aber davon ausgegangen, dass der Versicherungsnehmer weiterhin zur Kündigung berechtigt ist, wenn er für einen (behaupteten) ersatzpflichtigen Versicherungsfall keine Entschädigung beansprucht. Aufgrund der Neufassung der Bestimmungen über das Kündigungsrecht nach Eintritt eines Versicherungsfalls ist auf den ersten Blick zweifelhaft, ob dies auch für die Wohngebäudeversicherung nach den VGB 88/VGB 2010 gilt. Aus dem Wortlaut von §§ 19 Nr. 2 VGB 88 n. F., 24 Nr. 2 Abs. 2 VGB 88 a. F., 15 Abs. 1 Satz 3 VGB 2010 folgt indessen, dass ein Kündigungsrecht nur dann entstehen soll, wenn eine Entschädigung gezahlt oder ein Entschädigungsanspruch abgelehnt wird. In den VGB 88 n. F. war der Wortlaut diesbezüglich eindeutig. Das Bestehen des Kündigungsrechts wurde von der „Auszahlung der Entschädigung" bzw. von der „Ablehnung der Zahlung aus Gründen, die den Eintritt des Versicherungsfalls unberührt lassen" abhängig gemacht. Lediglich in diesen Fällen lässt sich auch eine Kündigungsfrist überhaupt berechnen. Demgegenüber ist die Formulierung in den VGB 2010 weniger klar. Demnach ist die Kündigung nur bis zum Ablauf einer Frist von einem Monat seit dem Abschluss der Verhandlungen über die Entschädigung zulässig. Der Sache nach sollten sich hieraus jedoch keine Veränderungen zu den Regelungen in den VGB 88 ergeben. Die Bedingung wurde lediglich an den Wortlaut der entsprechenden gesetzlichen Vorschriften in § 96 VVG a. F./§ 92 VVG angepasst.

Somit besteht in der Wohngebäudeversicherung nach den VGB 88/VGB 2010 nach dem Eintritt eines Versicherungsfalles kein Kündigungsrecht, wenn der Versicherungsnehmer keine Entschädigung beansprucht.

C. Mehrere Verträge

5   Das außerordentliche Kündigungsrecht entsteht nach dem Wortlaut der VGB für „den Versicherungsvertrag", d. h. für den Vertrag, zu dem der Versicherungsfall eingetreten ist. Andere Wohngebäudeversicherungsverträge, die derselbe Versicherungsnehmer bei demselben Versicherer abgeschlossen hat, bleiben unberührt. Die Kündigung gilt jedoch für alle Gefahrengruppen. Die Wohngebäudeversicherung ist eine verbundene Versicherung, in der mehrere versicherte Gefahren zu einem einheitlichen Vertrag zusammengefasst sind. Es ist nicht möglich, lediglich die Gefahrengruppe „herauszukündigen", zu der ein Schaden angefallen ist. Das Kündigungsrecht erstreckt sich jedoch nicht auf sonstige Versicherungsverträge (z. B. Hausrat, Haftpflicht, Glas), die in demselben Versicherungsschein mit der Wohngebäudeversicherung gebündelt sind. Die angebündelten Verträge sind rechtlich selbständig. Das gilt auch für die Versicherung weiterer Elementargefahren. Tritt ein Versicherungsfall zu einem Vertrag ein, so hat dies keine Auswirkungen auf die übrigen Verträge. Es fragt sich allerdings, ob dies auch dann noch gilt, wenn die Versicherer künftig bei derartigen Bündelungen einen einheitlichen Allgemeinen Teil der AVB mit den besonderen spartenspezifischen Teilen von AVB verbinden.

D. Mehrere Versicherungsnehmer

6   Wurde ein gemeinsamer Vertrag mit mehreren Versicherungsnehmern geschlossen, so kann der Vertrag durch die mehreren Versicherungsnehmer auch nur gemeinsam gekündigt werden. Eine Kündigung durch einen Versicherungsnehmer ist unwirksam. In der Wohngebäudeversicherung kommen derartige Fälle häufig vor, wenn z. B. beide Ehepartner Eigentümer des versicherten Wohngebäudes sind. Ist dagegen nur ein Ehepartner Versicherungsnehmer, so kann er den Vertrag auch ohne Zustimmung des anderen Ehepartners kündigen. Schwierigkeiten treten bei Verträgen mit einer Gemeinschaft von Wohnungseigentümern auf. Sind alle Wohnungseigentümer Versicherungsnehmer, so kann der Vertrag nur durch die Gemeinschaft der Wohnungseigentümer gemeinsam gekündigt werden. Das gilt entsprechend, wenn die Wohnungseigentümergemeinschaft einen Verwalter bestellt hat. Auch dann sind Kündigungen durch den Verwalter nur wirksam, wenn sie auf einem einstimmigen Beschluss aller Wohnungseigentümer beruhen und der Verwalter eine Vollmacht aller Wohnungseigentümer vorlegt,

die ihn zur Kündigung des Vertrages berechtigt. Allerdings ist diese Rechtsfrage umstritten[850]. So hat das Amtsgericht Karlsruhe die Ansicht vertreten, dass der Verwalter den Versicherungsvertrag auch ohne Beschluss der Eigentümerversammlung kündigen kann[851]. Dagegen setzt nach einem Urteil des Landgerichts Berlin die Kündigung von Versicherungsverträgen, welche das Feuer- oder das Haftungsrisiko ausschließt, durch den Verwalter einen Beschluss der Wohnungseigentümergemeinschaft voraus[852]. Das Gericht hat dabei die Frage offengelassen, ob ein Mehrheitsbeschluss nach § 25 WEG ausreicht oder eine einstimmige Entscheidung zu fordern ist. Die Versicherer werden in der Regel eine Kündigung nur dann anerkennen, wenn der Verwalter eine qualifizierte Vollmacht vorlegt und einen einstimmigen Beschluss der Wohnungseigentümergemeinschaft nachweist.

E. Schriftform

Die Kündigung nach dem Eintritt des Versicherungsfalls muss, unabhängig davon ob diese von Versicherungsnehmer oder vom Versicherer erklärt wird, der Schriftform genügen. Gemäß § 126 Abs. 1 BGB bedeutet Schriftform, dass die Kündigungserklärung vom Erklärenden eigenhändig unterschrieben sein muss.

7

Die VGB 2010 lassen es auch zu, dass abweichend von der Schriftform für die Kündigungserklärung auch die Textform nach § 126b BGB zwischen Versicherungsnehmer und Versicherer vereinbart wird.

Die Kündigung durch den Versicherungsnehmer kann an die Hauptverwaltung des Versicherers bzw. an eine der Geschäftsstellen des Versicherers adressiert sein. Die Kündigung geht dem Versicherer jedoch auch zu, wenn die an den zuständigen Versicherungsvertreter gerichtet ist. Die Empfangsvollmacht des Versicherungsvertreters kann jedoch in zulässiger Weise beschränkt werden[853].

Die Kündigung des Versicherers ist an die Anschrift des Versicherungsnehmers zu richten. Hat der Versicherungsnehmer eine Änderung seiner Anschrift dem Versicherer nicht mitgeteilt, genügt für eine Willenserklärung, die dem Versicherungsnehmer gegenüber abzugeben ist, die Absendung eines eingeschriebenen Briefes an die letzte dem Versicherer bekannte Anschrift. Die Erklärung wird zu dem Zeitpunkt wirksam, in dem sie ohne die Anschriftenänderung bei regelmäßiger Beförderung dem Versicherungsnehmer zugegangen sein würde. Verlegt der Versicherungsnehmer den Sitz seines Gewerbebetriebes, so gilt das Vorhergehende entsprechend.

---

850 VerBAV 1984, 442.
851 AG Karlsruhe VersR 1980, 820.
852 LG Berlin VersR 1986, 698.
853 BGH – Urteil vom 10.02.1999, IV ZR 324/97.

F. Monatsfrist

8 Das Kündigungsrecht nach einem Versicherungsfall ist zeitlich befristet. Nach § 92 Abs. 2 VVG ist die Kündigung nur bis zum Ablauf eines Monats seit dem Abschluss der Verhandlungen über die Entschädigung zulässig. Der Abschluss der Verhandlungen kann entweder darin bestehen, dass der Versicherer eine Versicherungsleistung erbringt oder die Erbringung einer Entschädigungsleistung aus Gründen ablehnt, die den Eintritt des Versicherungsfalles unberührt lassen.

Wird eine Entschädigung gezahlt, so stellt dieses Ereignis den Abschluss der Verhandlungen dar[854]. Folglich beginnt die Monatsfrist mit der Auszahlung der Entschädigung. Die Regelung ist erweiternd dahingehend auszulegen, dass der Lauf der Monatsfrist beginnt, sobald die Entschädigungszahlung auf dem Konto des Versicherungsnehmers eingegangen ist. Teilzahlungen bzw. Vorauszahlungen setzen die Fristen nicht in Gang.

Das Kündigungsrecht entsteht auch, wenn objektiv ein Versicherungsfall eingetreten ist, der aus subjektiven Gründen abgelehnt wird. In diesem Fall ist in der Ablehnung des Versicherers der Abschluss der Verhandlungen zu sehen. Unklar ist, ob der Lauf der Monatsfrist in diesen Fällen mit dem Absenden des Ablehnungsschreibens durch den Versicherer oder mit dem Eingang dieses Schreibens beim Versicherungsnehmer einsetzt. Soweit es auf die Rechtzeitigkeit einer Kündigung des Versicherungsnehmers ankommt, ist dafür der (spätere) Zugang des Ablehnungsschreibens beim Versicherungsnehmer maßgebend. Es kommt nicht darauf an, ob die Ablehnung durch den Versicherer zu Recht oder zu Unrecht erfolgte. Wird der Versicherungsvertrag aufgrund der Ablehnung des Versicherers gekündigt, so ist diese Kündigung auch dann wirksam, wenn sich in einem späteren Deckungsprozess herausstellt, dass die Ablehnung zu Unrecht erfolgte. Wurde der Vertrag aufgrund der Ablehnung jedoch nicht gekündigt, so wird durch die spätere Auszahlung der Entschädigung die Monatsfrist erneut in Gang gesetzt. Das gilt auch, wenn die Verhandlungen über die Entschädigung nach einer Ablehnung durch den Versicherer wieder aufgenommen werden und danach eine erneute Ablehnung oder die Auszahlung der Entschädigung erfolgt.

G. Wirkung der Kündigung

9 Sowohl nach § 92 Abs. 2 VVG als auch nach § 15 Nr. 2 und 3 VGB 2010 (B) kann die Kündigung des Versicherers einerseits und die Kündigung des Versicherungsnehmers zu unterschiedlichen Zeitpunkten wirksam werden. Dabei unterscheiden sich die Bestimmungen im Wortlaut.

---

[854] Prölss/Martin/*Armbrüster* § 92 Rn. 10.

I. Kündigung des Versicherers

Eine Kündigung des Versicherers wird nach den genannten Bestimmungen einen Monat nach ihrem Zugang beim Versicherungsnehmer wirksam. Der Versicherungsnehmer soll dadurch in die Lage versetzt werden, sich anderweitig Versicherungsschutz zu besorgen, bevor das gekündigte Vertragsverhältnis endet. Dem Versicherer ist es verwehrt, eine kürzere Frist für die Wirksamkeit seiner Kündigung zu bestimmten. Der Wortlaut in § 92 Abs. 2 VVG ist eindeutig. Die Kündigungsfrist kann nicht einseitig zum Nachteil des Versicherungsnehmers geändert werden.

10

II. Kündigung des Versicherungsnehmers

Nach § 15 Nr. 2 VGB 2010 (B) bzw. nach § 92 Abs. 2 VVG wird eine Kündigung des Versicherungsnehmers sofort nach ihrem Eingang beim Versicherer wirksam, soweit er nicht eine anderweitige Bestimmung trifft. Im Gegensatz zum Versicherer hat der Versicherungsnehmer eine eingeschränkte zeitliche Wahlmöglichkeit für die Bestimmung des Zeitpunkts, zu dem seine Kündigung wirksam werden soll. Er kann bestimmen, dass seine Kündigung sofort mit ihrem Zugang beim Versicherer oder zu einem anderen Zeitpunkt wirksam wird, der jedoch zwischen dem Tag des Zugangs seiner Kündigung und dem Ende des laufenden Versicherungsjahres liegen muss. Eine rückwirkende Kündigung ist dadurch ebenso ausgeschlossen wie eine Kündigung, die erst nach dem Ende des laufenden Versicherungsjahres wirksam werden soll. An einer rückwirkenden Kündigung hat der Versicherungsnehmer gegebenenfalls dann ein Interesse, wenn seine Kündigung erst kurz nach Beginn des nächsten Versicherungsjahres beim Versicherer eingeht. Er möchte dann unter Umständen den fälligen Jahresbeitrag für das neue Versicherungsjahr nicht mehr zahlen. Ein späterer Termin für die Wirksamkeit seiner Kündigung ist für den Versicherungsnehmer dann interessant, wenn die Kündigung kurz vor Ende des laufenden Versicherungsjahres beim Versicherer eingeht und der Versicherungsnehmer noch keinen neuen Vertrag schließen konnte. Beide Möglichkeiten sind jedoch weder in den VGB noch in § 92 VVG vorgesehen. Es kann jedoch zwischen den Vertragsparteien eine Vereinbarung über die frühere oder spätere einvernehmliche Aufhebung des Vertrages getroffen werden. Bestimmt der Versicherungsnehmer in seiner Kündigung einen zu frühen oder zu späten Wirksamkeitszeitpunkt, so ist die Kündigung als eine Kündigung zum nachmöglichen Termin umzudeuten[855].

11

Gelegentlich bestimmt der Versicherungsnehmer in seiner Kündigung nicht, zu welchem Zeitpunkt sie wirksam werden soll. Sowohl die VGB in ihrer aktuellen Fassung, als auch § 92 VVG geben keine eindeutige Antwort auf die Frage, zu welchem Zeitpunkt eine Kündigung des Versicherungsnehmers wirksam wird, wenn dieser in seiner Kündigungserklärung keine Angaben hierzu gemacht hat.

---

855   Prölss/Marin/*Armbrüster* § 92 Rn. 14.

Im Zweifel ist die Kündigung des Versicherungsnehmers so zu verstehen, dass er zum nächstmöglichen Termin kündigen möchte.

III. Zusammentreffen von Kündigungen

12 Treffen die Kündigung des Versicherungsnehmers und die Kündigung des Versicherers zusammen, so führt die Kündigung mit dem früheren Wirksamkeitszeitpunkt zum Ende des Vertrages[856]. Geht die Kündigung des Versicherers am 01.02.2014 zu, so wirkt sie zum 01.03.2014. Kündigt der Versicherungsnehmer daraufhin mit sofortiger Wirkung und empfängt der Versicherer diese Kündigung am 10.02.2014, so endet der Vertrag an diesem Tag. Das gilt jedoch auch umgekehrt. Geht dem Versicherer am 10.02.2014 eine Kündigung des Versicherungsnehmers auf das Ende des laufenden Versicherungsjahres am 31.12.2014 zu, und kündigt der Versicherer daraufhin den Vertrag mit Monatsfrist, so endet der Vertrag einen Monat nach Zugang des Kündigungsschreibens des Versicherers beim Versicherungsnehmer. Diese Fälle haben jedoch nur eine sehr geringe praktische Bedeutung.

H. Schicksal der Prämie

13 Anders als noch § 96 Abs. 3 VVG a. F. enthält die Nachfolgeregelung in § 92 keine Aussage zu der Frage, welche Pflichten hinsichtlich der Beitragszahlung nach der Kündigung des Versicherungsvertrages im Versicherungsfall bestehen. In § 7 Nr. 1 a) VGB 2010 (B) wird die gesetzliche Regelung des § 39 Abs. 1 Satz 1 VVG wiederholt. Gemäß § 39 Abs. 1 Satz 1 VVG steht dem Versicherer im Falle einer Beendigung des Versicherungsverhältnisses vor Ablauf der Versicherungsperiode nur derjenige Teil der Prämie zu, der dem Zeitraum entspricht, in dem Versicherungsschutz bestanden hat. Es hat dann eine taggenaue Abrechnung zu erfolgen.

Eine Differenzierung danach, durch wen die Kündigung erklärt wurde, enthält die gesetzliche Bestimmung nicht.

---

856 Prölss/Martin/*Armbrüster* § 92 Rn. 15.

§ 16 Keine Leistungspflicht aus besonderen Gründen

1. Vorsätzliche oder grob fahrlässige Herbeiführung des Versicherungsfalles

   a. Führt der Versicherungsnehmer den Versicherungsfall vorsätzlich herbei, so ist der Versicherer von der Entschädigungspflicht frei.

   Ist die Herbeiführung des Schadens durch rechtskräftiges Strafurteil wegen Vorsatzes in der Person des Versicherungsnehmers festgestellt, so gilt die vorsätzliche Herbeiführung des Schadens als bewiesen.

   b. *Führt der Versicherungsnehmer den Schaden grob fahrlässig herbei, so ist der Versicherer berechtigt, seine Leistung in einem der Schwere des Verschuldens des Versicherungsnehmers entsprechenden Verhältnis zu kürzen.*

2. Arglistige Täuschung nach Eintritt des Versicherungsfalles

   Der Versicherer ist von der Entschädigungspflicht frei, wenn der Versicherungsnehmer den Versicherer arglistig über Tatsachen, die für den Grund oder die Höhe der Entschädigung von Bedeutung sind, täuscht oder zu täuschen versucht.

   Ist die Täuschung oder der Täuschungsversuch durch rechtskräftiges Strafurteil gegen den Versicherungsnehmer wegen Betruges oder Betrugsversuches festgestellt, so gelten die Voraussetzungen des Satzes 1 als bewiesen.

A. Vorsätzliche oder grob fahrlässige Herbeiführung des Versicherungsfalls

Nach § 16 Nr. 1 VGB 2010 (B) ist der Versicherer bei **vorsätzlicher Herbeiführung** des Versicherungsfalls **von der Entschädigungspflicht frei,** bei **grob fahrlässiger Herbeiführung** des Versicherungsfalls wird die **Versicherungsleistung** entsprechend der Schwere des Verschuldens **gekürzt**. Die Regelung ist § 81 VVG nachgebildet. 1

Zweck der Regelung ist es, den Versicherer **nur für solche Ereignisse** haften zu lassen, deren **Eintritt ungewiss** ist. Dies ist der Sinn und Zweck einer Versicherung. Führt der Versicherungsnehmer den Versicherungsfall vorsätzlich herbei, kann er folgerichtig keinen Anspruch auf eine Versicherungsleistung haben. Weiterhin dient die Regelung dazu, den Versicherungsnehmer zur **Einhaltung der Sorgfaltspflichten anzuhalten**. Ist ihm ein besonders grober Verstoß gegen diese Sorgfaltspflichten vorzuwerfen (grobe Fahrlässigkeit), hat er zumindest kei- 2 nen Anspruch auf die volle Versicherungsleistung. Es wird vielmehr eine Quote je nach der Schwere der groben Fahrlässigkeit gebildet.

3 Andererseits besteht Versicherungsschutz für die **einfach fahrlässige Herbeiführung des Versicherungsfalles**. Es sind somit nicht lediglich solche Ereignisse vom Versicherungsschutz umfasst, die aus Sicht des Versicherungsnehmers zufällig eintreten. Es entspricht der berechtigten Erwartung des Versicherungsnehmers, dass nicht schon jede einfache Sorgfaltspflichtverletzung Einfluss auf den mit seiner Prämienzahlung erworbenen Versicherungsschutz hat.

4 Im Vergleich zur Rechtslage vor der 2008 in Kraft getretenen Reform des VVG hat die Regelung der Herbeiführung des Versicherungsfalls eine wichtige Änderung erfahren. Das **Alles-oder-nichts-Prinzip** wurde für die grob fahrlässige Herbeiführung des Versicherungsfalls **durch eine anteilige Leistungskürzung**, die nach der Schwere des Verschuldens des Versicherungsnehmers bestimmt wird, **ersetzt**.

5 Es handelt sich bei der vorsätzlichen bzw. grob fahrlässigen Herbeiführung des Versicherungsfalles **nicht um Obliegenheitsverletzungen**. Die Leistungsfreiheit bei Vorsatz stellt nach herrschender Meinung vielmehr einen subjektiven Risikoausschluss, die Leistungskürzung bei grober Fahrlässigkeit eine subjektive Risikobegrenzung dar.[857]

I. Objektiver Tatbestand

6 Dem Tatbestand der Herbeiführung des Versicherungsfalls liegt die Vorstellung eines objektiven Fehlverhaltens zugrunde.[858] Es ist ein **deutliches Unterschreiten der vertraglich vorausgesetzten Sicherheitsstandards** erforderlich[859].

7 Dieser Tatbestand kann durch positives Tun oder durch Unterlassen erfüllt werden.[860] Ein relevantes Unterlassen liegt jedoch nur dann vor, wenn der Versicherungsnehmer trotz erkennbarer dringender Gefahr ihm mögliche, geeignete und zumutbare Maßnahmen nicht ergreift.[861]

II. Kausalität

8 Der Versicherungsfall muss durch das Verhalten des Versicherungsnehmers ursächlich herbeigeführt worden sein. Erforderlich ist die **adäquat kausale Ver-**

---

857 Handbuch FA VersR/*Wandt* 1. Kapitel Rn. 876.
858 Looschelders/Pohlmann/*Schmidt-Kessel* § 81 VVG Rn. 20.
859 Rüffer/Halbach/Schimikowski/*Karczewski* § 81 Rn. 5.
860 Rüffer/Halbach/Schimikowski/*Karczewski* § 81 Rn. 6.
861 Handbuch FA VersR/*Wandt* 1. Kapitel Rn. 882.

ursachung.⁸⁶² Dem Versicherungsnehmer ist die Herbeiführung des Versicherungsfalles danach nicht mehr zuzurechnen, wenn dieser durch das Verhalten nur unter höchst ungewöhnlichen und objektiv nicht vorhersehbaren Umständen verursacht werden konnte.⁸⁶³ Weder ist die alleinige Ursächlichkeit des Verhaltens des Versicherungsnehmers Voraussetzung noch muss dieses unmittelbar zum Eintritt des Versicherungsfalls geführt haben.⁸⁶⁴

III. Vorsatz

Allgemein setzt Vorsatz das **Kennen der Tatumstände** und das **Wollen ihrer Verwirklichung in einem Schaden** voraus.⁸⁶⁵ Umstritten ist, ob sich der Vorsatz nur auf die Herbeiführung des Versicherungsfalles oder auch auf den Schaden beziehen muss. Vom Bedingungswortlaut ist ein den Schaden umfassender Vorsatz jedenfalls nicht gefordert.⁸⁶⁶ Da eine solche Reichweite des Vorsatzes auch nach dem Sinn und Zweck nicht zwingend erscheint, reicht es aus, wenn sich der Vorsatz **auf die Herbeiführung des Versicherungsfalls bezieht**. 9

Es genügt das Vorliegen von **bedingtem Vorsatz**. Diese Vorsatzform liegt vor, wenn der Versicherungsnehmer sich die Herbeiführung des Versicherungsfalles zumindest als möglich vorgestellt und die Verletzung in Kauf genommen hat.⁸⁶⁷ Vertraut der Versicherungsnehmer jedoch darauf, dass der Versicherungsfall nicht eintreten wird, liegt bewusste Fahrlässigkeit vor.⁸⁶⁸ 10

In den allermeisten Fällen werden Schäden vom Versicherungsnehmer vorsätzlich herbeigeführt mit dem Ziel, sich einen **ungerechtfertigten Vermögensvorteil** zu verschaffen. **Insbesondere Brandschäden** werden durch Eigenbrandstiftung des Versicherungsnehmers vorsätzlich herbeigeführt. Dabei spielen neben Gewinnsucht gelegentlich auch andere Motive wie z. B. Eigenbrandstiftung mit dem Ziel der Selbsttötung eine Rolle.⁸⁶⁹ Bei den übrigen Gefahren hat die vorsätzliche Herbeiführung von Schäden durch den Versicherungsnehmer geringere Bedeutung. Jedoch entfällt schätzungsweise ein Drittel des Schadenaufwands für Brandschäden in der Wohngebäudeversicherung auf Schäden durch Brandstiftung. Die Dunkelziffer ist hoch, da insbesondere bei Brandstiftungsfällen die Schadenursache häufig nicht exakt ermittelt werden kann. 11

---

862 Rüffer/Halbach/Schimikowski/*Karczewski* § 81 Rn. 5.
863 FA-Komm-VersR/*K. Schneider* § 81 VVG Rn. 20.
864 Rüffer/Halbach/Schimikowski/*Karczewski* § 81 Rn. 5.
865 Handbuch FA VersR/*Wandt* 1. Kapitel Rn. 883.
866 FA-Komm-VersR/*K. Schneider* § 81 VVG Rn. 25.
867 FA-Komm-VersR/*K. Schneider* § 81 VVG Rn. 23.
868 Looschelders/Pohlmann/*Schmidt-Kessel* § 81 VVG Rn. 28.
869 Vgl. AG Frankfurt/Main VersR 1988, 1062.

IV. Grobe Fahrlässigkeit

12 Grob fahrlässig handelt, wer **die im Verkehr erforderliche Sorgfalt nach den gesamten Umständen in ungewöhnlich hohem Maß verletzt** und unbeachtet lässt, was im gegebenen Fall jedem hätte einleuchten müssen.[870] Es muss ein Verhalten des Versicherungsnehmers gegeben sein, von dem er wusste oder wissen musste, dass es geeignet war, den Eintritt des Versicherungsfalles oder die Vergrößerung des Schadens zu fördern.[871]

13 Allerdings handelt der Versicherungsnehmer **nicht schon alleine deshalb** grob fahrlässig, weil er **gegen vereinbarte Obliegenheiten verstoßen** hat.[872]

Die Annahme grober Fahrlässigkeit setzt danach in der Rechtsprechung auf der **subjektiven Seite** voraus, dass die im Verkehr erforderliche **Sorgfalt** durch ein auch subjektiv **unentschuldbares Verhalten in hohem Maß außer Acht gelassen** worden ist.[873] Allerdings werden in der **Literatur vermehrt Zweifel** laut, ob auch nach der VVG-Reform noch eine subjektive Komponente zu fordern ist. Denn in erster Linie diente die subjektive Komponente der Rechtsprechung wohl dazu, besondere Härten des Alles-oder-nichts-Prinzips abzumildern, indem das Vorliegen der subjektiven Voraussetzungen der groben Fahrlässigkeit in als besonders ungerecht empfundenen Fällen verneint wurde.[874] Aufgrund der Quotelung ist es nun möglich, subjektiv-individuelle Aspekte auf der Rechtsfolgenseite zu berücksichtigen.[875]

14 Trotz dieser Zweifel wird teilweise unter Verweis darauf, dass es allein um die gerechte Verteilung des Schadens gehe, für eine Beibehaltung subjektiver Elemente plädiert.[876] Dem wird jedoch entgegengehalten, dass es das Zivilverfahren auf die Feststellung eines subjektiven Vorwurfs nicht ausgelegt sei und dass das Argument der Verteilungsgerechtigkeit nicht zur Einordnung der Regelung als Risikobeschränkung passe.[877] Eine Verlagerung des subjektiven Elements wird als zweckmäßig angesehen.[878]

15 Eine **Tendenz der Rechtsprechung**, auf das subjektive Element der groben Fahrlässigkeit zu verzichten bzw. dieses auf die Rechtsfolgenseite zu verlagern, ist jedenfalls derzeit **nicht erkennbar**.[879]

---

[870] BGH VersR 2011, 1390.
[871] Spielmann S. 112.
[872] Rüffer/Halbach/Schimikowski/*Karczewski* § 81 Rn. 4.
[873] BGH VersR 2003, 1561.
[874] Spielmann S. 112.
[875] Looschelders VersR 2008, 1.
[876] Looschelders VersR 2008, 1.
[877] Looschelders/Pohlmann/*Schmidt-Kessel* § 81 VVG Rn. 32.
[878] Spielmann S. 112.
[879] Vgl. BGH VersR 2011, 1037; BGH VersR 2011, 916; OLG Karlsruhe, Entscheidung vom 17.09.2013 – 12 U 43/13.

Die Frage des subjektiven Verschuldens ist insbesondere bei einem im Zusammenhang mit Routinebehandlungen vorkommenden einmaligen Fehlverhalten von Bedeutung (sogenanntes **Augenblicksversagen**).[880]

V. Beweislast

Den **Beweis** für das Herbeiführen des Versicherungsfalls hat der **Versicherer** zu führen.[881] Die Beweisanforderungen sind hoch.

Insbesondere liegt die Beweislast sowohl für das Vorliegen von **Vorsatz** als auch von **grober Fahrlässigkeit** beim Versicherer. Dies stellt einen wichtigen Unterschied zur Beweislast bei Obliegenheitsverletzungen nach § 8 VGB 2010 (B) dar, bei denen grobe Fahrlässigkeit des Versicherungsnehmers vermutet wird. Daher kommt auch der Tatsache besondere Bedeutung zu, dass es keine allgemeine Obliegenheit des Versicherungsnehmers gibt, den Versicherungsfall nicht herbeizuführen.

Hintergrund der Beweislastverteilung ist die Tatsache, dass dem Versicherungsnehmer im Gegensatz zu den Obliegenheiten **keine ausdrücklichen Verhaltensregeln** auferlegt werden, sondern lediglich gefordert ist, dass der Versicherungsnehmer die vertraglich vorausgesetzten Sicherheitsstandards nicht unterschreitet.[882] Hiermit ist naturgemäß ein gewisses Irrtumsrisiko verbunden, welches eine Beweislastumkehr zugunsten des Versicherers unbillig erscheinen ließe. Beruft sich der Versicherungsnehmer jedoch darauf, dass er einen Versicherungsfall im Zustand der Schuldunfähigkeit nach § 827 S. 1 BGB herbeigeführt habe, so muss er dies beweisen.[883]

Beweiserleichterungen werden dem Versicherer von der Rechtsprechung dabei **nicht zugestanden**.[884] Durch die Lebenserfahrung gesicherte Typizität menschlichen Verhaltens und seiner Begleitumstände lässt sich nicht ausmachen, wenn es darum geht, ob der Versicherungsnehmer den Versicherungsfall herbeigeführt hat. Eine Beweisführung mittels **Anscheinsbeweises** kann deshalb insoweit **nicht in Betracht** kommen.[885] Weder der Anscheinsbeweis noch die im Bereich der Kaskoversicherung und der Einbruchdiebstahlversicherung entwickelten Beweiserleichterungen für den vom Versicherer zu erbringenden Nachweis eines unredlichen Verhaltens des Versicherungsnehmers können auf die Fälle ausgedehnt werden, in denen der Eintritt des Versicherungsfalls vom Versicherungsnehmer voll zu beweisen und unstreitig ist.[886]

---

880 Vgl. dazu BGH VersR 1989, 840; BGH VersR 1986, 254.
881 BGH VersR 1985, 78.
882 Looschelders/Pohlmann/*Schmidt-Kessel* § 81 VVG Rn. 66.
883 Vgl. BGH VersR 1989, 469; VersR 1990, 888.
884 BGH r + s 1988, 176.
885 BGH VersR 1988, 683.
886 BGH VersR 1990, 894.

21 Besondere Bedeutung erlangt die Beweislastverteilung beim Vorwurf der **Brandstiftung**. Auch hier hat der Versicherer ohne Beweiserleichterungen den Vollbeweis zu erbringen, dass der Versicherungsnehmer den Versicherungsfall vorsätzlich herbeigeführt hat.[887]

22 Der Nachweis der vorsätzlichen Herbeiführung eines Brandschadens ist regelmäßig nur im Rahmen eines **Indizienbeweises** möglich.[888] Zwar muss die Brandstiftung nicht mit absoluter Gewissheit feststehen, jedoch mit einem „für das praktische Leben ausreichenden Grad an Gewissheit" nachgewiesen werden. Dabei ist die Frage, ob die Indizien ausreichend sind, um dem jeweiligen Gericht die Überzeugung einer Eigenbrandstiftung zu vermitteln, jeweils eine anhand der konkreten Umstände des Einzelfalls zu treffende Tatsachenentscheidung.[889]

23 Der Nachweis der Eigenbrandstiftung ist nicht geführt, solange die nicht nur theoretische Möglichkeit besteht, dass Außenstehende eingedrungen sind und den Brand gelegt haben.[890] Dass der Versicherungsnehmer das versicherte Wohngebäude selbst angesteckt oder die Inbrandsetzung durch Dritte veranlasst hat, hat der Versicherer nicht bewiesen, wenn zwar aufgrund des im Ermittlungsverfahren eingeholten Gutachtens Brandstiftung feststeht, durchgreifende Indizien für Täterschaft oder Teilnahme des Versicherungsnehmers aber nicht vorliegen.[891]

24 Ist eine erhebliche Wahrscheinlichkeit für die Vortäuschung eines Einbruchdiebstahls durch einen vom Versicherungsnehmer gedungenen Dritten begründet, so kann dessen grob fahrlässiges oder gar vorsätzliches Verhalten im Zusammenhang mit der Verursachung eines Brandes dem Versicherungsnehmer nicht zugerechnet werden, wenn nicht bewiesen ist, dass es dem Versicherungsnehmer auf die Herbeiführung eines Brandschadens gerade angekommen ist.[892]

25 Andererseits ist der Nachweis der Eigenbrandstiftung geführt, wenn die Tat nur durch einen schlüsselberechtigten Repräsentanten begangen worden sein kann, weil eindeutig diesem Repräsentanten zuzuschreibende Manipulationen einer Einbruchmeldeanlage vorgenommen wurden.[893] Ebenso kann sich ein maßgebliches Indiz für die Eigenbrandstiftung aus der ungewöhnlichen Form der Brandlegung ergeben, etwa wenn über mehrere Etagen verteilte Brandsätze in Form einer Konstruktion aus Schilfrohr und Toilettenpapier mit einer herunterbrennenden Kerze den Brand verursacht haben.[894]

26 Die **zitierte Rechtsprechung bestätigt**, dass die **Anforderungen** an den Nachweis einer vorsätzlichen oder grob fahrlässigen Brandstiftung durch den Ver-

---

[887] BGH VersR 2005, 1387.
[888] OLG Düsseldorf VersR 2008, 529.
[889] OLG Koblenz VersR 2010, 110.
[890] BGH VersR 1989, 841; BGH VersR 1987, 277.
[891] OLG Hamm r + s 1994, 346.
[892] OLG Schleswig ZfS 1993, 61.
[893] OLG Köln VersR 2005, 1281.
[894] KG Berlin VersR 2006, 70.

sicherungsnehmer außerordentlich **hoch** sind. Ein Indizienbeweis kann nur in besonderen Fällen in Betracht kommen. Dabei ist eine **zusammenhängende Würdigung und Gesamtschau** erforderlich.[895]

Weiterhin ist § 16 Nr. 1 a) Abs. 2 VGB 2010 (B) zu beachten. Danach gilt die 27 vorsätzliche Herbeiführung des Schadens als bewiesen, wenn die Herbeiführung des Schadens durch **rechtskräftiges Strafurteil wegen Vorsatzes** in der Person des Versicherungsnehmers festgestellt ist. Gegen die Wirksamkeit einer solchen Klausel werden in der Literatur Bedenken geäußert.[896] Allerdings wird die Regelung von der Rechtsprechung als wirksam angesehen.[897] Ein Freispruch im Strafverfahren steht der Leistungsfreiheit des Versicherers jedoch bei Vorliegen hinreichender Indizien nicht zwangsläufig entgegen.[898]

Eine strafrechtliche Verurteilung wegen grob fahrlässiger Brandstiftung hat keine 28 unmittelbaren Auswirkungen auf die Beweislastverteilung. Sie dürfte allerdings in der Regel einen gewichtigen Anhaltspunkt für den Nachweis grober Fahrlässigkeit bilden.

VI. Leistungsfreiheit bei Vorsatz

Führt der Versicherungsnehmer einen Schaden vorsätzlich herbei, so besteht da- 29 für **kein Versicherungsschutz**. Der Ausschluss erstreckt sich auf den **gesamten dadurch verursachten Schaden**.

Das gilt auch dann, wenn der Schaden durch das Hinzutreten anderer Umstände 30 vergrößert wurde. Es ist auch nicht gefordert, dass das Verhalten des Versicherungsnehmers unmittelbar den Schaden herbeiführt.

VII. Leistungskürzung bei grober Fahrlässigkeit

Führt der Versicherungsnehmer den Schaden grob fahrlässig herbei, so ist der 31 Versicherer berechtigt, seine Leistung in einem **der Schwere des Verschuldens entsprechenden Verhältnis zu kürzen** (§ 16 Nr. 1 b) VGB 2010 (B)).

1. Systematik der Leistungskürzung

Es ist ein **Quote** zu bilden, die sich nach der Schwere der groben Fahrlässigkeit 32 richtet. Das **untere Ende** der Verschuldensskala wird sich an den Bereich der

---

895 BGH VersR 1994, 1054; BGH r + s 1996, 146.
896 Bruck/Möller/*Johannsen* Band 7 AFB 2008/2010 B § 16 Rn. 6.
897 BGH VersR 1982, 81; OLG Bamberg VersR 2003, 59.
898 OLG Düsseldorf VersR 1999, 1013 zur Eigenbrandstiftung.

einfachen **Fahrlässigkeit**, das **obere Ende** an den Bereich des **Vorsatzes** annähern.[899]

33 Die Leistungskürzung erfordert eine **ausdrückliche Erklärung des Versicherers**, die Kürzung tritt nicht etwa von Amts wegen ein.[900] Maßgeblich ist alleine der Grad der Schwere des Verschuldens, weitere Faktoren wie die wirtschaftlichen Verhältnisse des Versicherungsnehmers, die Höhe des Schadens oder die Dauer des Versicherungsverhältnisses spielen keine Rolle.[901]

34 Anfangs umstritten war die Frage, ob in besonderen Fällen auch eine **Kürzung auf null** möglich ist. Diese Frage wurde zwischenzeitlich durch den **BGH ausdrücklich bejaht**.[902] Eine solche Kürzung kommt **auch in der Wohngebäudeversicherung** in Betracht, etwa wenn der Versicherungsnehmer das Beheizen eines in den fünfziger Jahren gebauten Hauses ohne Wärmedämmung und ohne Doppelverglasung während einer Frostperiode mit Temperaturen im zweistelligen Minusbereich unterlässt,[903] oder der Versicherungsnehmer die Heizungsanlage in einem leerstehenden Gebäude über einen längeren Zeitraum im Winter vollständig stilllegt, die wasserführenden Leitungen aber weder absperrt noch entleert.[904] Allerdings ist immer eine Abwägung der Umstände des Einzelfalls erforderlich. Hat der Versicherungsnehmer entlastende Umstände vorgetragen, die die Schwere des Verschuldens subjektiv im milderen Licht erscheinen lassen, und kann der Versicherer diese nicht ausräumen, kommt nur eine anteilige Kürzung und keine Kürzung auf Null in Betracht.[905]

35 Für die **Bildung einer Quote in sonstigen Fällen** gibt es **verschiedene Quotenbildungsmodelle**. So wird vertreten, dass ein Quotenmodell mit einzelnen Quotenstufen von 0, 25, 50, 75 und 100 % sinnvoll und sachgerecht sei. Innerhalb dieser Stufen soll die genaue Quote unter Berücksichtigung aller Umstände des Einzelfalls nach dem Grad des Verschuldens zu bemessen sein.[906] Nach anderer Auffassung soll immer eine Quote von 50 % als Ausgangspunkt dienen, wobei eine Abweichung von dieser Quote von der jeweils hieran interessierten Partei zu beweisen sei.[907] Die weitere Differenzierung soll dann in Schritten von jeweils 10 % erfolgen.[908] Eine Abstufung nach Vierteln wird als zu grob erachtet, um den Umständen des Einzelfalls gerecht zu werden.[909] Weiterhin wird vorgeschlagen, in der täglichen Regulierungspraxis immer wiederkehrende typische

---

899 Spielmann S. 139.
900 OLG Düsseldorf VersR 2011, 1388.
901 Looschelders/Pohlmann/*Schmidt-Kessel* § 81 VVG Rn. 53.
902 BGH VersR 2011, 1037.
903 OLG Frankfurt VersR 2013, 356.
904 OLG Hamm, Entscheidung vom 27.04.2012 – I-20 U 144/11.
905 BGH VersR 2011, 1037.
906 LG Münster VersR 2011, 487.
907 LG Hannover VersR 2011, 112; Rüffer/Halbach/Schimikowski/*Karczewski* § 81 Rn. 100 m. w. N.
908 Rüffer/Halbach/Schimikowski/*Karczewski* § 81 Rn. 106.
909 OLG Hamm VersR 2011, 206.

Lebenssachverhalte einzelnen Fallgruppen zuzuordnen und diese mit einer konkreten Einstiegsquote zu belegen.[910]

Spielmann[911] weist jedoch zu Recht darauf hin, dass sich in der **gerichtlichen Praxis** vermutlich das sogenannte **Einzelfallmodell** durchsetzen wird, das keine Einstiegsquoten kennt und sich immer am konkreten Einzelfall orientiert. Dennoch kann es gerade in der **täglichen Regulierungspraxis** sinnvoll sein, sich an **einem der anderen genannten Modelle** zu orientieren, um zu einer vergleichbaren Vorgehensweise in ähnlich gelagerten Fällen zu gelangen.

36

2. Fallgruppen grob fahrlässiger Herbeiführung des Versicherungsfalls

Im Bereich der grob fahrlässigen Herbeiführung des Versicherungsfalls haben sich **verschiedene Fallgruppen** herausgebildet, die nachfolgend im jeweiligen **Zusammenhang** dargestellt werden. Hierbei wird auch Rechtsprechung angeführt, die sich auf die Hausratversicherung oder andere Sachversicherungen bezieht, da sich dort ohne weiteres vergleichbare Fragen im Hinblick auf die Herbeiführung des Versicherungsfalles stellen.

37

Aufgrund der bei der Bildung der genauen Quote notwendigen genauen Differenzierung anhand der Umstände des Einzelfalls wird vorliegend nur dargestellt, ob die **Grenze zur groben Fahrlässigkeit überschritten** wurde. Eine Zuordnung der Quote wäre bei Urteilen, die zur alten Rechtslage ergangen sind, ohnehin eher im Bereich der Spekulation angesiedelt. Bei Urteilen nach neuer Rechtslage müsste der Sachverhalt umfassend wiedergegeben werden, was den Rahmen dieses Kommentars sprengen würde und für die Einordnung anderer Fallkonstellationen von begrenztem Wert wäre.

38

a) Brennenlassen von Kerzen

Durch das **Brennenlassen von Kerzen** bei mangelhafter bzw. fehlender Kontrolle werden Brandschäden verursacht, die häufig schon deshalb zu hohen Schäden führen, weil sich der Brand mangels Anwesenheit einer zum Eingreifen bereiten Person zunächst unbemerkt ausbreiten konnte.

39

Allerdings begründet das Brennenlassen einer Kerze **nicht ohne weiteres** den Vorwurf grober Fahrlässigkeit, und zwar weder wenn das Löschen der Kerze aus nicht mehr rekonstruierbaren Gründen vergessen wurde[912] noch wenn sich ein Brand entwickeln konnte, weil die Kerze nicht ununterbrochen überwacht wurde.[913] Grobe Fahrlässigkeit ist selbst bei dem Anbrennen von Kerzen an einem Weihnachtsbaum 18 Tage nach dem Aufstellen, was aufgrund der Trockenheit des Baums naturgemäß mit einer höheren Brandgefahr einhergeht, zumindest

40

---

910 Spielmann S. 142.
911 Spielmann S. 142.
912 BGH VersR 1986, 254.
913 BGH VersR 1986, 671.

dann ausgeschlossen, wenn sich permanent eine erwachsene Person im Raum befand, die den Weihnachtsbaum im Blick hatte.[914]

41 Entwickelt sich ein Brand, weil die Kerze unbeaufsichtigt geblieben ist, sind die **genauen Umstände des Einzelfalls** zu berücksichtigen. Insbesondere stellt sich die Frage, **weshalb keine Beaufsichtigung** stattfand und **wie lange die Kerzen unbeaufsichtigt** geblieben sind.

42 **Verneint** wurde das Vorliegen grober Fahrlässigkeit in folgenden Fällen:

- Vergessen der brennenden Kerzen aufgrund einer Ablenkung durch zwei zeitlich ineinandergreifende Ereignisse (Telefonanruf und Essensruf der Ehefrau);[915]
- Brennenlassen der Kerzen auf dem Adventsgesteck, während mit dem quengelnden Kind kurz der neue Puppenwagen vor der Haustür ausprobiert wird;[916]
- Anzünden der Kerzen des Adventskranzes im Wohnzimmer und darauf folgende unvorhergesehene Ablenkung beim Wecken der Lebensgefährtin im Schlafzimmer;[917]
- Brennenlassen einer 8 cm hohen Stumpenkerze auf einem trockenen Adventskranz, die für zwei bis zehn Minuten unbeobachtet bleibt;[918]
- Übersehen einer noch brennenden Kerze beim Auslöschen der übrigen Kerzen aus nicht geklärter Ursache;[919]

43 In den folgenden Fällen sind die Gerichte hingegen **von grober Fahrlässigkeit ausgegangen**:

- Brennenlassen einer Kerze in der Nähe des Bettes ohne zuverlässige Überwachung in Verbindung mit der Gefahr, beim Fernsehen in der Abendzeit einzuschlafen;[920]
- Unbeaufsichtigtes Zurücklassen eines brennenden sogenannten Grablichts auf dem Nachttisch bei geschlossener Schlafzimmertür;[921]
- Unbeaufsichtigtes Brennenlassen der Kerzen eines Adventskranzes über einen Zeitraum von 30 Minuten mit lediglich zweimaliger Sichtkontrolle;[922]

---

[914] LG Oldenburg VersR 2012, 1562.
[915] LG Wuppertal VersR 1990, 1396.
[916] OLG Düsseldorf VersR 1999, 438.
[917] OLG Düsseldorf VersR 2000, 1493.
[918] OLG Hamm VersR 1989, 1295.
[919] OLG Hamm VersR 1984, 954.
[920] AG Ludwigslust VersR 2007, 206.
[921] KG Berlin VersR 2007, 1124.
[922] LG Krefeld r + s 2007, 65.

- Anbringen von Wunderkerzen am Weihnachtsbaum mit Funkenflug auf das ca. 50 cm entfernte Moos der aufgestellten Weihnachtskrippe, die unterhalb des Weihnachtsbaums aufgebaut war;[923]

- Brennenlassen einer Kerze während die Kinder im Alter von sieben und zehn Jahren alleine im Wohnzimmer spielen;[924]

- Unbeaufsichtigtes Brennenlassen von Adventskerzen, während die Wohnung für 15 Minuten verlassen wird, um die im gleichen Haus wohnenden Nachbarn aufzusuchen;[925]

- Brennenlassen von fünf Kerzen, während Versicherungsnehmer sich nach Alkoholgenuss aufs Sofa legt.[926]

b) Rauchen und Entsorgung der Asche

Auch im **Zusammenhang mit dem Rauchen** kann es zu Bränden kommen. Besonders ins Blickfeld geraten sind dabei die Verursachung eines Brandes durch das Rauchen im Bett und durch die Entsorgung von Zigarettenresten.

44

Allgemein wird von der Rechtsprechung angenommen, dass derjenige, der sich **rauchend ins Bett** begibt, um zu schlafen, damit rechnen muss, mit brennender Zigarette einzuschlafen.[927] Hieraus ergibt sich zugleich, dass die Frage der groben Fahrlässigkeit in **hiervon abweichenden Fällen** von den Umständen des Einzelfalls abhängt.[928] Insbesondere das Rauchen einer „Morgenzigarette" im Bett unmittelbar nach dem Aufwachen ist grundsätzlich anders zu beurteilen, wenn die mit dem Rauchen verbundene Gefahr hier beherrscht werden kann.[929] Ob dies tatsächlich der Fall ist oder aufgrund verminderter Kreislauftätigkeit die Gefahr des Wiedereinschlafens nicht ausgeschlossen werden kann, hängt von den Umständen des Einzelfalls ab.[930] Ebenfalls nicht von grober Fahrlässigkeit ist auszugehen, wenn der Versicherungsnehmer lediglich in wachem Zustand das Bett genutzt hat, um dort zu rauchen, und dieses danach wieder verlassen hat.[931]

45

Bei der **Entsorgung von Zigarettenresten** ist die Rechtsprechung uneinheitlich. Während der BGH[932] davon ausgeht, dass mit einer zündfähigen Temperatur bereits zehn Minuten nach Beendigung des Rauchens nicht mehr gerechnet

46

---

923 LG Offenburg VersR 2003, 1529.
924 LG Stade VersR 1998, 579.
925 OLG Hamburg VersR 1994, 89.
926 OLG Köln VersR 2010, 479.
927 OLG Bremen, Entscheidung vom 01.02.2012 – 3 U 53/11.
928 OLG Hamm VersR 1989, 1256.
929 OLG Hamm VersR 1989, 1256.
930 OLG Düsseldorf VersR 2001, 365.
931 OLG Köln VersR 2001, 365.
932 BGH VersR 1990, 893.

werden muss, hält das LG Regensburg[933] das Entleeren eines Aschenbechers in einen Eimer mit brennbaren Materialien selbst mehr als 15 Minuten nach dem Ausmachen der Zigarette noch für grob fahrlässig. Auf die Frage, welcher Zeitraum vom Ende des Rauchens bis zum Entleeren der Reste aus dem Aschenbecher verstrichen ist, kommt es dann nicht an, wenn auf andere Weise kontrolliert werden kann, ob sich ein Brand entwickelt. So ist nicht von grober Fahrlässigkeit auszugehen, wenn sich eine dreiviertel Stunde nach dem Entleeren eines Aschenbechers in eine Plastiktüte noch keinerlei Auffälligkeiten zeigen, die auf die Entstehung eines Brandes hindeuten könnten.[934]

c) Erhitzen von Fett auf der Herdplatte

47 Eine weitere, sehr schadenträchtige Tätigkeit stellt das ohne hinreichende Kontrolle erfolgende **Erhitzen von Fett auf der Herdplatte** dar. Auch hier kommt es für die genaue Einordnung wieder auf die Umstände des Einzelfalls an. Allgemein sind jedoch **strenge Anforderungen** an die Überwachung des Vorgangs zu stellen.[935]

48 Da es auf der Hand liegt, dass ein Topf mit erhitztem Fett wegen der hohen Brandgefahr nicht unbeaufsichtigt bleiben darf, ist von grober Fahrlässigkeit zumindest dann auszugehen, wenn der Versicherungsnehmer oder sein Repräsentant **während des Erhitzens die Wohnung oder das Haus verlässt**.[936] Selbst der Aufenthalt in einem Nebenraum kann, wenn dem Erhitzungsvorgang nicht volle Aufmerksamkeit geschenkt wird, für grobe Fahrlässigkeit sprechen.[937] Findet das Erhitzen in einer **offenen Pfanne** auf einem Gasherd mit **offener Flamme** statt, ist grobe Fahrlässigkeit selbst dann zu bejahen, wenn die Pfanne nur für einen kurzen Zeitraum unbeaufsichtigt bleibt.[938]

49 Allerdings kann ein **Augenblicksversagen** die Annahme grober Fahrlässigkeit zumindest dann ausschließen, wenn **weitere subjektive Umstände**, wie etwa wenig Erfahrung mit der Essenszubereitung, für einfache Fahrlässigkeit sprechen.[939] Besteht die Möglichkeit, dass die Herdplatte nach Verlassen der Wohnung unbemerkt von den drei und sieben Jahre alten Kindern des Versicherungsnehmers wieder eingeschaltet wurde, liegt ebenfalls keine grobe Fahrlässigkeit vor.[940]

---

[933] LG Regensburg VersR 2008, 964.
[934] OLG Hamm VersR 1996, 1272.
[935] OLG Köln VersR 1996, 1491.
[936] LG Köln VersR 2006, 695; OLG Koblenz VersR 2010, 1493; LG Dortmund r + s 2012, 27.
[937] LG Karlsruhe, Entscheidung vom 12.10.2007 – 6 O 117/07.
[938] OLG Köln VersR 2002, 311.
[939] BGH VersR 2011, 916.
[940] OLG Zweibrücken VersR 2001, 455.

d) Betreiben von Wasch- und Spülmaschinen bei Abwesenheit

50 Im Rahmen der Leitungswasserversicherung können Schäden insbesondere dann entstehen, wenn das **Haus nach Einschalten der Wasch- bzw. Spülmaschine verlassen** oder **im Falle einer längeren Abwesenheit die Wasserzufuhr zu den Geräten nicht abgesperrt** wird.

51 Ist eine Waschmaschine **nicht** mit einem **sogenannten Aquastop-System** ausgestattet, ist die **Wasserzufuhr abzusperren**, wenn die Maschine nicht in Betrieb ist und der Versicherungsnehmer die Wohnung für längere Zeit verlässt. Andernfalls liegt grobe Fahrlässigkeit vor, wenn es durch einen defekten Zuleitungsschlauch zu einem Wasserschaden kommt.[941] Dies gilt erst recht, wenn eine mehrwöchige Urlaubsreise angetreten wird, ohne das Absperrventil der Kaltwasserzuleitung, an dem der zu dem Geschirrspüler führende Wasserschlauch angeschlossen ist, zu schließen.[942] Gestattet der Versicherungsnehmer dritten Personen während einer einwöchigen Abwesenheit die sporadische Nutzung, muss er sicherstellten, dass diese Personen die Wasserzufuhr in Fällen mehrstündiger Abwesenheiten unterbrechen.[943]

52 Befindet sich eine Waschmaschine **unbeaufsichtigt in Betrieb**, wird die Grenze zur groben Fahrlässigkeit jedoch erst dann überschritten, wenn die Maschine noch für längere Zeit nach Beendigung des Waschvorgangs eingeschaltet und unter Druck gelassen wird.[944]

53 Auch aus einer **mangelnden Kontrolle des Schlauchs** kann sich der Vorwurf grober Fahrlässigkeit ergeben. Dies ist der Fall, wenn eine Waschmaschine ohne Aquastop-Vorrichtung über mehrere Jahre betrieben wird, ohne jemals zu überprüfen, ob der Schlauch noch fest sitzt.[945]

e) Sonstige Fallgruppen grober Fahrlässigkeit

54 Grobe Fahrlässigkeit ist auch in Betracht zu ziehen, wenn der Versicherungsnehmer **Arbeiten verrichtet oder Tätigkeiten vornimmt, die eine erhöhte Brandgefahr** mit sich bringen. So ist grobe Fahrlässigkeit insbesondere bei einem Brand infolge von Schweißarbeiten zu prüfen.[946] Weiterhin wurde grobe Fahrlässigkeit im Zusammenhang mit der Verwendung eines Gasbrenners bei Bauarbeiten im privaten Bereich[947] und beim Betrieb eines selbst eingebauten und nicht vom Schornsteinfeger abgenommenen Kohleofens[948] angenommen.

---

941 LG Frankfurt/M. VersR 1999, 1535.
942 OLG Düsseldorf VersR 1989, 697.
943 OLG Oldenburg VersR 1996, 1492.
944 OLG Koblenz VersR 2002, 231.
945 OLG Oldenburg VersR 2005, 976.
946 OLG Frankfurt, Entscheidung vom 28.04.2004 – 7 U 169/02 (grobe Fahrlässigkeit verneint); OLG München VersR 1992, 869 (grobe Fahrlässigkeit bejaht).
947 OLG Schleswig r + s 2009, 199.
948 OLG Celle VersR 2010, 67.

55 Die grob fahrlässige Herbeiführung des Versicherungsfalls in der Wohngebäudeversicherung ist aber selbstverständlich **nicht auf die aufgezeigten Fälle beschränkt**. Sie ist immer anhand der Umstände des Einzelfalls zu prüfen.

B. Arglistige Täuschung nach Eintritt des Versicherungsfalles

56 Nach § 16 Nr. 2 VGB 2010 (B) **entfällt die Entschädigungspflicht des Versicherers,** wenn der Versicherungsnehmer den Versicherer **arglistig** über Tatsachen täuscht oder zu täuschen versucht, die für den Grund oder für die Höhe der Entschädigung von Bedeutung sind.

57 Die Leistungsfreiheit ist an zwei Voraussetzungen geknüpft. Es kommt **erstens** darauf an, dass der Versicherungsnehmer den Versicherer **arglistig täuscht bzw. zu täuschen versucht. Zweitens** ist vorausgesetzt, dass sich die arglistige Täuschung **auf Tatsachen bezieht**, die **für den Grund oder für die Höhe der Entschädigung von Bedeutung** sind.

I. Begriff

58 Der Begriff arglistige Täuschung ist in den VGB 2010 nicht definiert. Es gelten die Bestimmungen des BGB. Zweck der arglistigen Täuschung ist **die Erregung oder die Aufrechterhaltung eines Irrtums**[949] **des Versicherers über den Grund oder die Höhe seiner Leistungsverpflichtung.**

59 Der Versicherungsnehmer täuscht den Versicherer arglistig, wenn er bei den Verhandlungen über die Ermittlung und Regulierung des Schadens **bewusst falsche Auskunft über Tatsachen gibt oder Tatsachen verschweigt**, die für den Grund oder die Höhe der Entschädigung von Bedeutung sind. Es kommt nicht darauf an, dass der Versicherer nach bestimmten Tatsachen fragt. Arglistige Täuschung liegt auch vor, wenn der Versicherungsnehmer bestimmte Tatsachen verschweigt, um den Versicherer arglistig zu täuschen. Das Verschweigen von Tatsachen stellt jedoch nur dann eine Täuschung dar, wenn bezüglich des verschwiegenen Umstands eine Aufklärungspflicht bestanden hat. Entscheidend ist hier, ob der Versicherer nach Treu und Glauben redlicherweise eine Aufklärung erwarten durfte.[950]

60 Es **kommt nicht darauf an**, dass sich der Versicherungsnehmer einen **ungerechtfertigten Vermögensvorteil** verschaffen möchte.[951] Vielmehr reicht es aus, wenn der Versicherungsnehmer bei der Durchsetzung berechtigter Deckungsansprüche bewusst falsche Angaben macht, um **Beweisschwierigkeiten zu ver-**

---
949 Vgl. Palandt § 123 Rn. 2.
950 LG Köln r + s 1992, 24.
951 OLG Koblenz VersR 2006, 1120.

meiden.⁹⁵² Der Versicherer wird schon dann wegen arglistiger Täuschung von seiner Leistungspflicht befreit, wenn der Versicherungsnehmer zur rascheren und einfacheren Durchsetzung seiner Ansprüche Rechnungen vorlegt, in denen er die Namen der Käufer durch seinen eigenen Namen ersetzt hat. Es ist **unerheblich**, ob er durch die arglistige Täuschung einen **berechtigten Anspruch** durchsetzen wollte.⁹⁵³ Dabei kommt es auch nicht darauf an, dass er insoweit irrt, als der Versicherer auch ohne die Täuschung zum Schadenersatz verpflichtet ist.⁹⁵⁴ Arglistige Täuschung liegt auch dann vor, wenn der Versicherungsnehmer einen berechtigten Anspruch in Unkenntnis der Berechtigung mit der Täuschung durchsetzen will. Auch ein Versicherungsnehmer, der einen berechtigten Anspruch dadurch leichter durchzusetzen versucht, dass er dem Versicherer fingierte Belege vorlegt, um seine Beweissituation zu verbessern und die Schadenregulierung zu beschleunigen, begeht eine arglistige Täuschung.⁹⁵⁵

Die Täuschungshandlung kann sich gegen den Versicherer, dessen Angestellte, zumeist Regulierungsbeauftragte, dessen Versicherungsvertreter, aber auch gegen Sachverständige richten, die entweder im Auftrag des Versicherers oder im Rahmen des bedingungsgemäßen Sachverständigenverfahrens tätig werden. 61

Gelegentlich kommt es vor, dass **Versicherungsnehmer falsche Auskünfte widerrufen.** Offenbart der Versicherungsnehmer den wahren Sachverhalt freiwillig vollständig und unmissverständlich und ist dem Versicherer durch die falschen Angaben noch kein Nachteil entstanden, kann sich der Versicherer auf die Leistungsfreiheit nicht berufen.⁹⁵⁶ Dies jedoch nur, wenn der Versicherungsnehmer den Widerruf freiwillig erklärt, bevor die arglistige Täuschung aufgedeckt wird. Räumt er die arglistige Täuschung erst ein, nachdem er in die Enge getrieben wurde und belastende Beweismittel aufgetaucht sind, kann dies nicht als Gesichtspunkt zugunsten des Versicherungsnehmers ins Gewicht fallen.⁹⁵⁷ 62

II. Grund und Höhe der Entschädigung

Es kommt darauf an, dass sich die arglistige Täuschung oder der Täuschungsversuch auf **Tatsachen** bezieht, die für den **Grund oder für die Höhe der Entschädigung von Bedeutung** sind. Damit sind alle Tatsachen umfasst, die die Verpflichtung des Versicherers beeinflussen, für einen geltend gemachten Schaden überhaupt (Grund der Entschädigung) oder in einer bestimmten Höhe Entschädigung zu leisten. 63

---

952 OLG Düsseldorf VersR 1996, 706; OLG Frankfurt r + s 2000, 464.
953 OLG München VersR 1992, 181.
954 Vgl. OLG Hamm r + s 1987, 139.
955 OLG Hamm r + s 1987, 235.
956 Vgl. BGH VersR 2002, 173 zur vorsätzlichen Obliegenheitsverletzung.
957 BGH VersR 1993, 1351.

64 Die **Entschädigungsverpflichtung des Versicherers dem Grunde** nach hängt vor allem davon ab, ob der Schaden, für den der Versicherungsnehmer Entschädigung beansprucht, an versicherten Sachen durch eine versicherte Gefahr während der materiellen Dauer des Versicherungsschutzes entstanden ist. Täuschungsversuche über Tatsachen, die die versicherte Sache betreffen, sind in der Wohngebäudeversicherung selten, da die versicherten Sachen in der Regel eindeutig bestimmt sind. Dagegen kommt es gelegentlich zu Täuschungsversuchen über die versicherte Gefahr, d. h. über die Schadenursache und den Schadenhergang.

65 So liegt es, wenn der Versicherungsnehmer auf Befragen aussagt, über die Ursache eines Brandschadens keine Angaben machen zu können. Muss er später auf Vorhaltungen und nach Vorlage belastender Indizien zugeben, dass er in dem vom Schaden betroffenen Gebäude eine Fritteuse dazu benutzt hatte, pulverförmige Desinfektionsmittel durch Erhitzen zum Verdampfen zu bringen, ist eine arglistige Täuschung bewiesen.[958] Es kommt dann nicht mehr darauf an, dass das grob fahrlässige Verhalten des Versicherungsnehmers als Ursache des Brandschadens nachgewiesen wird. Arglistige Täuschung liegt weiterhin vor, wenn der Versicherungsnehmer Tatsachen über Vorversicherungen, weitere Versicherungen (Mehrfachversicherung) verschweigt oder Fragen zu Vorschäden bewusst falsch beantwortet. Dies trifft jedoch nicht zu, wenn der Versicherungsnehmer auf eindeutige Fragen nach Vorschäden und Vorversicherungen bei demselben Versicherer, Vorschäden und Vorversicherungen bei anderen Versicherern nicht angibt.[959]

66 Für die arglistige **Täuschung genügt jede vorsätzlich falsche Angabe oder das Verschweigen offenbarungspflichtiger Tatsachen**, sofern dadurch die Feststellung des Schadens oder die Entschließung des Versicherers über die Auszahlung der Entschädigung **in irgendeiner Weise beeinflusst werden kann**, was insbesondere für die Frage nach der Vermögenslage bei schlechten Vermögensverhältnissen (insbesondere Schulden) gilt.[960] Teilt die Ehefrau des Versicherungsnehmers in dessen Abwesenheit der Schadensachbearbeiterin des Versicherers wahrheitswidrig mit, die bereits qualifiziert angemahnte Folgeprämie sei vor dem Schadenereignis bezahlt worden, so besteht für den Versicherungsnehmer die Pflicht, die Angaben seiner Ehefrau zu berichtigen. Verletzt er diese Pflicht, ist der Versicherer wegen arglistiger Täuschung von seiner Leistung frei.[961]

67 Bei **Täuschungshandlungen zur Höhe der Entschädigung** handelt es sich zumeist darum, dass der Versicherungsnehmer gefälschte oder manipulierte Belege wie Rechnungen oder Kostenvoranschläge vorlegt, um die Höhe der Entschädigung zu beeinflussen. Dass der Versicherungsnehmer dem Versicherer nach

---

958 BGH VersR 1993, 1351.
959 Vgl. OLG Hamm VersR 1988, 373.
960 OLG Braunschweig r + s 1997, 204.
961 AG München VersR 1992, 182.

einem Sturmschaden eine Rechnung über eine Notreparatur des Dachs des versicherten Gebäudes vorgelegt hat, obwohl diese Notreparatur nicht durchgeführt worden ist, stellt unter besonderen Umständen selbst dann eine arglistige Täuschung dar, wenn der Versicherungsnehmer keine Kenntnis hatte, dass die behauptete Notreparatur nicht durchgeführt worden war, nämlich wenn er die objektiv unrichtige Erklärung zur Notreparatur „ins Blaue hinein" abgegeben hat, ohne das Fehlen einer zuverlässigen Beurteilungsgrundlage offenzulegen.[962]

Eine arglistige Täuschung liegt vor, wenn der Versicherungsnehmer nach der Zerstörung einer versicherten Lagerhalle durch Brand vom 04.07.1983 am 30.06.1986 eine Baubetreuungsgesellschaft in einem sogenannten Generalübernehmervertrag beauftragt hat, auf dem Hallengelände ein Fabrikgebäude schlüsselfertig zu errichten, wenn Auftragnehmer und Auftraggeber mit Schreiben vom 22.08. und 29.08.1986 das in dem Generalübernehmervertrag vorgesehene Rücktrittsrecht ausgeübt haben und wenn der Versicherungsnehmer den Rücktritt von diesem Vertrag dem Versicherer bzw. im gerichtlichen Verfahren nicht mitgeteilt, sondern den Versicherer in dem Glauben gelassen und bestätigt hat, dieser Vertrag bestehe noch, und wenn der Versicherungsnehmer unter Vortäuschung der Fortgeltung des Generalübernehmervertrags nachzuweisen versucht hat, dass der Wiederaufbau innerhalb der Dreijahresfrist sichergestellt worden sei, was seine Position gegenüber dem Versicherer im Verhältnis zum Einwand treuwidriger Berufung auf die Dreijahresfrist erleichterte.[963]

68

Beruft sich der Versicherer auf Leistungsfreiheit wegen arglistiger Täuschung, so sollte er dennoch **alle Feststellungen zur Höhe des Schadens treffen**. Nach der Rechtsprechung des BGH setzt der Erlass eines Grundurteils in diesem Fall voraus, dass der Tatrichter aufgrund des festgestellten Tatsachenstoffs in der Lage ist, die einzelnen insoweit maßgeblichen Gesichtspunkte vollständig und abschließend zu würdigen und die ihm aufgegebene wertende Gesamtschau aller Umstände vorzunehmen. Denn nur danach ist eine Entscheidung über den Grund des Anspruchs betreffenden Einwand des Versicherers möglich, ihm komme vollständige Leistungsfreiheit zu.[964] Wenn der Versicherer dem Leistungsanspruch des Versicherungsnehmers mit dem Einwand arglistiger Täuschung zur Schadenhöhe begegnet, ist ein Grundurteil nicht zulässig (§ 304 ZPO) und liegt im Falle eines Grundurteils ein wesentlicher Verfahrensfehler vor (§ 538 Abs. 2 Nr. 1 ZPO), solange die Beweisaufnahme zur Höhe des Schadens nicht durchgeführt ist.[965]

69

Fälle arglistiger Täuschung über Tatsachen, die **für die Höhe der Entschädigung Bedeutung** haben, sind in der **Wohngebäudeversicherung verhältnismäßig selten**. Dies liegt vor allem daran, dass hier der **Schadennachweis** für den Versicherungsnehmer und die **Schadenermittlung** für den Versicherer,

70

---

962 OLG Oldenburg r + s 1993, 428.
963 OLG Köln r + s 1992, 24.
964 BGH VersR 1992, 1465.
965 OLG Köln r + s 1998, 341.

abgesehen von Bewertungsfragen, im Allgemeinen **ohne besondere Probleme möglich** ist, weil die vom Schaden betroffenen Sachen nach dem Schaden zumeist noch vorhanden sind. Anhand des Schadenbildes lassen sich infolgedessen Schadenumfang und Schadenhöhe zumeist problemlos nachweisen und ermitteln.

71 Anders liegt es in den Versicherungszweigen der Sachversicherung, in denen häufig Schäden durch das Abhandenkommen versicherter Sachen eintreten. Insbesondere in der gewerblichen Einbruchdiebstahlversicherung und der privaten Hausrat- und Reisegepäckversicherung treten dann Schwierigkeiten beim Schadennachweis und bei der Schadenermittlung auf. Vor allem im privaten Bereich liegt dies in erster Linie daran, dass Versicherungsnehmer häufig keine Belege für die abhandengekommenen Sachen besitzen. Sie versuchen diese Schwierigkeiten gelegentlich dadurch zu lösen, dass sie gefälschte Rechnungen bzw. Quittungen vorlegen und bei dieser Gelegenheit zugleich versuchen, die Schadenhöhe zu manipulieren. Daran liegt es auch, dass vom Versicherungsnehmer vorgetäuschte Versicherungsfälle in der Wohngebäudeversicherung praktisch keine große Rolle spielen, dagegen in der Einbruchdiebstahl-, Hausrat- und Reisegepäckversicherung immer wieder vorkommen. Infolgedessen ist auch die Rechtsprechung sehr viel häufiger mit Fällen arglistiger Täuschung zur Hausratversicherung als zur Wohngebäudeversicherung befasst.

III. Rechtsfolge

72 Die Rechtsfolge der arglistigen Täuschung durch den Versicherungsnehmer ist **Leistungsfreiheit**. Die Leistungsfreiheit des Versicherers tritt grundsätzlich für den **gesamten Entschädigungsanspruch** aus dem Versicherungsfall ein, auf den sich die Täuschungshandlungen des Versicherungsnehmers beziehen.

73 Diese Sanktion ist weder überraschend noch zielt sie auf eine einseitige, unangemessene Benachteiligung des Versicherungsnehmers ab. Infolgedessen verstoßen diese Bestimmungen nicht gegen das Recht der Allgemeinen Geschäftsbedingungen.[966] Sie sind dadurch gerechtfertigt, dass Versicherungsverhältnisse in **besonderem Maß auf gegenseitigem Vertrauen** basieren. Der Versicherer ist darauf angewiesen, dass er im Versicherungsfall von seinem Versicherungsnehmer vollständig und zutreffend informiert wird. Arglistige Täuschung des Versicherungsnehmers über den Grund oder die Höhe der Entschädigungspflicht zerstört das Vertrauen.

74 Dies gilt **ohne weiteres** für arglistige Täuschung des Versicherungsnehmers zum **Anspruchsgrund**. Insbesondere in den Fällen, in denen der Versicherungsnehmer einen Versicherungsfall vorgetäuscht hat, kann der Versicherer zudem Er-

---

[966] LG Hamburg VersR 1994, 806.

satz aller tatsächlich entstandenen Ermittlungsaufwendungen verlangen, sofern sie nicht von vornherein erkennbar überflüssig waren.[967]

Aber **auch** bei **arglistiger Täuschung zur Höhe des Anspruchs** ist die Leistungsfreiheit nicht auf den Entschädigungsanspruch für diejenigen Schadenpositionen beschränkt, auf die sich die Täuschungshandlungen beziehen. Sie erstreckt sich vielmehr auf alle Schadenpositionen. Beschränkt sich ein Täuschungsversuch des Versicherungsnehmers auf einen Teil der betroffenen versicherten Sachen, so ist der Versicherer gleichwohl jedenfalls dann von jeder Entschädigungspflicht auch für die übrigen Sachen frei, wenn der Versicherer für die Feststellung der Schadenhöhe an diesen Sachen Mengen- oder Wertangaben des Versicherungsnehmers benötigt.[968]

75

Es ist in der Regel **nicht erforderlich**, dass der Versicherungsnehmer vom Versicherer vor Aufnahme der Regulierungsverhandlungen auf die Möglichkeit einer derartigen Totalsanktion **hingewiesen** wird.[969]

76

Allerdings hat die Rechtsprechung die **völlige Leistungsfreiheit** des Versicherers bei arglistiger Täuschung durch den Versicherungsnehmer entgegen dem eindeutigen Wortlaut der AVB **seit jeher eingeschränkt**. Ausgangspunkt dafür ist die Überlegung, dass es sich hier um eine Verwirkungsbestimmung mit Strafcharakter handelt, die **auf dem Grundsatz von Treu und Glauben beruht**, der das Versicherungsverhältnis stärker beherrscht als viele andere Vertragsverhältnisse.[970] Hierin findet sich nach Ansicht des BGH letztlich die Rechtfertigung für die dem allgemeinen Vertragsrecht eher fremde Sanktion des Anspruchsverlusts trotz Folgenlosigkeit des Pflichtverstoßes. Treu und Glauben setzen deshalb der Leistungsfreiheit des Versicherers auch Grenzen.

77

Der **Versicherer** darf die falschen Angaben des Versicherungsnehmers **nicht treuwidrig veranlasst** haben. Die Inanspruchnahme von Leistungsfreiheit als Sanktion eines Versuchs arglistiger Täuschung bei den Entschädigungsverhandlungen hat infolgedessen derjenige Versicherer verwirkt, der sich in einer diesem Tatbestand **gleichwertigen oder gar schwerer wiegenden Art und Weise verhält**.[971]

78

Die Berufung auf Leistungsfreiheit wegen arglistiger Täuschung darf sich ferner **nicht als unzulässige Rechtsausübung** darstellen. Deren Annahme setzt aber **ganz besondere Umstände des Einzelfalls** voraus. Der Verlust des Versicherungsschutzes muss für den Versicherungsnehmer eine übermäßige Hürde darstellen. Eine unzulässige Rechtsausübung ist demnach regelmäßig nur dann anzunehmen, wenn die Täuschung lediglich einen **geringen Teil des versicherten Schadens** betrifft und bei der Billigkeitsprüfung **weitere Gesichtspunkte**

79

---

967 OLG Hamburg VersR 1988, 482.
968 OLG Frankfurt/Main VersR 1988, 1146.
969 OLG Bremen VersR 1989, 585.
970 BGH VersR 1986, 78.
971 BGH VersR 1989, 842.

zugunsten des Versicherungsnehmers ins Gewicht fallen.[972] Dabei kommt es entscheidend auf das Maß des Verschuldens an und die Folgen, die dem Versicherungsnehmer bei Wegfall des Versicherungsschutzes drohen. Auch wenn sich die arglistige Täuschung nur auf einen **geringen Teil des Schadens** bezieht, **kann jedoch Leistungsfreiheit gegeben sein**. Es gibt diesbezüglich **keine starre Bruchteilsgrenze**, vielmehr kommt es auf die Umstände des Einzelfalls an.[973]

80   Zu berücksichtigen ist auch, inwieweit die Versagung des Versicherungsschutzes **den Versicherungsnehmer in seiner Existenz bedroht**. Erforderlich ist daher immer eine wertende Gesamtschau aller Umstände.[974] Der Versicherer handelt nur unter ganz besonderen Umständen rechtsmissbräuchlich, wenn er die völlige Leistungsfreiheit geltend macht. Diese Ausnahme ist nicht gegeben, wenn der Täuschungsversuch des Versicherungsnehmers den ganzen Brandschaden betrifft und wenn der Versicherungsnehmer erst auf nachhaltiges Befragen die Täuschung zugibt. In diesem Fall erscheint die völlige Leistungsfreiheit des Versicherers selbst bei einer Existenzbedrohung des Versicherungsnehmers nicht als übermäßige und unbillige Härte.[975]

81   **Keine Rolle** spielt, **welche Beweggründe** das Verhalten des Versicherungsnehmers bestimmt haben, ob er aus Gewinnsucht handelte oder ob er lediglich einen berechtigten Anspruch auf leichterem oder schnellerem Weg durchsetzen wollte. Maßgeblich ist eine wertende Gesamtschau aller Umstände.[976]

82   Beziehen sich die falschen Angaben des Versicherungsnehmers jedoch auf mehr als nur einen geringfügigen Teil des Gesamtschadens und trifft den Versicherungsnehmer mehr als ein geringfügiges Verschulden, so tritt völlige Leistungsfreiheit ohne Rücksicht darauf ein, ob hierdurch die Existenz des Versicherungsnehmers bedroht wird.[977] Der **Versicherungsnehmer** hat **nachzuweisen**, dass die **tatsächlichen Voraussetzungen**, unter denen sich das Verhalten des Versicherers als rechtsmissbräuchlich darstellen würde, vorliegen.[978]

83   Andererseits muss der Versicherungsnehmer eine **Teilzahlung nicht zurückzahlen**, wenn die arglistige Täuschung durch den Versicherungsnehmer erst **nach Empfang der Teilleistung** begangen worden ist.[979] Dies gilt auch für vor der arglistigen Täuschung erbrachte Abschlagszahlungen, die nicht unter Vorbehalt standen.[980] Nach Ansicht des BGH ordnen die AVB den Verlust von Vermögenswerten, die dem Versicherungsnehmer vor seiner Pflichtwidrigkeit vom

---

972   BGH VersR 1986, 79.
973   OLG Schleswig VersR 2009, 680.
974   BGH VersR 1994, 45; BGH VersR 1992, 1465.
975   BGH VersR 1993, 1351.
976   OLG Köln VersR 1988, 706.
977   OLG Frankfurt/Main VersR 1988, 1145.
978   BGH VersR 1986, 77; OLG Saarbrücken VersR 1997, 826.
979   BGH VersR 1986, 77.
980   BGH VersR 2001, 1020.

Versicherer zu Recht und auf Dauer zugewendet worden sind, als Sanktion arglistigen Verhaltens nicht an. Betroffen sind nur solche Ansprüche, die bei Eintritt des Verwirklichungstatbestands noch offen sind. Abschlagszahlungen, die davor ohne Vorbehalt geleistet wurden, werden nicht berührt. Der Gedanke, dass ein Vertragspartner eine empfangene Leistung, die ihm zum Zeitpunkt der Erfüllung auch zustand, wegen einer nachträglichen Pflichtverletzung herauszugeben hätte, ist dem bürgerlichen Recht fremd. Die Besonderheiten des Versicherungsverhältnisses können keine Ausnahme von diesem Grundsatz rechtfertigen.[981]

Weiterhin führen **unrichtige Angaben** des Versicherungsnehmers **nach endgültiger Versagung des Versicherungsschutzes** durch den Versicherer **nicht zur Leistungsfreiheit** wegen versuchter arglistiger Täuschung.[982] Der Versicherungsnehmer ist vertraglich nur gehalten, wahrheitsgemäße Angaben zu machen, um dem Versicherer die Prüfung seiner Verpflichtung zur Leistung zu ermöglichen und/oder zu erleichtern. Der nicht mehr regulierungsbereite Versicherer ist auf solche Angaben nicht mehr angewiesen. Im Prozess haben beide Parteien dieselbe Chance, mit allen zulässigen Beweismitteln ihren Standpunkt zu vertreten. Die Aufstellung unrichtiger Behauptungen kann deshalb zwar prozessuale Nachteile und auch Schadenersatzansprüche mit sich bringen, führt aber nicht zur vollständigen Leistungsfreiheit wegen Obliegenheitsverletzung oder versuchter Täuschung des Prozessgegners.[983] 84

Grundsätzlich sind die **Leistungsvoraussetzungen für jeden Versicherungsvertrag getrennt und unabhängig** voneinander zu prüfen.[984] Diese Auslegung stößt an ihre Grenzen, wenn für denselben Versicherungsnehmer bei demselben Versicherer mehrere Wohngebäudeversicherungsverträge bestehen, die durch dasselbe Schadenereignis betroffen werden (z. B. bei einer Sturmkatastrophe). In diesen Fällen zieht der Täuschungsversuch des Versicherungsnehmers über den Grund oder die Höhe der Entschädigung bei einem Vertrag auch Leistungsfreiheit für die übrigen Wohngebäudeversicherungsverträge nach sich. Dasselbe Ereignis tritt ein, wenn derselbe Versicherungsnehmer dieselben Gebäude bei demselben Versicherer in einem Wohngebäudeversicherungsvertrag versichert hat. Der Umfang der Leistungsverpflichtung des Versicherers kann nicht von der (zufälligen) versicherungstechnischen Vertragsgestaltung abhängen. Ähnlich liegt es, wenn sich der Täuschungsversuch auf die Entschädigung für versicherte Sachen richtet, die in der Wohngebäudeversicherung und der Hausratversicherung doppelt versichert sind. In diesen Fällen wirkt die arglistige Täuschung zu einem Vertrag auch auf den anderen Vertrag.[985] Dabei kommt es nicht darauf an, ob die beiden Verträge bei einem oder mehreren Versicherern bestehen. 85

---

981   BGH VersR 1986, 77.
982   OLG Hamm r + s 1992, 97; BGH VersR 1989, 842.
983   OLG Hamm r + s 1992, 97.
984   OLG Hamm r + s 1989, 229.
985   Martin X III 5.

IV. Beweislast des Versicherers

86 Beruft sich **der Versicherer** auf Leistungsfreiheit wegen arglistiger Täuschung, so hat er zu **beweisen**, dass der Versicherungsnehmer zu Tatsachen, die für den Grund oder für die Höhe der Entschädigung von Bedeutung sind, unzutreffende Angaben gemacht oder derartige Tatsachen verschwiegen hat. **Daneben hat der Versicherer den Nachweis zu führen, dass der Versicherungsnehmer die falschen Angaben bewusst gemacht hat, mit dem Ziel, beim Versicherer einen Irrtum über entschädigungsrelevante Tatsachen zu erzeugen oder aufrechtzuerhalten**. Es genügt, wenn der Versicherer nachweist, dass sich der Versicherungsnehmer bewusst war, dass sein Verhalten den Versicherer bei der Schadenregulierung möglicherweise beeinflussen kann.[986]

87 Dennoch können die Versicherer die in Fällen arglistiger Täuschung auftretenden Beweisschwierigkeiten häufig nicht lösen. Dann ist es für den Versicherer von Vorteil, dass Versuche arglistiger Täuschung regelmäßig zugleich objektiv einen **Verstoß gegen die Aufklärungs- und Auskunftsobliegenheit** darstellen, die der Versicherungsnehmer im Versicherungsfall zu erfüllen hat. Dabei ist die **Beweislastverteilung** für den Versicherer **günstiger**.

V. Rechtskräftiges Strafurteil

88 Ist der Tatbestand der arglistigen Täuschung durch **rechtskräftiges Strafurteil wegen Betrugs oder Betrugsverdacht** festgestellt, so gelten nach § 16 Nr. 2 Abs. 2 VGB 2010 (B) die dargestellten Voraussetzungen für die Leistungsfreiheit des Versicherers als bewiesen.

89 Diese Regelung ist **weder überraschend noch wird der Versicherungsnehmer dadurch unangemessen benachteiligt**.[987] Zwar sieht das Gesetz generell bei der Beurteilung zivilrechtlicher Ansprüche eine Bindung an rechtskräftige strafrechtliche Entscheidungen nicht vor, jedoch ist die vorstehende Regelung nicht einseitig und unangemessen belastend. Die im Strafverfahren vorhandenen Möglichkeiten der Sachaufklärung und die Verpflichtung der Ermittlungsbehörden und der Gerichte, von Amts wegen Entlastendes zu ermitteln und bei der Urteilsfindung zu berücksichtigen, stellen sicher, dass die Gefahr einer unangemessenen Benachteiligung für den Versicherungsnehmer nicht entsteht.[988]

90 Die dargestellten Grundsätze für die **einschränkende Auslegung** der Bestimmungen zur Leistungsfreiheit bei Arglist des Versicherungsnehmers sind jedoch auch in diesen Fällen **zu berücksichtigen**.[989] Zur Vermeidung unbilliger Härten

---

[986] BGH VersR 1987, 149.
[987] Vgl. BGH VersR 1982, 81; a. A. Bruck/Möller/*Johannsen* Band 7 AFB 2008/2010 B § 16 Rn. 33.
[988] LG Hamburg VersR 1994, 806; vgl. auch OLG Hamm VersR 1986, 1177; OLG Karlsruhe VersR 1983, 169.
[989] OLG Hamm VersR 1986, 1177.

ist dem Versicherer nach Ansicht der Gerichte auch in diesen Fällen die Regulierung eines Teils des Schadens zuzumuten, wenn das **Verschulden des Versicherungsnehmers verhältnismäßig gering** ist und bei völligem Verlust des Versicherungsschutzes die **Existenz des Versicherungsnehmers gefährdet** wäre.

Ein Umkehrschluss kann aus der angesprochenen Regelung nicht gezogen werden. Wird der Versicherungsnehmer in einem strafrechtlichen Verfahren wegen Betrugs oder Betrugsversuchs **freigesprochen**, so ist dem Versicherer dadurch **nicht die Einrede der arglistigen Täuschung genommen**.[990] So liegt es, wenn mit der arglistigen Täuschung keine Bereicherungsabsicht des Versicherungsnehmers verbunden war und dies im Strafverfahren festgestellt wurde.

91

---

[990] OLG Düsseldorf VersR 1999, 1013.

§ 17 Anzeigen, Willenserklärungen, Anschriftenänderungen

1. *Form*

   Soweit gesetzlich keine Schriftform verlangt ist und soweit in diesem Vertrag nicht etwas anderes bestimmt ist, sind die für den Versicherer bestimmten Erklärungen und Anzeigen, die das Versicherungsverhältnis betreffen und die unmittelbar gegenüber dem Versicherer erfolgen, in Textform abzugeben.

   Erklärungen und Anzeigen sollen an die Hauptverwaltung des Versicherers oder an die im Versicherungsschein oder in dessen Nachträgen als zuständig bezeichnete Stelle[991] gerichtet werden. Die gesetzlichen Regelungen über den Zugang von Erklärungen und Anzeigen bleiben unberührt.

2. *Nichtanzeige einer Anschriften- bzw. Namensänderung*

   Hat der Versicherungsnehmer eine Änderung seiner Anschrift dem Versicherer nicht mitgeteilt, genügt für eine Willenserklärung, die dem Versicherungsnehmer gegenüber abzugeben ist, die Absendung eines eingeschriebenen Briefes an die letzte dem Versicherer bekannte Anschrift. Entsprechendes gilt bei einer dem Versicherer nicht angezeigten Namensänderung. Die Erklärung gilt drei Tage nach der Absendung des Briefes als zugegangen.

3. *Nichtanzeige der Verlegung der gewerblichen Niederlassung*

   Hat der Versicherungsnehmer die Versicherung unter der Anschrift seines Gewerbebetriebs abgeschlossen, finden bei einer Verlegung der gewerblichen Niederlassung die Bestimmungen nach Nr. 2 entsprechend Anwendung.

A. Einführung

§ 17 VGB 2010 (B) regelt Formalitäten der Kommunikation zwischen Versicherer und Versicherungsnehmer. 1

B. Form von Erklärungen und Anzeigen

§ 17 Nr. 1 Abs. 1 VGB 2010 (B) stellt den Grundsatz auf, dass in Fällen, in denen es keine gesetzlichen Formerfordernisse gibt, insbesondere wenn keine Schriftform verlangt wird und wenn es keine anderweitige Vereinbarung zwischen den 2

---

[991] Oder entsprechende unternehmensindividuelle Bezeichnung.

Parteien gibt, Erklärungen und Anzeigen gegenüber dem Versicherer in **Textform** (§126b BGB) abzugeben sind. Der Textform genügen E-Mails, Faxe oder SMS.

§ 17 Nr. 1 Abs. 1 VGB 2010 (B) normiert nur den „Mindeststandard". Selbstverständlich kann der Versicherungsnehmer seine Erklärungen und Anzeigen gegenüber dem Versicherer auch in einer Form abgeben, die strengeren Formvorschriften genügt, insbesondere also in Schriftform, also eigenhändig unterschrieben.

3 Allenfalls den Charakter einer Bitte hat die in § 17 Nr. 1 Abs. 2 VGB 2010 (B) enthaltene „Soll"-Vorschrift, wonach der Versicherungsnehmer seine Erklärungen und Anzeigen an die Hauptverwaltung des Versicherers oder an die sonst als zuständig bezeichnete Stelle richten soll. Möglicherweise führt diese Vorgehensweise zu einer möglichst einfachen Verwaltung des Wohngebäudeversicherungsvertrages. Ein zwingendes Zugangserfordernis wird hiermit nicht geschaffen. Es ist dem Versicherungsnehmer nämlich unbenommen, seine Erklärungen und Anzeigen gegenüber dem ihn betreuenden Versicherungsvertreter abzugeben, dessen Kenntnis sich der Versicherer aufgrund der Auge-und-Ohr-Rechtsprechung ohnehin zurechnen lassen muss.

C. Nichtanzeige einer Anschriften- bzw. Namensänderung

4 § 17 Nr. 2 VGB 2010 (B) regelt die Folgen einer vom Versicherungsnehmer nicht angezeigten Anschriften- bzw. Namensänderung. Hat der Versicherungsnehmer dem Versicherer eine solche Änderung nicht mitgeteilt, so genügt für eine Willenserklärung, die gegenüber dem Versicherungsnehmer abzugeben ist, der Versand eines Einschreibens an die letzte dem Versicherer benannte Anschrift. Eine derart versandte Erklärung gilt drei Tage nach Absendung als zugegangen.

Die VGB-Bestimmung entspricht der gesetzlichen Regelung des § 13 Abs. 1 VVG, so dass diese – trotz § 308 Nr. 6 BGB – auch unter AGB-Gesichtspunkten unbedenklich ist.

5 § 17 Nr. 2 VGB 2010 (B) gilt entsprechend, wenn der Versicherungsnehmer dem Versicherer die Verlegung seiner gewerblichen Niederlassung nicht angezeigt hat (§ 17 Nr. 3 VGB 2010 (B)).

§ 18 Vollmacht des Versicherungsvertreters

1. *Erklärungen des Versicherungsnehmers*

   Der Versicherungsvertreter gilt als bevollmächtigt, vom Versicherungsnehmer abgegebene Erklärungen entgegenzunehmen betreffend

   a. *den Abschluss bzw. den Widerruf eines Versicherungsvertrages;*

   b. *ein bestehendes Versicherungsverhältnis einschließlich dessen Beendigung;*

   c. *Anzeige- und Informationspflichten vor Abschluss des Vertrages und während des Versicherungsverhältnisses.*

2. *Erklärungen des Versicherers*

   Der Versicherungsvertreter gilt als bevollmächtigt, vom Versicherer ausgefertigte Versicherungsscheine oder deren Nachträge dem Versicherungsnehmer zu übermitteln.

3. *Zahlungen an den Versicherungsvertreter*

   Der Versicherungsvertreter gilt als bevollmächtigt, Zahlungen, die der Versicherungsnehmer im Zusammenhang mit der Vermittlung oder dem Abschluss eines Versicherungsvertrags an ihn leistet, anzunehmen. Eine Beschränkung dieser Vollmacht muss der Versicherungsnehmer nur gegen sich gelten lassen, wenn er die Beschränkung bei der Vornahme der Zahlung kannte oder in Folge grober Fahrlässigkeit nicht kannte.

Erläuterung

In Ergänzung der Auge-und-Ohr-Rechtsprechung des BGH und in Anlehnung an § 70 VVG konkretisiert § 18 VGB 2010 (B) die Vollmacht des Versicherungsvertreters in Bezug auf die Entgegennahme von Erklärungen durch den Versicherungsnehmer, die Übermittlung von Erklärungen des Versicherers an den Versicherungsnehmer sowie die Entgegennahme von Zahlungen durch den Versicherungsnehmer.

Die Bestimmungen des § 18 VGB 2010 (B) gelten ausdrücklich nur für Versicherungsvertreter. Nur diese stehen „im Lager des Versicherers". Dementsprechend sind die Regelungen für Versicherungsmakler, die auf Seiten des Versicherungsnehmers stehen nicht, auch nicht entsprechend, anwendbar.

§ 19 Repräsentanten

Der Versicherungsnehmer muss sich die Kenntnis und das Verhalten seiner Repräsentanten zurechnen lassen.

A. Einführung

Zahlreiche Bestimmungen des VVG und der VGB knüpfen an ein Fehlverhalten des Versicherungsnehmers Rechtsfolgen. Das gilt insbesondere für die Vorschriften über die vorvertragliche Anzeigepflichtverletzung und die Gefahrerhöhung, über die Sicherheitsvorschriften, über die Obliegenheiten im Versicherungsfall sowie über die Entschädigungspflicht aus besonderen Gründen. Dabei ist im VVG im Allgemeinen nicht geregelt, ob und gegebenenfalls in welcher Weise dem Versicherungsnehmer das Fehlverhalten Dritter schadet. Lediglich in § 47 VVG ist festgelegt, dass „bei der Versicherung für fremde Rechnung auch die Kenntnis und das Verhalten des *Versicherten* in Betracht" kommt, soweit „nach den Vorschriften dieses Gesetzes die Kenntnis und das Verhalten des *Versicherungsnehmers* von rechtlicher Bedeutung ist". Im Gegensatz dazu enthielten die allermeisten AVB Sach der achtziger Jahre Bestimmungen, in denen die Zurechnung von Kenntnis und Verhalten Dritter geregelt war. Beispielhaft dafür ist § 25 VGB 88 a. F. Dort ist wie in nahezu allen AVB Sach, die in den achtziger Jahren geschaffen wurden, die Zurechnung von Kenntnis und Verhalten Dritter im Einzelnen geregelt. Mit der genannten Regelung wurde von zahlreichen Vorschriften des VVG a. F. sowie von den dazu von der Rechtsprechung entwickelten Grundsätzen abgewichen. Infolge einer Entscheidung des BGH vom 21.04.1993[992], der den inhaltlich gleich gestalteten § 9 Nr. 1 a VHB 84 a. F. wegen eines Verstoßes gegen AGB-Recht für unwirksam erklärt hatte, mussten auch die entsprechenden Bestimmungen in den VGB geändert werden[993]. 1

Gegenüber den Vorgängerregelungen ist die Bestimmung in § 19 VGB 2010 (B) sehr knapp formuliert. **Es bleibt bei der Feststellung, dass sich der Versicherungsnehmer die Kenntnis und das Verhalten seiner Repräsentanten zurechnen lassen muss.** 2

B. Gesetzlicher Vertreter

Wie eigenes Verschulden ist dem Versicherungsnehmer ohne weiteres Fehlverhalten seiner gesetzlichen Vertreter zuzurechnen[994]. **Bei juristischen Personen** sind das die Organe der juristischen Personen, also insbesondere die Mitglieder des Vorstands einer Aktiengesellschaft, die Geschäftsführer einer Gesellschaft 3

---

992 BGH VersR 1993, 830.
993 Vgl. zur Entwicklung: Dietz 2. Auflage U 1.
994 Prölss/Martin/*Prölss* § 28 Rn 53.

mit beschränkter Haftung, die Komplementäre einer Kommanditgesellschaft, die Gesellschafter einer offenen Handelsgesellschaft sowie die gesetzlichen Vertreter von Genossenschaften, Vereinen oder juristischen Personen des öffentlichen Rechts. Auch der Verwalter einer Wohnungseigentümergemeinschaft hat die Stellung eines gesetzlichen Vertreters. **Natürliche Personen**, die nicht oder beschränkt geschäftsfähig sind, bedürfen eines gesetzlichen Vertreters. In Frage kommen insbesondere die Eltern, aber auch ein Vormund oder ein bestellter Betreuer. Bei natürlichen Personen kommt neben der Haftung für Verschulden des gesetzlichen Vertreters auch eigenes Verschulden in Betracht, wenn er schuldfähig ist.

C. Mehrere Versicherungsnehmer

4   Besteht ein Vertrag mit mehreren Versicherungsnehmern, muss sich jeder Versicherungsnehmer auch Kenntnis und Verhalten der übrigen Versicherungsnehmer zurechnen lassen. In den VGB 2010 ist dies nicht mehr ausdrücklich so geregelt. Allerdings hatte die entsprechende Regelung in den bisherigen VGB (§§ 21 VGB 88 n. F., 35 Nr. 1 VGB 88 a. F.) ohnehin nur deklaratorischen Charakter. Nach übereinstimmender Ansicht gilt dies nämlich auch ohne vertragliche Vereinbarung. Der Verstoß eines Versicherungsnehmers hat die gleichen Folgen wie ein Verstoß aller Versicherungsnehmer. Wenn einer von mehreren Versicherungsnehmern einer gemeinsam abgeschlossenen Gebäude-Feuerversicherung den Schaden grob fahrlässig herbeigeführt hat, ist der Versicherer auch gegenüber dem oder den anderen Versicherungsnehmern leistungsfrei[995]. Dieser Grundsatz ist nicht umstritten, wenn das gemeinsame ungeteilte und gleichartige Interesse aller Versicherungsnehmer versichert ist. Er gilt auch bei **Bruchteilseigentum** und **Gesamthandseigentum**. Die Versicherung von Gebäuden im Miteigentum von Eheleuten in Gütergemeinschaft (§ 1416 BGB) und Erbengemeinschaften (§ 2032 BGB) spielt in der Wohngebäudeversicherung durchaus eine Rolle. Schließen Eheleute oder die Erben gemeinsam einen Vertrag ab, so schadet das Fehlverhalten eines Versicherungsnehmers allen Versicherungsnehmern.

Verträge mit mehreren Versicherungsnehmern sind im Allgemeinen nachteilig für alle Vertragsparteien. So sind auch beispielsweise Hausratversicherer im Allgemeinen nicht bereit, Verträge mit mehreren Versicherungsnehmern zu schließen[996]. Auch in der Wohngebäudeversicherung ist es ohne weiteres möglich, dass ein Miteigentümer alleiniger Versicherungsnehmer des Wohngebäudeversicherungsvertrages ist. Die Miteigentümer legen jedoch bei der Versicherung von Miteigentum nicht selten Wert darauf, gemeinsam einen Vertrag zu schließen, zumal Wohngebäudeversicherer daneben auch nicht bereit sind, Bruchteile von Gebäuden zu versichern. Daran liegt es, dass in der Wohngebäudeversicherung häufig Verträge mit mehreren Versicherungsnehmern geschlossen werden.

---

995   BGH r + s 1992, S. 240 ff.
996   Dietz HRV § 10 Rn. 2.2.2.

In den VGB 88 wurde deshalb deklaratorisch geregelt, dass das Fehlverhalten eines Versicherungsnehmers allen Versicherungsnehmern schadet, weil sich jeder Versicherungsnehmer Kenntnis und Verhalten der übrigen Versicherungsnehmer zurechnen lassen muss. Das Verhalten eines Versicherungsnehmers wirkt bei einem gemeinsamen Versicherungsvertrag im Rahmen des § 81 VVG gegen alle Versicherungsnehmer[997]. Daneben sind alle Versicherungsnehmer Beitragsgesamtschuldner (§ 427 BGB). Alle Willenserklärungen müssen von allen Versicherungsnehmern gemeinsam und übereinstimmend abgegeben werden, damit sie rechtswirksam sind, Eine rechtswirksame Kündigung kann nur gemeinsam durch alle Versicherungsnehmer des gemeinsamen Vertrages ausgesprochen werden. Sofern nichts anderes vereinbart wird, müssen Verhandlungen über die Entschädigung mit allen Versicherungsnehmern geführt und Entschädigungsvereinbarungen mit allen Versicherungsnehmern getroffen werden. Der Entschädigungsanspruch steht mehreren Versicherungsnehmern gemeinsam zu. Jeder einzelne Versicherungsnehmer kann jedoch nur Zahlung auf ein gemeinsames Konto oder Hinterlegung zu Händen aller Versicherungsnehmer verlangen (§ 432 BGB). Wenn A und B Versicherungsnehmer einer Verbundenen Wohngebäudeversicherung sind, dann sind sie für Versicherungsansprüche Mitgläubiger mit der Folge, dass jeder von ihnen – auch nach der Scheidung ihrer Ehe – allein auf Leistung klagen kann, die Leistung nach § 432 BGB aber nur an beide gemeinschaftlich verlangen kann[998].

D. Repräsentanten

Über die soeben behandelten Fälle hinaus muss sich der Versicherungsnehmer unter bestimmten Voraussetzungen auch in anderen Fällen Kenntnis und Verhalten Dritter zurechnen lassen. Abgesehen von § 47 VVG bietet der Wortlaut des VVG dafür keine Grundlage. Dagegen wird in den VGB ausgeführt, der Versicherungsnehmer müsse sich „Kenntnis und Verhalten seiner Repräsentanten zurechnen lassen". Die Bestimmung zielt auf die Haftung des Versicherungsnehmers für seine Repräsentanten, ohne dass der Begriff des Repräsentanten definiert wird. Grundlage für die Repräsentantenhaftung sind die von der Rechtsprechung entwickelten Grundsätze. Bereits das Reichsgericht hatte in ständiger Rechtsprechung von der Haftung des Versicherungsnehmers für seine Repräsentanten gesprochen. Diese Rechtsprechung wurde vom Bundesgerichtshof fortgeführt. Dabei macht der BGH keinen Unterschied zwischen der Haftung des Versicherungsnehmers in Fällen der Obliegenheitsverletzung einerseits und der schuldhaften Herbeiführung des Versicherungsfalls andererseits. Sie ist entsprechend auch auf die arglistige Täuschung anzuwenden. Mit dieser Rechtsprechung soll eine wesentliche Verschlechterung der Position des Versicherers verhindert werden, wenn die im Versicherungsschein als Versicherungsnehmer

5

---
[997] OLG Hamm VersR 1988, 508.
[998] OLG Köln r + s 1989, 94.

bezeichnete Person diese Stellung nur formal innehat, die tatsächliche Risiko- oder Vertragsverwaltung jedoch einem Dritten überlässt. Dabei hat der BGH § 278 BGB nicht unmittelbar angewendet, sondern den besonderen versicherungsrechtlichen Begriff des Repräsentanten entwickelt. Die Grundzüge dieser Rechtsprechung werden nachfolgend dargestellt.

I. Begriff

6   Nach der jüngeren Rechtsprechung des BGH ist Repräsentant, wer in dem Geschäftsbereich, zu dem das versicherte Risiko gehört, aufgrund eines Vertretungs- oder sonstigen Verhältnisses an die Stelle des Versicherungsnehmers getreten ist. Die bloße Überlassung der Obhut über die versicherte Sache allein reicht hierfür grundsätzlich nicht aus. Repräsentant kann nur sein, wer befugt ist, selbständig in einem gewissen, nicht ganz unbedeutenden Umfang für den Versicherungsnehmer zu handeln (**Risikoverwaltung**). Es braucht jedoch nicht hinzuzutreten, dass der Dritte auch Rechte und Pflichten aus dem Versicherungsvertrag wahrzunehmen hat. Übt der Dritte aber aufgrund eines Vertretungs- oder ähnlichen Verhältnisses die Verwaltung des Versicherungsvertrages eigenverantwortlich aus (**Vertragsverwaltung**), kann dies unabhängig von einer Übergabe der versicherten Sache für seine Repräsentantenstellung sprechen[999]. Danach unterscheidet der BGH zwischen Risiko- und Vertragsverwaltung.

Die **Risikoverwaltung** erfordert nach der Rechtsprechung des BGH die Überlassung der Obhut über die versicherte Sache. Dabei ist vorausgesetzt, dass der Repräsentant die alleinige Obhut über die versicherte Sache hat. Eine Mitobhut gemeinsam mit anderen Personen begründet keine Repräsentanteneigenschaft. Daneben ist gefordert, dass der Repräsentant die versicherte Sache für längere Zeit in alleiniger Obhut hat. Eine kurzfristige, wenn auch wiederholte Besitzüberlassung begründet keine Repräsentanz.

Daneben kann nach der Rechtsprechung des BGH Repräsentant nur sein, wer befugt ist, selbständig in einem gewissen, nicht ganz unbedeutenden Umfang für den Versicherungsnehmer zu handeln. Der Repräsentant hat die Möglichkeit, im Rahmen seiner Risikoverwaltung eigenverantwortliche Entscheidungen zu treffen und entsprechende Maßnahmen zu ergreifen. Dabei kommt es nicht darauf an, ob der Repräsentant im Sinne des Willens des Versicherungsnehmers oder gegen dessen Interesse handelt. Die Repräsentanz entfällt nicht dadurch, dass der Repräsentant gegen den Willen des Versicherungsnehmers handelt. Im Gegensatz zu seiner früheren Rechtsprechung fordert der BGH zur Begründung der Repräsentanteneigenschaft jedoch nun nicht mehr, dass der Dritte, der für längere Zeit die alleinige Obhut der versicherten Sache innehat, daneben auch die Rechte und Pflichten aus dem Versicherungsvertrag wahrzunehmen hat[1000].

---

999   BGH VersR 1993, 828; Anmerkung Lücke, VersR 1993, S. 1098 ff.
1000 BGH VersR 1989, 737.

Übt jedoch der Dritte aufgrund eines Vertretungs- oder ähnlichen Verhältnisses **die Verwaltung des Versicherungsvertrages** eigenverantwortlich aus, so kann dies unabhängig von einer Übergabe der versicherten Sache für seine Repräsentanteneigenschaft sprechen[1001]. Die sog. Vertragsverwaltung ist infolgedessen geeignet, ohne das Hinzutreten der Risikoverwaltung die Repräsentanteneigenschaft eines Dritten zu begründen. Sie hängt nicht davon ab, ob der Dritte auch die Obhut der versicherten Sache innehat. Vertragsverwaltung setzt aber voraus, dass der Dritte an die Stelle des Versicherungsnehmers getreten ist und den Versicherungsvertrag eigenverantwortlich verwaltet. Offen ist, ob auch die Vertragsverwaltung auf längere Zeit ausgelegt sein muss oder ob es für die Zeit nach dem Versicherungsfall ausreicht, wenn die Vertragsverwaltung auf eine relativ kurze Zeit begrenzt ist[1002]. So liegt es, wenn der Versicherungsnehmer nach einem Versicherungsfall einen Architekten beauftragt, die notwendigen Maßnahmen zur Schadenbeseitigung sowie die Verhandlungen mit dem Versicherer eigenverantwortlich zu führen. In diesen Fällen ist der beauftragte Architekt als Repräsentant einzustufen.

II. Fälle der Repräsentanz

Nachfolgend wird die **Rechtsprechung zur Repräsentantenhaftung** dargestellt. Dabei ist darauf zu achten, dass die Urteile aus der Zeit vor dem richtungsweisenden Urteil des BGH vom 21.04.1993[1003] nicht ohne weiteres übertragen bzw. fortgeschrieben werden können.

7

Ehepartner oder Lebensgefährten des Versicherungsnehmers sind nicht ohne weiteres Repräsentanten. Das gilt auch, wenn sie mit dem Versicherungsnehmer in häuslicher Gemeinschaft leben. Der BGH hat die Bestimmung des § 9 Nr. 1 a VHB 84, wonach Schäden nicht versichert sind, die eine mit dem Versicherungsnehmer in häuslicher Gemeinschaft lebende volljährige Person vorsätzlich oder grob fahrlässig herbeiführt, wegen § 9 AGBG (heute: § 307 BGB) als unwirksam eingestuft[1004]. Dieses Urteil machte auch die entsprechende Regelung in § 25 Nr. 3 d VGB 88 a. F. in der Fassung von 1995 unwirksam. Daraus folgt, dass die Repräsentanteneigenschaft von Ehepartnern oder Lebensgefährten, aber auch von sonstigen mit dem Versicherungsnehmer in häuslicher Gemeinschaft lebenden volljährigen Personen nicht entscheidend davon abhängt, dass sie gemeinsam mit dem Versicherungsnehmer in dem versicherten Gebäude eine Wohnung nutzen. Es gelten vielmehr die oben in Rn. 6 dargestellten Grundsätze für die Repräsentanteneigenschaft. Ein von seiner Ehefrau als Grundstückseigentümerin allgemein zur Verwaltung und Nutzung des Hauses beauftragter und bevollmächtigter Ehemann ist Repräsentant im Hinblick auf die

---
1001 BGH VersR 1993, 828; s.auch Rüffer/Halbach/Schimikowski/*Felsch* § 28 Rn. 105 m. w. N.
1002 Knappmann VersR 1997, 261.
1003 BGH VersR 1993, 828.
1004 BGH VersR 1993, 830.

Gebäude-Feuerversicherung[1005]. Etwas anderes gilt bei Gemeinschaftseigentum und Mitversicherung der Interessen des Ehegatten.

8   Auch der **Mieter oder Pächter des versicherten Gebäudes** ist in dieser Eigenschaft nicht ohne weiteres Repräsentant. Die Repräsentanteneigenschaft des Mieters oder Pächters wurde in den nachfolgenden Fällen von der Rechtsprechung **bejaht**:

- Der Mieter einer Sache, der die alleinige Obhut über die Sache ausübt, ist Repräsentant des Vermieters. Sofern der Mieter nicht die laufende Betreuung des versicherten Gebäudes übertragen worden ist, ändert das nichts an der Tatsache, dass er aufgrund der alleinigen Obhut über das Grundstück Repräsentant des Gebäudeeigentümers ist[1006].

- In der Wohngebäudeversicherung ist der Mieter eines Einfamilienhauses Repräsentant des Versicherungsnehmers, wenn dieser aufgrund des Mietvertrages mangels eigener Kontrollmöglichkeit die Risikoverwaltung auf den Mieter übertragen hat[1007].

- Wenn ein Mieter allein für den laufenden Betrieb der Heizung des versicherten Gebäudes verantwortlich ist und insbesondere auch das Heizöl zu bestellen und zu bezahlen hat, ist er Repräsentant des Versicherungsnehmers im Hinblick auf § 9 Nr. 2 b VGB 62, und zwar auch dann, wenn der Mieter bei Defekten an der Heizung den Versicherungsnehmer oder dessen Sohn informiert und der Sohn die Reparatur zuweilen durchführt[1008].

- Die Pächterin einer Reiterpension nebst Gaststätte, die damit für die Erhaltung des Objekts verantwortlich ist, ist Repräsentant des Eigentümers (Versicherungsnehmer). Wenn sich die Pächter auf unabsehbare Zeit in einem Krankenhaus befindet und die Sorge für das von ihr gepachtete Anwesen deshalb vollständig auf einen Dritten überträgt, der daraufhin die Wohnung nimmt und die Gaststätte zumindest vorübergehend auch tatsächlich fortführt, ist der Dritte (Unter-)Repräsentant des Versicherungsnehmers[1009].

- Mieten mehrere Personen gemeinsam ein Gebäude, das sie ohne nähere Vereinbarungen abwechselnd gemeinsam oder auch getrennt oder zusammen mit Dritten benutzen, und ist nur einer der Mieter Versicherungsnehmer, so sind die übrigen Mieter Repräsentanten des Versicherungsnehmers[1010].

- Die Repräsentanteneigenschaft des alleinigen Bewohners eines Einfamilienhauses endet, sobald dieser auf Verlangen des Versicherungsnehmers das

---

[1005] OLG Hamm VersR 1987, 1002.
[1006] LG Köln r + s 1989, 126.
[1007] LG Mönchengladbach VersR 1989, 845.
[1008] OLG Köln VersR 1990, 265.
[1009] OLG Hamm VersR 1989, 1083.
[1010] OLG Celle VersR 1988, 617.

Gebäude räumt, und zwar auch dann, wenn der Versicherungsnehmer von dem genauen Zeitpunkt erst nachträglich Kenntnis erlangt[1011].

Die Repräsentantenstellung des Mieters oder Pächters wurde in den nachfolgenden Fällen **verneint**:

9

- Repräsentant des Vermieters oder Verpächters ist der Mieter oder Pächter nur dann, wenn ihm die alleinige Obhut über die Sache übertragen worden ist. Davon kann nur ausgegangen werden, wenn der Versicherungsnehmer von der Möglichkeit, selbst für die Erhaltung des vermieteten oder verpachteten Gebäudes Sorge zu tragen, keinen Gebrauch macht, sondern sich ganz auf die Risikoverwaltung des Mieters oder Pächters verlässt. Repräsentanteneigenschaft setzt aber nach Auffassung des BGH in diesen Fällen weiterhin voraus, dass der Mieter oder Pächter befugt ist, für den Versicherungsnehmer zu handeln und seine Rechte und Pflichten als Versicherungsnehmer wahrzunehmen. Diese Befugnis wird dem Mieter oder Pächter nach Meinung des BGH jedoch nicht eingeräumt[1012]. Durch die neuere Rechtsprechung des BGH ist dieses Urteil insoweit überholt, als es neben der Risikoverwaltung auch die Vertragsverwaltung zur Begründung der Repräsentanteneigenschaft des Mieters oder Pächters eines Gebäudes voraussetzt. Die Repräsentanteneigenschaft kann schon dann zu bejahen sein, wenn der Mieter oder Pächter entweder die Risiko- oder die Vertragsverwaltung innehat[1013].

- Der Abschluss eines Mietvertrages begründet generell keine Repräsentanteneigenschaft des Mieters. Denkbar ist im Ausnahmefall der Nachweis, dass dem Mieter ein abgrenzbarer Verantwortungsbereich auferlegt wurde, der für ihn insoweit eine der Stellung des Vermieters nahekommende mietvertragliche Verantwortung begründet. Es ist jedoch schwer vorstellbar, dass die einzelnen Mieter eines Mehrfamilienhauses jeweils für die angemieteten Gebäudeteile Repräsentant des Versicherungsnehmers hinsichtlich der Gebäudeversicherung werden[1014].

- Die nach der Rechtsprechung des BGH zur Begründung der Repräsentanteneigenschaft erforderliche völlige Übertragung der Risikoverwaltung auf den Mieter bzw. Pächter eines Gebäudes ist noch nicht dadurch gegeben, dass dieser im Miet- bzw. Pachtvertrag zur Tragung einer ausreichenden Feuerversicherung verpflichtet wird und ihm ein dingliches Vorkaufsrecht eingeräumt wird[1015].

- Der Pächter, der in einem mehrgeschossigen Gebäude Erdgeschoss und Kellerräume gepachtet und Instandhaltungs- und Verkehrssicherungspflichten

---

1011 OLG Hamm r + s 1989, 92.
1012 BGH VersR 1989, 737 mit kritischer Stellungnahme in Dietz, Wohngebäudeversicherung, 1. Auflage, § 25 Rn. 4.3.
1013 BGH VersR 1993, 828.
1014 OLG Hamburg VersR 1990, 264.
1015 OLG Köln VersR 1991, 553.

übernommen hat, ist in der Gebäude-Leitungswasserversicherung ohne weitere besondere Abreden kein Repräsentant des Versicherungsnehmers[1016].

- Mieter sind auch dann nicht Repräsentanten des Versicherungsnehmers, wenn sie von diesem beauftragt wurden, auf eine potentielle Gefahrenquelle in einer Wohnung des versicherten Gebäudes aufzupassen, weil sie damit nur einen „Splitter" der dem Versicherungsnehmer obliegenden Gefahrenverwaltung für das versicherte Gebäude übernehmen[1017].

10 In den nachfolgenden sonstigen Fällen wurde ebenfalls **Repräsentanteneigenschaft angenommen**.

- Ein Ingenieur, dem die Eigentümerin eines bewohnten Gebäudes über ein Jahr lang hinweg übertragen und sogar die Berechtigung erteilt hat, die erforderlichen Reparaturaufträge selbständig im Namen der Eigentümerin zu erteilen, ist ihr Repräsentant im Hinblick auf die Gebäude-Leitungswasserversicherung[1018].

- Wenn der Insolvenzverwalter (im konkreten Fall noch der Konkursverwalter) in die bestehende Gebäudeversicherung eines zur Insolvenzmasse gehörenden Gebäudes eingetreten ist und wenn auf seinen Wunsch im Juli 1993 eine Neuordnung der Versicherung erfolgte, wenn daneben die entsprechenden Verhandlungen für den Insolvenzverwalter schon durch die spätere Erwerberin des Gebäudes geführt worden sind, die Inhaberin von Grundpfandrechten am Gebäude war, wenn ihr die gemeinsame Obhut des Gebäudes wie einem Eigentümer übertragen war, dann war diese Erwerberin schon bei Abschluss des Versicherungsvertrages versicherungsrechtlich Repräsentantin des Versicherungsnehmers[1019].

- Wenn der Versicherungsnehmer nur der Form halber anstelle seiner völlig überschuldeten Eltern einen Gaststättenbetrieb gepachtet hat, der ausschließlich vom Vater des Versicherungsnehmers geführt worden ist, ohne dass der Sohn dabei in Erscheinung getreten und den Gästen bekannt geworden ist, und den der Versicherungsnehmer erst später nach Ableisten seiner Wehrpflicht von seinem Vater übernehmen wollte, ist der Vater als Repräsentant des Versicherungsnehmers anzusehen[1020].

- Ein (ehemaliger) gewerblicher Hausverwalter eines Mehrfamilienhauses, der mit Vormietern die Übergabe von Mietwohnungen durchgeführt hat, die leerstehenden Wohnungen inseriert und die Schlüssel in Gewahrsam genommen hat und der die Besichtigungstermine mit Mietinteressenten durchgeführt hat,

---

1016 OLG Hamm r + s 1992, 59.
1017 OLG Hamm r + s 1995, 325.
1018 OLG Celle r + s 1986, 214.
1019 LG Münster r + s 1997, 382.
1020 BGH r + s 1991, 275.

ist auch nach Beendigung der gewerblichen Hausverwaltertätigkeit als Repräsentant des Versicherungsnehmers anzusehen[1021].

- Repräsentant ist auch der WEG-Verwalter, jedenfalls dann, wenn dieser im schriftlichen Verwaltervertrag ausdrücklich dazu bevollmächtigt wurde, Versicherungsangelegenheiten selbständig abzuwickeln und es dabei auch zu seinen vertraglichen Pflichten gehörte, die in einem Versicherungsfall notwendigen Erklärungen rechtzeitig und vollständig gegenüber dem Versicherer abzugeben[1022].

In den nachfolgenden Fällen ist die Repräsentanteneigenschaft **hingegen zu verneinen**. 11

- Der Sohn der Versicherungsnehmerin, der im Haus seiner Mutter ein Zimmer bewohnt, ist nicht als Repräsentant der Versicherungsnehmerin anzusehen, wenn dieser gelegentlich Arbeiten im Haus vornimmt und während der urlaubsbedingten Abwesenheit seiner Mutter „nach dem Rechten" sieht, wenn dieser in Bezug auf das Haus im Übrigen keine weiteren Aufgaben wahrnimmt[1023].

Umstritten ist, ob ein Rechtsanwalt, den der Versicherungsnehmer umfassend mit der Wahrnehmung seiner Interessen im Versicherungsfall gegenüber dem Versicherer beauftragt hat, als Repräsentant anzusehen ist[1024]. Der Prozessbevollmächtigte des Versicherungsnehmers ist nicht ohne weiteres als sein Repräsentant im versicherungsrechtlichen Sinne zu betrachten[1025]. Es kann einen Verstoß gegen die Schadenminderungspflicht gemäß § 86 VVG darstellen, wenn der Versicherungsnehmer Ansprüche gegen einen Dritten auf Ersatz des Schadens verjähren lässt. Der Versicherungsnehmer haftet hierbei jedoch nicht für das Verhalten jedes Erfüllungsgehilfen im Sinne des § 278 BGB, insbesondere nicht für das Verhalten seines Anwalts[1026]. 12

E. Wissenserklärungsvertreter

Der Versicherungsnehmer muss sich die Erklärungen seines Wissenserklärungsvertreters zurechnen lassen. Wissenserklärungsvertreter des Versicherungsnehmers ist, wer vom Versicherungsnehmer mit der Erfüllung von dessen Obliegenheiten und zur Abgabe von Erklärungen anstelle des Versicherungsnehmers betraut worden ist[1027]. Der BGH führt aus, dass sich der Versicherungsnehmer falsche Angaben dritter Personen in entsprechender Anwendung des § 166 BGB 13

1021 OLG Hamburg VersR 2005, 221.
1022 OLG Köln Urteil vom 23.01.2001 – 9 U 114/00.
1023 OLG Hamm VersR 1982, 966.
1024 LG München I VersR 1986, 135 mit Anmerkung von Martin.
1025 OLG Karlsruhe r + s 1987, 291.
1026 OLG Hamm r + s 1989, 92.
1027 BGH VersR 1993, 960.

zurechnen lassen muss, wenn er diese Person zur Erfüllung seiner Aufklärungsobliegenheit beauftragt hat. Bei dieser Haftung für einen Wissenserklärungsvertreter handelt es sich um keinen Anwendungsfall der Repräsentantenhaftung, sondern um eine Haftung kraft eigenen Zurechnungsgrundes[1028]. Wissenserklärungsvertreter ist nicht nur, wer vom Versicherungsnehmer zu dessen rechtsgeschäftlichen Vertreter bestellt ist. Es genügt, dass der Versicherungsnehmer den Dritten mit der Erfüllung seiner Obliegenheiten gegenüber dem Versicherer betraut hat und dass der Dritte die Erklärungen anstelle des Versicherungsnehmers abgibt. Infolgedessen kann sich der Versicherungsnehmer nicht mit fehlendem eigenen Verschulden entlasten, wenn sein Wissenserklärungsvertreter schuldhaft handelt.

Der **Ehegatte ist als solcher kein Wissenserklärungsvertreter**. Vielmehr ist auch bei Ehegatten erforderlich, dass der eine den anderen mit der Abgabe von Erklärungen gegenüber dem Versicherer betraut hat[1029]. Fertigt der Ehemann der Versicherungsnehmerin die Schadenaufstellung an und macht er dabei an ihrer Stelle Angaben aus eigenem Wissen, so ist er als Wissenserklärungsvertreter anzusehen, dessen Erklärungen der Vertretene wie eigene gegen sich gelten lassen muss. Es kommt bei dieser Sachlage nicht darauf an, ob der Ehemann als sogenannter Repräsentant der Versicherungsnehmerin gehandelt hatte oder ihn selbst als eine in häuslicher Gemeinschaft mit der Versicherungsnehmerin lebende volljährige Person im Sinne von § 21 Nr. 3 VHB 84 die Aufklärungsobliegenheit traf[1030].

Ein **Rechtsanwalt**, den der Versicherungsnehmer mit der Abwicklung des Schadens und infolgedessen mit der Abgabe der notwendigen Erklärungen betraut hat, ist Wissenserklärungsvertreter, dessen Verschulden dem Versicherungsnehmer zuzurechnen ist[1031].

Zurechnen lassen muss sich der Versicherungsnehmer auch **Erklärungen eines Bauunternehmers**. Wenn dieser gegenüber dem Versicherer Angaben zum Umfang der Arbeiten macht, die zur Wiederherstellung eines versicherten Gebäudes erforderlich waren, handelt er als Wissenserklärungsvertreter des Versicherungsnehmers[1032].

F. Wissensvertreter

14 Obliegenheitsverletzungen entstehen nicht nur dadurch, dass schuldhaft falsche Wissenserklärungen abgegeben werden. Es kommt auch vor, dass z. B. die Anzeige- und Aufklärungsobliegenheiten im Versicherungsfall dadurch verletzt

---

1028 BGH VersR 1993, 960 unter Hinweis auf BGH VersR 1967, 343.
1029 BGH VersR 1993, 960.
1030 OLG Köln VersR 1994, 1419.
1031 OLG Hamm r + s 1996, 296 und OLG Celle VersR 1990, 376.
1032 OLG Köln VersR 2012, 1514.

werden, dass der Versicherungsnehmer Tatsachen, von denen er Kenntnis hat, nicht an den Versicherer weitergibt. Unter diesen Umständen fragt es sich, ob sich der Versicherungsnehmer unter bestimmten Bedingungen auch das Wissen Dritter zurechnen lassen muss. Nach den von der Rechtsprechung entwickelten Grundsätzen haftet der Versicherungsnehmer für das Wissen seines sogenannten Wissensvertreters wie für eigenes Wissen. Wissensvertreter ist, wer in nicht ganz untergeordneter Stellung vom Versicherungsnehmer zumindest in einem Teilbereich damit betraut ist, an dessen Stelle für das Versicherungsverhältnis rechtserhebliche Tatsachen zur Kenntnis zu nehmen[1033]. Wissensvertreter sollen nicht untergeordnete Hilfspersonen sein, andererseits muss der Wissensvertreter im Gegensatz zum Repräsentanten nicht in einem Geschäftsbereich von einiger Bedeutung eingesetzt werden[1034]. Für das Wissen des Wissensvertreters haftet der Versicherungsnehmer wie für eigenes Wissen. Das gilt auch, soweit es auf das Wissen des Versicherten ankommt. Die nachfolgenden Beispiele verdeutlichen die Zusammenhänge.

Wenn der letzte Mieter eines Zweifamilienhauses die Wohnung zum 30.09.2013 gekündigt und dem Eigentümer-Versicherungsnehmer erklärt hat, dass ihm nun das gesamte Haus zur Verfügung stehe und dem beabsichtigten Umbau nichts mehr im Wege stehe, wenn der Mieter dementsprechend die Mietzahlung eingestellt hat, und wenn die mit der Überwachung des Mietverhältnisses betraute Angestellte des Eigentümers daraufhin die Müllabfuhr gekündigt und der Anwalt des Versicherungsnehmers vom Mieter die Herausgabe der Schlüssel verlangt hat, wenn der Versicherungsnehmer keine Maßnahmen im Sinne des § 9 Nr. 2b VGB 62 (Absperren, Entleeren, Entleerthalten der Wasserleitungen) getroffen hat, so ist dem Versicherungsnehmer die Kenntnis seiner Angestellten zuzurechnen[1035]. Der Versicherungsnehmer ist in diesem Fall nach den Grundsätzen der Wissenszurechnung so zu behandeln, als ob ihm alle diese Umstände bekannt gewesen wären.

Informiert der vom Versicherungsnehmer mit der regelmäßigen Kontrolle der Heizung des versicherten, vorübergehend nicht genutzten Gebäudes beauftragte Hausverwalter den Versicherungsnehmer entgegen der getroffenen Vereinbarungen nicht über den Ausfall der Heizung und tritt infolgedessen ein Frostschaden ein, so besteht Versicherungsschutz. Der Ausfall der Heizung ist kein Umstand, der dem Versicherer anzuzeigen ist. Daher ist der Hausverwalter nicht Wissensvertreter des Versicherungsnehmers. Er ist auch nicht sein Repräsentant. Der Versicherungsnehmer hat einen Schadenersatzanspruch gegen den Hausverwalter, der nach § 86 VVG auf den Versicherer übergeht. Betraut der Versicherungsnehmer den Hausverwalter jedoch mit der Anzeige des Schadens beim Versicherer, dann ist er sein Wissenserklärungsvertreter. Überträgt er ihm

---
[1033] BGH VersR 2005, 218.
[1034] Prölss/Martin/Prölss § 28 Rn. 86 m. w. N.
[1035] OLG Hamm r + s 1998, 474.

darüber hinaus die gesamte Schadenabwicklung mit dem Versicherer, so kann der Hausverwalter insoweit auch sein Repräsentant sein.

G. Versicherte

15 Bei der Versicherung für fremde Rechnung kommt nach § 47 VVG auch die Kenntnis uns das Verhalten des Versicherten in Betracht, soweit nach den Vorschriften des VVG die Kenntnis und das Verhalten des Versichersicherungsnehmers von rechtlicher Bedeutung ist. Daraus folgt, dass bei der Versicherung für fremde Rechnung dem Versicherungsnehmer Kenntnis und Verhalten des Versicherten wie eigene Kenntnis und eigenes Verhalten zugerechnet werden. Es kommt nicht darauf an, dass der Versicherte Repräsentant, Wissenserklärungsvertreter oder Wissensvertreter ist. Der Versicherungsnehmer haftet bei Obliegenheitsverletzungen, bei schuldhafter Herbeiführung des Versicherungsfalls und bei arglistiger Täuschung für Kenntnis und Verhalten des Versicherten.

Wenn nach dem Pachtvertrag der Pächter eines landwirtschaftlichen Betriebes verpflichtet ist, auf seine Kosten eine Feuerversicherung abzuschließen, und eine etwaige Entschädigung ihm gebühren soll, und wenn sich der Versicherungsnehmer in dem entsprechenden Versicherungsvertrag zutreffend als Pächter bezeichnet, ergeben die Umstände, dass die Versicherung für den Eigentümer genommen werden soll, so dass es sich um eine Versicherung für fremde Rechnung handelt und die Rechte aus dem Versicherungsvertrag dem versicherten Eigentümer zustehen.

Wenn der Eigentümer eines landwirtschaftlichen Betriebes, der wegen Brandstiftung zu 7 ½ Jahren Freiheitsstrafe verurteilt worden ist und dessen Versicherer die bestehende Feuerversicherung gekündigt hat, vom Pächter verlangt, eine Feuerversicherung abzuschließen, obliegt es ihm, dafür zu sorgen, dass der in seiner Person liegende Gefahrumstand entweder unmittelbar durch ihn oder über den Pächter dem künftigen Versicherer zur Kenntnis gelangt[1036].

In der Wohngebäudeversicherung werden häufig durch denselben Vertrag eigene und fremde Interessen versichert, wenn bei Miteigentum an einem Gebäude der Wohngebäudeversicherungsvertrag von einem Eigentümer abgeschlossen wird. In diesen Fällen werden Kenntnis und Verhalten des mitversicherten Dritten dem Versicherungsnehmer insoweit zugerechnet, wie es um die mitversicherten Interessen des Dritten geht. Das folgt aus § 48 VVG, wonach nur insoweit nach den Regeln der §§ 43 bis 48 VVG vorzugehen ist, als fremdes Interesse versichert ist. Infolgedessen kann es beispielsweise für Eheleute vorteilhafter sein, wenn nur ein Ehepartner Versicherungsnehmer der Wohngebäudeversicherung für ihr in Miteigentum stehendes Gebäude ist. Sind beide Ehepartner Versicherungsnehmer des Vertrages, so kann das Verschulden jedes Ehepartners zum Verlust des gesamten Entschädigungsanspruchs führen. Ist dagegen nur ein

---

1036 BGH VersR 1991, 1404.

Ehepartner Versicherungsnehmer, so hängt das Schicksal des Entschädigungsanspruchs des Versicherten davon ab, ob er oder der Ehepartner-Versicherungsnehmer den Verstoß begangen hat. Die nachfolgende Übersicht verdeutlicht die angesprochenen Zusammenhänge.

Versicherungsnehmer:	Verschulden:	Leistungsfreiheit gegenüber:
A	A B	A + B B
B	A B	A A + B
A + B	A B	A + B A + B

Der Übersicht liegt die Annahme zugrunde, dass ein Wohngebäude versichert ist, das im Miteigentum der Eheleute A und B steht. Ist der Ehepartner A Versicherungsnehmer des Wohngebäudeversicherungsvertrages und wird z. B. durch dessen Verhalten ein Versicherungsfall schuldhaft herbeigeführt, so ist der Versicherer insgesamt leistungsfrei. Führt dagegen der Ehepartner B einen Versicherungsfall herbei, so ist der Versicherer nur hinsichtlich des Anteils dieses Ehepartners leistungsfrei. Den auf den Anteil des Ehepartner-Versicherungsnehmers entfallenden Schaden muss er ersetzen. Ist der Ehepartner B Versicherungsnehmer, so wirkt ein Verschulden des versicherten A nur für dessen Anteil, während umgekehrt ein Verschulden des Ehepartners B den gesamten Entschädigungsanspruch beseitigt. Sind beide Ehepartner Versicherungsnehmer, so führt das Verschulden jedes Partners zum Verlust des gesamten Entschädigungsanspruchs[1037]. Dabei kann es keine Rolle spielen, ob Miteigentum nach Bruchteilen oder Gesamthandseigentum vorliegt. Jedoch wird diese Frage in Schrifttum und Rechtsprechung nicht einheitlich behandelt.

Die dargestellten Ergebnisse sind nicht zufriedenstellend, weil die Unterschiede sachlich nicht gerechtfertigt und zufällig sind. Das kann dadurch beseitigt werden, dass bei der Versicherung von Miteigentum allgemein eine Auslegung dahin gehend erfolgt, dass auch in den Fällen, in denen nur ein Eigentümer Versicherungsnehmer ist, das Verschulden jedes einzelnen Miteigentümers wegen der Unteilbarkeit des versicherten Interesses allen Eigentümern ebenso schadet, wie wenn alle Eigentümer Versicherungsnehmer wären.

Nach § 47 Abs. 2 Satz 1 VVG kommt es auf die Kenntnis des Versicherten abweichend von § 47 Abs. 1 VVG nicht an, wenn der Vertrag ohne sein Wissen geschlossen worden ist oder eine rechtzeitige Benachrichtigung des Versicherungsnehmers nicht tunlich war. Diese Ausnahme gilt jedoch nur für die Kenntnis des Versicherten. Schuldhaftes Verhalten des Versicherten wird dem Versiche-

---
1037 OLG Saarbrücken VersR 1998, 883; OLG Hamm VersR 1994, 1464.

rungsnehmer auch in diesen Fällen zugerechnet. Hat der Versicherungsnehmer den Vertrag ohne Auftrag des Versicherten abgeschlossen und bei der Schließung den Mangel des Auftrags dem Versicherer nicht angezeigt, so braucht der Versicherer den Einwand, dass der Vertrag ohne Wissen des Versicherten geschlossen ist, gemäß § 47 Abs. 2 Satz 2 VVG nicht gegen sich gelten zu lassen. Es gilt dann die zu § 47 Abs. 1 VVG dargestellte Rechtslage.

§ 20 Verjährung

Die Ansprüche aus dem Versicherungsvertrag verjähren in drei Jahren.

Die Verjährung beginnt mit dem Schluss des Jahres, in dem der Anspruch entstanden ist und der Gläubiger von den Anspruch begründenden Umständen und der Person des Schuldners Kenntnis erlangt oder ohne grobe Fahrlässigkeit erlangen müsste.

Ist ein Anspruch aus dem Versicherungsvertrag bei dem Versicherer angemeldet worden, zählt bei der Fristberechnung der Zeitraum zwischen Anmeldung und Zugang der in Textform mitgeteilten Entscheidung des Versicherers beim Anspruchsteller nicht mit.

Erläuterungen

§ 20 VGB 2010 (B) entspricht den gesetzlichen Verjährungsregeln der §§ 195 ff. BGB. Auf die zahlreichen Kommentierungen der gesetzlichen Bestimmungen wird verwiesen. 1

Die Regelung in § 20 Abs. 3 VGB 2010 (B) führt dazu, dass die rechtzeitige Anmeldung des Anspruchs beim Versicherer durch den Anspruchsteller den Lauf der Verjährungsfrist unterbricht. § 20 Abs. 3 VVG (B) stellt einen Fall der Hemmung der Verjährung dar, der zu der in § 209 BGB angeordneten Rechtsfolge führt.

Bei einem Schadenfall im Jahr 2012 verjähren die Ansprüche des Versicherungsnehmers aus dem Wohngebäudeversicherungsvertrag – wenn dieser die entsprechende Kenntnis hat – mit Ablauf des Kalenderjahres 2015. Meldet der Versicherungsnehmer gegenüber dem Versicherer seine Ansprüche am 31.10.2015 an, so verlängert sich die Verjährungsfrist um 30 Tage, wenn er vom Versicherungsnehmer am 30.11.2015 eine Entscheidung über die Entschädigung in Textform (§ 126b BGB) erhält. Die Ansprüche des Versicherungsnehmers aus dem Wohngebäudeversicherungsvertrag verjähren in diesem Fall erst mit Ablauf des 30.01.2016. 2

§ 21 Zuständiges Gericht

1. Klagen gegen den Versicherer oder Versicherungsvermittler

   Für Klagen aus dem Versicherungsvertrag oder der Versicherungsvermittlung ist neben den Gerichtsständen der Zivilprozessordnung auch das Gericht örtlich zuständig, in dessen Bezirk der Versicherungsnehmer zur Zeit der Klageerhebung seinen Wohnsitz, in Ermangelung eines solchen seinen gewöhnlichen Aufenthalt hat.

   Soweit es sich bei dem Vertrag um eine betriebliche Versicherung handelt, kann der Versicherungsnehmer seine Ansprüche auch bei dem für den Sitz oder die Niederlassung des Gewerbebetriebes zuständigen Gericht geltend machen.

2. Klagen gegen Versicherungsnehmer

   Für Klagen aus dem Versicherungsvertrag oder der Versicherungsvermittlung gegen den Versicherungsnehmer ist ausschließlich das Gericht örtlich zuständig, in dessen Bezirk der Versicherungsnehmer zur Zeit der Klageerhebung seinen Wohnsitz, in Ermangelung eines solchen seinen gewöhnlichen Aufenthalt hat.

   Soweit es sich bei dem Vertrag um eine betriebliche Versicherung handelt, kann der Versicherer seine Ansprüche auch bei dem für den Sitz oder die Niederlassung des Gewerbebetriebes zuständigen Gericht geltend machen.

Erläuterung

1 § 21 VGB 2010 (B) entspricht inhaltlich der gesetzlichen Regelung des § 215 VVG, welche wiederum die Gerichtsstandsregelungen der ZPO ergänzt. Systematisch ist die in den VGB enthaltene Bestimmung jedoch anders aufgebaut als die gesetzliche Regelung.

§ 22 Anzuwendendes Recht

Für diesen Vertrag gilt deutsches Recht.

Erläuterung

Wohngebäudeversicherungsverträge, die auf Grundlage der VGB 2010 abgeschlossen wurden, unterliegen – sofern nicht ausnahmsweise etwas anderes vereinbart wurde – deutschem Recht.

1

§ 23 Sanktionsklausel

Es besteht – unbeschadet der übrigen Vertragsbestimmungen – Versicherungsschutz nur, soweit und solange dem keine auf die Vertragsparteien direkt anwendbaren Wirtschafts-, Handels- oder Finanzsanktionen bzw. Embargos der Europäischen Union oder der Bundesrepublik Deutschland entgegenstehen.

Dies gilt auch für Wirtschafts-, Handels oder Finanzsanktionen bzw. Embargos, die durch die Vereinigten Staaten von Amerika in Hinblick auf den Iran erlassen werden, soweit dem nicht europäische oder deutsche Rechtsvorschriften entgegenstehen.

Erläuterung

§ 13 VGB 2010 (B) soll gewährleisten, dass mit Leistungen aus Wohngebäudeversicherungsverträgen nicht gegen Wirtschafts-, Handels- oder Finanzsanktionen bzw. Embargos der Bundesrepublik Deutschland oder der Europäischen Union verstoßen wird. [1]

Daher besteht kein Anspruch aus der Wohngebäudeversicherung, wenn die Leistung einen solchen Verstoß darstellen würde.

Hintergrund dieser Regelung sind beispielsweise die gegen den Iran verhängten Wirtschafts- und Finanzsanktionen.

Darüber hinaus hat sie (derzeit) keinen praktischen Anwendungsbereich.

Anhang

Anhang 1

Klauseln zu den Allgemeinen Wohngebäude-Versicherungsbedingungen (PK VGB 2010 – Wert 1914)

Übersicht	
7100	**Versicherte Gefahren und Schäden**
PK 7160 (10)	Überspannung
PK 7161 (10)	Einschluss von Nutzwärmeschäden
PK 7165 (10)	Fahrzeuganprall
PK 7166 (10)	Regenfallrohre innerhalb des Gebäudes
PK 7167 (10)	Kosten für die Beseitigung von Rohrverstopfungen
PK 7168 (10)	Datenrettungskosten in der Privatversicherung
PK 7169 (10)	Schäden durch radioaktive Isotope
7200	**Versicherte Sachen**
PK 7260 (10)	Weitere Zuleitungsrohre auf dem Grundstück
PK 7261 (10)	Weitere Zuleitungsrohre außerhalb des Grundstücks
PK 7265 (10)	Sonstige Bruchschäden an Armaturen
7300	**Versicherte Kosten**
PK 7360 (10)	Unbesetzt
PK 7361 (10)	Gebäudebeschädigungen durch unbefugte Dritte
PK 7362 (10)	Kosten für die Dekontamination von Erdreich
PK 7363 (10)	Aufwendungen für die Beseitigung umgestürzter Bäume
PK 7364 (10)	Wasserverlust
PK 7365 (10)	Sachverständigenkosten
PK 7366 (10)	Graffitischäden
PK 7367 (10)	Mehrkosten für behördlich nicht vorgeschriebene energetische Modernisierung
PK 7368 (10)	Wiederherstellung von Außenanlagen
PK 7369 (10)	Mehrkosten für Primärenergie
7700	**Entschädigung (Versicherungssumme, Unterversicherung, Selbstbehalte, Entschädigungsgrenzen)**

Anhang 1

Übersicht	
PK 7760 (10)	Mehrwertsteuer bei der Gleitenden Neuwertversicherung
PK 7761 (10)	Selbstbehalt
PK 7762 (10)	Wartezeit für Weitere Elementargefahren
PK 7763 (10)	Selbstbehalt für Gebäude in besonders überschwemmungsgefährdeter Lage
7800	**Verhaltens- und Wissenszurechnung, Vertretung**
PK 7860 (10)	Führung
PK 7861 (10)	Prozessführung
PK 7862 (10)	Makler

PK 7160 (10)

Überspannung

1. Versicherte Gefahr

   In Ergänzung zum Versicherungsschutz für Blitzschlagschäden leistet der Versicherer Entschädigung auch für Schäden, die an versicherten elektrischen Einrichtungen und Geräten durch Überspannung, Überstrom und Kurzschluss infolge eines Blitzes oder durch sonstige atmosphärisch bedingte Elektrizität entstehen.

2. Besondere Entschädigungsgrenze und Selbstbehalt

   a. Die Entschädigung ist je Versicherungsfall auf __ begrenzt;

   b. Der Selbstbehalt je Versicherungsfall beträgt __.

Siehe § 2 (A) Rn. 58.

PK 7161 (10)

Einschluss von Nutzwärmeschäden

Abweichend von Abschnitt A § 2 Nr. 6 d) VGB 2010 sind auch die dort bezeichneten Brandschäden versichert.

Siehe § 2 (A) Rn. 108.

PK 7165 (10)

Fahrzeuganprall

1. In Erweiterung von Abschnitt A § 1 Nr. 1 a) VGB 2010 leistet der Versicherer Entschädigung für versicherte Sachen, die durch Fahrzeuganprall zerstört oder beschädigt werden oder infolge eines solchen Ereignisses abhanden kommen.

2. Fahrzeuganprall ist jede unmittelbare Berührung von Gebäuden durch Straßenfahrzeuge, die nicht vom Versicherungsnehmer bzw. von Bewohnern oder Besuchern des Gebäudes gelenkt wurden, oder Schienenfahrzeuge.

3. Nicht versichert sind Schäden an Fahrzeugen, Zäunen, Straßen und Wegen.

Siehe § 2 (A) Rn. 11.

PK 7166 (10)

Regenfallrohre innerhalb des Gebäudes

1. In Erweiterung von Abschnitt A § 3 Nr. 4 a) aa) VGB 2010 gelten Nässeschäden als versichert, die durch Leitungswasser entstehen, welches aus innerhalb des Gebäudes verlaufenden Regenfallrohren bestimmungswidrig ausgetreten ist.

2. In Erweiterung von Abschnitt A § 3 Nr. 1 a) VGB 2010 sind frostbedingte und sonstige Bruchschäden an im Gebäude verlaufenden Regenfallrohren versichert.

Siehe § 3 (A) Rn. 50 und 138.

PK 7167 (10)

Kosten für die Beseitigung von Rohrverstopfungen

1. In Erweiterung von Abschnitt A § 3 VGB 2010 sind die notwendigen Kosten für die Beseitigung von Verstopfungen von Ableitungsrohren innerhalb versicherter Gebäude sowie auf dem Versicherungsgrundstück mitversichert.

2. Die Entschädigung ist je Versicherungsfall auf den vereinbarten Betrag begrenzt.

Siehe § 3 (A) Rn. 39.

Anhang 1

PK 7168 (10)

Datenrettungskosten in der Privatversicherung

1. Datenrettungskosten

    Versichert sind die infolge eines Versicherungsfalles am Versicherungsort tatsächlich entstandenen, notwendigen Kosten für die technische Wiederherstellung – und nicht der Wiederbeschaffung – von elektronisch gespeicherten, ausschließlich für die private Nutzung bestimmte Daten (maschinenlesbare Informationen) und Programme.

    Voraussetzung ist, dass die Daten und Programme durch eine ersatzpflichtige Substanzbeschädigung an dem Datenträger, auf dem sie gespeichert waren, verloren gegangen, beschädigt oder nicht mehr verfügbar sind.

    Ersetzt werden auch die Kosten einer versuchten technischen Wiederherstellung.

2. Ausschlüsse

    a. Nicht ersetzt werden derartige Wiederherstellungskosten für

        aa. Daten und Programme, zu deren Nutzung der Versicherungsnehmer nicht berechtigt ist (z. B. so genannte Raubkopien);

        bb. Programme und Daten, die der Versicherungsnehmer auf einem Rücksicherungs- oder Installationsmedium vorhält;

    b. Der Versicherer leistet keine Entschädigung für die Kosten eines neuerlichen Lizenzerwerbs.

3. 3. Entschädigungsgrenzen

    a. Der Versicherer ersetzt die Datenrettungskosten bis zu einem Betrag von __ Euro;

    b. Der als entschädigungspflichtig errechnete Betrag wird je Versicherungsfall um den vereinbarten Selbstbehalt gekürzt.

Siehe § 5 (A) Rn. 33.

PK 7169 (10)

Schäden durch radioaktive Isotope

Eingeschlossen sind Schäden an versicherten Sachen, die als Folge eines unter die Versicherung fallenden Schadenereignisses durch auf dem Grundstück, auf dem der Versicherungsort liegt, betriebsbedingt vorhandene oder verwendete radioaktive Isotope entstehen, insbesondere Schäden

Siehe § 1 (A) Rn. 46.

PK 7260 (10)

Weitere Zuleitungsrohre auf dem Grundstück

1. In Erweiterung von Abschnitt A § 3 Nr. 2 VGB 2010 leistet der Versicherer Entschädigung für außerhalb von Gebäuden eintretende frostbedingte und sonstige Bruchschäden an den Zuleitungsrohren der Wasserversorgung oder an den Rohren der Warmwasserheizungs-, Dampfheizungs-, Klima-, Wärmepumpen-, oder Solarheizungsanlagen, die auf dem Versicherungsgrundstück verlegt sind, aber nicht der Versorgung versicherter Gebäude oder Anlagen dienen, sofern der Versicherungsnehmer die Gefahr trägt.
2. Nr. 1 gilt nicht für Rohre, die ausschließlich gewerblichen Zwecken dienen.
3. Die Entschädigung ist je Versicherungsfall auf den vereinbarten Betrag begrenzt.

Siehe § 3 (A) Rn. 71 ff.

PK 7261 (10)

Weitere Zuleitungsrohre außerhalb des Grundstücks

1. In Erweiterung von Abschnitt A § 3 Nr. 2 VGB 2010 leistet der Versicherer Entschädigung für außerhalb von Gebäuden eintretende frostbedingte und sonstige Bruchschäden an den Zuleitungsrohren der Wasserversorgung oder an den Rohren der Warmwasserheizungs-, Dampfheizungs-, Klima-, Wärmepumpen-, oder Solarheizungsanlagen, die außerhalb des Versicherungsgrundstücks liegen und der Versorgung versicherter Gebäude oder Anlagen dienen, sofern der Versicherungsnehmer die Gefahr trägt.
2. Nr. 1 gilt nicht für Rohre, die ausschließlich gewerblichen Zwecken dienen.
3. Die Entschädigung ist je Versicherungsfall auf den vereinbarten Betrag begrenzt.

Siehe § 3 (A) Rn. 71 ff.

PK 7265 (10)

Sonstige Bruchschäden an Armaturen

1. In Erweiterung von Abschnitt A § 3 Nr. 1 b) VGB 2010 ersetzt der Versicherer auch sonstige Bruchschäden an Armaturen (z. B. Wasser- und Absperrhähne, Ventile, Wassermesser, Geruchsverschlüsse). Ausgeschlossen sind Bruchschäden an bereits defekten Armaturen.
2. Weiterhin ersetzt der Versicherer die Kosten für den Austausch der zuvor genannten Armaturen, soweit dieser Austausch infolge eines Versiche-

rungsfalles gemäß Abschnitt A § 3 Nr. 1 a) VGB 2010 im Bereich der Rohrbruchstelle notwendig ist.

3. Die Entschädigung ist auf den vereinbarten Betrag begrenzt.

Siehe § 3 (A) Rn 71 ff.

PK 7360 (10)

Unbesetzt

PK 7361 (10)

Gebäudebeschädigungen durch unbefugte Dritte

1. In Erweiterung von Abschnitt A § 7 Nr. 1 VGB 2010 ersetzt der Versicherer bei Zwei- oder Mehrfamilienhäusern die notwendigen Kosten, die dem Versicherungsnehmer für die Beseitigung von Schäden an Türen, Schlössern, Fenstern, Rollläden und Schutzgittern, die dem Gemeingebrauch der Hausgemeinschaft unterliegen, dadurch entstanden sind, dass ein unbefugter Dritter

    a. in das Gebäude eingebrochen, eingestiegen oder mittels falscher Schlüssel oder anderer Werkzeuge eingedrungen ist;

    b. versucht, durch eine Handlung gemäß a) in ein versichertes Gebäude einzudringen.

2. Die Entschädigung ist je Versicherungsfall auf den vereinbarten Betrag begrenzt.

Siehe § 1 (A) Rn 28.

PK 7362 (10)

Kosten für die Dekontamination von Erdreich

1. In Erweiterung von Abschnitt A § 7 Nr. 1 VGB 2010 ersetzt der Versicherer die notwendigen Kosten, die dem Versicherungsnehmer aufgrund behördlicher Anordnungen infolge eines Versicherungsfalls entstehen, um

    a. Erdreich des Versicherungsgrundstücks zu untersuchen oder zu dekontaminieren oder auszutauschen;

    b. den Aushub in die nächstgelegene, geeignete Deponie zu transportieren und dort abzulagern oder zu vernichten;

    c. insoweit den Zustand des im Versicherungsschein bezeichneten Grundstücks vor Eintritt des Versicherungsfalles wiederherzustellen.

2. Die Aufwendungen gemäß Nr. 1 werden nur ersetzt, sofern die behördlichen Anordnungen

   a. aufgrund von Gesetzen oder Verordnungen ergangen sind, die vor Eintritt des Versicherungsfalles erlassen waren und

   b. eine Kontamination betreffen, die nachweislich infolge dieses Versicherungsfalles entstanden ist;

   c. innerhalb von neun Monaten seit Eintritt des Versicherungsfalles ergangen sind. Der Versicherungsnehmer ist verpflichtet, dem Versicherer den Zugang einer behördlichen Anordnung ohne Rücksicht auf Rechtsmittelfristen unverzüglich zu melden. Die Rechtsfolgen bei Verletzung dieser Obliegenheit ergeben sich aus Abschnitt B § 8 VGB 2010.

3. Wird durch den Versicherungsfall eine bestehende Kontamination des Erdreichs erhöht, so werden nur die Aufwendungen ersetzt, die den für eine Beseitigung der bestehenden Kontamination erforderlichen Betrag übersteigen, und zwar ohne Rücksicht darauf, ob und wann dieser Betrag ohne den Versicherungsfall aufgewendet worden wäre. Die hiernach nicht zu ersetzenden Kosten werden nötigenfalls durch Sachverständige festgestellt.

4. Aufwendungen aufgrund sonstiger behördlicher Anordnungen oder aufgrund sonstiger Verpflichtungen des Versicherungsnehmers einschließlich der sogenannten Einliefererhaftung werden nicht ersetzt.

5. Kosten gemäß Nr. 1 gelten nicht als Aufräumungskosten gemäß Abschnitt A § 7 Nr. 1 a) VGB 2010.

6. Die Entschädigung ist auf den vereinbarten Betrag begrenzt.

Siehe § 7 (A) Rn 7 und 15.

PK 7363 (10)

Aufwendungen für die Beseitigung umgestürzter Bäume

1. In Erweiterung von Abschnitt A § 7 Nr. 1 VGB 2010 ersetzt der Versicherer die notwendigen Kosten für das Entfernen, den Abtransport und die Entsorgung durch Blitzschlag oder Sturm umgestürzter Bäume des Versicherungsgrundstücks, soweit eine natürliche Regeneration nicht zu erwarten ist. Bereits abgestorbene Bäume sind von der Versicherung ausgeschlossen.

2. Die Entschädigung ist je Versicherungsfall auf den vereinbarten Betrag begrenzt.

Siehe § 7 (A) Rn 3 und 15.

PK 7364 (10)

Wasserverlust

1. In Erweiterung von Abschnitt A § 7 Nr. 1 VGB 2010 ersetzt der Versicherer den Mehrverbrauch von Frischwasser, der infolge eines Versicherungsfalles entsteht und den das Wasserversorgungsunternehmen in Rechnung stellt.

2. Die Entschädigung ist je Versicherungsfall auf den vereinbarten Betrag begrenzt.

Siehe § 7 (A) Rn 15.

PK 7365 (10)

Sachverständigenkosten

Soweit der entschädigungspflichtige Schaden in seiner Höhe den vereinbarten Betrag übersteigt, ersetzt der Versicherer die durch den Versicherungsnehmer gemäß Abschnitt A § 15 Nr. 6 VGB 2010 zu tragenden Kosten des Sachverständigenverfahrens.

Siehe § 15 (A) Rn. 68.

PK 7366 (10)

Graffitischäden

1. Versichert sind die notwendigen Kosten für die Beseitigung von Schäden durch Graffiti (Verunstaltung durch Farben oder Lacke), die durch unbefugte Dritte an Außenseiten von versicherten Sachen im Sinne von Abschnitt A § 5 VGB 2010 verursacht werden.

2. Die Entschädigung ist je Versicherungsfall und Versicherungsjahr auf den vereinbarten Betrag begrenzt.

3. Der bedingungsgemäß als entschädigungspflichtig errechnete Betrag wird je Versicherungsfall um den vereinbarten Selbstbehalt gekürzt.

4. Der Versicherungsnehmer ist verpflichtet, den Schaden dem Versicherer und der Polizei unverzüglich anzuzeigen. Verletzt der Versicherungsnehmer diese Obliegenheit, so ist der Versicherer nach Maßgabe der in Abschnitt B § 8 Nr. 1 b) und Nr. 3 VGB 2010 beschriebenen Voraussetzungen zur Kündigung berechtigt oder auch ganz oder teilweise leistungsfrei.

5. Versicherungsnehmer und Versicherer können unter Einhaltung einer Frist von drei Monaten zum Ende des laufenden Versicherungsjahres durch schriftliche Erklärung verlangen, dass dieser Versicherungsschutz für Graffiti mit Beginn des nächsten Versicherungsjahres entfällt.

6. Macht der Versicherer von diesem Recht Gebrauch, so kann der Versicherungsnehmer den Vertrag innerhalb eines Monats nach Zugang der Erklärung des Versicherers zum Ende des laufenden Versicherungsjahres kündigen.

Siehe § 1 (A) Rn. 30.

PK 7367 (10)

Mehrkosten für behördlich nicht vorgeschriebene energetische Modernisierung

1. In Erweiterung zu Abschnitt A § 7 Nr. 1 VGB 2010 ersetzt der Versicherer bei der Wiederherstellung der versicherten und vom Schaden betroffenen Gebäudeteile auch Mehrkosten für behördlich nicht vorgeschriebene energetische und tatsächlich durchgeführte Modernisierungsmaßnahmen, soweit diese für Neubauten dem Stand der Technik entsprechen.

2. Soweit Maßnahmen nach Satz 1 bereits vor Eintritt des Versicherungsfalles veranlasst wurden, werden diese Kosten nicht ersetzt.

3. Die Entschädigung ist je Versicherungsfall auf den vereinbarten Betrag begrenzt.

Siehe § 7 (A) Rn 15.

PK 7368 (10)

Wiederherstellung von Außenanlagen

1. In Erweiterung zu Abschnitt A § 7 Nr. 1 VGB 2010 ersetzt der Versicherer notwendige und tatsächlich angefallene Kosten für die Wiederherstellung von Außenanlagen (z. B. Grünanlagen, Wege) des Versicherungsgrundstücks, die infolge eines Versicherungsfalles zerstört oder beschädigt werden.

2. Die Entschädigung ist je Versicherungsfall auf den vereinbarten Betrag begrenzt.

Siehe § 7 (A) Rn 15.

PK 7369 (10)

Mehrkosten für Primärenergie

1. In Erweiterung zu Abschnitt A § 7 Nr. 1 VGB 2010 ersetzt der Versicherer die infolge eines versicherten Ausfalles von Photovoltaikanlagen und Anlagen der regenerativen Energieversorgung auf Grundlage von Solarthermie, oberflächennaher Geothermie sowie sonstigen Wärmepumpenanlagen entstandenen Mehrkosten für Primärenergie.

2. Die Entschädigung ist je Versicherungsfall auf den vereinbarten Betrag begrenzt.

Siehe § 7 (A) Rn 15.

PK 7760 (10)

Mehrwertsteuer bei der Gleitenden Neuwertversicherung

Ein Anspruch auf Erstattung der Mehrwertsteuer besteht im Schadenfall nicht, soweit die Versicherungssumme 1914 entsprechend niedriger festgesetzt wurde als der Versicherungswert 1914.

Siehe § 10 (A) Rn. 9 und § 13 (A) Rn. 88.

PK 7761 (10)

Selbstbehalt

Der bedingungsgemäß als entschädigungspflichtig errechnete Betrag wird je Versicherungsfall um den vereinbarten Selbstbehalt gekürzt. Dies gilt nicht für Schadenabwendungs- oder Schadenminderungskosten (siehe Abschnitt B § 13 VGB 2010), die auf Weisung des Versicherers angefallen sind.

Siehe § 13 (A) Rn. 2.

PK 7762 (10)

Wartezeit für Weitere Elementargefahren

In Abweichung von Abschnitt B § 2 Abs. 1 beginnt der Versicherungsschutz für die Naturgefahren Überschwemmung, Rückstau, Erdbeben, Erdsenkung, Erdrutsch, Schneedruck, Lawinen, Vulkanausbruch mit dem Ablauf von __ Wochen ab Versicherungsbeginn (Wartezeit).

Siehe § 4 (A) Rn. 131.

PK 7763 (10)

Selbstbehalt für Gebäude in besonders überschwemmungsgefährdeter Lage

In Ergänzung zu Abschnitt A § 4 Nr. 5 VGB 2010 wird für versicherte Überschwemmungsschäden unmittelbar durch Ausuferung von oberirdischen Gewässern bis einschließlich eines Betrages von __ Euro keine Entschädigung geleistet. Die diesen Betrag übersteigenden Schäden werden unter Berücksichtigung eines vereinbarten Selbstbehaltes in voller Höhe entschädigt.

Siehe § 4 (A) Rn. 71.

PK 7860 (10)

Führung

Der führende Versicherer ist bevollmächtigt, Anzeigen und Willenserklärungen des Versicherungsnehmers für *alle beteiligten Versicherer entgegenzunehmen.*

PK 7861 (10)

Prozessführung

Soweit die vertraglichen Grundlagen für die beteiligten Versicherer die gleichen sind, ist folgendes vereinbart:

1. Der Versicherungsnehmer wird bei Streitfällen aus diesem Vertrag seine Ansprüche nur gegen den führenden Versicherer und nur wegen dessen Anteil gerichtlich geltend machen.

2. Die beteiligten Versicherer erkennen die gegen den führenden Versicherer rechtskräftig gewordene Entscheidung sowie die von diesem mit dem Versicherungsnehmer nach Rechtshängigkeit geschlossenen Vergleiche als auch für sich verbindlich an.

3. Falls der Anteil des führenden Versicherers den für die Zulässigkeit der Berufung notwendigen Wert des Beschwerdegegenstandes oder im Falle der Revision den Wert der mit der Revision geltend zu machenden Beschwer nicht erreicht, ist der Versicherungsnehmer berechtigt und auf Verlangen des führenden oder eines mitbeteiligten Versicherers verpflichtet, die Klage auf einen zweiten, erforderlichenfalls auf weitere Versicherer auszudehnen, bis diese Summe erreicht ist. Wird diesem Verlangen nicht entsprochen, so gilt Nr. 2 nicht.

PK 7862 (10)

Makler

Der den Versicherungsvertrag betreuende Makler ist bevollmächtigt, Anzeigen und Willenserklärungen des Versicherungsnehmers entgegenzunehmen. Er ist durch den Maklervertrag verpflichtet, diese unverzüglich an den Versicherer weiterzuleiten.

Anhang 2

Wohnflächenmodell – Abweichende Regelungen

§ 10 Umfang und Anpassung des Versicherungsschutzes

1. Versicherungsumfang

    a. Neubauwert

    Versichert ist der ortsübliche Neubauwert der im Versicherungsschein bezeichneten Gebäude zum Zeitpunkt des Versicherungsfalles. Hierzu gehören auch Architektengebühren sowie sonstige Konstruktions- und Planungskosten.

    Der Versicherer passt den Versicherungsschutz an die Baukostenentwicklung an (siehe Nr. 2 b). Wenn sich durch bauliche Maßnahmen ein der Prämienberechnung zugrundeliegender Umstand (Fläche, Gebäudetyp, Bauausführung und/ oder sonstige vereinbarte Merkmale) innerhalb der Versicherungsperiode werterhöhend verändert, besteht bis zum Schluss der laufenden Versicherungsperiode auch insoweit Versicherungsschutz.

    b. Gemeiner Wert

    Bei Gebäuden, die zum Abbruch bestimmt oder sonst dauernd entwertet sind, ist nur noch der erzielbare Verkaufspreis ohne Grundstücksanteile versichert (gemeiner Wert). Eine dauernde Entwertung liegt insbesondere vor, wenn die Gebäude für ihren Zweck nicht mehr zu verwenden sind.

2. Ermittlung und Anpassung der Prämie

    a. Ermittlung der Prämie

    Grundlagen der Ermittlung der Prämie sind Fläche, Gebäudetyp, Bauausführung und -ausstattung, Nutzung oder sonstige vereinbarte Merkmale, die für die Prämienberechnung erheblich sind sowie der Anpassungsfaktor (Nr. 2 b). Die Grundprämie errechnet sich aus der Wohn- und Nutzfläche multipliziert mit der Prämie je qm Wohn- und Nutzfläche. Die jeweils zu zahlende Jahresprämie wird berechnet durch Multiplikation der vereinbarten Grundprämie mit dem Anpassungsfaktor.

    b. Anpassung der Prämie

aa. Die Prämie verändert sich entsprechend der Anpassung des Versicherungsschutzes (siehe Nr. 1) gemäß der Erhöhung oder Verminderung des Anpassungsfaktors.

bb. Der Anpassungsfaktor erhöht oder vermindert sich jeweils zum 1. Januar eines jeden Jahres für die in diesem Jahr beginnende Versicherungsperiode entsprechend dem Prozentsatz, um den sich der jeweils für den Monat Mai des Vorjahres veröffentlichte Baupreisindex für Wohngebäude und der für den Monat April des Vorjahres veröffentlichte Tariflohnindex für das Baugewerbe verändert haben. Beide Indizes gibt das Statistische Bundesamt bekannt. Bei dieser Anpassung wird die Änderung des Baupreisindexes zu 80 Prozent und die des Tariflohnindexes zu 20 Prozent berücksichtigt. Bei dieser Berechnung wird jeweils auf zwei Stellen nach dem Komma gerundet.

Der Anpassungsfaktor wird auf zwei Stellen nach dem Komma errechnet und gerundet.

Soweit bei Rundungen die dritte Zahl nach dem Komma eine Fünf oder eine höhere Zahl ist, wird aufgerundet, sonst abgerundet.

cc. Bei der Berechnung des Prozentsatzes, um den sich der Anpassungsfaktor ändert, werden auch sämtliche Anpassungen seit Vertragsbeginn, die aufgrund von einem oder mehreren Widersprüchen des Versicherungsnehmers (siehe c) unterblieben sind, berücksichtigt. Eine nur teilweise Berücksichtigung unterbliebener Anpassungen ist nicht möglich.

Der Versicherungsnehmer wird damit so gestellt, als ob seit Vertragsbeginn keinerlei Widersprüche erfolgt wären.

c. Der Versicherungsnehmer kann einer Erhöhung der Prämie innerhalb eines Monats, nachdem ihm die Mitteilung über die Erhöhung des Anpassungsfaktors zugegangen ist, durch Erklärung in Textform widersprechen. Zur Wahrung der Frist genügt die rechtzeitige Absendung. Damit wird die Erhöhung nicht wirksam. In diesem Fall wird bei Eintritt eines Versicherungsfalles die Entschädigung (einschließlich Kosten und Mietausfall) nur anteilig gezahlt. Über den jeweils geltenden Anteil wird der Versicherungsnehmer informiert.

3. Nachträgliche Änderung eines Prämienmerkmales

a. Ändert sich nachträglich ein der Prämienberechnung zugrunde liegender Umstand und würde sich dadurch eine höhere Prämie ergeben, kann der Versicherer die höhere Prämie ab Anzeige der Änderung verlangen.

b. Fallen Umstände, für die eine höhere Prämie vereinbart ist, nachträglich weg, ist der Versicherer verpflichtet, die Prämie zu dem Zeitpunkt herabzusetzen, zu dem er hiervon Kenntnis erlangt hat. Das Gleiche gilt, soweit solche prämienrelevante Umstände ihre Bedeutung verloren haben oder ihr Vorliegen vom Versicherungsnehmer nur irrtümlich angenommen wurde.

§ 11 Entschädigungsberechnung

1. Im Versicherungsfall sind Grundlage der Entschädigungsberechnung

   a. bei zerstörten Gebäuden die ortsüblichen Wiederherstellungskosten für das im Versicherungsvertrag in seiner konkreten Ausgestaltung (Fläche, Gebäudetyp, Bauausführung und -ausstattung oder sonstiger vereinbarter Merkmale, die für die Beitragsberechnung erheblich sind) beschriebene Gebäude (einschließlich der Architektengebühren sowie sonstiger Konstruktions- und Planungskosten) bei Eintritt des Versicherungsfalles;

   b. bei beschädigten Gebäuden oder sonstigen beschädigten Sachen die notwendigen Reparaturkosten in der im Versicherungsvertrag beschriebenen konkreten Ausgestaltung (Fläche Gebäudetyp, Bauausführung und -ausstattung oder sonstiger vereinbarter Merkmale, die für die Beitragsberechnung erheblich sind) bei Eintritt des Versicherungsfalles zuzüglich einer durch die Reparatur nicht ausgeglichenen Wertminderung, höchstens jedoch die ortsüblichen Wiederherstellungskosten;

   c. bei zerstörten oder abhanden gekommenen sonstigen Sachen der Wiederbeschaffungspreis von Sachen gleicher Art und Güte im neuwertigen Zustand;

   d. Restwerte werden angerechnet.

2. Entschädigungsberechnung bei gemeinem Wert

   Soweit ein Gebäude zum Abbruch bestimmt oder sonst dauerhaft entwertet ist, werden versicherte Sachen nur unter Zugrundelegung des erzielbaren Verkaufspreises ohne Grundstücksanteile (gemeiner Wert) entschädigt.

3. Angezeigte bauliche Veränderungen

   Für die Höhe der Entschädigung werden die nach Vertragsschluss gemäß Abschnitt A § 10 Nr. 3 angezeigten Veränderungen an den versicherten Gebäuden berücksichtigt.

4. Abweichende Bauausgestaltung

a. Sind im Zeitpunkt des Versicherungsfalles die im Versicherungsvertrag beschriebenen Gebäude in der konkreten Bauausgestaltung geringerwertig beschaffen, so ist der Versicherer nicht verpflichtet, mehr als den tatsächlich eingetretenen Schaden zum ortsüblichen Neubauwert zu ersetzen.

b. Sollte im Zeitpunkt des Versicherungsfalles die konkrete Bauausgestaltung hingegen höherwertig sein, werden die ortsüblichen Wiederherstellungskosten (Nr. 1 a) bzw. die notwendigen Reparaturkosten (Nr. 1 b) nur auf der Grundlage des im Versicherungsvertrag in seiner konkreten Bauausgestaltung (Fläche, Gebäudetyp, Bauausführung und -ausstattung oder sonstiger vereinbarter Merkmale, die für die Prämienberechnung erheblich sind) beschriebenen Gebäudes ersetzt. Unberührt bleiben die Vorschriften über den Umfang und die Anpassung des Versicherungsschutzes (siehe Abschnitt A § 10), die Verletzung der vorvertraglichen Anzeigepflicht (siehe Abschnitt B § 1) und der Gefahrerhöhung (siehe Abschnitt A § 15 sowie Abschnitt B § 9).

5. Kosten

Berechnungsgrundlage für die Entschädigung versicherter Kosten ist der Nachweis tatsächlich angefallener Kosten unter Berücksichtigung der jeweils vereinbarten Entschädigungsgrenzen.

6. Mietausfall, Mietwert

Der Versicherer ersetzt den versicherten Mietausfall bzw. Mietwert bis zum Ende der vereinbarten Haftzeit.

7. Mehrwertsteuer

a. Die Mehrwertsteuer wird nicht ersetzt, wenn der Versicherungsnehmer vorsteuerabzugsberechtigt ist; das Gleiche gilt, wenn der Versicherungsnehmer Mehrwertsteuer tatsächlich nicht gezahlt hat;

b. Für die Berechnung der Entschädigung versicherter Kosten (siehe Abschnitt A § 7) und versicherten Mietausfalls bzw. Mietwerts (siehe Abschnitt A § 9) gilt a) entsprechend.

8. Entschädigung bei Widerspruch gegen Prämienanpassung

Widerspricht der Versicherungsnehmer einer Erhöhung der Prämie (siehe Abschnitt A § 10 Nr. 2), die vor Eintritt des Versicherungsfalles hätte wirksam werden sollen, wird die Entschädigung in dem Verhältnis gekürzt, wie sich der zuletzt berechnete Jahresbeitrag zu dem Jahresbeitrag verhält, den der Versicherungsnehmer ohne Widerspruch gegen jede seit Vertragsbeginn erfolgte Anpassung zu zahlen gehabt hätte.

9. Wiederherstellung und Wiederbeschaffung

In der Neuwertversicherung erwirbt der Versicherungsnehmer den Anspruch auf Zahlung des Teils der Entschädigung, der den Zeitwertschaden übersteigt (Neuwertanteil) nur, soweit und sobald er innerhalb von drei Jahren nach Eintritt des Versicherungsfalles sicherstellt, dass er die Entschädigung verwenden wird, um versicherte Sachen in gleicher Art und Zweckbestimmung an der bisherigen Stelle wiederherzustellen oder wiederzubeschaffen. Ist dies an der bisherigen Stelle rechtlich nicht möglich oder wirtschaftlich nicht zu vertreten, so genügt es, wenn die Gebäude an anderer Stelle innerhalb der Bundesrepublik Deutschland wiederhergestellt werden.

Der Versicherungsnehmer ist zur Rückzahlung des entschädigten Neuwertanteiles an den Versicherer verpflichtet, wenn er die auf den Neuwertanteil geleistete Entschädigung schuldhaft nicht zur Wiederherstellung oder Wiederbeschaffung der versicherten Sachen verwendet.

Der Zeitwertschaden errechnet sich aus der Entschädigung nach Nr. 1 a), Nr. 1 b) und Nr. 1 c) abzüglich der Wertminderung durch Alter und Abnutzung. Nr. 7 gilt entsprechend.

Stichwortverzeichnis

(Die Verweise beziehen sich auf die Randnummern)

Abbruchgebäude	§ 10 (A) Rn. 23, 28
Abbruchkosten	§ 1 (A) Rn. 9; § 7 (A) Rn. 1
Abflussrohre	§ 3 (A) Rn. 23, 148, 152
Abgrenzung	
- Aufräumungs-/Abbruchkosten	§ 13 (A) Rn. 37
- Bruch-/Frostschaden	§ 3 (A) Rn. 41
- Erst-/Folgeprämie	§ 4 (B) Rn. 2-4
- Feuer-/Naturgefahrenversicherung	§ 1 (A) Rn. 12
- Gebäude-/Hausratversicherung	§ 5 (A) Rn. 36-42
- Leitungswasser-/Naturgefahrenversicherung	§ 1 (A) Rn. 14; § 3 (A) Rn. 149
- Sach-/Kostenschaden	§ 6 (A) Rn. 2; vor §§ 7, 8 (A) Rn. 2
- Total-/Teilschaden	§ 13 (A) Rn. 8-16
- Versicherte Gefahren	§ 1 (A) Rn. 10
- Versicherte Sachen	§ 10 (A) Rn. 8; § 11 (A) Rn. 8
Abhandenkommen	§ 1 (A) Rn. 1, 2, 20-25
Ableitungsrohre	§ 1 (A) Rn. 8; § 3 (A) Rn. 12; § 16 (A) Rn. 13-20, 46, 48, 55, 64, 75, 84, 91, 102-105; § 4 (A) Rn. 44, 73; § 16 (A) Rn. 13
Abschlagszahlung	§ 14 (A) Rn. 15; § 15 (A) Rn. 11; § 16 (B) Rn. 83
Abschluss des Versicherungsvertrages	§ 2 (B) Rn. 1-5
Abstrakte Schadenberechnung	§ 13 (A) Rn. 33
Absturz eines Luftfahrzeuges	§ 1 (A) Rn. 11, 16; § 2 (A) Rn. 1-5, 10; § 3 (A) Rn. 156; § 4 (A) Rn. 119
Adäquat kausal	§ 1 (A) Rn. 8, 21
Alles-oder-nichts-Prinzip	§ 8 (B) Rn. 60; § 16 (B) Rn. 4, 13
Alter des Gebäudes	§ 1 (B) Rn. 14; § 10 (A) Rn. 9
Anbauten	§ 10 (A) Rn. 24; § 13 (A) Rn. 30
Änderung des Zahlungsweges	§ 6 (B) Rn. 3
Anfechtung	§ 15 (A) Rn. 32; § 7 (B) Rn. 12
Anpassungsfaktor (Prämie)	§ 12 (A) Rn. 1-14
Anprall eines Luftfahrzeuges	§ 1 (A) Rn. 11, 16; § 2 (A) Rn. 1-10
Anstriche	§ 3 (A) Rn. 123-125; § 13 (A) Rn. 36; § 13 (A) Rn. 45

Antennen	§ 1 (A) Rn. 8; § 2 (A) Rn. 49, 50; § 3 (A) Rn. 25; § 5 (A) Rn. 42; § 13 (A) Rn. 8; § 11 (B) Rn. 2
Antrag	§ 2 (B) Rn. 2
- Fragen	§ 17 (A) Rn. 5, 6; § 1 (B) Rn. 5-20; § 9 (B) Rn. 18
- Schriftform	§ 2 (B) Rn. 3
Anzeigepflichten	§ 18 (A) Rn. 10; § 1 (B) Rn. 1-23; § 9 (B) Rn. 26; § 11 (B) Rn. 3
- Anschriften-/Namensänderung	§ 16 (B) Rn. 4-5
- Gefahrerhöhung	§ 9 (B) Rn. 6
Anzeigepflichtverletzung, Rechtsfolgen	§ 1 (B) Rn. 23-32
- Beitragserhöhung	§ 1 (B) Rn. 30
- Kündigungsrecht	§ 1 (B) Rn. 31
- Rücktrittsrecht	§ 1 (B) Rn. 24-29
Anzuwendendes Recht	§ 22 (B) Rn. 1
Aquarien	§ 3 (A) Rn. 101, 108, 110
Architektengebühren	§ 3 (A) Rn. 36; § 8 (A) Rn. 5; § 10 (A) Rn. 3, 9; § 13 (A) Rn. 19, 22, 23, 40
Arglistige Täuschung	§ 8 (B) Rn. 55, 56; § 16 (B) Rn. 56-67, 74, 79, 83
Armaturen	§ 3 (A) Rn. 43-45
Atmosphärische Elektrizität	§ 2 (A) Rn. 38
Aufklärungspflicht	§ 10 (A) Rn. 31; § 15 (A) Rn. 7; § 16 (B) Rn. 59
Aufräumkosten	§ 1 (A) Rn. 9; § 7 (A) Rn. 1, 5
Aufstand	§ 1 (A) Rn. 35
Auftaukosten	§ 3 (A) Rn. 40
Aufwendungsersatz	§ 13 (B) Rn. 1-14
Auge-und-Ohr-Rechtsprechung	§ 1 (B) Rn. 22; § 17 (B) Rn. 3; § 18 (B) Rn. 1
Ausbauten	§ 11 (A) Rn. 6, 26, 29
Ausschlüsse	§ 1 (A) Rn. 22, 32-34; § 3 (A) Rn. 130-176; § 5 (A) Rn. 27-35
Austrocknung	§ 4 (A) Rn. 121, 122
Balkone	§ 4 (A) Rn. 58; § 11 (A) Rn. 15; § 13 (A) Rn. 38
Baracken	§ 5 (A) Rn. 7
Bauartklassen	§ 1 (B) Rn. 12
Bauausstattung	§ 10 (A) Rn. 36; § 13 (A) Rn. 102; § 1 (B) Rn. 20

Baubuden	§ 5 (A) Rn. 7
Baufälligkeit	§ 4 (A) Rn. 26
Baujahr	§ 10 (A) Rn. 19; § 1 (B) Rn. 14
Bauliche Veränderungen	§ 9 (A) Rn. 13; § 10 (A) Rn. 34
Baumaßnahmen	§ 17 (A) Rn. 23-25
Baupreise	§ 10 (A) Rn. 4, 7-10; § 11 (A) Rn. 2, 9, 17; § 12 (A) Rn. 1-4
Baupreisindex	§ 11 (A) Rn. 9
Bausachverständige	§ 10 (A) Rn. 10, 30; § 11 (A) Rn. 5-7; § 13 (A) Rn. 27, 42, 43, 137; § 15 (A) Rn. 28
Bauweise	§ 11 (A) Rn. 12-14; § 13 (A) Rn. 100; § 1 (B) Rn. 12
Bauwerke	§ 5 (A) Rn. 6
Beaufort-Skala	§ 4 (A) Rn. 3, 4, 17
Begrenzungsmauer	§ 5 (A) Rn. 8
Behälterexplosion	§ 2 (A) Rn. 85-89
Behördliche Auflagen	§ 8 (A) Rn. 6
Behördliche Wiederherstellungsbeschränkungen	§ 8 (A) Rn. 2
Behördliches oder strafgerichtliches Verfahren	§ 14 (A) Rn. 41
Beitrag	
- Anpassung	§ 12 (A) Rn. 2, 6
- Bei vorzeitiger Vertragsbeendigung	§ 7 (B) Rn. 1-13
- Berechnung	§ 12 (A) Rn. 1-3; § 1 (B) Rn. 28
- Erhöhung	§ 1 (B) Rn. 30
- Grundbeitrag 1914	§ 12 (A) Rn. 1
- Unteilbarkeit	§ 1 (B) Rn. 28; § 7 (B) Rn. 2
- Zahlungsweise	§ 3 (B) Rn. 1
- Zahlungszeitpunkt	§ 3 (B) Rn. 1-5
Beitragsanpassungsklausel	§ 4 (A) Rn. 6, 11
Belege	§ 8 (B) Rn. 45, 46
- Fingierte	§ 16 (B) Rn. 60
- Gefälschte	§ 16 (B) Rn. 67
Bepflanzung	§ 5 (A) Rn. 13, 35
Beraterverfahren	§ 14 (A) Rn. 5
Beratungspflichten des Versicherers	§ 10 (A) Rn. 31; § 2 (B) Rn. 5
Bereicherungsverbot	§ 10 (A) Rn. 23, 25; § 13 (A) Rn. 21, 97
Berieselungsanlagen	§ 3 (A) Rn. 56, 57

Stichwortverzeichnis

Besatzungsschaden	§ 1 (A) Rn. 37
Beschädigung	§ 1 (A) Rn. 1, 2, 5, 7, 20, 21, 23, 28; § 3 (A) Rn. 27-29; § 4 (A) Rn. 45, 46, 82; § 7 (A) Rn. 15; § 13 (A) Rn. 3, 8, 11, 45, 48; § 2 (B) Rn. 14; § 15 (B) Rn. 2
Besitz	§ 1 (A) Rn. 24
Bestimmungsgemäßer Herd	§ 2 (A) Rn. 16-20
Bestimmungswidriger Wasseraustritt	§ 3 (A) Rn. 87-100
Betriebsschaden	§ 3 (A) Rn. 23, 61, 106-131
Betrug	§ 16 (B) Rn. 88, 91
Bewegungskosten	§ 1 (A) Rn. 9; § 7 (A) Rn. 8
Beweislast	
- Versicherer	§ 3 (A) Rn. 134; § 13 (A) Rn. 137; § (B) Rn. 26; § 8 (B) Rn. 52; § 16 (B) Rn. 17-21, 28, 86, 87
- Versicherungsnehmer	§ 1 (A) Rn. 1; § 2 (A) Rn. 71; § 4 (A) Rn. 13, 81; § 5 (A) Rn. 31; § 14 (A) Rn. 20, 21; § 7 (B) Rn. 22; § 9 (B) Rn. 28, 38; § 14 (B) Rn. 11
Bezugsfertigkeit	§ 3 (A) Rn. 165-175; § 4 (A) Rn. 125, 126; § 17 (A) Rn. 13; § 2 (B) Rn. 6
Blitzortungssystem	§ 2 (A) Rn. 72
Blitzschlag	§ 1 (A) Rn. 8-11, 16, 22; § 2 (A) Rn. 1, 2, 4, 24, 36-56
- Folgeschaden	§ 2 (A) Rn. 75-77
- Überspannungsschaden	§ 2 (A) Rn. 48-69
- Versicherte Schäden	§ 2 (A) Rn. 42-47
Bodenbelag	§ 3 (A) Rn. 123-127; § 5 (A) Rn. 17; § 13 (A) Rn. 36, 45; § 11 (B) Rn. 3
Boiler	§ 3 (A) Rn. 49, 54, 62, 108, 116
Brand	§ 1 (A) Rn. 3, 4, 8, 11, 12, 15, 16; § 2 (A) Rn. 1, 2, 4
- Begriff	§ 2 (A) Rn. 12, 13, 15, 32-34
- Bestimmung des Herdes	§ 2 (A) Rn. 17, 18
Brandreden	§ 9 (B) Rn. 22
Brandschutt	§ 1 (A) Rn. 21, 24; § 7 (A) Rn. 7
- Analyse	§ 7 (A) Rn. 6
Brandschutz	§ 1 (A) Rn. 24
Brandschutzgesetz	§ 8 (B) Rn. 5

Stichwortverzeichnis

Brandstiftung	§ 2 (A) Rn. 24, 110; § 14 (A) Rn. 19; § 16 (A) Rn. 33; § 17 (A) Rn. 16; § 1 (B) Rn. 5; § 8 (B) Rn. 29; § 9 (B) Rn. 22, 23; § 16 (B) Rn. 11, 21-28; § 19 (B) Rn. 15
Briefkastenanlagen	§ 5 (A) Rn. 8, 19, 24
Bruchschaden	§ 1 (A) Rn. 17; § 3 (A) Rn. 5-75
- Außerhalb von Gebäuden	§ 3 (A) Rn. 63-75
- Innerhalb von Gebäuden	§ 3 (A) Rn. 5-62
Bruchteilseigentum	§ 2 (B) Rn. 23; § 19 (B) Rn. 4
Bürgerkrieg	§ 1 (A) Rn. 35
Carport	§ 5 (A) Rn. 35
Container	§ 5 (A) Rn. 7
Dauernde Entwertung	§ 10 (A) Rn. 23
Deckungslücke	§ 1 (A) Rn. 29
Dekontamination	§ 7 (A) Rn. 15
Denkmalschutz	§ 10 (A) Rn. 21; § 17 (A) Rn. 28
Doppelversicherung	§ 1 (A) Rn. 11; § 3 (A) Rn. 123-125; § 5 (A) Rn. 38-42; § 18 (A) Rn. 5; § 11 (B) Rn. 2
Drachen	§ 2 (A) Rn. 9
Drehflügler	§ 2 (A) Rn. 6
Dreijahresfrist	§ 13 (A) Rn. 114-117
Drohne	§ 2 (A) Rn. 7
Druckminderer	§ 3 (A) Rn. 43, 61
Durchlauferhitzer	§ 3 (A) Rn. 108
Ehegatten	§ 1 (B) Rn. 19; § 2 (B) Rn. 8; § 19 (B) Rn. 7, 13
Eigenleistungen	§ 10 (A) Rn. 9; § 13 (A) Rn. 36, 42, 118
Eigentümer-Versicherung	§ 2 (B) Rn. 17
Eigentümer-Versicherungsnehmer	§ 2 (B) Rn. 23-27
Eigentumsübergang	§ 18 (A) Rn. 1-5
Eigenversicherung	§ 2 (B) Rn. 16
Einbauküchen	§ 5 (A) Rn. 11, 14, 16
Einbaumöbel	§ 5 (A) Rn. 11, 14; § 13 (A) Rn. 8
Eindringen von Niederschlägen	§ 4 (A) Rn. 109-116
Einfriedungen	§ 4 (A) Rn. 128; § 5 (A) Rn. 8, 35
Einheit des Versicherungsfalls	§ 1 (A) Rn. 8-11, 15
Eintritt des Versicherungsfalls	§ 1 (A) Rn. 2, 3; § 8 (B) Rn. 4-45
Einzeldeklaration	§ 5 (A) Rn. 2-4
Elektronische Daten	§ 5 (A) Rn. 33

Elektronische Programme	§ 5 (A) Rn. 33
Elementarschadenversicherung	§ 1 (A) Rn. 10; § 4 (A) Rn. 1-125
Empfangsvollmacht	§ 1 (B) Rn. 22; § 15 (B) Rn. 7
Entschädigung	
- Abschlagszahlung	§ 14 (A) Rn. 15-18; § 15 (A) Rn. 11
- Berechnung	§ 13 (A) Rn. 1-143
- Fälligkeit	§ 14 (A) Rn. 11-21
- Feststellung des Anspruchs	§ 14 (A) Rn. 3-10
- Grenze	§ 1 (A) Rn. 9, 15; § 7 (A) Rn. 13; § 13 (A) Rn. 2
- Hemmung der Zahlung	§ 14 (A) Rn. 39, 40
- Rückzahlung des Neuwertanteils	§ 14 (A) Rn. 23-26
- Zahlung des Neuwertanteils	§ 14 (A) Rn. 22
- Zahlung unter Vorbehalt	§ 14 (A) Rn. 19-21
- Zahlungsaufschub	§ 14 (A) Rn. 41-55
Entwertung, dauernde	§ 10 (A) Rn. 23
Entwertungsanteil	§ 13 (A) Rn. 15, 91, 94, 99, 114, 120
Erdbeben	§ 1 (A) Rn. 11-14; § 2 (A) Rn. 95-99; § 3 (A) Rn. 150; § 4 (A) Rn. 52, 55, 78-85
Erdrutsch	§ 1 (A) Rn. 14; § 4 (A) Rn. 91-93
Erdsenkung	§ 1 (A) Rn. 14; § 4 (A) Rn. 86-90
Erhitzen von Fett	§ 16 (B) Rn. 47-49
Ermittlungsverfahren	§ 8 (A) Rn. 8; § 14 (A) Rn. 9, 19, 49-53; § 16 (B) Rn. 23
Ersatzansprüche, Übergang	§ 14 (B) Rn. 1-11
Ersatzwert eines Gebäudes	§ 10 (A) Rn. 15, 18, 28; § 13 (A) Rn. 15
Erstbeitrag	§ 3 (B) Rn. 2; § 5 (B) Rn. 2
Erstrisikoversicherung	§ 11 (A) Rn. 21, 24
Erweiterte Einlöseklausel	§ 2 (B) Rn. 6
Erwerber	§ 18 (A) Rn. 2-5
Explosion	§ 1 (A) Rn. 11, 16; § 2 (A) Rn. 1, 2, 4, 78-90
Fahrzeuganprall	§ 2 (A) Rn. 11
Fälligkeit	
- Entschädigung	§ 13 (A) Rn. 1-22, 28, 29; § 14 (A) Rn. 46
- Erst- oder Einmalprämie	§ 4 (B) Rn. 1-5; § 5 (B) Rn. 5-6
- Folgeprämie	§ 5 (B) Rn. 25
- Zinsen	§ 14 (A) Rn. 38
Fallschirmspringer	§ 2 (A) Rn. 7

Familienprivileg	§ 14 (B) Rn. 6
Ferienhaus	§ 17 (A) Rn. 2
Fernsehantennen	§ 2 (A) Rn. 50; § 5 (A) Rn. 42; § 13 (A) Rn. 8; § 11 (B) Rn. 2
Fesselballone	§ 2 (A) Rn. 6
Feuer	
- Begriff	§ 2 (A) Rn. 12, 14-35
- Löschkosten	§ 13 (B) Rn. 4, 13
- Risiko	§ 1 (A) Rn. 13
Feuerschutzsteuer	§ 13 (B) Rn. 13
Feuer-Rohbauversicherung	§ 3 (A) Rn. 165
Feuerversicherung	§ 1 (A) Rn. 3, 11, 12, 16
Feuerversicherung, Ausschlüsse	§ 2 (A) Rn. 95-131
- Betriebsschaden	§ 2 (A) Rn. 105-131
- Erdbeben	§ 2 (A) Rn. 96-99
- Schaltorgane	§ 2 (A) Rn. 102-104
- Sengschaden	§ 2 (A) Rn. 100, 101
- Verbrennungskraftmaschinen	§ 2 (A) Rn. 102-103
Feuerversicherung, Selbstbehalt	§ 2 (A) Rn. 132
Feuerwehreinsatz	§ 13 (B) Rn. 13
Feuerwehrschlauch	§ 3 (A) Rn. 104
Feuerwerksraketen	§ 2 (A) Rn. 7, 8
Filter	§ 3 (A) Rn. 44, 61
Flugkörper	§ 2 (A) Rn. 3, 6, 8
Flugmodelle	§ 2 (A) Rn. 6
Flugzeuge	§ 2 (A) Rn. 6
Folgeprämie	§ 5 (B) Rn. 2-13
- Fälligkeit	§ 5 (B) Rn. 25
Folgeschaden	§ 1 (A) Rn. 2
Formerfordernisse	
- Anschriften-/Namensänderung	§ 16 (B) Rn. 4-5
- Anzeigen, Erklärungen	§ 17 (B) Rn. 1-3
Freiballone	§ 2 (A) Rn. 6
Freileitungen	§ 5 (A) Rn. 35
Freisitze	§ 5 (A) Rn. 10
Fremdversicherung	§ 2 (B) Rn. 22
Fristverlängerung	§ 13 (A) Rn. 117

Frostschaden	§ 3 (A) Rn. 9-13, 23, 25, 41, 55, 58-64, 75, 100
Frostvorsorge	§ 16 (A) Rn. 37, 39
Fundamente	§ 3 (A) Rn. 16, 18, 152; § 5 (A) Rn. 6; § 15 (A) Rn. 19
Fußbodenheizung	§ 3 (A) Rn. 53
Garagen	§ 11 (A) Rn. 15
Gärung	§ 2 (A) Rn. 15
Gartenbeleuchtungen	§ 5 (A) Rn. 35
Gartenhäuser	§ 5 (A) Rn. 35
Gebäude	§ 5 (A) Rn. 4, 5
- Alter	§ 1 (B) Rn. 14
- Bauweise	§ 1 (B) Rn. 12, 13
- Beschädigung durch Dritte	§ 1 (A) Rn. 28
- Besondere Ausstattung	§ 1 (B) Rn. 16
- Bestandteil	§ 5 (A) Rn. 4, 11, 13
- Gefahrerhöhende Nachbarschaft	§ 1 (B) Rn. 17
- Lage	§ 1 (B) Rn. 9
- Mehrfachversicherung	§ 1 (B) Rn. 18
- Nachträgliche Veränderung	§ 11 (A) Rn. 26
- Nicht genutzte	§ 17 (A) Rn. 7-22; § 9 (B) Rn. 14
- Nutzung	§ 1 (B) Rn. 10, 11
- Schätzung	§ 10 (A) Rn. 10, 32; § 11 (A) Rn. 5, 6, 19
- Teil	§ 1 (A) Rn. 24, 26
- Typen	§ 11 (A) Rn. 13
- Unzutreffende Beschreibung	§ 11 (A) Rn. 25
- Vorschäden	§ 1 (B) Rn. 19
- Zubehör	§ 5 (A) Rn. 4, 16, 19-24, 27, 32, 36-42
- Zustand	§ 1 (B) Rn. 15
Gebündelte Verträge	§ 15 (B) Rn. 5
Gedehnter Versicherungsfall	§ 1 (A) Rn. 7
Gefahrengruppen	§ 1 (A) Rn. 10, 19
Gefahrenkompensation	§ 17 (A) Rn. 21; § 9 (B) Rn. 14
Gefahrerhebliche Umstände	§ 1 (B) Rn. 3, 4
Gefahrerhöhende Umstände	§ 17 (A) Rn. 1-29; § 9 (B) Rn. 1-45
- Antragsfragen	§ 17 (A) Rn. 5, 6
- Anzeigepflicht	§ 17 (A) Rn. 1-6; § 9 (B) Rn. 6, 26
- Baumaßnahmen	§ 17 (A) Rn. 23-25

Stichwortverzeichnis

- Brandreden	§ 9 (B) Rn. 22
- Denkmalschutz	§ 17 (A) Rn. 28
- Gewerbebetrieb	§ 17 (A) Rn. 26, 27
- Nachbarschaft	§ 1 (B) Rn. 17
- Nicht genutzte Gebäude	§ 17 (A) Rn. 7-22; § 9 (B) Rn. 14
- Rechtsfolgen	§ 17 (A) Rn. 29
Gefahrstandspflicht	§ 9 (B) Rn. 4, 5
Gefahrtragung	§ 3 (A) Rn. 68, 70, 73; § 5 (A) Rn. 30, 31; § 2 (B) Rn. 23; § 9 (B) Rn. 6
Gehwegbefestigungen	§ 5 (A) Rn. 35
Gemeiner Wert	§ 10 (A) Rn. 12, 21; § 13 (A) Rn. 80-81
Gemeinschaftsantennen	§ 9 (A) Rn. 5
Gemeinschaftswaschanlagen	§ 2 (A) Rn. 50, 123; § 9 (A) Rn. 5
Gemischte Nutzung	§ 5 (A) Rn. 22
Gerichtsstand	§ 21 (B) Rn. 1
Geruchsverschlüsse	§ 3 (A) Rn. 23, 60
Gesamtentschädigung	§ 13 (A) Rn. 121-124
- Grenze	§ 12 (A) Rn. 14
Gesamthandseigentum	§ 2 (B); Rn. 23; § 19 (B) Rn. 4, 15
Geschäftsplanmäßige Erklärungen	§ 10 (A) Rn. 32; § 11 (A) Rn. 5, 19; § 12 (A) Rn. 14
Geschirrspülmaschinen	§ 3 (A) Rn. 90, 108
Gesetzliche Vertreter	§ 19 (B) Rn. 3
Gesetzlicher Forderungsübergang	§ 14 (B) Rn. 1
Gesondert versicherbare Sachen	§ 5 (A) Rn. 34; § 7 (A) Rn. 18
Gewächshäuser	§ 5 (A) Rn. 35
Gewässer	§ 3 (A) Rn. 145, 149; § 4 (A) Rn. 57, 65-67, 73, 75, 76, 108
Gewerbebetrieb	§ 2 (A) Rn. 80; § 17 (A) Rn. 2, 26, 27; § 1 (B) Rn. 10; § 15 (B) Rn. 7
Gewerbliche Nutzung	§ 13 (A) Rn. 104; § 1 (B) Rn. 10
Gleitende Neuwertversicherung	§ 11 (A) Rn. 1-17
- Anpassungsfaktor	§ 12 (A) Rn. 1
- Gleitender Neuwertfaktor	§ 11 (A) Rn. 2, 10, 17, 20; § 12 (A) Rn. 1, 2, 4
- Unterversicherungsverzicht	§ 11 (A) Rn. 1; § 11 (A) Rn. 18
Gleitender Neuwert	§ 10 (A) Rn. 1-11
Glimmen	§ 2 (A) Rn. 14
Glimmreste	§ 1 (A) Rn. 8

Glühen	§ 2 (A) Rn. 14
Graffitischaden	§ 1 (A) Rn. 30
Grobe Fahrlässigkeit	§ 8 (B) Rn. 14; § 16 (B) Rn. 31-55
Großrisiken	§ 1 (A) Rn. 41
Grundbeitrag 1914	§ 12 (A) Rn. 1
Grundbuchauszug	§ 14 (A) Rn. 44
Grund- und Kellermauern	§ 5 (A) Rn. 6, 9
Grundpfandrecht	§ 19 (B) Rn. 10
Grundschuld	§ 6 (A) Rn. 3
Grundstücksbestandteile	§ 4 (A) Rn. 14, 58; § 5 (A) Rn. 4, 8, 20, 25, 26, 35; § 10 (A) Rn. 21; § 11 (A) Rn. 14
Grundstückseinfriedungen	§ 5 (A) Rn. 35
Grundwasser	§ 4 (A) Rn. 117, 118
Gutachten des Sachverständigen	§ 13 (A) Rn. 44
Hagel	
- Begriff	§ 4 (A) Rn. 18, 19
- Schaden	§ 1 (A) Rn. 10, 14, 22
Hagelversicherung	§ 1 (A) Rn. 18; § 4 (A) Rn. 18-51
Häusliche Gemeinschaft	§ 14 (B) Rn. 6
Hausratversicherung	§ 1 (A) Rn. 7, 10, 15; § 2 (A) Rn. 29, 131; § 3 (A) Rn. 123
- Abgrenzung zur Wohngebäudeversicherung	§ 5 (A) Rn. 36-42
Heizkessel	§ 2 (A) Rn. 21, 22
Heizkörper	§ 3 (A) Rn. 62; § 16 (A) Rn. 40
Heizöfen	§ 2 (A) Rn. 62; § 16 (A) Rn. 40
Heizöl	§ 4 (A) Rn. 6; § 19 (B) Rn. 8
Heizung	
- Anlage	§ 2 (A) Rn. 16, 21, 50, 115
- Bruchschaden	§ 3 (A) Rn. 9-10
- Frostschaden	§ 3 (A) Rn. 62-64
- Rohre	§ 3 (A) Rn. 52-55
Hinweispflichten des Versicherers	§ 10 (A) Rn. 31; § 2 (B) Rn. 5
Hofbefestigungen	§ 5 (A) Rn. 35
Hotelkosten	§ 9 (A) Rn. 7
Hundehütten	§ 5 (A) Rn. 35
Hypothek	§ 6 (A) Rn. 3; § 14 (A) Rn. 55
Hypothekeninteressenversicherung	§ 2 (B) Rn. 21, 22, 28

Implosion	§ 1 (A) Rn. 11, 16; § 2 (A) Rn. 1, 2, 91-94
Induktion	§ 2 (A) Rn. 41
Influenz	§ 2 (A) Rn. 41
Innere Unruhen	§ 1 (A) Rn. 6, 30-33, 43, 44
Instandhaltungspflicht	§ 16 (A) Rn. 5-16
- Nicht genutzte Gebäude/-teile	§ 16 (A) Rn. 17-35
- Kalte Jahreszeit	§ 16 (A) Rn. 36-43
- Rechtsfolgen	§ 16 (A) Rn. 46, 47
Interessen	
- Dritter	§ 2 (B) Rn. 18, 22, 23
- Versicherbare	§ 2 (B) Rn. 13-15
- Versicherte	§ 2 (B) Rn. 12-15, 17, 21; § 7 (B) Rn 13
Kabelbrand	§ 2 (A) Rn. 32
Kalte Jahreszeit	§ 16 (A) Rn. 36-43
Kältemittel	§ 3 (A) Rn. 86; § 7 (A) Rn. 6
Kalter Schlag	§ 2 (A) Rn. 40
Kamin	§ 2 (A) Rn. 20, 23
- Brand	§ 2 (A) Rn. 114-120
Kausalität	§ 2 (A) Rn. 46; § 16 (B) Rn. 9
Kausalitätsgegenbeweis	§ 8 (B) Rn. 54-56, 62
Kenntnis und Verhalten	§ 2 (B) Rn. 23; § 12 (B) Rn. 4-7; § 19 (B) Rn. 1, 4, 5, 15
Kernenergie	§ 1 (A) Rn. 31-36, 44, 45
Kernkraftwerke	§ 1 (A) Rn. 45
Kerzen, Brennenlassen	§ 2 (A) Rn. 28, 29; § 16 (B) Rn. 39-43
Kinderballone	§ 2 (A) Rn. 9
Klauseln zur Wohngebäudeversicherung	§ 7 (A) Rn. 15
- Beseitigung umgestürzter Bäume	§ 7 (A) Rn. 15
- Dekontamination von Erdreich	§ 7 (A) Rn. 7, 15
- Energetische Modernisierungen	§ 7 (A) Rn. 15
- Gebäudebeschädigungen durch Dritte	§ 7 (A) Rn. 15
- Wasserverlust	§ 7 (A) Rn. 15
- Wiederherstellung von Außenanlagen	§ 7 (A) Rn. 15
Klimaanlagen	§ 3 (A) Rn. 52-55
Klingelanlagen	§ 5 (A) Rn. 24
Kompensationsgefäße	§ 3 (A) Rn. 62
Kompensatoren	§ 3 (A) Rn. 43, 61
Konkurrenzproblem	§ 11 (A) Rn. 26

Stichwortverzeichnis

Konstruktions- und Planungskosten	§ 10 (A) Rn. 3, 9, 22, 23
Kontamination	§ 7 (A) Rn. 6, 7
Korrosion	§ 3 (A) Rn. 27, 30, 55; § 13 (A) Rn. 29, 31; § 16 (A) Rn. 12
Kosten	
- Feuerwehreinsatz	§ 13 (B) Rn. 13
- Konstruktion	§ 10 (A) Rn. 3, 9, 22, 23
- Nebenarbeiten	§ 3 (A) Rn. 33-40
- Planung	§ 10 (A) Rn. 3, 9, 22, 23
- Schadenermittlung	§ 13 (B) Rn. 14-16
- Versicherte	vor §§ 7, 8 (A) Rn. 1
Kostenschaden	§ 1 (A) Rn. 6-8, 20
- Abgrenzung Sachschaden	vor §§ 7, 8 (A) Rn. 2
Kostenversicherung	§ 3 (A) Rn. 124-127; § 7 (A) Rn. 14
Krieg	§ 1 (A) Rn. 2, 31-42
kriegsähnliche Ereignisse	§ 1 (A) Rn. 35, 38
Kühlmittel	§ 3 (A) Rn. 86; § 7 (A) Rn. 6
Kumulgefahr	§ 4 (A) Rn. 55
Kündigung nach Versicherungsfall	§ 15 (B) Rn. 1-13
- Schriftform	§ 15 (B) Rn. 7
Kündigungsrecht	§ 12 (A) Rn. 6, 11; § 18 (A) Rn. 5-10; § 1 (B) Rn. 31; § 5 (B) Rn. 12; § 8 (B) Rn. 9; § 9 (B) Rn. 28-31
Kurzschluss	§ 1 (A) Rn. 15; § 2 (A) Rn. 24, 32, 38, 51, 55-61, 65-71, 110; § 3 (A) Rn. 90; § 4 (A) Rn. 44
Laden- und Schaufensterscheiben	§ 4 (A) Rn. 127-129
Lastschriftverfahren	§ 2 (B) Rn. 3; § 5 (B) Rn. 6; § 6 (B) Rn. 1-4
Laternen	§ 2 (A) Rn. 31
Laufzeit	§ 2 (B) Rn. 9, 10; § 10 (B) Rn. 5
Lawinen	§ 1 (A) Rn. 14; § 4 (A) Rn. 99-101
Lebensgefährte	§ 1 (B) Rn. 19; § 19 (B) Rn. 7
Leerstand	§ 3 (A) Rn. 175; § 10 (A) Rn. 27; § 17 (A) Rn. 15-20
Leistungen der Feuerwehr	§ 13 (B) Rn. 13; § 19 (B) Rn. 10
Leistungsfreiheit des Versicherers	§ 5 (B) Rn. 11
- Bei Obliegenheitsverletzung	§ 8 (B) Rn. 49-68
- Beweislast	§ 16 (B) Rn. 17-28

- Grob fahrlässige Herbeiführung des Versicherungsfalls	§ 16 (B) Rn. 1-5, 12-15
- Quotelung	§ 8 (B) Rn. 50
- Vorsätzliche Herbeiführung des Versicherungsfalls	§ 16 (B) Rn. 5, 9-11, 29, 30
Leistungskürzung	§ 16 (B) Rn. 5, 31-55
- Bei arglistiger Täuschung	§ 16 (B) Rn. 56-91
- Bei grober Fahrlässigkeit	§ 16 (B) Rn. 31-55
- Bei Vorsatz	§ 16 (B) Rn. 29, 30
Leitungswasser	§ 1 (A) Rn. 4, 8, 11, 14; § 3 (A) Rn. 78-82
- Bestimmungswidriger Austritt	§ 3 (A) Rn. 87-120
Leitungsmasten	§ 5 (A) Rn. 8
Leitungswasser	
- Begriff	§ 3 (A9 Rn. 79-82
- Risiko	§ 3 (A) Rn. 1-4
Leitungswasserversicherung	§ 1 (A) Rn. 11, 14, 15, 17; § 3 (A) Rn. 1-177; § 1 (B) Rn. 16, 19, 25, 26, 29; § 11 (B) Rn. 2; § 16 (B) Rn. 50
Löschmaßnahmen	§ 2 (A) Rn. 33
Löschwasser	§ 1 (A) Rn. 21
Luftschiffe	§ 2 (A) Rn. 6
Luftfahrzeuge	§ 2 (A) Rn. 1-7
Mahnung	§ 5 (B) Rn. 10
Markisen	§ 5 (A) Rn. 42; § 13 (A) Rn. 8; § 11 (B) Rn. 2
Masten	§ 5 (A) Rn. 35
Materieller Versicherungsbeginn	§ 2 (B) Rn. 6
Mehrere Versicherungsfälle	§ 1 (A) Rn. 9
Mehrere Versicherungsnehmer	§ 11 (B) Rn. 6
Mehrfachversicherung	§ 11 (B) Rn. 1-8
Mehrfamilienhäuser	§ 1 (A) Rn. 30
Mehrkosten	§ 1 (A) Rn. 9; § 8 (A) Rn. 1; § 13 (A) Rn. 59-65
- Bauausstattung	§ 13 (A) Rn. 102
- Behördliche Auflagen	§ 8 (A) Rn. 6
- Ersatz	§ 8 (A) Rn. 6
- Preissteigerungen	§ 8 (A) Rn. 7; § 13 (A) Rn. 18, 92, 93
- Wiederherstellung an anderer Stelle	§ 8 (A) Rn. 5; § 13 (A) Rn. 107
- Wiederherstellungsbeschränkungen	§ 8 (A) Rn. 2; § 13 (A) Rn. 59-65

Mehrwertsteuer	§ 13 (A) Rn. 85-88
Mietausfall	§ 1 (A) Rn. 6, 7, 8, 20; § 13 (A) Rn. 84, 93, 94, 122, 138; § 14 (A) Rn. 28
Mietausfallversicherung	§ 9 (A) Rn. 1, 2
- Beginn der Haftzeit	§ 9 (A) Rn. 10
- Ende der Haftzeit	§ 9 (A) Rn. 11
- Gewerblich genutzte Räume	§ 9 (A) Rn. 14
- Vom Versicherungsnehmer bewohnte Wohnräume	§ 9 (A) Rn. 7
- Zeitliche Entschädigungsgrenze	§ 9 (A) Rn. 9
Mietereinbauten	§ 5 (A) Rn. 28-32
Mieterregress	§ 14 (B) Rn. 9
Mietwert	§ 1 (A) Rn. 9
Mikrowelle	§ 5 (A) Rn. 14
Mindestversicherungssumme	§ 5 (A) Rn. 40
Miteigentümer	§ 6 (A) Rn. 3; § 18 (A) Rn. 5; § 2 (B) Rn. 17, 18, 23; § 19 (B) Rn. 15
Motorsegler	§ 2 (A) Rn. 6
Müllboxen	§ 5 (A) Rn. 8, 19, 24
Nachbarschaft, gefahrerhöhende	§ 1 (B) Rn. 17
Nässeschaden	§ 1 (A) Rn. 17; § 3 (A) Rn. 76, 77
Naturgefahrenversicherung	§ 1 (A) Rn. 12, 14; § 4 (A) Rn. 1-131
- Austrocknung	§ 4 (A) Rn. 121, 122
- Gefahren der Feuerversicherung	§ 4 (A) Rn. 119, 120
- Laden- und Schaufensterscheiben	§ 4 (A) Rn. 127-129
- Nicht bezugsfertige Gebäude	§ 4 (A) Rn. 123-126
- Selbstbehalt	§ 4 (A) Rn. 130-131
- Trockenheit	§ 4 (A) Rn. 121, 122
- Vorrang	§ 1 (A) Rn. 14
Nebenarbeiten	§ 3 (A) Rn. 33-40; § 6 (A) Rn. 3
Nebengebäude	§ 1 (A) Rn. 29; § 3 (A) Rn. 66, 72; § 10 (A) Rn. 23, 24; § 11 (A) Rn. 14, 15; § 13 (A) Rn. 30, 73, 134; § 16 (A) Rn. 39; § 1 (B) Rn. 13
Nebenversicherung	§ 11 (B) Rn. 1, 2
Neubauten	§ 3 (A) Rn. 165, 175; § 10 (A) Rn. 10; § 1 (B) Rn. 14; § 2 (B) Rn. 6
Neubauwert	§ 1 (A) Rn. 23; § 10 (A) Rn. 3, 5, 7-11, 32; § 11 (A) Rn. 6-12, 15, 16, 18, 27; § 12 (A) Rn. 5, 14; § 13 (A) Rn. 142

Neuwert	§ 10 (A) Rn. 12, 17
- Umrechnung	§ 11 (A) Rn. 8
Neuwertanteil	§ 13 (A) Rn. 89, 90; § 13 (A) Rn. 118-120
- Rückzahlung	§ 14 (A) Rn. 23-26
- Zahlung	§ 14 (A) Rn. 22
Nicht benutzbar	§ 16 (A) Rn. 22, 23, 31; § 17 (A) Rn. 25; § 2 (B) Rn. 20; § 8 (B) Rn. 41
Nicht bezugsfertig	§ 3 (A) Rn. 162-176
Nicht genutzt	§ 16 (A) Rn. 17-37, 47; § 17 (A) Rn. 7-22
Nicht ständig bewohnt	§ 16 (A) Rn. 24, 39, 42; § 17 (A) Rn. 9-11; § 1 (B) Rn. 11
Nichteigentümer-Versicherung	§ 2 (B) Rn. 19
Nichteigentümer-Versicherungsnehmer	§ 2 (B) Rn. 28
Niederreißen	§ 4 (A) Rn. 43
Nötige Erhebungen	§ 14 (A) Rn. 3, 13, 29
Nukleare Strahlung	§ 1 (A) Rn. 44
Nutzfeuer	§ 1 (A) Rn. 16; § 2 (A) Rn. 105, 107, 110, 112, 123, 124
Nutzung des Gebäudes	§ 17 (A) Rn. 1
Nutzung zu Wohnzwecken	§ 5 (A) Rn. 5, 8, 10, 21-24, 38; § 16 (A) Rn. 27; § 1 (B) Rn. 10, 11
Nutzungsänderung	§ 17 (A) Rn. 10
Obliegenheiten des Versicherungsnehmers	§ 16 (A) Rn. 1-47; § 8 (B) Rn. 1-68
- Erfüllung durch Dritte	§ 8 (B) Rn. 48
- Nach Eintritt des Versicherungsfalls	§ 8 (B) Rn. 15-48
- Vor Eintritt des Versicherungsfalls	§ 8 (B) Rn. 4-14
- Zur Sicherung von Ersatzansprüchen	§ 14 (B) Rn. 10, 11
Obliegenheitsverletzung	§ 8 (B) Rn. 49-68
- Arglist	§ 8 (B) Rn. 55, 56
- Belehrung	§ 8 (B) Rn. 65-68
- Grobe Fahrlässigkeit	§ 8 (B) Rn. 59-64
- Kausalitätsgegenbeweis	§ 8 (B) Rn. 54, 55
- Vorsatz	§ 8 (B) Rn. 51-58
Obmann	§ 15 (A) Rn. 24-34
Öffentliche Ruhe und Ordnung	§ 1 (A) Rn. 43
Öle	§ 3 (A) Rn. 86, 121; § 7 (A) Rn. 6
Optische Beeinträchtigungen	§ 13 (A) Rn. 45-52
Optische Lichtsignalgeräte	§ 2 (A) Rn. 9

Örtliche Lage	§ 1 (B) Rn. 9
Ortsüblicher Neubauwert	§ 1 (A) Rn. 23
Pfandrecht	§ 2 (B) Rn. 21; § 19 (B) Rn. 10
Photovoltaikanlagen	§ 5 (A) Rn. 27
Planschwasser	§ 3 (A) Rn. 139-141
Planungskosten	§ 8 (A) Rn. 5; § 10 (A) Rn. 3, 9; § 13 (A) Rn. 19, 22, 23
Polizeiliche Ermittlungsunterlagen	§ 14 (A) Rn. 6
Prämie	s. Beitrag
Preissteigerungen	§ 8 (A) Rn. 7
Priorität der Feuerversicherung	§ 1 (A) Rn. 11
Pro rata temporis	§ 7 (B) Rn. 2
Produktgestaltung	§ 7 (A) Rn. 14
Proportionalitätsregel	§ 13 (A) Rn. 126-131, 138
Qualifizierte Mahnung	§ 5 (B) Rn. 10
Quotelung	§ 8 (B) Rn. 50, 60, 63, 64; § 16 (B) Rn. 13
Radioaktive Substanzen	§ 1 (A) Rn. 44
Raketen	§ 2 (A) Rn. 7, 8
Rauchen	§ 16 (B) Rn. 44-46
- Entsorgung der Asche	§ 16 (B) Rn. 46
Raumfahrzeuge	§ 2 (A) Rn. 6, 7
Realkredit	§ 13 (A) Rn. 90; § 8 (B) Rn. 47
Rebellion	§ 1 (A) Rn. 35
Rechtskräftiges Strafurteil	§ 16 (B) Rn. 27, 88-91
Regenfallrohre	§ 3 (A) Rn. 50
Regiekosten	§ 3 (A) Rn. 36; § 13 (A) Rn. 40-44
Regress	§ 2 (B) Rn. 24, 25; § 14 (B) Rn. 3-6
Regressverzichtsabkommen der Feuerversicherer	§ 14 (B) Rn. 7, 8
Regulierungsbeauftragte	§ 13 (A) Rn. 137; § 14 (A) Rn. 10, 18; § 15 (A) Rn. 2-6
Reinigungswasser	§ 3 (A) Rn. 139-141
Relevanzrechtsprechung	§ 8 (B) Rn. 54
Reparatur	
- Fähigkeit	§ 13 (A) Rn. 12
- Kosten	§ 1 (A) Rn. 23, 29; § 3 (A) Rn. 123, 127, 128; § 7 (A) Rn. 5, 10; § 8 (A) Rn. 7; § 10 (A) Rn. 20-24; § 13 (A) Rn. 26-32; § 15 (A) Rn. 7

- Würdigkeit	§ 13 (A) Rn. 12-14, 24, 40
Repräsentanten	§ 3 (A) Rn. 93; § 14 (A) Rn. 7, 49; § 1 (B) Rn. 21, 24; § 9 (B) Rn. 23, 27; § 14 (B) Rn. 8; § 16 (B) Rn. 25; § 19 (B) Rn. 1-15
Repräsentantenhaftung	§ 19 (B) Rn. 7-12
Restwerte	§ 13 (A) Rn. 12, 52, 62, 64, 69-76
Rettungsfallschirme	§ 2 (A) Rn. 6
Rettungskosten	§ 1 (A) Rn. 3, 25
Rettungspflicht	§ 15 (A) Rn. 57; § 8 (B) Rn. 16, 37
Revolution	§ 1 (A) Rn. 35
Rohbau	§ 5 (A) Rn. 9
Rohbauversicherung	§ 3 (A) Rn. 165, 175
Rohrbruchversicherung	§ 1 (A) Rn. 5, 17; § 3 (A) Rn. 6-141
- Ausschlüsse	§ 3 (A) Rn. 130-176
- Außerhalb von ‚Gebäuden	§ 3 (A) Rn. 63-120
- Berieselungsanlagen	§ 3 (A) Rn. 157-159
- Bodenplatte	§ 3 (A) Rn. 14
- Doppelversicherung mit Hausratversicherung	§ 3 (A) Rn. 123-129
- Erdbeben	§ 3 (A) Rn. 150
- Erdrutsch	§ 3 (A) Rn. 151-155
- Erdsenkung	§ 3 (A) Rn. 151-155
- Frostschaden	§ 3 (A) Rn. 24-62
- Gefahren der Feuerversicherung	§ 3 (A) Rn. 156
- Hagel	§ 3 (A) Rn. 160
- Innerhalb von Gebäuden	§ 3 (A) Rn. 6-62
- Kosten der Nebenarbeiten	§ 3 (A) Rn. 33-40
- Lawinen	§ 3 (A) Rn. 150
- Mietereinbauten	§ 3 (A) Rn. 7
- Nicht bezugsfertige Gebäude	§ 3 (A) Rn. 162-173
- Rohre der Wasserversorgung	§ 1 (A) Rn. 8, 100, 104
- Sanitäre Einrichtungen	§ 3 (A) Rn. 60, 61
- Schneedruck	§ 3 (A) Rn. 150
- Segelflugzeuge	§ 2 (A) Rn. 6
- Sonstiger Bruchschaden	§ 3 (A) Rn. 24-62
- Sturm	§ 3 (A) Rn. 160
- Umbau	§ 3 (A) Rn. 174-176
- Unterhalb des Kellerbodens	§ 3 (A) Rn. 18

Stichwortverzeichnis

- Vulkanausbruch	§ 3 (A) Rn. 150
- Wärmetragende Flüssigkeiten	§ 3 (A) Rn. 121, 122
- Wasserabflussrohre	§ 3 (A) Rn. 23
- Wasserdampf	§ 3 (A) Rn. 121, 122
- Wasserlöschanlagen	§ 3 (A) Rn. 157-159
Rohre	
- Ableitung	§ 3 (A) Rn. 8, 10, 12, 15-18, 20, 46, 48, 55, 64, 75, 84, 102, 103, 105; § 4 (A) Rn. 44, 73
- Heizung	§ 3 (A) Rn. 11, 23, 72, 73; § 13 (A) Rn. 29
- Regenfall	§ 3 (A) Rn. 50, 105, 135, 136-138, 148
- Wasserversorgung	§ 1 (A) Rn. 8, 100, 104
- Zuleitung	§ 3 (A) Rn. 4, 10, 11, 23, 46, 64, 65-67, 72, 73, 91, 102, 103, 105; § 13 (A) Rn. 30
Rückstau	§ 1 (A) Rn. 14; § 3 (A) Rn. 145, 149; § 4 (A) Rn. 52, 69, 73-77
Rückstauschaden	§ 16 (A) Rn. 44, 45
Rücktrittsrecht	§ 1 (B) Rn. 24-29
Rundfunkantennen	§ 2 (A) Rn. 50; § 5 (A) Rn. 42; § 13 (A) Rn. 8; § 11 (B)
Sachschaden	§ 1 (A) Rn. 7, 17; § 3 (A) Rn. 7, 25; § 4 (A) Rn. 33, 43, 48; § 13 (A) Rn. 46, 91-94, 123, 138; § 13 (B) Rn. 11
- Abgrenzung Kostenschaden	vor §§ 7, 8 (A) Rn. 2
Sachschadendeckung, Vorrang	vor §§ 7, 8 (A) Rn. 3
Sachsubstanz	§ 1 (A) Rn. 23
Sachverständige	§ 15 (A) Rn. 1, 7, 8
- Benennung	§ 15 (A) Rn. 24-34
Sachverständigenverfahren	§ 15 (A) Rn. 1-69
- Benennung der Sachverständigen	§ 15 (A) Rn. 24-34
- Gegenstand	§ 15 (A) Rn. 16-23
- Gutachten	§ 15 (A) Rn. 41-55
- Inhalt	§ 15 (A) Rn. 35-40, 64
- Kosten	§ 15 (A) Rn. 64-68
- Obliegenheiten	§ 15 (A) Rn. 69
- Obmann	§ 15 (A) Rn. 24-34, 43-46, 52-54
- Zustandekommen	§ 15 (A) Rn. 12-15
Sammelversicherungsvertrag	§ 1 (B) Rn. 7
Sanitäre Einrichtungen	§ 3 (A) Rn. 60, 108; § 5 (A) Rn. 13

Sanktionsklausel	§ 23 (B) Rn. 1
Schadenabwendungskosten	§ 7 (A) Rn. 12; § 13 (A) Rn. 122; § 8 (B) Rn. 16, 25, 27, 33, 35; § 13 (B) Rn. 13
Schadenanzeige	§ 14 (A) Rn. 4
Schadenberechnung	§ 13 (A) Rn. 1-143
- Abstrakte	§ 13 (A) Rn. 33-36
- Anrechnung von Restwerten	§ 13 (A) Rn. 69-76
- Maßgebender Zeitpunkt	§ 13 (A) Rn. 17
- Mehrkosten	§ 13 (A) Rn. 59-65
- Nebenkosten	§ 13 (A) Rn. 37-39
- Optische Beeinträchtigungen	§ 13 (A) Rn. 45-52
- Regiekosten	§ 13 (A) Rn. 40-44
- Restwerte	§ 13 (A) Rn. 69-76
- Verzinsung	§ 14 (A) Rn. 27-38
- Werterhöhung	§ 13 (A) Rn. 56
- Wertminderung	§ 13 (A) Rn. 53
- Zeitwert	§ 13 (A) Rn. 77-79
Schadenfeststellungsvertrag	§ 15 (A) Rn. 4
Schadenhäufigkeit	§ 12 (A) Rn. 6
Schadenminderungskosten	§ 7 (A) Rn. 12; § 13 (A) Rn. 122; § 8 (B) Rn. 16, 25, 27, 33, 35; § 13 (B) Rn. 13
Schadenregulierung	§ 13 (A) Rn. 9
Schadensatz	§ 11 (A) Rn. 9, 10
Schadenteilung	§ 13 (B) Rn. 4
Schadenursache	§ 1 (A) Rn. 4
Schadenverhütung	§ 3 (A) Rn. 27, 30; § 16 (A) Rn. 37
- Pflicht	§ 3 (A) Rn. 32
- Kosten	§ 13 (A) Rn. 29, 32; § 16 (A) Rn. 13, 20, 25
Schätzung durch Sachverständige	
- Gebäude	§ 10 (A) Rn. 10, 32; § 11 (A) Rn. 5-7
- Toleranzbereich	§ 15 (A) Rn. 58
- Versicherungssumme	§ 11 (A) Rn. 5
Schaufensterscheiben	§ 4 (A) Rn. 127-129
Scheinbestandteile	§ 5 (A) Rn. 24
Schläuche zur Wasserversorgung	§ 3 (A) Rn. 51, 95; § 16 (B) Rn. 51
Schneedruck	§ 1 (A) Rn. 14; § 4 (A) Rn. 95-98
Schönheitsschaden	§ 13 (A) Rn. 45-52
Schornstein	

- Blitzschaden	§ 2 (A) Rn. 45
- Brand	§ 2 (A) Rn. 23, 110, 114-117, 121
Schutzkosten	§ 1 (A) Rn. 9; § 7 (A) Rn. 8
Schriftform	
- Antrag	§ 2 (B) Rn. 2
- Anzeige	§ 17 (B) Rn. 2
- Erklärung	§ 17 (B) Rn. 2
- Kündigung	§ 1 (B) Rn. 27; § 15 (B) Rn. 7
Schwamm	§ 3 (A) Rn. 142-144
Schwelreste	§ 1 (A) Rn. 8
Schwimmbad	§ 3 (A) Rn. 48, 49
Schwimmbecken	§ 3 (A) Rn. 48, 65, 105, 109, 140
Selbstbehalt	§ 1 (A) Rn. 30; § 2 (A) Rn. 132; § 4 (A) Rn. 130, 131
Selbstentzündung	§ 2 (A) Rn. 24
Sengschaden	§ 2 (A) Rn. 13, 30
Sicherheitsvorschriften	§ 16 (A) Rn. 1-47
Sicherung des Realkredits	§ 13 (A) Rn. 90; § 8 (B) Rn. 47
Solarheizungsanlagen	§ 3 (A) Rn. 52-55
Sole	§ 3 (A) Rn. 86, 121; § 7 (A) Rn. 6
Sondereigentum	§ 3 (A) Rn. 123, 128; § 6 (A) Rn. 3
Sonderkündigungsrecht	§ 1 (A) Rn. 30
Sonstige versicherbare Gefahren	§ 1 (A) Rn. 27
Sprinkler	§ 3 (A) Rn. 57, 92, 104, 109, 157, 158
Spülklosett	§ 3 (A) Rn. 60
Spülmaschine	§ 3 (A) Rn. 90, 108
- Betreiben in Abwesenheit	§ 16 (B) Rn. 50-53
Ständig bewohnt	§ 16 (A) Rn. 24
Stehlgutliste	§ 8 (B) Rn. 31
Strafgerichtliches Verfahren	§ 14 (A) Rn. 41, 47-53
Strafurteil	§ 16 (B) Rn. 27, 88-91
Strahlung	§ 1 (A) Rn. 34, 45
Strahlungsheizung	§ 1 (B) Rn. 16
Sturm	§ 1 (A) Rn. 10, 14, 22; § 3 (A) Rn. 160
- Begriff	§ 4 (A) Rn. 4-7
Sturmflut	§ 4 (A) Rn. 72, 105-108
Sturmversicherung	§ 1 (A) Rn. 18-22; § 4 (A) Rn. 3-51
- Beweiserleichterung	§ 4 (A) Rn. 8-17

Subjektive Bestimmung des Herdes	§ 2 (A) Rn. 17, 18
Subjektives Risiko	§ 10 (A) Rn. 22, 32; § 10 (B) Rn. 1; § 16 (B) Rn. 5
Suchkosten	§ 3 (A) Rn. 37-39
Summenanpassung	§ 11 (A) Rn. 3; § 12 (A) Rn. 7, 11
Summenermittlungsbogen	§ 11 (A) Rn. 11
Tapeten	§ 3 (A) Rn. 123-127, 171; § 5 (A) Rn. 13, 30; § 13 (A) Rn. 36, 45; § 11 (B) Rn. 2
Tarifierung	§ 7 (A) Rn. 14; § 9 (A) Rn. 3, 16, 23; § 1 (B) Rn. 9, 10
Tariflohnindex	§ 11 (A) Rn. 10
Tarifobergrenze	§ 12 (A) Rn. 6
Teileigentum	§ 6 (A) Rn. 1
Teilschaden	§ 1 (A) Rn. 23; § 13 (A) Rn. 8-16, 24-56
Teilungsabkommen zwischen Sach- und Haftpflichtversicherer	§ 14 (B) Rn. 9
Teppichboden	§ 2 (A) Rn. 29
Terroranschläge	§ 1 (A) Rn. 39, 40, 41
Terrorismus	§ 1 (A) Rn. 39
Tiefgaragen	§ 5 (A) Rn. 10
Totalschaden	§ 1 (A) Rn. 23; § 13 (A) Rn. 8-16, 19
- An sonstigen Sachen	§ 13 (A) Rn. 57, 58
Traglufthallen	§ 5 (A) Rn. 7
Transparenzgebot	§ 13 (A) Rn. 68
Trockenheit	§ 4 (A) Rn. 121
Trockensteigleitungen	§ 3 (A) Rn. 104
Übergang von Ersatzansprüchen	§ 14 (B) Rn. 1-11
Überschwemmung	§ 1 (A) Rn. 14; § 3 (A)= Rn. 145; 149; § 4 (A) Rn. 57-72
Überschwemmungsschaden	§ 16 (A) Rn. 44, 45
Überspannung durch Blitz	§ 1 (A) Rn. 11, 16; § 2 (A) Rn. 1, 2, 41, 43, 47-69
Überspannungsschäden	
- Blitzbedingte	§ 2 (A) Rn. 48-69
- Sonstige	§ 2 (A) Rn. 70-74
Überversicherung	§ 10 (B) Rn. 1-5
Umbauarbeiten	§ 3 (A) Rn. 158, 159, 174, 175; § 4 (A) Rn. 124; § 10 (A) Rn. 33; § 16 (A) Rn. 23, 31
Umrechnung des Neubauwerts	§ 11 (A) Rn. 8

Umwälzpumpe	§ 3 (A) Rn. 62; § 4 (A) Rn. 30
Umweltschaden	§ 7 (A) Rn. 6
Unbegrenzte Haftung	§ 1 (A) Rn. 9; § 11 (A) Rn. 2
Unbemannte Fluggeräte	§ 2 (A) Rn. 6, 7
Unbewohnte Gebäude	§ 16 (A) Rn. 21; § 17 (A) Rn. 18, 19
Unteilbarkeit der Prämie	§ 1 (B) Rn. 28; § 7 (B) Rn. 2
Unterdruck	§ 2 (A) Rn. 91
Unterversicherung	§ 5 (A) Rn. 2, 32, 39; § 6 (A) Rn. 3; § 8 (A) Rn. 9; § 10 (A) Rn. 4, 7-11, 17; § 13 (A) Rn. 2, 125, 132
- Inflationsbedingte	§ 12 (A) Rn. 2
- Unzutreffende Beschreibung des Gebäudes	§ 11 (A) Rn. 25
Unterversicherungsverzicht	§ 5 (A) Rn. 40; § 10 (A) Rn. 7, 17, 35; § 11 (A) Rn. 1, 3, 7, 8, 10, 15, 18-29
Veränderung der Schadenstelle	§ 8 (B) Rn. 23, 30-38
Veräußerer	§ 18 (A) Rn. 2-5
Veräußerung	§ 13 (A) Rn. 76, 112, 113; § 18 (A) Rn. 5-7, 10; § 2 (B) Rn. 23; § 5 (B) Rn. 4
Verbraucherinformationen	§ 2 (B) Rn. 4
Verbundene Versicherung	§ 1 (A) Rn. 10; § 15 (B) Rn. 5; § 19 (B) Rn. 4
Verjährung	§ 14 (B) Rn. 10; § 19 (B) Rn. 12; § 20 (B) Rn. 1-2
Verkaufspreis	§ 10 (A) Rn. 21; § 13 (A) Rn. 69, 72, 76, 81, 83
Verkohlung	§ 2 (A) Rn. 15
Verlängerung der Frist	§ 13 (A) Rn. 117
Vermietete Wohnräume	§ 9 (A) Rn. 4
Vermögensschaden	§ 2 (B) Rn. 20
Verpuffung	§ 2 (A) Rn. 82, 83
Versicherte Gefahren	§ 1 (A) Rn. 1-46
Versicherte Interessen	§ 2 (B) Rn. 12-15
Versicherte Kosten	§ 7 (A) Rn. 1-15; vor §§ 7, 8 (A) Rn. 1
Versicherte Sachen	§ 5 (A) Rn. 1-46
- Grundsatz der Einzeldeklaration	§ 5 (A) Rn. 2, 3
Versicherung für fremde Rechnung	§ 12 (B) Rn. 1-7
Versicherungsantrag	§ 2 (A) Rn. 165; § 5 (A) Rn. 2, 35; § 10 (A) Rn. 8, 30, 33; § 11 (A) Rn. 14; § 12 (A) Rn. 1; § 1 (B) Rn. 7, 9, 12, 18, 22; § 9 (B) Rn. 7, 18

Versicherungsbeginn	§ 1 (A) Rn. 5; § 2 (B) Rn. 6
Versicherungsdichte	§ 13 (A) Rn. 126-131
Versicherungsfall	§ 1 (A) Rn. 1-30;
- Aufwendungen bei Eintritt	§ 13 (B) Rn. 1-17
- Begriff	§ 1 (A) Rn. 1-6
- Einheit	§ 1 (A) Rn. 7-9
- Gedehnter	§ 1 (A) Rn. 7; § 9 (A) Rn. 9
Versicherungsgrundstück	§ 1 (A) Rn. 1, 25, 26; § 5 (A) Rn. 26
Versicherungsort	§ 1 (A) Rn. 1, 25
Versicherungsperiode	§ 3 (B) Rn. 2
Versicherungssumme	§ 1 (A) Rn. 9; § 13 (A) Rn. 126-136
- Erheblich zu niedrige	§ 13 (A) Rn. 139, 140
- Ermittlung und Vereinbarung	§ 10 (A) Rn. 29; § 11 (A) Rn. 2, 4; § 11 (A) Rn. 27
- Versicherungssumme 1914	§ 11 (A) Rn. 9
Versicherungswert 1914	§ 10 (A) Rn. 6; § 13 (A) Rn. 126-131
Verstopfung	
- Ableitungsrohr	§ 16 (A) Rn. 13
- Dachrinne durch Laub	§ 4 (A) Rn. 41
- Regenrinne durch Hagel	§ 4 (A) Rn. 33, 48
- Rohrleitungen	§ 3 (A) Rn. 39, 91
Verzeichnis von Gegenständen	§ 15 (A) Rn. 37; § 8 (B) Rn. 30, 31
Verzinsung	§ 14 (A) Rn. 27-38
Verzug	
- Beitrag	§ 5 (A) Rn. 32; § 2 (B) Rn. 20; § 4 (B) Rn. 1-5; § 5 (B) Rn. 4, 7, 8, 11
- Miete (Ausfall)	§ 9 (A) Rn. 12
- Schadenregulierung	§ 14 (A) Rn. 10, 18, 45, 46
Vollmacht	
- Mehrere Versicherungsnehmer	§ 15 (B) Rn. 6
- Versicherungsvertreter	§ 1 (B) Rn. 22; § 15 (B) Rn. 7; § 18 (B) Rn. 1, 2
Vollwertversicherung	§ 11 (A) Rn. 23; § 13 (A) 127, 128, 138
Vorerstreckung	§ 1 (A) Rn. 3; § 3 (A) Rn. 40; § 13 (B) Rn. 5
Vorläufige Deckung	§ 10 (A) Rn. 25; § 1 (B) Rn. 24, 27, 28
Vorrang der Naturgefahrenversicherung	§ 1 (A) Rn. 14
Vorrang der Sachschadendeckung	vor §§ 7, 8 (A) Rn. 3
Vorsatz	§ 8 (B) Rn. 14; § 16 (B) Rn. 31-55

Vorschäden	§ 1 (B) Rn. 19, 29; § 8 (B) Rn. 44; § 16 (B) Rn. 65
Vorsteuerabzug	§ 10 (A) Rn. 9; § 13 (A) Rn. 86
Vorvertragliche Anzeigenpflichten	§ 6 (A) Rn. 3; § 16 (A) Rn. 11; § 1 (B) Rn. 1-32
Kenntnis und Verhalten	§ 1 (B) Rn. 21
Vulkanausbruch	§ 1 (A) Rn. 14; § 4 (A) Rn. 102
Wärmepumpenanlagen	§ 3 (A) Rn. 52-55
Wärmetragende Flüssigkeiten	§ 3 (A) Rn. 86, 121, 122; § 7 (A) Rn. 6
Warmwasser	§ 3 (A) Rn. 9, 10, 52-56, 62, 64, 67, 101, 108, 109, 113; § 9 (A) Rn. 5
Waschbecken	§ 3 (A) Rn. 14, 60, 92, 98, 108, 171; § 5 (A) Rn. 13
Waschmaschinen, Betrieb bei Abwesenheit	§ 16 (B) Rn. 50-53
Wasser	
- Begriff	§ 3(A) Rn: 83-86
- natürlichen Ursprungs	§ 3 (A) Rn. 145-149
Wasserabflussrohre	§ 3 (A) Rn. 23
Wasserabstellschieber	§ 3 (A) Rn. 44
Wasserdampf	§ 3 (A) Rn. 50, 85, 121, 122
Wasserhähne	§ 3 (A) Rn. 14, 89, 91, 95
Wasserleitungsanlagen	§ 16 (A) Rn. 35, 39, 41
Wasserlöschanlagen	§ 3 (A) Rn. 56, 57
Wassermesser	§ 3 (A) Rn. 43, 60
Wasserversorgung	§ 1 (A) Rn. 8
Wegebeleuchtung	§ 5 (A) Rn. 35
Weitere Elementargefahren	§ 1 (A) Rn. 10, 13, 14, 18, 19; § 4 (A) Rn. 52-102
Weiteres Zubehör	§ 10 (A) Rn. 8; § 11 (A) Rn. 14, 15
Werkzeuge	§ 5 (A) Rn. 21
Werterhöhende Veränderungen	§ 11 (A) Rn. 2; § 11 (A) Rn. 6, 26
Wertminderung	§ 10 (A) Rn. 14, 19, 28; § 11 (A) Rn. 26; § 13 (A) Rn. 12, 24, 25, 47-53, 71, 74, 78, 79; § 15 (A) Rn. 39
Widerrufsrecht	§ 2 (B) Rn. 1; § 4 (B) Rn. 2; § 7 (B) Rn. 6, 7, 9
Widerspruchsrecht	§ 2 (B) Rn. 1
Wiederbeschaffungspreis	§ 6 (A) Rn. 2, 3, 11; § 8 (A) Rn. 4, 7, 8; § 10 (A) Rn. 21; § 13 (A) Rn. 54, 57, 107, 119
Wiederherstellung an anderer Stelle	§ 8 (A) Rn. 5

Wiederherstellungsbeschränkungen	§ 13 (A) Rn. 59-68
Wiederherstellungsklausel	§ 10 (A) Rn. 15; § 13 (A) Rn. 90-113, 120
Windstärke	§ 4 (A) Rn. 3-8, 11, 12, 16, 17, 23, 26
Wissenserklärungsvertreter	§ 19 (B) Rn. 13
Wissensvertreter	§ 19 (B) Rn. 14
Wissenszurechnung	§ 1 (B) Rn. 22; § 19 (B) Rn. 14
Wohnfläche des Gebäudes	§ 11 (A) Rn. 15
Wohnflächenmodell	§ 10 (A) Rn. 2, 35; § 13 (A) Rn. 141-143
Wohngebäudeversicherung	
- Abgrenzung zur Hausratversicherung	§ 5 (A) Rn. 36
- Ausschlüsse	§ 1 (A) Rn. 31-46
- Klauseln	§ 7 (A) Rn. 15
- Versicherte Gefahren	§ 1 (A) Rn. 16-19
- Versicherte Schäden	§ 1 (A) Rn. 20-30
Wohnwagen	§ 5 (A) Rn. 7
Wohnungseigentum	§ 6 (A) Rn. 1, 2
Wohnzwecke	§ 5 (A) Rn. 8, 10, 21-24, 37-39; § 7 (A) Rn. 6; § 17 (A) Rn. 27; § 1 (B) Rn. 10, 11
Wunderkerze	§ 2 (A) Rn. 30
Zahlungsaufschub	§ 14 (A) Rn. 41-55
- Empfangsberechtigung	§ 14 (A) Rn. 43-46
- Ermittlungsverfahren	§ 14 (A) Rn. 47-53
- Hypotheken	§ 14 (A) Rn. 54-55
Zahlungsweise, Prämien	§ 3 (B) Rn. 1
Zahlungszeitpunkt, Prämien	§ 4 (B) Rn. 1-5
Zeitwert	§ 10 (A) Rn. 12, 19; § 13 (A) Rn. 77-79
Zerstörung	§ 1 (A) Rn. 1, 2, 5, 7, 20, 21, 23
Zinsen	§ 14 (A) Rn. 23, 27-40
Zivilschutzräume	§ 5 (A) Rn. 10
Zubehör	§ 1 (A) Rn. 24, 26, 50; § 2 (A) Rn. 123
Zuleitungsrohre	§ 3 (A) Rn. 4, 10, 23, 46, 64-67, 102; § 13 (A) Rn. 30
Zurechnung von Kenntnis und Verhalten	§ 2 (B) Rn. 23; § 12 (B) R. 4-7; § 19 (B) Rn. 1-12
Zuständiges Gericht	§ 21 (B) Rn. 1

Mehr Fachwissen zum Thema

Elementarschadenversicherung

Kommentar

Thomas Behrens
2014, 152 S., 12 x 17 cm, kart., 29,– €*
ISBN 978-3-89952-816-9

Auch als E-Book erhältlich

Die in den jeweiligen Versicherungsbedingungen für die einzelnen Elementargefahren verwendeten Wortlaute regeln die versicherungsrechtlichen Voraussetzungen für den Versicherungsschutz. Elementarschäden geben häufig Anlass zu einer intensiven Prüfung, ob der Kausalablauf unter den in Versicherungsbedingungen verwendeten Wortlaut für die jeweilige Elementargefahr subsumiert werden kann. Dies spiegelt sich in diversen Gerichtsentscheidungen und Kommentierungen wider. Für die Regulierungspraxis ist es daher geboten, Kommentierung und Rechtsprechung sorgfältig zu beachten.

Der Leser erhält einen kompakten Überblick über den Stand von Rechtsprechung und Kommentierung zu den einzelnen Elementargefahren: Überschwemmung, Rückstau, Erdbeben, Erdsenkung (Erdfall), Erdrutsch, Schneedruck, Lawinen und Vulkanausbruch. Es werden die wesentlichen Merkmale der Bedingungswortlaute der einzelnen Elementargefahren dargestellt und deren Stärken und Schwächen für die Regulierungspraxis aufgezeigt.

Alle, die mit der Gestaltung von Bedingungen oder der Vermittlung von Verträgen in der Elementarschadenversicherung befasst sind, erhalten eine wertvolle Unterstützung. Der Kommentar wendet sich an Mitarbeiter von Versicherungsunternehmen und -verbänden, Versicherungsvermittler und -makler, Richter und Rechtsanwälte, aber auch interessierte Versicherungsnehmer.

* Preis inkl. MwSt und zzgl. Versand

Verlag Versicherungswirtschaft GmbH | Klosestraße 20–24 | 76137 Karlsruhe
Telefon +49 (0) 721 35 09-0 | Telefax +49 (0) 721 35 09-201 | info@vvw.de | vvw.de

Der perfekte Start in den Tag

Sie möchten wissen, was die Versicherungsbranche täglich umtreibt? Welche Themen aktuell, relevant und wichtig sind? Dann starten Sie Ihren Tag mit dem Online-Report Versicherungswirtschaft-heute.de. Egal ob Vermittler, Makler oder Manager – hier werden alle fündig, die sich für die Einordnung relevanter Versicherungsthemen in Politik, Wirtschaft und Märkte interessieren.

Ihre Vorteile:

- Lesen Sie nur die Themen, die wirklich relevant sind
- Erhalten Sie ein Verständnis für die Branche und darüber hinaus
- kostenfrei und jederzeit wieder abbestellbar
- täglich zum Frühstück in Ihrem Postfach

Jetzt kostenlos anmelden unter
www.versicherungswirtschaft-heute.de

Versicherungs wirtschaft heute
TAGESREPORT